中国共产党历史（地方卷）集成　社会主义革命和建设时期

中国共产党湖北历史

第二卷（1949—1978）

中共湖北省委党史研究室 著

中共党史出版社

图书在版编目（CIP）数据

中国共产党湖北历史．第二卷，1949—1978 / 中共湖北省委党史研究室著．-- 北京：中共党史出版社，2023.1

（中国共产党历史（地方卷）集成．社会主义革命和建设时期）

ISBN 978-7-5098-6132-5

Ⅰ．①中… Ⅱ．①中… Ⅲ．①中国共产党—地方组织—党史—湖北—1949-1978 Ⅳ．① D235.63

中国版本图书馆 CIP 数据核字 (2022) 第 175926 号

出版发行：中共党史出版社
责任编辑：王兵
责任校对：申宁
责任印制：段文超
社　　址：北京市海淀区芙蓉里南街 6 号院 1 号楼
邮　　编：100080
网　　址：www.dscbs.com
经　　销：新华书店
印　　刷：北京盛通印刷股份有限公司
开　　本：170mm × 240mm　1/16
字　　数：480 千字
印　　张：33.75
印　　数：1—3000 册
版　　次：2023 年 1 月第 1 版
印　　次：2023 年 1 月第 1 次印刷

ISBN 978-7-5098-6132-5
定　　价：80.00 元

《中国共产党湖北历史·第二卷》
编委会

主　编： 何光耀

副主编： 别业超　周少华

第二卷

目录

第一编
向社会主义过渡的实现

（1949年5月—1956年9月）

第二编
社会主义建设在探索中曲折前进
（1956年9月—1966年5月）

第　三　编
“文化大革命”十年

（1966 年 5 月—1976 年 10 月）

第　四　编
走向伟大的历史转折
（1976 年 10 月—1978 年 12 月）

第 一 编

向社会主义过渡的实现

（1949年5月—1956年9月）

第一章

建立和巩固新生的人民政权

中国革命的胜利和中华人民共和国的成立，标志着新民主主义革命的胜利，领导这场革命取得胜利的中国共产党，从此成为全国范围内的执政党。中共湖北省委、省人民政府在新的历史条件下，贯彻中共七届二中全会精神，确立“以农村为重点同时又兼顾城市”的工作方针，配合解放军主力南下作战，接管武汉等大中城市，建立各级人民政权；发动和组织群众清匪反霸，开展镇压反革命和支援抗美援朝运动，努力稳定金融物价，统一全省财政工作，打退资产阶级在经济上的进攻，促进了新生人民政权的巩固。

第一节　各级领导机构的建立

一、中共湖北省委、省人民政府和湖北军区的成立

1949 年 4 月 21 日，毛泽东发布向全国进军的命令，人民解放军向尚未解放的广大地区展开规模空前的全面大进军，23 日占领南京，统治中国 22 年的国民党反动政府宣告覆灭。下旬，第四野战军先遣兵团和江汉军区、鄂豫军区部队积极进击武汉外围之敌，相机占领汉川、孝感、黄陂、浠水、广济、黄梅等县城，从东、北、西三面完成对武汉的战略包围。

在武汉即将解放的背景下，中共中央中原局作出撤销中共江汉、鄂

豫区党委，组建中共湖北省委的决定[①]。5月8日，中原临时人民政府决定撤销江汉、鄂豫行署，组建湖北省人民政府，任命李先念为主席，王任重为副主席，韩宁夫为秘书长。后（8月）又任命聂洪钧为副主席。5月12日，中共中央批准湖北省委组成人员，李先念、刘建勋、王宏坤、刘子厚、王树声、聂洪钧、王任重7人为常委，李先念任书记，刘建勋任副书记，刘子厚任组织部部长，袁振任宣传部部长，郝中士任秘书长。后（7月）又任命王宏坤任省委第一副书记，刘建勋任第二副书记。同时，遵中央军委命令，江汉军区、鄂豫军区和桐柏军区一部共同组建湖北军区，李先念兼任司令员和政治委员，王宏坤任第一副司令员，王树声任第二副司令员，张广才任副政治委员，张才千任参谋长，郑绍文任政治部主任。

5月14日，第四野战军先遣兵团发动攻势，突破国民党军队团风到武穴的防线，南渡长江。15日，国民党军第十九兵团司令官张轸率部在金口起义，国民党华中军政长官公署主任白崇禧仓皇撤离武汉。16日，第一一八师解放汉口。17日，第一五三师解放武昌，江汉军区独立第一旅解放汉阳。

武汉解放，摧毁了国民党在华中地区的统治基础，加速了湖北全境解放的进程。武汉成为人民解放军南下西进、夺取最后胜利的战略后方。

5月20日，原鄂豫、江汉、桐柏三个解放区负责人在孝感县花园镇召开大会，正式成立中共湖北省委、省人民政府和湖北军区。李先念、聂洪钧、王任重联名发布就职公告，宣布省委将以为人民服务为宗旨，坚决贯彻毛泽东主席、朱德总司令“约法八章”[②]，动员全省人力物力，支援大军前进，消灭国民党反动残余，有计划地恢复与发展生产，逐渐

---

① 《中共中央中原局关于撤销江汉、鄂豫两区党委成立湖北省委的决定》，1949年4月25日。

② “约法八章”，即1949年4月25日以毛泽东主席、朱德总司令名义发布的《中国人民解放军布告》。主要内容为：保护全体人民生命财产；保护民族工商农牧业；没收官僚资本；保护一切公私学校、医院、文化教育机关、体育场所和其他一切公益事业；除怙恶不悛的战争罪犯及罪大恶极的反革命分子外，凡属国民党中央、省、市、县各级政府的大小官员，国大代表，立法、监察委员，参议员，警察人员，区乡镇保甲人员，凡不持枪抵抗、不阴谋破坏者，一律不加俘虏，不加逮捕，不加侮辱；一切散兵游勇均应向当地人民解放军或人民政府投诚报到；农村的封建土地所有权制度是不合理的，应当废除；保护外国侨民生命财产的安全。

改善人民生活，希望全省人民发扬光荣传统，遵守政府各项法令，“各安生业，竭智尽忠，为建设新民主主义的新湖北而共同奋斗”[①]。《江汉日报》（《湖北日报》前身）在第一版首要位置，向社会公布这一重要消息。

5月下旬，中国人民革命军事委员会和中原临时人民政府决定，划前汉口市、武昌市和汉阳城区所辖地区为武汉市，为中央直辖市，行政区划面积302.7平方公里，人口101万。24日，武汉市人民政府成立，吴德峰任市长，周季方任副市长。25日，中共武汉市委成立，张平化任书记，谢邦治任副书记，吴德峰、夏之栩、曾惇、朱涤新、蔡书彬等任常委。武汉市委与湖北省委同属中共中央和中共中央华中局[②]领导。

省、市委成立后，不断完善工作机构。到1949年12月，相继成立秘书处（办公室）、政策研究室、组织部、宣传部、社会部、农运部（郊区工作委员会）和职工工作委员会、青年工作委员会、妇女工作委员会等工作部门以及《湖北日报》《长江日报》等机关报。以后，为加强党的统战工作和纪检工作，又增设统一战线委员会（统战部）、纪律检查委员会等组织机构。

在建立完善党委所属工作机构的同时，省、市委先后在湖北省人民政府、武汉市人民政府及其所属的委、办、厅、局和司法、检察、金融机构建立党组（党委），在工会、妇联、文联等群众团体和企事业单位中建立党的组织，确定分工负责制度，以加强党对各方面工作的具体领导。

1949年6月3日，湖北省党、政、军领导机关由孝感县花园镇迁入武昌城区。李先念由北平（今北京）经开封，于9日抵达省委办公地——武昌红楼。13日，省委、省政府和湖北军区召开干部大会，欢迎李先念主政湖北。李先念发表讲话，强调湖北的解放是中共中央和毛泽东主席英明领导，是人民解放军各野战军尤其是第二、第四野战军及鄂豫、江汉、桐柏三大解放区党政军领导和人民群众不懈奋斗的结果，今后湖北的任务，首先是支援百万大军前进，解放全国，同时要恢复城市工业生

---

① 《湖北政报》1949年第2期，第9页。

② 5月12日，中共中央决定将中共中央中原局改为中共中央华中局。12月，中共中央华中局改称为中共中央中南局。

产，为解放全湖北、建设新湖北而奋斗。他指出，为完成当前以至今后的历史任务，全省党组织和党员干部必须努力做好三方面的工作：一是真正做到政治上、组织上、思想上的团结一致，依靠工人阶级，团结其他劳动人民和革命知识分子作为民主政权的基础，并尽可能多地争取能够与我们合作的各阶层代表，从事新民主主义的建设事业；二是要牢记“天下无难事，只怕有心人”的古训，加强学习，善于接受新事物、研究新问题，在当前要认真学习和贯彻七届二中全会的决议；三是要戒骄戒躁，保持艰苦朴素的作风与传统，担当起改造旧社会、建设新社会的历史重任。7 月 1 日，他的讲话以《新湖北的任务》为题，作为发刊词在《湖北日报》上发表。

武汉解放和湖北省委、武汉市委的成立，标志着新民主主义革命在湖北已经取得基本胜利，湖北人民结束了半殖民地半封建的屈辱历史，第一次真正成为社会的主人，步入新的历史时期。

二、各级党组织和人民政权的建立

在建立省一级党政组织和工作机构的同时，省委、省人民政府重新规划全省行政区划，通过改组、合并、新建等方式，建立黄冈、孝感、襄阳、荆州、宜昌、沔阳、大冶、恩施 8 个地委、专署和宜昌、沙市两个市委、市人民政府。

其中，原鄂豫第四和第五地委、专署合并，成立黄冈地委、专署，李友九任书记，胡传恩任专员，管辖黄冈、麻城、浠水、罗田、英山、蕲春、黄梅、广济等县；原鄂豫第二地委、专署改组为孝感地委、专署，乔明甫任书记，任士舜任专员，管辖孝感、应城、云梦、安陆、应山、礼山、黄陂、黄安（今红安）、随县等县；原汉南工委改组为襄阳地委，同时成立襄阳专署，张廷发任书记，高如松任专员，管辖襄阳、枣阳、南漳、光化、谷城、洪山、宜城、保康等县；原鄂中地委、专署撤销，划天门、京山、钟祥、潜江、荆门、江陵、公安、松滋等县为荆州地区，组建荆州地委、专署，文敏生任地委书记，张海峰任专员；当阳地委、专署改建为宜昌地委、专署，王延春任书记，杜祥桢任专员，管辖当阳、宜昌、远安、枝江、宜都、五峰、长阳、秭归、兴山等县；撤销襄南地委、专署，成立沔阳地委、专署，杨殿奎任书记，阎钧任专员，管辖沔阳、监利、汉阳、嘉鱼、蒲圻、汉川、石首等县和新堤市；成立大冶地委、专署，刘西尧任书记，李夫全任专员，管辖大冶、阳新、咸宁、崇阳、通山、通城、武昌、鄂城等县；成立恩施地委、专署，李人林任书记，周敬学任专员，管辖恩施、利川、建始、来凤、咸丰、巴东、鹤峰、宣恩等县；将宜昌县城及郊区从宜昌县辖区划出，设立宜昌市，成立宜昌市委、市政府，彭天琦任书记，刘真任市长；成立沙市市委、市政府，宋侃夫任书记，沈德纯任市长。

1950 年 2 月，陕西省两郧专署所辖的郧阳、郧西、均县（丹江口）、房县、竹山、竹溪 6 县划归湖北，成立郧阳地委、专署，于江震任书记，杨锐任专员。9 月，省委撤销大冶工矿特区委员会，成立黄石市委、市政府，高芸生任书记，刘友海任市长。至此，全省行政区划增加为 9 个地区、3 个市，相继成立了 9 个地委、3 个市委和 71 个县委。党的地、县组织的建立为全省政权建设奠定了坚固的领导基础。

从 1949 年下半年开始，按照省委、省人民政府的部署，全省的城镇、农村分步骤改造旧政权，废除保甲制度，建立区、乡基层政权。

保甲制度是国民党政权统治和欺压人民的工具，是执行反动政令与窒息人民生活自由的基层机构，帝国主义、封建主义、官僚资本主义等一切反动势力，都利用这个制度，并通过这种机构来压迫和剥削人民。因此，废除保甲制度，成为人民群众的一致要求。解放之初，湖北省委、省人民政府从实际出发，决定农村人民基层政权分两个阶段进行：第一阶段，在新解放区人民群众尚未充分发动、基层干部又极为缺乏的情况下，由农民协会代行基层行政职权，有的地方在群众的监督下，暂时利用原保甲组织推动工作；第二阶段，在各地农民协会普遍发展之后，转为发动群众，改造乡村政权，彻底废除保甲制度。

省委陆续制定《关于农村基层组织建设的指示》《关于培养农民干部改造基层组织的指示》和《湖北农村人民政权建设问题》等文件，确定“以工人阶级为领导，以贫雇农为骨干，坚固联合中农与贫苦革命知识分子，来改造与建设农村政权”的方针；一般以原乡保区域建立乡村人民政权，乡设人民政府；为方便发动土地改革和推行政令，全省实行小乡制，山区和丘陵地区 800—1500 人为一乡，平原地区 1500—3000 人为一乡,超过 3000 人的自然村划为一乡。农村经过开展反霸、减租、合理负担等社会改革,封建恶霸势力的统治权威受到严重打击,国民党统治时期遗留下来的 20111 个(不含武汉市和郧阳地区)旧保甲和武汉市 277 个保、4913 个甲被全部摧毁。到 1949 年底,全省已经大体建立起省、地、县、区、乡各级人民政权机构。

湖北省各级政权组织,是在彻底打碎国民党反动统治机器过程中建立起来的新型政权。政府工作人员大都是人民解放军的干部、老解放区来的干部和新参加革命的知识分子。领导层以共产党员为主体,包括相当数量的各方面爱国民主人士。湖北省第一届各界人民代表会议代表中,文教界、工商界和开明士绅的代表占全体会议代表的五分之二。这是中国共产党领导的多党合作的统一战线的政权,是以工农联盟为基础的人民民主政权,是湖北历史上从未有过的真正从省到最基层有效行使权力的政权。

三、接管武汉等大中城市

根据人民解放军取得节节胜利、全国许多城市相继解放的形势,中共中央在总结沈阳、北平、天津等北方大城市接管经验的基础上,制定了接管江南城市的政策,规定“在新占领城市实行短期军事管理制度”,主要任务是:肃清反革命的一切残余势力;接收一切公共机关、产业和物资;恢复与维护社会秩序;收缴一切隐藏在民间的反动分子的武器及其他违禁品;解散一切反动党团组织;逮捕战争罪犯和罪大恶极的反革命分子;建立革命政权;建立可靠的群众组织;整理、建立党的组织。中央指出:“必须在上述各项工作以及其他若干工作做好以后,才能依靠城市中的党和人民政府及群众团体进行统治,取消军事管制委员会。”①

1949 年 2 月 3 日,中共中央向各中央局和野战军发出《关于军事形势和准备渡江南进干部的指示》。武汉为华中特大城市,接管人员由东北局、华北局、中原局、华东局抽调派遣,武汉市军事管制委员会、中

---

① 《中共中央关于军事管制问题的指示》(1948 年 11 月 15 日),《中共中央文件选集》第十七册,中共中央党校出版社 1992 年版,第 488 页。

共武汉市委、武汉市人民政府主要领导人和主要机构负责人由中国人民革命军事委员会确定；湖北省内宜昌、沙市、黄石、襄阳等中等城市，接管人员由中原局和鄂豫、桐柏、江汉等军区城工部抽调派遣。这些人员都是各条战线的精干力量，具有良好的素质。有的久经战争考验，政治可靠；有的来自沈阳、长春、齐齐哈尔、大连、北平、天津、济南等城市，具有丰富的接管城市的经验、专业技术和实践本领；有的是本地干部，熟悉城市各方面的情况。他们为湖北城市接管提供了有力的组织保障。

各路人员在等待和前往接管城市途中，分别在天津、郑州、开封、徐州等地参加短期整训。整训的主要内容包括两个方面：一是学习毛泽东主席 1949 年 3 月在中共七届二中全会上的报告，增强对党的工作重点由农村转向城市的思想认识；二是学习接管城市的方针、政策。当时，中共中央通过接管北方大中城市，形成了比较完整的接管政策，包括《中国人民解放军布告》（即“约法八章”）、《关于接管沈阳的经验》、《天津市军事管制委员会工作纲要》、《关于接管工作中几个原则问题的决定》、《接管注意事项》、《移交守则》、《接管江南城市的指示》等。中原局社会部在地下党的配合下，汇编了 3 本《城市保卫工作须知》，制订了《武汉工作队进入武汉前后的工作计划》《搜捕反革命分子计划草案》《国民党特务登记计划草案》等。

为完整地接管湖北大中城市，坚持斗争的地下党组织作出了重要贡献。根据中央关于“里应外合地配合人民解放军完整接管城市”的指示，武汉地下党组织开展对国民党党、政、军、警、特的调查，基本摸清了国民党湖北省属厅、处、局的档案材料、房地产案卷、武器配备和中央、中国、交通、农民四大银行的资金情况；搜集国民党的军事、经济情报，绘制了武汉郊区国民党军队碉堡分布图、汉口城防工事图，并对工商业、邮电、交通、运输、报社、电台、医院、社会团体等单位进行系统调查；揭露国民党的阴谋，开展反搬迁、反破坏、护厂护校的斗争。中共黄石工矿特区工作委员会在华中钢铁公司大冶钢厂、华新水泥公司大冶水泥厂、鄂南电力公司大冶电厂、源华煤矿、利华煤矿五大厂矿成立工人协会、临时护矿委员会，开展护矿斗争。沙市地下党准确提供驻沙市的敌十九军兵力部署情况,积极策动敌舰起义,保护荆江大堤安全。中共江汉区第四地委与宜昌地下党组织配合,对宜昌的历史与现状、敌特机关与匪特活动、市民生活和工商产业等情况进行调查,写出了《宜昌敌伪机关及工商情况初步调查报告》。

接管湖北大中城市的工作与解放军在鄂作战紧密衔接。1949 年 5 月 13 日,中原局发出南下接收武汉的通知,内定的武汉市军管会发出《关于进入武汉应注意和遵守事项的对内通知》,提出依靠工人阶级,团结一切可以团结的力量,以对付当前的主要敌人。5 月中旬,第四野战军解放武汉三镇。22 日,中国人民革命军事委员会任命谭政、陶铸、萧劲光、倪志亮、唐天际、张平化、吴德峰、张执一、朱涤新、赵尔陆、徐林、何伟、王阑西等组成武汉市军事管制委员会,谭政任主任,陶铸任副主任,下设军政、物资、交通、文化等接管部门。同日,军管会宣布对武汉市实行军事管制。不久,武汉市军事管制委员会石灰窑工业特区特派员办事处成立,负责接管大冶钢厂、电厂、水泥厂、源华煤矿、利华煤矿五大厂矿和两个镇公所等有关行政部门。7 月,宜沙战役胜利结束。17 日,沙市成立军事管制委员会,宋侃夫任主任,阎钧任副主任。下设军事、政权、财经、文教、交通五大接管部门。22 日,宜昌市军事管制委员会、宜昌市警备司令部成立,宜昌市政府公安局、教育局、工商局、税务局、民政科、财粮科、建设科、人事科等办事机构对外办公。襄樊市军事管制委员会成立后,颁布入城守则,维护社会治安,对城市实行全方位接管。

湖北城市接管工作既贯彻了中共中央的统一部署,又考虑到了新解放城市情况复杂、群众发动不充分、干部配备较薄弱等因素,形成了一套完整的政策。主要是:(一)由军管会统一领导和指挥,根据“各按系统、自上而下、原封不动、先接后分”的原则,禁止乱搬乱拿、破坏和分散物资,将机关、厂矿、企业完整接收下来。(二)对官僚资本企业,全部没收,为人民所有。不“打碎”企业原有组织机构,实行“原职、原薪、原制度”的“三原”政策,以稳定人心,迅速恢复和发展生产。原企业中的各种组织和制度,包括奖励制度和劳动保险制度,仍照旧保留和执行。(三)对接管旧人员“原职、原薪、原地不动”,量才录用,团结改造,按系统接收。对接管企业中的不同层次的职员,原封不动,逐步改造,大胆使用,发挥专长。

武汉、黄石和沙市、宜昌、襄樊等城市在接收过程中,还根据实际制订了一系列具体的规章、制度和纪律:进入城市不许随便发言与自作主张,负责干部应细心研究党对城市的各项政策,遵章办事,丝毫不得逾越;特别在外交问题,如被国民党政府所承认之外交机关、外交人员及外国教堂、外国侨民及其财产等问题上,以及与涉及人民的人权、财权等问题上,任何机关与个人不得擅自处理;全体干部与入城人员,必须保持朴素刻苦作风,不得接受被接管单位任何公私馈赠,不得个人私自进入娱乐场所,不得未经请假擅离职守,不得沾染官僚习气等。这些规定的制定和遵守,对顺利接管全省大中城市发挥了重要作用。

接管工作在解放后的 3 个多月内集中进行,取得了很大的成绩。以武汉市为例,按照分工,军政接管部接管了国民党中央政府在武汉直属的行政机构和海军、空军、陆军军事部门及军事教育机关;物资接管部分 8 个部门,分别接管了国民党在汉的工业、财粮、金融、海关贸易、农林水利、房产、卫生以及后勤等系统的机关、工厂、仓库;交通接管部按铁路、航运、公路、邮政、电讯 5 个系统进行接管;文化接管部分教育和文艺社教 2 个系统进行接管。上述 4 个部门共接管 560 余个单位。

到 8 月中旬,湖北大中城市基本完成接管城市和分配干部、实行战略展开两大任务,军事管制委员会对内停止办公。在 3 个多月内,全省共接收国民党军事、公安、财政、金融、交通、教育、文化等系统机关、企业近千个单位,接收旧人员和职工 4.2 万人。接管工作的顺利完成,摧毁了国民党在湖北大中城市统治人民的各级军、警、特、宪和政权机关,逐步建立了新的民主政权管理机构,使已停顿的工厂、企业陆续恢复了生产与经营,将没收的官僚资本全部改造成国营经济,为推进湖北全境解放和巩固新生的人民政权创造了条件。

四、湖北全境的解放与支前

武汉解放后,人民解放军第四、第二野战军挥师南下与西进。湖北军民配合解放大军向盘踞在湖北中南、西南的国民党军队展开战略追击。

当时,国民党华中军政长官公署主任白崇禧率部退守鄂南,副主任兼川湘鄂边区绥靖公署主任宋希濂率部退守沙市、宜昌。1949年7月,第四野战军在湖北境内,兵分三路进行追击:第十二、十四兵团沿粤汉铁路前进,追击白崇禧集团;第十三兵团向宜昌、沙市地区推进,追击宋希濂集团;第十五兵团指挥两广纵队向鄂赣边境前进。

7月上旬,湖北军区独一师、独二师和荆州、宜昌军分区部队配合第四野战军第十三兵团,发起宜沙战役。该战役历时21天,歼灭宋希濂集团第二、一二四、十五、七十九军各一部及鄂保安第一、二、三、四、七旅各一部及第十旅全部,毙俘官兵15343人,解放远安、当阳、宜昌、沙市、江陵、宜都、枝江、松滋、公安等十余座县城。

宜沙战役结束后,湖北军区成立由参谋长张才千为首的西线指挥部,负责向鄂西南进军,确保四野主力侧后安全,阻击遁逃鄂西山区的宋希濂残部东进窜扰。7月下旬,独一师、独二师继续沿长江向西挺进,解放兴山、秭归,将宋部压缩在鄂西南。此时,宋希濂集团尚有8个军约11万人,集中于巴东、鹤峰、建始、恩施、咸丰等山岳地带,组成由东北向西南宽约250公里、纵深约100公里的防御地带,企图利用鄂西、川东天险负隅顽抗,阻挡人民解放军进军四川。

10月下旬,为彻底消灭盘踞在湖北境内的国民党军和为人民解放军进入川、黔、康扫清障碍,湖北军区成立鄂西南地区作战指挥部,由军区副司令员王宏坤统一指挥第四野战军主力一部和独一、二师及恩施军分区部队发起鄂西南战役。此役历时18天,歼灭宋希濂集团第七十九军九十八、一九九师,第十五军一六九师、第一二四军六十师残部1.5万人,消灭湖北地方反动武装1万余人,共计2.5万余人,解放长阳、五峰、巴东、建始、恩施、宣恩、来凤、咸丰、利川、鹤峰等县。至此,盘踞于湖北境内的国民党正规军被全部消灭,湖北全境获得解放。

地处九省通衢的湖北,是人民解放军第四、第二野战军南下西进的前进基地,在追歼境内的国民党军队的同时,还担负着异常繁重的支前任务。这一工作,直接关系到战略大追击的成败。湖北省委、省人民政府始终将其当作头等大事,进行广泛动员和精心组织。7月16日,省政府召开首届财经工作会议,指出"湖北是一个战略枢纽,是彻底消灭敌人的前进阵地，即使大军打到了湖南、广东，支援前线仍是重要任务”。“必须去做好一切有利于战争的工作，特别是支前工作”。省委书记李先念通过讲话、总结和发表文章，强调：支援前线，支援邻区，争取早日全国解放，是华中局交给湖北的伟大任务，“谁要是存在支前工作已经结束或者厌烦支前工作的思想，谁就要犯莫大的错误”[①]。

支前工作主要包括三个方面：

一是建立支前领导机构。湖北省人民政府与湖北军区联合成立支前司令部，许金彪任司令员；各军分区沿平汉、粤汉铁路和长江、汉水等交通要道建立各级支前机构。全省抽调大批干部进入新区，重点分配到襄阳、沙市、宜昌，在襄阳设立襄河支前运输司令部，在沙市成立鄂西支前指挥部，协调组织鄂中、鄂西地区支援四野南下和二野西进工作。

二是及时解决物资供应问题。6 月 11 日，李先念主持召开省委会议，指出支前工作的重点是粮食和运输问题，要告诉湖北人民，在胜利中要再“捆”一次肚子，筹措物资支援前线。6 月 12 日和 25 日，省委作出《关于夏征问题的决定》和《关于夏征问题的补充指示》，规定夏粮征收按不同地区，采取不同方法：在新区，继续利用保甲组织，召集群众大会，发出布告，宣传政策、公布征收数字，防止保甲人员借机敲诈、加派、转嫁；在老区，按照简单累积税的政策征收。夏征任务要在 7 月 15 日前完成。7 月 22 日，湖北省人民政府发布通告，要求凡应纳公粮之户，其所应纳之数，统限 8 月 10 日前缴清。7 月 28 日，省委、省政府根据华中局指示，决定在原供给部队用粮的基础上，再调 2700 万斤到湖南；襄阳专区除已调出之粮外，再调 1200 万斤用汽车直接送到沙市，然后组织南运；沔阳、宜昌专区除已交第十三兵团之用粮外，还要尽量抽出余粮储藏于宜昌、沙市、江陵等地，以供军需。

三是组织人民群众开展各种形式的支前活动。各地党政军民克服困难，主动与过境的解放大军联络，帮助部队筹粮、筹草及组织民工和担

① 李先念：《统一思想，克服财政经济困难》（1949 年 7 月 16 日），《李先念建国初期文稿选集（一九四九年七月——一九五四年五月）》，中央文献出版社 2002 年版，第 2 页。

架队等,表现出了无比的热情。解放大军所至,不论城镇或乡村,普遍受到群众的热烈欢迎,腾房供物、竭诚招待与慰劳;过军大道,到处设有防暑急救站;各地青壮年男子踊跃参军参战;妇女自动组织起来,做军鞋,为驻军洗衣补衣。男出战勤,女做村勤,到处呈现出男女老少争先拥军支前的繁忙景象。

截至 1949 年 11 月底,湖北省供应第四野战军、第二野战军和民工、船工粮食近 2 亿斤、柴草 2.4 亿斤,动员近 100 万民工随军运送粮食、弹药和抬担架,抽调近 5000 艘民船为解放大军运输人员和物资,动员修复公路 2650 公里,架设大小桥梁 300 余座,铺设摆渡和浮桥近 100 座,为保证解放大军南下、西进作战的顺利展开作出了重要贡献。

第二节　巩固新生的人民政权

一、"以农村为重点同时又兼顾城市"工作方针的确定

新解放的湖北,千疮百孔,百业待兴。如何科学分析面临的形势和任务,因地制宜地确定新的工作方针,成为湖北省委必须解决的首要问题。

党的七届二中全会提出,在即将取得全国胜利的局面下,党的工作重心要由乡村转移到城市,但是,城乡必须兼顾,决不可丢掉乡村,只顾城市。1949 年 6 月 11 日,中共中央华中局在给中央的报告中提出,华中地区是新解放区,在华中地区贯彻七届二中全会决议,步骤应与东北、华北等老解放区有所不同,应该采取"以农村为重点同时又兼顾城市"方针,分三步走,即:第一步是接管好城乡,解决支援前线及城市必需的原料与供应问题;第二步是将工作重心在一定时期内先放在农村,肃清匪特及反革命残余势力,进行各种民主改革和社会改革;第三步是将封建的农村改变为人民的农村,再将工作重心移回城市,用最大力量发展城市,同时兼顾农村。中共中央批准了这一方针,同意华中局按照"设计的三个步骤去布置城乡工作"。

7月7日至10日，湖北省委召开会议，研究如何贯彻执行华中局工作方针的问题。会议一致认为，湖北虽然大中城市已经解放，但面对的还是封建的乡村。没有新民主主义的乡村，就不可能有人民的城市。湖北党组织今后的工作，就是坚决贯彻“以农村为重点同时又兼顾城市”的方针，深入农村进行剿匪、反霸、支前，搞好财政，整顿组织。7月18日，省委、省人民政府和湖北军区召开机关县团级以上干部会议，决定整顿、紧缩机关组织，腾出大批干部组成工作队下乡或分配到县区工作。同日，省委发出《关于贯彻华中局工作方针的指示》，明确今后一年工作的中心是开展剿匪反霸，发动群众，打垮地主当权派的反动统治，建立乡村人民政权。

8月13日至27日，中国共产党湖北省第一次代表会议在武昌召开，进一步贯彻“以农村为重点同时又兼顾城市”的方针和确定中心任务。会议正式代表247人，列席代表250人，华中局第一书记林彪、第三书记邓子恢，华中局常委、办公厅主任、组织部长李雪峰，华南分局第一书记叶剑英出席会议。

14日，李先念代表省委作主题报告。报告总结解放3个多月的工作，对湖北的政治、军事、经济进行了详细分析和研究，认为：解放初期，就全国来说，湖北具有与其他省份不同的基本特点，主要体现在三个方面：

政治方面，湖北是国民党在华中地区的指挥中心，是帝国主义、封建主义、官僚资本主义苦心经营的战争基地，是反革命势力与革命势力长期争夺的重点地区。全省有较普遍的国民党、“三青团”、“中统”、“军统”等反动基层组织，他们不仅具有政治斗争、武装斗争经验，而且善于运用落后的宗教迷信团体作掩护，利用各种关系打入革命进步团体，进行各种反革命破坏活动。湖北除少数地区外，绝大部分为新区，广大农村仍然为土匪特务与恶霸地主封建势力所控制，人民政府各种法令不能顺利推行，使支援战争、城乡沟通、生产建设等工作遇到困难。

军事方面，虽然人民解放战争在湖北全境获得基本胜利，但还没有完全结束。湖北农村多数地区尚未进行土地改革，农村封建势力的社会基础依然存在，国民党预先布置的特务组织和国民党军队溃逃时留下的数以万计的残余力量，盘踞在较大山区和省县交界地带，同土匪、恶霸勾结在一起，依山靠湖，可随时袭扰平原和城镇，对新生的各级人民政权构成严重威胁。

经济方面，湖北解放时，农村凋敝，工厂歇业，经济萧条，物价飞涨，物资匮乏，民不聊生，经济社会已濒临崩溃的边缘。1949 年，湖北主要工农业产品的产量与历史上最高年产量相比，大幅度下降，其中粮食、棉纱下降三分之一，棉花、芝麻、烟叶、生猪、煤炭、棉布等下降一半以上，油料、蚕茧、茶叶、生铁、原盐等下降三分之二以上。全省城市经济极其脆弱，武汉等大中城市大都为消费性和商业性的城市，工业落后，对农村的依赖性很大。由于农村仍处在封建势力的压迫下，农民穷困，生产落后，既不能提供较多的原料，又无较大的购买力。不发展农村，城市经济极难繁荣。

报告在分析研究湖北基本省情的基础上，根据湖北工作的特点，重申把党的工作重心暂时放到农村、以农村兼顾城市的工作方针，规定当前党的中心任务是在农村发动群众，军事上清剿残敌，政治上彻底消灭封建恶霸势力，为湖北的经济恢复创造安定环境，同时以恢复生产，正确处理公私关系、劳资关系和沟通城乡关系为重点，兼顾城乡工作。

27 日，李先念为大会作总结，指出，会议确定了指导全省今后一个时期的正确方针和决议，这只是解决问题的开始，还不是解决问题的全部。把会议的精神和决议变成实际，化为千百万人民的群众运动，需要全体同志团结一心进行长期艰苦的努力。

会议结束后，湖北各地、市委和县委相继召开党的代表会议或县委书记、县长联席会议，积极贯彻省党代表会议精神，研讨本地情况，制订具体执行办法，号召全体党员、干部面向农村，克服居功自傲和享乐思想，把党的主要力量集中到中心工作上来。

二、剿匪反霸斗争

解放前夕，国民党安排大批特务、土匪潜伏在湖北，以鄂豫皖交界的大别山区、鄂西北武当山区、湘鄂赣交界的幕阜山区和湘鄂交界的武陵山区为中心，大肆进行破坏活动。他们提出建立党政军特四位一体的反动纲领，组建军队，委派县长、区长，凭借山险、湖沼和地区结合部，建立所谓“敌后游击根据地”。他们采取“集中协同分散、合法掩护非法、公开配合秘密”[①]等手段，混入地方人民政府和人民武装，利用社会关系在一些地区建立假农会、假自卫队，或者派人打入农会组织和民兵组织，控制部分乡村人民政权和群众组织，破坏新生政权。

1949年5月至6月间，出没于湖北的股匪慑于四野、二野大军压境的威力，不敢妄动。7月，随着四野、二野主力南下西进，相继离开湖北，股匪乘隙疯狂反扑，从事暴乱、爆炸、暗杀活动，焚烧公粮、公盐，破坏铁路、公路，一些地区甚至出现匪占农村的严峻形势。据1949年7月统计，国民党遗留在湖北境内的武装股匪达2.8万人；在已经解放的46个县中，无股匪的只有5个县，其余的41个县股匪人数均在100人至1000人左右。

匪特的罪恶活动，严重危害人民和国家的根本利益，妨碍党和政府的各项工作。肃清匪特，成为全省人民的迫切要求，也是省委开展农村工作的中心工作。

1949年7月29日至8月5日，中国共产党湖北军区第一次代表大会在武汉召开，研究部署全省剿匪工作。参加会议的有湖北军区所属部队党委、各军分区党委和军区直属机关等单位的代表45人，列席会议人员70人。会议决定独一师、独二师继续配合四野主力在鄂西作战，独三师、独四师和各军分区部队转入剿匪斗争。湖北省委第一副书记、湖北军区副司令员王宏坤在会议总结中强调，剿匪必须遵照“军事清剿、政治瓦解与发动群众武装自卫三者结合起来”，分步骤地消灭股匪、捕捉散匪、肃清潜匪、铲除匪根，以达到彻底肃清土匪的目的。会后，省委和湖北军区根据不同地区不同阶段匪情变化，指挥部队采取灵活的作战方式，在湖北境内及其边界地区开展了大规模剿匪斗争。

全省的剿匪斗争，大致经历了两个阶段：

第一阶段（1949年7月至1950年秋），集中优势兵力进剿股匪。

---

① 李先念：《剿匪反霸是当前的中心任务》（1949年8月14日），《李先念文选（一九三五——一九八八年）》，人民出版社1989年版，第93页。

围歼股匪分鄂南、鄂东、鄂西北、鄂西南四片展开。

鄂南地区有大小股匪40余股4000余人。1949年7月至8月，湖北军区独四师和大冶军分区部队进驻鄂南，分为两个剿匪集团。东集团以大冶军分区部队为主，进剿鄂城、大冶及通城以东、通山以南地区的股匪；西集团以独四师为主，进剿通山、通城、崇阳、咸宁地区的股匪。10月，东、西集团在消灭、迫降“武汉守备突击纵队”“湘鄂赣剿匪游击纵队”后会合，对盘踞大幕山的股匪“鄂东南行署游击第二纵队”李慧溪部进行合击，俘虏第二团团长艾鑫臣、第三团团长唐渊，迫使该股匪分散流窜。鄂南剿匪转入全面驻剿，部队实行工作队化，开展政治攻势，缉捕匪首，追歼小股土匪。10月，俘虏“湘鄂赣边区人民反共救国军”第二军司令郭礼、副司令张锡侯。12月，捕获“鄂东南行署游击第二纵队”司令李慧溪。

鄂东地区最大的股匪为“鄂豫皖边区人民自卫军”，编为11个支队、18个自卫团，共计1.7万余人。为消灭这股流窜在湖北、河南、安徽三省边境地区的股匪，湖北军区于1949年8月组成“鄂豫皖边区剿匪指挥部”，由王树声任司令员兼政委，何柱成任副政委，以四野第四十二军一二六师和麻城以及河南固始、新县地方武装组成北线部队，以独三师和黄冈军分区部队组成南线部队，以三野第二十四军七十一师、皖北警备第一、二旅及地方武装组成东线部队。9月5日，三线部队同时开展进剿，经过半年追歼，捕获“鄂豫皖边区人民自卫军”总司令王宪、第一副司令兼参谋长樊迅、第二副司令兼“立煌挺进支队”司令袁成英等匪首。其中，南线剿匪部队全歼匪“鄂豫皖边区人民自卫军”第十一支队和第三支队、第五支队各一部，击毙第十一支队司令陈新民，争取第五支队副司令周香波、李俊芳等一大批匪首投降。

鄂西北地区的股匪，主要有国民党鄂北行署主任李朗星部，“保康县长兼保（康）房（县）谷（城）南（漳）四县联防指挥官”温而理部，宜城“华中剿总”襄西指挥官张经武部等，约4000人。6月至9月，李朗星多次纠集保安团、独立营以及地主武装，袭击保康马良坪。10月18日，襄阳军分区独七团和南漳、谷城等县武装强渡沮水，在小官帽山迎击该敌，歼其一部，接着奔袭观音河，迫使匪首杨济众投降，该地2000余匪被瓦解。11

月，独七团与保康县武装袭占惯匪孙秀章老巢，解放保康县城。

鄂西南地区股匪牌号甚多，共有 70 余股，其中以瞿波平为首的“湘鄂川边反共救国军”规模较大，武器较优。鄂西南战役结束后，湖北军区独立第二师奉命改为恩施军分区，随即发布剿匪动员令，乘胜追剿国民党地方武装，并逐步把主要力量转向农村。按照“肃清土匪，发动群众，巩固政权，开展土改”的方针，恩施军分区采取内线驻剿与外线进剿相结合，以军事打击为主、政策攻心为辅的斗争策略，先后围歼了湘鄂边股匪朱继凯部、恩施“大刀会”总头目郑佐龙部、利川匪首李翰卿部，以及瞿波平股匪一部，歼匪 2097 人，收到了打击一股震撼一片、歼灭一股震慑全线的效果。1950 年下半年，恩施军分区成立 5 个剿匪指挥部，接连开展剿匪突击月、剿匪荣誉竞赛月，分北、南两线，锁定目标，重点进剿，共计歼匪 6300 余人。到年底，基本肃清了鄂西南地区的股匪。

与此同时，沔阳、荆州、孝感、宜昌等军分区部队，也对辖区内的股匪进行了重点进剿，取得重大成绩。

从武当山到江汉平原，从大别山到大幕山，到处成为追剿股匪的战场。剿匪部队与地方武装密切配合，在人民群众大力支持下，采取分进合击、多路合围的战术，对股匪穷追猛打，进行重点进剿和分散驻剿，使其无处藏身。在强大的剿匪攻势下，股匪大部被歼或投降，余部为躲避解放军的锋芒，流窜或潜伏到省、县临境边界。

1950 年 4 月 22 日，湖北省委、湖北军区分析匪情变化，下发《关于组织边沿地区剿匪的指示》，确定把组织边沿区会剿、彻底肃清残匪作为剿匪工作的重点，提出巩固中心区、面向边沿区、把边沿区变成中心区的方针。湖北军区在湖北与邻省边境地区，特别是湖北与湖南、贵州、四川、陕西交界地区，组建了 8 个剿匪工作委员会、34 个会剿指挥部（所）、20 个联防区，展开对省、县边缘区股匪的联合会剿。到 10 月下旬，湖北境内股匪基本肃清。

第二阶段（1950 年秋到 1952 年 12 月），清剿散匪、潜匪和特务。

1950 年秋，全省尚存 3000 余名土匪。他们都是一些极端反动、怙恶不悛的匪首和骨干，大多隐藏在深山密林之中，或潜伏在剿匪部队和机关附近。他们行动诡秘，手段多变，纵火、投毒、暗杀，制造暴乱，无恶不作。9 月 12 日,湖北省委、湖北军区要求各部队分析匪情的新特点,与公安机关紧密协作,从公开斗争转入隐蔽斗争,从军事斗争转为政治斗争,加强工作队化,发动与组织群众,全力清剿散潜匪特。13 日,省委发出《关于加强清匪肃特工作的决定》,要求在各级党委领导下成立清匪肃特委员会,实现清匪反特一元化领导。

根据省委和湖北军区的决定,各剿匪部队普遍实行工作队化,抽调 8900 余人,组成精干的战斗分队或战斗小组,采取以分散对分散、以隐蔽对隐蔽的战术,对散潜匪特展开清剿。11 月至 12 月两个月时间里,全省清剿散潜匪特 2600 余人。1951 年 4 月,湖北军区又组织 800 余人,成立专职清匪便衣工作队,除清剿辖区内的匪首匪众外,还北到黑龙江、山西、陕西、河南,南到云南、湖南、江西,东到安徽、上海、浙江,西到四川、重庆,与当地公安机关、民兵配合,捕获外逃的匪首 250 余人。

凌厉的军事打击、强大的政治攻势,以及广泛的群众斗争相配合,使国民党的残余匪众土崩瓦解。经过近 4 年的努力,到 1952 年底,湖北共消灭土匪 6.4 万余人,捕获匪首 270 余人、国民党特务 2050 余人,平息暴乱 153 起。

在剿匪的同时,湖北还开展了以打击国民党残余势力和农村封建势力为对象的反霸斗争。

霸,指恶霸,是国民党统治与封建势力相结合的产物。解放前,恶霸分子依仗或纠集反动势力,横行乡里,称霸一方,残酷压榨群众;解放后,特别是成股武装匪特被消灭后,恶霸分子成为散潜匪特的藏匿者。他们与匪特相互勾结,杀害人民政府的工作人员、乡村干部和农民积极分子,疯狂抵抗支前、剿匪、减租、征粮等中心工作。恶霸地主不打倒,匪特无法清除,农村工作难以打开局面。

湖北省委把反霸与剿匪结合在一起,根据不同地区、不同阶段提出不同要求,原则上以剿匪为重点,在股匪被打垮之后或者只有散匪零星活动的地区,适时转入以反霸为重点的工作,发动群众,斗争恶霸地主,以铲除匪根;斗争的基本原则是依靠雇贫农,巩固地联合中农,争取一切可能中立的阶层中立;反霸斗争的一般步骤是先召开农民协会,宣传反霸政策,深入发动群众,然后召开诉苦会、农代会,办积极分子训练班,提高群众的阶级觉悟，激发他们参与反霸斗争的热情，使反霸斗争健康发展。

湖北剿匪反霸取得全面胜利，彻底粉碎了国民党所谓建立“敌后游击根据地”的企图，沉重打击了国民党残余势力和农村封建势力，提高了人民群众的思想觉悟和组织程度，为农村各项工作的开展扫清了障碍。

三、镇压反革命运动

解放前后，国民党在湖北潜伏的地下组织、反动党团骨干分子、特务等各种反动势力活动猖獗。朝鲜战争爆发后，他们以为“第三次世界大战”即将到来，蒋介石“反攻大陆”的时机已到，气焰更加嚣张。据统计仅 1950 年 7 月，湖北各地就发生反革命杀人案件 43 起、暴乱骚动案件 45 起。坚决镇压反革命，成为党和政府巩固胜利、完成民主革命遗留任务的必要步骤和安定社会秩序、巩固新生政权的中心环节。

湖北省和武汉市十分重视镇压反革命工作。在解放后的头几个月，各级公安部门集中对各类反革命分子进行了清查搜捕，破获了许多特务间谍案件。同时，对国民党特务机关和军（队）、警（察）、宪（兵）及反动党、团在鄂情况进行深入调查，进行反动党、团员和特务分子的初步登记，初步稳定了社会秩序。但是，工作中也存在一些缺点，如不少干部存在麻痹轻敌思想，有的地方把党“镇压与宽大相结合”的政策片面理解为“宽大无边”，一些应该逮捕的没有逮捕，过分强调教育改造，忽视了必要的严厉镇压。以华中最大城市，也是敌特势力十分严重的武汉为例，在 1949 年 5 月至 1950 年 10 月的一年多时间内，先后逮捕了反动分子 1200 余人，但严厉镇压的只有 21 人，三分之一以上的人先后释放。有的特务分子被宽大释放后继续作恶，有的土匪被教育释放后行凶报复。

1950 年 10 月 10 日，中共中央下达《关于镇压反革命分子的指示》（简称“双十指示”），要求各级党委必须对一切进行反革命活动的分子予以严厉制裁，坚决纠正镇反工作中“宽大无边”的偏向，全面贯彻党的“镇压与宽大相结合”的政策，规定各中央局和省、市党委必须在 1 个月内制订工作计划,报中央批准后实行。自此,大规模的镇压反革命运动拉开帷幕。

镇压反革命运动打击的重点是土匪(匪首、惯匪)、特务、恶霸、反动会道门头子和反动党团骨干力量。整个运动历时三年,分三个阶段进行。

第一阶段从 1950 年 8 月至 1951 年 10 月,为集中搜捕阶段。

1950 年 8 月 10 日,省人民政府发布《关于严厉镇压反革命分子布告》,要求各地根据政务院、最高人民法院《关于镇压反革命活动的指示》,坚决镇压匪特活动,严厉制裁破坏分子,预防并及时扑灭反革命骚乱和暴动。11 月 3 日至 16 日,省委同时召开第二次全省公安会议和全省军分区司令员会议,制定《湖北省关于镇压反革命的意见》,对逮捕对象、行动时间和执行中的具体问题作出明确规定。12 月 8 日,省委发出《关于加强镇压反革命活动的指示》,强调"镇压反革命活动是当前的重要任务,是突击性的工作,同时又是长期的斗争"[①]。随即,全省展开了大规模的搜捕行动。

镇压反革命运动真实地反映了人民群众的迫切要求,但是,反革命分子隐藏在社会的各个角落,在当时的情况下,只靠专政机关确有较大难度。省委坚持党对运动的领导,全党动员,并吸收民主党派和各界爱国人士参加,广泛地宣传发动群众,做到家喻户晓,人人明白,打破关门主义和神秘主义,群众大力支持并积极参与斗争。

1951 年 2 月,中央人民政府颁布《中华人民共和国惩治反革命条例》,为镇反斗争提供了法律武器和统一的量刑标准。结合该条例的颁布,全省各地纷纷召开人民代表会议和民主人士座谈会,组织各界人民审判委员会或军事法庭,依法制裁反革命分子。同时,在机关、学校、工厂、居民区建立群众性肃清反革命委员会等组织,通过召开群众诉苦会、控诉会、代表会、公审会、展览会,充分发动群众参加镇压反革命运动,控诉、检举反革命分子。利用公审大会这种形式,对广大群众进行活生生

① 中共湖北省委办公厅编:《省委关于加强镇压反革命活动的指示》(1950 年 12 月 8 日),《中国共产党湖北省委员会重要文件汇编》(1950 年),第 301 页。

的革命斗争和法制的教育,对于发动群众、教育群众起到了很大的作用,不仅密切了党与人民群众的关系,而且进一步推动了镇反工作的顺利进行,很快形成了镇压反革命高潮。到 1951 年 4 月底,全省共逮捕反革命分子 8.2 万多人;到 5 月底,武汉市共逮捕反革命骨干分子 4440 余人。

在镇压反革命运动形成高潮以后,为巩固已经获得的成绩和避免可能发生的错误,中共中央从 1951 年 5 月起实行“谨慎收缩”的方针,集中力量处理积案。5 月 25 日至 6 月 8 日,省委召开全省县公安局长会议,发出《关于执行第三次全国公安会议决议的指示》,强调要毫无保留地执行收缩方针,将案犯清理工作作为全党当前中心工作之一,规定:从 6 月开始,捕人权一律收归地委,杀人权收归省委;可杀可不杀的不杀,可捕可不捕的不捕,可释放的予以释放,界线不明的要缜密调查后再行判决。

各地党委坚持“镇压与宽大相结合”的原则,一方面全面贯彻执行“谨慎收缩”的方针;一方面乘胜扩大战果,在机关、学校、团体等机构中开展忠诚老实运动,在社会上开展反动党、团员和特务分子悔过自新、坦白登记运动,将运动推向深入。据统计,全省(不含武汉市)共登记国民党区分部委员和“三青团”分队长以上骨干分子 3179 名,特务分子 4668 名,国民党军连长和地方政府保长以上军政人员 1152 名;武汉市共登记反动党、团员 8773 人,各种职业特务 1287 人,缴获敌特证物 5517 件、电台 33 部。

第二阶段,从 1951 年 11 月至 1952 年 10 月,为积案清理阶段。

从 1951 年 12 月开始,全省展开了声势浩大的“三反”“五反”运动,镇反工作重点转为清理积案。1952 年 4 月 30 日,省公安厅发出《关于清理积案的紧急指示》,要求各级公安机关加强领导,组织力量,迅速投入清理积案工作。省委要求清理积案工作“必须在党委统一领导下,组织公安、司法、检察署等部门发动群众,进行清理”。省、专区、县三级成立了清理积案委员会,按照有反必肃、有错必纠的方针,进行清理。全省参加积案清理工作的专职干部达 1557 人。到 8 月底,基本上完成了清理任务,共清理积压案犯 13000 余名。

第三阶段,从 1952 年 11 月至 1953 年 10 月,为取缔反动会道门以及追捕外逃犯阶段。

1952 年 10 月 12 日至 18 日，公安部确定镇压反革命运动第三阶段的任务是，要坚持不懈地将一切不彻底的地区和不彻底的地方所躲藏的反革命分子清查彻底，在全国范围内胜利结束镇压反革命运动。11 月 16 日至 12 月 3 日，湖北省召开第六次公安会议，根据全省的实际，决定将镇反重点转向取缔反动会道门、结合水上民主改革肃清隐藏在水网地区的反革命分子和追捕外逃漏网的反革命分子。

会道门在湖北门类繁杂，分布较广。据不完全统计，各种会道门共有 210 余种，会首 2.6 万余人，会众 45 万人。被确定为反动会道门的共有 71 种，这些反动会道门的首领人物一般都是当地的豪绅、地主、恶霸，会众除少数受蒙骗的贫苦民众外，大多数也都是不务正业的各类人员。他们有的气焰嚣张，活动猖獗，以至进行武装暴动，妄图颠覆新生的人民政权。1953 年 4 月 7 日至 13 日，全省统一行动，彻底取缔反动会道门。按照“打击惩办少数首恶，教育改造多数，挽救广大被欺骗群众”的政策，全省依法判处 212 名罪大恶极的反动会道门头目死刑，收押中小会首 2185 名，管制 376 名，登记集训 14788 名，退道、退会 23.7 万余人，使湖北反动会道门组织受到毁灭性打击。

1952 年 12 月，省公安厅发出《关于结合水上民主改革进行镇压反革命运动的指示》，要求省、地（市）成立水上镇反组，分段负责。从 1953 年 6 月中旬开始，全省在长江、汉江及其支流的 88 个港口，以及省内 12 个大中湖泊，开展为期 3 个月的水上镇反运动，逮捕反革命分子和封建把头 984 名，摧毁了横行于江河湖泊的水霸、湖霸等反动势力。

1953 年 2 月 13 日，省公安厅发出《关于加强追捕外逃反革命分子的指示》，组织 202 名追捕人员分成若干分队或小组，在全国范围内进行侦察、调查和追捕。据不完全统计，仅专门机关由外省捕回的潜逃反革命分子就有 5600 余人。各地依法惩处了一批罪大恶极的反革命分子，如在 1923 年二七惨案中杀害共产党员林祥谦、施洋的主谋之一赵继贤，在 1946 年昆明血案中暗杀民主人士李公朴、闻一多的主犯之一王子民，均在湖北被捕归案，依法处决。

湖北镇反运动历时 3 年，取得重大成就，基本肃清了国民党遗留在湖北省和武汉市的反革命势力,巩固和纯洁了各级人民政权,建立和健全了治安保卫组织及各种安全保卫制度,使社会秩序获得了前所未有的安定,有力地支持、配合了土地改革和抗美援朝运动。

四、稳定金融、物价的斗争

人民政权建立初期,湖北尤其是武汉等新解放的大中城市承受着旧秩序被破坏、新秩序尚未建立起来的经济震荡。国民党统治时期恶性通货膨胀的影响仍在继续,一大批投机商趁机兴风作浪,致使黄金、银元、外币充斥市场,商品严重不足,物价轮番暴涨,给全省工农业生产、城乡物资交流和人民生活造成严重影响,社会动荡明显加剧。

从 1949 年 5 月到 1950 年底,为应付极其严重的经济形势,湖北省与武汉市配合全国统一行动,结合省市实际,密切配合,广泛开展了稳定金融、物价的斗争,重点组织了同投机资本的两大战役。

首先是"银元之战"。

中央政府宣布人民币为统一流通的合法货币,禁止以金银计价、流通使用和私相买卖。以政治破坏为主要目的的金融特务,以投机操纵、组织走私、唯利是图而被人们视为"银虫"的投机商,活跃在僻街小巷的银元贩子,以及金融特务、投机商、银元贩子之间的经纪人,组成了一个盘根错节的黑市网。他们趁人民币立足未稳,利用人们历来对纸币不信任的心理,猛抬银元价格,扰乱金融市场。银价涨,百物涨。银价与人民币的比价攀升,直接拉动各种物价直线上升。1949 年 5 月中旬到 7 月初,在一个半月时间内,湖北以武汉为中心,波及黄冈、孝感、沔阳等专区,发生两次物价陡涨,银元价格上涨近 5 倍,大米、布匹等主要生活用品上涨 4—5 倍。政府规定银元与人民币比价牌价为 1∶300,而黑市价格最高曾达到 1∶2850。物价波动最剧烈的阶段,一天之内,粮、棉、盐、纱、布等主要商品价格上涨 37%—43%。

1949 年 5 月下旬至 6 月中旬,武汉市军事管制委员会连续颁布布告,正式宣布中国人民银行发行的人民币为唯一合法货币,并按照规定的比价收兑银元和金圆券,明令禁止中州农民银行钞票和金圆券在市面流通。6 月 22 日,武汉市军事管制委员会和湖北省人民政府颁布《湖北省、武汉市金银管理暂行办法》,禁止银元流通,取缔银元买卖。各级人民政府整顿票据交易所和汇兑交易所,由国家银行收购银元;发起拒用银元、拥护人民币的群众运动;省市治安部门、银行和群众团体组成金融纠察队,查封和取缔从事金融投机的地下钱庄,逮捕法办金融特务、银元贩子,公开查处银元投机商。

城市的斗争得到农村的大力支持。根据华中局指示,湖北省委、省人民政府着重抓了三件事。一是在全省范围开展拥护人民币、禁用银元运动。6 月 19 日,省委发出《关于禁用银元平抑物价给各地委的指示》,强调全省中小城市与农村必须面向武汉,统一步伐,配合武汉市的金融斗争。各地采取紧急措施,禁止银元流通,禁止金银私相买卖,打击国民党金融特务与投机奸商的捣乱破坏,打通城乡关系,为人民币下乡开辟市场。二是开征夏季、秋季公粮和田赋。政府规定,交纳的公粮 85% 为实物,15% 为代收金,代收金和田赋一律以人民币交纳,旨在迫使地主、富农抛售粮食换取人民币交纳,提高人民币信用,压缩银元使用空间。三是在各县建立贸易公司,促进城乡物资交流,抛售盐、布、煤油、火柴等物资,支持人民币开辟市场。1949 年 7 月 10 日,华中局在《关于武汉等大城市金融物价情况给毛主席的报告》中,高度评价农村对稳定城市金融斗争的作用,认为:"武汉经验:没有革命的农村,孤立的人民城市是无法稳定的。"

在采取行政手段整治市场的同时,省、市党委和政府还制订了一系列经济措施,包括:紧缩货币,收清所得税;厉行节约,反对浪费,教育干部群众过苦日子、紧日子,共渡难关;下令武汉周围部队和地区 7 月一概不得到武汉采购物资,如确有需要,须经华中财政经济委员会批准,由国营贸易公司统一采购;驻武汉的机关、学校,暂时停发除伙食费以外的其他开支,所领的最低经费,开支的 20% 用于现款找零,其他现金全部存放在中国人民银行,换取支票,实行整存零取,不计利息;中国人民银行根据市场情况,抛出一定数额的银元,收回一部分人民币;开办武汉消费合作社,向职工出售平价日用品;职工工资采取轮流发放制,发工资时,每人搭配 60 斤粮食,以减少人民币的发放数额;贸易部门保证主要商品的供应。

在省市配合下,采取行政与经济双管齐下的办法,使金银投机行为受到严重打击,银元黑市土崩瓦解,人民币顺利流通的市场,由拥有500万人口的地区扩大到1700万人口的地区。人民币作为唯一、统一的货币开始占领市场。

第二是“米棉之战”。

通货膨胀的根源在于货币与物资供应的不平衡。“银元之战”虽然暂时稳定了物价,但由于人民政府缺乏足够的物资供应,人民币的基础尚不稳固。1949年9月至10月和1950年1月至2月,投机商又通过竞购生产物资、囤积人民生活必需品,掀起了两轮全省范围内的涨价风。这两次涨价主要受上海的影响,由纱、布带头,并影响到棉、粮价格上涨。当时,上海每吨棉纱价格比武汉高出28.8%,每匹布价格高出33.33%,上海、湖南等地不法商人竞相到湖北抢购纱、布。抢购风由纱、布、粮食波及五金、化工原料和煤炭。武汉和沙市、宜昌、黄石、襄樊5个主要市场,重要商品价格上涨4—5倍。国民党特务公然叫嚣:只要控制了大米、棉花、煤炭,就能置上海、武汉等大中城市于死地。

在中央财经委员会(简称中财委)的统一部署下,湖北省和武汉市精心部署了一场集中调运物资、适时抛售的“米棉之战”。

从1949年7月开始,省委、省人民政府责成有关部门组织工作队分赴农村,动员和组织商贩贩运粮、棉、油及各种土产、山货,供应武汉、沙市、宜昌等城市。各国营贸易公司及时从华北、华东等地购回大批粮食、食盐、食油、棉花、煤炭等物资,统一调运,集中存储,有步骤投放市场。华中局所属贸易总公司向湖北市场供应食盐2000万斤,向武汉市场投放食油200万斤、粮食3000万斤、棉花200万斤、烟煤3万吨及大批食盐、棉纱、棉布等物资及部分工业原料,促使物价逐渐回落。11月,中财委在全国范围内组织了粮食、棉花、棉布、煤炭的大规模集中调运,其中从上海秘密调运大批纱、布到武汉。11月25日,在物价上涨最猛的时候,根据中财委的指示,武汉与上海、北京、天津、沈阳、西安等大城市统一行动,以低于市价5%的价格大量敞开抛售主要物资,使市场行情大幅度下跌。仅湖北,投放市场的棉布即达30万匹,棉纱达8000件。到12月10日,武汉、沙市、襄阳、宜昌等主要市场的棉布、棉纱价格趋于平衡。随后，湖北省和武汉市又指示各地催征税收，收紧银根，冻结贷款，向投机商几路进兵，迫使其不得不将高息拆借资金囤积的货物贱价抛售。

集中调运物资投放，紧缩银根，冻结贷款，催征税收等，环环相扣，步步紧逼，迫使投机商们不仅没能获得暴利，反而因支付高额高利贷利息而破产。借钱给投机商人的私营钱庄，因贷款收不回来纷纷倒闭。仅武汉市，专做投机买卖的102家金银首饰店、33家纱号、8家保险公司、9家珠宝店全部破产。到1952年，投机商人再也难以操纵市场。全省社会零售物价总指数，如以1950年为100，到1952年这一数字就只有111.8，全省物价基本稳定。

“银元之战”“米棉之战”沉重打击了投机资本，保障了人民群众的切身利益，促进了国民经济的恢复与发展，结束了湖北连续多年通货膨胀和物价高涨的局面，为建立统一的新民主主义市场奠定了基础。

第三节　建立国营经济和新的经济秩序

一、没收官僚资本，建立国营经济

没收官僚资本归人民所有，既是建立国营经济的重要基础，又是完成新民主主义革命的重要历史任务。

官僚资本，指国民党反动派统治时期倚仗政治特权及豪门势力而获得或侵占的官僚资本企业。湖北的官僚资本绝大部分集中在武汉、宜昌、沙市等大中城市，主要是国民政府各部委、各级地方政府所经营的企业和国民党大官僚宋子文、孔祥熙、刘峙等在湖北所经营的企业，包括工厂、矿山、银行、商店、仓库、船舶、码头、铁路、邮电、农场等，还包括车辆、船舶等一切交通工具以及大批的银元、布匹、棉纱等财产。

湖北省和武汉市根据中央指示，分析了官僚资本企业的组织机构和管理制度，认为它不仅有适应高度剥削的一面，还有适应现代技术、可供新中国利用的一面，接收工作应采取同打碎反动统治机构有所区别的政策,即不打乱原有企业的组织机构,不任意改革或宣布废除原来的管理制度,一般应保持原职、原薪、原制度,由军管会完整地接收下来,实行监督生产。

由于方针明确,政策清晰,全省接收官僚资本的工作进展顺利。省人民政府接管了属于教育系统的省立试验民众教育馆、省立科学馆、电化教育辅导处、省立图书馆、省立学校等;属于财经系统的有五福面粉厂、碾米厂、仓库、公产经理处的乡村部分等;属于卫生系统的有湖北省各医院和药库等;属于农林、水利系统的有原国民党中央水利部江汉工程局第四工程队、金水流域工程处、金水农场等;属于工商系统的有民生实业及其所辖之机械总厂武昌分厂、纺织化工厂、炼油厂、制茶厂,民生贸易公司的建昌煤矿公司、应城石膏公司、惠工车辆制造公司、汉阳造纸厂等,湖北省贸易公司、湖北省合作总社及所辖的各种合作社等;属于交通系统的有湖北公路局、湖北省电务局、湖北省邮政公司、湖北省航政局等。

武汉市军管会接管了 560 多个单位,主要是:接管包括国民政府中国银行、交通银行、中国农业银行等汉口分行,中央信托局、邮政储金汇业局等汉口分局,中央合作金库以及湖北银行等在内的 40 多家金融企业;接管包括国民政府资源委员会及省政府所辖的华中钢铁公司、鄂南电力公司、中央电工厂、华新水泥公司、鄂南煤矿公司、湖北省政府机械厂、汉口纺织厂、汉口化工厂等在内的 26 家大型企业,以及宋子文等大官僚资本家在既济水电公司、南洋兄弟烟草公司等企业中的股份;接管国民政府交通部、招商局、联勤总部、航政局、公路总局、邮政局、电讯局等所属 48 个机构及所经营的工厂、企业、码头及车辆、船舶等一切交通工具和财产。

省、市接收的这些官僚资本,大都是旧中国的国家垄断资本,占当时全省全部工业资本的三分之二,占全部运输业固定资本的五分之四以上,这就使得没收官僚资本以后建立起来的具有社会主义性质的国营经济,一下在全省范围内控制了经济命脉,使新生的人民政权直接掌握了全省一半以上的燃料、动力和工业资源,掌握了全省的铁路、邮电、电信等主要交通、通讯命脉,并控制了大部分的国内贸易。

省、市人民政府还废除了帝国主义利用不平等条约获得的在鄂经济特权,完整地接收了江汉关、汉口商品检验局、中国石油公司汉口分公司、中国纺织品公司汉口办事处、国棉联购处、中国煤炭总公司汉口营运处等 29 家海关与贸易公司,实行对外贸易管制和对外汇管理,控制了大部分国外贸易。

接管和没收国民政府的国有资本和国民党大官僚的私有资本而建立的国营经济,是湖北社会主义国营经济的主要来源。接管后的工矿企业,逐步转化为具有社会主义性质的全民所有制企业,构成了湖北国营经济的主要部分,新生的人民民主政权迅速在全省范围内直接控制了全省的经济命脉,使国营经济成为整个国民经济中的领导成分。

与此同时,来自鄂豫、桐柏、江汉及中原解放区的公营经济逐步转化为国营经济,也成为湖北国营经济的重要组成部分。解放区公营经济培养了一大批经济管理人才,积累了极为宝贵的经济管理经验,他们积极参加对官僚资本的接收和改造,为新生的人民政权顺利接管和湖北经济建设创造了非常有利的条件。但是,由于经济环境的限制和战争的影响,入城的解放区公营经济在规模和数量上相对较小,大多是为战争服务的军需工业,基本上是手工劳动式的小作坊,一小部分为小型工厂。

省委、省人民政府十分重视接收的工业企业。1949 年 8 月 25 日,李先念、聂洪钧、王任重签署湖北省人民政府令,决定在全省实施《各级国营工厂管理办法》。该办法规定:各地、市所接收或没收的工厂,通由专区、市、县经营,所需资金由政府投资或银行贷款;经营范围限于粮食加工业和有利于国计民生的其他工业;有些国营工厂,在政府无力经营时,可采取租让办法租给专区一级机关或私人经营;各市、县国营企业在业务上归市、县工商科领导,专署工商科除领导自己直接经营的工厂外,并统一领导县属工厂;全省国营工厂业务统一由省工(商)业厅实业处领导。据此,从省到地、市、县,相继建立统一的工业领导机构。

接收官僚资本,将其改造为社会主义性质的国营企业,通过多种形式建立和发展社会主义国营经济,为湖北经济恢复创造了重要条件,为在全省确立新民主主义经济体制和向社会主义过渡奠定了基础。

二、依靠工人阶级恢复生产

党和政府顺利完成接收任务后，面临着恢复城市生产的艰巨任务。一是曾经是近代工业重要发源地的湖北，在国民党反动统治和长期战争摧残下，工业基础十分薄弱，1949 年全省工业总产值只有 4.79 亿元，比 1936 年还下降 22.6%。二是多数工厂机器设备遭到破坏，矿山变成废墟，生产和管理人员离散，生产陷入瘫痪状态。据武汉市军管会对 17 个行业 989 家工厂的调查，停工厂家占 92.95%，其中使用机器生产的 260 家工厂中，220 家停工，占总数的 84.62%。三是大中城市大批工人失业。解放之初，武汉市失业人员多达 10 万人，其中游民、乞丐 21500 人，失业工人 82800 人。

省、市党委根据中央“恢复生产、恢复交通运输、稳定人民生活”的指示精神，确定城市工业以恢复与发展生产为中心，将接管与生产同步推进；实行贸易自由政策，沟通城乡关系；救济、安置失业工人，进行民主改革，调动广大职工的生产积极性。

武汉是湖北最大的城市，又是湖北政治、经济、文化的中心。市委和市军管会提出在恢复工作中组织接管、在接管中恢复生产的方针，对三种毁损情况，要求能复工的尽量复工，能复工一部分的先复工一部分，机器都遭破坏而不能复工的，集中职工进行训练，准备转业。1949 年 8 月，电力、钢铁、煤炭、水泥、机器等重工业和织布、面粉等轻工业共 14 个公营工厂复工。市政府采取贷款、订货等方式扶助私营工业，帮助面粉、纺织、碾米等行业 230 家私营企业相继开工。市委工会工作委员会调集 700 余名干部组成工会工作组，深入纺织、米面加工、卷烟、火柴、印刷、肥皂、打包等行业的民族资本企业，举行职工代表座谈会等活动，号召工人群众“团结工厂主和企业家，迅速恢复生产和发展生产”。工人群众对恢复生产表现出空前的热情。华新水泥公司动员大会一结束，窑房工人就在窑门口写上“马上复工”4 个粉笔字。武汉火柴厂、华中钢铁公司等单位职工自订劳动纪律，使产品的产量、质量大大提高。

湖北省委动员全省农村支援中心城市，修复公路，疏通水道，维护铁路沿线交通，大力开展城乡贸易，组织粮食和原材料进城，帮助恢复城市生产。省委书记李先念反复强调要节省支出,筹措资金,“咬着牙齿”[①]发展地方工业,恢复城市生产。他在省委会议上指出,目前湖北整个建设方针是以农业为主,但不放弃可能的工业投资,以便逐渐从小发展到大。我们要努力节省一切可能节省的开支,将其投到最有益的地方去。工业生产虽不容易,但这是我们的方向。省委、省人民政府、湖北军区联合发布关于清理物资的决定。省财经委员会制定了全省城镇工作方针,确定恢复已有国营企业复工,积极兴建新的工厂,各专署、县要用地方粮款兴办地方工业。

1950 年 2 月,中财委发出指示,指出当前的中心任务是恢复和发展生产,为完成这一任务,必须在国营工矿企业中,对原来官僚资本统治时期留下来的各种不合理制度实行一系列的改革。根据指示精神,省、市委规定:各国营工矿企业在进行民主管理和改革时,建立由厂长、总工程师等生产负责人和同等数量的职工代表参加的工厂管理委员会,确保职工通过自己的代表,参与对工矿企业重大问题的讨论与生产管理。同时要求,各工矿企业通过民主选举,建立职工代表会议,听取工厂管理委员会的报告,监督、检查工厂经营管理情况和领导作风,提出批评和整改建议。这些改革,调动了劳资双方的积极性,使工人阶级的领导地位在企业中得到确立。

由于正确贯彻全心全意依靠工人阶级的方针,湖北工业生产的恢复取得了引人瞩目的成绩。到 1949 年底,湖北公私企业大部分恢复了生产和经营,其中宜昌私营工商户由刚解放时的 37 个行业 1227 户增加到 65 个行业 2585 户。武汉武昌第一纱厂、裕华纱厂、震寰纱厂、申新纱厂四大纱厂纱锭运转数达到 11.7 万多枚,比刚解放时增长 3.56 倍。据统计,全省国营企业 114 个,其中,中央企业 42 个,完成工业总产值 2.45 亿元(按 1952 年价计算),占全省工业总产值的 51.1%;私营工业完成工业总产值 2.07 亿元,占全省工业总产值的 43.2%;手工业完成工业总产值 0.27 亿元,占全省工业总产值的 5.7%。1950 年,湖北工业总产值为

① 李先念:《生产建设与群众生产备荒》(1949 年 12 月 25 日),《李先念建国初期文稿选集(一九四九年七月——一九五四年五月)》,中央文献出版社 2002 年版,第 51 页。

6.54 亿元(按 1957 年不变价统计),比 1949 年增长 30.7%。

三、统一财经工作

打击投机资本,稳定金融物价虽然取得初步胜利,但还未从根本上解决通货膨胀的问题。解放初期,全国财经管理工作各自为政,财政上的一个重要问题是收入与支出脱节,收支不平衡,中央担负着军事、经济、救济等巨额费用,却没有稳定足够的收入,不得不超量发行货币。经过半年的努力,到 1950 年春,人民币已经成为全国唯一货币,国内交通运输已经恢复畅通,具备了统一财经、争取财政收支平衡的客观可能。1950 年 3 月 3 日,政务院作出《关于统一国家财政经济工作的决定》。同日,中共中央发出通知,要求各级党委必须用一切办法保证上述决定的全部实施。

统一国家财政经济工作的基本内容有三项,即:统一全国财政收入,使国家收入的主要部分集中到中央,用于国家的必要开支;统一全国物资调度,使国家掌握的重要物资从分散状态集中起来,合理使用,以调剂余缺;统一全国现金管理,一切军政机关和公营企业的现金,除留若干近期使用外,一律存入国家银行,资金的往来使用转账经人民银行结算。这个决定构建了以集中统一为基础的财经管理体制雏形。

3 月 22 日,省委、省人民政府召开会议,讨论贯彻政务院、中南军政委员会关于新编制的指示,决定成立各级编制委员会,4 月 1 日前完成全省编制任务。3 月 27 日,省人民政府发出《关于清理仓库与统一编制的决定》,规定清理仓库工作,省级各部门在 4 月底以前完成,各专区、县在 4 月底以前完成。在清理仓库的过程中,要查禁贪污、浪费行为,实现一切财产由全省范围的统一到统一于中央。决定还要求严格执行财政统一编制,统一供给标准,今后各机关、各部门、各地一律按编制进行预算和开支,多一个人也不准报销。4 月 1 日,省委发出《保证全部实现湖北省人民政府〈关于清理仓库与统一编制的决定〉的通知》。

4 月 3 日至 10 日,省人民政府在武昌召开全省财经会议,着重研究全省的财政收支问题。李先念在讲话中强调,为了实现统一财经工作,必须去掉各自为政的思想,坚决克服地方主义、本位主义和无政府、无纪律状态。会议研究制定了三项办法。一是开源。国家建设和经济发展离不开资金,资金的主要来源为征收公粮、整顿税收、推销公债、清理仓库等,1950 年分配给各地的财政任务,只准增多,不能减少。二是节流。合理地限制支出,可以不办的,坚决不办,可以缓办的,就要缓办,必须要办的,一定要办好。三是统一。一切必须按政策、制度办事,统收统支,统一管理,一切开支要有计划,有预算、决算,不造预算不发钱,不报决算不批预算。[①] 会议还详细制定了税收、公粮、现金管理等方面的措施,同时规定各国营贸易公司配合全国各地及武汉市统一步骤,抛售物资,回笼货币,紧缩银根。

5 月,由省财政经济委员会统一部署,由中国人民银行湖北省分行实行现金管理办法。银行规定,湖北省和武汉地区的机关、部队、公营企业及合作社均为现金管理对象,一律在人民银行开户,单位日常开支按照 3 天的需用量,核定备用限额。5 月开始使用转账支票,7 月开始实行单位试编收支计划,到 10 月,据支行、分理处统计,全省 95% 的机关、企业到银行开户,其中 77% 的单位制订了收支计划。现金管理前,现金管理对象在银行开户的只有 376 户,实行现金管理后,增加到 1290 户;各单位自报现金库存由 314.7 万元降至 17 万元;各单位间的相互往来,推行划拨转账,现金收付量显著减少,人民银行公营存款急剧增加,1950 年底余额比 4 月增加 4 倍。

通过上述一系列的工作,湖北省和武汉市实现了财政收支、现金收支、物资调拨的基本平衡,有力地推动了经济形势的好转。到 1950 年 10 月,全省财政收入大于支出 3%。从 1951 年开始,省、市财政收支不但实现了平衡,而且还略有盈余。

统一财政工作,真正结束了旧中国遗留下来的连续 12 年通货膨胀和物价飞涨的局面,也结束了历届旧政府几十年财政收支严重不平衡的局面,为安定人民生活、恢复和发展工农业生产创造了必要条件。

---

① 李先念:《坚决贯彻执行政务院〈关于统一国家财政经济工作的决定〉》(1950 年 4 月 3 日),《李先念论财政金融贸易(一九五〇——一九九一年)》上卷,中国财政经济出版社 1992 年版,第 1—2 页。

第四节　开展抗美援朝运动

一、开展抗美援朝宣传教育运动

1950 年 6 月，朝鲜内战爆发，美国打着联合国的旗号干涉朝鲜内政并派第七舰队入侵台湾海峡。侵朝美军不顾中国政府的多次警告，越过三八线①，直逼中朝边境的鸭绿江和图们江，出动飞机轰炸中国东北边境的城市和乡村，新中国面临着外部侵略的严重威胁。应朝鲜党和政府的请求，中共中央和中央人民政府决定抗美援朝、保家卫国。10 月 19 日，以彭德怀为司令员兼政委的中国人民志愿军奉命开赴朝鲜，承担起保卫和平的历史重任。

1950 年 10 月 26 日，中共中央发出《关于在全国进行时事宣传的指示》。同日，中国人民保卫世界和平反对美国侵略委员会（简称“中国人民抗美援朝总会”）在北京成立，负责领导全国人民的抗美援朝运动。11 月 4 日，中国共产党与中国国民党革命委员会、中国民主同盟等各民主党派发表联合宣言，号召全国人民团结一心，同仇敌忾，积极投入抗美援朝的伟大斗争。

湖北人民热烈拥护中共中央的决定，分别成立了由熊晋槐任主任的中国人民保卫世界和平委员会湖北分会和由宋侃夫任主任的中国人民反对美国侵略委员会湖北分会。11 月 18 日，这两个组织举行联席会议，决定合并成立中国人民保卫世界和平反对美国侵略委员会湖北分会（简称“中国人民抗美援朝湖北分会”），推举李先念任主席，熊晋槐、程坦、宋侃夫、袁振为副主席，统一领导湖北省和武汉市的抗美援朝运动。

在美军入侵朝鲜后，部分干部群众思想上曾一度存在错误认识。一

---

① 三八线：位于朝鲜半岛上北纬 38 度附近的一条军事分界线。第二次世界大战结束时，美军和苏军在朝鲜半岛以北纬 38 度线为界，在南北两边分别接受日军投降。日本投降后，北纬 38 度线就成为大韩民国和朝鲜民主主义人民共和国的临时分界线，通称三八线。

些人存在恐美思想，对志愿军入朝作战缺乏必胜信心；一些人存在事不关己的思想，认为“朝鲜离我们远着呢”；还有少数人存在麻痹轻敌心理。

针对这些情况，抗美援朝湖北分会确定从 1950 年 11 月开始，在全省城乡开展以仇视、鄙视、蔑视美帝国主义为中心内容的时事宣传教育活动，活动形式有报告、座谈、签名、游行，宣教方式有传单、漫画、快板、话剧、家庭访问、回忆、控诉和文艺宣传周，文艺宣传周包括图片展览、文学日、美术日、电影日、戏曲日、音乐日等。在广大农村，主要通过土改工作队、农民协会配合征粮、土改进行时事宣传。

从 1950 年 11 月到 1951 年 3 月，抗美援朝、保家卫国和反对美国重新武装日本、保卫世界和平的游行示威和签名请愿活动遍及全省城乡，各界人士纷纷参与。据统计，1950 年 11 月，湖北在斯德哥尔摩和平宣言[①]上签名的人士有 830 余万人，1951 年 3 月增至 1300 余万人，约占全省人口的三分之二。

1951 年 3 月 22 日，省委发出《关于全党动手，普及深入开展抗美援朝运动的指示》，要求各级党委动员全体党员、干部，推动工会、农协、青联、妇联、文联、工商界、宗教界、教育界以及各个文化教育机构，认真研究并制订出所属范围普及深入抗美援朝运动计划，要求在五一劳动节示威游行，主要内容是抗美援朝、镇压反革命、反对武装日本和保卫世界和平，将宣传教育运动引向深入。5 月 1 日，湖北省所辖 71 个县、市举行示威游行活动，参加人数达到创纪录的 1167 万人。据不完全统计，1951 年，全省召开座谈会 2900 多场，共 76 万多人参加。1951 年 7 月中旬到 9 月底，中国人民赴朝慰问团湖北省工作队分赴全省各地，向各界人民传达和宣传赴朝慰问情况，召开干部会、代表会、群众会 270 场次，举办图片展览 63 次、文艺演出 258 场次，观众达 110 万人。各种形式的宣传教育，基本肃清了崇美、亲美、恐美心理，增强了湖北人民抗美援朝的坚定决心和必胜信心。

---

① 斯德哥尔摩和平宣言：世界拥护和平大会常设委员会于 1950 年 3 月在瑞典首都斯德哥尔摩举行的第三次全体会议上通过发表的和平宣言。宣言要求无条件禁止原子武器，并号召全世界一切善良的人们在这个宣言上签名。随后，在全世界范围内掀起了一个签名运动。

二、积极参军参战，捐献飞机大炮

参军参战，以实际行动支援朝鲜人民打败美国侵略者，是当时全省人民的共同心愿。

1950 年 10 月 25 日，湖北省委、湖北军区发出《关于扩军的指示》，号召广大青年报名参军，粉碎美帝国主义侵略阴谋。12 月 1 日，中央军委作出招收青年学生及青年工人参加各种军事干校的决定。湖北迅速掀起参军热潮，地方适龄青年报名人数超过任务数的数倍。11 月底，仅武汉市就有 6059 人报名参加中国人民志愿军。武汉市市长吴德峰和市妇联主任戚元德夫妇亲自送子侄 4 人参军，被传为佳话。到 1951 年 10 月，全省报名参军人数达 40 万人。

从 1950 年 10 月到 1952 年 11 月，湖北省先后扩充兵源 18 万余人，经过短期军事、政治培训，将其中 10.4 万名新兵补入部队。抗美援朝期间，湖北共有成建制的 3 个师、7 个团、2 个师部直属队和 7 个暂编团编入志愿军序列，开赴朝鲜前线作战。此外，湖北省和武汉市还先后组织了 17 批志愿医疗手术队赴朝。

在朝鲜战场上，从湖北走出去的志愿军指战员，与朝鲜人民军一道，在极为艰难的条件下，同世界上最强大的军队进行艰苦卓绝的作战，打出了新中国的国威、军威，涌现了许多惊天地、泣鬼神的战斗英雄和模范人物。他们同时也付出了巨大牺牲，据不完全统计，牺牲在朝鲜战场的湖北籍指战员达 5767 人。

为进一步加强国防和支援朝鲜前线，1951 年 6 月 1 日，中共中央、中国人民抗美援朝总会发出号召，要求在全国开展推行爱国公约、捐献飞机大炮、优待烈军属活动。6 月 17 日，省委发出《关于捐献飞机大炮的指示》，指出捐献飞机、大炮是一项重大的政治任务，要在进一步提高各界人民政治觉悟的基础上进行，完全自觉自愿，不准强迫命令地简单摊派。全省计划捐献战斗机 60 架，合计人民币 900 万元。指示要求，农民每人增产粮食 10 斤，捐献 3 斤；工人积极生产，捐献超额奖金；工商界改善经营，多盈利，多捐献；文教界及学生适当节省零用钱，进行捐献；其他富有者捐献一部分财产，作为他们的爱国义举。

为防止捐献活动出现偏差,湖北省抗美援朝分会和省委发出《关于开展捐献武器运动的通知》和《关于继续深入抗美援朝,开展捐献飞机大炮运动的指示》,对活动的目的、意义、目标、原则和办法作了明确规定,强调要通过增加生产的办法完成捐献任务,使捐献活动不影响国家建设和人民生活,重申捐献活动必须在自愿基础上开展,不许任何形式的强迫和摊派。

在党和政府的倡导下,捐献活动很快掀起高潮。广大农民提出“有人出人,有粮出粮”“多收一斗米,多打一个美国野心狼”的口号。工人群众在“工厂就是战场,机器就是刀枪”的口号鼓舞下,激发出炽烈的生产热情。工商界人士提出“不欠税、不逃税,不投机、不倒把”倡议,表示要“努力增加生产,沟通物资,保证供给”。省总工会、省农协、省妇联、省文联号召会员捐献,购买“湖北工人号”“湖北农民号”“湖北三八号”和“鲁迅号”飞机。

在捐献活动中,涌现出许多感人事迹。武汉申新纱厂女工、劳动模范朱玖负责的生产组,向中南区六省两市的纺织工人倡议,集资捐献“纺织工人号”飞机,朱玖捐献了劳动模范所得的全部奖金。鄂城县谈润泉夫妇,自动捐献出积蓄了12年的1177块银元和2.26两黄金。著名汉剧艺术家陈伯华独自捐资购买一架飞机,还多次到朝鲜前线慰问志愿军战士。

到1952年5月31日,湖北省(不包括武汉市)共捐献武器款1353万元,可购买战斗机90架,超过原定计划30架;武汉市的捐献计划为购买55架战斗机,实际捐献金额达到977万元,可购买战斗机65架。湖北省和武汉市均超额完成捐献任务,走在全国前列。

随着抗美援朝运动的开展,人民群众把满腔的爱国热情与岗位工作相结合,开展了制订爱国公约、开展生产竞赛运动。1951年9月8日,湖北省抗美援朝分会发出《告全省人民书》,提出“抗美援朝,增加生产”的号召,派出干部到农村、工厂、机关、街道、学校等,订立爱国公约。全省订立公约的地区、单位和参加人员达90%以上。

抗美援朝运动,与土地改革、镇压反革命运动一起并称为新中国成立初期的“三大运动”,被李先念形象地称之为“三套锣鼓一起打”。运动扫除了多年来帝国主义在湖北遗留的不良影响,增强了各界群众的民族自尊心和自信心。在运动中,全省人民发扬高度的爱国主义和国际主义精神,激发起高昂的革命热情和生产积极性,社会动员能力和组织能力得到空前提高,争取战争胜利成为恢复和发展国民经济、推动各项社会改革的巨大动力。

第二章

完成土地改革和各项民主改革

人民政权和社会秩序初步稳定后，湖北省委、省人民政府领导全省人民开展了以土地改革为中心的各项社会改革，主要是实行土地改革，废除封建土地所有制度；进行城市民主改革，摧毁封建把头制度；宣传贯彻《中华人民共和国婚姻法》，废除封建包办婚姻制度；取缔娼妓，禁毒禁赌，铲除旧社会遗留下来的各种丑恶现象。这一系列的改革，彻底废除了旧的封建生产关系，解除了束缚社会生产力发展的桎梏，使荆楚大地呈现出一片欣欣向荣的新气象。

第一节　进行土地制度改革

一、减租减息运动

湖北的土地改革，是在湖北全境已经解放、人民政权已经建立起来的条件下进行的，基本目的是将农村生产力从封建土地所有制下解放出来，为发展农业生产和新中国工业化建设开辟道路。

湖北是传统的农业大省，农业是湖北国民经济的基础，全省国民收入中农业收入占到 80% 以上。湖北解放初期，全省农村仍然保留着封建土地关系，占农业人口 3.5% 的地主，占据了 35% 的耕地；而占农业人口 55% 的贫农和雇农，自有耕地不到全部耕地的 20%。全省处在租佃关系中的耕地,约占全省耕地面积的40%—50%。地主阶级凭其占有的大量土地和政治、经济上的特权,对农民进行苛重的地租剥削。地租有定租、活租、包租、分租等各种形式。地租量一般占每年收获量的60%—70%,有的地区竟高达90%。封建的土地制度严重束缚了农业生产力的发展,农民生活苦不堪言。

改变封建土地关系的第一步,是进行减租减息,减轻封建地租对农民的剥削。1949年11月7日至22日,省委召开地委书记联席会议,讨论财政经济等问题。李先念在发言中指出,党的历史任务之一是从经济上削弱以至消灭封建剥削,实行"耕者有其田",但在目前阶段结合湖北经济和社会特点,应采取减租减息的办法,使广大贫下中农得到实际利益,为即将展开的土地改革准备条件。12月24日和次年1月6日,省人民政府发出《关于本省减租减息的通令》,颁布《湖北省减租减息实施细则》。该细则规定:减租减息的目的是改善农民生活,恢复和发展生产。所有地主、旧式富农及学校、祠堂、庙宇、教会等出租的土地,不论何种租佃形式,一律实行"二五"减租(即减25%);减租后,一般租额最高不得超过土地正产物的37.5%,超过者再减,不及者不得增加。该细则还规定凡战争罪犯和罪大恶极的恶霸分子,其债权一律废除;农民向地主、旧式富农所借的旧债,一律按月利一分半计算清偿或订立新约。

从1950年1月6日开始,减租减息运动在全省逐步展开。这一政策得到广大贫苦农民的热烈拥护,遭到地主、富农的强烈反对。他们有的转移隐藏粮食,逼债夺佃,卖地毁产;有的甚至串通土匪,毒打、暗杀贫苦农民、农民代表和工作队干部。1950年1月22日,省人民政府发出《禁止不法地主富农夺佃出卖土地破坏生产等违法行为的布告》,进一步规定:地主、富农1949年7月1日以后出卖、典当的田地,除经区以上人民政府正式批准者外,一律为非法,其契约作废,所收田价,一律由农民协会退回原主;因地主、富农卖田而形成夺佃者,所买田地一律无效,该田地由原佃户耕种,买田者所受损失,由卖田的地主、富农负责赔偿。4月6日,湖北省和武汉市人民政府联合发出通告,严令居住在武汉市尚未依法减租的地主,必须立即回家依法减租;不能亲自回家者,得派代理人回乡办理减租手续;蓄意规避者,以违抗政府法令论罪。

到 1950 年 4 月底,全省减租减息工作基本结束。据统计,在全省 71 个县 2383.4 万人口的地区进行了减租减息,减租粮 11.32 万吨,成立了 15175 个村农民协会,发展会员 514.1 万人。

通过减租减息运动,减轻了农民所受的封建剥削,改善了农民生活。运动中,广大农民提高了阶级觉悟和政治觉悟,各地建立起以农民积极分子为骨干的具有战斗力的农民协会以及民兵组织,为全面实行土地改革提供了组织基础和群众基础。

二、土地改革前的调查和试点工作

本着“既积极而谨慎”的精神,湖北省委在全面展开土地改革前,进行了大量的准备工作,其中最核心的是农业普查和土改试点。

1950 年 1 月 20 日,省委向中共中央、中南局报告,计划在 1950 年秋收实行土地改革,目前准备着手进行全省土地分配情况的典型调查。同日,省委发出《关于加强调查研究工作的指示》,要求各级党委对土地改革状况、经济状况和阶级关系进行重点调查,以便有效地指导当前运动,特别是即将展开的土地改革与经济建设。

6 月,省人民政府和各专署、县政府普遍成立农业普查委员会。省里动员武汉大学、中华大学和省农学院师生 684 人,每个专署动员 100 人,每个县动员 30 人,在全省范围进行农业普查,重点调查 17 个县、50 个行政村。与此同时,还进行了主要农产品及其生产成本、粮食消费、作物栽培周期、棉花产量和肥料等专项调查。到 12 月中旬,除部分专项调查继续进行外,全省农业普查任务基本完成。普查的主要成果是:全省农业(含农村集镇)总共 4840765 户,22769450 人,其中农业人口 21488394 人;耕地面积 4504 万亩,其中水田 2185 万亩,旱地 2199 万亩;1950 年开荒面积 120 万亩,据 46 个县统计可开垦的熟荒面积 51 万亩,据 55 个县统计可开垦的生荒面积 185 万亩。用于农业生产的牲口(牛、马、骡)、工具(犁、耙、水车)也有详细统计。这是新中国成立后湖北第一次关于全省农业人口、农村耕地、生产工具及其占有情况的系统调查和统计。

土改试点，当时又称典型试验。1950 年 8 月 2 日至 9 月 1 日，中共湖北省第二次代表会议在武昌召开，学习《中华人民共和国土地改革法》，研究部署土改工作。出席会议的有省委全体委员及各地、市、县和省直属机关的代表 300 余人，中南局第三书记邓子恢、中央委员郑位三到会指导。李先念在会上作《关于今后工作任务》的报告，提出争取在两年时间内基本完成全省的土地改革，必须下大气力，做好典型试验工作。

土地改革是农村生产关系的根本变革，需要通过试点摸索经验。李先念形象地说，土地改革要采取“头小肚子大，最后清尾巴”的办法进行。所谓“头小”，是指开局谨慎。他要求各地首先试验一个或两三个县，有重点地取得经验后逐步推开。从 1950 年 10 月底开始，省委选定在武昌县豹澥乡、浠水县望城乡等 78 个乡进行土地改革的试点工作。

试点地区的工作一般分五个步骤进行：

一是培训干部。省、地、市、县建立土地改革的领导机构和工作部门，通过召开干部会或农代会以及举办训练班等方式，培养土地改革骨干。培训的内容首先是干部整风，确定全体干部要经过整风，克服官僚主义、命令主义，树立从实际出发与民主作风的意识，加强与群众的联系。其次是深入学习土地改革法以及省政府关于土改法实施办法，务求每个干部都熟悉政策。据统计，区乡脱产干部 4000 余人、不脱产的村干部及农民积极分子 27801 人经过了短期培训。

二是成立机构。一般以自然村为单位召开贫雇农大会，以区乡为单位召开贫雇农代表大会，产生贫雇农主席团，在此基础上召开农民代表大会，成立农协委员会，作为土改的权力执行机关。农协成立后，访贫问苦，扎根串连，发现和培养土改积极分子；召开不同类型的诉苦会议，提高群众的阶级觉悟；整顿农会、民兵、青年团、妇联等组织，组成占农村人口 90% 以上的反封建统一战线。

三是划分阶级。划分阶级的基本依据是对生产资料的占有状况、劳动状况和生活来源，规定：占有土地，自己不参加劳动，或只有附带劳动，以剥削为主，将土地出租给他人耕种，进行地租剥削，或兼雇工剥削和高利贷剥削的农户为地主；占有成套的生产资料，土地较多，除自身参加耕种外，还从事雇工剥削或出租部分土地进行地租剥削，且剥削量较大的农户为富农；占地数量比当地乡、区人均占有量稍多，由于自身没有劳动能力，将土地出租给他人耕种收取地租的农户为小土地出租者；拥有的土地同当地人均占有量大体相当，生产资料较全，基本上自耕自食的农户为中农；有轻微剥削（剥削量在25%以下）的部分中农为富裕中农，也叫上中农；只有少量土地和生产资料，为维持生计，得租种他人土地或充当雇工，受他人剥削的农户为贫农；完全没有土地和生产资料，为维持生计，只得充当雇工受他人剥削的农户为雇农，也叫赤农。

四是没收征收。主要任务是没收地主的土地及财产，这是土地改革的重要一环，关键是把握立场和掌握政策。乡成立没收征收委员会，由乡农会主席兼任主席；村成立没收征收保管委员会，下设没收征收、搬运、宣传检查3个小组，负责向群众说明没收征收的范围。

五是分配土地。分配按照“农民团结互让，干部大公无私，目的有利生产，方法民主协商，结果群众满意”的原则进行。各乡以村为单位，在原耕地基础上，按土地的数量、质量及其位置远近，用抽补调整方法按人分配到户。对地主也分给一份土地，使他们也能依靠自己的劳动，维持生活，并在劳动中改造自己。

完成土地财产的分配之后，各地组织农民销毁封建性的旧地契，召开农民代表大会或乡村干部大会，总结土改经验。

通过土地制度改革，广大农民从地主手中夺回生产资料，这是几千年从未发生过的翻天覆地的大事，是一场复杂而艰巨的群众革命运动，如果不能将群众充分地组织起来，要取得运动的彻底胜利是不可能的。为了避免发生混乱及土改“夹生”现象，省委要求在运动中“实现一个有领导有秩序又有宏大规模的群众运动”。当时，不甘心灭亡的地主阶级，在暗中与人民政府较劲，造谣惑众并威胁“谁分我的地就要谁的命”；有的农民也害怕地主反攻倒算，对土地改革心存戒虑，不敢起来斗争；有的干部存有自上而下“和平土改”“技术土改”的想法，认为既要秩序就不能有大规模的群众运动，有了大规模的运动，就一定会发生混乱。针对这些情况，省委要求在土改试点中坚决贯彻执行“依靠贫农、雇农，团结中农，中立富农，有步骤有分别地消灭封建剥削制度，发展农业生产”的土地改革总路线，教育土改工作干部“只有广大群众充分发动起来，才能正确地彻底地贯彻政府的法令政策。如果没有群众的发动，冷冷清清的只靠政府下命令，或少数政府人员去活动，则将一事无成”。要求在斗争方法上采取合理合法的斗争形式，指出，人民有了自己的政权和自己的法令，就完全可以依据这些法令理直气壮合理合法地处理敌人，保持秩序。开展群众性的说理斗争，有理就可以激发群众的正义感，吸引更广大群众到运动中来。各土改工作队按照省委指示，坚持群众路线，深入到农户特别是贫雇农家中，帮助他们认清地主的发家史、农民的血汗史以及解放后农民地位的变化，使农民懂得“地主不劳动，粮食堆成山”的根本原因就是在于土地制度不合理。通过深入发动群众，广大农民很快提高了觉悟，积极投入土地改革斗争。试点实践证明，“凡属发动贫雇农，团结中农，进行坚决斗争的乡，则群众生气勃勃，全乡气象一新”[①]。

到 1950 年 12 月，全省进行典型试验的 78 个村全部完成土改。这些试验村，既有紧邻中心城市、与城市工商业有着密切联系、非农业人口较多的平原地区，也有边远的山区；既有群众组织较强、工作基础较好的乡村，也有基层组织薄弱、工作落后的乡村；既有单纯的农业村，也有少数农村中的集镇。12 月 20 日，省委向毛泽东主席报告湖北土地试点工作的情况，提出试点的主要经验是放手发动群众，依靠贫雇农，团结中农，开展反封建斗争；在运动过程中，要反对“和平土改”，教育干部划清政策界线，同时也要防止从“和平土改”走上“大轰大嗡”，必须抓住典型，由点到面，逐步展开，引导运动走上正确的道路。

农业普查和土地改革试验，摸清了全省的农村、农业、农民的基本情况，取得了领导新区土地改革的初步经验，为土地改革的全面展开打下了基础。

---

① 刘建励：《湖北土改试验工作中的若干经验》，载《湖北日报》1950 年 12 月 7 日。

三、土地改革全面展开

1951 年 1 月 11 日到 19 日，省委召开全省地委书记联席会议，总结推广全省土改试点经验，部署全面展开土地改革运动，研究正确执行土改政策问题。李先念在讲话中，明确指出，"湖北目前的土改，已发展到三岔路口上。也可以说，前面有三条路线：一是和平的走过场的路线，二是'左'的不讲政策的路线，三是执行中央方针的正确路线。我们必须掌握正确路线，不能'左'也不能右。不讲政策、乱干一气的'左'，要打败仗；不发动群众打垮地主气焰、消灭封建剥削的右，也要打败仗"①。会后，全省大规模的土地改革运动由点到面全面展开。

湖北土地改革分三批进行。第一批从 1951 年 1 月到 5 月，在 4500 个乡、960 万人口的地区进行；第二批从 1951 年 11 月到 1952 年 5 月，在 7000 个乡、1200 万人口的地区进行；第三批从 1952 年 11 月到 1953 年春，在 70 多万人口的地区进行。武汉市近郊农村在 1951 年 3 月至 1952 年 6 月也进行了土地改革。

运动展开后，省委决定除留下一位负责人主持日常工作外，其他省委领导都深入县、区、乡，指导土地改革运动。王任重到宜昌、荆州专署，刘西尧到黄冈专署新洲县、浠水县，刘子厚到黄冈县，袁振到大冶专署。这些领导人经过深入调查，及时向省委提交了该地区土地改革的经验、存在的问题以及今后建议的报告。中南局充分肯定湖北省委的做法，将湖北的报告批转中南各省市。批语中说：湖北省委委员"几乎大部都分散下去做检查巡视工作。由于他们亲身这样做，也就带动了地、县委这样做，其结果就使运动始终朝着健康的道路前进"②。

从 1951 年 7 月开始，湖北在已完成土地改革的乡，结合生产进行了土改复查工作，旨在纠正阶级成分漏划或错划、土改果实分配不公平等偏差，防止和惩处地主向农民进行反攻倒算。土改复查分五个步骤进

① 李先念：《土改工作中的几个政策问题》（1951 年 1 月 17 日），《李先念文选（一九三五——一九八八年）》，人民出版社 1989 年版，第 121 页。

② 《王任重、刘西尧同志关于宜昌、荆州专区与浠水县土改、土改复查情况与问题向省委的报告》，1952 年 1 月 4 日。

行：一是工作队进村，宣传政策，通过各种形式的会议，广泛了解情况；二是查地主阶级在土改后的破坏言论、破坏行动，发动群众展开斗争；三是查田、查阶级成分的划定，重点清查地主隐瞒的“黑田”和纠正错划的阶级成分；四是民主团结，通过民主选举，整顿基层农民协会、青年团、民兵、妇联等组织，选举乡政委员会和正副乡长，建立乡级人民政府；五是经过复查，由人民政府发给农民土地所有证，承认一切土地所有者自由经营、买卖及出租其土地的权利。

在确定土地所有权后，各地政府及时把农民的政治热情引导到发展生产上来，动员农民发展生产，争取丰收，改善生活，支援国家经济建设。有些农村的基层党组织和农会还提倡互助合作，帮助贫雇农解决生产资金、技术等困难，掀起恢复和发展生产的热潮。

土地改革是湖北历史上几千年以来的一次最大、最彻底的改革，废除了封建地主阶级所有制，实行了农民土地所有制，农村生产关系发生深刻变化。据统计，到 1952 年底，全省共有 12570 个乡完成土地改革，占全省总乡数的 97.4%，完成土地改革地区的人口总计 2376 万多人，占全省农业人口的 97%；各阶层占有土地的比重发生重大变化，贫农所占土地比重从土改前的 17.94%，增加到 51.89%，中农所占土地比重由 32.63% 增加到 37.79%，富农所占土地比重由 8.25% 减至 5.92%，地主所占土地比重由 35.32% 减至 3.35%，其他各阶层所占土地比重由 5.86% 减至 1.05%。贫农和中农拥有农村土地的 89.68%，成为土地的主要拥有者。

土地改革摧毁了封建势力在农村的长期统治，农民翻身做了主人，从根本上改变了农村的面貌，极大地解放了农村生产力。据统计，全省没收和征收土地 1183 万亩、房屋 118.3 万间、农具 204.9 万件、粮食 8.1 亿多公斤，贫雇农平均每人分得 1.5 亩耕地以及一定数量的粮食、耕牛、农具。拥有土地和生产资料的农民生产的积极性空前高涨，渴望劳动发家，生产致富。全省农业迅速恢复和发展，农业总产值年平均递增率达 10.6%，1952 年与 1949 年相比，农业总产值增长 35.2%，粮食、棉花总产量分别增加 29.31% 和 12.12%。农民世世代代期盼的“耕者有其田”的梦想得以实现。郧阳县的农民对比新旧社会，总结了两个“八多”现象:解放前是“住草房的多,讨饭的多,光条汉子多,求神烧香的多,打官司的多,田里草多,逃壮丁的多,借债的多”;土地改革后是“盖瓦屋的多,打粮食的多,做新衣服的多,接媳妇的多,大人小孩上学的多,喂猪的多,捡粪的多,开会的多”,形象地反映了土改后的巨大变化。

经过土地改革,农民群众阶级觉悟大为提高,培养和锻炼了一大批农村基层干部。据完成土地改革的乡统计,全省参加青年、妇女和农民协会的人达到农村人口的一半以上,其中仅农民协会会员就达到 1043 万人,在斗争中涌现出数百万农民积极分子,他们中间的优秀分子被选拔为基层政权的领导骨干。他们亲眼看到农村的巨大变化和前所未有的新气象是在中国共产党领导下实现的,因而更加热爱和信任共产党和毛泽东主席,把自己的命运和前途与党紧密地联系在一起。这就为进一步在农村进行社会主义改造和建设奠定了坚实的政治、经济和思想基础。

第二节　开展城镇民主改革

一、码头搬运业民主改革

湖北大中城市,大多依江(长江、汉江)而建,码头林立,商业繁荣,交通发达。帝国主义者和官僚资本家依靠封建把头控制码头和工人,这些封建把头往往同时就是反动党团、特务组织、反动会道门、伪工会的头子和骨干。解放后,党和政府先后采取登记反动党团员、调整人事等措施,特别是经过镇压反革命运动,清除了大批横行码头或隐藏在码头业的反革命分子,但是对码头搬运业尚未进行系统清理。

湖北大中城市中,武汉率先在码头搬运业发动工人反对封建把头,清除封建反动势力。1949 年 9 月 5 日,武汉市第一届各界人民代表会议第一次会议指出,解放后封建统治者仍然操纵把持着码头,残酷地压榨工人群众,挑动工人斗殴,造成码头与码头之间、码头工人与其他苦力之间的争斗，尤其是他们对商旅垄断运货，强索力资，实质上反映了封建势力同工人、同民族工商业者、同新民主主义之间的矛盾，必须对码头进行改革。9月22日，市人民政府决定成立码头管理处，规定其职能是：保障工人正当权益；清除对码头工人的封建剥削与对商旅的敲诈勒索行为，建立正当运输制度；建立革命秩序，整顿纪律，巩固社会治安；协同人民法院与公安局，对反动分子和恶霸实行镇压；协同工会对工人进行教育，特别是对政府法律法令的教育。由此，开始了对码头搬运业的民主改革。

1951年5月21日至6月2日，湖北省第一次工会会员代表大会召开，审议通过了《关于两年来工会工作的基本总结与今后方针任务的报告》，决定在全省范围内进行码头、工厂、矿山、交通企业和街道的民主改革。会议推广了武汉码头民主改革的经验，随后，宜昌、沙市、黄石港、襄阳等地纷纷开展码头改革，掀起反对封建把头的高潮。

码头搬运业的改革，主要内容包括三项：

一是及时颁布一系列法令、法规，指导和规范改革进行。各地人民政府针对码头业的“坐地分肥”“敲诈客商”“打架斗殴”三大封建陋习，颁发布告，规定：不许坐地分肥，凡本人不是劳动者而坐地分干股，剥削工人，侵害工人利益，一律严格取缔并予以严厉惩处；不许敲诈勒索，如有额外需索，借端敲诈，破坏工人信誉、妨害商旅运输行为者，准由受损失人报告公安机关或码头管理处依法惩治；不许打架行凶，凡在码头工人中挑拨离间、煽动纠纷、结帮行凶、造成斗殴事件等犯罪行为者，坚决予以严惩。

二是广泛发动群众举行控诉会，斗争、清除和依法惩处恶霸头佬。以斗争最激烈的武汉为例，从1949年9月到1952年12月，共召开水陆码头斗争会200余次，市人民法院惩处恶霸头佬212人，其中处以死刑的24人，清除的头佬、帮凶以及不劳而获者200余人。

三是建立统一的搬运公司，打破码头封建割据。1950年4月5日，中央人民政府公布《各地设立搬运公司，废除封建把持制度的决定》，同时公布政务院通过的《关于废除各地搬运事业中封建把持制度暂行处理办法》，为全省码头改革指明了方向。武汉等大中城市成立码头管理委员会,成立统一的搬运公司,统一调配劳力、统一合理的搬运力资标准,实现了码头统一使用与管理。

到1951年底,以武汉为中心的城市码头改革结束,封建把头制度被彻底废除,工人成为码头的新主人。

二、工矿企业民主改革

在码头改革的带动下,工矿企业的民主改革全面展开。

湖北工矿企业大多是在没收官僚资本的基础上建立起来的,大中城市在接收时采取了"原封不动,一律包下来"的政策,旧的管理制度,特别是封建把头制不可避免地残存下来。长期欺压、剥削工人的包工头等封建残余依旧压迫着工人,他们中间的一些人还伪装进步,混进共产党或青年团组织内,或把持基层工会组织,压制工人的政治热情和生产积极性。广大工人迫切要求废除不合理的规章制度和严惩封建把头。

1951年5月,中共中央中南局召开城市工作和厂矿工作会议,集中讨论了在工厂、矿山、交通企业和城市各行业以及街道进行民主改革的问题。8月1日,中南局作出《关于放手发动工人群众开展民主改革运动的指示》。8月8日,省委发出《关于放手发动工人群众开展民主改革运动的通知》,要求在城镇和厂矿中开展民主改革试点。9月3日至13日,省委召开城镇工作会议,研究和部署工矿企业民主改革运动。会议结合湖北实际,明确民主改革是城市的中心工作,宣布民主改革基本的政策是:反封建,不反资本;反封建,不反技术;反封建首要,不反一般;斗争对象仅限于特务恶霸、封建把头、流氓打手、帮派会道门的反动首领以及其他有血债或严重劣迹的反革命分子和封建残余分子、不劳而获的头佬及靠敲诈敛财为生的封建首领。指导运动的基本方针是坚决依靠工人阶级,团结改造技师、职员,争取一切同情与赞助民主改革的力量,组成有强大群众基础的统一战线,有步骤、有区别地清除残余封建势力。

会后,省委抽调15人组成民主改革工作队,赴鄂城作试点。孝感、黄冈、襄阳专署和汉阳、浠水、天门、江陵、应城等县城关以及武穴、宋埠、团风、长江埠、新堤等镇,选择当地重点厂矿企业作为试点;武汉市和宜昌市、黄石市、沙市市抽调县、区级干部,组成工作队,深入辖区的城镇工矿企业指导民主改革。省委和省总工会宣传推广了黄石市华中钢铁公司(现大冶钢厂前身)、源华煤矿公司、鄂南电力公司、应城膏矿和武汉、沙市、鄂城等地企业民主改革的经验。

取得试点经验后,民主改革首先在公营和私营的工矿企业及近 20 个主要市镇的搬运业中展开。接着,向各地城镇的建筑业、手工业、服务业等行业铺开。

民主改革大体经过三个阶段:

第一阶段为发动阶段。各厂矿通过召开座谈会、谈心会,对企业情况进行系统的调查研究;通过访贫问苦,发现和培训职工中的积极分子;采取“去坏留好、去假留真”的原则对旧工会进行改造,组建民主改革的领导核心。

第二阶段为全面斗争阶段。工作组和工会领导工人大多数,揭露和控诉反革命分子,斗争那些肆意欺压盘剥工人的封建把头和劣迹昭彰的坏分子。公安司法机关召开公审大会,对反革命分子依法惩处,对有一般欺压行为和较轻剥削行为的小把头、包工头等,则根据他们的过错大小和有无悔改表现进行相应处理。

第三阶段为民主建设阶段。主要方式是分行业评定工人成分,进行劳保登记,在此基础上开展民主建设,这是巩固运动成果的重要步骤。民主建设着重抓了 4 项工作:一是采取报告会、讨论会或举办政治夜校等方式开展政治教育,进行爱国主义和主人翁思想教育,增强爱国家、爱工厂、爱机器的责任意识。二是学习贯彻《中华人民共和国工会法》,进行工会改选,使一些经过运动考验的积极分子进入各级工会,同时以生产为中心对劳动组织进行整顿,建立新的劳动制度和劳动组织。湖北省和武汉市国营企业中派遣军代表或接管代表进驻企业,由政府直接任命厂长管理生产,并在试验厂长负责制的基础上建立了班组、车间(股)、厂(矿)三级管理制度。三是适时调整机构设置,如建筑业普遍按适当的技术和工种比例进行结合,成立建筑工程队;人力车、划驳等行业,将由于先进运输工具的采用而剩余的劳动力,转送到工农业或其他战线。四是围绕爱国增产节约运动进行生产改革,建立安全生产的质量检查、生产责任制、劳动定额、交接班作息制度、成本核算制度等。

1952年10月,企业的民主改革基本完成。

工矿企业的民主改革,是把官僚资本企业改造成为社会主义企业的重要步骤。这次民主改革,彻底铲除了工矿企业中残余的反动势力,废除了旧的官僚管理机构和各种压迫工人的制度,使工人阶级从长期被压迫和被剥削的境地解放出来,使社会主义新型生产关系在企业进一步体现出来,有力地支援了抗美援朝战争和国民经济的恢复与发展。

三、城镇和湖区民主改革

在推进企业民主改革的同时,城镇街道民主改革也有序展开。

城镇和街道民主改革,以手工业工人、产业工人的家属为骨干,团结劳动妇女、独立劳动者、自由职业者、进步知识分子等为基本力量,吸引小业主、小商贩参加,旨在清除在镇压反革命运动中漏网的反革命分子和封建残余分子,建立贯彻政策法令、反映群众要求、监督政权、整顿干部作风的街人民代表会议制。

湖北城镇民主改革,武汉市起步较早,宜昌、沙市、黄石、襄樊等城市和各县机关以及重要集镇1950年开始部署,1951年全面展开。1953年春,全省城镇民主改革顺利完成。

城镇民主改革基本分为摸底准备、民主斗争、民主团结和民主建设四个阶段。在民主建设阶段,特别注意与民主建政相结合。

解放初期,在废除保甲制度后,城镇成立了中共区委和区人民政府,街道基层政权一时来不及组建,工作主要靠公安局所属各街道公安分驻所的民政干事,组织居民中的积极分子来开展。1951年夏,在城镇民主改革的高潮中,武汉、宜昌、沙市等市颁发了《关于街道民主改革和民主建政工作计划》,自下而上地进行选举,依次推选居民小组长、居民代表,召开居民代表大会,成立街人民委员会或居民委员会。1954年,根据《中华人民共和国宪法》和《城市街道办事处组织条例》,街道不再设人民代表会议或居民代表会议,改为街道办事处,作为区人民政府的派出机关,街道组织建设臻于完善。

湖北号称“千湖之省”，解放初期全省共有湖泊1052个，面积达82.67万公顷，以湖为生的渔民成为人数众多的特殊群体。湖北渔民分为两种：一种是专业渔民，专业从事渔业生产，一家人在船上生产、生活，以船为家，俗称“连家渔船”；另一种是兼业渔民，农忙时种田，农闲时捕鱼。省人民政府成立后，选择汤逊湖、汈汊湖、梁子湖、洪湖等渔民集中的大湖试点，组织渔民协会，其任务是遵照政府法令，团结和组织劳动渔民，清除匪特，打倒渔霸，发展生产。到1951年，全省各大湖泊组建渔协58个，在不够成立渔协的湖区，组织346个渔民大组、8009个渔民小组，拥有会员10308人。

1952年，省农林厅向省委、省人民政府递交《关于湖区渔民民主改革的请求》。12月7日，省委出台《关于江河湖泊民主改革的决定》，指出：城乡各种社会改革大都已先后进行，唯有江河湖泊还未系统地进行社会改革，封建残余制度和反革命分子仍然占着统治地位，并且成为城乡反革命分子、恶霸分子逃亡隐匿的场所，同时水上运输对城乡物资交流、繁荣市场具有重要作用，必须立即进行民主改革，其主要内容和措施是按照渔民所在湖区申报户口，固定港籍和组织群众，清匪反霸，推翻湖主、渔霸和渔业把头的封建统治。

湖区民主改革于1953年春完成。在拥有大型湖泊的22个县中，成立了4个县渔协、23个乡渔协，会员增至48357人。改革后，多数湖泊收归国家所有，在666.7公顷以上的湖区建立渔民乡，武昌县大嘴乡、黄梅县下新乡、洪湖县大口乡和宋家墩乡成为第一批渔民乡。湖区经过民主改革，建立湖区政权组织，工作走向正轨。

第三节　推动社会民主改革

一、宣传贯彻《婚姻法》

1950年5月1日，《中华人民共和国婚姻法》颁布施行，明确规定：“废除包办强迫、男尊女卑、漠视子女利益的封建主义婚姻制度。实行男女婚姻自由、一夫一妻、男女权利平等、保护妇女和子女合法利益的新民主主义婚姻制度。”这是新中国的第一部法律，是对旧中国封建婚姻制度的根本变革。

湖北省委、省人民政府十分重视对《婚姻法》的宣传、贯彻和实施，根据不同阶段的工作重点和突出问题，先后五次组织专题研究和部署。

第一次是1950年，省人民政府召集省民主妇联筹委会和省各界人民团体举行座谈会，听取对实行《婚姻法》的反映和建议，研究在全省宣传、执行的具体措施。会后，省民主妇联筹委会等组织联合发出《关于认真学习宣传执行〈婚姻法〉的联合通知》。

第二次是1950年9月，省人民政府第十次行政会议讨论通过《关于切实执行〈婚姻法〉的指示》，要求各级政府严格依法处理各种婚姻问题，责令司法和公安部门对破坏《婚姻法》贯彻执行的不法分子必须给予坚决打击。9月21日，在湖北省第一届妇女代表大会上，李先念号召全省妇联组织深入宣传与执行《婚姻法》，切实维护妇女的合法权益。

第三次是1951年1月，省人民政府发出《关于正确执行〈婚姻法〉的通知》，强调处理婚姻案件问题，必须根据《婚姻法》的精神，体察具体条件和群众意见，认真进行调解，慎重处理。特别是对离婚案件，应强调调解；当调解无效时，应根据每案的具体情况和双方意见进行判决。

第四次是1951年11月，省人民政府根据中华人民共和国内务部《关于加强区乡（村）干部对〈婚姻法〉的学习，重视婚姻登记制度的指示》精神，发出《关于检查和加强执行〈婚姻法〉的指示》，要求各地认真检查《婚姻法》的执行情况，督促建立婚姻登记机关，做好婚姻登记工作，支持一切合乎规定的男女完成法律手续。

第五次是1953年3月，省委遵照中共中央、政务院指示精神，要求各地在土改、镇反等政治运动结束后，开展贯彻《婚姻法》运动，宣布3月为贯彻《婚姻法》运动月。为此，成立了由刘建勋任主任的省贯彻《婚姻法》委员会，各专署（市）、县均成立相应的组织，将宣传贯彻推向高潮。

湖北各专署、县按照省委、省政府的统一部署,从宣传教育入手,精心组织实施。各地成立了贯彻《婚姻法》运动委员会,以妇联干部为主成立检查组,对《婚姻法》的宣传、贯彻进行检查;逐级召开妇女代表会议,学习《婚姻法》;充分依靠各级妇女组织,进村入户,宣讲《婚姻法》,帮助群众解决具体婚姻问题;机关、工厂、人民团体、农村、学校印制大量宣传资料,制作幻灯片、皮影戏,排练演出小型文艺节目,以丰富多彩的形式进行广泛宣传,使《婚姻法》深入人心。

在宣传贯彻过程中,省委、省人民政府结合旧司法制度改革,要求司法部门改造旧思想观念和工作作风,为贯彻执行《婚姻法》提供组织和制度保证,为妇女提供法律保证。李先念亲自过问、督促处理信访案件。1951 年 9 月,沔阳县 17 岁的劳动妇女闵全贵写信给李先念,控告沔阳、洪湖两县人民法院拖压她解除封建婚姻的离婚诉求。李先念批示洪湖、沔阳两县法院,立即调查处理,妥善安置和保护受害者,并将处理结果送《湖北日报》公开发表。事过月余,洪湖、沔阳两县法院为受理权问题相互推诿,闵全贵多次往返申诉仍无结果,第二次写信给李先念,再次控告两县法院。李先念作出第二次批示,要求两县法院立即依据《婚姻法》迅速处理,省法院和省司法委员会派人检查,督促落实。根据他的批示,有关部门组成专门承办此案的工作组,到沔阳、洪湖调查案情,作出公正判决。12 月 15 日,获得婚姻自由的闵全贵第三次写信给李先念,衷心感谢李主席和人民政府。信中写道:“我的问题,假如不是人民政府撑腰,就根本没有今天,或许我早已不在人世了。”《湖北日报》两次公开报道李先念关心闵全贵婚姻案件的情况,在社会上引起强烈反响,被传为佳话。

废除封建婚姻制度,建立民主和睦、团结生产的新式家庭,是几千年来湖北社会家庭生活的一个伟大变革,也是湖北人民反封建斗争在一个方面的深入,从根本上触动了旧的传统思想观念和伦理道德,促进社会风气发生很大改变,体现了社会的文明进步。《婚姻法》自 1950 年 5 月 1 日颁布后,湖北广大妇女纷纷要求解除封建包办婚姻,全省各级法院受理的婚姻案件急剧增加。据司法部门公布的 1950 年至 1953 年的婚姻案,1950 年全省受理 13863 件,占所有民事案件的 68%;1951 年全省受理 25184 件,占所有民事案件的 88%;1952 年全省受理 49429 件,比 1951 年增长 96.7%,占所有民事案件的 92%;1953 年全省受理 50537 件,比 1952 年增长 2.5%,为新中国成立后受理此类案件的最高峰。此后婚姻案件逐年减少,新民主主义的婚姻制度逐步得到确立和巩固。

二、禁毒、禁娼、禁赌

娼妓制度、吸食鸦片烟毒和开设赌场是祸国殃民的三大害,也是半殖民地半封建社会腐朽的象征。实行以“三禁”(禁烟、禁娼、禁赌)为主要内容的取缔社会丑恶现象的斗争,由于与反恶霸的斗争有密切联系,当时也都带有民主改革的性质。

在旧中国,湖北是烟毒泛滥的重灾区之一。鄂西、鄂北山区是种植鸦片的著名产区,武汉历来是全国烟毒集散中心之一,辐射面广及中南、西南、华东、华北、西北等地区,从事制、贩、运、销毒品的犯罪分子数以万计,吸食烟毒倾家荡产、卖儿卖女、为盗为娼者,不可胜数。有人用一副对联揭露烟毒给湖北人民带来的罪恶:“竹枪一支,打得妻离子散,未闻炮声震地;铜灯半盏,烧尽田地房契,不见烟火冲天。”旧中国历届政府迫于社会压力,也曾发过“禁令”,但收效甚微,转而“寓禁于征”,使贩毒吸毒合法化。

解放后,湖北省和武汉市采取果断措施,厉行查禁。1950 年 2 月,中央人民政府政务院发布《关于严禁鸦片烟毒的通令》。从 1950 年 2 月到 1952 年 4 月,省、市政府颁布了《关于开展大规模群众性的禁烟禁毒运动的指示》《关于禁烟禁毒的公告》和《武汉市烟毒瘾民登记办法》《武汉市禁烟禁毒委员会奖励自报检举查缉办法》《武汉市处理烟毒案件暂行办法》,强调武汉和恩施、宜昌、郧阳、襄阳专署以及宜昌、沙市市,历史上为烟毒流行地区,立即成立禁烟禁毒委员会,发动群众,深入种植区,禁止种植鸦片,同时大力拘捕毒犯,侦破烟毒案件。

由于当时正在镇压反革命、土地改革和抗美援朝三大运动的高潮阶段,全省的重点集中在巩固政权、安定社会秩序方面,对烟毒的打击未形成大规模的群众运动,城乡居民中吸食烟毒的现象仍然严重。以武汉为例，从1949年5月到1952年6月，在解放后的3年时间内，经武汉市流通到省内外、有案可查的毒品，约计鸦片109474两，吗啡、海洛因147660两，价值人民币328亿多元（系旧币）。

1952年4月15日，中共中央发出《关于肃清毒品流行的指示》，要求在全国范围内有重点地、大张旗鼓地发动群众运动，集中地、彻底地扫除毒品。5月6日，中南军政委员会发出《严禁鸦片烟毒的指示》，要求各级人民政府利用"三反""五反"斗争所造成的有利条件，有重点地打击制毒、贩毒，遏制烟毒危害。5月23日，湖北省人民政府委员会第二届第八次行政会议决定成立湖北省禁烟禁毒委员会，由省政府副主席熊晋槐兼任主任委员，各专署、市、县禁烟禁毒委员会由专员、市长、县长兼任主任，统一领导全省禁烟禁毒运动。

李先念分别主持召开省、市政府会议，专题讨论和研究禁烟禁毒问题，确定指导方针是"禁种、禁贩、禁运、禁吸四管齐下，而以禁贩、禁运为重点"，基本政策是"过去从宽，今后从严；坦白从宽，抗拒从严；小犯、偶犯、从犯从宽，大犯、主犯、惯犯从严"，总的精神是严查宽办，惩处与教育相结合，争取改造大多数；运动开展的步骤是先市区后郊区、农村。1952年7月，省人民政府颁发布告，明令凡从事毒品贩运和制售者，应立即向当地人民政府坦白悔过，交出毒品，检举同犯，立功赎罪；凡种植毒品者，应立即铲除，保证绝不再种；吸食毒品者，应主动向政府登记，限期戒毒；各级政府的禁烟禁毒委员会，要切实担起负责调查材料，掌握政策，统一部署，统一行动打击首犯，查清毒品的责任。对于瘾民，采取教育和强制戒除的原则进行处理，在武汉、黄石、沙市、宜昌、襄阳、老河口等城镇，由民政、卫生部门举办戒烟所，配制戒烟药，施行集中戒烟。在一些小城镇和广大农村采取分散自戒、基层组织监督的方式进行。

湖北省的禁烟禁毒运动取得了重大胜利。1952年8月13日和29日，武汉、沙市、宜昌、黄石、襄阳及53个县的113个重点城镇统一行动，搜捕贩卖、制毒的首要分子和主犯。武汉市逮捕制、贩、运毒的首犯、主犯、惯犯和现行犯1322人，缴获吗啡525.4两、鸦片1051.8两。沙市逮捕烟犯384人；宜昌逮捕各类毒犯570名，缴获烟土690两；黄石召开群众大会公审烟毒惯犯28人；襄阳共破获各类毒品集团11个，剿灭毒品市场。全省共依法判处毒犯死刑61人、死缓1人,有期徒刑6366人,管制1933人。到1952年10月,经过各级政府、广大群众细致深入的工作,曾经的吸毒者陆续戒除了毒瘾。从禁烟禁毒到发动大规模群众运动,湖北大体经历了3年时间,使种植、制造、贩卖、吸食烟毒的活动基本禁绝。

与鸦片烟毒一样,娼妓制度也是滋生犯罪、传播疾病、污染城市、危害社会的根源之一。据1950年清查,湖北省有妓院500余家,登记在册的妓女有近3000人。1952年8月8日,中南军政委员会发出通知,决定全区封闭所有妓院,在年内取缔娼妓,改造妓女。湖北省统一行动,强行封闭妓院,对妓院老板进行管制,迫使其改业。

9月1日,武汉市成立了取缔娼妓总指挥部,制订了《1952年下半年改造妓女工作计划草案》,组织30多个调查小组,在全市展开摸底调查工作。调查小组以市妇联、民政局、公安局为主体,有重点地对汉口长清里、桃源坊、磨子桥、花桥街、积庆里等重点地区进行明察暗访,将妓女、暗娼、乐户老板、鸨母逐一进行登记。10日,市政府下达了封闭全市妓院的命令。11日凌晨,武汉三镇统一行动,出动公安人员1013名,封闭全市所有残存的妓院,逮捕罪行重大的乐户老板52人,收容妓女251人。随后,沙市、宜昌、黄石、襄阳等城市,依照武汉市的办法也采取了统一取缔、统一收容的办法,彻底废除各市的娼妓制度。在取缔公开娼妓之后,各地公安机关继续打击暗娼卖淫现象。

在坚决取缔娼妓制度、封闭妓院的同时,省政府拨出专款,在武昌、枝江等地设立新生妇女教养院,收容改造妓女。教养院按照“提高政治觉悟,治好性病,培养劳动观点和生产技能”的要求,组织学员学习,认识娼妓现象的社会历史根源及其罪恶本质,自我改造,振作精神,开始新生活。同时,组织各阶层和各界妇女代表到教养院访问,通过座谈的方式,使学员重建自尊、自爱、自重、自信思想和重新做人的信心。教养院积极为学员治病,组织她们参加一些力所能及的劳动,逐步培养自食其力的观念和技能。学习改造结束后,政府分期分批安排她们参加工作,有的进医院当了护士或卫生员;有的进了工厂、街道工作,成为工人;有的成为电话员;有的到农场或返回农村参加农业生产。在新的生活中,她们中有的积极要求进步,加入了中国共产党,当了国家干部,有的在所在的工作岗位建功立业成为劳动模范。至1953年,全省基本完成取缔娼妓制度、封闭妓院、收容改造妓女的工作。

在大规模开展禁烟禁毒、禁娼群众运动的同时,省委、省政府还开展了严禁赌博活动的斗争。1953年6月,省公安厅发出布告,严禁赌博,坚决取缔赌场,没收赌具。布告明确指出:对聚众赌博的不法地主分子和残存的反革命分子,从严惩办;对严重危害社会治安、破坏生产秩序,从事赌博的赌头、赌棍,予以逮捕或劳动改造;对不务正业、赌博成习的赌徒,发动群众监督生产;凡在禁赌中抗拒查禁、滋扰社会治安者,以法律制裁。布告公布后,各地、市、县人民政府结合土地改革、清匪反霸活动,发动民兵、妇女、农会会员,采取夜间查巡、查赌、抓赌等方式,摸清赌头、赌棍及惯赌分子的活动情况。由公安机关采取登记集训的方法,令其交出赌具,制定戒赌公约,保证永不再犯。正是由于广泛的深入宣传和强有力的管制措施,加上人民群众的相互规劝、监督、自律,全社会逐渐形成了反对赌博、劳动光荣、游手好闲可耻的社会风气,使原本盛行的赌博陋习基本清除。

经过3年努力,在旧中国屡禁不绝、被视为不治之症的毒、娼、赌等社会痼疾,在荆楚大地被基本禁绝。有些丑恶现象几乎是在一夜之间绝迹。这不能不引起广大人民和全社会的惊奇和赞许,被人们誉为“伟大的变革”和“德政”。革命的洪流荡涤着旧社会的污泥浊水,湖北的社会面貌、社会风气和人们的精神状态起了极大的变化。这些胜利,为湖北恢复和发展经济的工作创造了较好的社会环境。

第三章

国民经济的恢复和各项建设的全面展开

中共湖北省委、省人民政府贯彻实施新民主主义建国纲领，全面开展经济、政治、思想、文化建设，同时，通过“三反”“五反”，打退资产阶级向国家机关和工人阶级发起的猖狂进攻，加强党的自身建设，保持和发扬廉洁奉公的优良传统和作风。在短短三年时间内，领导人民顺利完成了恢复国民经济的艰巨任务，为向社会主义过渡创造了条件。

第一节　贯彻实施新民主主义基本经济政策

一、合理调整工商业

为快速恢复和发展社会经济，党的七届二中全会制定了“公私兼顾、劳资两利、城乡互助、内外交流”的新民主主义经济政策，以此作为处理各种经济成分之间的关系及其他关系的基本准则。1950 年 6 月，中共中央在北京召开七届三中全会，毛泽东作了《为争取国家财政经济状况的基本好转而斗争》的书面报告和《不要四面出击》的重要讲话，提出全党和全国人民“必须在统筹兼顾的方针下，逐步地消灭经济中的盲目性和无政府状态，合理地调整现有工商业，切实而妥善地改善公私关系和劳资关系，使各种社会经济成分在具有社会主义性质的国营经济领导之下，分工合作，各得其所，以促进整个社会经济的恢复和发展”①。

及时调整工商业反映了湖北的需求。1950 年上半年，在打击投机资本、稳定物价之后，湖北市场上因通货膨胀和抢购商品带来的虚假购买力消失，交易量减少，商品滞销。以武汉为例，到三四月，歇业的工厂和商家分别达到 260 余家和 514 家，到 5 月猛增至 1034 家，造成新的失业现象。这些困难从根本上说，是社会变革过程中的产物，是难以避免的；从工作角度上讲，也存在平抑物价的措施过猛和歧视私营工商业、使公私兼顾变成“只公不私”的现象。武汉市商人用楹联反映步履艰难的心情：“挂红旗，五心（星）不定；扭秧歌，进退两难”；沙市商人抱怨：“工人是斗，工商科是管，税务局是要，公营是挤，银行是抽，司法不与商人作主”②。

根据中央的统一部署，从 1950 年 6 月到 1952 年 12 月，湖北省委、省人民政府先后两次对工商业进行全面调整。

第一次调整是从 1950 年 6 月到 10 月，主要内容是调整公私关系、劳资关系、产销关系。

调整公私关系，主要是调整社会主义经济成分与资本主义经济成分之间的关系，这是调整的重点。省委、省人民政府针对私营企业的突出困难和生产布局不合理的问题，采取了八项让利和扶持措施：（一）压缩国营公司的零售、代销机构，为私商经营让出部分市场；（二）调整公营商业的批发与零售价格，增加私商运费、上下力费及合理利润，使私商有利可图；（三）合理调整地区差价，鼓励私商下乡采购，活跃城乡物资交流；（四）扩大对私营工业的加工、订货和收购，使私营工业能开工生产；（五）国家银行联合私营银行和钱庄力量，对有利于国计民生的私营工商业发放贷款，帮助私营工商业加快资金周转；（六）加强对工商业的指导，帮助私营工商业者调整经营方针与经营方向；（七）修改工商税法，减少税目、税种，降低税率，以减轻工厂企业负担；（八）在保证正常贸

① 毛泽东：《为争取国家财政经济状况的基本好转而斗争》（1949 年 6 月 6 日），《建国以来毛泽东文稿》第一册，中央文献出版社 1987 年版，第 394 页。

② 李先念：《关于城市和文教工作的几点意见》（1950 年 8 月 2 日），《李先念建国初期文稿选集（一九四九年七月——一九五四年五月）》，中央文献出版社 2002 年版，第 110 页。

易、稳定物价的前提下，适当放宽市场管理，取消不必要的限制。

调整劳资关系，关键是如何正确处理工人与资本家的关系。李先念对此用一句话概括，“劳资关系基本上是一个工资问题”[①]。他指出，“在我们的革命战线上，劳资都是自己人，有话是好讲的。在劳资两利的原则下，工人不要脱离现实，提出过高的劳动条件；资本家也不要过度地剥削，大家要尊重劳动者”[②]。各工厂统一成立劳资协调会，根据“劳资两利”的原则，一方面号召工人努力生产，提高劳动生产率，接受合理的裁员；另一方面代表工人与资本家订立劳资集体合同，规定劳资双方各自应尽的职责与义务，就改进生产、业务、复工和职工生活、薪资待遇等问题达成共识。劳资集体合同的签订和劳资协商会议的建立，使得劳资关系开始转变为建立在平等协商基础上的两利关系，这是湖北劳资关系史上的重大转变。

调整产销关系，主要办法是以销定产。湖北各级部门积极引导私营工商业改善经营管理，节约资财，降低成本，加强生产、经营的计划性，逐步做到产销平衡。同时，国营企业在原料采购方面主动采取代购、联购的代运、联运等方式，帮助私人企业渡过难关。

到 1950 年秋，第一次工商业调整工作基本结束，生产、营业情况显著好转。武汉市开业户增多，停、歇业户减少，工业产量大幅提高，几个主要行业下半年比上半年增长五成以上，其中，纸张业增长 54%，文教业增长 79%，电器业增长 90%，新药业增长 94%，五金业增长 181%。进出口业增长 226%，出现“淡季不淡，旺季更旺”的势头。据统计，沙市、宜昌、黄石、襄阳 4 个城市，1950 年 10 月同 1949 年 12 月相比，工业户数增加了 21.3%；商业资本增加了 81.9%，1951 年私营商业零售额进一步增加，私营工业生产总值比 1950 年增加 27%。

这次调整后，一部分私商为了牟取暴利，发生多种违法行为。经过 1952 年“三反”“五反”运动，清查、斗争了私营工商业中的一批严重违

---

① 李先念：《关于城市和文教工作的几点意见》（1950 年 8 月 2 日），《李先念建国初期文稿选集（一九四九年七月——一九五四年五月）》，中央文献出版社 2002 年版，第 111—112 页。

② 李先念：《发展商业支援农业》（1949 年 9 月 7 日），《武汉大典》，武汉出版社 1998 年版，第 82 页。

法户，进行了退赔、补税、罚款等处理。运动过后，私营商业又出现经营困难、市场呆滞状况。

1952 年下半年，省委、省人民政府第二次调整工商业。这次采取的措施主要包括五项：一是扩大私商经营范围，除粮食、棉花、棉纱、棉布等物资由国家掌握外，允许私商经营食油、麻类、杂粮，鼓励私商经营土特产、水产、水果、杂皮、药材等。二是调整公私经营比例，国营商业掌握批发市场，零售比例在大城市由 40% 下降到 25%；扩大 1000 多种商品的批零差价，以利私商经营和开展地区间的物资交流。三是调整利润分配，根据产品对国计民生的重要程度和周转快慢分别确定给工业以 10%、20%、30% 的利润。四是放宽市场管理，取消对私商的某些不适当限制，实行贸易自由政策，提高私商的经营积极性。五是严格执行税收政策，依率计征，简化手续。这些措施，解决了私营经营上的困难，使商业户数和资金都有增长。据全省 20 余县城统计，1952 年 12 月至 1953 年初，新开业工商户达 400 多家，增加资本 10 多万元。

在两次工商业调整中，救济与安置失业工人也是一项重要任务。1950 年 6 月，湖北省和武汉市分别成立由王任重、吴德峰任主任委员的省、市失业工人救济委员会，统一领导全省救济失业工人工作。随后，省、市委作出《关于救济失业工人工作的指示》和《失业工人救济各项工作细则》《关于整顿工赈组织、改变工资制度的规定》，要求重点做好武汉和沙市、宜昌、黄石、襄阳、老河口等城市失业工人的救济工作，把失业救济与市政建设结合起来，动员失业工人参加以工代赈；政府组织短期政治、文化和技术培训，为失业工人就业创造条件；通过劳动部门指导工人自行组织、失业工人自主筹办和政府组织货款等方式，帮助工人生产自救，扩大就业。到 1952 年，全省基本解决一度十分严重的失业问题，省、市失业救济委员会撤销，成立劳动就业委员会，负责统筹安置就业工作。

工商业的合理调整，使湖北工商业出现新的生机，促进了全省经济的迅速恢复与发展。通过调整，私营工商业者有利于国计民生的部分得到了较快的发展，不利于国计民生的部分受到了限制或转产；同时，加工订货、经销代销形式的发展，又使部分私营工商业的生产经营活动间接地被纳入国家计划轨道，国营经济在国民经济中的领导地位得到进一步加强。

二、扩大城乡物资交流

组织开展城市与农村间的物资交流，活跃城乡经济，是恢复和发展生产的一项重要任务。1949年7月1日，李先念在《湖北日报》发表《新湖北的任务》，提出湖北农副产品种类多、分布广、历史久、信誉好，土特产品占农业总产值的四成以上，扩大农副产品的购销，是激活农村经济、活跃城乡市场的关键；武汉是华中经济中心，是大批农产品与工业品的集散地，全省必须面向武汉，恢复与发展物资交流。7月，省委责成省直有关部门组成工作队，分赴全省农村各地，动员和组织商贩运粮、棉、油及各种土产、山货，供应武汉、沙市、宜昌等城市，李先念亲自带队赴天门、京山等地筹粮，组织向武汉调运。10月，省政府、湖北军区联合发布命令，取消检查路单手续，规定凡在本省境内各地往来行人客商，除税务机关有权检查货物外，地方政府或地方部队不得随便检查行人客商；12月又发出《关于贯彻贸易自由政策与合理管理市场的通令》和《关于今后商业工作方针的指示》，明确指出今后市场管理工作的工作方针是以恢复和发展商业为重点，尽最大努力组织农民土产运销，同时供给农民生产生活必需品，努力恢复工农业生产，达到调剂供求、繁荣市场的目的。

从1950年始，省人民政府大力组织土特产品运销，开展城乡物资交流，作为活跃全省经济的主要突破口，以此打破多年来战争和通货膨胀造成的城乡贸易停滞状态。采取的主要措施包括：成立以国营商业为领导，包括供销社、工商联、手工业联社和私商代表参加的城乡物资交流指导委员会，加强对土产品生产经营的指导；举办大中小型城乡物资交流会，利用庙会、集市等群众习惯的形式开展物资交流；放宽政策，简化手续，制订合理的农副土特产品价格政策和税收政策，使产、运、销三方面的利益得到合理的照顾，做到国家税收有保证、农民不吃亏、私商有利可图。

举办物资交流会，是扩大城乡交流的重要途径。1951年4月7日，湖北省在武昌召开土产产销会议，接着在汉口举办全省土产展览会。15日，李先念在《湖北日报》发表《庆祝湖北省土产展览会开幕》的文章，指出这次土产展览会，标志着湖北省土产事业已经走上了一个新的时期，我们要继续采取产销并重的方针，大力恢复和发展土产生产，改善公私经营，争取以最快的速度，恢复并超过战前的水平。此后，省人民政府又于6月28日至9月10日和1952年7月10日至31日两次组织地、市、县组团参加中南区土特产品展览交易会，于1952年12月举办湖北省城乡交流大会，于1953年1月组织湖北省、武汉市物资交流大会。此外，湖北省还在上海、广州、西安、天津等城市设立办事处，形成通向全国的销售网。据统计，仅1952年下半年，全省就召开各种形式的大小物资交流会160多次，成交金额达6000多万元，1952年收购的土特产品和供应的工业品比1950年上升5倍多。

在扩大城乡交流过程中，省委、省人民政府注意发挥农村供销合作组织的作用。1951年6月10日，省委作出《关于发展供销合作社的指示》，指出这是土改后我党进一步团结农民、巩固工农联盟、发展城乡互助、改造个体经济为新民主主义合作经济的一项主要任务，是当前领导农副业生产的中心环节。发展供销合作社，必须根据群众需要和自愿原则进行，贯彻上级社为下级社服务、基层社为社员服务的方针，实行群众办社、群众监督。各地、市、县普遍建立了供销合作社，直接帮助解决农民生产购销方面的困难，免除中间商的剥削，成为联结城乡经济的重要纽带。

为扩大城乡交流，国营商业承担起整合合作社商业、私营商业的职责。1949年6月，省人民政府组建国营湖北省贸易公司，经营范围广泛，被人们称为“一揽子”公司，业务重点是收购土特产品，扶植农村副业生产，活跃农村经济。1950年4月至9月，随着市场逐步扩大，又先后专门成立了盐业、百货、粮食、土产、花纱布、油脂、茶叶7个国营省级专业公司；各专业公司按经济区域建立专区分公司、县商店、分店、工作组等机构，初步形成了专业经营体系。到1952年，全省面向武汉等大中城市，初步形成了国营商业、集体商业、私人资本主义商业和个体商业4条渠道畅通并存的市场格局。

扩大城乡物资交流，不仅打破了多年来因战争和通货膨胀造成的城乡贸易停滞状态，还打破了长期以来存在的地区间、城乡间、行业间的封闭状态，工业和农业，城市和农村互为市场，极大地保证了全省城乡居民的生活需要，对恢复与发展湖北国民经济起到了积极的促进作用。

三、恢复与发展工业

湖北省具有发展工业的资源优势和地理条件，是中国近代工业发端最早的地区之一，历史上其生产规模曾在全国占有重要的地位，但在国民党统治下湖北省工业基础日渐薄弱，到解放时，全省工业不仅规模很小，而且门类残缺，传统的纺织、食品等轻工业占全部工业的 84%，而冶金、电力、机械等重工业所占比例仅为 16%；在为数有限的重工业中，修理行业还占有相当大的比重。工厂设备简陋，生产能力低下，技术力量薄弱，更是普遍现象。

省委、省人民政府分析国民经济发展的需要，确定了优先发展重工业的思路。1950 年 1 月，湖北省财经委员会召开会议，确定全省城镇工作方针是发展工业与手工业，除把已开工和正在修建的省营工厂办好外，还要积极进行新建工厂的准备工作，各专署、县要用地方粮款举办地方工业。1952 年 2 月，李先念在湖北省财经干部大会上，明确提出“首先发展重工业”的方针。他说，现在真正赚钱的是轻工业、商业，重工业十年也赚不到钱；但重工业是一切经济的基础，有了重工业，轻工业才能发展，商业都能发展，农业都能机械化，因此必须将全省有限的财力、物力，首先集中到重工业方面。

面对湖北经济管理干部奇缺的困难，省委、省人民政府千方百计配备各级干部，加强经济战线。1951 年 1 月，李先念在给刘子厚的信中提议，在春季土改结束后，从党、政、群调 300 名骨干干部加强经济战线。省委还积极同中央、中南局联系，从外地大量调进财经干部，缓解经济领域人才短缺的问题。1952 年 9 月，省委成立城市工作部，1953 年又从全省抽调地级干部 36 人、县委书记和县长 120 人、县级干部 573 人转移到工业战线上，进一步加强与充实了领导骨干的力量。

为恢复发展工业生产，省委、省人民政府一手抓黄石建市兴重工，一手抓沙市创业上轻纺，以这两大系列带动全省，探索走全新的湖北工业化之路。

黄石港、石灰窑，原来是位于长江中游南岸的两个滨江小镇，因为历史较久的华中钢铁公司大冶钢厂、华新水泥公司大冶水泥厂、鄂南电力公司大冶电厂、源华煤矿、利华煤矿五大厂矿建于此，逐渐发展为华中著名的工业重镇。解放初期，华中局、武汉市军管会和湖北省委同时派出代表接收和管理。1950 年 5 月，省人民政府向中南军政委员会呈报，提出：为了湖北建设前途，必须有计划地发展大冶石灰窑特区矿业，建议将该区改组为市，定名黄石市，由湖北省直辖。8 月 21 日，经政务院核准，黄石市正式成立。

黄石的重工业建设，得到中央和地方的鼎力支持，发展迅速。1950 年 11 月，中央将大连建新工业公司所属特殊钢厂的 1600 余吨设备及其 670 余名干部、工程技术人员和工人，迁至华中钢铁公司，同时加大改造扩建的投资。1953 年，华中钢铁公司改名为大冶钢厂，正式被国家列为以生产特殊钢为主的大型骨干企业。与此同时，以黄石电厂为中心的武（汉）黄（石）66 千伏电力网建成，这是当时中南地区电压等级最高、输电线路最长的输变电工程；经过改组后续建的华新水泥厂，1952 年当年实产水泥 25 万吨，年生产能力达到 30 万吨；中国第一支大型地质勘探队伍——四二九地质队，1952 年 5 月开赴黄石对矿山及周围地区进行有史以来最大规模的勘探，取得重大成果，为以后武汉钢铁公司的选址和筹建提供了依据。

沙市，位于长江中游荆江北岸，自古手工业兴盛，商业繁荣，其活跃度在省内名列前茅。1950 年，沙市全市商业资本与工业资本的比重为 8.2∶5，私营资本与国营资本（包括银行、公司、合作社）的比重为 15∶4，私营商业从业人员多达 1 万余人，占城市人口的九分之一。沙市市委根据沙市消费城市、商业城市和转口码头的特点，决定引导私营商业和手工业转向工业。新中国成立初期，在省委、省人民政府的支持下，沙市引导 28 家大批发商转移资金，兴办 13 家轻纺工厂，成为全省纺织工业的重点。据统计，从 1950 年到 1952 年，湖北用于纺织工业的投资达 3495 万元，约占这一时期全省工业总投资的 41.7%。

以“一重一轻”为龙头，国家加大对湖北工业的建设投资。1952 年 11 月，武汉国棉一厂在汉阳建成投产，投资达 1830 万元，它是湖北省第一座由我国自行设计、自行施工的国营棉纺企业，也是新中国成立后第一批兴建的全国五大新型棉纺厂之一。湖北冶金工业投资 1293 万元，用于华中钢铁公司的改造与扩建。与此同时，其他工业门类也在恢复中发展，其中，机械工业投资 771 万元，建材工业投资 673 万元，电力工业投资 587 万元，全省的冶金、化工、机械等原来十分薄弱的重工业得到较快发展。

经过 3 年的恢复与发展，湖北省的工业产值逐年大幅提高。1949 年湖北省工业总产值为 4.73 亿元，1950 年增长到 6.54 亿元，1951 年为 7.95 亿元，1952 年为 9.73 亿元，平均每年增长 27.4%，1952 年工业总产值比 1949 年增长了 105.7%。与此同时，工业所有制结构发生了显著变化，全省国营企业发展到 976 个，拥有固定资产 3.11 亿元和流动资金 1.48 亿元，全民所有制工业、私营工业、个体手工业占全省工业总产值的比重分别为 66.5%、10.1%、22.4%，全民所有制工业在全省工业中的主导地位大大加强。

第二节　恢复和发展农村经济

一、连续战胜特大水灾旱灾

由于独特的地理、气候条件和历史原因，湖北自古以来就是一个多灾的省份，境内干旱、洪涝、虫灾、冰雹、龙卷风等自然灾害频繁，有“十年九淹，三年两旱”之说。从 1949 年到 1952 年，湖北接连遭受数十年未有的特大水灾和旱灾，省委、省人民政府把开展生产救灾作为湖北恢复国民经济的第一步，打响了与自然灾害顽强抗争的人民战争。

从 1949 年 5 月开始，湖北罕见地遭遇一年两次大水灾，沙市水位达到省水文记载以来最高纪录，汉口水位达到 80 年来第四次高水位，长江、汉江干堤多处溃口，祸及 31 个县，全省受灾农田 654 万亩，粮食减产 58 万吨，灾民达 316 万人，相当于全省农业人口的七分之一。

1949 年 7 月 20 日，省委发出《关于防汛救灾的紧急指示》，要求堤防险段与水灾严重地区，把修堤堵口作为中心任务，尽最大努力减轻受灾程度和缩小受灾面积。12 月 9 日和 30 日，省人民政府发出《关于生产救灾的布告》和《关于生产度荒的布告》，要求各级政府吸收民政、商业、银行、实业、人民团体代表和地方开明人士，成立生产度荒委员会，领导生产度荒工作。1950 年 1 月 10 日，省委召开全省生产救灾会议，确定“以生产自救为主，政府扶持为辅”的方针，提出“不要饿死一个人”的口号。会上成立湖北省生产救灾委员会，李先念兼任主任，同时决定派遣大批干部前往农村帮助灾区工作。

省委、省人民政府认为救灾与生产问题关系到争取农民、巩固农村革命成果的问题。李先念在致刘建勋、刘子厚等的信中说：群众情绪空前高涨，而灾荒确实严重。如能解决饥饿问题，农民就会坚定地站在我们方面；如不能解决，就可能或者有一些地区发生农民一时跟地主走的危险[①]。各地采取生产自救、社会救济和政府帮助三种途径，出台一系列政策规定，主要有：宣布土地谁种谁收，保障地权佃权；保障雇佣借贷自由；不动富农土地财产，不侵犯中农任何利益；负担按常年产量计算；奖励开荒；提倡每人增养一只鸡、每家增喂一头猪、湖区增喂两只鸭，做到村无闲人；严令机关、部队、学校厉行节约，节衣缩食，支援生产。

全省农村根据轻重缓急展开救灾工作。在重灾区，大力组织人力物力财力进行急救，对流离失所的灾民予以安置，无饭吃者予以赈济，有病者予以医治，稳定灾民情绪，劝说他们不要流入城市，外出逃荒没有出路；在轻灾区，领导灾民生产自救，抢救或抢种庄稼，恢复生产，多种代食品。

实行以工代赈和发放救济、贷款贷粮，是各级政府组织生产自救的

---

① 李先念：《改变工作方式，推进农村改革》（1950 年 2 月 5 日），《李先念建国初期文稿选集（一九四九年七月——一九五四年五月）》，中央文献出版社 2002 年版，第 57 页。

两大主要举措。从1949年秋到1950年底,省人民政府共拨款207万元、拨粮500万公斤赈济灾民,省人民银行发放50万元副业折实贷款。李先念在部署救灾工作时,强调“各地在修筑堤防及公路中,应大力动员灾区群众,达到以工代赈的目的”①。以工代赈,既解决了农民群众的温饱问题,又保证了农业及有关建设的顺利进行,可谓一举两得,在战胜1949年特大水灾的斗争中取得了显著效果。

1950年春季,湖北出现普遍的春荒,全省断炊人数为240万人,接着又在夏季遇到水灾,受灾面积200余万亩,灾民170万人。发展生产,是当时从根本上解决灾荒的唯一办法。省委发出《关于春耕生产的指示》,决定增加粮棉生产,组织精耕细作时解决肥料、种子、工具等问题;及时发放春耕农业贷款,不得拖延,以免误农时。1950年7月,李先念在湖北省代表会议预备会议上代表省委提出13条抗灾度荒措施,主要内容是:重灾区以组织灾民生产度荒为中心工作;重灾区公粮免征,租课停付;根据灾情投放救灾粮,保证灾民衣食无忧;扩大种植面积,提高单产产量;组织副业生产,推销土产;向丰产区募捐,缓解灾区困难;发挥各种群众组织作用,结合统一战线工作,扩大救灾委员会等。这些措施,促使湖北农业生产在1951年得到恢复,受灾农田重新种上作物,非灾区的生产获得了丰收,广大农民生活有了一定的改善。

1952年5月,湖北出现持续的晴热天气,继而蔓延成数十年不遇的特大旱灾,殃及55个县,860万亩田地几乎无法种植,受灾人口达600余万人。6月18日,省人民政府作出《关于防旱抗旱的紧急指示》,指出:任何侥幸等雨的思想或满足于塘堰沟渠修得多的麻痹思想都是错误的,各级政府生产办公室从接到指示之日起,一律改为防旱抗旱生产办公室,要加强水利灌溉管理,将以前拨给各专署、县市的抽水机迅速检查检修,使其发挥效能,要广泛深入发动群众,积极设法开辟水源;要充分储备旱粮、种子,保证及时贷放、播种。7月3日和8月10日,省委召开紧急会议和地委书记、专署专员联席会议,提出救灾就是救命,要求各级

① 李先念:《生产建设与群众生产备荒》(1949年12月25日),《李先念建国初期文稿选集(一九四九年七月——一九五四年五月)》,中央文献出版社2002年版,第55页。

领导干部率工作组赴重灾区的抗旱一线，指导抗旱工作。随后，刘子厚率工作组赴孝感专署，聂洪钧率工作组赴荆州专署，张体学率工作组赴黄冈专署，乔明甫率工作组赴襄阳专署。

全省各级党委、政府认真贯彻省委、省政府的系列指示精神，在组织抗旱救灾工作中注意发挥群众积极性，创造了许多新鲜经验，如淘沙挡、找古泉、挖旧井、挑塘泥、挖沟、筑坝、挑水点浇、劳动换工等。红安县提出“先用堰水，再用塘水；先用私塘，再用公塘”等办法，仅在6月就组织了3万多人次、水车4000多台次，用车河水的办法抢救旱田旱地。应山县（今广水市）蔡家河区老虎岗乡是重灾区，省工作组经过认真核算，全乡1584人，除去代口粮外，还差174天的口粮。他们按照“农业、副业、水利三套锣鼓一齐打”的办法，把铁匠、漆匠、篾匠、木匠和35部纺织机组织起来，集体经营，结果赚取粮食1.7万多斤，供全乡人吃11天；组织以工代赈修塘34口、筑坝2个，用工50余万个，得到粮食21万斤。通过多种多样的生产自救，保障全乡没有饿死一个人，还为农业生产的进一步发展创造了条件。

为抗大旱、救大灾，中央给湖北拨发水利工赈款2000万元、水利贷款500万元，省委、省人民政府除及时安排到位外，还于8月拨出第一批救济款118万元，9月拨出第二批救济款126万元和各种贷款500万元。到年底，共拨付救灾专款1900多万元，占当年财政总支出的11.4%。

对于湖北生产救灾，中共中央给予充分肯定。1952年11月20日，内务部向全国通报《湖北省生产救灾工作报告》，指出：“湖北省今年是重灾省，由于领导重视，及早动手，目前灾区的副业生产已初步展开，并获得了一定成绩。我们认为该省的做法以及获得的经验是正确的，各地在大力开展冬季副业生产中，要注意吸取该省的经验。”①

在战胜连续3年的特大灾害后，湖北农业生产得到恢复与发展，粮食、棉花以及油料等主要农产品的产量有了大幅提高。1952年，全

---

① 《李先念传》编写组、鄂豫边区革命史编辑部编：《李先念年谱》第二卷，中央文献出版社2011年版，第378页。

省粮食产量747.6万吨，棉花产量12.17万吨，油料产量22.34万吨，分别比1949年增长29.31%、112.12%、67.03%。全省农业总产值达22.63亿元，比1949年的16.73亿元增加了5.9亿元，实现年平均增长率11.8%。

二、大力发展水利事业

持续不断的自然灾害和薄弱不堪的农业基础，使省委、省人民政府深刻认识到，水利事业是湖北恢复经济、发展农业、稳定社会的当务之急。1949年11月，李先念主持召开湖北省第一次水利会议，确定新中国成立头几年全省水利工作的总方针是“克服水患，发展水利”，具体布局是以治河为重点，兼顾农田水利，脚踏实地，继续治标，同时积极进行治本的准备工作。

首先是健全机构，配备专业技术干部。解放前，湖北治水机构主要有江汉工程局、湖北省水利工程处、农林部农田水利第四工程队以及汉口水文站等，由于国民党腐败统治加上连年战乱，这些机构的工作处于停滞状态。解放后，省人民政府将上述机构收编改组，成立农业厅（1950年6月改为农林厅）水利局，负责统一办理湖北省堤防与农田水利工程。李先念亲自选配得力干部，抽调专业技术人才，礼聘知名水利专家。徐觉非、任士舜、夏世厚、漆少川、许金彪和武汉大学教授、著名水利专家陶述曾均在水利部门担任重要领导职务。经过组织部门多次充实力量，水利局及直属分局由100余人增加到700余人。与此同时，省人民政府发出《关于水利工作的指示》，要求自上而下建立和健全水利机构，并对编制、职责和技术力量提出明确要求。到1951年，形成了比较完整的组织体系。

其次是建立防灾抗灾的指挥系统和工作方法。1950年6月，湖北省防汛总指挥部成立，李先念任总指挥长兼政治委员，聂洪钧任副政委，农林厅厅长徐觉非和陶述曾等任副总指挥长，长江水利委员会中游工程局局长任士舜任秘书长。7月，汉江治本委员会成立，李先念出任主任委员。全省各专、县、区防汛指挥部亦相继建立，沿堤各乡还成立了防汛大队和抢险队，村成立了防汛中队或分队。经过摸索，全省逐步形成了一套简捷高效的防汛工作方法：各级防汛指挥机构，每年汛前严格检查，制订周密的防汛计划，组织整险和查堤加固，筹集防汛器材，宣传防汛意义，落实防汛人员，划分防守堤段，传授抢险技术；汛期及时掌握水、雨、工情，坚持巡堤查险，准备抢险突击，随时传达贯彻上级指示和命令，清理补充防汛器材，整顿防汛队伍；汛后进行资料整理，并及时总结经验，查找问题。这些方法和经验，一直沿用下来，并不断丰富，成为湖北防汛抗洪的"法宝"。

在建立完善水利和防汛指挥机构之后，省委、省人民政府把堤防建设摆在突出位置，掀起了前所未有的堤防建设高潮。

1949 年湖北刚解放时，全省堤防长度累计 1.38 万多公里，其中长江、汉水干堤长 1800 多公里，民堤长约 1.2 万公里。由于常年得不到有效整修护理，加之当年特大洪水的侵蚀，万里长堤千疮百孔。从 1949 年秋开始，省人民政府按照"有力出力，有钱出钱，合理负担，以工代赈"的修堤办法，争取中央人民政府拨发 4000 万斤大米，动员群众，开展修堤运动。据统计，1950 年，全省在冬春堤防修护工程中，完成土方 1813 万多立方米，其中江汉干堤完成修护土方 1087 万立方米，是新中国成立前国民党统治时期 4 年修堤工程的 1.33 倍。1951 年，全省堤防岁修工程与土地改革等中心工作紧密结合，江汉干堤和各种支堤、民垸完成修护土方 5464 万多立方米，超过国民党统治时期 8 年累计工程的总和。从 1950 年到 1953 年底，湖北省共完成对长江、汉水干堤培修加固土方 1.2193 亿立方米、石方约 64 万立方米。

在治理江河、修固堤防的同时，省委、省人民政府十分注意利用湖北宝贵的水资源为民兴利，利用有限的财力和物力，开展农田水利基本建设。1950 年 10 月，李先念在《湖北日报》发表《关于湖北水利工作问题》，结合湖北水文资源和气候特点，从"挡""排""蓄"三个方面阐述湖北农田水利建设的基本思路。他指出：所谓"挡水"，就是岁修江汉干堤与支堤民垸，尤其是荆江大堤，必须死保大堤安全，不让其溃口；所谓"排水"，就是排放渍水，不使大块良田难以耕种而导致减产；所谓"蓄水"，就是修塘、挖堰、筑堤、打井、开沟引水、灌溉等工作。1950 年 12 月，湖北召开水利工作会议，研究部署 1951 年水利建设。李先念再次提出，目前湖北水旱灾害，不是几个大型工程能够解决问题的，因此不论防洪排水还是灌溉，都要积累一点一滴的工程和力量，要动员农民群众普遍开展小型水利建设。省委、省政府发出了“一村一口塘”“一人五方土”的号召；各级干部深入群众中间，宣讲政府的水利政策；水利部门编印《水利手册》，用以指导农田水利建设。

各地政府选择重点，开展示范工程建设，修建了咸宁县的浮山堰、安陆县的千家堰、武昌县的徐清渠、嘉鱼县的新丰垸、汉阳县的世成垸、通山县的横石潭、蒲圻县的松蒲渠、沔阳县的排湖闸、潜江县的新沟坝、黄梅县的白渡湖等一批骨干工程。据不完全统计，从 1950 年至 1952 年，全省共兴建各种小型水利设施 71.7 万多个，其中塘 64.8 万多口、坝 4.2 万余座、渠 4.5 万余条、堰 2.3 万余座、沟 10.2 万多条、闸 3.4 万余座、小型水库 88 座，使 3290 多万亩农田受益。

遭遇 1952 年特大旱灾之后，省委、省人民政府更加清醒地认识到，要抗御水旱灾害，特别是要战胜几十年未遇或上百年未遇的特大灾害，必须逐步发展大中型水利设施。1952 年 12 月 5 日，省委发出《关于当前水利工作的指示》，提出“强调以小型水利为主，但不放弃大、中型水利，当小型水利展开后，再转移主要精力于大、中型水利”。此后，湖北开始兴建一批大规模的山谷水库和灌溉工程。麻城大坳水库承雨面积 47.2 平方公里，总库容 2760 万立方米，灌溉面积 18000 亩，1952 年秋开始勘测设计，1953 年 3 月 13 日动工，7 月 7 日竣工，是湖北兴建的第一座中型水库，标志着湖北农田水利建设进入一个新的阶段。

通过新中国成立头三年的努力，湖北水利建设初步形成了较为科学合理的布局，构成了防洪、排涝、灌溉三大体系，改变了农民靠天吃饭的传统模式，组织了群众，培养了干部，为湖北农业生产的恢复和发展提供了重要保障。

三、兴建荆江分洪工程

荆江分洪工程，是新中国成立后兴建的第一个大型水利工程。以湖北为主体的 30 万军民，仅用 75 天就在确保质量和安全的情况下完成了建设任务，创造了水利建设史上的一个奇迹。

"万里长江,险在荆江"。虽然新中国成立头两年,省委、省人民政府投入大量的人力物力,给荆江大堤培修了土方800多万立方米和石方近20万立方米,提高了大堤的防洪能力,但这仍然不能确保江汉平原安全度汛,要防备可能出现的特大洪水,必须修建新的防汛工程。

1950年8月,专司治理长江之职的长江水利委员会提出《荆江分洪初步意见》,上报水利部和中央人民政府。10月,毛泽东和刘少奇、周恩来听取中南局代理书记邓子恢关于荆江分洪工程设计方案的汇报,并亲阅工程设计书,询问一些具体情况。随即批准了荆江分洪工程方案。1951年1月12日,周恩来主持召开政务院第67次政务会议,研究治水问题,确定以修建荆江防洪工程为当时治理长江的重点。为正确处理历史上形成的(长)江(洞庭)湖洪水调蓄矛盾,协调好湘鄂两省的关系,保证工程顺利实施,周恩来指示水利部召开荆江分洪工程会议,并主持起草了《政务院关于荆江分洪工程的规定》,经毛泽东审阅批示同意后正式公布。《关于荆江分洪工程的规定》提出"为保障两湖千百万人民生命财产的安全起见,在长江治本工程未完成以前,加固荆江大堤并在南岸开辟分洪区是当前急迫需要的措施"。

根据毛泽东、周恩来和政务院关于兴建荆江分洪工程的指示,中南局和中南军政委员会从1952年2月开始着手荆江分洪工程的准备工作。3月15日,中南军政委员会第74次行政会议,批准《荆江分洪工程计划》,通过《关于修建荆江分洪工程的决定》,决定成立荆江分洪工程委员会和荆江分洪工程指挥部。荆江分洪工程委员会以李先念为主任委员,唐天际、刘斐为副主任委员,郑绍文为秘书长,黄克诚、程潜、赵毅敏、林一山等19人为委员。荆江分洪工程总指挥部以唐天际为总指挥,李先念为总政委,王树声、许子威、林一山、田维扬为副总指挥,袁振、黄志勇为副总政委。以李先念为首的指挥机构的及时组建和坚强领导,为分洪工程保质顺利完工提供了组织保证。

荆江分洪工程,是中央人民政府全额投资兴建的大型水利工程,总投资为7150亿元(旧币),主要项目包括荆江大堤加固,进洪闸(又称北闸)、节制闸(又称南闸)和围堤培修以及刨毁分洪区横堤、临时堵口等工程,最终形成一个总面积921平方公里、有效库容54亿立方米的分洪区。土石方总量近1000万立方米。其工程规模之大、质量要求之高、工期时间之紧,是当时中国水利工程建设中前所未有的挑战。

1952年4月1日,工程指挥部在武汉市委大礼堂召开有关部门同志参加的动员誓师大会,李先念指出:荆江分洪工程即将全面动工,这是湖北、湖南两省人民的一件大喜事,是我国水利建设事业的重大工程。这一工程的胜利完成,不仅能维护荆江两岸人民生命财产的安全,而且会保障全国人民的经济利益,要求全体工作人员以主人翁的态度,认真负责,全力以赴,为按期完成工程建设而斗争。

4月5日,荆江分洪主体工程全面开工。参加人员有来自湖北、湖南两省的4万工人、16万民工和从广西调来的中国人民解放军第二十一兵团及湖北军区部分部队共10万官兵,以及来自东北地区和北京、上海、重庆等地的数千名工程技术人员,总计30万人。

工程开工后,人们热情高涨,斗志昂扬。为了保护好工程建设者高昂的热情,保证30万大军紧张而有序地工作,荆江分洪工程指挥部和中南军区水利工程队政治部于4月10日联合发出了《加强政治工作,保证工程任务顺利完成》的通知。15日,又颁布了《工程劳动纪律十项》。

荆江分洪工程委员会高度重视工程建设中出现的问题和困难。4月13日,李先念主持召集荆江分洪工程的各级领导及技术人员开会,研究如何战胜困难,保证完成工程任务。4月19日,又在荆江分洪工程指挥部召开有关干部会议,进一步讨论克服困难、加快工程进度等问题。会上,他直截了当地指出,荆江分洪工程是一个大工程,必须用大力气去完成它,要用非常办法去完成这个非常的工程任务。这个“非常办法”,就是相信群众,依靠群众,最大限度地激发工程建设者的创造热情,在有限的技术设备条件下,因地制宜,大胆创造,科学组织。

5月,是雨季到来之前工程施工最关键的月份。4月29日,荆江分洪总指挥部发出《关于完成红五月爱国劳动竞赛总任务》的通知,提出“决战红五月”的口号,号召全工区劳动大军,人人参加“比一比”“想一想”“看一看”的活动。广大共产党员充分发挥先锋模范作用,涌现出大批英雄模范人物。松滋县县长饶民太,青年女工辛志英,农村姑娘谭文翠,工人夏汉卿、袁成俊、鲍海清和解放军指战员戴国华、董德锦、郭全生,工程技术人员王咸成、李芬等,他们用各自创造的不凡业绩,一次次刷新着“红五月”的纪录。

毛泽东、周恩来十分关注荆江分洪工程的建设与进展,亲自给工程题词。毛泽东的题词是:“为广大人民的利益,争取荆江分洪工程的胜利!”周恩来的题词是:“要使江湖都对人民有利!”题词嘉勉,是对荆江分洪工程建设者的巨大鼓舞。5 月 26 日,荆江分洪工程指挥部发出《关于接受毛主席授旗后继续开展劳动竞赛运动的号召》,要求“全体同志,再接再厉,勇往直前,为获得新的更大的荣誉而努力!”

6 月 20 日,荆江分洪工程提前 15 天胜利竣工。共完成工程土方 834.6 万立方米,混凝土 11.7 万立方米,石方 17.1 万立方米,采石 37 万立方米,扎钢筋 3495 吨,运输各种物资 1 亿多吨 / 公里。工程竣工后,中南军政委员会又根据长江水利委员会提出的设计规划,于 1952 年 11 月 14 日开始,组织湖北省荆州、宜昌地区的 18 万民工,对荆江右干堤、虎东干堤、安全区围堤进行培修加固,进行了进洪闸上游滩地刨毁和黄天湖排水闸等后续工程的施工建设。荆江分洪后续工程于 1953 年 4 月 25 日全部竣工。

荆江分洪工程是大规模经济建设的前奏,揭开了根治长江的序幕。工程竣工后,很快就经受了洪水的考验,发挥了应有的作用。1954 年长江发生全流域性特大洪涝灾害。面对百年一遇的特大洪水,在洪峰到来之际,经中央批准,荆江分洪工程三次开闸分洪,科学调节洪水,确保了荆江大堤安全,确保了荆江两岸人民生命财产的安全,确保了大武汉和京广铁路“大动脉”的安全,减轻了长江洪水入洞庭湖的压力。这在长江防汛抗洪历史上是前所未有的,谱写了人类战胜自然的华章。

第三节　民主政治与法制建设的起步

一、召开地方各界人民代表会议

湖北解放后，全省大中城市陆续建立了军事管制委员会，县级以上城市普遍成立了人民政府。中共中央要求，新解放的地区一律召开各界人民代表会议，其职能和任务是加强政府与各界群众的联系，协助政府进行各项建设工作，为普选的人民代表大会准备条件。

1949 年 9 月 20 日，省委发出《关于召集各界人民代表会议的指示》，指出各界人民代表会议是人民政府联系广大群众的最好形式，凡城市中关于发展生产、城乡关系、公私关系、劳资关系和各县关于剿匪反霸、征收公粮、救济灾荒、修堤修垸等大政方针，均可在各界人民代表会议上讨论通过，通过代表传达到各阶层，变成各界人民的行动纲领。指示规定，3 万人口以上的城市和各县必须召开各界代表会议，每次会议集中解决一至两个大问题。1949 年 9 月 5 日至 9 日，武汉市第一届第一次各界代表会议率先召开。到 1949 年 12 月，宜昌市、沙市市和武昌、黄陂、江陵、天门、鄂城、荆门、应城、襄樊、光化、浠水以及新堤镇、仙桃镇、宋埠镇召开了各界代表会议。[①]

1950 年 1 月 22 日，省人民政府召开专员、市长、县长联席会议，李先念在报告中，总结了筹建各界人民代表会议的做法和经验，指出：人民政权的权力机构是各界人民代表会议或各界人民代表大会，各级人民政府是执行机关。我们必须在更大的范围内推进各界人民代表会议，并在这个基础上准备召开人民代表大会。他要求，今后召开各界代表会议之前，要有详细周密的准备，先开工代会、农代会和干部会，把要办及可能办到的事提出来讨论，求得一致意见，然后再利用各种形式在代表中酝

---

① 湖北省人民政府秘书处编:《湖北政报》第五期(1950 年 1 月 16 日刊印),《湖北省人民政府民政厅 1949 年下半年工作总结》,第 77 页。

酿,使代表们掌握议题的范围,以便发言时接近实际;在会议过程中,对争论较多的问题,要多与党外人士个别协商,避免在大会上形成冲突;共产党员要坚持党的原则,严守党的纪律,做团结各界人士的中坚。

7月10日,省人民政府成立由李先念任主任委员的湖北省各界人民代表会议筹备委员会,开始各项筹备工作。8月15日,经中南军政委员会批准后,省人民政府正式发布《关于召开本省首届各界人民代表会议的决定》。9月14日,筹备委员会召开第二次会议,讨论代表推选、提案工作和会议日程。

10月5日至20日,湖北省第一届各界人民代表会议在武昌召开。出席会议的代表645人,列席81人。会议听取和审议湖北省人民政府一年多来的工作报告以及关于土地改革、财政、经济、军事等工作的报告,确定1950年的工作以土地改革为中心,争取在两年至三年内完成土改。

1951年11月23日至12月1日,湖北省第二届各界人民代表会议第一次会议在武昌召开。出席会议的代表628人,列席164人。经中央人民政府批准,会议代行湖北省人民代表大会部分职权,选举以李先念为主席的新一届湖北省人民政府委员会和政治协商委员会。会议通过李先念《关于湖北省人民政府一九五二年工作方针和任务的建议》的报告。

1952年12月8日至12日,湖北省第二届各界人民代表会议第二次会议在武昌召开。出席会议的代表674人,列席98人。这次会议进一步规范会议程序,首先通过李先念等45名代表组成的主席团名单,成立代表资格审查委员会、提案审查委员会和文电起草委员会。会议听取《湖北省人民政府一年来的工作报告》《湖北省人民政府一九五一年度决算和一九五二年度预算的报告》《湖北省人民政府关于省第二届各界人民代表会议协商委员会一年来的工作报告》《关于湖北省人民政府一九五三年工作方针和任务的建议》,经过讨论后一致通过以上的报告和建议。

在省委、省人民政府的示范和推动下,各界人民代表会议在全省广泛召开,切实行使职能。据统计,召开各界人民代表会议的县,1949年为 15 个,1950 年增加到 56 个县,1951 年普及到全省各县。按照中央人民政府关于省、市、县各界人民代表会议组织通则,省各界人民代表大会每年召开一次,市、县各界人民代表会议每 3 个月举行一次,代行或部分代行人民代表大会的职能。

各界人民代表会议是召开普选的、全权的人民代表大会之前的过渡形式,是新中国成立初期人民参与政权建设的机关,是加强政府与人民联系的最好形式,也是人民参政议政、当家做主的体现。它为实行人民代表大会制度摸索了经验,准备了条件。

二、开展党的统一战线工作

统一战线是中国革命胜利的三大法宝之一,也是中国共产党执政后治国理政的政治优势。

省委高度重视新形势下的统战工作。李先念代表省委提出指导统战工作的三个基本原则,并解释说:第一个原则是一视同仁,有所不同。一视同仁,指在干部的使用上,党内党外干部要一视同仁,一样有职有权;有所不同,指对共产党员的要求更高、更严。第二个原则是上下一致,内外一致。指贯彻党的方针、政策和决议必须做到上下一致、内外一致,决不允许上头好、下头坏,或者公开一套、党内一套。第三个原则是知无不言,言无不尽。要倾听党外人士的各种意见,让人家把话说完,不冷眼,不歧视。省委强调要在共同纲领的基础上,团结各民主党派、各革命阶级、各界进步人士,诚心诚意与他们共同合作,进行伟大的建设工作。

新中国成立初期,省委着重从四个方面加强统一战线工作:

一是挑选党外人士担任政府及各部门的领导职务。1949 年 10 月,中央统战部批准湖北省委的建议,同意民主人士聂国青、江炳灵、刘僑、周杰、涂云庵、柳野青等人为湖北省人民政府委员。11 月 5 日,省人民政府拟定由中共湖北省委、湖北军区、各民主党派、工商界、文教界、人民团体负责人组成湖北省人民政府委员会,向中原临时人民政府呈报省政府主席、各厅厅长名单与委员名单,建议增加党外人士李范一等 9 人为湖北省人民政府委员,建议李范一任省政府第二副主席。后李范一留在北京工作，省人民政府建议由熊晋槐任省政府第二副主席。此后，省委、省人民政府又安排一些民主党派人士到省政府及相关厅局担任领导职务。这些党外人士在政府任职，既充分发挥他们在管理政事与行业工作方面的专长和才智，又有利于团结并带动社会各阶级、各阶层人们为建设新湖北而努力。

二是充分发挥各界人民代表会议政治协商委员会的职能。当时，在湖北省各界人民代表会议上选举产生的政治协商委员会，具有双重职能。它既是各界人民代表会议休会期间的常设机构，又是代行中国人民政治协商会议湖北省地方委员会（后来简称省政协）职权的人民民主统一战线组织。政治协商委员会由政府、社会各界、人民团体、少数民族的代表及其他爱国人士组成，李先念担任第一、二届政治协商委员会主席，刘建勋、熊晋槐担任第一届政治协商委员会副主席，刘建勋、聂洪钧、熊晋槐、聂国青、周苍柏担任第二届政治协商委员会副主席。在省两届各界人民代表会议代表中，民主党派和爱国人士均达到 400 余人，占代表总数的 60% 以上。

三是积极协助民主党派建立和发展地方组织。湖北解放前，中国国民党革命委员会、中国民主同盟、中国民主建国会、中国民主促进会、中国农工民主党等均在湖北有活动，但是，组织系统很不完整，成员较少，活动处于地下状态，有的领导人被国民党通缉。解放后，在中共湖北省委、武汉市委及各级党组织的协助下，各民主党派经过党务整理，组织合法，活动公开，成员发展较快。以中国民主建国会湖北组织为例，刚解放时仅有地下成员 4 人，到 1952 年发展到 526 人。1951 年 12 月，湖北省工商界召开第一次代表大会，成立周苍柏任主任的湖北工商联合会，这是全国成立较早的工商联组织。省委积极利用工商联这一人民团体开展对私营工商业者的统战工作，教育成员拥护中共保护民族工商业的政策和“发展生产，繁荣经济，公私兼顾，劳资两利”的方针。

四是成立和健全各级统战机构。1949 年 9 月，为加强对统一战线工作的领导，省委成立统一战线工作部，邝林（黄宇齐）任部长；10 月，省委成立统一战线工作委员会，由李先念兼任书记。省委积极贯彻全国第一次统战工作会议精神，宣布共产党对民主党派的总方针，即帮助民主党派团结、进步、发展，在国家政治生活和祖国建设事业中与他们真诚合作，推动各民主党派和无党派民主人士参政议政，投身政治运动和建设事业，收到了很好的效果。抗美援朝运动中，民革、民盟、民建、农工党湖北委员会等联合发表宣言，拥护中共中央、中央人民政府发动的抗美援朝、保家卫国运动。土地改革运动中，省委安排湖北各民主党派抽调骨干成员，分批参加土改工作队，在实践中了解中共政策，感受中共执政能力。镇反运动中，各民主党派派代表参加“审查委员会”，为新民主主义革命和建设清除各类破坏分子和反革命分子。

三、初步建立人民司法制度和进行司法改革

人民司法机关是巩固新生人民政权和保护人民合法权益的武器。湖北解放后，彻底废除了旧的警察、司法机构，建立起人民民主专政的政法机关。

1949 年 7 月，湖北省人民政府公安厅成立。8 月，沙市、宜昌、黄石 3 个省辖市公安局和黄冈、孝感、荆州、沔阳、大冶、襄阳、宜昌、恩施、郧阳 9 个地区公安处陆续建立。到年底，全省 71 个县全部建立了公安机关，同时根据公安工作的需要，还在城市、县城和边沿区、大山区、交通要道、情况复杂的县辖镇以及长江、内河、水陆码头设置派出所，在农村设立公安员。

湖北解放后，省民政厅司法处奉命接管国民政府湖北省高等法院及省内各级地方法院。1949 年 10 月，湖北省人民法院成立。根据中南军政委员会《人民法庭暂行条例》，1950 年春，湖北各县（市）着手筹建人民审判机关，到年底，全省 71 县司法科全部建立，黄冈、孝感、沔阳、荆州、大冶 5 个专署司法科改为人民法院，宜昌市司法科改为宜昌市人民法院。1951 年 4 月，省人民政府发出《关于建立人民法庭及人民法庭审判处案件批准权行使的指示》，要求各地、市、县抓紧建立人民法院。12 月，全省共建县法院 65 个，县人民法院分庭 487 个，基本上实现了一区一庭的要求。根据《关于湖北省人民法院组织规章（草案）》规定，省人民法院受省人民政府的直接领导，同时分别受中南军政委员会司法部和最高人民法院中南分院的领导和监督。1954 年，按照《中华人民共和国

宪法》和《法院组织法》规定，中央人民政府最高人民法院中南分院撤销，湖北省人民法院改称湖北省高级人民法院，武汉市人民法院改为武汉市中级人民法院，省高级人民法院所属各分院改为以地区命名的中级人民法院，地方各级人民法院不再隶属同级人民政府，直接对本级人民代表大会负责并报告工作，审判业务受上级人民法院监督。

1950 年 4 月，省委开始筹建湖北省人民检察署。11 月，经最高人民检察署提请中央人民政府任命，湖北省公安厅厅长陈一新兼任湖北检察署检察长。1951 年 1 月，省检察署与省公安厅分开办公。根据中央《关于建立各级检察署指示》的规定，黄石市、沙市市、宜昌市和荆州、黄冈、孝感、襄阳等地区以及 36 个县（市）相继建立检察署。1955 年 2 月，湖北省人民检察署改称湖北省人民检察院，各级检察机关相应更名。

与此同时，武汉成立了武汉市人民政府公安总局、武汉市人民检察署、武汉市人民政府法院、武汉市司法局。

新中国成立初期，全省公安、法院、司法、检察四个部门机构紧密围绕党的中心任务，结合土地改革、民主改革、镇压反革命等运动，在稳定社会秩序、保卫生产建设、保护人民民主权利、巩固新生人民政权等方面，发挥了重要任用。但是在运动和工作中，也暴露出了司法工作中的严重问题。解放初期湖北省和武汉市接收旧法院时，尚未打破旧的司法制度，对旧司法人员也未加严格甄别与必要的改造，因而，在法院系统内普遍存在着政治上敌我不分，组织上留用旧法官成分过大，思想上旧法观点尚未根除，工作上表现出旧衙门的作风等问题，司法人员中贪赃枉法、违法乱纪等危害人民利益的现象大量存在[①]。据统计，武汉市、区人民法院留用的旧司法人员占市、区法院审判部门全部干部的 57. 9%，旧人员中参加国民党、“三青团”及其他反动组织的占 75% 以上。

1952 年 6 月，中央政法委员会召开全国政法干部训练会议，提出在全国司法系统开展彻底的司法改革运动。9 月 15 日，省委发出《关于司

① 李先念：《以革命的精神进行司法改革》（1952 年 9 月 5 日），《李先念建国初期文稿选集（一九四九年七月——一九五四年五月）》，中央文献出版社 2002 年版，第 405 页。

法改革运动的指示》,指出在“三反”运动中,暴露了我省司法机关严重的组织不纯与思想不纯等现象,为使人民民主专政武器真正掌握在人民手里,各级党委必须加强对各级司法改革运动的领导,把司法改革工作当作今年内重要工作之一,列入议事日程,规定各级党委安排一名委员领导司法改革,司法机关要配备党员专职干部。17 日,全省司法工作会议召开,对全省司法改革工作进行动员和部署。会议提出以思想改造为主,结合进行组织整顿的方针。会后,湖北省司法改革委员会成立,聂洪钧兼任主任委员,程坦、聂国青、陈一新兼任副主任委员,同时抽调政法委员会、监察委员会、检察署、省委宣传部及有关人民团体的干部,组成司法改革委员会办公室、检查组和宣传组,以协调和指导全省的司法改革。

这次司法改革的基本思路是从思想改造达到组织改造。基本政策是检查从严,处理从宽;审判人员从严,一般工作人员从宽;抗拒从严,坦白从宽;惩办少数,教育多数;惩办与教育相结合,严肃与宽大相结合。主要目的是以革命的精神、革命的方法、群众性的批评与自我批评方法进行司法改革,彻底解决旧法观点,彻底批斗反动阶级的、剥削阶级的国家观、法律观,建立无产阶级的法律观、国家观。运动步骤分为三个阶段,即:宣传动员、检举揭发阶段;调查研究、检查审判工作阶段;整顿组织,加强党的领导阶段。

在第一阶段,省直机关两次召开有 2000 余人参加的机关干部大会,号召大家对过去司法工作存在的问题进行检举揭发。53 个省直机关单位累计召开类似性的大会 49 次,各种中小型会议 104 次,共收到检举材料 130 件。通过学习宣传教育,广大干部对司法改革的意义、目的、重点等有了清醒的认识。

在第二阶段,省人民法院除发动干部开展自上而下的民主检查外,组织由各专署、市、县法院院长、司法科长以及其他机关抽调的干部组成检查组,分头审阅案卷,清理积压案件。省人民法院对旧司法人员中出现错判、故意拖压案件处理造成严重后果的案件,进行公开处理,该判死刑的判死刑,重罪轻判或轻罪重判的一律予以改判,完全错判的予以纠正,无罪的给当事人恢复名誉,同时对当事的司法人员进行严肃处理。

完成省人民法院的整改后，省司法改革委员会组织5个检查组，赴5个县进行调查研究，重点检查判处不当的案件。为广泛地听取群众意见和推动司法改革的开展，李先念在武昌邮局设立“第三十一号信箱”，专门接收有关司法改革的群众来信。对群众的意见和建议，省委组织专人认真研究，批转有关部门调查处理；对典型案件，省委、省政府主要负责人亲自督办，一抓到底。10月7日，中南局批转省委《关于司法改革运动的报告》，对湖北的经验给予了充分肯定。批语中说：湖北省委“采用了群众性的检查案件的方法，是完全正确的。这样做不但易于发现材料，锻炼下级干部，更主要的是可以发扬干部群众的积极性，造成群众性的运动热潮，给司法改革创造坚实的物质基础”①。

在第三阶段，湖北各地司法部门采取坚决的组织措施，对个别利用职权为非作歹的坏分子依法惩治；对恶习甚深不堪改造的旧司法人员予以清除。省委指示各级党委和政府选派部分共产党员加强法院骨干力量，同时要求吸收运动中表现优秀的积极分子参加法院工作。

湖北省的司法改革运动于1953年春结束。

经过司法改革，违法乱纪情节严重、民愤极大的少数司法人员被惩处，不适宜法院工作的干部予以调离，并将一批政治上可靠的干部充实到各级司法机关，司法制度日趋健全与完善，在人民政权建设中发挥愈来愈重要的作用。

第四节　新民主主义思想文化建设

一、党的思想宣传工作的方针和任务

在党的各项工作中，宣传工作起着桥梁和纽带作用，提供强有力的思想保证和舆论支持。

在湖北解放和城市接管期间，湖北省委和武汉市委对辖区范围内出

① 《省委关于司法改革运动的报告与向各地的指示》，1952年10月7日。

版的报纸、刊物、电台及各类通讯社进行了分别处理。按照《共同纲领》规定的保护人民的言论出版自由、剥夺反动派反人民的言论出版自由的原则，对凡属国民党反动政府、党派、军队系统创办或直接控制的报刊、电台和通讯社，一律没收其全部财产归国家所有；对官僚资本与民族资本合办的，没收其中的官僚资本，保护民族资本，经改组后准予继续营业；凡由私人经营的新闻、报刊、广播事业，须向军管会申请登记，经审核后可继续营业；对外国人办的报纸、通讯社等，分步骤地明令停刊或取消。

在此基础上，省委、市委有步骤、有计划地对旧宣传网进行改造，逐步完善与发展人民政府自己的宣传系统。1949 年 5 月，《长江日报》创刊，不久成为华中局的机关报。7 月，《湖北日报》创刊，成为省委机关报。同时，新华社湖北分社与湖北人民广播电台以及遍布全省的农村有线广播网相继建成。

1951 年 2 月，中共中央发出《关于加强与调整各级党委宣传部的工作和机构的指示》，要求各地改变各级党委宣传部机构不全和工作范围狭隘的状况，同时作出《关于加强理论教育的决定（草案）》，要求全体党员不间断地、系统地学习马列主义、毛泽东思想。5 月，第一次全国宣传工作会议确定了党在实施新民主主义建国纲领时期宣传工作的方针和任务，即以马列主义为指导，对各种错误思想和形形色色的非无产阶级思想进行斗争、清除和批判，肃清帝国主义、封建主义的思想影响。

根据中央指示精神，省委加强了对宣传机构的建设。首先，颁布新编制，加强与充实各级党委的宣传机构，规定各地委、专署党组一般配备六名宣传干部，各县委宣传部一般配备一名部长，一名至两名副部长，宣传部部长为同级党委委员或常委之一，出席党委会议。其次，在农林、水利、贸易、合作、银行、财政、公安、卫生等部门建立宣传机构，设立宣传员、报告员，健全和完善宣传网络。

新中国成立初期，湖北宣传工作主要围绕三个方面进行。

一是将宣传工作与各个时期的中心任务紧密结合，围绕巩固人民政权、恢复发展国民经济和土地改革、镇压反革命、抗美援朝三大运动进行布置。以土地改革为例,《湖北日报》从 1950 年 6 月 14 日、15 日、16 日连续三天刊登毛泽东有关土地改革的讲话、指示。1950 年 7 月 1 日,毛泽东签署命令,公布《土地改革法》。7 月 9 日,《湖北日报》发表社论《整顿干部,健全农协,迎接伟大的土改运动》。围绕土地改革的意义、政策和具体问题,中南局、中南军政委员会和省委、省政府领导人发表了众多文章进行宣传和研讨。在土改进入全面开展阶段,仅 1950 年 12 月和 1951 年 1 月,《湖北日报》集中发表了邓子恢的《关于土地改革中的几个基本问题》,李先念的《发动群众中的几个问题》《再谈发动群众中的几个问题》《当前土地改革指导上的几个问题》,刘建勋的《湖北土改试点工作中若干经验》,杜润生的《当前土地改革指导中的几个问题》,程坦的《谈土地改革的基本意义、基本路线和基本政策问题》。这些文章提高了广大干群的政策理论水平,保证了中心工作的圆满完成。

二是学习理论,学习党史。刚解放时,湖北许多地区属于新解放区,群众对党的性质、历史还不熟悉。1951 年 3 月 18 日,《湖北日报》开辟"学习"专栏,发表许道琦的文章《认真学习"政治常识"课程》,同时配发《为理论学习准备一个良好的开端》的社论。"学习"专栏一直坚持办到 1985 年 12 月,是省报具有深远影响的一个专栏(1986 年 1 月起改为"理论周刊")。政治常识以历史唯物主义为中心,以劳动创造世界、阶级斗争和国家学说、中国革命基本问题、政治形势、党纲党章为主题,旨在以马列主义基本理论改造思想,确立革命人生观。1951 年 5 月,省委作出《关于加强党史学习的决定》,要求进一步加强对党的历史的学习教育,提高人民群众对党的认识。7 月 31 日,又发出《关于继续延长党史学习的决定》,决定将学习党史的时间延长一个月,将学习运动推向深入,号召凡具有中学毕业水平的干部,重点学习马列主义和毛泽东思想,学习革命理论与政策;文化不及中学毕业的干部,着重学习文化科学知识。

三是围绕出版发行《毛泽东选集》,掀起学习毛泽东思想的热潮。1951 年 10 月 12 日,为纪念中国共产党成立 30 周年,人民出版社出版发行《毛泽东选集》第一卷。在正式发行之前,《湖北日报》和省市地方报纸先后刊发毛泽东《实践论》《中国社会各阶级的分析》《湖南农民运动考察报告》《中国的红色政权为什么能够存在》《关于纠正党内的错误思想》《星星之火，可以燎原》和《关心群众生活，注意工作方法》七篇文章。正式发行的当日，湖北各报纸都在第一版用大字标注“马克思列宁主义事业中的重要事件”，《湖北日报》发表李先念的《庆祝〈毛泽东选集〉第一卷出版》和省委第二副书记刘建勋的《深入地领会毛主席的群众观点和群众路线》的署名文章。从10月24日开始，《湖北日报》在第三版开辟专栏“学习毛泽东思想，宣传毛泽东思想，遵循毛泽东思想的指示去进行工作”，每隔三五天刊发一篇专栏文章，直到1951年12月底。1952年4月和1953年4月，《毛泽东选集》第二、三卷发行，湖北全省掀起新的学习高潮，毛泽东思想作为中国革命和建设的指导思想得到广泛的传播。

二、文化事业的改革和建设

湖北自古即为“人文荟萃之所”，既是中华民族的重要发祥地之一，也是中国近现代革命的重要策源地之一。解放前，进步人士在中国共产党的领导下，在文化战线同国民党反动派进行了长期斗争。

解放后，湖北文化事业面临在改革中建设的挑战。李先念分析湖北文化现状时指出：“我们接受下来的文化摊子，远远落后于人民事业的需要，而这些极端贫乏的文化教育内容，又非改革才能符合人民的需要。因此，随着社会改革与建设事业的发展，重视文化教育事业，其重要性日益显著。”①1949年6月15日，湖北省文学艺术界联合会筹备委员会成立，担负起“团结全省文艺工作者，建设新湖北”的光荣任务。1950年9月21日，湖北省第一届文学艺术工作者代表大会召开，提出“在土改中普及，在土改中生根”的口号。22日，李先念在会上作题为《文艺工作者要坚持正确的方向》的报告，指出：“我们的文艺应该是为大多数人民服务。对为帝国主义、官僚资产阶级、地主阶级服务的文艺，应与它进

---

① 李先念：《关于城市和文教工作的几点意见》（1950年8月2日），《李先念建国初期文稿选集（一九四九年七月——一九五四年五月）》，中央文献出版社2002年版，第115页。

行无情斗争:对站在小资产阶级立场,把自己的作品当作小资产阶级的自我表现的文艺,也应加以批判。这就是我们文艺工作者要走的道路。”会议决定成立湖北省文学艺术工作联合会,选举产生湖北省文联第一届委员会,许道琦当选为主席。

戏曲在改革中获得新的活力。1951 年 5 月 5 日,政务院发出关于戏曲改革工作的指示,提出“改戏、改人、改制”的任务。湖北戏曲界采取措施,净化戏曲舞台,整理传统剧目,剔除旧戏曲中的封建毒素,鼓励各种戏曲形式的自由竞赛;要求戏曲艺人们在政治、文化和业务上加强学习,针对旧戏班、旧戏社中不合理的制度大胆改革,既反对对待艺术遗产的粗野态度,又反对墨守成规、不求改进的保守思想。省文化行政部门制定鉴别剧目的标准,对宣传封建迷信、色情、封建道德和投降变节的节目予以禁演。在改革中,汉剧《宇宙锋》,楚剧《葛麻》《百日缘》等一批传统剧目,经过推陈出新,焕发出新的艺术魅力;涌现出以汉剧《血债血还》为代表的反映民主改革运动的一批优秀现代剧目;广大文艺工作者为工农兵服务的热情高涨,仅 1952 年,就先后有 300 余名戏曲、曲艺、杂技文艺工作者赶赴荆江分洪工地和朝鲜前线慰问演出。

文艺团体发展迅速。大批老解放区的文艺工作者随人民解放军南下,在湖北省新建了 43 个文工团(队)。在专业文体团队和省内各人民教育馆(文化馆)共同推动下,到 1952 年,全省农村业余剧团发展到 2306 个,城镇业余剧团发展到 613 个。由老解放区传来的《没有共产党就没有新中国》等众多的革命歌曲与《白毛女》等一批新歌剧,以及欢庆胜利的秧歌、腰鼓等民间舞蹈,普及至广大城乡。专业和业余文艺工作者,围绕剿匪反霸、减租减息、生产救灾、土地改革、民主建设、抗美援朝、社会民主改革等,创作演出与绘制展出了大量便于普及的文艺作品。农村业余剧团自编自演了一批当时称为“翻身文艺”的演唱节目,城市职业戏曲艺人编演了一批及时配合中心任务的新戏。湖北美术界根据“通俗化、大众化、地方化”的要求,以年画、宣传画、漫画、连环画为重点,结合党的中心任务和广大群众需要创作了大量优秀作品。

文化馆建设事业从无到有。1949 年 7 月,省人民政府发出通令,将接收的前湖北省立民众教育馆改称湖北省立武昌人民教育馆,属省教育厅领导。1950 年 1 月,湖北省教育厅要求各县至少恢复一所民教馆。据统计,在半年内,全省恢复了 32 所人民教育馆。8 月 25 日,省人民政府再次发出通令,所有人民教育馆均改为人民文化馆。到 1952 年,全省建有县文化馆 103 个、区文化站 296 个,共有干部 1495 人。

出版业按照出版、印刷、发行专业化的要求健康发展。省人民政府统一全省新华书店为国营的书刊发行机构,组建中南人民出版社和中南人民文学艺术出版社(湖北人民出版社的前身),成立湖北省新华印刷厂。在 1949 年到 1952 年的 3 年间,全省各新华书店共销售各种图书 5526.4 万册。与此同时,全省还建立了 14 所大型图书馆和数量庞大的工矿企业工会图书馆(室),机关、学校、农村图书馆(室),极大地丰富了人民群众的精神生活。

文化艺术管理体制日趋合理。最初,由教育部门兼管文化艺术事业。1950 年 6 月,省人民政府根据政务院发布的《关于调整省、市人民政府文化行政机构的规定(草案)》,将教育厅改为文教厅,设文化处专门管理文化艺术事业,其基本职责是:执行中央及大行政区的文化艺术工作方针、政策、法令、指示;制定省内的文化艺术工作方针、计划,并领导监督其执行;领导和管理省内的文化艺术事业机构(包括文工团、剧团、电影院、放映队、幻灯队、博物馆、图书馆、人民文化馆等);推进群众的业余艺术活动,协助指导省内的科学普及团体;管理省内的文物、古迹;训练与培养省内的文化艺术干部;编制、审核与分配省内的文化事业经费以及其他推动文化工作发展的事项。各专署、市教育部门相应改为文教部门,各县、区相应设有专职或兼职文化干部。1952 年 9 月,文化处从文教厅分离出来,升格为湖北省人民政府文化事业管理局,省内文化行政机构日臻完善。

三、教育事业的兴办和发展

湖北教育源远流长,但旧中国社会的大动荡,严重影响了教育事业的发展,到解放前夕,小学学龄儿童入学率仅为 28%,城市市民 65% 为文盲,农村文盲比例更高,其中青壮年文盲比例高达 88%。教育机构数量萎缩，教育内容也非常落后，各类学校的学制、教育内容、教育方法打上半殖民地半封建的烙印，脱离社会、脱离人民的现象十分普遍。

解放后，省委、省人民政府对旧的教育事业采取了“先接收、后改革”的政策。1949 年 7 月 14 日，省人民政府发出《关于接管省县立中等学校的指示》，规定：接管学校，宣布撤销训育制度；接管期间，教职员职务未经确定、待遇未经统一以前，一律按月发给生活维持费；对教职员有步骤、有分别地进行处理，凡未参加特务组织者，认真教学、为学生所尊重者，有教学能力、对所担任之课程称职者，继续予以留用，反之则予以解聘或停职；凡予以解聘或停职的教职员，集中予以训练，经教育转变后量才留用或介绍其他工作。8 月 24 日，省人民政府发出《关于恢复整顿学校教育的指示》，规定学校教育工作的方针是“积极恢复，初步整顿，初步改革”，要求凡具备校舍、设备、学生（原有旧生，又能招收可以开班的足额新生）之学校，仍就原校恢复设立，不能任意停办或合并学校。11 月 18 日，省委作出《关于接管旧有学校的规定》，要求取消国民党时代的反动课程及反动训育制度，添设必要的政治课程，提倡爱祖国、爱人民、爱劳动、爱科学、爱护公共财物以及尊师爱生的优良品德，树立为人民服务的思想。依照以上的指示和规定，湖北各地接管了原国民党政府的各类公立学校，接收了外资兴办的各类教会学校，分期分批接办了各类私立大、中、小学校。据统计，全省接收的教职员共有 5.4 万余人，人民政府均采取包下来的办法，争取一切愿意为人民服务的教师和其他知识分子参加教育工作。

1949 年 12 月，第一次全国教育工作会议在北京召开，确定新中国教育工作的总方针是“教育为国家建设服务，教育为工农开门”。省委、省人民政府采取三项措施落实教育方针：一是强调各大中小学校注意录取工农子弟入学，对他们贯彻“同等成绩优先录取”的原则，将人民助学金按山区、平原、城市、农村不同情况予以调剂，学杂费收费标准始终坚持农村低于城市，使更多的农家子弟有机会入学，接受教育。二是在学习中对基础较差的工农学生进行补课。三是在小学广泛设置速成班，解决超龄的工农子女入学问题。1950 年 4 月，中南军政委员会发出《关于创办工农速成中学的决定》。湖北省成立了工农业余教育委员会,开办中南实验工农速成中学、湖北省工农速成中学和武汉市工农速成中学等10所工农速成中学,大量培训工农出身的干部和解放军指战员。11月,湖北省文教厅在咸宁开办民师训练基地,培训小学教师、民师和塾师,并在此基础上广泛兴办冬学与农民夜校,全省参加冬学教育的人数达117.9万人。1951年,全省的各类农民学校达4025所,入学人数15.5万人。职工干部教育也有一定发展,到1952年,全省职工参加业余中、初等教育学习的达4.87万人。

在高等教育方面,1949年经接管和整顿,武汉大学、湖北医学院等8所高校备案续办,国立湖北师范学院、私立汉口法学院等5校停办,新建了湖北省立教育学院、中南交通学院,从河南开封迁来了中原大学。随着国民经济的逐步恢复和发展,大规模的经济建设急需各类专门人才,原有高校的院系设置、教学模式、办学理念等,严重桎梏了国民经济有计划的发展。从1950年起,省委根据中央"以培养工业建设人才和师资为重点,发展专门学院,整顿和加强综合大学"的方针,对湖北省内的高等院校的院、系进行了调整。5月,湖南大学水利系与武汉大学工学院水利系合并,组建武汉大学水利工程学系。1951年,上海同济大学医学院与武汉大学医学院合并,成立中南同济医学院。1952年,调并湖北农学院、武汉大学农学院、湖南大学农学院等校部分专业,成立华中农学院。11月,私立中华大学、湖北教育学院、广西大学等部分系科并入公立华中大学,改为华中高等师范学校。

在调整院系的同时,逐步将私立高校改建为公立高校。1951年,私立武昌中华大学、江汉纺织专科学校分别改为公立中华大学、中南纺织专科学校,私立文华图书馆专科学校并入武汉大学,私立华中大学与中原大学教育学院合并,改建为公立华中大学。1951年,在武昌新建了中央民族学院中南分院。高等学校院系的初步调整,为全面调整积累了经验。

从旧社会过来的知识分子,由于党和政府采取"包下来"的政策得以继续留用。他们大多数是热爱新中国,愿意为人民服务的,但由于刚从旧社会进入新社会不久,帝国主义、封建买办思想在知识分子中还有很大影响。许多人对新的社会事物还不了解、不熟悉，大都有重新学习的愿望，希望深入地了解革命，了解共产党，以适应新的巨大发展和变化。针对知识分子的上述思想情况，中共中央决定从 1951 年秋，在知识分子中进行思想改造的学习运动。

湖北知识分子思想改造运动从 1952 年春开始发动，首先在高等院校展开，随后，全省中小学、文艺界、医学界也陆续参加，运动扩展到整个知识界。思想改造的核心是解决分清革命与反革命、树立为人民服务的观点问题，运动分为学习批判和组织清理两个阶段。省委强调："必须确实掌握党的政策。既要达到改造的目的，又必须使之不伤感情。"李先念要求将运动"控制在省的直接领导下，一定要有计划、有步骤地按政策办事，下面不得一意孤行地乱办，否则，违纪者应受严重处分"①。到 1952 年秋，运动基本结束。大多数知识分子通过学习，树立了以工人阶级为领导的思想和为人民服务的观点，使自己明确了前进的方向。

四、人民卫生事业的开创

1949 年至 1952 年，是湖北省人民卫生事业白手起家、从无到有的开创阶段。

解放之初，国民党政府原有的地方医疗卫生机构和专业人员，大都解体或散失，残存下来的一些医院、卫生院、诊所规模很小，设备简陋、技术水平低，主要集中在武汉。全省人民面临着多病多灾、缺医少药的严重局面，各种急、慢性传染病，寄生虫病和地方病，直接威胁着人民群众的生命和健康。据统计，全省血吸虫病流行 44 个县，受疫情威胁人口占全省三分之一以上，地方性甲状腺肿病遍及 71 个县。

湖北全境解放后，湖北省和武汉市人民政府立即着手建立医疗机构，实行由国家统一管理卫生事业的体制。武汉市在接管湖北省立武昌医院、省立传染病院、省立结核病院、武大医学院附设医院、武昌妇孺医

① 李先念：《纠正过"左"现象，重视教育工作》（1952 年 12 月 16 日），《李先念建国初期文稿选集（一九四九年七月——一九五四年五月）》，中央文献出版社 2002 年版，第 459 页。

院、汉口市立医院等15个公立医疗机构的基础上,又由市卫生局接收了协和医院、同济医院等10所教会医院,同时投资改建、扩建和兴建有特点的高水平医院。1949年10月,李先念签发省人民政府通知,要求各专署和市立即成立人民医院,各县成立卫生院或人民医院。1949年12月17日至23日,湖北省第一次卫生会议召开,提出全省卫生工作的总方针是:培养干部,组织力量,逐步建立与充实县、专署卫生机构。在工作上以预防为主,治疗为辅。在治疗方面,以多发病为主,特殊病次之;传染病为主,慢性病次之。会后,省人民政府决定将原武昌人民医院、传染病院、结核病院和省立医学院附属医院、妇孺医院合并,成立湖北省人民医院。

从1950年起,湖北各级政府在财力十分紧张的情况下,仍克服困难,拨出一定数量的经费扶持和发展卫生事业。1950年8月,第一届全国卫生会议发出《关于健全和发展全国卫生基层组织的决定》和《关于调整医药卫生事业中公私关系的决定》。湖北省在调整充实市、县卫生医疗机构的同时,放手发动组织社会力量,以民办公助或私人联合的方式,建立县属区、乡、城镇街道的卫生组织。到1952年底,全省卫生部门所属各类卫生机构发展到738所,拥有病床7321张,各类卫生技术人员7761人;工业及交通部门建立的卫生机构206所,拥有病床1253张,卫生技术人员1766人。与此同时,在县以下农村,除国家建立一部分区卫生所外,农村个体行医的医务人员组成集体所有制性质的小型联合诊所有915所,成为基层卫生组织的主要形式。

这一时期,全省开始对国家工作人员实行公费医疗制度,对厂矿企业职工实行劳保医疗福利制度,继续对老区、灾区、严重疾病流行区以及烈军属、贫下中农实施各项医疗减免费办法。

以讲卫生、消灭疾病为中心的爱国卫生运动在全省范围兴起。为反对美帝国主义的细菌战,保卫和增进人民健康,从省到县,各级人民政府成立了防疫委员会,动员和组织群众进行卫生大扫除,许多城镇清除了旧社会几十年积存的垃圾,整治了市区环境,使城乡落后的卫生面貌有了初步的改观。另外,全省在普种牛痘疫苗的基础上,普遍开展各种预防接种注射,控制长期危害人民健康的传染病。

第五节　党执政初期的自身建设

一、党组织的发展壮大

新中国成立后,中国共产党成为执掌全国政权的党,湖北党组织也从过去秘密状态下的建党方式转变为公开建党,在广大的城市和农村发展了大批党员,普遍建立起基层党组织,使全省的党员队伍迅速壮大。

1949年12月,湖北省和武汉市分别拥有党员9441人和2599人,分别有基层支部749个和141个。党员队伍主要来源于南下干部和地下党组织,党员成分中农民占绝大多数,工人成分较少;基层支部和党员分布很不平衡,大部分集中在军区、机关和农村,工厂、学校、城镇等尚无党的基层组织。从1950年到1952年,省委连续召开4次全省组织工作会议,制订落实不同阶段的发展目标,下大力气抓组织建设。

1950年6月,省委在武昌召开第一次组织工作会议,提出全省今后组织工作的方针,应以巩固提高党组织战斗力和从德、才、智三方面培养干部为主。11月7日,省委发出《关于目前发展党的指示》,针对三类地区的不同情况,提出:在城市,积极发展产业工人入党;在农村老区,采取稳步发展的方针;在新土改区,暂不发展新党员。指示强调发展党员,要采取严格审查、稳步前进的办法,在群众运动和群众觉悟的基础上,有重点的、波浪式的、由点到面的发展。该指示规定:今后不论在城市和乡村,一律采取公开建党的方针,使党的建设一开始就放在群众的帮助和监督之下。

1951年6月,省委召开第二次组织工作会议,贯彻中央《关于整顿党的基层组织的决议》,决定在全体党员中开展共产党员八条标准[①]的教育活动,全面整顿基层组织,克服组织不纯和思想不纯现象。10月5日,省委制定《关于发展新党员的计划》,提出目前湖北党员数量还很少,许多地区和工矿中还没有党组织,今后必须采取有计划、有领导、慎重而又积极的建党方针,首先应重点在经过民主改革的城市工矿和土改已完成、群众发动较好的乡村以及经过考验的非党干部中发展新党员,建立党的组织。计划在一年半内,全省党员由2万余人发展到4万人左右,在全省五分之一的乡建立党的支部。

11月1日,中共中央批准湖北省委发展党员计划,要求省委"抽出时间与力量,集中在发展党的工作上"。11月30日,为贯彻落实中共中央的指示精神,省委在武昌召开第三次组织工作会议,制订发展目标,要求在土改后20%的乡发展新党员,土改复查后在30%的乡发展新党员,在民主改革后的1952年,争取在产业工人中发展党员到10%。到1952年6月,全省党员发展到34117人,支部3106个。

1952年6月,省委召开第四次组织工作会议,传达贯彻中南局组织工作会议关于积极建党、大胆放手提拔干部的指示精神,研究部署湖北党组织的发展规划。李先念作了题为《积极发展党员,放手提拔干部》的讲话。8月14日,省委发出《关于建党工作补充计划》,要求三分之二的土改复查乡建立党支部,每个支部发展5—7名党员。会后,各地把建立党的基层组织、发展党员作为中心工作之一,在3个月内全省新发展党员17066名。到1952年12月,湖北全省党员人数达74478人,是1949年12月原有党员的7.88倍,约占湖北总人口的0.27%;全省党支部发展到6134个,是1949年12月原有支部的8.24倍。武汉市的党员

---

① 共产党员标准:一、中国共产党是中国工人阶级的政党,是中国工人阶级的先进的有组织的部队;二、党的最终目的,是要在中国实现共产主义制度,它现在为巩固新民主主义制度而斗争,将来要为转变到社会主义制度而斗争,最后要为实现共产主义制度而斗争;三、共产党员必须下定决心,终生英勇地坚持革命斗争;四、党员的斗争和工作必须在党的统一领导下进行;五、党员必须把人民群众的公共利益,即党的利益,摆在自己私人的利益之上;六、党员应经常地用批评和自我批评的方法,检讨自己工作中的错误和缺点,并及时地加以纠正;七、党员必须全心全意地为人民服务;八、党员必须努力学习马克思列宁主义、毛泽东思想。

人数达到 10941 人,基层支部 443 个。

二、干部的教育培养

为使各级党组织和新生的人民政权能够胜任各项繁重的建设任务,湖北省委特别重视干部队伍建设,把培养造就大批的优秀干部作为一项重大的战略任务来抓。

新中国成立初期,干部短缺问题相当突出,湖北省主要依靠人民解放军和 4000 余名老干部接管全省城乡,地方脱产干部很少。1949 年 5 月湖北省委成立时,全省只有地方脱产干部 8995 人,其中省级干部 7 名,地级干部 107 名,区级干部 1929 名。这些干部来源于四个方面:一是原有江汉、鄂豫和桐柏解放区的部分干部;二是从东北、华北、山东解放区调来的南下干部;三是新吸收的青年学生、知识分子与当地积极分子;四是留用原来在国民党政府工作的人员。

正确执行党的干部政策,努力把从四面八方汇合到湖北的干部紧密团结起来,奠定组织工作的基础。省委书记、省政府主席、湖北军区司令员李先念为全省作出表率。当时干部中,有跟随他转战多年的老战友、老部下,有从东北、华北、山东南下的干部,还有长期在湖北、武汉地区坚持地下斗争的同志。一方面,他尖锐批判山头主义倾向,指出:"共产党是马列主义的党,不是帮派、小团体,不应该有'山头'与地区之分,也不能以个人关系分亲疏,提拔干部只能以党和人民利益为前提,绝不允许搞歪门邪道"[①];另一方面,他劝导原新四军第五师的老干部要尊重外地来的南下干部,多看他们身上的优点。战争年代一直在湖北坚持斗争的一批五师老干部以革命利益和大局为重,甘当副职和助手。据统计,在组建的 9 个地、市委书记中,有 6 个地、市委书记由南下干部担任,仅有 3 个由原鄂豫边区和原五师的干部担任。

培养吸收新干部和培训提拔工农干部,是解决干部短缺问题的主要手段。1950 年 4 月和 5 月,省委发出《关于农村基层组织建设的指示》

① 王任重:《实事求是的精神,五湖四海的胸怀》,《王任重文集》下卷,中央文献出版社 1999 年版,第 357 页。

和《关于培养农民干部,改造基层组织的指示》,强调及时培养与提拔农民积极分子是当前组织建设最重要的任务。李先念强调从德才兼备的原则出发,培养、考察和使用干部。他认为,所谓德,即是高度自觉地为人民服务;所谓“才”,即是能否发现问题、提出问题、解决问题,并且实事求是,强调“能集中和发现广大群众智慧和创造力者为真才”。为防止追求数量和苛求质量两个倾向,他提出坚持“宁弱勿缺”和“宁缺毋滥”相结合的原则,指出:一个干部,只要他立场坚定、联系群众、作风朴素、埋头苦干,即使暂时能力弱一点,也可以提拔起来,让他在新的岗位上锻炼提高,这就是“宁弱勿缺”;但是,我们不能为提拔干部而提拔干部,如果条件确实不成熟,宁可暂时缺少一些,也不要无原则地把一些不符合条件、不能称职的人提拔上来,这就是“宁缺毋滥”。到 1950 年 6 月,全省干部发展到 3.5 万余人,其中参加工作一年左右的新干部占 80%。

培训知识分子、青年学生和其他专业人才,是当时解决干部短缺的主要渠道。解放初期,全省共有各类知识分子约 8 万人,主要是大、中、小学教师,文化艺术和科学技术工作人员、机关工作人员,还有一批失学、失业的知识分子。李先念特别强调要大胆使用知识分子,他说:“中国历史上各次革命都离不开知识分子,新中国的建设更离不开他们。我们要建设一个发达的工业国,仅凭同志们的忠实、坚定、勇敢和牺牲精神是不够的,还必须掌握科学知识,有广大知识分子参加,才可能实现。”省委和各级党委严肃批评一些部门鄙视、限制知识分子的错误倾向,采取争取、团结、教育、改造的政策,妥善解决他们就学、就业问题,充分发挥他们的作用。到 1952 年 9 月,全省仅文教、行政和财经等部门就吸收、留用失学青年和各类知识分子 7 万余人,一些学识卓著的知识分子被安排在重要岗位,如教育家周鲠生,被安排担任中南军政委员会委员兼文教委员会副主任、湖北省人民政府委员会委员;物理学家查谦,安排担任武汉大学校务委员会副主任,主持武汉大学日常工作;水利专家陶述曾,被安排担任湖北省人民政府委员会委员、湖北省交通厅厅长;经济学家胡伊默,被安排担任湖北省人民政府委员会委员、文教厅副厅长。

省委、省人民政府通过多种途径,创办、主办、联办培训机构培养干部，最大限度地满足各方面的干部需要。据统计，先后创办湖北人民革命大学、中共湖北省委党校、中国新民主主义青年团湖北团校、湖北财经干部学校、湖北省公务人员讲习所、湖北省行政干部学校等，借助中南军政大学、中国新民主主义青年团中南团校、全国总工会中南干校为湖北培养干部。其中仅湖北人民革命大学，先后招收四期学员，培训干部15461人；湖北省公务人员讲习所和湖北省行政干部学校，培训各类人员24800余人，轮训干部39700余人，培训财经、公安等专业人员45400余人。与此同时，各地、市、县、区也分别创建干部学校和举办农民、工人讲习所或训练班，培训区乡级干部和农民、工人积极分子。据不完全统计，仅新中国成立头一年，全省就培训干部69056人，提拔工农干部和知识分子干部28445人。

省委、省人民政府还注意慎重对待和合理使用旧政权机构中的公职人员。湖北省直接接收的旧职员有5000余人，政府采取“包下来”的政策，除自请遣散、因病老不能工作或极少数思想顽固者外，留用4823人，基本上都安排了适宜的工作，占接收总数的80%以上；对其中思想进步、有一定政治影响的旧职员还安排他们担负一定的领导职务；原遣散的200余名行政人员，后亦多数重新收回，送行政干部学校学习后予以分配。

全省干部队伍初步形成后，省委针对他们来自五湖四海的特点，要求加强老干部与新干部、军队转业干部与本地干部、工农干部与知识分子干部、党内干部与党外干部之间的理解与团结，强调老干部、工农干部、党内干部要以身作则，用自己的模范行为去影响新干部、知识分子干部和党外干部。湖北省的广大干部无论来自哪里、出身如何，也不论职务、文化高低，都能紧密团结在共同的目标和思想基础上，这是湖北省干部队伍的特点，也是后来湖北省的革命和建设不断取得成就的重要保证。

在大力培养和提拔干部的同时，省委十分重视干部的政治思想、文化素质教育，使其牢固树立为人民服务的思想。1949年9月，全省第一次宣传工作会议强调，要加强对干部的教育工作，提高干部的思想、政策水平，密切党和人民群众的联系，推动各项工作前进。同年11月，在全省地委书记联席会议上,省委要求各级干部努力学习马克思主义理论,提高理论水平和领导能力。1951 年 1 月 12 日,省委发出《关于干部理论学习与建立学习指导员的制度》的指示。1953 年 6 月 30 日,省委作出《关于扫除干部中文盲的决定》,部署在 1953 年底前,对全省区以上工农干部和工矿企业基层干部中的文盲、半文盲,分期进行速成识字教育。在省委的领导下,全省干部中,学习马克思主义理论蔚然成风。党员干部特别是高中级干部大多在规定的时间内学习了《大众哲学》和《联共(布)党史简明教程》,地委级干部学习了《社会发展史》《中国革命问题》《列宁主义基础》,区委级及区级以下干部学习了《政治常识》。在学习中,各级党组织普遍建立了学习指导员制度,首先培训学习指导员,借以帮助提高学习质量,并使学习活动具有强有力的领导,收到了很好的效果。

三、整风运动和整党运动

新中国成立后,随着革命的胜利和党的地位的变化,党内在思想、组织、作风上产生了一些新问题。有的党员革命意志消沉,产生了骄傲情绪和以功臣自居思想,有的党员利用手中的权力谋取私利,甚至腐化堕落,有些干部官僚主义、命令主义作风严重,用简单粗暴的态度对待群众,损害了党和政府的威信。针对这些现象,1950 年 5 月 1 日中共中央发出《关于在全党全军开展整风运动的指示》,要求在全党范围内开展整风运动。

1950 年 6 月 25 日,省委研究制订《关于整党整干的计划》,规定:整风以全省 4000 余名骨干干部为主要对象,以县委以上干部为重点;步骤是先县以上干部,后区干部和一般干部,由骨干带动一般,自上而下,由党内到党外;整风内容是克服命令主义、官僚主义,端正政策思想,明确策略观点,以此为中心克服其他不良倾向。从 7 月开始,全省开始整风,一般分为三个阶段:一是动员阶段,通过层层动员,使党员干部初步认识到整风的重要意义;二是学习文件阶段,通过学习中央指定的有关文件,端正态度,消除开展批评与自我批评的各种顾虑;三是检查阶段,根据揭露的问题,查找原因,总结经验,研究、制订改进办法。

从7月到10月,省委先后发出《关于整风问题的报告》《关于整党整干的补充指示》《关于机关干部整风的指示》和《关于整党整干的第三次指示》,要求各地、市、县通过召开党代会、干部会,或举办整风训练班,结合检查总结中心工作,自上而下,由党内到党外,对区、乡以上干部进行认真的整顿。

到1950年12月,整风运动基本结束,全省共有80%的干部及工作人员约4.2万人参加了整风。这是新中国成立后湖北省中共组织第一次重要的思想建设。

1951年2月,中共中央政治局扩大会议作出决议,决定从1951年下半年开始,用3年时间对党的基层组织有计划、有准备、有领导地进行一次普遍的整顿。7月1日,省委起草《关于整顿党的组织的指示》,对整党的步骤作出具体部署:1951年集中力量认真做好有关整党的各项准备工作,开始在省直和城市、农村选择几个支部进行典型试验;1952年开始全面整党。

从1952年7月开始,整党在湖北县区全面展开,到10月结束。全省73个县中,除5个县因遇大灾未进行、2个县因防汛中途停止外,66个县进行了整党。据57个县的统计,参加县区整党运动的党员有5504人。

整党贯彻"爱护、教育、改造、团结"的方针,重在提高广大党员的政治水平,解决少数党员党性不纯、思想蜕化和与党员标准相距甚远的问题,在此基础上,进行党员登记,审查处理不合格的党员。

这次整党的一个重要特点是与"三反""五反"运动结合进行。中共中央连续发出《关于整党工作必须与"三反"运动相结合的指示》和《关于在"三反"运动的基础上进行整党建党工作的指示》。省委贯彻中央精神,将整风整干与"三反""五反"运动相结合,在运动中提拔区级以上干部4624人,吸收新党员2188人。

通过这次整党,提高了广大党员的无产阶级觉悟和马列主义水平,党的组织和党员分布更平衡,党与群众的关系更密切,促使党员更好地发挥先锋模范作用,促使党的基层组织更好地发挥战斗堡垒作用,加强了党在思想上、作风上和组织上的纯洁和统一。

四、加强党对人民团体的领导

湖北解放后，在省委的领导和协助下，成立了省总工会、青年团、妇联、农会、科协、文联、工商联等群众团体，团结各自所联系的群众，围绕党的中心任务开展工作，在恢复国民经济和完成各项社会改革中发挥了重要作用。

1949 年 6 月，省委成立职工工作委员会和省职工总会筹备委员会，由省委副书记刘建勋兼任书记和筹委会主任。11 月 6 日至 19 日，湖北省首届工会代表会议在武昌召开，成立由顾大椿任主任的省总工会筹备委员会。会后，各地普遍开展了工会的组建工作，主要采取两种方式：一是先建立市、县总工会筹委会，深入各厂矿、企业进行宣传，组织职工代表会，经过民主选举，正式成立工会组织；二是派工作队到工矿、企业，培养工人积极分子，在积极分子中组成工会小组，通过发展壮大工会小组或开办工人培训班，成立工会组织。1951 年 5 月 21 日，湖北省第一次工会会员代表大会在武昌召开。出席会议的代表有 278 人，代表全省 61 万职工、28 万会员。大会审议通过了宋侃夫所作《关于两年来工会工作的基本总结和今后的方针任务》和《湖北省总工会章程》，选举产生了湖北省总工会第一届委员会，宋侃夫当选为省总工会主席。

1949 年 7 月，省委成立青年工作委员会（简称省青委）和中国新民主主义青年团湖北省工作委员会（简称团省工委），顾大椿任省青委书记兼团省工委书记。省委从华中团校、湖北人民革命大学、中原大学、团中央抽调干部，充实团省工委。1950 年 1 月，省委召开全省青年工作会议，李先念在讲话中要求各级党委加强对青年团工作的关心和领导，将青年团的领导机构建立起来。会议确定了以农村为主，兼顾城市，有重点有步骤地普遍建团，争取年内发展 10 万名团员。会后，团省工委举办了青年培训班，培训团组织的工作骨干，为全省团组织的广泛建立奠定了基础。6 月，袁振任团省工委书记。11 月 8 日，省委作出《关于目前青年团工作的指示》，要求抽调力量，充实县地级团委与机关；党委要结合整风训干运动，抓紧青年团干部的整训工作，帮助他们总结经验，加强业务，改进工作。1952 年 4 月，中南局组织部决定，王伟任共青团湖北省工委书记。到 1952 年 12 月,全省共建立了 5 个团地工委和 1 个团地委,74 个团县工委和 1 个团县委、3 个团市工委以及 788 个团区工委和 1 个团区委,团员人数由 1950 年的 58941 名,发展到 1952 年的 236260 名。

1949 年 7 月 13 日,省委成立妇女工作委员会,宋濂任书记。11 月 8 日,湖北省妇女代表会议在武昌召开,出席会议的代表有 50 余人。会议讨论了湖北省妇女工作委员会关于今后妇女运动的方针和任务,决定成立湖北省民主妇女联合会筹备委员会,陈舜央任筹委会主任。各地、市开始组建民主妇女联合会或筹委会。1950 年 3 月 8 日,李先念为纪念“三八”国际劳动妇女节题词:“没有或者轻视妇女运动,就不能算真正的群众运动。继续三八革命的精神,将湖北革命妇女组织起来,并提高她们的觉悟,为进行各种改革与建设工作而奋斗。”1950 年 9 月 20 日至 26 日,湖北省第一次妇女代表大会在武昌召开,大会代表 271 人,列席代表 26 人,代表全省 1200 多万妇女。刘建勋代表省委作了《关于土地改革问题》的报告,刘子厚作了《关于妇女解放道路》的报告,陈舜英作了《十个月来妇女工作的基本总结与今后任务》的报告。大会通过《湖北省民主妇女联合会组织章程》,选举成立湖北省民主妇女联合会及第一届执行委员会,陈舜英当选主任。

1949 年 12 月,省委、省人民政府发出《关于召开全省农民代表会议的决定》,由程坦、刘子厚、刘西尧等 15 人组成农民协会筹备委员会。1950 年 3 月 5 日至 15 日,湖北省首次农民代表大会在武昌召开,出席代表有 800 余人。中共中央委员郑位三到会作了《如何消灭地主阶级,新解放区农民干部等问题》的报告,李先念代表湖北省委,号召“组织起来,为广大农民翻身而斗争”。大会通过《湖北省农民协会组织章程》《湖北省第一届农民代表大会决议》和《大会宣言》,产生刘建勋任主席的湖北省农民协会,1953 年,随着农村互助合作运动的兴起,农民协会撤销。

1950 年 10 月,湖北省第一届各界人民代表会议通过工商界代表提出的成立湖北省工商业联合会的议案,成立筹备委员会。经过一年筹备,全省 49 个县市陆续成立了工商联或筹委会。1951 年 12 月,湖北省工商界召开第一次代表大会，成立周苍柏任主任的湖北省工商业联合会，这是全国成立较早的工商联组织。省工商联积极开展对私营工商业者的统战工作，教育成员拥护中共保护民族工商业的政策和“发展生产，繁荣经济，公私兼顾，劳资两利”的方针。

在工、青、妇、农、工商联等群众团体成立的同时，省文联、科协也相继成立，组织和推动文学、艺术、戏剧、美术、音乐和科技工作者，积极投身经济建设、社会革新和各项社会事业。

第六节　开展“三反”“五反”运动

一、“三反”运动

1951 年下半年，随着爱国增产节约运动在全国城乡深入开展，各地暴露和发现了大量浪费、贪污现象和官僚主义问题，引起毛泽东和中共中央的高度警惕。12 月 1 日，中共中央作出《关于实行精兵简政、增产节约、反对贪污、反对浪费和反对官僚主义的决定》。“三反”运动迅速席卷全国。

根据中共中央的统一部署，湖北“三反”运动经历以下四个阶段。

第一阶段为发动群众，民主检查。

12 月 4 日，省委召开省直机关干部大会，进行开展“三反”与增产节约运动的动员。刘建勋作动员报告，要求认真贯彻“首长负责制”与“群众运动”相结合的原则，以加强学习、解决思想顾虑和健全领导机构、实行层层负责为重点，大张旗鼓地开展“三反”运动，把它开展成一个轰轰烈烈的群众运动。随后，省委成立以李先念为主任的增产节约委员会，下设政法、财经、文教、党群、军区等分会，具体领导各系统的运动。30 日，省委发出《关于开展“三反”运动的指示》，确定运动的重点是财经部门、公安部门、军队后勤部门，要求政法、文教、党务、人民团体在迅速完成本系统的任务后，腾出力量帮助重点部门开展工作；运动先在省直和各地市进行，县一级土改任务较忙，可延期展开。指示强调,要注意掌握政策,把握导向,疏导群众情绪,将运动引向重点清查贪污分子。

在运动发动阶段,武汉市委、市政府因“纪凯夫事件”被改组,引起全国瞩目。1951年4月12日,武汉市第二医院发生一起盗款案,医务科员兼院长室文书纪凯夫被怀疑为盗款人,先后两次被市公安局逮捕入狱。11月,在中央纪律检查委员会直接干预下,中南局纪律检查委员会组织联合调查组,对这一案件进行调查,弄清盗款案不是纪凯夫所为,将其释放出狱。中央有关部门派赴武汉工作的干部,了解到此案的调查结果后,回京向中央有关领导作了报告,案件被视为“官僚主义”的典型事例反映到毛泽东那里。在毛泽东的督促下,中南局常委会于1952年1月28日和2月16日作出《关于武汉市第二医院盗款案的处理决定》和《关于武汉市委、武汉市人民政府党组错误地处理武汉市立第二医院盗款案给武汉市委及市政府党组和主要负责人的处分决定》。中共中央决定改组武汉市委和武汉市人民政府,由湖北省委书记李先念兼任武汉市委书记、市长,湖北省人民政府副主席王任重调任武汉市人民政府副市长,原武汉市委书记张平化改任市委副书记,原武汉市市长吴德峰被撤职,原分管公安工作的副市长周季方被逮捕。

因为一桩刑事案件导致市委、市政府被改组,一批领导干部受到撤职、降职、记过处分,有的甚至被逮捕,这在全国还是首例,在省、市引起强烈震动,特别是在武汉市委、市政府机关人员中引起思想波动。一部分人惴惴不安,担心受到牵连,也有少数领导干部把问题看得过于严重,主张还应继续查处一批干部。2月27日,李先念以湖北省委的名义报告中央,提出“三个区别”的处理原则,即:为进一步教育干部和正确开展“三风”运动,必须把持宗派成见、蓄意陷害的错误与群众运动中出现的偏差区别开来;把明知故犯、违法乱纪、官僚主义不负责任所犯的错误与认真负责、积极工作,但由于水平经验所限犯的错误区别开来;把抵抗组织、坚持错误、屡教不改与勇于开展自我批评、改正错误区别开来。对于前者应予以严格的纪律制裁,而对于后者则主要是教育提高。中央批准同意湖北省委的报告。

武汉市委、市政府改组后,湖北省和武汉市的“三反”运动在李先念统一领导下,有序展开。

第二阶段是组织队伍,集中打“虎”。

1952 年 1 月 23 日,中共中央发出毛泽东起草的《关于“三反”斗争展开后要将注意力引向搜寻“大老虎”》的电报。“老虎”,指贪污犯。当时将贪污 1 万元以上的叫“大老虎”;贪污 1 万元以下、1000 元以上的称“小老虎”。1 月 24 日,省委发出《关于深入发动群众、大力开展反贪污斗争的指示》,要求省直机关和专署、市级机关立即转入反贪污斗争阶段,以城市为单位,建立统一的指挥部,以党团员、工人积极分子、检察干部、工商联为主组成机关、企业、检察、工商战线四路基干队伍,内外结合,四路并进,集中打“虎”。为了便于接受广大人民群众的检举,省委在武昌邮局设有“李主席信箱”,在汉口设置“市长信箱”。在不长的时间里,两个信箱就共收到检举信 10285 件,为“三反”运动的深入开展提供了许多材料。省人民监察委员会、省人民检察署等单位分别成立接待室,接受和处理各界人民检举的材料。

在第二阶段,省委采取积极又慎重的措施,规定:在确定嫌疑对象后,不急于攻击,而是围绕线索进行充分的调查和艰苦的取证;对大贪污犯和犯罪集团,寻找弱点,实行分化,各个击破;正确区别与对待不同类型的贪污行为,对普通职工的小贪小盗,采取正面教育、订立制度、既往不咎、杜绝以后的政策;对贪污在 1000 元以下的中小贪污犯实行交代从宽、检举有功的政策,目的是紧缩战线、突出重点和孤立大贪污犯。

第三阶段是实事求是,定案追赃。

3 月 29 日,省人民政府成立“三反”处理委员会,由聂洪钧兼任主任委员,负责对贪污案件的处理工作。4 月 1 日和 5 日,省委发出《关于由反贪污斗争转入对证追赃、定案处理工作的指示》和《关于集中全力做好追赃定案工作的指示》,要求在省直和各专署、市已完成打“虎”计划的地方,转入对证追赃、定案处理阶段;在尚未完成打“虎”任务的单位,采取边打“虎”、边查证、边追赃的办法。这一阶段工作总方针是宽大与严惩、改造与惩治相结合,对大多数情节较轻或彻底坦白的贪污分子从宽处理,对少数情节严重、态度恶劣、拒不坦白交代者予以严惩。

为防止运动中扩大化的偏差，省委要求各地、市贯彻中央“不枉不纵”的方针，成立“三反”运动人民法庭审判委员会，统一负责“三反”运动的定案工作，明确要求在追赃定案过程中对贪污犯做到“三查”“三对”。“三查”指查情节，看是否合理；查证据，看是否真实；查赃款，看是否确为贪污所得。“三对”指核对家属、核对商店、核对同案人。

第四阶段为民主建设，复查处理。

从 1952 年 5 月开始，省委一方面由于针对“三反”运动暴露的漏洞和薄弱环节，着手建立新的财务制度、基本建设制度、人事制度、监督检查制度等，从根本上制约腐败现象的滋长，另一方面抽调纪委、组织部、监察委员会、检察署、法院、人事厅等单位的有关人员，组成省“三反”复查委员会，复查处理“三反”运动中的党内、党外处分案件。党内案件以撤销工作、开除党籍、留党察看三大处分为复查重点；党外以刑事处分和开除工作处分为复查重点。复查工作的原则是实事求是和严查宽办，对事实证据确凿而无理狡辩的进行批评教育；对部分事实有出入或处分过重的进行改正；对事实没有出入但本人检讨诚恳、工作积极的减轻处分。

到 9 月，湖北“三反”运动结束。全省（不包括武汉市）参加运动人数超过 10 万人，查出千元以上的贪污分子 976 人，其中，万元以上的贪污分子 122 人。武汉市参加运动的人数超过 5 万人，查出千元以上的贪污分子 305 人，百元至千元的贪污分子 2577 人。

“三反”运动是党在全国执政以后保持党政机关廉洁、反对贪污腐败的初战，同时也是一场群众性的社会改革运动，有力地抵制了旧社会遗留的恶习和资产阶级的腐蚀，树立了国家工作人员廉洁、朴素、为人民服务的工作作风，纯洁了党的队伍，使厉行节约、艰苦奋斗、爱护国家财产等新社会风气进一步形成。

二、“五反”运动

“三反”运动在党和国家机关开展起来后，陆续清查出一些机关内部人员同社会上的不法资本家内外勾结、侵吞国家资产的案例。不法资本家的主要违法活动有：行贿、偷税漏税、盗骗国家财产、偷工减料、盗窃国家经济情报，简称“五毒”。中共中央决定在开展“三反”斗争的同时,在工商业界开展一场反对行贿、偷税漏税、盗骗国家财产、偷工减料、盗窃国家经济情报的“五反”运动。1952 年 1 月 26 日,中央发出《关于首先在大中城市开展“五反”斗争的指示》,要求在全国一切城市,首先在大中城市,依靠工人阶级、团结守法的资本家及其他市民,向违法的资本家开展大规模的“五反”斗争。

当时,许多城市不法资本家大肆施放“五毒”,达到十分猖獗的地步。湖北的情况也与全国相似,以武汉为例,仅 1953 年 2 月 26 日以前查出的 64 件案子,偷漏税金额达 148 亿元;全市重点检查了 264 户大奸商,发现盗骗国家财产 3835 亿元。抗美援朝中,汉口私营福华电机药棉厂承制的 12 万个急救包,不仅分量不足,而且都未经漂白、脱脂和消毒,含有大量化脓菌、破伤风菌和瓦斯坏疽菌。该厂经理以高价卖给志愿军,牟利 18 亿元,造成许多志愿军指战员致残甚至断送生命。这些事件激起社会的公愤。

1952 年 2 月 22 日,中南局发出《关于“五反”运动的指示》,指出“五反”的直接目的:一是打退资产阶级三年来的疯狂进攻,巩固工人阶级的领导权;二是配合党内“三反”,肃清贪污分子,纯洁革命队伍,提高干部觉悟,教育群众;三是追还国家三年来因被盗窃而蒙受的财政损失。

湖北的“五反”运动从 1952 年 1 月开始,主要在武汉和沙市、宜昌、黄石以及襄樊、鄂城、孝感、江陵、郧阳、恩施 10 个城市展开,武汉是运动的主战场。为加强领导,由中南局、湖北省委、武汉市委联合成立武汉反贪污联合检察委员会,由吴德峰任主任,王任重任副主任,领导武汉市的“五反”斗争。29 日,武汉市反贪污检察委员会及其所属工人、店员检察总队,工商辅导大队召开“反奸商誓师大会”,宣布对四种不法工商者,根据其违法轻重和态度好坏,采取四种处理办法:一是基本守法户,有小的不法行为,令其坦白悔过;二是半守法半违法户,若自动彻底坦白、补缴税款和退还赃款,不予处罚;三是严重违法户,除令其补税退赃外,酌情罚款,若愿痛改前非,免予刑事处理;四是完全违法户,尤其是那些头号大奸商,拒不坦白、对抗运动者,没收其财产,罪大恶极者处以极刑。武汉市在 4 个月内,先后发动了 4 次战役,即:对免退免补的守法户和有小的违法行为的基本守法户分批作出结论的战役;重点处理只补税退赃不罚款的半守法半违法户的战役；重点查处严重违法户和完全违法户的战役；重点围歼未坦白认罪的不法工商户的战役。查清全市 4 万多私营工商业户中，守法户占 17.81%，基本守法户占 66.54%，半守法半违法户占 13.57%，严重违法户占 1.62%，完全违法户占 0.46%。

湖北其他城市的“五反”运动，大体分为发动和定案两个阶段。在第一阶段，由各地人民政府抽调干部、产业工人和店员积极分子组成工作队或检查组，分批进驻私营厂店，对重点户开展自上而下的重点检查和自下而上的群众说理斗争。在第二阶段，是对各类工商户进行定案处理。5 月 9 日，中共中央发出《关于“五反”定案、补退工作的指示》，重申了处理工商户的五条基本原则：过去从宽，今后从严；多数从宽，少数从严；坦白从宽，抗拒从严；工业从宽，商业从严；普遍商业从宽，投机商业从严。省委发出通知，要求各地委、市委严格执行中央规定的处理原则，坚持实事求是，允许资本家申诉和进行复查，确保定案处理工作有利于经济的恢复和发展。

在省委的正确领导下，湖北在“五反”的处理阶段遵循了从宽合理的原则。武汉市有违法行为的私营工商户占总数的 71.49%，而责令退补非法所得的不及总户数的 19%，被判处罚款的只占总户数的 3% 以下，被判处徒刑的只占总户数的 0.25% 左右。经过宽大处理，广大工商业户对共产党和人民政府表示感激，表示愿在国营经济和工人阶级领导下，老老实实地经营工商业，为经济的恢复和发展作出贡献。

5 月 31 日，省委发出《关于城市停止“五反”的指示》，宣布全省“五反”运动胜利结束。

“五反”运动是党同资产阶级的限制与反限制斗争中取得的一个重大胜利。运动有力地打击了不法资本家严重的“五毒”行为，在工商业者中普遍进行了一次守法经营教育，推动了在私营企业建立工人监督和民主改革的进程，为后来开展对资本主义工商业的社会主义改造创造了条件。

第四章
贯彻过渡时期总路线和开始有计划的经济建设

经过 3 年恢复，新中国的国民经济初显生机，中共中央决定从 1953 年开始实行国民经济第一个五年计划，并提出了党在过渡时期的总路线。湖北省委、省人民政府贯彻总路线精神，制定并执行《1953—1957 年湖北省国民经济和社会发展第一个五年计划》，以武汉为中心，全面实施国家重点工程项目，同时加快地方工业、交通运输等产业的配套发展，实行粮食、棉花等重要农产品统购统销，开始了大规模、有计划的经济建设。

第一节　宣传过渡时期总路线和制定湖北“一五”计划

一、毛泽东首次视察湖北

在中国实现社会主义，是中国共产党自创立时就确定的奋斗目标。中华人民共和国成立后，经过 3 年努力，民主革命遗留下来的任务，主要是大规模土地改革的任务，已经基本完成；恢复国民经济的工作进行得比较顺利，提前实现“三年五年恢复”的目标，党开始酝酿过渡时期的总路线,以便逐步实现向社会主义的转变。

1952 年 9 月,毛泽东在中央书记处会议上提出,我们现在就要开始用 10 年到 15 年的时间基本上完成向社会主义的过渡,而不是 10 年或者更长时间以后才开始。1953 年 2 月中旬,他决定出京做些调查,听听地方和基层干部的意见,同时向下面一定范围的干部通通气。

2 月 15 日,农历正月初二,毛泽东离开北京,乘专列沿京汉线南下。16 日深夜,来到阔别 25 年之久的武汉。这是他在新中国成立后首次视察湖北。

17 日,毛泽东先后视察汉口、汉阳,听取中共中央中南局、湖北省委、武汉市委和孝感地委主要负责人李雪峰、李先念、王任重、王良关于工业、手工业和公私合营情况的汇报。18 日,视察武昌,听取武汉市委分管工业的负责人和武昌区委书记关于手工业生产情况的汇报。19 日,接见江岸区大智街街长,了解街道居民生活、组织建设和民主改革的情况。

在湖北视察期间,毛泽东发表了一系列关于过渡时期设想的谈话。

他说:我爱进步的中国,不爱落后的中国。中国有三个敌人(帝国主义、封建主义、官僚资本主义)已经被打倒了。还有民族资产阶级,个体农业、手工业和文盲三个问题,当然对待这些人不能用对待前三个敌人的办法。个体农业要用合作社和国营农场去代替,手工业要用现代工业去代替。手工业目前还要依靠,还要提倡,没有它不行。对民族资产阶级,可以采取赎买的办法 ①。

他认为,有人"要巩固新民主主义秩序",还有人主张"四大自由",这些都是不对的。新民主主义是向社会主义过渡的阶段。在这个过渡阶段,要对私营工商业、手工业、农业进行社会主义改造。过渡要有办法,像从汉口到武昌,要坐船一样。国家实现对农业、手工业和私营工商业的社会主义改造,从现在起大约需要三个五年计划的时间,这是和逐步实现国家工业化同时进行的 ②。

---

① 《毛泽东在湖北》,中共党史出版社 1993 年版,第 2—4 页。

② 王任重:《毛主席第一次视察湖北》,《王任重文集》下卷,中央文献出版社 1999 年版,第 251 页。

他强调，既然新民主主义的前途是向社会主义发展，那么从新民主主义到社会主义必然是一个渐变的过程，需要采取逐渐推进的社会主义改造的步骤和政策，一步一步地过渡，即使社会主义因素一年一年地增加，争取用 10 年到 15 年的时间或更多一点的时间，基本上完成国家工业化以及对农业、手工业和私营工商业的社会主义改造。

上述谈话表明，毛泽东关于过渡时期总路线的思想已经酝酿成熟，对于总路线比较准确的表述也基本形成。

2 月 19 日中午，毛泽东乘“洛阳”号军舰离开武汉，视察黄石，然后离开湖北，前往南京。李雪峰、李先念、王任重等前去送行。毛泽东指示要把向社会主义过渡的问题，传达给县委书记、县长以上的领导干部。他的谈话，为中南区和湖北省、武汉市进行社会主义改造指明了方向。

毛泽东谈话中提出用赎买的方法来改造资本主义，以和平的方式实现生产关系的根本变革，这在国际共产主义运动史上是一个伟大创举。1953 年 4 月，中共中央统战部部长李维汉带领调查组[①]到武汉，对武汉私营企业的政治、经济状况进行调查研究，总结工业方面发展国家资本主义的经验。他在听取中南局、湖北省委和武汉市委负责人的汇报后，认为：“私人资本主义在今天还是相当大量、相当普遍的客观存在，民族资产阶级在一定时期内还有生命力；国家资本主义是社会主义经济领导私营经济的主要形式，也是对资本主义经济实行社会主义改造的主要形式；我们的方针，不应当盲目挤垮，而要采取积极的态度，经过国家资本主义，逐步地利用、限制私人资本主义，并把它逐步地改造成社会主义企业，把资产阶级分子经过教育改造带到社会主义；实现这一战略方针，关键在于要加强党的统一领导，把国家资本主义问题提高到工人阶级实现领导权、向社会主义转变的高度加以重视和解决。”[②]调查组通过调研，对新中国成立后私人资本主义的变化和国家资本主义的发展及其地位、作用等重大问题，获得明确认识。5 月，调查组在完成对汉、宁、沪等特大城市的考察后，向中共中央和毛泽东报送关于《资本主义工业中

① 除李维汉外，还有中央统战部的郑新如、黄铸等和国家计委私营计划处的勇龙桂参加。

② 李维汉：《回忆与研究》（下），中共党史资料出版社 1986 年版，第 741 页。

的公私关系问题》的报告,建议经过国家资本主义特别是公私合营这一主要环节,实现资本主义所有制的变革。6月,毛泽东主持召开中央政治局会议,批准将对资本主义工商业的政策由利用、限制完善为利用、限制、改造,确定经过国家资本主义改造资本主义工业的方针,决定对私营商业亦采取国家资本主义的方针,把它作为过渡时期总路线的重要组成部分。

二、学习、宣传过渡时期总路线

1953年9月24日,中共中央向全国正式公布党在过渡时期的总路线,即:"从中华人民共和国成立,到社会主义改造基本完成,这是一个过渡时期。党在这个过渡时期的总路线和总任务,是要在一个相当长的时期内,逐步实现国家的社会主义工业化,并逐步实现国家对农业、对手工业和对资本主义工商业的社会主义改造。"

过渡时期总路线公布以后,湖北省委向全省人民进行了广泛深入的宣传和教育工作,首先是在党内迅速统一认识。1953年10月11日至11月2日,中共湖北省第三次代表会议在武昌举行,出席会议的代表1191人。会议传达了党在过渡时期的总路线和总任务,讨论如何在湖北进行社会主义改造和完成第一个五年计划等问题。10月20日,李先念向大会作报告,阐述社会主义改造的根本目的是发展社会生产力。会后,省委第一书记李先念、第二书记刘子厚、第一副书记刘西尧、第二副书记程坦等分片到各地作传达报告。11月,各地、市召开县、区、乡三级干部会议,号召全体党员干部认真学习、宣传和贯彻党在过渡时期的总路线和总任务。

1953年12月,中共中央批准下发《为动员一切力量把我国建设成为一个伟大的社会主义国家而斗争——关于党在过渡时期总路线的学习和宣传提纲》。12月7日,省委发出《关于学习党在过渡时期总路线的指示》,要求各级党组织将过渡时期总路线的宣传教育活动从党内推向政府机关、国营企业、中等以上学校以及各民主党派和人民团体,要求领导干部带头研究国家第一个五年建设计划的基本任务,研究我国在过渡时期各种经济结构的基本特点、作用和前途,研究农业合作化和国家资本主义等问题。省委规定,用两个半月的时间,结合学习活动,对全省干部进行一次工作和思想检查。1954 年 1 月,省委发出《关于深入学习总路线的通知》,要求在学习过程中,以总路线为思想武器,结合实际,检查工作和思想,纠正对总路线的各种错误认识,进一步划清工人阶级和资产阶级的思想界限,真正达到明确认识、提高思想、改进工作、加强团结的目的。

随着学习宣传的深入,省委根据中央指示,决定将学习范围明确为:学习《联共(布)党史简明教程》第九章至第十二章,即苏联共产党领导人民恢复国民经济、实现国家工业化和农业集体化的内容;学习列宁、斯大林论社会主义经济建设的有关著作,同时参考中共七届二中全会决议、毛泽东在七届二中全会上的报告、周恩来在 1953 年夏季全国财经工作会议上所作的结论等重要文件,来加深理解和贯彻执行党在过渡时期的总路线。

为加强对学习宣传活动的领导,省委规定:党员干部编为高级组、中级组和初级组,各组以自学为主,适当组织集中讨论,遇到难点、疑点,由党委领导负责解答或作辅导报告;各级党委或党组直接领导高级组的学习,宣传部与直属党委负责检查与督促;党委领导实行责任制,分工负责各片或各领域的学习宣传工作。截至 1954 年春,全省参加高级组、中级组和初级组等各种形式学习班的干部达 25 万人,参加学习的区乡基层工作者、党团员、积极分子达 85 万人。

省委还十分注意围绕先进典型,开展有针对性的讨论和引导。1953 年 12 月 13 日,《湖北日报》介绍了浠水县望城乡共产党员饶兴礼创办农业生产合作社的事迹,在社论中指出,大张旗鼓宣传总路线,深入思想发动,是做好农村一切工作的保证。12 月 15 日,《湖北日报》开辟专栏"向社会主义道路前进,决不走资本主义道路",邀请全省各地农村干部和农民积极分子谈学习总路线的收获,通过农民群众的现身说法和典型引导,推动农村学习宣传活动的开展。1954 年 3 月,《湖北日报》发表文章《向工人深入宣传总路线》,此后接连发表《工人阶级要为实现国家社会主义工业化而奋斗》等 9 篇文章,作为各厂矿向工人进行总路线教育的参考资料。武汉等大中城市组织开展群众性回忆对比活动,引导工人算三笔账：算解放以来国家的建设和本单位生产恢复与发展情况，算生产上出废品、原材料浪费给国家和个人造成的损失，算翻身后工人在政治、经济文化生活上的改善情况，坚定工人群众投身工业化建设主战场的信心和决心。

开展工农联盟教育，是总路线教育的重要组成部分。湖北省委和武汉市委结合1954年春节慰问，组织城乡互访活动。全省各地农民代表500余人分三批到武汉等大中城市，参观纺织、造纸、卷烟、面粉、化工、机车等工厂和铁路建设工地；武汉等城市工人团体和代表5000余人分别到浠水、黄陂、孝感等县农村参观，通过城乡互动，进一步宣传“主体”（国家工业化）与“两翼”（对农业、手工业、资本主义工商业的社会主义改造）的关系。

在宣传中，各地充分发挥各种宣传工具的作用。党报、党刊，加强报道全省及本地执行总路线的具体事例、具体成绩；广播电台，开辟专题讲座；文化局，组织文化馆系统和文艺团体利用电影、戏剧、幻灯等进行宣传。城乡各地以宣传员为骨干组成说唱小组，收集当地的真人真事，运用说书、快板、漫画、歌曲、小戏进行宣传，形成了贴近现实、生动活泼、形式多样的宣传高潮。

学习和宣传过渡时期总路线，是新中国成立后在全省人民中间普及社会主义观念的一次空前规模的学习活动。这次学习和宣传活动在党员干部、人民群众的广大范围内，切实解决了由新民主主义逐步过渡到社会主义的思想转变问题，明确了中国走社会主义道路是历史的必然选择，进而把党内外的思想认识基本统一到过渡时期总路线上来，坚定了全省人民沿着社会主义道路实现国家工业化的信心。在统一思想的基础上，过渡时期总路线成为全省上下为建设社会主义新湖北而奋斗的行动纲领。

三、湖北省第一个五年计划的编制

根据党在过渡时期的总路线，中国将在一个相当长的时间内逐步实现社会主义工业化。考虑到当时的国际环境和国内工业基础，中央确定了优先发展重工业的指导方针，以求尽快增强综合国力，抵御外敌的侵略威胁。

“一五”时期,湖北是国家经济建设重点投资的省份。国家根据交通便利、生产地接近原材料产地和销售地等条件进行生产力布局的原则,计划充分利用长江两岸铁矿、铜矿的资源优势,江汉平原的农业优势,长江航运和京汉、粤汉铁路的交通便利,把武汉建设成以冶金、机械、纺织工业为主体的我国南方工业基地。为此,国家将苏联援建的“156项工程”的3项在武汉建设,即武汉钢铁公司一期工程、武汉重型机床厂和青山热电厂一期工程。不久,又安排了武汉长江大桥、武汉肉类联合加工厂、武昌造船厂、武汉锅炉厂、汉阳造纸厂、武汉热电厂、武汉热水瓶厂等一批重点项目。这些工业建设项目的确立与建设,不仅将加快中国工业化的速度,同时还将形成湖北工业体系的主体。

1953年1月,中共中央决定实施发展国民经济的第一个五年计划(1953—1957年),同时要求各省、市,从实际出发,按照“统一计划,分级管理”的原则,编制本地区的“一五”计划。

1953年6月,省委、省政府成立省人民政府计划局,次年9月根据中央《关于建立与充实各级计划机构的通知》要求,撤销省计划局,成立省计划委员会,任命庄果、李飞为副主任(1955年8月任命刘济荪为主任),负责编制全省国民经济和社会发展的长期、中期和年度计划,并对计划执行情况进行监督、检查。随后,各地、市、县及经济管理部门、大型企业相继建立相应的计划工作机构,初步形成全省计划工作的横向和纵向管理系统,开始建立自上而下、以计划为主的经济管理体制。

湖北首次编制全面五年计划,面临诸多困难,主要是对资源缺乏调查,统计资料很少;多种经济成分并存,情况比较复杂;没有编制长期计划的经验等。省委、省政府抽调大批精干人员,成立多个调研小组,分赴各地市、部门、行业开展调查研究,查询和收集编制计划所需的资料和数据,准确核定和掌握了1952年工农业实际产量、人均生活水平、各种经济成分所占比例、财政收支及多种重要资源分布等基本情况。

湖北省“一五”计划的编制,按照中央财经委员会的规定,采取自上而下、上下结合的编制方法,即自上而下颁发计划控制数字,自下而上逐级编制并呈报计划草案,自上而下逐级批准。计划草案耗时近两年,数易其稿，经过了不断综合平衡和调整修改，反复编写达 10 次。1955 年 6 月，在中共湖北省第五次代表会议上，刘子厚代表省委作了《关于湖北省第一个五年国民经济计划（草案）问题的报告》，正式公布了计划草案。11 月，报经国务院批准下达施行。

根据国家“一五”计划规定的基本任务和将武汉建设成为全国重工业基地的要求，省委、省政府明确提出湖北省“一五”计划的指导思想是全省经济建设以重工业（冶金和机械制造工业）为主体，以武汉市为中心逐步展开，基本任务是：集中力量建设国家安排在湖北省的重点工程项目，为全省的社会主义工业化建立初步基础；进行农业、手工业、资本主义工商业的社会主义改造；地方工业在充分发挥现有设备能力的前提下，进行一些扩建和新建；大力发展农业，重点是水利建设；相应地发展交通运输业和商业；适当地增加文教医卫和城市公用事业的设施建设；在发展生产、提高劳动生产率的基础上，逐步改善人民的物质文化生活。

“一五”计划对投资指标进行合理安排。从 1953 年到 1957 年，全省安排投资 17.43 亿元用于发展经济和其他各项事业，其中，中央直接安排的投资为 13.7 亿元，占全部投资的 78.6%，地方安排的投资为 3.73 亿元，占全部投资的 21.4%。投资的重点领域为重工业和地方配套工程，体现出国家和湖北省集中财力保证重点项目建设的核心思路。

“一五”计划包括工业生产、农业生产、交通运输、商业、基本建设、劳动工资、文教卫生、财政收入等主要内容，提出各项发展指标。

工业方面，计划到 1957 年 12 月，全省工业总产值达到 15.65 亿元，比 1952 年增长 132.9%。其中，国营工业在工业总产值中所占的比重由 1952 年的 43.6% 上升到 1957 年的 61.1%；合作社社办工业的比重为 4.1%，产值绝对数比 1952 年增加 1 倍以上；公私合营工业在工业总产值中所占比重由 1952 年的 14.9% 上升到 1957 年的 23.1%；私营工业在工业总产值中所占的比重由 1952 年的 34.7% 下降到 1957 年的 11.7%。

农业方面，计划到 1957 年 12 月，全省粮食产量达到 1055 万吨，比 1952 年增长 25.75%；棉花产量达到 17.85 万吨，比 1952 年增长 33.44%；花生产量达到 8.25 万吨，比 1952 年增长 131.78%；芝麻产量达到 17.8 万吨，比 1952 年增长 51.47%；油菜籽产量达到 19.95 万吨，比

1952 年增长 146.59%。

商业方面,计划到 1957 年 12 月,全省社会商品零售总额达到 21.38 亿元,比 1952 年增长 79.8%。其中,国营商业和合作社商业在全社会商品零售总额中所占的比重由 1952 年的 29.3% 上升到 51.8%;私营商业、国家资本主义商业和小商小贩组织起来的合作形式的小商业,在五年内的零售额有所增长,比重由 1952 年的 70.73% 下降到 1957 年的 48.8%。

交通运输方面,计划到 1957 年 12 月,内河货运(包括民船货运)达到 43905.2 万吨公里,比 1952 年增长 400.2%;汽车运输达到 5573.6 万吨公里,比 1952 年增长 310.6%[①]。

"一五"计划还确定,努力发展社会事业,重点是发展高等院校和普通高中,加强医疗卫生及出版、广播与体育等文化事业建设,改变全省医疗卫生落后面貌。

湖北省"一五"计划,是湖北省历史上编制的第一个中长期计划。它的编制,是一个学习、实践、探索的过程。"一五"计划总体上是积极稳妥的,较好地贯彻了党的政策,并坚持了实事求是的原则,内容充实,既突出了建设重点,又比较重视国民经济各部门的综合平衡发展,符合全省经济社会发展的实际情况,在全省工业化建设的起步阶段发挥了重要作用。

第二节　工业化建设的起步

一、集中力量投入工业建设

1953 年元旦,中共中央和政务院通过《人民日报》社论宣告,我国开始执行国家建设的第一个五年计划。从此,全党和全国人民把注意力

① 湖北省计划委员会:《湖北省八个五年计划执行情况》,湖北人民出版社 1998 年版,第 16 页。

集中到实现社会主义工业化的任务上来，以极大的热情投入大规模有计划的建设之中。

中央和省委采取一系列措施，为工业化建设进行组织准备：一是调整省市建制。1954 年 4 月 27 日，中共中央政治局扩大会议决定撤销大区一级党政机构。6 月 19 日，中央人民政府委员会第三十二次会议通过了《关于撤销大区一级行政机构和合并若干省、市建制的决定》。按照中央决定，中共中央中南局、中南行政委员会撤销，原属中南局领导的中共武汉市委改属中共湖北省委领导，武汉市由中央直辖市改为湖北省直辖市。

二是调整省市领导班子。从 1952 年下半年开始，中共中央决定将东北、华东、中南、西北、西南等中央局的书记抽调回中央，以加强中央和中央部门的工作。1954 年 4 月，身兼中南局第三副书记、中南行政委员会副主席、湖北省委书记的李先念被任命为政务院财政部部长，奉调进京工作。5 月，中央任命王任重为中共湖北省委第一书记、刘子厚为第二书记、张平化为第三书记兼武汉市委第一书记，任命张体学为第一副书记、彭天琦为第二副书记，省委常委会由王任重、刘子厚、张平化、张体学、彭天琦、王树声等组成。

三是统一调配干部。仅 1953 年，省委从全省农村和省、地、市直属机关抽调 729 名干部，转移到国家重点项目、重要厂矿和其他经济建设领域。其中，抽调地级干部 36 人，县级干部 573 人（其中县委书记、县长 120 人）。抽调的干部总体素质高，都经过长期革命斗争的锻炼，有较高的政治水平和实际工作经验，大部分人具有高中以上文化程度。经过一段时间的学习，这批干部基本熟悉了工业管理，为大规模经济建设的开始做好了准备。

四是全面登记、调配科技人才。1953 年 1 月 20 日，省委发出《关于限期完成技术干部登记调配工作的紧急指示》，要求按照专业对口、施其所长的原则，对全省科研技术人员实行登记和调配，将他们安排到工业化建设所需的各个重要岗位上。党组织对登记调配的科研技术人员，进行政治教育和业务培训，鼓励他们在工业化建设中施展身手，贡献智慧。

在采取组织措施的同时，省委还注重动员一切社会力量投入工业建设，掀起社会主义建设热潮。

工人阶级是工业化建设的主力军。1953 年 7 月中旬，省委、省政府召开全省专署（市）、县地方国营工业会议，提出依靠工人阶级搞好生产管理。全省工业战线广大职工以主人翁精神，积极参与各类建章立制活动，普遍建立和推行考勤制、交接班制、班组责任制、定额管理制和工艺流程制等，推进企业进一步健全管理制度。1954 年 6 月，湖北省第二次工会会员代表大会号召全省职工开展技术革新，加速社会主义工业化建设，完成和超额完成第一个五年计划。技术革新运动在全省范围内展开，企业职工与工程技术人员一道，成立各类技术革新小组，改进操作方法，创造工艺经验，提高劳动生产率。

青年是生产建设的生力军。1953 年 4 月，中国新民主主义青年团湖北省第一次代表大会号召全省青年把精力从社会改革转到生产建设上来，"学生产、钻生产、转生产"，在工业化建设中贡献自己的全部才智。会后，湖北青年掀起"争做一个社会主义建设积极分子"和"为社会主义建设立功"的热潮。大批青年投身到经济建设中来，壮大了工业化建设的力量。

广大农民关心工业建设。他们认为，工业发展了，用化肥和机器种田，就有希望了。他们用增加农业生产、积极缴纳农业税和多交粮棉的实际行动支援工业建设。在工业建设发展初期，各地农村输送大量青年农民，配合国家重点工业项目的基建建设。数以十万计的农民工战斗在全省各个工地上，平整土地，开挖地基，填湖建厂，推进了重点项目的建设进度。

湖北的工业化建设还得到全国人民、海外华侨和外国朋友的支援。1953 年至 1956 年，全国各地选派大批具有丰富实践经验的干部、技术人员和职工，到湖北工业战线参加建设。据不完全统计，仅山东、上海等 9 个省、市、自治区支援武钢建设的干部和大专毕业生，就达到 5481 人。1954 年 2 月 21 日，东南亚华侨 210 余人，经广州抵达武汉，加入湖北建设大军。苏联等社会主义国家的专家组和技术人员，对湖北的工业建设、特别是在鄂国家重点工程项目，提供了宝贵的设备，指导勘察地质、选择厂址、搜集资料、设计施工、开工投产，给予多方面的援助。

总的来说，为适应大规模经济建设的需要，在中央的支持下，湖北省和武汉市通力合作，密切配合，经过统一调整、重点配置、大胆提拔、加快培养和广泛动员等一系列工作，基本上满足了湖北工业化建设初期对各方面干部的迫切需要，集聚起全社会的力量，为顺利完成“一五”计划建设任务提供了政治上和组织上的重要保证。

二、确保国家重点工程建设

中苏双方经谈判确定苏联援助中国兴建“156 项工程”，是国家“一五”计划工业建设的中心。武汉钢铁公司一期工程、青山热电厂一期工程和武汉重型机床厂，属于“156 项工程”中的三项，事关全国工业化布局和湖北地方工业经济的发展。

湖北省委把支援国家重点工程建设放在首位，号召全省要像过去支援战争一样支援国家重点工程建设，实行“国家优先、工程优先、基建优先”。省委第一书记李先念强调，每一个部门、每一个干部“不仅是在原则上同意有重点地进行重工业和国防工业建设，而且要在统一调度人力、财力等具体行动上服从国家的需要”[①]。武汉市委提出“基建第一”的口号，成立市委基建部和市政府基建办公室，统一负责重点工程基建服务工作的指挥协调。

为确保国家在鄂重点工程的建设，省、市党组织实施“全省一盘棋”的战略，调动全省人力、物力、财力，从资源勘探、原材料实验、设计规划、建筑材料、备品备件、设备制造、交通运输等方面予以大协作、大支援。以支援武钢建设为例，据不完全统计，省、市政府征用农民土地 13.7 万亩，拆迁房屋 2717 栋，迁移居民约 1.25 万人；孝感地区黄陂（现属武汉市）、应山（现属随州市）和黄冈地区麻城等 10 多个县，抽调 2 万以上的民工常年参加基建；武汉市有 30 多家工厂，为武钢一号高炉承担 4000 多吨设备的制造任务；市汽车运输公司抽调半数以上的车辆，为武钢运输物资；市政建设部门为武钢铺筑道路总面积达 20 万平方米，修建桥涵

① 《中南区一九五三年的主要工作》，《李先念建国初期文稿选集（一九四九年七月——一九五四年五月）》，中央文献出版社 2002 年版，第 484 页。

7 座，埋设供、排水管约 30 公里，架设输电线路百余公里。为给工地建设者提供生活方便，市商业部门在青山地区修建百货商店 11 个、生活服务商店 72 个、零售商店 33 个、蔬菜水产市场 31 个、煤建商店 9 个、医院药物站 12 个。为活跃建设工地文化生活，省市文化部门组织 13 个专业剧团巡回慰问演出 522 场，观众达 49.7 万人；为工地放映电影 2557 场，观众达 168.6 万人。这些措施，有力地保证了重点项目的建成投产。

武汉钢铁公司，是新中国成立后国家最早投资兴建的大型钢铁联合企业。1954 年 3 月，中央财经委员会组建选厂委员会，同苏联专家组一道，在武汉、大冶之间组织大规模的选址工作，正式推荐武汉青山地区作为厂址。5 月 12 日，国家计划委员会、国家建设委员会批准在青山建厂，1955 年 6 月 12 日批准一期工程的初步设计方案，工程包括采矿、选矿、烧结、炼铁、炼钢、乳钢、焦化和耐火等一系列厂矿，主体厂区占地 834 万平方米。7 月，工程正式破土动工。1958 年 9 月 13 日，一号高炉出铁，标志进入生产阶段。

青山热电厂，是新中国成立后湖北兴建的第一座火力发电厂，承担着为武汉钢铁公司和武汉地区重点工程发电送气的任务，一期工程计划安装 4 台发电机组，装机总容量为 11.2 万千瓦。工程于 1953 年开始筹建，1955 年 10 月正式动工，1957 年 8 月第一台机组并网发电，1958 年，其他 3 台机组先后建成投产。

武汉重型机床厂，设计建设规模为年产重型和超重型机床 380 台，是湖北机械工业的骨干工程。工程采取一面建设、一面试制新产品的办法，1955 年 9 月动工兴建，1958 年 7 月经国家验收合格正式投产，比预定时间提前 15 个月，成为当时国内最大的重型机床厂。

除三项“156 项工程”外，国家在湖北兴建的其他重点工程建设也顺利展开。1953 年 3 月，武汉锅炉厂率先动工，设计能力为年产 12 蒸吨／时—40 蒸吨／时中压锅 110 台，总蒸发量是 3280 蒸吨／时，当年就有部分车间建成投产。1954 年 12 月，武汉肉类联合加工厂进入全面施工阶段，建设规模为日屠生猪 5000 头，日冻结能力 350 吨，建成后成为亚洲最大的肉类加工企业。1955 年，武昌造船厂第一期基本建设工程完工，大大加强了船舶修造能力，使湖北在中国内河造船工业中占重要地位。

为了加强内地轻纺等工业建设，国家还从上海迁建了武汉印染厂、沙市热水瓶厂、中原无线电厂等。[①]

在工程建设中，以工人和技术人员为主体的广大建设者掀起群众性技术革命和技术革新运动，推进了工程进度，提高了产品质量。武汉重型机床厂工人马学礼，创造“内孔梢胎”技术，试验成功“深孔套料刀”“深孔钻”“内外旋风铣”等多项革新成果，被评为湖北特等劳动模范。参与桥梁建设的苏联桥梁专家西林，同工人和工程技术人员一起研究和试验，摸索出管柱钻空法，使原来必须在水下作业的桥墩灌注可以在水面上进行，加快了桥梁建设进度。桥梁工程师肖传仁，摸索改进管柱中钻岩的钻头式样和管柱下沉方法，大大提高了工作效率。

随着国家在鄂重点工程的节节顺利推进，一批“武”字头的企业相继建成投产，湖北初步建立起以武汉为中心的冶金、机械和纺织工业基地。

三、配套发展地方工业

围绕国家在鄂重点项目建设，配套发展地方工业，以国家重点项目建设带动地方工业发展，以地方工业的发展服务国家重点项目建设，这是湖北“一五”计划的基本思路。

1953 年 7 月 16 日至 28 日，省委召开全省第一次专署(市)、县地方国营工业会议，研究地方工业在整顿的基础上搞好生产的问题，要求公私企业，特别是国营企业，结合行业特点，通过新建、改建和扩建的方式，推动地方工业的发展。会议确定全省工业发展的重点四类骨干企业，即：各类与国家重点项目配套的企业；发挥地方资源优势的企业；支援农业生产的企业；满足人民生活需求的企业。

大冶钢厂第一期扩建工程，是与武钢相配套的重点项目。工程于 1954 年 6 月全面开工，设计规模为年产钢 33.6 万吨，优质钢比例占

① 湖北省计划委员会：《湖北省八个五年计划执行情况》，湖北人民出版社 1998 年版，第 19 页。

76%,远期规模为年产钢 50 万吨;项目包括修建 90 吨平炉 3 座,10 吨以下电炉 6 座和初轧机、中型轧机、小型轧机各 1 套以及耐火材料车间、热处理车间、煤气车间各 1 座;工程概算投资 1.96 亿元,建筑面积为 7.7 万平方米。经过 4 年的努力,工程于 1958 年 12 月建成投产。与此同时,省委、省政府决定兴建湖北钢铁厂(鄂城钢铁厂),设计规模为年产生铁 15 万吨、钢 10 万吨、钢材 8 万吨,投资额为 4080 万元。工厂于 1957 年动工,仅仅一年时间建成投产。大冶钢厂、湖北钢铁厂与武钢等配套,形成特种钢与普通钢、大中企业与特大企业相衔接的生产体系,奠定了湖北全国重要钢铁生产基地的地位。

在配套发展重工业的同时,省委、省政府也十分注意发挥以纺织、造纸、食品、皮革为主的轻工业。武汉是继上海之后我国现代纺织工业基地之一。“一五”期间,武汉纺织企业通过改造老厂、兴建新厂和引进先进设备等手段,提高生产效率。1953 年 1 月,武汉第四棉纺厂改建工程动工,建成后全部采取英式自动布机。1953 年至 1957 年,全省纺织工业年产值平均递增 17%,武汉市纱锭从解放初的 12 万枚增到 27 万枚。1953 年 7 月 1 日,在湖北造纸厂和华中造纸厂基础上合并兴建的汉阳造纸厂建成投产,生产能力为年产高档文化用纸 4800 吨,它是湖北第一座机械化造纸厂,带动了全省造纸工业的发展。

在发展地方工业的过程中,省委、省政府注意探索建立企业的制度建设。1954 年,企业借鉴学习苏联经验,建立行政“一长制”,即厂长负责制和车间主任、班组长责任制以及各职能机构负责制,由厂长负责全厂的生产领导。1955 年 3 月 17 日,省委作出《关于加强对工业基本建设与工业生产领导的决议》,针对工业企业中党的政治思想工作普遍薄弱、降低党的领导作用的倾向,强调要健全党委制,进一步加强党对生产、行政工作的保证、监督作用,正确贯彻政治工作和经济工作相结合的方针。省委强调,社会主义企业中的行政一长负责制是党的一项重要政策,党组织必须坚定不移地贯彻执行,行政首长应对同级党委负责。

“一五”期间,新建、扩建、改建 300 多个地方骨干工程,建成湖北造纸公司、武汉机床厂、武汉冻肉加工厂、湖北软木加工厂、武汉第三发电厂、武汉金属结构厂、武汉电线厂、武汉橡胶制品厂、武汉热水瓶厂、黄石砖瓦厂、黄石橡胶制品厂、阳新淀粉厂、阳新变电站等大批中型企业，全省地方基本建设投资总额达6.56亿元，地方工业建设投资达1.33亿元，占地方投资总额的20.27%，经过努力，湖北地方工业，尤其是武汉、沙市和宜昌等城市的地方工业得到了较大发展。工业行业在全省国民经济中所占比重发生显著变化：在工农业总产值中，工业总产值由1952年的30.1%提高到1957年的43.1%。重工业极端落后的状况开始转变，在工业总产值中所占比重由1952年的22%提高到1957年的34.8%，轻工业由1952年的78%下降到1957年的65.2%，轻、重工业的比例关系趋向合理。

四、大力发展交通运输业

交通运输业位于湖北工业建设的“突前”位置。省委、省政府从建立调整管理机构入手，推动行业发展。1953年4月，省政府将湖北省联运公司与国营湖北省汽车运输公司合并，成立省运输局。5月，省政府批准恢复湖北省公路局，新设测量队、基地队、养路段和私营汽车管理处等下属机构。1956年4月，省人委[①]决定将省公路局与运输局合并，成立湖北省公路厅，负责全省公路建设、养护、勘测设计、交通监理与汽车运输，并将全省各汽车总站与养路段合并，分别成立汉口、樊城、武昌、十里铺、恩施5个管理处。与此同时，各地、市、县相继成立交通管理机构，全省基本上形成上下贯通，条块结合，互为一体的交通管理网络，交通运输业走上规范化管理的轨道。

“一五”期间，全省交通运输业分铁路、公路、水运和航空四块同时展开，都取得了长足的进展。

铁路为全省交通运输业的重点。从1955年开始，国家先后投资3231万多元，修建武昌至大冶铁山的武大线和铁山至灵乡的铁路，进行了铁山至黄石的铁路改造工程；同时为发挥湖北“九省通衢”的地理优势，批准兴建武汉铁路交通枢纽。第一期工程包括修建江岸西编组站、

① 从1955年2月起，湖北省人民政府委员会改名为湖北省人民委员会。

汉西站、汉阳站、武昌客站、武昌东站、沙湖站;丹水池至汉水铁路桥头线路、江岸至新江岸联络线和武昌徐家棚至青山的北环线等。1957 年,拥有 5 股站线、8 股道线的武昌车站建成,提高了列车的编组能力与客货运量,缓解了全省铁路交通运输持续紧张的局面。

修建长江大桥是贯通全国南北铁路和公路大动脉的关键举措。1953 年 4 月,铁道部成立武汉大桥工程局,直接负责武汉长江大桥的设计与施工。1954 年 1 月,周恩来主持政务院第二〇三次政务会议,正式通过《关于修建武汉长江大桥的决定》。工程包括修建横跨长江的铁路、公路两用桥和横跨汉水的汉水铁路桥、公路桥(汉江桥)以及长江、汉水两岸的 10 座跨线桥和铁路、公路联线桥。工程规模之大和技术难度之高,在中国桥梁史上是空前的,特别是以中国国内自产的材料来修建大桥,在中国桥梁史上尚属首次。1954 年 2 月,工程正式拉开修建序幕。修建期间,毛泽东两次亲临工地视察,关注从选址到施工的全过程。1956 年 6 月,毛泽东视察后写下气势磅礴的诗词《水调歌头・游泳》,描绘“一桥飞架南北,天堑变通途”的美好前景。1957 年 9 月 25 日,大桥正式通车。它的建成,使号称“九省通衢”的武汉市名副其实地成为我国内地交通枢纽。从此,纵贯我国南北全长 2300 多公里的京汉、粤汉铁路干线在武汉携手,湘桂、浙赣等铁路可直接或间接通过大桥与北方各铁路干线连接,特大城市武汉也结束了被长江、汉水分割成三部分的局面。它成为湖北乃至全国交通运输事业发展史上标志性的成就。

考虑到当时的财力,国家对公路建设的总要求是,重视养护现存公路,依靠地方人力、物力和财力,修建满足建设需要的新公路。省委、省政府根据当时湖北公路实际状况,确定以改善现有通车干线为主,适当改进经济价值较大的县道,重点开发山区与老根据地的公路建设。“一五”期间,全省抢修原有公路 1600 余公里,修通随(县)洪(大洪山)、当(阳)远(安)、恩施至利川等山区干支公路 1500 余公里,修建木桥 412 座,共计 2998 米。1957 年夏,省委、省政府又专门组织两个考察团,步行 700 余里,考察了全省山区自然资源和交通状况,规划兴建鄂西北的南(漳)保(康)房(县)竹(山)和鄂西南的五(峰)鹤(峰)来

(凤)两条山区公路。

"千湖之省"的湖北,境内江河、湖泊众多,长江、汉江被誉为"黄金航道",具有发展航运的天然优势。"一五"期间,湖北航运建设的重点是整治内河航道,实施以建设武汉港为中心、带动其他港口建设的策略。1953年,国家投资建设武汉港,将其定位为华中枢纽港,发挥中心辐射和带动作用。1957年,武汉港年通货能力达130万吨,宜昌、沙市、黄石等地港口建设也获得较大进展。

航空建设方面,主要是对机场等航空基础设施进行适当改造和扩建。民用航空部门于1953年,对武昌南湖机场进行了一次较大规模的改造,其项目包括整修跑道、新修联络通道、停机坪和候机室等工程;1955年兴建航油库,增建远近归航台及中心发射台等通讯导航设施。1953年还开始动工对宜昌土门垭机场进行修复,并于1955年竣工开航,参与营运上海—南京—武汉—宜昌—重庆航线的过境班机。

第三节　统购统销与发展农业生产

一、实施主要农产品的统购统销

大规模经济建设的展开,特别是工业以及城镇和工矿区的发展、经济作物区农业人口的增加,使得商品粮食的供需矛盾日益突出。

1953年10月,中共中央在北京召开全国粮食会议,讨论实行农村征购、城市配售等方案。李先念在会上发言,结合中南局特别是湖北省的情况,分析引起当前粮食紧张的原因有四个:一是农民生活水平提高,粮食销量增加;二是粮食生产不足,缺口较大;三是私商套粮食,哄抬物价;四是中农余粮存储多,等待高价售出。10月16日,中央作出《关于粮食的计划收购与计划供应的决议》,决定在全国范围内有计划、有步骤地实行粮食计划收购(简称统购)和计划供应(简称统销)。11月23日,政务院发布《关于实行粮食的计划收购和计划供应的命令》和《粮食市场管理暂行办法》,规定:在农村向余粮户实行粮食计划收购;对城市居民和农村缺粮户实行粮食计划供应;由国家严格控制粮食市场,对私营粮食工商业进行严格管制,严禁私商自由经营粮食;在中央统一管理下,由中央和地方分工负责粮食管理。

根据中央决定,10月,省委发出指示,要求各地党委把购粮工作列为中心任务,号召全体党员和各级干部深入基层,把对粮食的统购统销作为极端迫切的经济任务和政治任务担当起来。从10下旬到11月上旬,在中共湖北省第三次代表会议上专门讨论统购中加强供应工作和市场管理,防止奸商投机破坏。会后,省政府制定粮食统购的具体规定,要求全省粮食统购面控制在占农村总户数的70%—75%,其中,贫农(包括新中农)售粮占总购粮数的50%—60%,中农(老中农)占30%—40%,富农占10%左右;每户售粮任务,根据人口、田亩、公粮负担等情况,由民主评议确定。

粮食统购统销工作任务重,时间急,干部没有经验,群众缺乏思想准备。为保证工作的顺利进行,省委在广泛开展思想发动和政策宣传的同时,加强统一领导与调度。省委建立粮食统购统销办公室,具体领导全省粮食购售和管理事宜;从省、地、县抽调上万名干部,经过培训后派往各地,指导实际工作;在农村,全面调查摸底,对多余粮食进行统一收购;在城市,设立粮食供应点、零售公司,组织起“划片定点,以点管户”的供应渠道;要求所有用粮行业,必须编造计划,报粮食公司审批,到指定地点购买,将购售工作纳入运转有序的轨道。

随着统购工作的开展,少数地区在政策的执行上一度出现偏差,主要是在对待富农和中农问题上有“左”的倾向。1953年12月7日,省委发出《关于全面做好粮食统购工作的指示》,指出:在粮食统购中,同富农囤粮不卖和抵抗破坏活动作坚决的斗争是完全必要的,但必须明确,今天仍是保护富农经济的政策,是限制富农经济的发展,而不是消灭富农经济。因此,同富农做斗争必须掌握分寸,对各地露出的过火苗头,必须防止和克服。指示还强调,决不准用对待富农的办法来对待中农。12月9日,中央充分肯定湖北省委的指示,在转发给各省的指示中强调:“在粮食统购中,不要笼统地提出向富农做斗争的口号,只宜对个别不老实、顽抗的旧富农进行必要的斗争，而且在处理上也不宜过严，以免影响到中农。”

与部分富农、中农瞒产相反，有些干部和积极分子为了完成购粮任务，本身缺粮，却带头卖粮，成了缺粮户，甚至有的贫农卖口粮。省委发出《关于认真做好粮食供应工作的指示》，要求采取措施，对粮食收购适当控制，防止出现透顶户（即因透支导致的缺粮户）。中南局将湖北省委的做法予以推广，在批示中指出：湖北省委“针对‘收购虚假现象’提出的几点措施，是在购粮工作的胜利基础上，进一步贯彻粮食统购统销政策、把粮食供应工作做好的重要关键”。次年 10 月，省委又作出《关于执行粮食“四留”政策的指示》，严格规定各地在收购粮食时，要量力而行，留足口粮，留足种子，留足饲料，留足机动，目前要特别注意纠正压低“四留”标准、收购“过头粮”的倾向。

在各级党委、政府的领导下，粮食统购统售工作进展顺利。到 1954 年 1 月中旬，全省购粮 140.7 万吨，超过统购计划的 8.2%；到 1954 年 3 月，全省统销粮食 78.9 万吨，购大于销，初步扭转了湖北地区粮食购销失衡的被动局面。

1954 年下半年，湖北遭受洪灾粮食减产，同时由于部分地区盲目追求征购数量，征了“过头粮”，导致 1955 年春发生粮食紧张的现象，影响到农业生产。为了稳定农民的情绪，鼓励增产粮食，并使粮食统销制度更加完善，中共中央于 1955 年 3 月发出《关于迅速布置粮食购销工作，安定农民生产情绪的紧急指示》，决定在全国范围内以乡为单位试行粮食定产、定购、定销（简称“三定”）。3 月 15 日，省委、省人委召开全省财经会议，研究实施“三定”政策的办法。会议确定，按各地常年产量（即一般年景的实产量）作为定产标准，合理安排定购任务，纠正过去重视统购而忽视统销的偏向。3 月 26 日，省人委将国家分配给湖北的粮食统购任务，分配到乡，规定：统购数不因增产而增加，如受灾可以报准减免；坚决实行“卖余粮”政策，该购的购足，不该购的坚决不购；对缺粮户、经济作物区和灾区农民，要保证粮食供应。4 月 1 日、2 日，省委又连续发出《关于贯彻“三定”政策中若干问题的通知》和《补充通知》。为使统购统销更加规范化，1955 年 9 月，省人委第七次会议通过《湖北省农村粮食统购统销实施细则》和《湖北省市镇粮食定量供应实施细则》,进一步规定:自1955年起,在正常情况下,定购指标三年不变,有灾照减,增产不增购;缺粮户的粮食供应,每年核定一次;农户和农业生产合作社粮食产量以常年产量为标准,采取上下结合、下评上定的方针核定。市镇居民按劳动差别、年龄大小及不同地区的粮食消费习惯,确定每月口粮定量标准。该细则成为全省粮食统购统销的执行标准。

1953年11月到1955年8月,湖北省还按中央统一部署,实行对油料和棉花、棉布、棉纱的统购统销。1953年11月,省委发出对油料实行统购统销的规定,规定油料在农村随粮征购,在城市由油脂公司负责统销,合作社和私商只能代购代销,不得自营;公私油厂只准进行加工,不得在市场上自由采购。1955年9月,省委批转省财经委对全省实行棉布计划供应的规定,规定凡是棉布及棉布制成品一律实行计划供应;土布大量行销的地区也实行计划供应;严禁私商自由贩运。与此同时,省委、省政府陆续实行对棉花、棉纱等品种统购、凭票供应制度。此后,又对生猪实行派购①,对烤烟、黄麻等10多种重要农副产品实行统一收购。这一系列规定,将主要农副产品全部纳入国家计划管理的范围内。

历史地看,实行粮食等主要农产品的统购统销,是我国工业化初创阶段必须采取的一项重大决策。在当时的历史条件下,这项政策不仅稳定了市场,在不高的水准上解决了全国人民经济生活中最重要的吃、穿问题,而且基本满足了初期工业建设对大宗粮食的需要。同时,统购统销和互助合作相互联系,作为对小农经济进行社会主义改造的两大战略措施,从根本上排除、代替了私营批发商在粮食、油料、棉花、纱布等重要物资方面的阵地,加强了国营经济与农民的联系,促使广大农民走上合作化的道路,也带动了对资本主义工商业的社会主义改造。当然也应看到,统购统销制度在客观上割断了农民历来同市场的联系,限制了商品

① 派购:是国家对某些重要农副产品采取的向农业生产者分派一定交售任务,实行有计划收购的政策。1955年首先从收购生猪开始实行。

生产的发展,这在当时的历史条件下是难以避免的。

二、推动农业生产发展

“一五”期间,省委、省政府高度重视农村工作,采取以下四项主要措施,推动农业生产。

一是开展爱国丰产运动。1953年3月中旬,省委召开全省第二次农村工作会议,号召贯彻落实中南行政委员会关于开展农业爱国丰产运动的10项措施,广泛开展爱国丰产运动。5月上旬,省委抽调干部组成4个工作组,分赴各地,督促和检查丰产运动的开展情况和领导抗旱救灾工作。1954年3月,省政府制定对农业丰产实行三级奖励制的规定。与此同时,省委、省政府围绕增产棉花、生猪、土特产和茶叶生产颁布了具体竞赛政策。

在党和政府的倡导下,爱国丰产运动以竞赛的形式广泛展开。除了全省范围的挑战、应战和地、县逐级挑战、应战连环赛外,县以下丰产竞赛内容更加丰富。从竞赛单位分,有组、社、户、农场的相互赛和交叉赛;从竞赛内容分,有单项作物增产、全面增产和某项工作的比赛;同时,竞赛与评比和奖励紧密联系。评比分比爱国、比领导、比互助、比增产、比技术。1956年10月,省委、省政府授予石首黄金乡、沔阳(现仙桃市)杨步乡红星农业生产合作社、鄂城石山乡华光第一农业生产合作社、蕲春新铺乡新生活农业生产合作社、浠水望城乡十月农业生产合作社、长阳赵家堰乡山峰农业生产合作社、谷城傅家乡百万富翁农林牧合作社和白果树乡东升农业生产合作社8个基层组织“农业增产模范”称号。

二是倡导农业技术革新运动。省委、省政府构建起省、地、县三级农业技术指导机构,辅以乡级技术推广站、技术传授网、劳模网和会计辅导网;大力推广新式农具,改进和提高耕作技术;扩大复种面积,充分合理地利用土地;加强对农业的经济扶植和生产资料的供应,推广良种。

1953年10月,全省计划会议提出,增施肥料,推广良种,提倡蓄秧荪和二季稻,进行密植,提高耕作技术,克服自然灾害,是提高农作物单位面积产量和总产量的重要途径,号召全省上下围绕以上内容开展技术革新活动。各地、市、县组织有丰富实践经验的农民和技术人员,成立农技科研小组,广泛开展品种改良、改进耕作制度、根治病虫害等技术攻关,着手在部分农田进行新技术、新品种的试验和推广。1955 年 1 月,省委召开全省地方工业会议,研究地方工业为农村经济服务的问题,要求全省地方工业必须大规模生产新式农具、农业机械、化肥、交通运输工具和杀虫药械等物美价廉的各类农用物资,支援农业生产的发展。1956 年 3 月,全省第一届工农业劳动模范代表大会通过《关于农业五项改革的倡议》。该倡议提出在全省范围内推广和普及农业“五改”活动,即改单季稻为双季稻,改籼稻为粳稻,改坡地为梯田或梯地,改旱地为水田或水浇地,改低产作物为高产作物。为配合“五改”活动、缓解增产与缺肥的矛盾,省委、省政府提出通过扩大绿肥种植来增加肥料生产。全省又普遍开展了“五有”建设,即牛有栏、猪有圈、农家有厕所、队队有粪窖、田边地角有粪凼。

农业技术改革活动提高了全省粮棉油等主要农产品的单产和总产。截至 1957 年底,全省农作物的复种指数由 1949 年的 144.7% 提高到 1957 年的 168%,双季稻由 50 万亩提高到 306 万亩。

三是开展农田水利基本建设。湖北水患频繁,极大制约和影响着全省农业生产。省委、省政府把农田水利基本建设当作一件“天大的事”来抓,确定“挡、蓄、排”的治水方针。

“挡”,指整固加高堤防;“排”,指疏浚湖泊河道。省委、省政府以江汉平原为重点,根据平原湖区的水系特点,制定了全面规划、分区治理的方案,采取修堤建闸,拒水入湖,整治河道,河湖分家和修建电力排灌站等措施。1955 年 12 月,开始实施对洪湖、长湖、三湖、白露湖进行综合治理的第一期工程。工程完成后,扩大良田百余万亩,提高数百万亩农田防抗旱涝灾害能力。同月,长江水利委员会制定《武汉附近湖泊区防洪排渍方案》,提出东西湖蓄洪垦殖工程的规划意见。工程分围堤、排灌和建设三部分,1957 年 11 月,省委、省政府组织湖北、河南两省 11 万多人参加工程建设。

“蓄”,指修建水库,主要在丘陵和山区展开。1953 年 3 月,湖北新中国成立后第一个中型水库麻城大坳水库修建竣工,1954 年全省第一座大型水库钟祥石门水库开始兴建。此后,湖北大中型水利建设的步伐明显加快。到 1954 年春,全省兴建大中型水利工程 400 多处,各种小型水利设施快速发展,累计完成 7.4 万余处。1957 年麻城明山水库开始兴建,坝基防渗采用连锁管柱先进技术,被列为国家重点示范工程。

引水灌溉工程是水利建设的重要内容。1953 年 5 月,南漳与宜城之间的长渠引水工程竣工,工程由渠首枢纽和渠道两大部分组成,渠道长 46.8 公里,灌溉面积 10.3 万亩,后经过扩建、挖潜和配套,形成长藤结瓜式的自流灌溉系统,灌溉面积扩大到 24 万亩,成为别具特色的水利灌溉系统。省委、省政府将其确定为示范工程,向全省推广,推进引水灌溉工程建设。

四是加大农垦力度。新中国成立初期,湖北可供开垦种植的荒山、荒湖与荒滩面积达 3000 多万亩。1953 年至 1957 年,全省结合水利建设,对各类可供耕种的荒地进行了大规模的开垦。1953 年 10 月,在京山成立全省第一个国营农场——五三农场。1955 年 2 月,省委、省政府召开全省第三届专县农场会议,把兴办企业性国营农场确定为发展壮大全民所有制农业经济、大面积开荒的主力军,要求通过兴办国营农场,发展商品生产,积累资金,培养干部,示范农民。

随着对江河湖泊治理工作的开展,省委把围湖建场纳入垦荒规划。1957 年 12 月,省委作出《关于开垦荒地和发展国营农场的决定(试行草案)》,决定建立草埠湖农场、总口农场、龙感湖农场和人民大垸农场等一大批湖区国营农场。

为弥补垦荒工作中湖北省劳力不足和解决河南省人多地少的矛盾,1957 年,湖北省与河南省协商,从河南省动员 14 万名青壮年农民来湖北从事农业生产,其中 3.2 万名青壮年被安置在国营农场当长期农业工人。

截至 1957 年底,全省共垦复荒地 253 万亩,其中,国营机耕农场和劳改农场开垦荒地 76 万亩,促进了全省农业的发展。

通过上述措施,湖北省农业生产在“一五”时期,除 1954 年因特大洪灾减产外,每年均以较大幅度增长。到 1957 年,全省农业总产值达到 32.07 亿元,比 1952 年增长 41.7%,5 年间平均每年递增 7.2%;较好地保证了工业化建设和人民生活的需要,促进了整个国民经济的健康发展。

第五章

过渡时期的政治建设和文化建设

在经济建设稳步前进的同时，湖北省委、省政府按照党在过渡时期总路线的要求，在完成人民代表普选工作的基础上，召开湖北省第一届人民代表大会和湖北省第一届政治协商会议，进一步加强党的建设，正式确立了湖北省人民代表大会制度和政治协商制度。文化、教育、卫生以及其他社会事业适应大规模经济建设的新形势，取得显著的成绩，为提高人民素质、推进国家发展和社会进步发挥着重要作用。

第一节　人民代表大会制度和政治协商制度的建立

一、第一届湖北省人民代表大会的筹备与召开

中国人民政治协商会议第一届全体会议通过的《中国人民政治协商会议共同纲领》规定："人民行使国家政权的机关为各级人民代表大会和各级人民政府。各级人民代表大会由人民用普选方法产生之。"

1953年1月，中央人民政府决定在当年用普选的办法产生人民代表以召开基层人民代表大会，并在此基础上逐级举行地方人民代表大会和全国人民代表大会。5月2日，省委、省政府成立由程坦任主任的湖北省选举委员会，决定抽调民主党派、人民团体和政府部门干部参加普选工作。随后，省选举委员会按照《中华人民共和国全国人民

代表大会及地方各级人民代表大会选举法》的规定,制定全省选举工作方案,主要是划分全省各级人民代表大会选区范围,公布代表名额及选举程序,规定选民资格审查和登记标准,为全省基层普选工作提供政策依据。

《选举法》规定以1953年6月30日24时为全国和各省人口调查登记的标准时间。准确的人口数字成为筹备和选举各级人民代表大会的重要前提。按照政务院的统一部署,湖北省采取集中登记、流动登记和挨组挨户登记三种方式进行新中国成立后第一次全省人口普查。集中登记,是主要方式,指在选区中心点设立登记站,选民到登记站进行登记;轮流登记和挨组挨户登记是辅助形式,适用于群众住处分散、不易集中的地区或因病不能到站登记的老年人、患病者。登记工作完成后,又进行了一次人口调查的复查和校正工作。

经过人口调查、复查和校正,湖北全省在标准时间的人口总数为2778.97万人,男性1433.17万人,女性1345.8万人,分别占全省总人口的51.6%和48.4%;全省共有43个民族,汉族人口占全省总人口的99.5%,土家族、苗族等少数民族人口占全省总人口的0.5%。

全省基层人民代表的选举分试点和普选两个阶段。1953年6月,全省开始在咸宁、阳新进行普选试点,之后又选择具有典型性、代表性的32个乡、镇扩大试点,11月试点工作基本结束,为全省大规模开展普选人民代表积累了必要的经验。1954年1月19日,省委、省政府决定从2月起分批启动基层普选工作,到4月中旬,全省普选全部完成,选出基层人民代表共341472人。在此基础上,全省召开乡、镇人民代表大会,选举出乡、镇人民政府和出席县、市人民代表大会的代表21135人。6月至7月,各市、县先后召开首届人民代表大会第一次会议,审查和讨论政府工作报告,选举省人民代表大会的代表。

基层普选和县、乡人民代表大会的召开为湖北省第一届人民代表大会的召开奠定了基础。到1954年7月,全省市、县产生出席湖北省首届人民代表大会的代表410名,代表中有中国共产党、各民主党派、各人民团体、机关、部队、工人、农民、文教、医疗卫生、科学技术、工商界及宗教界各方面的代表人物。代表大会还拟邀请各机关、各团体负责人和各界来宾200余人列席会议。

1954年8月9日至15日,湖北省第一届人民代表大会第一次会议在武昌举行。大会的中心议题是:遵照党在过渡时期总路线的精神和国家发展国民经济第一个五年计划的基本任务,审查湖北省人民政府过去的工作,确定今后的任务。

会上,刘子厚代表湖北省人民政府委员会作《关于1953年工作总结和1954年工作任务》的报告,张体学作《关于防汛与生产救灾工作》的报告;张旺午作《关于1953年预算执行情况和1954年预算编制情况》的报告。大会听取并讨论了陈一新《关于讨论中华人民共和国宪法草案》的大会发言,作出《关于拥护中华人民共和国宪法草案的决议》,号召全省人民认真学习讨论宪法草案,提高社会主义觉悟和管理国家的责任,以积极建设社会主义的实际行动迎接中国人民第一部宪法的诞生。

会议选举董必武、李先念、吴德峰、张体学、李四光、王树声等33人代表湖北省出席全国人民代表大会。①

鉴于第一届全国人民代表大会第一次会议即将召开,大会通过的《中华人民共和国宪法》将对各级人民政府的组成人选作出新的规定,湖北省第一届人民代表大会第一次会议决定省人民政府委员会组成人选暂不变动,推迟到省一届人大第二次会议选举产生。半年后,省一届人大第二次会议根据《中华人民共和国宪法》和《中华人民共和国各级人民代表大会和各级人民委员会组织法》的规定,将湖北省人民政府委员会改名为湖北省人民委员会(简称省人委),以无记名投票方式,选举刘子厚为省长,张体学、熊晋槐、刘济荪、李明灏、陈一新、聂国青、王海山为副省长。

湖北省第一届人民代表大会是全省人民政治生活中富有历史意义的重要事件,标志着人民代表大会制度作为根本政治制度在全省正式确立,湖北人民的民主生活和政权建设进入一个新阶段。

---

① 1954年8月,武汉市第一届人民代表大会第一次会议选举邓子恢、王任重等15人为第一届全国人民代表大会代表。

二、湖北省第一届政治协商会议的召开

随着人民代表大会制度的确立，各界人民代表会议协商委员会的职能和任务面临重大改变。

1953 年，中央批准《关于人民代表大会制实行后统一战线组织问题的意见》，指出：在实现人民代表大会制后，各界人民代表会议协商委员会不再代行其职权，政协应作为独立的统一战线组织而继续存在，其组成应具有广泛的代表性，既要保证共产党的领导，又要适当扩大团结面，把各民主阶级、民主党派、无党派民主人士、少数民族、华侨及其他爱国分子中必要的人吸收进来。

1955 年 2 月 7 日至 10 日，中国人民政治协商会议湖北省第一届委员会第一次全体会议在武昌举行。165 位代表委员出席会议，他们分别代表中共、民革、民盟、民进、农工、民建、无党派民主人士、青年团、工会、农民、妇联、民主青年、合作社、工商联、文联、自然科学团体、教育界、新闻出版界、医药卫生界、对外和平友好团体、社会救济团体、少数民族、华侨、宗教界以及特邀人士 25 个界别与方面。

会议的中心议题是审查湖北省各界人民代表会议协商委员会成立以来的工作，选举省政协新的组织机构人选。

会上，聂国青副主席作《湖北省各界人民代表会议协商委员会工作报告》。报告指出，省协商会议成立 4 年多来，代行人民代表大会职权，在组织和发动抗美援朝、土地改革、镇压反革命、恢复国民经济、“三反”“五反”等运动和完成全省第一个五年计划头两年的工作中，发挥了重要作用，基本完成了它承担的历史责任。下一阶段的基本任务是适应新形势，转变职能，在中国共产党的领导下，继续通过各民主党派、各人民团体的团结，更广泛地团结全省各族人民，共同努力，克服困难，为建设一个伟大的社会主义新湖北而奋斗。

会议传达了中国人民政协第二届全国委员会第一次全体会议的报告，通过了相关决议。会议期间，收到提案 84 件，经提案审查委员会审查后，提出提案审查报告，在大会上通过。

会议以无记名投票方式，选举产生政协湖北省第一届委员会，王任重为主席，胡金魁、周苍柏（无党派）、崔国翰（民盟）、何耀榜、李西屏

（民革）、涂云庵（无党派）、李步青（无党派）、耿伯钊（民革）、周杰（民盟）为副主席，谢威为秘书长。

2月10日，王任重致闭幕词。他强调，共产党员对加强和发展统一战线工作承担着特别重大的责任，要积极接受社会各界善意的批评，从善如流，达到团结一切力量的目的；政治协商会议在进行统一战线工作上负有重大的责任，要加强组织与机构建设；全体工作人员要大力加强学习与思想改造，以适应社会主义建设的需要；各项工作要以宪法作为衡量一切是非的准则，虚心听取批评意见，不断提高参政议政水平。

会后，政协湖北省第一届委员会常务委员会讨论了市、县政协组织的设立问题，决定原有的各界人民代表会议常务委员会一律撤销，分市、县两级成立政协地方组织。到年底，全省成立了5个市、19个县政协组织。

政协湖北省第一届委员会第一次全体会议的召开，标志着全省多党合作与统一战线的民主政治制度的不断完善与发展，为社会主义建设事业打下良好的政治基础。

第二节　加强党的建设和干部队伍建设

一、党组织的进一步发展

“一五”时期是新中国成立后湖北发展党员较多的时期。

1954年1月，省委发出《关于发展与巩固党的指示》，指出：全省目前共有党员8.31万人，支部7445个，但在国家经济建设和文化建设中担负重要责任的财经和文教机关，党员很少；在基本建设、交通运输、邮电、手工业工人及学校教职员中，还没有认真开展建党工作；农村中党员分布很不平衡，许多乡建立了政权，但没有建立党的支部组织。指示要求全省积极贯彻“在巩固的基础上发展，在发展中求巩固”的建党方针，在半年内发展党员2万人左右。

在农村中发展党员，是当时的发展重点。省委制定《关于1955年至1957年建党工作计划纲要（草案）》，提出围绕粮食统购统销、农业合作社等中心工作，吸收贫下中农和中农中的积极分子入党。该纲要提出要将全省党员数量增加到37万，其中，在农村发展新党员14万人左右。具体计划是：1955年发展4万，在80%的乡建立支部；1956年发展5万，在90%的乡建立支部；1957年发展5万，争取每个乡都建立支部。1955年11月，省委组织部发布《关于农村党的组织建设规划的意见》，要求到1957年底，全省农村党员由11.5万人发展到25万至27万人左右，即发展到占农村人口的1%—1.1%。

与此同时，随着大规模经济建设，特别是工业化建设的开展，省委强调要在技术部门和重要车间的技术工人、劳动模范中发展党员，全省厂矿企业党员数量获得较快增长。

从1954年到1956年，全省党员数量发展迅猛，特别是1956年，在社会主义改造高潮中发展党员11万余人，是新中国成立以来湖北发展党员数量最多的一年。到1957年底，全省共有党员41万人。

这一时期，从优秀党员中提拔新干部的工作也同步展开。1955年4月1日，省委制定《关于1955年至1957年三年干部工作规划纲要（草案）》，强调贯彻"认真挑选，严格审查，积极培养，大胆提拔，合理使用干部"的方针培养和提拔干部，要求在处级干部中，新干部要占50%；在县主要干部中，新干部要占80%；在省直属机关正科级干部中，新干部要达到70%。

随着党员数量的迅猛增加，出现质量不高和组织不纯等现象。1955年7月22日，省委批转《关于整顿与巩固党的农村基层组织的决议》，指出：湖北省党的农村基层组织建设，近几年来主要精力放在发展方面，在未进行认真系统整顿的农村基层组织中，处于落后状态的支部占20%左右，必须加强整顿。整党的主要内容是对党员进行共产主义、共产党的性质、党员八项标准以及党在过渡时期总路线、总任务的教育，对党员进行政治鉴定，改选支部，健全支部领导班子和各项组织制度。到1955年底，据结束整党的47个县统计，参加整党的党员为5.9万人，受到各种处分的有6633人，占参加整党党员人数的11.24%；其中开除党籍、取消候补党员资格和退党的共 2503 人,占参加人数的 4.24%。经过整党后,农村支部普遍得到加强,提高了战斗力,党群关系更加密切。

在扩大党员数量和整顿党组织的同时,省委还从三个方面提高党员队伍的整体素质。

一是加强党员干部理论学习。1953 年 6 月,根据中共中央统一部署,省委制定《关于执行中央〈关于 1953 年至 1954 年干部理论教育的指示〉的决定》,规定:高中级干部在 1953 年 7 月至 1954 年 12 月期间,学习《联共(布)党史简明教程》第 9 章至第 12 章和列宁、斯大林论社会主义经济建设部分著作,同时参考有关中国经济的文献;初级组学习《经济建设常识读本》。1955 年 1 月 26 日,根据中共中央《关于在干部和知识分子中组织宣传唯物主义、批判唯心主义思想的演讲工作的通知》精神,制订贯彻计划,提出通过系统学习和大规模的演讲活动,使党员干部获得辩证唯物主义和历史唯物主义的基础知识,了解资产阶级唯心主义思想的实质,提高在工作中分辨是非的能力。

二是加强党性原则教育。1954 年 2 月上旬,中共七届四中全会揭露和批判高岗、饶漱石的分裂活动,一致通过《关于增强党的团结的决议》。4 月 26 日至 5 月 26 日,省委召开中共湖北省第四次代表会议,要求全体党员,尤其是党的高级领导干部,提高维护党的团结的自觉性,同一切破坏党的团结、损害中央威信、妨碍中央统一领导的言论和行动作坚决斗争。各级党组织广泛开展了增强党的团结、加强党性原则的学习教育活动。

三是加强党员干部文化知识学习。1953 年 6 月,省委在鄂城(现鄂州市)建立省委党校附设干部文化学校。不久,将该校改名为省委鄂城干部文化学校,增设省委武昌干部文化学校,主要培训 35 岁以下的区委书记、区长及城市科级以上干部。1955 年 7 月,省委组织部、宣传部和教育厅联合召开全省干部文化教育会议,提出要按照“积极发展,稳步前进”的方针,加强干部的科学技术、专业技能知识的教育。在各级党委的组织领导下,广大党员干部通过轮训、补习、自学、讨论等方式,掀起学习政治理论、政策方针、经济建设知识和业务知识的热潮。

二、开展“新三反”运动

1953年1月5日,中共中央下达《关于反对官僚主义、反对命令主义和反对违法乱纪的指示》,要求各级领导机关结合整党、建党及其他工作,从处理人民来信入手,检查一次官僚主义、命令主义和违法乱纪分子的情况(简称“新三反”)。2月4日,省委根据中央的统一部署,发出《关于初步反官僚主义的布置》,要求通过年关整风与集训,检查不了解下情、不关心群众疾苦的官僚主义作风,检查干部的思想与工作作风,积极开展批评与自我批评,严肃处理打击报复现象与违法乱纪分子,正确接受与处理群众意见。

省直机关是运动的重点,大致经过了三个阶段。

第一阶段是学习文件,领会精神,统一思想,检查工作。2月10日和27日,省委副书记刘子厚分别在省直机关干部群众大会和县级以上干部大会上作《认真开展反对官僚主义、命令主义、违法乱纪的斗争》的动员报告,要求大家认真对待,积极参与,既要防止形式主义走过场,也要防止盲目斗争的情绪。

第二阶段是在检查工作与发现问题的基础上,积极改进领导方法,加强工作制度的建设。各单位针对揭露出来的文山主义、机械主义、分散主义、强迫命令、拖延推诿、大事小办、急事缓办等问题,剖析其根源和危害,研究、制订出一系列加强作风建设的措施,如加强工作的计划性;加强集体领导,分清权责;明确分工,实行奖惩制度;加强理论与业务学习,加强事业心与责任感教育;加强自上而下的检查,提倡自下而上的批评;定期总结工作与学习情况,肯定成绩,克服缺点;加强处理人民来信来访的工作。

第三阶段是组织工作组,深入基层了解情况,加强与人民群众的沟通联系,征求意见,进行整改。

“新三反”运动的实质是通过学习,开展批评与自我批评,进行全心全意为人民服务的宗旨教育。在省直部门的示范带动下,各专区、市、县、区、乡在集训干部的基础上,召开干部大会,领导带头检查。广大干部就自己或本地区、本部门工作中存在的官僚主义、命令主义及违法乱纪等问题,进行揭发、检讨或提出改进意见。同时,发动群众开展自下而上的揭发与批评。领导机关与基层单位、干部与群众、事务机构与服务对象根据“边整、边反、边防、边建”的原则,一起研究改进作风和完善制度的措施。“整”,指整顿领导机关和领导干部的作风;“反”,指处理人民来信来访和运动中揭露的案件;“防”,指加强对党员干部的教育,防止事件发生;“建”,指进行必要的规章制度建设。

运动后期,省直和各地党委树立了一批遵纪守法、全心全意为人民服务的典型,以“发扬正气,压倒邪气”。

到 1953 年 5 月,全省“新三反”运动基本结束。这次运动使广大党员干部受到一次党性党风教育,使土地改革、镇压反革命运动后干部中滋生的骄傲自满情绪和麻痹思想,不深入实际、不关心群众疾苦、不了解群众要求的官僚主义、命令主义和违法乱纪行为得到有效遏制,改善了党群和干群关系。在运动中,处理了少数有违法乱纪行为的干部,增强了干部、党员的纪律和法制观念。

三、开展审查干部工作

1953 年 11 月,中共中央作出《关于审查干部的决定》,要求在两三年内对全国干部进行一次细致的审查(简称审干),以纯洁干部队伍,解除有历史问题干部的思想包袱,调动广大干部的积极性,保证党在过渡时期总路线总任务的完成。

遵照中央的指示,湖北省委对全省干部状况进行分析,认为湖北的干部有的经过了长期革命斗争的考验,有的经过解放后各种社会改革运动的锻炼,基本上是纯洁的。但由于过去长期处于战争环境以及解放后忙于各种社会改革,加上干部调动频繁,还没有来得及对全部干部进行全面系统的审查,在老干部中尚有若干同志的历史问题未经审查或虽经审查尚无结论;在新干部中历史不清来历不明的人依然存在,甚至还有少数坏分子混入党和国家机关。因此,非常有必要对全省干部进行一次细致的审查,以便进一步了解党的干部队伍,清除混入党政机关内的一切反革命分子、阶级异己分子、蜕化堕落分子;同时多方面地了解和熟悉干部的思想品质、工作才能,也便于有计划地培养干部,正确地使用干部,保证国家建设任务的顺利进行。

1954 年 5 月 26 日，省委制定《关于执行中央审查干部决定的计划》，决定用 3 年时间对全省干部进行政治审查，列入审查范围的干部为 20.31 万人，列为审查对象的干部为 3.94 万人。

《计划》规定，审干采取先党内后党外、先领导骨干再一般干部、先要害部门再一般部门的步骤，主要从政治上进行审查，重点审查政治面貌不清、来历不明、重要关节上含糊不清的干部。《计划》强调审干工作不采取运动方式突击进行，既不要妨碍当前各项工作，也不要因为各项工作繁重而放松审干工作。

湖北审干工作分两个阶段进行。

第一个阶段为准备阶段。主要内容包括：按照政治上完全可靠、作风正派、具有一定工作能力的标准，挑选配备审干工作人员；在各级党委领导下，成立审干委员会或核心小组；举办培训班，从思想上、业务工作上提高审干专职人员的政治觉悟和业务水平；加强政策学习，掌握审干的方针、目的、要求、方法、步骤和相关知识等；集中、排列档案，除了采用各单位上交的现有档案外，还向有关组织、公安、人事及保卫等部门收集档案材料，了解原单位及有关负责人对被审查干部政治历史、思想、工作及其他情况的介绍。为慎重起见，1954 年 4 月，省委在省、地（市）两级及部分直属机关进行了审干试点，为展开审干工作积累了经验。

第二个阶段为铺开阶段。按照省委的审干计划，审干工作从 1954 年下半年全面铺开，省级机关用一年半时间完成，地、市级机关用一年时间完成；省、地审干工作完成后，再在县级机关展开，全部工作于 1956 年上半年结束。1954 年 6 月，全省审干工作刚刚展开，即遇到特大洪灾，大批干部投入防汛抗洪和救灾工作。1954 年 11 月 11 日，省委组织部发出《对于今冬明春审干工作安排的意见》，对工作进度作出调整，要求省级机关从 1955 年初正式开始，年底结束，地、市、县审干工作完成时间相应延后半年。

在运动全面展开后，省委强调做好调查研究这一基础性工作。各级审干委员会首先搜集分散在各地、各单位的干部档案材料，组织专门力量清理敌人的刑事档案，然后对已有材料进行细致审阅和查对分析，发现矛盾，摘录问题，提出审查与不审查的意见。在确定审查对象后，马上拟订调查计划，明确调查目的和做法，根据线索分布情况，按专案、专人负责的原则，组织力量进行，力求不偏不漏、确凿有据。

作出结论和予以处理，既是审查干部工作的最后环节，也是党的审干政策的具体体现。各地审干委员会的基本做法是先综合、甄别材料，进行系统的分析研究，展开集体讨论，统一认识，然后再由负责审查的同志，拟出结论草稿，经领导初审后与本人见面，查对问题的事实情节，尽量求得组织的认识与被审查者的认识相一致。如被审查者本人无异议，即按管理权限，报党委（党组）审查批准；如被审查者有分歧意见，则不硬性定案，在弄清情况后，根据问题的类型先在内部研究，然后省委适时召开会议，联合审批处理。1955 年 5 月，省委召开全省第五次组织工作会议，重点研究审干处理中的政策性问题。会议根据问题的性质和排查情况，将干部分为四类：第一类为完全无问题或虽有问题、但组织上有正式结论，且结论合情合理者；第二类为有些不重要的小问题或有若干疑点、据现有材料基本上可肯定为非政治问题者；第三类为政治历史不清、社会关系复杂、疑点较多，但尚不能肯定有无问题者；第四类为叛变自首或政治上有重大疑点者。会议针对不同性质问题，按政策作出结论，给予处理；对不需处分的要及时作出审查结论。

1955 年上半年，全国进行批斗“胡风反革命集团”[①] 的斗争。5 月 16 日、27 日和 6 月 11 日，《湖北日报》分三批转载“关于胡风反党、反革命集团的材料”。1955 年下半年，全国部署开展彻底肃清暗藏反革命分子的斗争（简称肃反）。11 月 17 日，省委作出《关于肃反运动中同时进行审查工作的几项决定》，提出把审干工作与反对所谓“胡风反革命集团”和肃反斗争结合进行。

到 1956 年 10 月，全省完成对县级以上骨干干部的审查工作，逐次转入对地、市直属机关和县级机关一般干部的审查。到 1957 年 12 月，审干工作基本结束。

---

① 1956 年底，全国被正式定名为“胡风反革命集团”分子的有 78 人，分别受到撤销职务、劳动教养、下放劳动等处理。1980 年 9 月，中共中央批转《关于“胡风反革命集团”案件的复查报告》，确认为是一件错案，予以平反。

据统计，全省有39416人被列为审查对象，占干部总数的19.4%；通过审查，写出调查报告和作出结论的共37893人，占审查对象的96.1%；有待作结论和保留问题的有1523人，占审查对象的3.9%；审查中受到各种处分的干部有1282人，占审查对象的3.3%。

从总的方面来看，在工业化建设初期进行的这次审查干部工作是必要的、慎重的、基本健康的，收到了纯洁各级党政机关、人民团体、财经文教等部门干部队伍的成效，并使各级领导机关更全面地了解干部的情况，为有计划地培养干部，正确地使用干部创造了必要的条件。

运动后期，审干工作同反对所谓"胡风反革命集团"和肃清暗藏的反革命分子斗争结合，出现了对干部的政治历史问题估计过分严重、确定审查范围过大的倾向，在干部处理中存在结论不当、定性偏高、处理偏重的偏差，致使一部分干部长期背上沉重的包袱，工作积极性受到抑制。

四、加强党的纪检监察工作

新中国成立后，特别是进入过渡时期以后，党的纪律检查工作不断得到加强。

1953年前，中共湖北省委纪律检查委员会是中共湖北省委的一个工作部门，纪委组成人员由上级党委任命，纪检工作专职人员少，多为兼职。1953年2月8日，省委作出《关于加强各级党委纪律检查委员会的工作与配备专职干部的指示》，要求按中央规定的编制要求，健全各级纪委机构，规定：6月中旬前，地、市委纪委专职干部配齐4—6人，县委纪委专职干部配齐2—3人。3月，原省纪委书记张体学任省委第一副书记，由彭天琦接任纪委书记。10月5日，省委下发《关于加强党在工矿企业中纪检工作的指示》，要求凡是有党委会组织的厂矿，均须建立纪律检查委员会，设立办事机构，配备专职干部。到1953年底，全省各级纪检办事机构单独设立，独立运作，配备专职干部共计300余人。其中，省纪委内设案件检查、案件审批、秘书3个职能工作组，有专职干部22人。各级纪委建立后，从查办案件和健全制度入手，开展专项工作，规定每两个月向省纪委报送一次综合报告，每月报送一次处分党员登记表。

1955 年 3 月，中国共产党全国代表会议通过《关于成立党的中央和地方各级监察委员会的决议》，决定成立监察委员会代替纪律检查委员会，其任务是经常检查和处理党员违反党章、党纪和国家法律、法令的案件。党员违反国家法律、法令的行为，除应依法由人民法院审理或由政府监察部门惩处外，应受党纪处分者由党的监察委员会负责处理。根据这一精神，1955 年 6 月，省委召开中共湖北省第五次代表会议，将省委纪律检查委员会改为中共湖北省委监察委员会（简称省监委），选举刘子厚为省监委书记，王玉珍、张明新、黄宏儒为省监委第一、第二、第三副书记。会议决定扩大省委监察委员会委员名额，改变以往纪委组织过于狭小，与繁重的纪检工作不相适应的状况。

会后，省监察委员会发出指示，明确党的监察委员会由党的代表大会或代表会议选举产生，报上一级党委批准；党委对同级监委负领导责任，定期讨论监委工作；监委委员列席同级党委全会；监委除继续负责查处违法案件外，还要对党组织和一切党员是否遵纪守法加强监督，以维护党的团结和统一，并有权直接向上一级党组织反映情况。

随着监委任务加重和职权扩大，机构和力量得到加强。省监委下设办公室、监察处、审理处，专职干部增加到 35 人。1955 年 12 月，全省 54 个市、专区和县建立了监委机构，专职干部共计 325 名。1956 年，省监委报经省委同意，在省直属机关党委、学校、企业中建立党的监委会，同时在 33 个厅、局和群众团体中配备兼职监察员。到 1956 年 12 月，全省成立各级监委 181 个，比上年增加 27 个；专职干部增至 622 名，比上年增加 297 人。

省监委成立后，系统总结新中国成立以来全省纪检工作经验，认为应该坚持遵循以下原则：（一）保持党在思想上、组织上的纯洁，必须同资产阶级思想与行为进行长期的、持续的斗争；（二）纪检工作必须紧密结合党的中心工作，积极争取各级党委的领导和支持；（三）必须由监委、检察院、法院等部门派人参加，组成专门性质的联合检查组，充分发挥监委的综合效能；（四）必须严格查处各种违纪案件，定期分析研究党员干部的思想作风；（五）必须有计划地选择典型案件，进行深刻剖析，系统地在报纸刊物上予以公布，并组织讨论与批判活动。

1956 年 1 月下旬至 2 月上旬，全省第一次监察工作会议在武汉召开。会议检查了半年来的监察工作，认为存在跟不上中心工作的发展、孤立办案、集体领导制度贯彻执行差、工作作风拖拉、办案效率低等问题，提出加强监察工作规划，增强监察工作的责任感，加强监察工作的组织建设。会议研究制订了省监察委员会《1956—1957 年监察工作规划（草案）》。2 月 9 日，省委批转省监委《关于第一次全省监察工作会议情况的报告和省监委关于 1956—1957 年党的监察工作规划》，要求各地在第一季度内，完成传达、贯彻全国和全省监察工作会议精神的工作。在各级监察部门的努力下，监察工作实行计划办案，不断提高办案质量与水平。

过渡时期，全省纪检监察工作结合“新三反”运动、审查干部、肃反运动、统购统销和社会主义改造、农村合作化运动全面展开，初步建立了党内监察制度，通过加大查处各类案件，纯洁了党的组织，净化了党内风气。据不完全统计，仅 1950 年到 1955 年，全省纪委通过查处各类违纪案件，共处分党员干部 8378 人，其中开除党籍 2169 人。

第三节　科教文卫事业的发展

一、教育事业的整顿和发展

“一五”计划期间，湖北教育事业执行“整顿巩固、重点发展、提高质量、稳步前进”的文教工作方针，积极整合全省教育资源，得以迅速发展。

调整湖北高等院校。第一次调整从 1953 年 7 月到 12 月。调整的原则和目的是使高等教育适应国家各项建设的需要，特别是适应国民经济恢复后即将到来的大规模经济建设的需要，以培养工业建设人才和师资为重点，彻底改变旧湖北高等院校畸形的学科结构和高等教育在全省不合理的分布结构。重点是整合高校资源，减少重复设置，加强综合大学教学力量。这次调整以武汉为中心，全面整合中南地区教育资源。到

1953 年 12 月，经过保留、合并，湖北有武汉大学、华中工学院、武汉河运学院（由原中南交通学校改名）、中南同济医学院、中南财经学院、中南政法学院、华中农学院、湖北医学院、华中师范学院、中南美术专科学校、中南音乐专科学校 11 所高等院校。在院校裁并的同时，高校内部科系（专业）的设置也实施了全面调整。全省高校科系由 1952 年的 64 个增加到 75 个，减少了重复的文理科，使工科专业设置趋于合理，适当增加了财经、政法等专业。

第二次调整从 1955 年到 1957 年，重点是为适应国家培养专业人才的需要，加强专业院校的建设和力量的配置。到 1957 年 12 月，湖北高等院校在原来基础上，新增武汉水利学院、武汉测量制图学院、中南民族学院、武汉医学院、武汉艺术师范学院、武汉体育学院、湖北师范专科学校、武汉体育师范专科学校，高校总数达 19 所。

经过两次调整，湖北高等教育的优势地位得到进一步加强，形成文理综合性、工科、师范、农林、医学、财经、政法、体育、艺术等学科门类齐全的高等教育体系，学科综合优势相当明显。湖北高校数量位居全国第三位，从而奠定了湖北成为全国高等教育大省的地位。

加强中等师范教育。1953 年 4 月，省教育厅召开第一次全省师范工作会议，强调师范教育是教育的“重工业”，是“工作母机”，要求面向小学，积极发展中等师范教育。1956 年 5 月，教育部公布《师范学校规程》和《师范附属小学条例》。8 月，省教育厅下达《关于试行〈师范学校规程〉的指示》，要求深入贯彻师范学校规程，面向小学办好中等师范。指示具体划分了各师范学校的服务区域，确定省实验师范和黄冈、孝感、江陵、襄阳、宜昌、恩施 7 所师范学校作为贯彻《师范学校规程》的重点学校。

1956 年 6 月，省教育厅针对部分初中毕业生不愿报考中师的情况，决定选录 5% 的优秀初中毕业生上中师，准许学历未达到初中毕业的小学教师报考中师。随后，省教育厅颁布师范学校学生学籍管理办法、学生成绩考查暂行办法、学生操作成绩考核办法、学生奖励处分办法和师范学校班主任暂行简则等一系列的规定，转发江陵师范关于《师范生实习与实习成绩评定办法》，强调把加强学生思想政治教育、专业学习和严格管理结合起来，从规章制度上保证培养目标的实现。到1956年底，全省新建中师5所，新建初等师范11所。“一五”计划期末，全省的师范学校发展到38所，其中，中师17所、初师21所，在校学生达15218人。

调整、巩固中小学基础教育。1953年4月，湖北省教育工作会议在武汉召开，着重讨论整顿中小学校的问题。6月，省教育厅拟定《湖北省中等学校一九五三年度调整及发展计划（草案）》，确定中小学教育有计划地进行调整、重点发展高中教育、适当发展初中教育的工作方案。随即，省教育厅组织力量到黄陂县（现武汉市黄陂区）进行调整试点，然后在全省中小学普遍开展以查清校舍、班数、教职员工和教学设备为重点的整顿与巩固工作。11月3日，省委向中南局、中共中央呈送《关于乡村小学实行民办公助问题的报告》，认为采用“民办公助”的方式办小学，既有利于发挥群众办学的积极性，帮助政府解决校舍、校具奇缺的困难，又能将小学置于政府领导和群众监督之下，提高教学质量。11月18日，中南局批示同意：从11月下旬开始，湖北省部分乡村小学开始推行民办公助的办学方式。这次清查调整，为全省中小学基础教育事业健康发展创造了条件。

在办好高、中、小学国民教育的同时，省委、省政府还十分保护和倡导工农劳动大众受教育的权利，大力开展工农业余教育和在职干部的业余文化教育，尤其是抓紧在干部、工人、农民、市民中开展扫除文盲活动。

各教育事业在发展中大力贯彻为工农开门的政策，招生时，军烈属、产业工人及贫下中农子女，凡考试成绩相当或相近者，优先予以录取；将其中一部分各方面表现优良的青年，免试保送进中等师范和农业技术学校进行培养；学校的人民助学金和学杂费减免名额对工农子女倾斜。

二、文化艺术的初步繁荣

中国人民政治协商会议第一届全体会议开幕时，毛泽东曾预言：“随着经济建设的高潮的到来，不可避免地将要出现一个文化建设的高潮。”[①] 这一时期，湖北文化艺术如期呈现了初步繁荣的景象，主要表现在：

一是健全机构，培养人才。全省文化馆（站）以纠正“局守小镇，关门办馆，脱离中心，脱离群众”和“形式主义”偏向为内容，进行整顿工作。全省成立了104所县文化馆、302个区（镇）文化站所，发展农村业余剧团9000余个，培训文化行政、各类专业干部和群众业余文化艺术活动骨干近6000名。武汉、黄石、沙市等城市文化馆还组织了为数众多的职工业余合唱队、弦乐队、舞蹈队、戏曲队、曲艺队、文艺小组等。1955年，随着全省农业生产合作社的普遍建立，各种形式的农村合作社文艺俱乐部在农村业余剧团的基础上普遍发展起来。到1956年，全省基本形成省、市、县、区（镇）四级群众文化事业体系。

1956年1月25日至2月2日，湖北省文化局在武汉召开全省文化工作会议，参加会议的代表有368人。会议按照中央提出的“全面规划，加强领导，又多、又快、又好、又省”的工作方针，制定了全省文化工作规划和任务，即：大力发展农村的艺术创作，加强创作中的思想性；在全省大力组建文化网、俱乐部网、电影幻灯放映网、图书报刊发行网、有线和无线广播网、图书馆网、艺术表演团体网、文化馆（站）网，开展丰富多彩的群众文化活动。到“一五”期末，全省发展农村俱乐部超过10万个，农村电影放映队达400个，业余文艺创作小组每乡1个，安装喇叭10万个。

二是改革戏曲，推陈出新。1953年1月，湖北省成立戏曲改进委员会，从“流行易改”的剧目入手，对传统剧目分批审定、整理和改编，到1954年，挖掘整理传统剧目472个，第一批审定通过的楚剧、汉剧、荆州花鼓戏、黄梅戏等剧目有54个。与此同时，文化部门采取“加强管理，积极扶植，稳步发展”的工作方针，组建民营公助性质的剧团。1955年，孝感专区试行对民间职业剧团进行登记、改制，省文化局在全省范围内推广这一做法，将大量聚散无定、归属不明的戏曲剧团，划归到省、专

① 毛泽东：《中国人从此站立起来了》（1949年9月21日），《毛泽东文集》第五卷，人民出版社1996年版，第345页。

(市)、县三级文化部门领导下,形成国营、民营公助、民间职业三种类型和全民、集体两种所有制的体制结构。

在基本理顺机构和体制后,湖北文化部门从 1956 年开始以组织观摩、推广重点剧目和推广改革经验为重点,开展“推陈出新”活动,一大批创作、改编的歌剧、话剧和经过整理的传统戏曲剧目,在质量上有了很大提高。1956 年 11 月,湖北省第一届戏曲观摩演出大会在武汉举行,盛况空前。文化部、中国剧协、中国戏曲研究院、中国京剧院和北京市群艺馆以及陕西、广东、安徽、江西、四川等 10 个省派出观摩团。演出大会持续 36 天,参演节目 129 个,演出 39 场。湖北省直剧团和 7 个专区组成代表团参加表演,代表 29 个流派。参演的艺人年龄最大的有 76 岁,最小的 13 岁。京剧、汉剧、楚剧著名演员高百岁、陈伯华、沈云陔等作了精彩演出。大会奖励了 69 名老艺人和一大批继承与发展民族戏曲遗产的有功人员,展示了湖北戏曲改革的成果。

三是放映电影,服务中心工作。湖北在“一五”期间投资近 400 万元,培训电影放映专业人才,添置放映设备,建设放映场所。1955 年,湖北省电影学校成立,成为专门培训各类电影专业人才的基地。这一时期,农村放映队发展迅猛。到 1957 年,全省城市电影院由 1950 年的 15 所增加到 41 所,农村电影队由 1 个增加到 456 个。

当时电影放映工作的重要特点之一是配合中心工作或运动。为声援抗美援朝,湖北省组织赴朝慰问团,放映《南征北战》《一定要把淮河修好》等影片 200 余场;为宣传《婚姻法》,发行放映《女儿亲事》《两家春》《女司机》《金银滩》等影片;为宣传过渡时期总路线,发行放映《伟大的土地改革》《农业生产合作社》等一大批优秀影片。1954 年 12 月,遵照文化部《关于加强电影放映与发行工作的指示》,湖北加强了新闻纪录片、科教片的制作、发行和放映。

四是鼓励创作,百花齐放。省委坚持“百花齐放、百家争鸣”的方针,号召与组织作家深入生活,下厂下乡,参加各项社会实践活动,向工农兵学习,积极改造世界观,创作了大量讴歌新时代、表现革命斗争、反映劳动人民火热生活的优秀作品。小说方面,创作了《我爱松花江》《红花朵朵》和《和平保卫者》《长白山上的自卫队》等长、中篇小说;诗歌方面,创作了《百鸟衣》《从五指山到天山》等作品。此外,在报告文学、散文等方面,也创作出大量反映工人阶级当家做主后改造河山的英雄气概的优秀作品。1956年4月20日至29日,湖北省文学艺术工作者第二次代表大会在武昌召开,参加会议的代表400余人。会议选举于黑丁为湖北省文联主席,号召广大文艺工作者深入生活,充分利用社会主义建设高潮给文学艺术创作提供的丰富源泉,创作更多人民群众喜闻乐见的文艺作品。

国画艺术摆脱“国画不科学”的虚无主义和“国画不能反映现实”的保守主义思想束缚,创作出《婆媳上冬学》等一批时代气息浓厚、充满活力的作品。杂技艺术纠正了把继承民族民间传统艺术与创造新文艺对立起来的偏向,在改革中突破。一大批具有湖北特色的汉绣、木雕、微雕、剪纸、泥塑等民间艺术,得到保护与挖掘。

五是新闻出版事业快速发展。1953年4月25日,省委发出《关于建立湖北人民广播电台及加强城乡收音网工作的指示》,决定建立省委领导下的湖北人民广播电台,职责是宣传党的政策法令、指示和决定,交流工作经验,指导各地工作,积极宣传国家经济建设,为发展工农业生产服务。5月1日,湖北人民广播电台正式开播,受到社会各界的热烈欢迎与拥护。1954年9月1日,中南人民出版社和中南人民文学艺术出版社合并,组建湖北人民出版社。该社以出版马克思列宁主义理论以及政法、文教、科技、历史、财经、文学艺术、画册等方面的书籍为主,积极配合总路线和省委中心工作,完成宣传、出版任务。

六是考古事业获得重大突破。1954年夏,在黄陂县叶店发现商代中期城市——盘龙城遗址。盘龙城遗址的发现,对于了解商代文化的分布、城市性质、宫殿形制和建筑工艺等均有重要意义。遗址被国务院列为全国重点文物保护单位。1955年2月,在京山县屈家岭发现一种新石器时代的文化遗存,广泛分布于长江中游,主要集中于湖北省境内,以在京山屈家岭发现最早,文博部门将其正式定名为屈家岭文化。1956年4月,在长阳下钟家湾村龙洞中,发现华中地区旧石器时代中期的人类化石,属早期智人,定名为长阳人。共生的动物化石有豪猪、竹鼠、古豺、大熊猫等近10种,地质时代为晚更新世早期。1956年6月,在黄石市市郊东乡、铁山矿区、王家坳、鹳老庙发现古文化遗址 7 处，采集到的古代生产工具，有磨光精致的石奔、石锥、陶纺轮、陶网坠，生活用品有陶盘、陶鼎、陶鬲、陶杯等，时代为公元前 3000 年左右的新石器时期，为研究我国长江中游南岸新石器时期文化的分布提供了珍贵的资料。

三、卫生事业的新发展

过渡时期，湖北通过广泛开展群众性爱国卫生运动，加强公共卫生体系的建设与管理，使全省医疗卫生事业获得较快的发展。特别是积极贯彻落实中共中央关于“以预防为主”的方针，有计划地开展卫生防疫和针对传染性疾病的防治工作，取得新的成就。

1953 年 2 月 27 日至 3 月 13 日，湖北省第三届卫生会议在武汉召开。出席会议的代表 258 人。会议确定 1953 年全省卫生系统的主要任务是进一步开展爱国卫生运动，继续改善环境卫生、扑灭病媒动物和加大各级卫生院的建设力度，为全省卫生医疗事业再上一个新台阶而努力。会后，全省一方面大力整顿充实城乡已有医疗卫生机构，把大部分县卫生院改为县人民医院；另一方面有计划地建立与发展各级卫生防疫站和妇幼保健机构，加强预防保健工作。1954 年，省政府决定建立省卫生防疫站，作为全省公共卫生和传染病、地方病、寄生虫病、职业病、结核病及皮肤病的防治技术指导中心。接着，沙市、宜昌、黄石、武汉 4 市分别建立卫生防疫站，各县及大型厂矿企业的卫生防疫机构也陆续设立。经过努力，逐渐建立和健全了纵括省地市县、横及各行各业的卫生防疫网。

全省卫生防疫机构贯彻“以预防为主”的方针，掀起广泛的爱国卫生运动。主要内容和措施包括：（一）加强对传染病、寄生虫病、地方病等各种疾病的防治与管理；（二）广泛开展预防接种，实施计划免疫，使主要传染病得以消灭或控制；（三）开展职业病调查和防治，对含毒、含尘作业环境进行治理，高度重视劳动卫生条件的改善；（四）大力改善环境卫生；（五）加强对食品卫生的检查与监督，杜绝“病从口入”的感染途径；（六）大力兴建自来水厂，改善居民饮水卫生条件；（七）以青少年为重点对象，开展卫生防病知识宣传、视力保护、健康检查和生长发育调查，增强青少年体质。

1954年，全省遭受特大洪涝灾害，给灾区人民身体健康带来严重威胁。受灾地区普遍住房拥挤，环境、水源受到严重污染；灾民营养缺乏，抗病能力减弱；抗灾第一线，人口密度高，劳动强度大，这些因素可能造成传染病暴发流行。省委、省政府发出指示，要求大力开展以“清理环境，净化水源”为中心的群众性爱国卫生防疫运动，并在防汛救灾紧急会议上进行了周密部署。省卫生厅专门成立灾区工作委员会，由厅长栗秀真任主任委员，省直属卫生单位和医学院校主要领导16人为委员，下设6个业务工作组，进行疫病的监测与指导；卫生系统组织上万余名医务人员深入灾区开展防病治病工作；省政府和各级政府拨出数百万元，购买药品器械，发往灾区。深入一线的医疗队员围绕着灾民的吃、喝、拉问题，教导群众注意饮食卫生，不吃病死畜禽和腐败变质食物，不喝生水；为灾民进行饮水消毒，开挖临时厕所；对蚊蝇滋生地喷洒杀虫剂。灾区政府与卫生部门、专业医务工作者与广大群众紧密配合，通过开展爱国卫生运动，清理环境，净化水源，有效地控制了灾后疫情的发生，使当年各种传染性疾病的发病率基本与常年持平，改变了历史上大灾之后必有瘟疫流行的现象。

血吸虫病是一种严重危害人民健康的寄生虫病，中国南方13个省市区有血吸虫病，湖北是重灾区之一。在全省大部分江河湖泊、水网湿地广为传播，流行范围达44个县、市，约250万亩农田有钉螺，50万人患有血吸虫病。防治血吸虫成为卫生防疫工作的重点领域。1950年至1953年，省卫生部门采取一系列的措施，在黄陂开办治疗血吸虫病试点，选择一些地县进行灭螺试验，对监利等32个县疫情进行普查，组织专门人员对钉螺生态规律进行研究，为大规模开展防治工作积累了初步的经验。

1954年，湖北省成立血吸虫病防治委员会，掀起防治血吸虫病的高潮。各级政府克服经费紧缺的困难，从卫生事业费和地方财政补助费中拨出数额较大的专款，免费治疗病人，免费供应医疗器械和灭螺药品。水利部门结合农田水利建设和工程建设，大面积地消灭钉螺。农业部门在血吸虫病疫区改革耕作制度，推广水田改旱田，改种旱作物。化工医药、商业部门研制、生产、供销各种防治药品，满足疫区防治需要。1955年12月，省委发出《关于彻底消灭血吸虫病的指示》，动员一切力量限期消灭血吸虫病。1956年1月上旬，省人委作出7年内消灭全省血吸虫病的规划。随后，省人委发出《关于结合兴修水利、生产积肥、开展"两灭"（灭钉螺、灭苍蝇）活动的通知》。1956年5月，毛泽东主席到湖北视察，询问全省血吸虫病的防治情况，指示要想办法尽快将其消灭，保证人民群众身体健康。全省各级党委成立防治血吸虫病领导小组，由党委主要负责人任组长，各级人民政府在疫区建立防治委员会，在非血吸虫病流行区成立除害灭病领导小组，按照"结合生产，动员群众，全面预防，重点治疗，控制发展"的原则指导防治工作。广大群众结合农田水利基本建设，掀起防治血吸虫病的高潮。专业技术人员全面跟踪血吸虫病传播各个环节，抓住重点，指导消灭钉螺、查病治病、管理水源和粪便及安全防护，使群众性的防治血吸虫病与科学技术结合起来，加快消灭血吸虫病的步伐。据统计，全省卫生部门参与防治的技术人员达2118人，不脱产的卫生员达5万余人，共普查517万余人、查钉螺400余万亩。经过努力，湖北历史上为害甚烈的血吸虫病得到有效控制。与此同时，随着接种技术的普及，1954年全省消灭天花，其他影响人民身体健康的传染性疾病如疟疾、钩虫病、丝虫病、百日咳、白喉、破伤风等，发病率呈现不断下降趋势。

中医事业是中华民族的医学瑰宝。1954年12月10日至17日，湖北省第一届中医代表会议在武昌召开，要求搞好中西医的团结，健全中医的领导和管理机构，有效改进中医工作，继承、发扬祖国医学遗产。会议号召中医工作者积极贡献自己的秘方、验方，为整理、研究中医学术并使其科学化而努力。1955年3月，省人委发出《关于认真贯彻中医政策的指示》，颁布了七项措施：（一）贯彻和落实中央"团结中西医"的指导方针；（二）积极扶持中医医疗机构开业；（三）各行各业大力支持和配合中药的生产、供应和销售；（四）凡参加公立医疗机构工作的中医，与西医同等待遇、按劳取酬；（五）改进省中医进修学校的工作；（六）组织与安排西医学习中医学术，吸收中医参加医院医疗工作，公费医疗中运用中医中药等项工作；（七）加强对中医工作的领导。此后，全省各大综合医院相继设立中医科、中药房,吸收大批中医药人员参加医院工作。中医事业发展较快,特别是在中西医结合方面,开展中西医相互补充、相互结合的学习活动,从理论和实践两方面进行探索。

“一五”时期,湖北的医疗卫生事业建设获得新发展。截至1957年,国家对湖北全民所有制卫生事业单位的固定资产投资达5248万元,全民所有制各类卫生机构达1688所,各类卫生技术人员达2万人;集体所有制性质的联合诊所,发展到5533所,各类卫生技术人员达3.3万余人;个体诊所发展到1145所。全省建立起较为完善的医疗卫生体系和公共卫生防疫网络。由于对疫病的积极防治和城乡人民生活条件的逐步改善,湖北人平均死亡率大为降低,从1949年的20‰降低到1957年的10.8‰左右。

第六章

战胜 1954 年特大洪水灾害

1954 年夏秋，在中央和全国人民的支持下，湖北省委组织领导 130 余万防汛大军，发扬“英勇顽强、奋不顾身、人在堤在、水涨堤高”的战斗精神，战胜了近百年水文记录以来的特大洪水，取得了确保荆江两岸广大人民生命财产安全和武汉等中心城市安全的伟大胜利，在湖北防汛斗争史上谱写了辉煌的篇章。

第一节　紧急动员和部署抗洪防汛工作

一、加强对抗洪防汛工作的领导

1954 年长江流域气候反常。北方南下的冷气流与南来的暖湿气流反复持久地交绥，造成全流域大面积暴雨。雨区范围之广，雨量强度之大，持续时间之长，均为有水文记录以来的历史最高纪录。

从 4 月开始，湖北地区即为主要雨区，月雨量达 400—500 毫米，为历年同期平均雨量的 2—3 倍。进入 6 月后，整个长江流域，尤其是湖北省宜昌以东、鄂东山地和清江以及上游地区发生强降雨，干支流同时暴发洪水。湖北境内 74 个监测站中，月降雨量超过 500 毫米的有 30 个，长江监利以下江段均达到或超过警戒水位。

针对雨量大、来洪早、水位高、持续长的特点，湖北省委、省政府早动手、早部署，开始了各项准备工作。

首先是建立健全全省抗洪防汛指挥系统。5月3日至16日，省政府在武汉召开全省水利会议，出席会议的代表有140余人。会议要求尽快建立健全省、地、县、区、乡五级防汛防旱指挥体系，规定：专、县、区的防汛防旱组织机构在5月底以前必须建立起来，乡级防汛机构在6月15日之前要组织好；地跨两县以上的河流，要成立流域性的防汛联合组织机构，分段负责，共同防守；在战线防守上以干堤为主，同时兼顾支堤，积极进行器材准备工作；上述所有准备，必须在6月15日之前完成。会后，湖北省防汛防旱联合指挥部由省委第一副书记、省政府副主席张体学任指挥长，何定华、任爱生、程敦秀、夏世厚等任副指挥长，漆少川任省防汛办公室主任，蔡光耀任副主任，积极着手展开汛前检查、物资准备、民工组织等工作。

武汉市和荆州地区是全省汛情最重的地区。武汉将原来成立的防汛指挥部，扩大为防汛总指挥部，由市委第一书记王任重任总指挥，建立汉口第一、二、三、四、武昌、汉阳、水上7个分指挥所；总指挥部按照分工，划分为组织、材料、工程、财务、生产救灾、排水等办公室，不久又根据汛情，增设汉口第五指挥部、陈家山采土指挥部、市内土场指挥部、采石指挥部和总指挥部抢险总队、防浪工程处、交通运输处、卫生处、生活物资供应处、保卫处、滠口运输办事处和后方办事处等组织机构。荆州与毗邻的湖南常德以及长江中游工程局共同组成荆江防汛分洪总指挥部，并在加强江陵、监利、公安、石首、沔阳、洪湖、松滋沿江7县县、区指挥部的基础上，成立石首江北（人民大垸）指挥部、荆江分洪区南线指挥部。

与此同时，全省各地，特别是沿江、滨湖的宜昌、黄冈、孝感、咸宁和黄石等地、市都相继成立了防汛抗洪的专门指挥组织机构，形成了从省到县上下一致、统一协调、机动便捷的指挥系统。

其次是确定抗洪防汛方针。中央十分关注湖北的抗洪防汛工作，指定国务院副总理、国家防汛总指挥邓子恢负责指导湖北防汛斗争，下达确保重点的指示，要求“对于灾害严重的河流，为了防御更大的洪水，应该有计划地减少灾害，努力防止各大江河严重溃口改道”。6月23日，中央下达紧急指示,要求湖北省“竭尽全力,抢救危关”,“可以有 1931 年的洪水,不许有 1931 年的武汉”。根据中央指示精神,省委、省政府反复研究和权衡,认为:如果在全省长达数千公里的长江和汉江干堤上,不分主次地防守,势必分散力量,一旦主要堤段溃口,可能造成无法弥补的巨大灾害,甚至出现河流改道的极端灾害,将严重影响全省乃至全国的经济建设;决定将荆江大堤、汉北大堤和武汉、黄石两大中心城市的江堤作为确保堤段。

再次是做好抗洪防汛的物资准备。在防汛指挥部门的统一指挥下,各地区、各部门、群团组织和专业救灾队伍行动起来,对粮食、蔬菜、药品、救生物品、运输工具、通信器材和建筑物品实行统一调配、运输、储存。政府还从广东、四川、河南等省调运大批大米、蔬菜,保证武汉等中心城市和防汛大军的供应。沿江滨湖各县发动群众,组织防汛大军,以乡为中队,在农业生产合作社、互助组的基础上编成防汛分队或基层班。截至洪峰到来之前,沿江各县共准备岗柴 175 万多公斤、皮篙 27874 根、木桩 87362 根、麻袋 11.3 万条、草包 7.5 万多个。

在预备防汛物资的同时,沿江各县针对检查出的大堤隐患,突击加固培高。据不完全统计,江陵县完成土方 48880 立方米,监利县完成土方 5583 立方米,松滋县完成土方 13200 立方米,石首县完成土方 31626 立方米,荆江大堤完成预备土土方 26478 立方米。

这些有效的准备工作与紧急应对措施,为迎战即将到来的洪峰打下了良好基础。

二、确定抗洪防汛为全省工作中心

持续暴雨导致长江、汉江及其支流水位迅速上涨,淹没大批农田。湖北省 72 个县中,有 61 个县遭灾,其中 31 个为重灾县;受灾耕地面积达 2270 万亩,其中重灾耕地占受灾耕地的 92.5%,受灾人口接近 1000 万人。

鉴于日益严峻的防汛形势,省委、省政府把抗洪斗争放在越来越紧要的位置。

5 月下旬,省委、省政府发布《关于防洪排渍防汛抢险的紧急指示》,提出防洪排涝、防汛抢险为压倒一切的紧急战斗任务。6 月 16 日,省委召开紧急会议，研究排渍救灾、防汛和抗旱工作，号召全体党员和群众紧急动员起来，因地因时制宜，能排渍的排渍，能抢救的抢救，能补种什么就补种什么；不放松一切机会，想办法帮助群众恢复生产，解决群众耕牛、农具、种子等困难。省委决定：重灾区停止夏征和小麦统购；各地商业、合作部门立即组织力量，深入灾区收购当地土特产，及时发放救济粮款，保证衣食无着的严重受灾户及时得到救济；卫生部门组织医疗队，深入灾区，进行防疫工作。会后，张体学、许道琦、王良等省委领导分头下乡领导排溃救灾工作。

6月25日，武汉关水位突破26.3米警戒水位，比洪水泛滥的1931年同期水位高出两米。26日至30日，省委、省政府召开第二次防汛救灾紧急会议，张体学作《紧急动员起来，为胜利完成当前防汛、救灾的严重任务而奋斗》的报告。会议确定防汛救灾为全省压倒一切的中心工作。会后，湖北省委和武汉市委分别发表“为战胜洪水确保安全告全体党员、团员和全省（市）人民书”，号召全民动员，紧急上阵，为战胜洪水、确保湖北地区和人民安全而斗争。

7月2日，省委、省政府发出《关于紧急动员起来全力做好防汛救灾工作的指示》，作出8项规定：（一）发挥党员干部的模范带头作用，履行“哪里困难就往哪里上，哪里危险就往哪里闯”的誓言，站到防汛斗争的最前线；（二）加强政治思想工作，充分认识防汛救灾的艰巨性和复杂性，克服麻痹大意或妄存侥幸的错误心理，时刻准备应对更大的灾情；（三）将防汛力量配备为一、二、三线，根据汛情合理投入力量；（四）贯彻全线防守、重点加强的方针，普遍查堤护堤，加固险工险段，保证大堤绝不溃口；（五）全省设6个分指挥所和若干防汛工段，实行指挥长、工段长“包修、包防、包抢险”的负责制；（六）按照节约度荒的原则组织救灾，保证不发生饥荒和病疫；（七）防汛与救灾两管齐下，同时并重，妥善处理好两者之间的关系；（八）加强对防汛救灾工作的统一指挥，成立省防汛救灾委员会，由张体学任主任，韩东山、熊晋槐、彭天琦、陈一新、聂国青、王良、王海山、夏世厚、张若谷、何定华、张旺午、余益庵、漆少川任副主任。

7月上旬，《湖北日报》《长江日报》分别登载省、市防汛指挥部负责人答记者问，详细说明当前防汛斗争形势、防汛工作部署和战胜洪水的条件，号召全省人民树立“人定胜天”的坚定信心，以实际行动投入防汛斗争。

7 月 5 日，省政府发出《关于防汛抢险的紧急命令》，省军区发出《关于积极参加防汛抢险的紧急动员令》，7 月 6 日，省纪律检查委员会发出《关于救灾工作的纪律规定》，命令防汛地区所有国家机关工作人员、武装部队听从指挥，立即接受当地防汛抢险任务，对于险工险段必须及时抢护，不能临危动摇，要严防反革命破坏活动，贯彻执行确保（长）江汉（江）干堤和沿江城市特别是武汉安全的任务。

命令发出后，全省动员和组织起 130 万人的抗洪大军，在“一切为了大堤”和“一切行动听指挥”的口号下，奔赴各个抗洪战场，迎战汹涌而来的洪峰。

第二节　抗御特大洪水的斗争

一、确保荆江大堤安全

7 月、8 月，是湖北主汛情期。全省防汛斗争根据主要战场的转移，分别以荆江防汛和武汉防汛为重点分为两个阶段。第一阶段以确保荆江大堤为重点，主要战场在荆江沿岸展开。

万里长江，险在荆江。荆江大堤庇护着广袤富饶的江汉平原，拱卫着武汉、沙市、黄石等城市和京汉、粤汉铁路干线，在全省乃至全国防汛大局中具有举足轻重的地位。国家下达死保荆江大堤的命令，原湖北省委书记、政务院财政委员会副主任兼财政部长李先念代表中央表示，“只要能保住荆江大堤，要金子给金子”，要求不惜一切人力物力财力，确保荆江大堤和两岸千百万人民的安全。

当时荆江大堤虽然经过新中国成立后几年的整险加固，抗洪能力有一定的提高，但没有从根本上改变堤身低矮单薄的状况，并不具备抗御特大洪水的条件。在雨日多、水位高和风高浪急的情况下，容易发生脱坡、裂缝、漏洞、浪坎、散浸、翻砂鼓水、跌窝等各类险情。

7月5日,长江上游出现第一次超量洪峰,出三峡后冲向下游,荆江水位迅猛上涨。监利段超过35.39米的保证水位,洪湖新堤超过保证水位2厘米,沙市水位达44.39米。荆江防汛指挥部发出《防汛分洪紧急动员令》,一面组织人力严防死守大堤,排除隐患,抢修险段,一面动员蓄洪区群众紧急搬家,要求在7月10日之前完成转移,为可能启用的分洪准备条件。

荆江地区、沙市市及所辖各县组织民工12万人上堤防汛,最紧张时上堤人数达20余万。各级党政主要负责人亲赴前线坐镇指挥,同时抽调6984名干部上堤防守。荆江防汛分洪总指挥部层层划分责任堤段,定点定人,专人负责;每华里配备2—3名干部,50—100名民工,高水位或紧急时刻,每华里干部增加到3—5名,民工增加到100—200名;各段巡堤守哨实行三班制,8小时轮流;二、三线后备力量保持待命状态,保证随叫随到。荆江防汛分洪总指挥部组织数十个检查小组,到各堤巡查指导,做到“四查”(查堤外、查堤面、查堤脚、查堤腰)、“四到”(眼到、耳到、脚到、手到)、“三清”(险情查清、记号记清、报告说清),要求“不放松一刻,不忽视一点”。防汛大军先后查排长江干堤险情10311处、汉江干堤险情1459处、东荆江河堤险情260处,累计完成土方23万立方米,保证了7月10日前全线不溃口。

7月中旬,长江流域普降暴雨,水位继续上涨,荆江大堤较低矮的堤段发生漫灌。省委、省政府下达“水涨堤高”的指示。荆江两岸各县日夜加筑子堤,增加堤顶高程,与洪水争速度、争高度。据统计,江汉干堤加筑子堤长达1500余公里,仅监利县在长江干堤上即抢筑子堤130余公里。由于一再加高子堤,有的子堤高出大堤1米。

7月20日,长江三峡地区和清江流域受降水影响,形成第二次洪峰,直扑荆江。省委、省政府贯彻确保重点的方针,报经国家防汛总指挥部批准,决定运用荆江分洪工程分流部分洪水,削减洪峰水位,以减轻荆江大堤的防洪压力。7月22日凌晨,荆江分洪工程实行第一次分洪,分洪总量达23.53亿立方米。

按照分洪预案,荆州防汛指挥部已于7月10日前组织分洪区群众

16 万余人转移到 21 个安全区。分洪前两个小时,防汛指挥部又派出武装部门工作人员,带上机枪,沿堤对空鸣枪报警;各乡政府设点燃烧火把,派人挨家挨户检查,确保不因分洪冲走一个人。分洪区 2 万多头耕牛也进行了妥善安置。

第一次分洪之后,长江上游再次普降大到暴雨,金沙江、岷江洪水与嘉陵江、乌江洪水遭遇,再加上三峡间径流影响,洪峰沿程叠加。7 月 29 日 6 时,中央和省委决定第二次开启北闸分洪,分洪流量达 4000 立方米/秒。

在第二次分洪的同时,长江上游连续降雨,在四川清溪场汇集成巨大洪峰,经过三峡时注入清江流域洪水,咆哮着冲向荆江,预计流经沙市时水位将达到 45.63 米,洪水将漫过大堤。8 月 1 日 21 时,在沙市水位 44.35 米时,中央和省委果断命令第三次开闸分洪。

经过前三次分洪,分洪区库容仅剩 7 亿立方米左右,难以继续纳洪。这时,面临艰难的抉择。如果不继续分洪,很难确保荆江大堤安全;如果继续分洪,分洪区库容容纳不了巨量来洪,可能形成漫灌,又会危及分洪区南线大堤安全。经过权衡轻重,报请中央决定,开启南闸,扒开虎东堤及虎西山岗堤,让分洪区超额洪水进入洞庭湖和虎西备蓄区。

遵照中央的指示,荆江防汛分洪总指挥部于 8 月 4 日组织爆破手在虎东肖家咀扒口,吐洪入虎渡河经南闸下泄,6 日,又扒开虎西山岗堤,导洪入备蓄区。

这一时期,湖北省防汛指挥部还根据水情,在洪湖蒋家码头、监利上车湾、嘉鱼潘家湾、枝江上百里洲、鄂城新港口湖等和沔阳禹王宫、潜江五支角对长江大堤和汉江大堤扒口行洪。

荆江分洪区三次启用,蓄洪达 122.6 亿立方米,超过有效容积 54 亿立方米 1 倍多,有效地削减洪峰,降低沙市水位最大值 0.96 米,为确保荆江大堤安全发挥了重要作用。分洪区人民舍小家,保大家,为了整体利益付出了巨大的牺牲。溃口淹没区共有 436 万灾民和 27 万耕牛被转移,其中,远距离转移到外省外县的灾民达 104 万人、耕牛 17 万头。

保卫荆江大堤的斗争,得到全国人民大力支援。据不完全统计,四川、广西支援 4000 多万斤大米,东北、广州、西南运来草包 5.88 万条,麻袋 69 万条,抽水机 102 部,登陆艇、轮船拖轮共 28 艘,帆船 1500 条(3 万吨),船工 8000 多人,汽车 17 辆,马车 26 辆。湖南常德专区组织动员 4500 名民工担任荆江分洪区南线围堰的确保任务,在器材与供应方面予以大力支持。

二、确保武汉等中心城市安全

以保卫荆江大堤为重点的第一阶段抗洪斗争,减轻了长江洪峰对武汉、黄石等中心城市的直接压力,为这些地区迎击更大的洪峰赢得了时间。据当时测算,如不采取分洪措施,武汉关水位在 8 月 10 日前就会超过 30 米。武汉、黄石等市利用荆江两岸分洪区人民用奋斗和牺牲赢得的宝贵时间,完成了加高加固薄弱堤防的第二、三两期工程。

从 1954 年 8 月上旬开始,湖北抗洪斗争进入以确保武汉等中心城市安全为重点的第二阶段。

8 月 3 日,武汉关水位达到 29 米,距 7 月 18 日突破 1931 年 28.28 米的最高水位已有 22 天,这一时期,全市堤防全靠子堤挡水。大堤经过长时期的浸泡,隐患四伏,险情普遍增加和扩大。省、市防汛总指挥部分析主客观有利条件和不利条件,确定紧急实施第四期堤防工程,提出"人在堤在、水涨堤高、战胜洪水、保卫武汉"的口号,要求从 6 个方面全面加强防汛工作。30 万武汉防汛大军按照要求,加强培固堤防,加强防汛设备,加强巡逻抢险,加强物资供应,加强技术指导,加强政治工作,使堤防始终高出水面。据统计,武汉市共排除市堤险情 4096 处。

在防汛进入最艰难的阶段,省委、市委发起了抗洪立功运动。8 月 5 日,武汉市防汛指挥部召开第一次奖励大会,表彰 61 个受奖单位和 41 名先进个人。市委发布《关于在防汛斗争中开展立功运动的指示》,号召共产党员、青年团员、干部、全体防汛人员和全市人民,争取再立新功,度过困难时期,迎接最后的胜利。

8 月 6 日,武汉关水位涨至 29.21 米。7 日,省防汛总指挥部发出《为最后战胜洪水的紧急动员令》,要求组织一切力量,不惜任何代价,保卫武汉市等堤段的安全。8 月 18 日,武汉关水位达到 29.73 米峰顶,相应洪峰流量为 76100 立方米 / 秒,比 1931 年最高水位高出 1.45 米。这天，江面刮起5—6级的大风，长江和汉江波浪汹涌，惊涛拍岸，江汉大堤险象环生。王任重、张平化等省、市领导亲临抗洪第一线指挥。全市防汛大军发扬“人在堤在，水涨堤高，决战决胜”的大无畏精神，固守着漫长的堤防线。

8月19日以后，天气晴朗，武汉关水位以每日平均4—5厘米的速度回落。省委要求全体防汛抗洪大军杜绝麻痹松劲情绪，高度重视和排除退水期出现的新问题、新险情，保证水位下降至26.3米的警戒水位。市防汛总指挥部颁布《关于贯彻不战胜洪水决不收兵的决心的命令》，发出“再接再厉，巩固堤防，整顿队伍，不获全胜，决不收兵”的战斗动员。防汛军民表示：“不到最后的胜利，决不回家。”

10月3日，包括武汉关在内的全省水位退至警戒线以下。至此，防汛斗争取得完全的胜利。

湖北抗御1954年特大洪水的斗争，以荆江和武汉为重点，包括宜昌、黄石、黄冈、孝感、咸宁等重要战场，延绵至全省大部分地区。在中央政府和兄弟省市大力支持下，全省130万防汛大军奋战3个多月，日日夜夜与洪水搏斗，付出重大牺牲，涌现出大批可歌可泣的先进人物，创造了人定胜天的英雄业绩。在防汛抢险中，共产党员、石首县长原有发等100余人壮烈牺牲，获得防汛烈士的光荣称号。

为庆祝湖北和武汉人民战胜特大洪水，毛泽东亲自题词：“庆贺武汉人民战胜了一九五四年的洪水，还要准备战胜以后可能发生的同样严重的洪水。”

第三节　灾后重建和加强水利建设

一、全面整修加固荆江大堤

洪水给湖北人民带来重大损失。据湖北灾情调查，全省因灾死亡3.16万人，死亡牲畜1.6万头，倒塌民房220万间，浸湿和冲走粮食693万斤，国营商业、合作部门商业损失300亿元。洪灾还对全省水利设施造成严重毁坏，据统计，全省被冲毁的塘、堰、堤、坝达 10 万余处。

洪水消退时期，省委、省政府把“堵口复堤，重点加固”作为灾后重建的重要内容。9 月，省委成立省水利工程总指挥部，统一指挥全省堵口复堤与防汛设施的整修、整固工作。秋冬之季，全省利用农闲，掀起恢复与重建防汛抗洪设施的建设高潮，核心工程是全面整修和加固荆江大堤工程。

荆江大堤在战胜 1954 年特大洪水中发挥束水挡峰的重要作用，被荆楚人民称为“命堤”。由于大堤本身基础薄弱，加上长时期、高水位洪水的侵蚀，存在重要隐患。根据省委、省政府的指示，省水利部门与荆州地区组织技术人员对大堤实行分段普查，发现了 5 个严重问题：(一)堤身高度不足以抗击特大洪水，许多堤段堤面低于洪水高峰值，形成洪水漫堤的危险。(二)堤身厚度不够。单薄、陈旧的堤身难以承受巨大洪峰的压力或内涝外洪的夹击，溃堤概率增高。(三)堤基渗漏，堤内渊塘、沼泽密布，堤基为黏性土壤，覆盖较薄；中层为弱透水性的细沙层，底层为强透水性的砂卵石层，中下层直接与江水连通，是汛期翻砂、管涌严重的主要原因。(四)堤身隐患很多。尤以土栖白蚁为害最甚，蚁巢严重的堤段每公里多达 300 余处，加上沿堤城镇、堤街遗留下来的房屋墙脚、阴沟、茅坑、砖渣、瓦砾等埋藏堤内，隐患严重。(五)大堤受长江沉泓逼近、迎流顶冲，许多堤段崩岸剧烈，特别是沙市至柳口堤段滩岸崩塌频繁。

针对汛后普查的情况，长江水利委员会编制了《1955 年荆江大堤培修工程设计指示书》，提出：堤顶高程比沙市 1954 年最高洪水位高 1 米，面宽 7.5 米，外坡比 1∶3，内坡比 1∶3 至 1∶5(内坡距堤顶 3 米部分为 1∶3；达到 1∶3 者，维持现状；不足 1∶3 者，加至 1∶3；发现险象的堤段，结合整险做成 1∶5)。1954 年 11 月，工程正式开工。由国家拨款，采取以工代赈的形式进行施工。省委、省政府组织江陵、监利、潜江、天门、荆门 5 县民工 15 万人上堤，按照设计标准对大堤进行加高、培厚，同时针对大堤堤基渗漏隐患进行技术处理工作。到 1955 年 4 月底，包括还滩、填塘、翻筑、抽槽、加高、培厚、护岸、堵塞漏洞、整治兽穴和蚁巢等施工项目在内的整修工程验收竣工。加固后，大堤堤面宽达15—20米，堤身高达12—13米，完成土方519万立方米、石方15.6万立方米，使荆江大堤具备了抗御1954年同类型特大洪水的能力。

与此同时，全省还重点组织了两项重大工程。一是荆江分洪区恢复与扩建工程。北线工程由荆州、宜昌地区承建，总计投入16万民工。南线工程由湖南省组织承修。南北两线工程，历时6个月胜利完成。二是四湖第一期排水工程。荆门、潜江、江陵、监利与洪湖5县境内，密布着长湖、三湖、洪湖、白露湖这四湖，它们与长江相通，同时滨湖地区围垸毗连，素有湖北“水袋子”之称。四湖水系紊乱，江湖相连，经常水满难泄，引发洪涝灾害。四湖排水工程按照“以排为主，内排外引，排灌兼顾，等高截流，分层排灌，综合利用”的原则，开挖总干渠和东、西干渠，新建新滩口、新堤、螺山、高潭口等系列排灌站和涵闸，兴建洪湖隔堤。工程规模宏大，仅3条干渠就有土方6800万立方米。工程完成后，扩大耕地面积百万余亩，并使数百万亩农田免除旱涝灾害。

二、兴建汉江杜家台分洪工程

1955年秋，省委、省人委报经中央批准，动工兴建杜家台分洪工程，对汉江展开治理。

汉江是长江最大、最长的支流，与长江、淮河、黄河合称“江淮河汉”，流经湖北13个市县，在武汉龙王庙汇入长江，流域面积达15.52万平方公里。由于下流河道狭窄，河道安全泄量小，洪流宣泄不畅，经常造成堤防决口。

为治理与减轻汉江水患危害，省委、省人委组织专家考察论证，认为除加强堤防建设外，需要在上游修建控制性的防洪兴利大型水库，拦蓄上游洪水；在中下游沔阳县（今仙桃市）修建杜家台分蓄洪工程，使上游来量与中下游安全泄量基本平衡，达到根治汉江水患的目的。同时，由于汉江是长江在中下游的重要洪水来源，修建分洪工程，不仅可以承担长江中游武汉等中心城市区域分蓄洪任务，而且可以分泄汉江干流超额洪水保证长江下游堤防安全。

1953年，湖北成立汉江流域规划委员会。1954年9月，长江水利委员会提出杜家台分洪工程设计方案。1955 年 10 月,成立杜家台分洪工程指挥部,以张体学为指挥长兼政委,李明灏、任士舜、陶述曾、涂建堂等为副指挥长,雷鸿基为总工程师。11 月 21 日,工程破土动工。省委、省人委抽调武汉、仙桃、黄陂、孝感、应城、汉川等市县 14 万余民工参加工程建设,统一调配推土机、混凝土拌和机、起重机等大型施工设备,并邀请经验丰富的水利部苏联专家首席顾问沃洛宁到工地考察、指导。经过 5 个多月的奋战,工程于 1956 年 4 月 26 日提前一个月竣工。

杜家台分洪工程建成当年,汉江先后发生两次较大洪水。省委、省人委下令该工程两次开闸分洪,最大分洪流量分别为 2510 立方米 / 秒和 3100 立方米 / 秒,分洪总量分别为 9.14 亿立方米和 8.37 亿立方米,确保了安全度汛。

杜家台分洪工程,与后来陆续兴建的丹江口水利枢纽以及小江湖、邓家湖等临时分蓄洪区,构成了汉江中下游较为完善的防洪工程体系,可抗御汉江百年一遇的洪灾,从根本上改变了汉江中下游历史上“三年两溃”、洪灾频繁的局面,构建起全省江汉防洪体系。

三、勘察三峡水利工程

在加固干支堤和分蓄工程建设的同时,全国上下一直在努力探索根治长江水患的治本之策。

早在 1953 年 2 月,毛泽东在视察湖北时就提出了这一问题。2 月 19 日,毛泽东乘船从武汉东下南京,考察长江,听取长江水利委员会主任林一山关于长江流域气象水文特点、洪灾形成及特点的汇报。林一山展开《长江流域综合利用规划图》,介绍长江水利委员会计划在长江干流及主要支流上逐步兴建一系列梯级水库,拦蓄洪水,综合利用。毛泽东指着示意图上的三峡,说:修这许多水库都加起来,能不能抵上三峡这个水库?林一山回答:这些水库都加起来,还抵不上一个三峡水库。毛泽东说:那为什么不在这个总口子上卡起来,毕其功于一役?

这次谈话,反映了毛泽东治理长江的基本思路,即,现在继续利用长江大堤束水泄洪,将来兴建三峡水利枢纽工程,调蓄洪水,把“泄”与

“蓄”结合起来，由局部治理向综合治理、全流域治理转变。

1954年9月，周恩来在第一届全国人民代表大会上作政府工作报告，总结战胜特大洪水经验时，强调“今后必须积极从流域规划入手，采取治标治本结合、防洪排涝并重的方针，继续治理危害严重的河流”。根据中央指示，长江水利委员会组织力量，论证三峡水利枢纽工程可行性方案，确定以宜昌三斗坪等地作为勘选坝址。

1954年12月中旬，毛泽东、刘少奇、周恩来一行结束视察南方途经湖北时，专门在列车上召见湖北省委领导和长江委负责人。毛泽东问：三峡工程在技术上有没有可能性？林一山回答：如果中央要求在较早的时期内建成，依靠国内技术力量，在苏联专家帮助下是可以完成的。林一山提出先行修建丹江口水利枢纽，积累建坝经验。毛泽东还认真询问了三峡工程的地质情况。林一山重点对三斗坪坝区情况作了介绍。毛泽东决定加强推进三峡工程设计进程，在1958年1月的南宁会议上请周恩来布置邀请苏联有关专家来华帮助进行长江流域规划和三峡工程设计工作。

从1955年开始，国家水利部、长江水利委员会和湖北等省水利部门密切配合，全面开展长江流域规划和三峡工程勘测、科研、设计与论证工作。1956年夏，毛泽东在武汉畅游长江，写下《水调歌头·游泳》，描绘了“更立西江石壁，截断巫山云雨，高峡出平湖。神女应无恙，当惊世界殊”的宏伟蓝图，第一次向社会公开了他对三峡工程的远景构想，极大地鼓舞了湖北人民。兴建三峡水利枢纽及其试验性工程、完成对长江的综合治理，成为湖北水利建设的奋斗目标。

第七章

社会主义改造的基本完成

根据党在过渡时期的总路线,省委、省政府制定了对农业、手工业和资本主义工商业进行社会主义改造的规划,有计划有步骤地全面开展三大改造。1955 年下半年,在"全党办社",批判"右倾思想"的形势下,湖北三大改造运动,尤其是农业合作化运动加快速度。1955 年底至 1956 年上半年,全省掀起社会主义改造高潮,建立起社会主义基本制度,实现了由新民主主义到社会主义的历史转变。

第一节　基本实现农业合作化

一、互助合作运动向纵深发展

从 1953 年春到 1954 年 12 月,是湖北农业合作化运动的初期,即大力发展互助组和试办初级社阶段。

1953 年 2 月,中共中央下发修改后的《关于农业生产互助合作的决议(草案)》,要求在条件比较成熟的地区,有领导、有重点地发展初级农业生产合作社。3 月 6 日,中南局发出《关于试办农业生产合作社若干具体问题的初步意见》,要求中南各省、市坚持"积极领导、稳步前进"的方针,贯彻自愿、互利、民主管理的原则,引导合作社逐步由小到大、由低到高地发展。3 月 10 日至 4 月 1 日,省委召开第二次全省农村工作会议,强调发展农业生产的根本途径是将全省互助合作运动更大规模地向纵深发展。

在这一时期,省委持续推广浠水建社的经验。浠水县望城乡饶兴礼农业生产合作社,成立于 1952 年 2 月 25 日,是湖北省第一个农业生产合作社。1952 年 10 月 1 日,省委、省政府通过《湖北日报》发表社论,号召学习饶兴礼,通过互助合作的方法,扶持贫雇农,以贫雇农为基础,团结中农,把农民组织起来,逐步引导农民走向常年的固定的互助合作道路。到 1952 年 10 月,全省成立的季节性、临时性互助组达 26.22 万个,参加的农户达 186.1 万户,互助合作的农民达 734.4 万人,接近全省总农户和农业人口的 30%。1953 年春,省委推广浠水县委发展合作社的经验,要求重视对农民进行深入广泛的思想发动,通过算账对比、讲解总路线等方法,使农民清楚了解合作社的性质、政策、做法与优越性,逐步提高农民的觉悟,达到建社对象个人和全家都能自愿入社的目的;同时要在建社中搞好生产,做到建社、生产两不误。

在推进互助合作运动过程中,省委十分注意纠正急躁冒进和放任自流两种偏向。

首先是纠正急躁冒进倾向。1953 年春,湖北农业互助合作运动总体发展健康,但由于在短时间内发展数量过大,部分地区出现急躁冒进的倾向,主要表现为:一方面,盲目大量发展互助组,片面强调贫雇农利益,损害中农生产积极性;另一方面,不适当地打击单干的农民,造成一些农民不是自愿入组,而是随大流,“跟形势”,“响应号召”,或者是为了“银行贷款”。李先念通过给省委分管农业的领导人和地、市负责人写信,撰写文章,发表讲话,反复强调:今天的基本问题是稳定农村生产关系,使贫雇农、中农以至富农一齐努力发展生产,要充分发挥农民互助合作与农民个体经济两个积极性。他告诫说,“即使我们的同志不根据这样的实际情况,离开农民个体经济的积极性,不进行耐心细致的思想教育工作,加以引导,而强迫农民马上去搞社会主义,就会加剧农村关系的不稳定性,使农业生产停滞以至倒退,那就会犯大的错误”[①]。

① 《李先念文选(一九三五——一九八八年)》,人民出版社 1989 年版,第 152 页。

其次是纠正放任自流的倾向。在重点遏制追求数量、强迫合作等冒进倾向后，一些地区又出现不敢领导、放弃领导和缩手缩脚等情形。1953 年 7 月 3 日，蔡云生、王志坚在《新洲县互助合作运动考察报告》中反映："除一部分地区采取积极领导以外，大部分地区互助运动一直陷于一般号召的状态……互助发展过小，适应不了群众生产要求，使很多农民抢火色发生困难。区干部不知如何具体领导低级互助组，大部分乡未参加互助组。"省委对报告进行研究分析，认为新洲县互助合作中存在的自流现象，在全省范围内大量存在，根本原因在于领导机关对农村互助合作的重要意义认识不足，对如何推进这一运动走向深入缺少办法。9 月中旬，省委召开全省互助合作座谈会，针对互助合作中发展的不平衡、基础不稳固等问题，强调要加强对农民的互助合作教育，大量发展临时互助组，适当发展常年互助组；同时，要从抓生产、克服灾害、增产粮食这一中心环节入手，去激发群众的生产积极性，吸引临时互助组向常年互助组过渡。座谈会总结各地经验，制定了针对不同类型的互助组进行分类指导的方针，即在互助合作薄弱地区，大量发展临时性、季节性的互助组；在有初步互助基础的地区，推广常年互助组；在有坚强领导与优越群众基础的地区，发展以土地入股为主要形式的初级农业合作社。

经过省委、省政府的引导和先进典型示范带动，湖北地区在传统换工基础上发展起来的互助组由临时向固定发展，从自发开始走向自觉。到 1954 年底，全省农村各类互助组发展到 51 万多个，入组农户占全省农户总数的 60%；全省初级农业生产合作社也发展到 9 万多个，入社农户占全省总农户的 3.96%。

二、初级农业生产合作社的稳步发展

从 1953 年 12 月到 1955 年 12 月，是湖北农村合作化运动的中期，即推广试办经验，稳步推进初级农业生产合作社阶段。

初级农业生产合作社，简称初级社，是半社会主义性质的集体经济组织，兼私有性与合作性于一体。农民入社后，仍拥有土地私有权和其他生产资料私有权；农民按入股的土地数量分配一定的收获量，并按入股的工具及牲畜取得合理的代价。就其产品分配的条件而言,它保留着私有性。但农民以土地入股后,得以统一使用土地,合理使用工具,共同劳动,按劳分红,就其某些公共财产的特点来说,它比常年互助组具有更多的社会主义因素。

1953 年 11 月 23 日至 12 月 10 日,省委农村工作部召开全省农业生产合作社会议,确定在 1954 年春耕之前试办 407 个生产合作社,争取达到 520 个。会议介绍浠水、蕲春和全国其他先进农业合作社的经验,要求开始建社时一般以建 10—15 户的小型农业生产合作社为宜;整个建社工作必须紧密结合生产,用一切办法保证建社后能增产。这次会议把全省农村工作的注意力更多地转向举办初级农业生产合作社,认为初级社已经显示出优越性,可以成为引导农民过渡到具有完全社会主义性质的高级社的适当形式,是党领导互助合作运动继续前进的重要环节。会后,各地按照自愿互利、典型示范、控制发展、着重巩固的原则,一方面推动互助组发展完善,另一方面大力推广试办初级社的经验。浠水县饶兴礼农业生产合作社、蕲春县高荫余农业生产合作社、汉川县王成发农业生产合作社、鄂城县梁子湖樊孝猛渔业生产合作社和鄂城县段家店供销合作社是全省农村学习的榜样,他们的办社经验被概括为:以社内经营管理为中心,解决好社员关心的经济问题;抓好生产,在发展生产中创造巩固合作社的条件;紧扣增产增收不放松,加强对稻、麦、油料作物的技术指导;两手抓,既坚持以农业为主,同时积极发展正当副业和多种经济,兼顾落实国家计划和增加社员收入;处理好土地报酬、耕牛等大型生产资料的折价不公等遗留问题,维护社员正当的经济利益。

全省农村因地制宜,采取了四项旨在提高建社质量的措施。一是依靠党支部办社,坚持办社标准,规定“生产需要、互助基础、领导骨干、群众自愿、充分酝酿”为建社的 5 个条件,其中,有经验的领导骨干和互助基础是最重要的基本条件。二是强调质量第一,控制发展指标,要求坚持“只准办好,不准办坏”的原则,搞好合作社布局。三是对已建的农业生产合作社分类排队,针对不同情况采取不同政策。对于领导骨干强、工作扎实、遗留问题少的初级社,围绕制订好生产计划、解决遗留问题展开工作；对于具备基本条件，但遗留问题较多的初级社，应重新补课；对不具备基本条件的初级社，要全面交代政策，讲明道理，在社员自愿基础上，帮助转成互助组。四是适当慎重对待规模较大的初级社，比较巩固的大社，不予变动；不太巩固的大社，在说服教育和社员自愿的基础上，分解成小社或分社。

到 1954 年 3 月，在不到半年内，湖北建成 700 个农业生产合作社，超过原计划的三分之一。3 月 28 日，省委作出《关于巩固农业生产合作社的指示》，提出试办初级社的数量已经达到并超出计划，并将日益显现其优越性，但新建社中存在不同程度亟待解决的问题，目前应集中力量办好现有的新社，尚未成立的初级社推迟到秋后成立。指示强调"增加生产、增加收入"是广大社员的基本要求，是办好农业生产合作社的根本标志，要制订切实可行的增产计划，同时妥善处理好按劳动和按土地分配的比例问题和耕牛、家具折价等关系到农业社巩固的重要问题。10 月 15 日，省委召开年度全省农业生产合作社会议，再次强调整顿、巩固农业生产合作社的必要性与重要性。

1954 年秋，春耕时节被推迟入社的社员和新增的初级社大量涌现。到 1954 年 12 月底，全省农业生产合作社达 9881 个，他们之中多数符合办社条件，有利于农业生产的发展。

在发展初级社的热潮中，大部分地区都能按政策建社。也有个别地区急躁冒进，违反自愿原则，侵犯中农利益，导致部分农民对合作化运动产生抵触情绪，通过杀猪、宰羊、砍树和出卖牲畜进行抵制，引起农村关系紧张，1955 年 1 月 10 日，中央发出《关于整顿与巩固农业合作社的通知》，提出"停（停止发展）、缩（适当收缩）、发（巩固中继续发展）"三字方针。2 月 21 日，省委在《关于大力巩固农业生产合作社的指示》中冷静分析湖北合作社情况，认为全省已建立的 1 万多个合作社中，有约 10% 的初级社建社条件较差或者不具备建社条件。省委提出，当前农村工作中一项极端重要的政治任务是整顿、巩固好现有的这 1 万余个合作社；整顿、巩固的主要内容是进一步改善社的内部关系，即：认真贯彻自愿原则与互利政策，进一步处理好土地、耕牛、农具入社等经济问题；改进经营管理，因社制宜地制订出生产计划，改善劳动组织和劳动日计算方法，重视划分生产小组或生产队，推行短期包工制或季节包工制，建立耕畜、农具等公共财物管理的专职责任制，加强财务管理和会计工作等。6 月 22 日，省委再次发出《关于加强对农业社的生产领导，进一步巩固现有农业社的指示》。省委农工部制定《关于处理农业生产合作社内经济问题的几个具体政策的规定》，对各地整固合作化过程中反映的困难和问题提供政策依据。全省将初级社分为一、二、三类社和大社、自发社，区别不同情况，采取相应对策，在深入发动群众、充分发扬民主的基础上，处理了土地入社折股方法不妥、耕牛农具入社折价和归还期不明、土地和劳动报酬分配比例不合理等问题，使合作社得到巩固和提高。据对 14238 个社统计，在 1955 年秋收中，增产社为 12476 个，占 87.7%；保产社为 929 个，占 6.5%；减产社为 833 个，占 5.8%，其中，因灾减产社 608 个，占 4.2%，因经营不善减产的有 225 个，占 1.6%。

1955 年 7 月 31 日，中央召开各省、市、自治区党委书记会议，毛泽东作了《关于农业合作化问题》的报告，提出“目前农村中合作的社会主义高潮，有的地方已经到来，全国也即将到来”，但领导却落后于群众，“像小脚女人，东摇西摆地在那里走路”，要求开展批判、检查右倾保守思想。为赶上全国农业合作化的发展形势和部署，省委、省政府采取措施，加快发展初级社的步伐。一是开展对“右倾保守思想”和“小脚女人”的批判，并结合整党，提高农村党支部战斗力，培养大批贫下中农骨干分子，形成贫农优势。二是领导好老社的秋收分配，要求在增产的基础上，保证 95% 的社员增加收入；未增收的社员也要获得合理的利益或者予以必要照顾，体现效益优势。三是加强对农业生产的领导，通过抗旱冬播、兴修水利和积肥运动，特别是通过制订和宣传农业生产合作社远景计划，激发农民入社积极性，彰显制度优势。四是派得力干部组成工作队，改造落后乡。全省合作化发展速度，超出原来规划要求，在 3 个月内，全省新建农业生产合作社 1.5 万个，搭成“社”架子的有 3.7 万个。到 1955 年底，全省农业社发展到 14.6 万个，入社农户达 464.4 万多户，占农户总数的 74.55%，标志着湖北已基本实现初级形式的农业合作化。

这一阶段体现出由点到面、逐步铺开和普遍发展、不断巩固的基本特点，总的来说是比较健康的。

三、高级农业生产合作社的迅猛发展

在稳步推进初级社的过程中，湖北各地试办了 167 个高级社。

与初级社相比，高级社具有更高一层意义的社会主义性质。它取消了土地报酬，社员私有土地转归集体所有，耕畜、大型农具按自愿互利原则折价归社，实现土地、牲畜、大型农具等主要生产资料公有化。社员生活资料和零星树木、家禽、小农具以及经营家庭副业所需要的工具等，仍属社员私有。集体劳动的产品由社里统一分配，在缴纳农业税、完成国家统购任务和扣除生产费、公积金、公益金后，所余部分根据按劳分配的原则，按劳动工分进行分配。这些特征表明，高级社是完全社会主义性质的公有制经济组织。

1956 年 1 月，毛泽东主持编辑的《中国农村的社会主义高潮》一书出版。该书收录了湖北省《浠水县望城乡在合作社规划基础上的生产规划》《沔阳县沙岭农业生产合作社在实现包工制以后怎样改进生产队的领导方法》《浠水县鸡鸣区星星农业社第一生产队是怎样实行队内包工的》《襄阳县伙牌乡襄部农业生产合作社关于喂养和使用耕牛的经验》《应城县盛滩乡星火农业生产合作社一九五四年战胜了灾害，合理地进行了分配》5 篇典型材料。毛泽东特别关注襄阳伙牌乡襄部农业生产合作社在耕牛喂养、使用、管理上创造的经验，在选编这个典型材料时，亲自修改了标题，并加写了按语。按语写道："作者以很大的热情研究了这个问题，所述农民的意见也确是农民自己的语言，似乎作者是到了这个乡同群众一道研究过这个问题的，我们希望全国二百几十个地委的书记，每人都下乡去研究一个至几个合作社，每人写出一两篇文章来。"毛泽东在主持编选《中国农村的社会主义高潮》，总结推广合作社办社经验的同时，对"右倾保守主义"给予尖锐批评。1 月 23 日，中共中央政治局讨论通过《一九五六年到一九六七年全国农业发展纲要（草案）》。《纲要》要求合作基础较好，并且已办了一批高级社的地区，在 1957 年基本上完成高级形式的农业合作化。

1956 年 1 月 18 日至 22 日，省委召开地委书记联席会议，研究加快发展高级社的具体政策和做法，提出：（一）对现有小型初级农业生产合作社进行排队，从有利于生产出发，有计划、有部署地分期分批建成高级农业生产合作社。（二）发展高级社的基本形式是，以基础较好的老社为核心，联合几个初级社，升级成为高级农业生产合作社。（三）从生产规划、算生产账入手，使90%以上的农民懂得高级社比初级社有更加巨大的优越性，可以增加收入，激发他们加入高级社的意愿。（四）采用典型引路的办法，总结、推广、普及办得好的高级农业生产合作社的经验。（五）提倡“全党办社，书记动手”，加强对初级社转高级社的正确领导与引导。（六）为适应建立高级社的需要，进行区划改革，将1.1万个小乡合并成4500个大乡。27日，省委下发《关于高级农业生产合作社的若干政策问题的规定》，进一步阐明相关政策界限，明确：高级社与初级社的主要区别，是高级社取消土地报酬，把个人私有的土地无代价转为合作社集体所有，实行“按劳计酬、多劳多得”；高级社只是把土地、耕畜、大中型农具等主要生产资料由个人私有转为合作社集体所有，不是“一切归公”；除土地无代价转让外，耕畜、农具、树木、果园等一般应有代价，不能无代价地“没收”；合作社应鼓励社员从事种菜、养猪、养牛、养鸡等以及其他家庭手工业生产；几个初级社合并升级后，要妥善处理公共财物和债务问题，既提倡老社照顾新社，又要根据互利原则，充分协商、解决问题；由社员大会或社员代表大会，讨论通过有关社员切身利益的政策问题，不允许少数人包办代替。上述措施和政策界限，为短时间内实现农业高级合作化和防止出现政策偏差创造了有利条件。

仅仅一个月的时间，湖北高级社数量成倍增长。1956年1月底，全省建成高级社7000余个，入社农户120余万户，占全省农户总数的20%左右；到2月底，全省高级社增加到3.33万个，入社农户占全省农户总数比例剧增至68.17%。由于发展过快，相当一部分高级社只是一个空架子，生产秩序混乱。省委发现问题后，于2月23日发出《全面转入整顿巩固农业生产合作社，开展大规模的生产运动的指示》，决定从1956年2月底开始，全省范围内停止并社升级，全面转向整顿巩固、开展大规模生产运动。省委强调，检验各县工作好坏、合作社办得好坏的主要标志，是增产与否以及增产多少，而不是高级社办得越多越大、越大越好；无论高级社还是初级社，大社还是小社，都必须以增产增收为目的，这样才能巩固合作社。随后，全省对高级社进行了巩固，主要是五项内容：一是实行计划管理，量力而行地制订好各项计划，包括作物播种计划、财务计划、劳动计划等。二是正确规定各项农活的劳动定额，避免“窝工、浪费”，提高劳动生产率。三是实行包工包产，建立生产责任制。四是对高级社的规模作出适当规定，规定平原地区以200—300户左右为宜，丘陵与山区以100—200户左右为宜，大山区以50—100户左右为宜。五是在坚持“由低到高”“由简到繁”和“因地制宜”的原则下，根据生产需要与社员要求，抓住主要问题，健全经营管理制度。

整顿后，全省高级社质量有所提高，达到一类标准的社有1.07万个，到达二类标准的社有0.87万个，达到三类标准的社有0.24万个。虽然省委力图纠正高级社发展过程中大轰大嗡、求大求纯等倾向，但在当时过热的政治氛围下，跟形势、赶任务、比速度的情绪并未得到根本遏制。到4月初，襄阳、恩施两个地区，26个县和武汉市郊基本实现高级合作化，占全省总县数的36.7%。全省初级社转高级社继续以蓬勃之势发展。

1956年8月11日，省委发出《关于实现高级农业合作社的几个问题的指示》，要求10月底前，全省完成农业合作化的任务。9月12日，中央发布《关于加强农业合作社的生产领导和组织建设的指示》，要求调动一切积极因素，加快农业合作社的发展速度。到1956年底，湖北全省高级社发展到38979个，入社农户609.7万户，占全省农户总数的97.24%。

这一阶段，湖北渔业合作化步伐加快。1956年2月底，全省建立161个高级渔业合作社，参加渔户1.37万户，占渔民总数的50.7%。到1956年底，全省建成371个高级渔业生产合作社，参加户数3.41万户，占全省渔户总数的97%以上。

在1956年，湖北根据中央的部署，只用一个年头，就基本完成了高级形式的合作化。在推进合作化的这个阶段，步子显然走得太快了。尽管如此，农业合作化的完成，实现了全省土地的公有化。随着土地及耕畜、大型农具等主要生产资料归农业生产合作社集体所有,广大农民彻底摆脱了小块土地私有制的束缚,走上合作经济的发展道路。实现合作化后,农业得到了发展,湖北省合理规划利用土地,逐步进行大规模的水利建设和农田基本建设,逐步推广机械耕作、施肥、杀虫等农业科学技术,从而使全省农业生产条件大为改观。

第二节　手工业的社会主义改造

一、初步发展手工业合作组织

1953 年是湖北手工业合作化运动发展的初期。

1953 年 1 月 16 日至 23 日,省政府召开全省手工业代表大会,研究加速发展手工业生产问题,通过《湖北省手工业代表大会关于师徒、雇佣、劳资之间几项问题的协议》,就税收、银行贷款、原料供应、加工订货等问题制定优惠政策。会议认为,手工业在国民经济中占很大比重,在一个相当长的时间内不可缺少,目前的方针是根据需要与可能,从供销着手,适当地扶持与发展手工业,有步骤、有计划地组织联营和合作社,逐步将其纳入国家计划的经济轨道。会后,一些地区以供销为龙头,积极发展手工业生产供销小组、供销合作社,其中一些具备条件的社、组进一步升级,试办了生产合作社。到 6 月底,铁、木、竹、纺织、缝纫、制鞋等行业成立的手工业合作社有 169 个。

这些手工业合作社举办时间不长,数量也较少,但与个体手工业相比,显示出明显的优越性。在政府的扶持和政策倾斜下,它们的加工订货任务和原材料供应问题能够得到优先解决,银行能提供优惠贷款,利率低于银行给国营工厂的贷款利率。在合作社内部,采用流水作业的方式,实行分工协作,一部分合作社采用机器生产,大大提高了劳动生产率。随着生产效率的提高,社员收入增加,生活有了不同程度的改善。这些对还在观望之中的手工业者,具有巨大的吸引力。

由于当时手工业合作化处于试点阶段,手工业专管机构没有及时成立,干部缺乏经验,工作中存在着政治教育工作和组织工作不强、经营管理不善、内部关系不顺、规章制度不全等问题。

1953 年 9 月 11 日至 21 日,湖北省合作社筹备委员会在武昌召开全省手工业生产合作会议,研究和解决试办阶段存在的突出问题。会议提出五项基本对策:一是明确建社目的,明确发展生产是把手工业者组织起来的基本目的和任务,生产上不去,合作社的一切优越性都无从体现。二是依靠社员搞好生产,加强政治教育与民主管理,关心社员的经济利益,消除雇佣观点。三是打开销路,加速资金周转,搞好原材料供应,解决连续生产的问题。四是建立责任制,加强经济管理,克服财务混乱现象。五是提高生产质量,把握产品价格,杜绝粗制滥造。随后,各地结合开展增产节约运动开展普查整改。这次整顿范围不大,共整顿了 40 个手工业合作社,占总数的 18.6%,但整顿后的合作社普遍建立了民主机构和生产管理制度,清除不法分子,使合作社的优势更加显著。

到 1953 年 12 月,全省手工业合作社发展到 238 户,社员 12216 人,总产值 1494 万元,占全省手工业总产值的 5.4%。其中,符合全国总社规定标准的第一类社约占 20%,第二类社约占 52%,第三类社约占 28%。

二、分批发展和整顿手工业合作社

党在过渡时期总路线公布以后,湖北手工业合作化进入了分批发展与整顿的阶段。

1953 年 12 月 4 日,沙市市委向省委提出《关于积极稳妥地开展手工业互助合作问题的报告》。报告总结了沙市发展手工业合作社的三种形式:一是通过整顿已存在的合作社或已出现合作因素的手工业生产组织,使其发展成为合作社;二是在巩固和提高合作工厂的基础上,积极地、有步骤地发展联产联销等互助组织,扶植和培养为国营工厂加工订货的联产组织,逐步将其改造成为正规合作社;三是成立有手工业工人和小手工业者共同参加的手工业者劳动协会,配合个体手工业走向合作化。省委做出批示,要求各地参考沙市的做法,进行多种形式的探索。

1954 年 1 月,省委、省政府作出分批发展和整顿手工业合作化的决定,强调手工业合作化要注意自愿结合,继续坚持由小到大、由低级到高级、有计划有步骤地发展，先使手工业者在供销方面组织起来，与社会主义经济建立联系，削弱和切断手工业与私营商业的联系，然后在此基础上进一步在生产方面组织起来，把个体经济转变为集体所有制经济。省委、省政府在推广沙市等地建社经验的基础上，提出分类指导的原则，要求各地根据各行业的特点，分别以统一供销、分散经营为原则组建手工业供销小组；以缴纳股金、统一经营、分散生产、两级核算为原则，组织手工业供销合作社；以统一经营、统一核算为原则成立手工业生产合作社，实现由低级的供销小组向高级的生产合作社发展的良性发展。

此后，全省掀起发展手工业合作化的浪潮。一方面，各地大量发展各种形式的联产联销互助组织、生产供销小组、供销合作社等；另一方面，大力将具备合作因素的生产组织与各类供销生产小组发展成为高级形式的生产合作社。合作社努力加强与国营经济的联系，实行多种形式的加工订货、来料加工、代销包销等，在发展中增加对手工业进行社会主义改造的因素。

1954 年 2 月 22 日至 3 月 7 日，省委召开全省手工业工作会议，传达第三次全国手工业生产合作会议精神，要求贯彻“统筹兼顾，全面安排，积极领导，稳步前进”的方针，坚持由小到大、由低级到高级有计划有步骤地引导手工业向手工业合作社过渡。会议决定，已经建社的地区以巩固提高现有社为中心任务，同时整顿第二、第三类社；没有建社的空白县积极试办手工业合作社。会议制订建社、整社的六条要求，即：一、发展生产，增加收入，克服粗制滥造等经营作风。二、社员办社，民主管理。三、实行按劳取酬的工资制，反对平均主义。四、建立责任制，健全财会制度。五、加强政治思想工作，提高社员觉悟。六、团结单干手工业者。4 月，省委、省政府决定成立湖北省手工业生产管理局，负责指导手工业合作化运动。随后，全省（除恩施外）各专区、市和 62 个县都及时成立了手工业管理科。省、专区和各县（市）管理机构成立后，举办手工业骨干训练班，分期分批培训骨干 3037 人。这些骨干掌握政策后，以发展生产为中心，以提高效益为重点，积极改善生产管理，加强与国营、合作贸易的联系与结合，努力克服生产与经营上的各种困难。到 1954 年 4 月，全省手工业生产合作社发展到 829 个，社员 3.06 万人。

1955 年 5 月 10 日至 28 日，省委召开全省手工业工作会议，分析了发展过程中存在的问题，确定全省手工业的工作方针是在巩固、提高现有社的基础上，稳步地发展新社。会议提出，巩固、提高的具体方法是加强党的政治思想工作，提高社员觉悟，树立集体主义观念；以计划指导生产，克服盲目性，提高产品质量，降低生产成本；做好产供销结合和平衡工作；改善民主管理和生产管理，责任到人，严格执行产品检验制度和原料收发制度；纯洁组织，提高干部的管理水平，贯彻互利政策。会议要求到 1955 年 12 月全省手工业社社员总人数达到 7 万人，占手工业从业人数的 22%。全省手工业合作化呈现边发展、边巩固的稳健状态，建社数量和质量得到提高。

三、加速实现手工业合作化

随着农业合作化步伐的加快，手工业的社会主义改造也掀起了高潮。

1955 年 12 月 9 日，中央手工业管理局、中华全国手工业合作联合总社筹委会召开全国重点地区手工业组织检查工作座谈会，检查“与总路线要求不相适应的保守思想”，提出“加快发展，迎接高潮，全面规划，计划平衡”的新任务。12 月下旬，第五次全国手工业生产合作会议召开，确定第一个五年计划内要基本完成全国手工业合作化的任务。中央批转会议报告，在批语中强调“加快手工业合作化的发展速度，是当前一项迫切的任务”。

1956 年 1 月，湖北学习北京的经验，改变原来以区为单位，按行业分期分批分片改选的办法，采取全市按行业将手工业全部组织起来的方式。武汉市直接采取按行业先报名批准再建社的办法，在 1 月 16 日至 18 日 3 天内批准 3 万多人入社。19 日，武汉、黄石市宣布手工业全部合作化。20 日至 24 日，襄樊、沙市、宜昌市宣布手工业全部合作化。各县及县辖镇的手工业纷纷加快改造步伐，短时间内全省新增手工业合作社 3907 个，新增社员 17.29 万人，使社员总数达到 29.15 万人，占全省从业人员的 91.61%。

1956 年 2 月，全省手工业生产合作社召开第一次社员大会，通过《湖北省手工业生产合作社联合社章程（草案）》，选举成立湖北省手工业生产合作社联合社。全省组织起来的合作社达 5261 个，手工业供销社 51 个，手工业生产小组 798 个，参加社、组的手工业从业人数占全省手工业者总人数的 97%。全省基本完成对手工业的社会主义改造。

由于手工业合作化的高潮来势迅猛，各级领导机关对此思想准备和组织准备不足，尤其是对手工业长期形成的分散生产、独立经营的特点注意不够，以致在手工业内部和外部关系上出现不少问题，主要表现为组织形式上盲目合并，原有的供、产、销关系被打乱，一定程度上影响了手工业的发展。1956 年 2 月，省委改造办公室对全省手工业合作社进行重点检查，省手工业管理局派出工作组到孝感等地进行调查，发现各地普遍存在盲目办大社、并大社的现象，认为只有实现集中生产、统一核算才属于社会主义性质。[①] 有的合作社社员高达数百人；有的地方组织的综合社，包括十几个行业；有的合作社跨区、乡纵横达几十公里，形成既不能满足消费者需要，又影响社员收入的状况。

1956 年 3 月 15 日至 4 月 9 日，中央先后召开全国城市和农村手工业社会主义改造座谈会，对集中生产和分散生产问题、供产销脱节问题、社员的工资福利和加强对手工业的领导问题提出一些改进措施。根据中央的指示，湖北省针对手工业改造中的突出问题进行了纠正和调整，主要集中在三个方面。

第一，解决农业社和手工业合作社的关系问题。当时，湖北农村有专业手工业者 16 万人、兼职手工业者 40 余万人。1956 年 7 月 9 日，省委下达《关于对农村中手工业分工改造问题的指示》，规定：集镇（包括小集镇）、城市的手工业划归手工业部门，由手工业部门负责组织工业社（组）；农村中手工业集中地区的专业手工业，划归手工业部门，由手工业部门单独组织手工业社；农村中特种手工艺品，如黄陂建绒、黄梅挑花、天门剪花、江陵绣花，不论专业与兼业、集中与分散，划由手工业部门负责组织工业社；分散在农村的一般手工业者，不论专业或兼业，划归农业部门，由农业部门负责组织他们参加农业合作社；一些分散在农村的专业手工业者已组成合作社的，采取自愿的原则允许其加入手工业社或农

① 《湖北手工业分社改组初步总结》，湖北省档案馆藏 SZ89—48。

业社。

第二,处理集中经营和分散经营的关系,进行经济改组。省委、省人委规定手工业可以选择三种组织形式,第一种是统一经营,集中或分散生产,统一计算盈亏;第二种是统一行政管理,分组生产,各计盈亏;第三种是统一行政管理,社员各自生产,自负盈亏。同时严格限定合作社规模,规定 100 人以上的大社报专区、市审批,200 人以上的大社报省委审批。省委、省人委要求,集中生产与分散生产应根据行业的特点,按社员自愿和有利于生产、不影响社员收入、有利于为居民服务的原则处理。制造业中,各方面条件具备、经过具体规划和充分准备的社,可以适当集中生产,但集中的人数不宜过多;修理、服务性行业,一般应分散经营。

第三,正确解决分配问题,调整社员工资。省手工业管理局依据"按劳取酬、多劳多得"和"先工资,后治病,有剩余才积累"的基本原则,提出"二八"分配比例,即:缴纳所得税后,社内分配比例为个人占八成,集体占二成。在调整社员工资的同时,各地还按社员工资总额数提成 5%~10% 的附加工资作为集体福利,用以解决社员的疾病、生活困难以及法定假日补助等用项。

到 1957 年底,全省对手工业合作社的整顿工作基本结束。经过调整,手工业生产合作社普遍增加了生产,提高了收入,体现了集体经济的优越性。但在调整中也存在一些问题,如忽视手工业生产对于满足国内市场需要及供应外贸出口的必要性,使一些历史悠久的传统手工业和享誉国内外的手工业名牌产品萎缩,有的几近失传。

第三节　资本主义工商业的社会主义改造

一、有计划地扩展公私合营企业

新中国成立初期,湖北省根据党的"利用、限制、改造"的方针,通过加工订货、统购包销,对资本主义工商业进行了初步的社会主义改造,使有利于国计民生的私营企业得到恢复和发展。然而对企业的加工订货,只是国家同资本家在企业外部的合作,并不触及生产资料所有制。

1953 年 10 月中下旬,省委在全省第三次党代表会议上提出,通过有计划、有步骤地积极推进公私合营,把国家资本主义的初级形式发展为高级形式,用 4 年时间完成对全省资本主义工商业的改造。1954 年 1 月,中央财政经济委员会召开会议,提出为适应国家工业建设的需要,需要有步骤地将私营企业改造为高级资本主义形式的公私合营企业,使社会主义成分同资本主义成分在企业内部进行合作,促使生产关系发生重要变化,将企业由私有变为公私共有,公方和工人群众结合在一起掌握企业的领导,资本家不再处于支配地位。

1954 年 2 月 15 日,省委成立省工商工作委员会,由张体学任书记,下设省工商行政管理局,后来又在省政府设立国家资本主义办公室,领导全省对资本主义工商业的改造工作。各专区、市、县相应成立对资本主义工商业改造的管理机构。

1954 年是全省有计划地扩展公私合营企业的第一年。省委、省政府根据中央有关指示精神,确定以“巩固阵地、重点扩展、做出榜样、加强准备”作为工作方针,投入少量资金、干部,去充实原有企业并进行技术改造,采取发展一批作为阵地,加以巩固,再发展一批的方法,将有 10 个工人以上的资本主义企业基本纳入公私合营轨道。省委、省政府还规定,必须依据国家需要、企业改造的条件、产供销平衡的可能、干部和资金的准备以及资本家的自愿,综合考虑,进行合营。

对资本主义工商业改造工作一般采取 4 个步骤。第一步是调查研究,个别试点。第二步是试点取得经验后,在有条件的企业,由政府领导出面,与资本家协商。第三步是由企业向政府申请,政府逐个审批。第四步是清产核资,确定董事会机构及人选,制定合营章程等制度。企业的领导职务,一般由公方任正职,私方任副职。对一些有影响的企业,也可安排私方任正职。

合营以后,对资方人员本着“包下来”和“量才使用、适当照顾”的精神安排使用。在利润分配上,实行国家规定的“四马分肥”政策,即将企业的利润分为所得税金、企业公积金、职工福利奖金、资方股息 4 个部分。企业利润大部分归国家和工人,这就使得这些企业具有了不同程度的社会主义性质。利润总额中,资本家所得利润一般为总利润的 25% 左右,包括私股股息红利和董事长、经理、厂长等人的酬金。

湖北公私合营起步较早,在 1953 年 12 月以前通过试点,发展了 22 个合营企业,1954 年公私合营以更大规模展开。到 1954 年 12 月,全省公私合营企业发展到 69 个,职工增加到 29423 人,工业总产值达到 2.16 亿元,占全省公私合营和私营企业工业总产值的 51%。

武汉、沙市、宜昌等大中城市是扩展的重点。1954 年 4 月,武汉市政府召开全市公私合营工业会议,制订分类改造计划。当时,全市 10 个工人以上的资本主义企业共 600 余个,计划在几年内,对国计民生需要、产供销基本平衡、企业规模较大、设备比较先进或资金较多的 327 户实行公私合营;对设备工具简单但机器生产一时替代不了,为国计民生所需要,由独立劳动者、手工业工人和小资本家组成的 156 个采取组成生产合作社的形式;对国计民生不需要,原料供应不足,资金或资产不抵债,生产落后,即将被国营、合作社所代替的 160 个实行淘汰转移。到 1954 年 12 月,武汉市组建了 18 家公私合营工业企业,实行了棉纺、火柴、卷烟、制漆、制砖等行业的公私合营。沙市、宜昌等城市也按计划完成了年度扩展任务。

在领导公私合营工作时,省委采取慎重而积极的态度及时解决发展中的问题。1954 年夏,省财委经过调查,向省委呈送《关于公私合营工业企业的报告》,列举了下列突出问题:有的公私合营企业,未进行清产定股;有的公私合营企业,未与资方协商;有的公私合营企业,未妥善处理“五反”后的遗留问题;有的公私合营企业,对部分私股股东身份未能及时确定,对相关股权未作结论;多数公私合营企业未进行盈余分配,部分企业进行了分配,但不符合中央规定;大多数公私合营企业没有成立协商公私关系的机构,对私营代表未作适当安排,未能做到“有职有权”,对工业企业经济类型的转变,没有经过报告审批程序,没有建立与相关财务、业务管理部门的联系制度。针对以上情况,从 1954 年 9 月开始,省委、省政府在发展公私合营工业的同时,重点整顿已公私合营的企业。整顿的具体内容是：一是清理公私股权，确定公私股比例以及私营与私营之间股份的划分，以保障公私股的合法权益；二是合理安排使用资方人员，并使他们有职有权，守职尽责；三是进行利润分配，将1953年、1954年的盈余按“四马分肥”的原则进行分配，并使私股股东所得能自由支配；四是根据企业的规模大小，股东多少，建立相应的协商机制，如董事会、股东代表会等；五是解决企业在经营管理与财经制度上突出的问题。省财委组成工作组分别到省属大厂和武汉、沙市、宜昌等市指导整顿工作。

1955年3月15日至23日，中共湖北省委统战部、工业部与省人委国家资本主义办公室联合召开全省私营工业及公私合营工业会议，贯彻全国第二次扩展公私合营工业会议精神，制定1955年至1957年扩展公私合营计划和措施。会议要求各地调查排队，重新审查本地国营、合作部门投资新建、扩建、改建计划，尽可能采用“合”“迁”“并”等办法，发挥私营工业有利于国计民生的作用，减少国家在新建、扩建、改建上的投资。此后，公私合营的范围由武汉、沙市、宜昌等大中城市扩展至全省中小城镇。

为促进全省公私合营的健康发展，省有关部门组建两个工作组，分赴各地检查调研。6月16日，工作组提出了《湖北私营工业今后安排的意见》。意见强调要做好充分周密的准备工作，这是公私合营能否进行的前提，也是合营工作能否成功的关键，为此，严格规定了各项准备工作的具体内容和要求。这包括：一是做好调查排队准备，摸清企业设备、资金、人员、生产情况以及资本家思想状况；二是做好干部准备，选派干部本着少而“顶事”的原则，干部到合营企业工作必须经过相关知识的培训，掌握党的基本政策和企业经营管理知识；三是做好资金准备，尽量做到少投资，一般公股投资比例掌握在15%左右，达到充分利用原有企业的资金、干部、技术来完成改造私营企业的目的。

到1955年12月，全省公私合营工业企业达99户，职工达31176人，总产值达2.48亿元，分别比1953年增加了147%、28.9%和68.4%。在私营和公私合营工业企业总产值中，公私合营企业所占比重由1953年的34%上升到1955年的64%，公私合营由初级形式向高级形式发展，由主要行业向次要行业发展,由大中城市向中小城镇发展。全省规模和影响较大的重要企业基本上纳入公私合营的轨道,大部分中小企业由于机器简陋、工序不全,加上原来的经济联系被打乱,生产处境困难,纷纷要求走公私合营的道路。这些为全行业公私合营奠定了基础。

二、积极推进私营商业的改造

新中国成立之初,私营商业经营比重占很大份额,在批发和零售方面均占绝对多数。在湖北,私营批发商户数不多,但资本额较大,大部分集中在武汉、黄石、沙市、宜昌、襄樊等大中城市和一些中小城镇。它们带有很大的投机性,争夺货源,操纵物价,扰乱市场。

1953 年过渡时期总路线提出后,省委、省政府贯彻中央“严加管理,积极领导,限制发展,逐步达到转业和改造目的”的方针,制订、颁布系列政策,加强对大批发商的改造。一是扩大加工订货和收购、包销,把私营工业产品更多地掌握在国营批发机构手中。二是对国家机关、企业、事业单位的采购工作实行统一管理,使这些大宗交易脱离私商。三是实行粮、棉、油的统购统销,在主要农产品的批发环节上排除私商经营。四是扩大农产品统购、派购范围,逐步对有关工业生产和基本建设所必需的重要原材料实行派购或统一收购,规定私商不得自营重要或一般商品的进口业务。

湖北对私营批发商的改造,基本策略是以国营商业为主要力量,以掌握货源为中心环节,以恢复和扩大批发阵地为主要目标,主要采用两种形式:一是对私营大批发商采取“取而代之”的办法,把他们从批发阵地排挤出去;二是对小批发商加以限制,逐步促使他们转为零售商。在政府的支持下,国营批发商业割断私营批发商的城乡联系,严格限制私营批发商的经营活动,使国营批发商业迅速扩展,开始取代资本主义的批发商业。到 1953 年 12 月,国营合作社商业的批发额比重由 1952 年的 55.07% 上升到 68.68%,私营商业的批发额比重由 1952 年的 44.64% 下降到 30.96%。1954 年上半年,经继续排挤改造,国营批发的比重进一步上升至 94.02%,私营批发商业的比重下降到 5.98%。

私营大批发商被代替后,余下的多是经营次要商品的小批发商和零售商，私营零售的主要部分，已不能像过去那样依靠从私营批发商或生产者方面进货，而必须依靠国营商业、合作社进货来维持营业。市场关系的改组，一方面为国家对私营商业进一步实行改造创造了前提，另一方面不可避免地使商业中的公私关系趋于紧张。截至 1954 年 9 月，武汉市全部消灭私商和私营大批发商，私营商业，包括一部分工业和手工业的失业工人为 4483 人，尚未失业但已难以维持的为 6694 人，黄石、沙市、宜昌、襄樊等中小城市的私营商业营业额直线下降，处境困难。

1954 年 7 月，中共中央下发《关于加强市场管理和改造私营商业的指示》，强调私营商业的从业人员众多，对他们不能盲目排挤，一律不给安排，不给生活出路，否则势必增加失业人口，造成社会混乱。指示要求，按照一面前进、一面安排和前进一行、安排一行的办法，有计划地改造和安排私营小批发商和私营零售商，把对企业的改造和对人的改造结合起来，把改造和安排结合起来，引导他们转向有利于国计民生的事业。

从 1954 年下半年开始，湖北按照不同类别、不同情况，对中小私营批发商采取了“留”“转”“包”等不同的改造步骤。“留”，即凡为国营商业所需要者，可以为国营商业代理批发业务；“转”，即凡有条件转业者，辅导其转业；“包”，指无法继续经营者，其职工和资方代理人可经过训练，由国营商业录用。经过上述改造，余下的批发商户数虽然不少，但都是一些经营零星商业的小户。以武汉为例，1955 年 4 月至 9 月，全市分两批安排五金、铁业、海味、皮货、文教、水果、土产、百货等 18 个行业 534 户，其中，继续经营批发业务的占 54.31%，转业的占 2.06%，歇业的占 43.63%；歇业的 233 户，有 1045 名从业人员，国家吸收录用 687 人，安排退休 339 人，因特殊情况暂时未安排的 19 人，仅占 1.9%。与武汉的情况相似，全省大中城市绝大部分批专营或批零兼营的中小批发商转向了零售商，少数转入服务业等其他经济部门。

1955 年 4 月 12 日，中央发出《关于进一步加强市场领导、改造私营商业、改进农村购销工作的指示》，指出 1954 年下半年以来商业工作的主要缺点是国营、合作社商业前进太快，没有解决好把掌握的商品统筹安排给公私商业的问题。省委、省政府贯彻中央指示，从“着重市场安排”的方针出发，让出部分商品零售比重，出台部分扶持措施，维持私商的正常营业，如：国营和合作社商业在城市暂不增设零售门市部，除扩大批发、增加经营品种外，对一些价小量微的商品停止零售；农村供销合作社建立批发机构，适当调高批发起点，按对象划分批零界限，防止变相零售，方便小商小贩进货；对私商适当分配畅销商品，不硬性搭配滞销商品；私商原则上向当地国营和合作社商业进货，准许他们向外采购私有公无的商品，不限制其向手工业采购原料；熟食业、复制业和手工业等需要的原料，根据需求，尽可能供给；统一国营和合作社商业的零售价格，对代销户大体按批零差价的毛利率，按 8%—10% 的幅度给予代销手续费。

经过调整、改造，到 1955 年 8 月，纯粹私营商业在社会商品零售总额的比重，在武汉等全国 32 个大中城市占 25%，在农村集镇占 18%，多数私营零售商已被纳入各种形式的国家资本主义轨道。这表明对私营商业包括城乡小商贩的改造工作向前大大推进了一步。

三、加速实现全行业公私合营

1955 年下半年农业合作化运动的猛烈发展，推动资本主义工商业由单个企业的公私合营向全行业的公私合营急剧发展。

1955 年 12 月 12 日至 22 日，省委在武昌召开全省五级党委和省人委各直属机关党组的代表会议，研究资本主义工商业的社会主义改造问题。张体学在会上作《将资本主义工商业的社会主义改造推向新的阶段》的报告。会议讨论并确定，用两年时间分批完成湖北工商业全行业的公私合营，具体规划是：在 1956 年，全部私营工业和 75%—80% 的私营商业完成全行业公私合营，其中，私营交通运输业中的汽车业和轮船业要全部实行公私合营，民船业要有占总吨位 75%—80% 的船只组建合作社；到 1957 年，全省工商业完成以赎买为主要形式的社会主义改造。会后，省委改造资本主义工商业领导小组，又称“省委对私营工商业改造领导小组”成立，统一领导全省私营工商业、手工业、交通运输业等方面的改造工作。

12 月 15 日至 28 日，湖北省工商联举行全省第一次执监委员会第二次联席扩大会议，传达毛泽东关于社会主义改造的谈话内容。毛泽东在谈话中深入浅出地阐明了党对民族资产阶级的政策,重申国家对接受改造的工商界人士将给予政治上和工作上的安排,继续实行逐步赎买政策,这样大家就可以掌握自己的命运。他勉励说,将来资本家的阶级成分要变成工人,这是一个光荣的政治地位,有光明的前途。省委第一书记王任重与会,作《为实现共产主义而奋斗》的报告,号召全省工商业者在党的领导下积极自觉自愿地接受社会主义改造。中央和省委领导出面做工作以及省工商联的全面动员,进一步明确了国家将继续对资本主义工商业实行和平转变、逐步赎买的方针政策,在很大程度上减轻了民族资产阶级对前途、命运的担忧和疑虑,促使他们中的绝大多数对社会主义改造工作采取积极配合的态度。会议通过了《向毛泽东主席的致敬电》和接受社会主义改造的决议。

1956 年元旦过后,首都北京率先出现全行业公私合营热潮。15 日,北京市各界共 20 万人在天安门广场举行庆祝社会主义改造胜利大会。17 日,中共中央向各地批转北京市委《关于资本主义工商业改造情况的报告》,在批语中指出:“对资本主义工商业的社会主义改造,正在日益普遍地形成一个广大的群众运动”,北京市委及时地“改变了自己的工作规划和常规的做法,采取了对申请合营的迅即宣布批准,先接过来再进行清产核资等工作的积极方针和办法,这是完全正确的和必要的”。同一天,《湖北日报》《长江日报》发表社论,提出“向北京看齐”的口号。

北京的做法在湖北引起强烈反响。很多地方发生要求加快对资本主义工商业改造速度的请愿,很多私营工商业者和企业职工天天敲锣打鼓,到政府申请公私合营。

在火热亢奋的情形中,武汉率先进入改造高潮。17 日,武昌区召开全区集体申请批准大会,当场宣布 65 个行业实行全行业公私合营,在全省第一个实现全区全行业公私合营。在随后 7 天内,武汉市集中批准资本主义工业 742 户、商业 9992 户、运输业 370 户、建筑营造业 116 户实行全行业公私合营;粮食、猪牛肉业直接批准为国营。22 日,全市 15 万人顶着风雪,在汉口和武昌举行联欢大会和游行,庆祝武汉市社会主义改造胜利完成。

与此同时，黄石、沙市、宜昌、孝感和全省重要城镇也掀起全行业公私合营的高潮。

1956 年 1 月 22 日至 24 日，省委召开专员、市长、县长联席座谈会，讨论加速对私营工商业、手工业、交通运输业的改造措施，决定采取“先粗后细，先合后清”和只要申请就批准的办法。26 日，省委批转张体学在会上的总结发言，要求在改造过程中注意不妨碍生产和经营，不准追逼资金做好人事安排。会后，各地广泛采取一次批准、全面合营的办法，在半年内基本完成了对全省资本主义工商业的全行业公私合营。

到 1956 年底，湖北对全省 1538 家私营工业企业进行合营，分剥、整合后，形成公私合营工业企业 624 户，职工 62702 人，总产值达 5.3 亿元；公私合营商业（包括饮食、服务业）企业 18793 户，职工 40455 人，公私合营及合作商店、小组商品零售额达 5.4 亿元。

全行业公私合营后，省委、省人委根据《中共中央关于资本主义工商业改造问题的决议》和有关文件精神，开展了对合营工商业企业的系统改组、改造工作。改组、改造工作基本围绕清产核资、经济改组、定息定心和人员安排等环节进行。

一是清产核资与定股工作。公方按照“公平合理、实事求是”的原则，对企业实有财产进行清理估价，确定私方股额。在职工群众监督下，定股工作采取由资方自估、自报，同行评议，政府审批的方式。沙市在清核中，事先将机器、设备、房屋、工具、成品、企业用的牲畜等主要资产进行调查摸底，提出各项资产的一般价格和折旧计算方法，供各方评议参考。这一方法得到推广。在清产核资工作中，大部分资本家有“低估比高估进步”的思想，职工也有不让国家吃亏的思想，第一次清核的资产净值出现偏低的现象，省委、省人委察觉后对合营企业资产进行了复查，予以纠正。

二是处理增资问题。在全行业公私合营高潮中，不少工商业者将黄金、银元、人民币和宝石、首饰以及房屋拿出来，使企业增资。省委、省人委规定，对于这些财物，无论是现金或实物，一律退还原主；如不能退原物，应折价退还；高潮以前的增资不退，高潮中已在企业的垫款，作为增资的而并非现金、实物的不退；个别工商业者在明确告知退还增资政策后仍坚决不退的,其增资部分由主管部门审批批准后方可接受。在合营中,国家也加大了对湖北新合营企业投资的力度,在 1956 年增加投资 398.9 万元,其中,固定资金为 333.9 万元,流动资金为 65 万元,增强了合营企业发展潜力。

三是处理债务债权。国家对私营企业债务本着“从宽”的精神,在公私合营中予以了结,做到使一般私股能够保留适当的股权,以免造成负债过多户的大量破产。省委、省人委规定:积欠的税款,合营时一般应交清,确有困难的,可以将税款转为公股;因欠税而加征的滞纳金,一律从宽处理,酌情少收或者不收;还清银行贷款确有困难者,可转为企业偿还或转为公股;过期贷款的罚息,必要时可以适当减免;拖欠职工的工资,原则上合营时资方应偿还,资不抵债或所剩无几的,经协商可少还或不还。这些宽松、灵活的政策,为合营后企业减轻负担、发展生产创造了条件。

四是实行定息制度。根据中央统一规定,省委、省人委改变原先个别企业公私合营时实行的“四马分肥”的利润分配制度,采用了对资本家实行定息制度的赎买形式,即:年息 5 厘,从 1956 年上半年开始发放。截至 8 月,清产核资完成,全省各专区、县确定发放定息的企业有 134 家,私股金额 456.3 万元,上半年应发股息 11.41 万元,实发 10.59 万元,尚有 0.82 万元因暂不知股东下落而待发放。全行业公私合营和定息制度的实行,是对资本主义工业社会主义改造的决定性步骤。此后,公私合营企业的资本主义因素仅仅表现为资本家还拿定息这一点上,整个企业已基本上属于社会主义性质,生产关系发生了根本变化。当时规定定息 7 年不变,7 年后又延长了 3 年,到 1966 年 9 月取消定息。

五是进行人事安排。按照政策,湖北对私方人员采取“包下来”和“量才使用,适当照顾”的原则,根据企业资方人员的政治态度、工作能力与经验,对资方从业人员进行适当定职,保持原薪不变。省委、省人委要求私营企业合营后,除大型企业外,一般不另派干部进去,从企业工人、店员骨干或资本家有能力的人员中选任经理或副经理;对私方实职人员妥善安排,做到有职、有权、有事做。在选任程度上,一般采用“私提公批”的做法,即:先由同业公会提出人选方案,然后再由有关部门审查任命。对一些有贡献的或有代表性的上层人士,还做了政治上的安排。据统计,1956 年,全省共安排资方人员 4964 人,同时还为一些有困难的资本家的家属安排了工作。

对农业、手工业和资本主义工商业的社会主义改造,是一场巨大而深刻的社会变革。在这场变革中,湖北把农民、手工业者个体私有制转变成为劳动群众集体所有制,把资本主义私有制转变成为全民所有制,使全省经济成分结构发生了根本性的变化。在全省国民经济中,全民所有制和劳动群众集体所有制这两种形式的社会主义公有制经济,已经居于绝对统治地位。到 1956 年底,全省 97.24% 的农户加入了农业高级合作,手工业合作社的产值在整个手工业总产值中所占的比重由 1952 年的 4% 上升到 90.2%,国营工业和公私合营工业的产值在工业总产值中所占的比重由 1952 年的 61.5% 上升到 100%,国营商业及公私合营商业(含合作社商业)在社会商品零售总额中所占比例由 1952 年的 27.5% 上升到 93.5%。伴随着以生产资料公有制占绝对优势的新的经济基础的建立,人民民主专政的国家制度逐步健全,马克思主义在国家政治生活中的指导地位日益牢固,社会主义的思想意识和社会道德规范在人民群众中间逐渐建立,工农联盟以及工人阶级同其他劳动人民的联盟在新的社会基础上进一步巩固,这些标志着社会主义制度已经基本建立。

尽管三大改造运动存在一些需要总结的历史经验,特别是在 1955 年夏季以后出现要求过急、工作过粗、改变过快、形式过于简单划一等缺点和偏差,但从总体上说,党对社会主义改造的领导是成功的。社会主义制度在湖北的确立,是湖北历史上最伟大最深刻的社会变革,奠定了湖北今后一切进步和发展的基础。从此,全省人民进入了社会主义的初级阶段。

第 二 编

社会主义建设在探索中曲折前进

（1956年9月—1966年5月）

第八章

全面建设社会主义新湖北的良好开端

1956年,在社会主义改造基本完成和大规模经济建设取得重大进展的伟大胜利之中,湖北迈入全面建设社会主义的新征程。全省上下精神振奋,急切地想在新建立的社会主义制度的基础上迅速发展生产力,改变经济、文化发展水平还相当落后的状况。6月,中共湖北省第一次代表大会召开,确定了建设社会主义新湖北的奋斗目标和发展社会生产的重点。随后,结合本省实际,贯彻落实党的八大精神,全面展开社会主义建设,提前和超额完成第一个五年计划,奠定了湖北社会主义工业化的初步基础。

第一节　中共湖北省第一次代表大会

一、全省工农业发展远景规划的制定

在建立起社会主义制度,开始全面建设社会主义的时候,如何站在国民经济的全局规划湖北的发展,描绘出更长远的奋斗目标,引导全省各级党组织和广大人民群众进一步认清方向、坚定信心、人人努力、建设国家,成为省委日益关注的重大问题。1955年11月,受中共中央制定《全国农业发展纲要》精神的鼓舞,也为召开第一次全省党的代表大会准备文件,省委将制定湖北省农业发展远景规划的工作提上议事

日程。

当时,湖北省是国家经济建设重点投资的省份之一,也是全国人民大力支援的重点建设地区。全国"一五"计划安排在湖北的一批重点工程建设顺利推进,武汉至大冶一线的工业基地日益展露雏形,国家有关部门还酝酿在"二五"计划期间,继续安排在湖北兴建一批新的工业企业和大型水利工程,除继续在武汉、黄石地区再兴建若干新的工厂和扩大建设部分工厂外,还计划兴建汉江丹江口水利枢纽工程和长江三峡水利枢纽工程,在襄樊、老河口一带和宜昌、宜都一带建设新的工业基地。汉江丹江口水利枢纽工程已经开始设计,长江三峡水利枢纽工程也开始了勘探。这两个规模巨大的工程的建成,不仅可以有利于湖北人民消除千百年来的洪水威胁,而且由于极大的水力发电量,也将有力地促进我国社会主义工业化的发展和农业的电气化、交通运输业的电气化、国防的现代化。为适应以上重大项目建设的需要,国家还计划在湖北修建铁路[①]。大规模的社会主义建设,必将对农业的发展提出更高的要求。湖北历来是全国重要粮棉生产基地,农业发展,农村繁荣,就能为全国人民提供大量粮食、工业原材料和大批劳动力。这一切对湖北各级党组织和广大人民群众来说,既是莫大的鼓舞,也是历史的重托与责任,要求湖北党组织和人民群众早做规划,周密谋划,有所作为。

1955年11月中旬,王任重在杭州参加了毛泽东主持的全国农业发展纲要研讨起草工作。他回到湖北后,即到黄冈地区找农村支部书记座谈,并在黄冈地委召开的四级干部会议上讲话,提出党在农村的任务是,建设社会主义新农村,建设人民幸福新生活,实现"青山绿水,花花世界,丰衣足食,人面桃花"[②]。随后,《湖北日报》以《建设社会主义的新农村,建设人民幸福的新生活》为题,发表王任重的讲话,向全省发出了发展农业生产,改变农村面貌,建设社会主义新农村的号召。1956年1月18日至22日,省委召开地委书记联席会议。分析农业合作化的形势,

① 王任重:《动员一切积极力量为建设社会主义的新湖北而奋斗》(1956年6月25日)。

② 王任重:《对湖北"大跃进"的若干回忆》,《"大跃进"运动(湖北卷)》,中共党史出版社2004年版,第453页。

讨论了农业发展规划问题。在制定农业发展规划的过程中,省委迅速认识到,农业合作化的实现和大规模农业生产运动的展开,必然要求地方工业大批量地生产新式农具、农业机械、化肥、交通运输工具、杀虫药械等农用物资,并要对农产品、土特产品及时加工,满足农业生产发展的需要。于是,也着手对湖北的工业、交通运输业的发展远景开始进行全面规划。

为了使以上两个规划既能反映近期和远期的发展目标与要求,又是积极的和切实可行的,同时能够鼓舞干部群众实现规划的信心,省委在制定规划的过程中,始终注重采取调查研究和发动群众相结合的方法。对照1956年1月中央政治局公布的《一九五六年到一九六七年全国农业发展纲要(草案)》(简称"四十条")的要求,省委就《一九五六年到一九六七年湖北省发展农业的全面规划(草案)》〔以下简称《湖北农业规划(草案)》〕,先在省级各有关部门和各地委、县委中进行了充分酝酿;接着,在全省计划会议和全省区委书记联席会议上进行了讨论,作了若干补充、修改。工业和交通运输企业方面的发展规划则由省委和各市委多次举行座谈会,广泛征求意见后,提交省委第二次工业、交通政治工作会议进行了讨论、修改,然后在《湖北日报》《长江日报》上公布,征求意见。在广泛讨论的基础上,又作了修改和补充。各级党组织和广大人民群众积极参与规划的讨论和制定工作,反映了全省上下急切地改变当时经济文化的落后面貌,加快发展工农业生产,积极改善人民生产生活条件的普遍愿望。

《湖北农业规划(草案)》的重点是突出农业在国民经济中的重要地位以及对工业的基础作用,核心内容是要求大力提高粮食和其他农作物产量。当时,中央提出:工业是国民经济的领导力量,而农业在社会主义建设中占有极其重要的地位。农业用粮食和原料供应工业,同时农村为工业提供巨大的国内市场。中央指出,农业合作化为农业生产力的发展开辟了广阔道路,没有农业合作化,在个体经济的条件下,农业难以实现较大发展。据此,省委提出,全省实现农业合作化后的任务,主要是"大力地从经济上、政治上促进农业合作社的巩固,在这个基础上,开展大规模的生产运动,逐步地进行农业的技术改革,随着国家工业化，逐步实现农业机械化”[①]。省委强调了农业合作化的重要作用，指出，实现了合作化，就能够充分发挥广大人民群众的积极性和创造性，更合理地充分地利用劳动力；能够扩大耕地面积，较大规模地兴修水利，改良土壤，使用新式农具和改进生产技术；能够发展以粮棉为主的多种经营，从而大大地增加生产。《湖北农业规划（草案）》要求大力提高粮食和其他农作物产量。从1956年开始，到1967年，全省粮食总产量达到425亿斤，比1955年增长126.21%，每年递增7%，沿江滨湖地区平均每亩产量达到1000斤，丘陵低山地区平均每亩产量达到950斤，大山区和鄂北旱作物地区平均每亩产量达到600斤；全省棉花总产量达到680万担，比1955年增长132.8%，每年递增7.3%。《湖北农业规划（草案）》还对油料等其他经济作物及畜牧业、水产、林业、副业等提出了具体的发展指标和措施，规划的内容还包括增加农民收入、保护妇女儿童、扫除文盲、消灭地方流行病、除“四害”（老鼠、麻雀、苍蝇、蚊子）、建立农村广播网和电话网、建成全省气象和水文的站网、发展地方交通运输业和商业等方面，从经济到社会描绘了一幅社会主义新农村的景象。这个规划的产生，反映出省委和全省人民急切地希望改变湖北农村的落后面貌、加快农业发展、积极改善人民的物质和文化生活、消灭危害人民健康的地方性疾病、建设一个富庶而环境优美的社会主义新湖北的愿望。

《关于湖北地区工业和交通运输企业工作全面规划要点（草案）》〔以下简称《湖北工交规划（草案）》〕，是作为党在工业、交通运输企业的政治工作规划提出的，只对企业发展的远景概括性提出要求。其主要内容有四个方面：一是提出生产厂矿和交通运输企业要提前一年完成“一五”计划，国家重点建设项目要提前完成建厂任务，争取提早投入生产；二是对湖北地区工业和交通运输企业在7—12年中实行技术改造、采用新技术和加强科学技术研究工作提出了要求；三是大量培养干部和技术专家；四是改善职工物质文化生活。这个规划在突出支援国家重点

---

① 王延春：《关于“一九五六年到一九六七年湖北省发展农业的全面规划（草案）”的说明》（1956年6月25日）。

建设项目的同时，对湖北地方工业的发展也给予了相应的重视，强调要以农具、药械、农药、肥料和茶、麻、丝、水产加工以及为工业建设服务的建筑材料工业为重点，积极地有计划地发展地方工业和适当地发展手工业。在发展中，要执行为农村经济服务，支援国家重点建设工程，为城乡人民提供价廉物美的生产生活用品和为国家建设积累建设资金的方针。在发展地方工业和手工业时，要注意地区上的合理布局和产、供、销的平衡及专业发展中的协作配合。《湖北工交规划（草案）》还提出：从1956年起，在7年内，使地方工业总产值增加3倍左右。

为全省工农业发展制定中长期规划，这在湖北历史上还是第一次。两个规划（草案）的提出，是省委从抓社会主义改造开始向抓经济建设工作转变的一个标志，它反映了全省上下急切地想改变落后面貌，加速发展工农业生产，改善人民生活条件的美好愿望和建设社会主义的热情与决心。这两个规划的制定，为即将召开的中共湖北省第一次代表大会做了重要准备。

二、中共湖北省第一次代表大会的召开

中共湖北省第一次代表大会于1956年6月25日至7月4日在武昌举行。出席这次代表大会的代表共715人，列席代表209人，代表全省26万余名党员。这次代表大会的任务是："充分发扬党内民主，开展批评与自我批评，特别是自下而上的批评，揭露工作中的缺点和错误，扫除一切阻碍着我们前进的消极因素，提高党的战斗力和党组织的领导水平，以便使我们在已有成就的基础上，加速社会主义经济建设和文化建设。"①大会的主要议程有三项：一是审议省委工作报告，审议《一九五六年到一九六七年湖北省发展农业的全面规划（草案）》和《湖北地区工业交通运输企业工作全面规划要点（草案）》；二是选举中共湖北省委员会；三是选举出席中国共产党第八次全国代表大会的代表。在大会开幕的当天，受省委委托，王任重作了《动员一切积极力量，为建设社会主义的新湖北而奋斗》的工作报告，王延春作了《关于〈一九五六年

① 王任重：《动员一切积极力量，为建设社会主义的新湖北而奋斗》（1956年6月25日）。

到一九六七年湖北省发展农业的全面规划（草案）〉的说明》，刘晋作了《关于〈湖北地区工业和交通运输企业工作全面规划要点（草案）〉的说明》。

王任重代表省委所作的工作报告，分为三个部分：（一）领导农业生产合作社不断地增加生产，增加社员的收入；（二）深入持久地开展先进生产者运动，提前、全面、超额完成第一个五年计划，为第二个五年计划做好准备；（三）加强领导，提高全体党员的积极性，保证实现全省工业和农业生产的全面规划。

该工作报告比较系统地提出了建设社会主义新湖北的任务和方针政策。在农村工作方面，该工作报告指出，在基本实现了农业合作化的情况下，今后在农村中的任务主要是从经济上和政治上巩固新型的社会主义合作经济制度，保证按照农业发展的全面规划进一步发展农业生产，不断提高农民生活水平，并且在合作化的基础上逐步进行农业技术改造和随着国家工业的发展实现农业机械化。为此，要坚持以粮棉增产为主，积极发展多种经营，保证社员收入不断增加，满足国家和人民群众日益增长的对农副产品和土特产品的需要；要坚决执行按劳分配、多劳多得的分配原则，保证谁做得最多最好，谁得到的报酬就最多；要实行民主管理，依靠社员办社，充分发挥广大社员的积极性和创造性；要改进商业、银行和税收工作，以促进农业生产的全面发展；要随着生产的发展，进一步提高农民的物质福利，并逐步繁荣发展农村文化生活。在工业和交通运输业方面，该工作报告提出，要及时发现和充分发挥一切积极因素，把生产不断地推向高涨，提前、全面和超额完成第一个五年计划。报告强调必须按照“又多、又快、又好、又省”的方针进行生产，坚决防止和纠正任何为了追求产品数量和建设进度而不惜质量，忽视劳动保护，以及为了提高质量而不惜延缓建设进度，提高成本的观点和做法；要大力推广先进经验，不断消除薄弱环节，把生产运动推向新的高涨，创造更高的劳动生产率和更高质量的产品；要大力组织职工群众向文化和科学技术进军，尽快地扫除全省职工中的文盲，使工程技术人员努力提高科学技术水平；要随着生产的发展，保证职工工资有所增长，各种福利设施有所扩大。

工作报告指出,加强党的建设是保证完成各项任务的关键。报告强调要切实加强党的领导,既要集中足够的力量加强工作重点,又要注意使各个部门的工作都跟上来,实现有中心的全面领导;在工交企业、学校中要实行党委统一领导下的分工负责制;在农村中要改变土地改革以来的"一揽子"领导方法,加强对党支部的领导,注意建立经常的政治工作制度;在与政府的关系上,要进一步加强党对政府工作的政治领导,同时,还应当明确党委各部的职责范围,克服包揽政府日常事务的现象;在领导工作中要坚持因地制宜、群众自愿的原则和说服教育、典型示范、由点到面、逐步推广的方法,不犯主观主义和命令主义的错误。

这次代表大会自始至终发扬了民主。在会议期间,先后有 54 名代表作大会发言,47 名代表作书面发言。大会还收到来信和提案共计 76 件。围绕省委工作报告和发展工、农业的全面规划(草案),代表们畅所欲言,对全省党各个方面的工作进行了全面总结,对工作经验进行了坦诚交流,对解决新出现的问题进行了有益的探讨。代表们在肯定省委领导工作的成绩的同时,对省委领导工作中的缺点进行了批评,如代表们认为对某些农产品的收购价格规定得不够合理,粮食供应上有些偏紧,农业生产资料供应方面的问题没有很好解决,对工矿企业职工、学校教职工的生活缺乏认真的关怀,对群众个人利益照顾不够,等等。大会提出今后要处理好工业与农业、粮食生产与经济作物及副业生产、商业与工农业、财政与经济、经济建设与文化建设等方面的关系,要求充分发挥全省党组织和机关工作人员、广大人民群众的积极性和创造性,认真贯彻执行中共中央关于知识分子问题的指示,动员一切积极力量,为建设社会主义新湖北而努力奋斗。

大会通过了《中国共产党湖北省第一次代表大会决议》,一致同意王任重代表省委所作的工作报告,批准省委提出的《一九五六年到一九六七年湖北省发展农业的全面规划(草案)》和《湖北地区工业、交通运输企业工作全面规划要点(草案)》,确定今后全省党组织的任务是:在已经取得胜利的基础上,全部完成社会主义改造,保证逐步实现这次代表大会通过的全省工、农业发展的全面规划,加速全省经济、文化事业的发展。《决议》号召全省党组织在党中央的领导下，团结一致，艰苦奋斗，兢兢业业，戒骄戒躁，虚心学习，联系群众，“为保证完成党和国家给予我省的巨大而光荣的任务而积极努力”。

大会选举产生了中国共产党湖北省第一届委员会和湖北地区出席党的八大的代表，共选出省委委员37人、省委候补委员14人和出席中国共产党第八次全国代表大会的代表27人、候补代表2人。

7月4日，王任重代表大会主席团作了总结报告，大会圆满完成各项议程，胜利闭幕。7月5日，中共湖北省第一届委员会举行第一次全体会议，产生了中共湖北省委常务委员会委员和书记处书记。省委常委会委员：王任重、张平化、张体学、王延春、赵辛初、许道琦、王树成、宋侃夫、李尔重、陈再道、陈一新、王良、王玉珍。省委第一书记：王任重。书记处书记：张平化、张体学、王延春、赵辛初、许道琦、王树成。

中共湖北省第一次代表大会，是中共湖北省委在湖北全面执政条件下第一次召开的全省代表大会。这次大会在总结经验、发扬民主的基础上，提出的建设社会主义新湖北的任务和进行经济建设、发展科学文化事业的方针政策，是湖北党组织开始探索湖北社会主义建设所取得的初步成果，它为迎接具有重大历史意义的党的第八次全国代表大会的胜利召开，动员全省人民群众全面开展社会主义建设打下了思想基础。

第二节　联系实际贯彻党的八大精神

一、学习党的八大精神

1956年9月召开的中国共产党第八次全国代表大会，是党取得全国执政地位后召开的第一次全国代表大会，是中国共产党在领导全国人民基本完成社会主义改造，转向探索社会主义建设道路的关键时期召开的一次重要会议。从1945年党的七大召开以来，党领导中国人民经历了两次有巨大意义的历史转变。一是经过长期艰苦卓绝的斗争，推翻了帝国主义、封建主义和官僚资本主义的反动统治，在1949年建立了中华人民共和国；二是到八大召开前夕，在积极推进社会主义工业化的同时，全国绝大部分地区基本上完成了对农业、手工业和资本主义工商业的社会主义改造，建立起社会主义的基本制度。党的八大是一次历史性的盛会。出席会议的代表共1026人，代表全国1073万党员。50多个外国共产党、工人党代表团以及国内各民主党派和无党派民主人士的代表应邀参加大会。毛泽东致开幕词，刘少奇代表中央委员会作政治报告，邓小平作关于修改党章的报告，周恩来作关于发展国民经济的第二个五年计划的建议的报告。朱德、陈云董必武等68位代表作大会发言，45位代表作书面发言。大会通过了各项报告和《中国共产党章程》《中国共产党第八次全国代表大会关于政治报告的决议》《中国共产党第八次全国代表大会关于发展国民经济的第二个五年计划（1958—1962年）的建议》，选举了第八届中央委员会，圆满完成了各项议程。在紧接着举行的八届一中全会上，产生了新的中央领导机构。

党的八大正确分析了国内形势和国内主要矛盾的变化，提出了党在今后的根本任务，进一步确定了社会主义建设的战略目标。大会明确指出：由于社会主义改造已经取得决定性的胜利，我国无产阶级同资产阶级之间的矛盾已经基本上解决，几千年来的阶级剥削制度的历史已经基本上结束，社会主义制度已经基本上建立，国内的主要矛盾已经是人民对于建立先进的工业国的要求同落后的农业国的现实之间的矛盾，已经是人民对于经济文化迅速发展的需要同当前经济文化不能满足人民需要的状况之间的矛盾。这一矛盾的实质，也就是先进的社会主义制度同落后的社会生产力之间的矛盾。党和人民当前的主要任务，就是要集中力量来解决这个矛盾，把我国尽快地从落后的农业国变为先进的工业国。“尽可能迅速地实现国家工业化，有系统、有步骤地进行国民经济的技术改造，使中国具有强大的现代化的工业、现代化的农业、现代化的交通运输业和现代化的国防。”[①] 八大以对新形势下国内主要矛盾的分析为基

① 《中国共产党章程》（1956年9月26日），中共中央文献研究室编：《建国以来重要文献选编》第9册，中央文献出版社1994年版，第315—316页。

础,在经济、政治、文化等方面和执政党建设方面,作出了一系列重要决策。

湖北省共有24名正式代表和候补代表参加这次历史性的盛会。王任重、张体学、肖慧纳等代表湖北作了大会发言。

大会闭幕后,湖北省委决定迅速组织全省党员干部学习贯彻党的八大精神。9月19日,省委发出《关于学习“八大”文件的通知》,对县级以上党委组织党员干部学习八大的相关文件作了部署。10月26日,省委发出《关于在基层干部和人民群众中开展党的第八次全国代表大会的宣传的通知》,结合湖北实际情况,详细安排了广大干部群众学习八大精神的主要内容、时间步骤和具体要求。10月30日,省委第二次全体会议通过《关于学习“八大”文件,总结工作,整顿作风的决定》,决定在全省进行一次比较集中的整风学习,并对整风学习的安排、基层单位的整风学习以及有关整风学习的领导问题都作了具体规定。要求全省党组织和党员,特别是县以上领导干部,以八大文件为武器,总结经验,整顿作风,反对主观主义、官僚主义和宗派主义,提高马克思列宁主义水平,以便调动一切积极因素,保证社会主义事业取得更大的胜利。按照《决定》的要求,全省各级党组织采取理论与实践相结合的方法,深入地学习领会八大的精神实质,通过总结工作,发扬党内民主,开展批评与自我批评,整顿干部的思想和工作作风。

积极而细致的宣传组织工作使全省广大党员、各级干部在学习、领会八大的主要精神和重要决策上取得了明显的成效。全省广大党员、干部在学习八大精神的过程中,进一步理解、把握了在新的历史条件下国内的主要矛盾和党所面临的主要任务以及应采取的方针政策,进一步明确了发展生产的重点和全面建设社会主义的目标,进一步坚定了建设社会主义的信心,并联系实际,表示要努力克服工作和思想中不符合八大精神的主观主义、官僚主义、宗派主义等倾向,自觉转变工作作风和工作态度。这也为贯彻落实党的八大确定的方针政策,全面开展社会主义建设营造了良好的氛围。

二、以八大精神为指导全面推进社会主义新湖北建设

在宣传学习党的八大精神的同时,省委及时把注意力集中到结合湖

北实际上，贯彻落实八大精神，全面推进社会主义新湖北建设。

根据党的八大关于我国社会主要矛盾和主要任务转移的论断，省委将社会主义全面建设的重心放到以工农业生产为中心的经济建设上。1956 年 10 月，省人民委员会明确提出全省工作必须以工农业生产为中心，贯彻综合平衡的经济建设指导方针，在此前提下对工业基建项目全面考虑，重点安排。同年 12 月，湖北省第一届人民代表大会第四次会议再次强调，1957 年的中心任务是“增加生产，厉行节约，进一步促进工农业生产新的高涨，争取全面完成和超额完成国家计划”。在这一思想的指导下，省人委批准下达了 1957 年国民经济计划，颁布了农业、工业、商业、财政等方面的发展指标。为了保证 1957 年国民经济计划的顺利完成，湖北省在农业、工业、商业方面采取了以下主要措施。

在农业方面，湖北省主要是改善农业生产条件。根据“以粮棉为主，积极发展多种经济”和在山区则应大力贯彻执行“保证粮食自给有余，大力发展多种经济”的方针，省委要求：继续因地制宜地实行单季稻改双季稻、籼稻改粳稻、坡地改梯田或梯地、旱地改水田或水浇地、低产作物改高产作物 5 项改革；大力兴修水利；开辟肥源，增施肥料；开展防旱、防涝、防病虫、防兽疫、防鸟兽害的“五防”运动，提高抵制自然灾害的能力；全面实行以适时早播、适当密植、全苗壮苗为主的综合技术措施；大力推广新式农具，对旧式农具进行改良。此外，湖北省还对农业社的分配、管理也进行了进一步的规范和合理化。1957 年 8 月湖北省召开农村工作部长会议，专门讨论农业社的分配、经营管理问题。会议强调“一般农业社全年分配给社员部分要占总收入的 70% 左右，最少也不得少于 60%”，要求各农业社妥善处理国家、合作社和社员三方面的利益关系。会议还坚持按劳分配、统筹兼顾、全面安排的分配制度，强调实行“三包”（包产量、包工分、包成本），做好财务，推行社队分权的管理制度。这些措施的推行，促使生产条件显著改善和分配、管理更加规范，进一步调动了群众的生产积极性。

在工业方面，针对基建项目的物资原料供不应求、产品和工程质量无法达到预期要求的状况，省委、省人委遵照中共中央的指示和党的八大的决策，采取了相应措施：各级管理部门根据轻重缓急，对基建项目进行重新排队，控制基建项目，缩减基建规模；各企业采取物资调剂交流、清理仓库、采用代用品等措施，在物质材料上挖潜利废；各施工单位在保证质量的基础上，向生产经营要效益，通过改善管理、改进设备和工艺、改良工具、提高操作技巧，提高劳动生产率，降低消耗成本。此外，各级计划委员会和有关业务部门定期检查计划的执行情况，积极平衡供、产、销，并对基建工程进行定期的排队审查。这些措施在一定程度上缓解了基建规模与物资供应、产品数量与质量、产量计划与成本利润计划的矛盾，使产品质量、技术水平和管理水平大幅度提高，有利于与农村生产有密切联系的农具、机械制造和修理、印刷、石灰、砖瓦等行业更快、更多地发展。

在发展工农业生产的同时，省委、省人委根据党的八大关于经济运行体制的决议，对经济体制进行了进一步改革和规范。此前，湖北对经济体制进行了初步改革。在 1956 年 6 月，全省财经工作会议对全省的购销体制和农土特产品的价格进行调整，作出“除了国家计划收购和计划供应的物资，国营商业和供销社必须按计划经营以外，其他都可以让农民自由买卖，并允许价格自由”的决定，明确了开放国家统一领导下的自由市场的方针。但由于政策是初步的，没有明确自由购销商品的范围，导致了市场管理和经营的混乱，有些应该管理的物资没有认真管理，应该自由购销的商品又没有很好地开放。党的八大以后，为贯彻经济体制改革的精神，确保市场经营的“管而不死，活而不乱”，省人委于 1956 年 12 月 1 日召开扩大会议，总结了全省开放国家领导下的自由市场的成绩，分析了存在的问题，讨论通过了《关于开放国家领导下的自由市场的若干问题的指示》，明确统购、统一收购和自由购销物资的范围和措施，放开自由购销物资的价格，设立交易场所、管理机构，规范了市场交易和管理，并针对自由市场发展过程中出现的实际问题制定颁布了《几个关于税收的问题》《关于对合营商业、合作商业和小商小贩贷款工作的指示》《湖北省市场管理暂行办法》等文件。这些举措为完善国家统一领导下的自由市场提供了政策依据，为自由贸易的发展提供了良好的交易环境，极大地推动了自由市场的活跃，丰富了经营品种。

在文教事业方面进一步加强了党的领导。湖北解放几年来,文教事业有了很大的发展。但就整个来说,无论数量和质量都不足以适应社会主义建设事业迅速发展的需要。各条战线甚至文教事业本身,都缺乏干部,特别是缺乏科技人才,严重影响到各项事业的发展和生产水平的提高。对此,省委指出,文教工作所担负的任务是为国家培养建设人才和提高人民文化水平,是百年树人的工作。对于这项工作若不及时加强领导,使文教工作在整个社会主义事业中得到相应的发展和提高,势必影响整个社会主义建设,势必会犯严重的错误。省委要求各级党委拿出适当的时间和力量来考虑和安排文教工作,定期在党委会议上讨论和研究文教工作方面的重大问题;党委分工中要明确一位书记负责管理文教工作;县以上各级党委成立文教部,挑选具有较高政治水平和业务能力的骨干到这个新建部门去工作,充分发挥文教部作为党委助手的作用。鉴于文教队伍是以知识分子组成的,省委要求各级党委必须进一步教育党内外干部特别是广大基层干部正确地掌握党的知识分子政策,完整地贯彻执行党对知识分子团结、教育、改造的政策,积极地改进知识分子的工作条件和生活条件,积极地在文教系统中加强党的建设,吸收具备条件的优秀分子入党。为进一步发展教育文化事业,省人委批准了全省教育事业七年规划,积极发展师范教育和高等教育,培养师资力量。全省还开展扫盲运动,创办脱产和半脱产的乡民校,训练民间教师,编辑大量的文化技术课本、劳动定额课本和记工识字课本,利用农闲和工余时间进行群众性的文化教育,大力提高农村人口的文化水平。

在党的建设方面也取得了许多新进展。根据八大党章关于党的省、直辖市、自治州、县、自治县、市代表大会实行常任制的规定,省委发布文件,对在党的八大以前召开的地方各级党的代表大会实行常任制的问题,作出具体部署。要求是:在 1956 年内召开的党的代表大会,一般地从这一届起改为常任制,原有的代表都作为常任代表,一年召开一次代表大会。1955 年底以前召开过代表大会,按照新党章规定已经到或将要到召开下一届代表大会时间的,则应在召开代表大会后再实行常任制。在加强党的集体领导制度方面,湖北省委在八大以前积极探索、加强了对工业企业以及农业领域党的集体领导，取得了良好的效果。八大以后，湖北省委积极加强对财贸、银行工作中党的领导，落实“全面领导，统一安排”。1956 年 12 月，省委批转财贸部门关于在财贸企业中实行党委制的报告，要求地、市、县委认真执行决议，采取切实有效的措施，尽快在企业基层建立健全党委制度，并指出，“必须明确实行集体领导分工负责制度是财贸企业的根本制度”。这一决议为此前大多数湖北财贸企业中缺乏党支部领导的现状提供了解决方案。到 1957 年底湖北省绝大多数财贸企业、银行建立了党委。此外，湖北省委还根据八大精神，加强对党员个人的考核和管理。从 1957 年 3 月到 5 月，湖北省狠抓预备党员的转正工作，完善鉴定制度，严格评定标准，并对党员进行思想教育，加强了党的队伍建设。

在摸索领导工作方法上，省委总结推广了红安县领导干部种试验田的经验，得到毛泽东多次赞扬和肯定，并在全国普遍推广。1956 年，实现农业合作化后，一部分干部不安心农村工作，“人在乡里，心在城里；人在社里，心在机关”，“愿坐在屋里开会办公，不愿下乡领导生产；愿到先进社，不愿到落后社；愿和乡、社干部打交道，不愿做深入的群众工作”。红安县委书记带头种试验田，以点带面，实现了对全县农业生产的具体领导。省委总结、推广这个经验，并要求使干部种试验田成为干部参加生产、领导生产、学习技术、联系群众的一种经常性制度，成为干部参加劳动、提高领导能力和技术水平的中心基地，成为先进科学技术与农民固有经验以及干部培植高额丰产与群众培育大面积丰产相结合的桥梁。红安干部种试验田的经验得到了党中央、毛泽东的肯定。毛泽东亲自接见了红安县种试验田的干部代表，还在制定《工作方法 60 条》中，将“普遍推广试验田”列为一条，中共中央发出了《关于普遍推行种试验田经验的通知》，指出：“种试验田是一种彻底克服官僚主义和主观主义的方法；它可以打掉歪风，使干部真正到群众中间去领导群众。”

第三节　湖北“一五”计划的成就和“二五”计划的制定

一、湖北“一五”计划的成就

湖北省发展国民经济的第一个五年计划从1953年正式确立以来，经过全省人民5年的艰苦奋斗，到1957年底，“一五”计划的各项指标大幅度地超额完成，湖北的生产能力、技术水平、人民生活都向前迈进了一大步，取得了令人瞩目的成就，为后来的工业化奠定了物质基础、人力资源和技术资源的基础，对湖北经济社会的发展具有决定性的加速作用。

“一五”时期，湖北省对经济和文教卫生事业的基本建设投资总额达22.37亿元(含国家投资15.81亿元)，新增固定资产17.74亿元，固定资产交付使用率为70.7%，新增的资产相当于1952年全省固定资产原值的7.4倍。1957年全省工农业生产总值达到56.38亿元，比1952年增长74.22%，平均每年增长11.8%，高于全国平均增长水平0.9个百分点。

工业较大幅度的增长，初步改变了全省工农业总产值中以农业为主的局面。“一五”期间，全省集中力量兴建苏联援助我国156项工业重点工程之中的武汉钢铁公司一期工程、武汉重型机床厂、青山热电厂一期工程和苏联援助我国的其他重点工程(包括武汉长江大桥、武汉锅炉厂、武昌造船厂、武汉肉类联合加工厂等)，并大力发展地方工业，新建、改建和扩建了300多家地方骨干企业，初步奠定了社会主义工业化的基础。1957年，全省工业总产值达到24.31亿元，比“一五”计划指标超过55%，比1952年增长1.6倍，平均每年增长20.1%，比全国平均增长率高出2.1个百分点。工业产值在工农业总产值中所占的比重，由1952年的30.1%上升到1957年的43.1%。在工业总产值中，重工业所占的比重，已由1952年的22.2%上升到1957年的34.8%，改变了湖北以往重工业过分落后的面貌。随着工业的发展,主要工业产品产量大幅度增加。1957 年,全省钢产量达到 14.75 万吨,比 1952 年增加 2.32 倍。生铁产量达到 5.23 万吨,比 1952 年增加 1 倍多。原煤产量达到 73.88 万吨,比 1952 年增长 78.2%。发电量达到 4.39 亿千瓦小时,比 1952 年增长 1.69 倍。水泥产量达到 53.89 万吨,比 1952 年增加 1.15 倍。棉纱产量达到 24.68 万件,比 1952 年增加 1 倍。棉布产量达到 1.37 亿米,比 1952 年增加 1.6 倍。人民生活消费工业品大幅度增加,机械纸、硫黄、工业用泵等产品产量成倍增长,硫酸、烤胶、柴油机、煤气机、金属切削机床等新产品开始批量生产,工业技术水平明显提高。

农业有较大发展。粮、棉、油、生猪、水产等主要农产品的产量均提前突破"一五"计划的指标。1957 年,全省粮食总产量达到 197.22 亿斤,比 1952 年增长 31.9%;棉花总产量达到 420.34 万担,比 1952 年增长 72.7%;其他如大豆、花生、苎麻、蚕茧等都有较大的增长;作为主要肉食来源的生猪,从 1952 年的 450 万头增至 1957 年的 762 万头,突破了"一五"计划中养猪 636 万头的指标,增长 85.48%;水产总产量在 1956 年就达到 13 万余吨,突破"一五"计划指标的 10%。这些都对解决人民吃饭、穿衣,提高人民生活水平有极大的帮助。5 年来,全省共投资 5 亿元开展水利建设,加固汉江干堤、荆江大堤,兴修水库、塘堰,使水害开始变水利,瘠地开始变良田。5 年来,全省大力推行耕作制度与技术改革,创造了大面积丰产典型。通过一季改两季、旱地改水地耕作,播种面积增加 1000 余万亩,双季稻越过长江向北发展,一些地方原来吃不到白米的情况开始改变;通过推广良种,一批水稻、小麦优良品种已在全省普及,全省范围内的技术推广站网建立,深耕密植、防治病虫、合理灌溉、分期施肥等先进技术开始为广大农民所掌握。农民祖祖辈辈沿用的古老农具也开始改变,农业机械化、电气化有了一个良好的开端。全省抽水机已由 1952 年的 200 余台发展到 1300 余台,农村小型水力发电站开始兴办;1955 年襄阳姜沟地区开始建立第一个机械拖拉机站,两年间全省拖拉机站增加到 10 个,已有 200 余台拖拉机和相应的农业机械为附近农业社代耕。

交通运输邮电业发展很快。"一五"时期,国家和湖北省投资 4.74

亿元,大力发展交通运输事业。1957 年,全省公路通车里程达到 7028 公里,比 1952 年增加 1 倍多,汽车货运量增加 3 倍多。内河通航里程达到 1.08 万公里,比 1952 年增长 83.2%,水上货运量增加近 2 倍。铁路通车里程达到 354 公里,比 1952 年增加 3.5%。1957 年全省邮路延长到 10 万多公里,90% 以上的乡政府有了电话。

文教卫等各项事业获得较快发展。由于经济建设高潮中技术人员极为短缺,全社会形成了重视教育的氛围。在此期间,国家和湖北省还投资兴建了华中工学院、华中农学院、华中师范学院、武汉测量制图学院(1958 年改名为武汉测绘学院)、武汉水利学院(1958 年更名为武汉水利电力学院)、武汉医学院、湖北医学院、武汉体育学院等大专院校,兴建了 212 所普通中学和 5779 所小学。1957 年,高等学校达到 19 所,在校学生达到 2.867 万人,比 1952 年增长 223.22%。普通中学在校学生达到 21.28 万人,比 1952 年增长 157.22%。全省县及县以上医院达到 137 所,比 1952 年增长 33.01%。医院病床达 1.38 万张,比 1952 年增长 163.95%。卫生技术人员达到 5.33 万人,比 1952 年增长 75.12%。由于卫生事业的加强和医疗条件的改善,流行性疾病大大减少,过去对人民身体健康威胁极大的天花已经消灭,霍乱等几种烈性传染病基本得到控制,血吸虫病的蔓延已开始受到控制。此外,这一时期,全省的报刊、电台、有线广播等新闻文化事业也有了长足的发展。

在国家财政和人民生活方面,5 年间,全省物价基本稳定,财政收支平衡,商品流通扩大,物价稳定,人民的物质、文化生活水平有了初步提高。1957 年,全省财政收入 6.27 亿元,比 1952 年增长 64.57%,财政支出 3.55 亿元,收支相抵,盈余 2.72 亿元。1957 年,全省社会商品零售总额达 21.38 亿元,比 1952 年增加 2.6 倍。1957 年全民所有制职工平均工资达 563.54 元,比 1952 年增长 54.28%。农民家庭人均纯收入达到 93.2 元,比 1952 年提高了 0.7%。“一五”计划期间,基本建立起公费医疗制度和医疗上的劳动保护制度,绝大多数国家公职人员、高等院校学生和工矿企业职工都能享受到有病就医的经济保证。在农村,对那些严重危害健康的流行性疾病的治疗,则采取了减免费用的办法。普遍建立高级农业生产合作社以后,又规定对老、弱、孤、寡、残疾社员要保证他们的吃、穿和柴火的供应，保证年幼者受到教育和年老者死后安葬，使他们的生养死葬都有依靠，并努力使这些“五保户”（“五保”即保吃、保穿、保医、保住、保葬）增加收入。

“一五”时期不仅在经济上取得了实际的建设成就，而且也取得了可贵的经济建设经验。如“一五”计划以经济建设为中心，正确处理政治和经济的关系；注重发挥国家的经济职能，适当集中统一，对经济发展进行必要的宏观干预；尊重客观经济规律，把协调经济重点建设与全面安排结合起来；经济生活应讲求经济核算，把提高经济效果放到重要地位；正确处理积累与消费关系，科学掌握社会生产与社会需要的尺度，把发展生产与改善人民生活结合起来；注重农业的基础性地位，把农村工作放到全省工作的重要位置上来抓；统筹安排科学、文化、教育、医疗、卫生等事业，为经济建设的长远发展打下坚实的人才基础等。

当然，作为新中国成立以来国民经济建设的第一个五年计划，“一五”计划也存在一些不足。比如工业投资规模过大、发展速度过快、工业发展超前等。特别是在“一五”计划建设的后期，由于社会主义改造突破了原来的计划，改造的速度大大加快，导致经济建设上也出现了急躁冒进的情绪，这为后来在社会主义建设问题上不断出现“急于求成”埋下隐患。

二、《湖北省第二个五年计划轮廓》的形成

随着“一五”计划的提前超额完成，“二五”计划的制定提上了党和国家的议事日程。1956 年 9 月，党的八大通过了周恩来亲自主持编制的《关于发展国民经济第二个五年计划（1958—1962）的建议》。《建议》吸收“一五”建设的经验和教训，明确提出，在经济建设中既要反对右倾保守，又要反对急躁冒进的倾向，坚持在综合平衡中稳步前进的经济建设方针。确定 1962 年与 1957 年相比，工农业总产值增长 75% 左右，其中工业总产值增长 1 倍左右，农业总产值增长 35% 左右，基本建设投资增长 1 倍左右。1957 年 4 月，中共中央批转了中共国家计划委员会党组向中共中央提出的《关于研究和编制第二个五年计划的报告和建议》，要求各省、市、自治区和中央各部门总结“一五”计划执行情况，研

究“二五”计划的编制问题。

遵照中央和省委、省人民委员会的要求，湖北省计划委员会根据党的八大通过的《关于发展国民经济第二个五年计划（1958—1962）的建议》和中共中央批转中共国家计委党组向中央提出的《关于研究和编制第二个五年计划的报告和建议》，在总结湖北省“一五”计划建设经验的基础上，着手编制湖北省“二五”计划，并于1957年7月形成了《关于第二个五年计划建议报告（草案）》，广泛征求修改意见。同年11月，在全省计划会议上，省计委正式提出了《湖北省第二个五年计划轮廓》。

《湖北省第二个五年计划轮廓》明确提出全省经济建设要遵循的三个原则，即把发展的重点放在农业上，全力以赴，一切工作围绕这个中心任务去组织；把计划安排放在统筹兼顾上，发挥各个方面的积极因素；把经济发展放在坚决贯彻勤俭建国的方针上，坚持增产节约运动，使人力、物力、财力发挥最大作用。计划安排的要点：一是充分利用全省资源，发展以原材料、燃料、肥料为主的工业生产，进一步支援国家工业建设和农业生产，争取有资源、有条件发展的煤、铁等几种主要产品，达到自给或半自给，以减轻国家物资供应的负担，促进全省经济的发展；二是巩固农业合作化的成果，发展以粮棉增产为主的多种经营，特别是山区更应在粮食自给有余的条件下，开展多种经营；三是在基本建设增长，工业、农业、手工业发展的同时，相应地发展交通运输事业，特别是山区的交通建设，应在财力、物力、人力许可的条件下大力发展，促进山区的经济繁荣；四是发展文化教育卫生事业，努力培养建设人才，争取向农村输送一批受过中等教育、具备一定科学知识和文化素养的生力军，为农业增产创造有利条件；五是在发展生产的基础上，增加工人、农民及一切劳动者的收入，改善人民群众的物质、文化生活。

《湖北省第二个五年计划轮廓》提出了5年内农业、工业、交通运输业、基本建设等方面的发展指标。

在农业方面，要求全省绝大多数农业合作社的生产水平达到或超过当地富裕中农。1962年粮食总产量达到1550万吨，5年内每年平均增长5.9%；棉花总产量达到30万吨，5年内年平均增长7%；油料作物产量增加到57.5万吨，增长幅度为15%。为了保证农业生产按上述要求发展，在第二个五年计划期间,要求大力兴修水利,防洪抗旱;大力发展机械排灌;大力开荒,根据各地情况推行旱地改水田;大力造林等。

工业方面,为了支援农业生产,要求积极发展地方工业。与 1957 年相比,1962 年工业总产值中,地方工业增长一倍,手工业增长 50%;化肥产量要求达到 20 万吨至 30 万吨,农具的改良和新式农具的制造工作必须加强,农具和农业机械的修配网也必须相应跟上。要求大力增加煤炭、生铁、钢材、硫黄、石膏、木材、南竹的生产,解决原材料和动力供应问题。

交通方面,要求在第二个五年计划期间修通鄂西及鄂西北新建的两条干道,晴雨畅通的公路要求从既有的 2100 公里增加到 4100 公里。水运航道要积极开发,充分利用。同时,发展邮电通信,使 20% 的农业社能够与乡领导机关通电话。

基本建设方面,要求湖北省“二五”投资主要用于支援国家工业建设和发展农业生产的各项相关措施以及开发山区的交通建设事业,其次是用于城市建设和文化教育事业。全省“二五”期间计划安排基本建设投资 95009.15 万元,比“一五”期间增长 98.9%。

全省计划会议对《湖北省第二个五年计划轮廓》进行讨论审议之后,明确要求在今后 5 年全省地方经济的发展必须遵循这个计划轮廓确定的 3 个原则,各地区要据以制定本地区的五年计划,进一步组织推动全省经济建设高潮的到来。

《湖北省第二个五年计划轮廓》所安排的工农业增长速度、基本建设投资规模以及各种主要工农业产品的增长速度,与“一五”计划比较相差不大,总的来说,这个计划是符合党的八大精神和湖北经济社会发展实际的。其中提出的一些重要原则,反映了当时全省党组织努力探索社会主义新湖北建设道路所取得的新的认识成果。但是,由于“一五”末期加重对“反冒进”的批判,随之在全国范围内发动了“大跃进”,偏离了党的八大的正确路线,盲目追求高速度、高指标,正常的计划工作被打乱,初步确定的一些计划指标被任意修改,不断加码。在这种政治环境和氛围中,湖北省既符合党的八大精神又符合本省实际的“二五”正式计划就很难出台,《湖北省第二个五年计划轮廓》也没有得到有效的实施。

第九章

整风运动和反右派斗争

社会主义改造完成后，为加强执政党建设，正确处理人民内部矛盾，湖北省委按照中共中央的部署，传达学习毛泽东《关于正确处理人民内部矛盾的问题》，开展整风运动、反右派斗争。同全国一样，反右派斗争被严重扩大化，一批知识分子、爱国人士和党内干部被错划为“右派分子”，造成了不幸的后果。

第一节　对《关于正确处理人民内部矛盾的问题》的传达贯彻

从1956年秋冬开始，由于社会主义改造迅速完成，加上经济建设中出现冒进的影响未能消除，一些新的社会矛盾开始突出。部分城市粮食、肉类和日用品短缺，少数学生、工人和复员军人在升学、就业和安置方面遇到不少困难，以致发生请愿、罢课、退社事件。而执政党的地位，也使得干部中的官僚主义、主观主义、宗派主义的作风滋长开来，在社会上引发不满。向来对国内外形势最为敏感的知识分子在“百花齐放、百家争鸣”方针提出后，思想日趋活跃，在政治、经济、文化、教育、科学等问题上发表各种意见。有些人对党和政府工作中的缺点以及干部作风上的问题提出批评，其中有不少尖锐意见，也有一些错误议论。对于社会转型时期新出现的矛盾，全党普遍缺乏思想准备。为了引导人们尤其是党内干部正确认识新形势下出现的新问题，1957 年 2 月 27 日，毛泽东在最高国务会议第 11 次扩大会议上，以《如何处理人民内部的矛盾》为题发表讲话，系统地阐明了关于严格区分社会主义社会存在的敌我矛盾和人民内部矛盾以及正确处理人民内部矛盾的问题。毛泽东主张用民主的办法，即批评与自我批评的办法，解决人民内部矛盾问题，以便团结各族人民建设社会主义国家。3 月 12 日，毛泽东又在全国宣传工作会议上讲话对这一问题作了进一步的展开。毛泽东的这篇讲话在经过整理并作了若干修改、补充后，于同年 6 月 19 日以《关于正确处理人民内部矛盾的问题》为题公开发表。毛泽东的讲话在党内外传达后，引起强烈反响。中央连续发出通知，要求各级党委采取切实措施加强党与人民群众的联系。

湖北省委按照中央的部署，结合各项工作，在 3 月下旬至 4 月中旬相继召开了全省县委书记会议、财经会议、地县委财贸部长联席会议、文化教育工作会议、工业交通企业政治工作会议、政治协商会议、党的监察工作会议，在会上认真传达学习毛泽东关于正确处理人民内部矛盾的两次讲话的精神。同时，省委还要求各地、县委召开扩大干部会议，进行传达和学习。据统计，3 月下旬至 4 月底，全省有 19.8 万人参加各类会议，学习毛泽东讲话精神[①]。

在此期间，刘少奇为调研人民内部矛盾问题，于 3 月 7 日到达武汉，在湖北进行了 12 天的调研。16 日，刘少奇在中共湖北省委扩大会议上作了关于如何正确地处理人民内部矛盾的讲话。他分析了群众闹事的几种情况，着重指出人民内部矛盾的非对抗性，具体表现在领导与群众之间。他指出："人民内部矛盾大部分表现为人民群众和领导者之间的矛盾，更确切地说，表现为人民群众与官僚主义者之间的矛盾。"领导干部要诚心诚意地同人民群众商量、讨论，解决他们的问题，从团结的愿望出发，经过批评达到团结。他特别强调：要克服官僚主义、命令主义、尾

① 《中共湖北省委关于"正确处理人民内部矛盾问题"的执行情况的报告》（1957 年 5 月 4 日）。

巴主义，向群众讲真话。国家有困难，要翻底子。事前做好工作，群众就不会闹。闹起来后要注意：一要让闹，二不提倡闹，三不可草率处置，不可轻率捕人、开除。关键要分清是非。

毛泽东、刘少奇的讲话在湖北引起的反响同全国一样，是热烈的。在党外，一些民主人士、高级知识分子对于正确处理人民内部矛盾的讲话和“百花齐放、百家争鸣”“长期共存、互相监督”的方针很高兴，感到“国家政治生活的贤明正直是我国有史以来未有的”。还有的对“双百”方针的贯彻执行提出意见，认为当前主要问题是“放”得不够、“鸣”得不够，要求领导干部有气魄地“放”。在党内则有不同的意见，有的党员干部包括一部分领导干部，怀疑人民内部是否存在矛盾，更怀疑“人民内部矛盾大部分表现为人民群众与领导者之间的矛盾”的观点。有的认为人民群众“闹事”由领导上的官僚主义负主要责任，是不公平的，人民群众也有责任；有的强调某些人民群众的“闹事”是“无理取闹”，主张在“说服无效时”，应该采取必要的行政措施；有的强调要着重从“闹事”群众中追查挑拨煽动的反革命分子。还有的担心在贯彻“双百”方针时，“放”出错误的东西来难以收场，强调“放”之前要先解决马克思主义的立场、观点和方法问题①。

对于出现的不同意见，省委在各种会议中，大都采取认真学习文件、充分联系实际、反复开展讨论的方法去澄清思想认识，并在检查总结工作、肯定有益经验的基础上，进一步研究提出适应形势需要的措施。为帮助广大干部学会正确处理人民内部矛盾，省委从工厂、学校、农业合作社等基层单位搜集若干典型事例，加写按语，汇编成册，发给广大干部学习参考。王任重、张体学等还分头带领一批干部，于4月下旬赴黄冈、孝感、襄阳、恩施、宜昌等地区视察、指导工作，帮助各级党委进一步提高认识，转变作风，改进工作。

省委在深入分析一段时间以来的传达贯彻情况后，除了继续推进解决思想认识和工作作风问题外，还从其他方面采取了一些相应的措

① 《中共湖北省委关于“正确处理人民内部矛盾问题”的执行情况的报告》（1957年5月4日）。

施。比如：在农业生产合作社方面，突出地强调了清理财务和民主办社问题；在工业交通运输企业，由点到面地逐步推行职工代表大会常任制，推动企业的民主管理工作；在财经工作方面，突出地抓了农副土特产品的收购、地区间人民负担的平衡、生产资料和生活资料供应平衡等问题；在文教、统战方面，重点宣传贯彻"百花齐放、百家争鸣""长期共存、互相监督"的方针，鼓励大胆地"放"，还派遣一批优秀干部到大专学校和文化部门工作，加强文教战线的骨干力量；在思想政治工作方面，突出地抓了大专院校的工作，多次组织座谈会、报告会。省委书记处书记、各部门负责人也从分管的战线加强了对人民群众的思想政治工作。

通过学习，全省党员、干部逐步认识到，正确处理人民内部矛盾问题是全国进入社会主义建设时期的一个带有根本性质的问题，对社会主义建设具有重大意义。各级党组织对过去未正确处理的人民内部矛盾开始着手纠正，对正在发生的人民内部矛盾，一般采取慎重的态度，尽量避免采取压服或简单化的处理办法。全省对毛泽东《关于正确处理人民内部矛盾的问题》传达学习的过程，实际卜也成为动员各级党组织检查各方面内部矛盾是否解决的过程，这也为随后开展的整风运动做了积极的准备。但是，一次学习并不能解决掉所有的问题。党内有的干部仍然不熟悉或者不愿意接触高级知识分子，有的在工作中依然强调集中过多，有的碰到具体问题往往难以分清两类矛盾的界限。

第二节　党内整风运动的展开

一、整风运动的部署

1957年4月27日，中共中央发出《关于整风运动的指示》。《指示》提出：由于党已经在全国范围内处于执政的地位，得到广大群众的拥护，有许多同志就容易采取单纯的行政命令的办法去处理问题，而有一部分立场不坚定的分子，就容易沾染旧社会作风的残余，形成一种特权思想，甚至用打击压迫的方法对待群众。因此有必要在全党进行一次普遍、深入的反对官僚主义、宗派主义和主观主义的整风运动。《指示》规定：整风运动的指导思想是毛泽东 2 月在扩大的最高国务会议上和 3 月在中央召开的宣传工作会议上代表中央所作的两个报告，整风运动的主题是正确处理人民内部矛盾。这次整风运动应该是一次既严肃认真又和风细雨的思想教育运动，应该是一次恰如其分的批评和自我批评运动，应该多采取个别谈心或开小型座谈会和小组会的方式，一般不要开批评大会或斗争大会。这次整风，采取"开门"的形式，既在党内开展批评与自我批评，也欢迎党外人士参加，对党和政府及党员、干部工作中的缺点错误予以批评。5 月 1 日，《人民日报》公布中共中央的整风指示，全党整风由此开始。

湖北的整风运动，紧跟中央的指示精神迅速展开。5 月 13 日，省委召开扩大会议，对湖北省整风运动的步骤、对象、方法、内容进行了全面部署。会议讨论并通过了《省委执行中央"关于整风运动的指示"的初步方案》。15 日下午，省委召开省级机关干部大会，王任重作开展整风运动的动员报告，号召广大党员干部、共青团员积极参加整风运动，站在运动的前列，大胆地、积极地"放"和"鸣"，向党组织和领导人提意见，揭露工作中的缺点和错误，推动党开展整风运动。

按照省委公布的《初步方案》，全省整风运动大致分作三批进行。省级和专区级机关作为第一批，县、区级机关作为第一批，乡作为第三批。市、大的厂矿和大专学校也可以分作两批或三批进行。每一批整风，都可以先试点，然后全面展开。省直机关的整风，要求宣教战线、文教战线和政法战线先行一步，7 月初全面展开，1957 年 10 月底结束。

《初步方案》指出，在整风的进程上，大致上可以分为学习文件、召开整风会议、个人反省和组织建设 3 个步骤。学习阶段，以中央关于整风运动的指示、毛泽东在最高国务会议上和全国宣传工作会议上的两个报告和《人民日报》的相关社论为普遍学习的文件。整风会议以各级党委、各部委和党组为单位召开，参加会议的人数自行决定，必要时可以吸收非党员参加。此外还可以采取各种不同的形式，如举行专门开展批评与自我批评的小型座谈会；召开旨在解决当前工作问题和领导群众之间的关系问题的各种工作会议和各种人民群众的代表会议等。个人反省，以中央关于整风指示中所规定的内容为重点，检查党的总路线宣布以来个人思想作风的表现，做出个人思想检查总结，在检查工作和个人反省的基础上，进行一次组织建设，建立各种必要的民主制度和工作制度，精简机构，充实下层，以巩固整风的思想成果。

《初步方案》指出，县、区干部的整风运动，采取召开三级干部会议的方式，从总结处理人民内部矛盾的经验教训入手，进行好坏对比教育，然后严格地按照中央的指示，通过小组会和个别谈话的方式，进行恰如其分的批评与自我批评。城市、工矿和农村基层党组织的整风运动，遵循既要发扬民主，又要保护干部积极性的原则，通过党员训练班，对基层党组织的主要干部进行一次短期轮训，以提高觉悟，转变作风；同时要求领导干部深入基层，建立民主管理制度，贯彻执行民主办社方针的一系列活动，帮助解决当前最突出最迫切的内部矛盾问题。在此基础上，采取以往整党办法，加强领导，分批展开。农村基层党组织的整风运动，放在秋收以后、县的三级干部会议以后结合整社进行。各工矿、农村、机关、学校根据各自的特点，自行安排整风学习和各种活动的具体时间。

按照省委的部署，省直属机关党群系统的整风运动逐步开展起来。多数单位根据整风的要求，结合本机关的实际，制订了整风计划。根据边整边改的方针，各机关一边学习文件和倾听意见，对群众意见最多最集中的问题进行了检查；一边着手予以解决。

二、整风运动的展开

《省委执行中央“关于整风运动的指示”的初步方案》公布后，全省各级党组织进一步行动起来，认真作了类似部署，开始整风运动。

整风之初，党中央特别重视邀请党外人士帮助共产党整风，中共中央、毛泽东大力倡导并告诫全党要正确对待党外人士的公开批评，认为这对于改进党和政府的工作极为有益，能否正确对待这些批评，是关系到整风成败的关键。为了更好地发动党外人士帮助党整风，5月4日，中共中央发出《关于继续组织党外人士对党政所犯错误缺点展开批评的指示》，指出：“最近两个月来，在各种有党外人士参加的会议上和报纸刊物上所展开的关于人民内部矛盾的分析和对于党政所犯错误缺点的批评，对于党与人民政府改正错误，提高威信，极为有益，应当继续展开”，“没有社会压力，整风不易收效”。这以后，全党整风进入了集中征求党外人士意见的阶段。

按照中央的指示，省委和各级党组织通过召开会议、印发文件、发表社论和主要负责人撰写文章，诚心诚意地欢迎党内外群众提意见，真诚地希望通过整风运动，正确处理人民内部包括人民群众同领导者之间的矛盾，克服党内的不良倾向，加强党和人民之间的团结，形成一个既有集中又有民主，既有纪律又有自由，既有统一意志又有个人心情舒畅、生动活泼的那样一种政治局面。湖北各级党政领导机关和高等学校、科学研究机构、文化艺术单位的党组织在学习整风文件、开展党内座谈的同时，纷纷召开各种形式的座谈会和小组会，听取党外群众的意见，动员和欢迎“鸣”“放”。

1957 年 5 月 5 日至 6 日，省委书记处邀集党外人士在东湖客舍座谈，听取意见。王任重、张平化、许道琦等出席。王任重在座谈开始时就表明省委的态度，强调召开座谈会目的是请大家帮助省委整风，帮助省委改正工作中的缺点和错误。上午座谈后，下午又分成两组座谈，使所有与会人员均能畅所欲言。20 余位高级知识分子和民主党派负责人先后发言。5 月 10 日至 12 日，《湖北日报》连续三天刊登座谈会上的发言摘要。省委座谈会后，省政协在 5 月 16 日至 21 日间先后邀请医药卫生界人士、科学技术界人士、各民主党派和无党派民主人士，分别举行座谈会，座谈如何开展“鸣”“放”，如何帮助共产党开展整风运动等问题。从 5 月下旬到 6 月上旬，省委统战部相继召开了民主党派和无党派民主人士厅局长座谈会、武汉地区大专学校民主党派负责人座谈会、各市县工商界人士座谈会、高等学校党外人士座谈会、省人民委员会委员和厅局长党外同志座谈会、各民主党派负责人和无党派人士座谈会，听取他们的批评和建议。

在此期间，各专区、市也迅速行动，听取党内外群众意见。中共武汉市委在第一书记宋侃夫主持下，于 5 月中旬先后举行了文艺界人士、中小学教师、科学卫生工作者座谈会。中共黄冈地委第一书记姜一和黄冈专署专员田裕如召集黄州地区学校、农业技术实验站、科学技术普及协会和医院等单位的40多人举行座谈会,代表一致要求推倒隔在党和知识分子中间的“墙”。5月中旬,省长张体学在恩施调研考察时主持召开了恩施各校师生代表座谈会。有的民主党派自行召开座谈会进行“鸣”“放”。如民盟湖北省委员会邀请武汉师范专科学校教师座谈,就高校党群关系问题提出批评和建议。

在省委和各级党组织的鼓励和号召下,全省党内外的广大干部和群众积极响应党的号召,对党和政府的工作以及党政干部的思想作风提出了大量的批评和建议。各民主党派中的一些人士,文化界和教育界的一些名流以及一些工商业知名人士还纷纷以出席座谈会、写文章或其他方式,参与到提意见的行列。从党外人士所提意见来看,有些党员特别是党员领导干部不正确地甚至是完全不合理地对党外人士发号施令,不信任或不尊重党外人士,以致造成“深沟”“高墙”,隔阂很深;有的党员盛气凌人,视非党员为“小媳妇”;人民民主、群众路线、和群众打成一片、关心群众疾苦,这些被党视为生命的优良传统和作风,对于党内一部分人来说,只停留在口头上、书面上,没有真正落实。上述现象在部分党组织和部分党员领导干部中表现比较普遍。

在征求党外人士意见阶段,从中央到地方的各种报刊每期都以相当大的篇幅报道整风情况,民主党派、无党派人士在座谈会上的发言都及时见报。湖北也不例外,《湖北日报》《长江日报》等省内主要党报,都及时作了报道。这些座谈会提出的绝大多数意见,虽然尖锐,但比较中肯,也富有建设性。各级党组织一边听取意见,一边着手整改。

第三节　反右派斗争及其严重扩大化

一、反右派斗争的发动和展开

党内整风初期,运动的发展是健康的。随着整风运动在全国迅猛展开,各方面人士在各种座谈会上和报刊上广泛而集中地对党的工作提出批评意见,这种局面在新中国成立以来还未曾有过。在这个过程中，社会上的各种批评意见急剧升温，情况也趋于复杂。除了对党的工作作风中的官僚主义、宗派主义、主观主义的各种具体表现及危害的大量批评意见之外，有许多意见涉及对党的领导地位、社会主义基本制度、党的对内对外方针政策、新中国成立以来的历次政治运动等重大问题的根本评价。一些怀疑、否定共产党领导，否定社会主义制度的右倾思潮，借中共开门整风的机会开始冒头和蔓延。从5月中下旬至6月初，国内政治生活的气氛十分紧张，社会上极少数人乘"大鸣""大放"之机向党和新生的社会主义制度放肆地发动进攻。他们把共产党在国家政治生活中的领导地位攻击为"党天下"，公然提出共产党退出机关、学校，公方代表退出合营企业，要求"轮流坐庄"，妄图取代共产党的领导；他们极力抹杀社会主义改造和社会主义建设的成就，否定社会主义制度的优越性，把人民民主专政的制度说是成产生官僚主义、宗派主义和主观主义的根源。在湖北，也有极少数人利用中国共产党整风之机，发表错误观点甚至反社会主义言论。例如认为党委制是产生宗派主义的根本原因，要求在学校、工厂取消党委制；要求将民盟、民建、农工、九三等几个民主党派合并，组建知识分子党[①]；撤销工商联，把它变成第二工会[②]；诬蔑"共产党是宪兵、警察和特务"，"党群关系是奴隶和奴隶主的关系"，"无产阶级专政是奴隶主专政"[③]。

极少数右派分子的猖狂进攻很快在社会上造成极大的思想混乱，在某些地区和部门的一定范围内出现了复杂的局面，而且有蔓延之势。在社会上，极少数人对社会主义抱有敌对情绪，中共中央对此早有清醒的估计并且多次指出过。但是，对极少数资产阶级右派此时发动如此猖狂的进攻，中国共产党则始料未及。这种异常现象，被中共中央看作十分危险的政治信号。中共中央后来分析这个情况时指出，有人提出的纲领很谨慎，不是打倒共产党，而是要共产党退出阵地。显然，有一部分右派想跟共产党争夺领导权。这个斗争不只是在思想领域，也扩及政治领

① 《长江日报》1957年6月21日。
② 《长江日报》1957年6月12日。
③ 《长江日报》1957年7月1日。

域。毛泽东后来说:“共产党看出了资产阶级与无产阶级这一场阶级斗争是不可避免的。”毛泽东此时把中国发生匈牙利事件的危险郑重地提了出来。他从5月15日开始写题为《走向反面》的文章,后把题目改为《事情正在起变化》,于6月12日署名“中央政治研究室”印发党内高级干部。毛泽东第一次提出右派猖狂进攻的问题。他认为形势已经是“右派猖狂进攻”,他们“不顾一切,想要在中国这块土地上刮起一阵害禾稼、毁房屋的七级以上的台风”。他估计,社会上的右派,大约占全体党外知识分子的1%、3%、5%到10%,依情况而不同。毛泽东还分析了党内的思想状况,认为有一部分人有修正主义或右倾机会主义倾向,他们的思想是资产阶级思想在党内的反映。他再次强调,现在应当注意批判修正主义。毛泽东还在文章中提出了鉴别政治上真假善恶的标准:“主要是看人们是否真正要社会主义和接受共产党的领导这两条。”他说,只要是共产党执政,这两条就坚决不能动摇。对于社会上的各种批评意见,毛泽东提出“大多数是对的,必须接受。只有一部分不对,应当解释”。这篇文章标志着中共中央在指导思想上发生变化,开始把整风运动的主题由正确处理人民内部矛盾转向对敌斗争,由党内整风转向反击右派的进攻。6月8日,《人民日报》发表《这是为什么?》的社论。社论从一封匿名信的事件说起,认为它是当前政治生活中某些人利用党的整风运动进行尖锐的阶级斗争的信号,告诉人们,国内大规模的阶级斗争虽然已经过去了,但是阶级斗争并没有熄灭,在思想战线上尤其如此。社论指出,少数右派分子想推翻共产党的领导,推翻社会主义制度,最广大的人民是决不许可的。同一天,毛泽东起草《中共中央关于组织力量准备反击右派分子进攻的指示》。这份党内指示对反击右派作出进一步的分析和安排,并指出:“这是一个伟大的政治斗争和思想斗争。只有这样做,我党才能掌握主动,锻炼人才,教育群众,孤立反动派,使反动派陷入被动。”“这是一场大战(战场既在党内,又在党外),不打胜这一仗,社会主义是建不成的,并且有出匈牙利事件的某些危险。”《人民日报》社论的发表和中共中央指示的下达,标志着反右派斗争正式开始。

中央关于反击右派分子进攻的党内指示发出以后,湖北省的整风运动迅速转向。6月9日,《湖北日报》转发了《人民日报》社论《这是为什么?》。随后,省委召开各党组书记会议,布置第二阶段整风方案,开展反右派斗争。

全省反右派斗争首先在民主党派、高等院校、文化团体、新闻单位、省市级机关开展。6月10日,省内大专院校开始反击右派,截至6月底,中南政法学院、武汉测绘制图学院、武汉大学、华中工学院、中南财经学院发动1.5万余人参加运动,掀起了反右派斗争的“第一个浪潮”。其他大专院校也紧随其后,迅速行动起来,为掀起反右派斗争的热潮积极准备。6月28日,湖北省召开16所大专院校的全体党委委员会议,要求克服“右倾”情绪,放手发动群众,争取在7月1日至20日左右,组织2—3个反击右派的“浪潮”。

在反击右派的过程中,各高校运用教职员工反击右派誓师大会、校刊、广播、大字报、标语、漫画、讽刺诗、小组会以及座谈会、辩论会等各种形式,不断制造声势,掀起反右派运动“浪潮”。同时,各民主党派、文化团体、新闻单位、省市级机关的反右派运动也迅速开展起来。

二、反右派斗争的严重扩大化

1957年7月17日至21日,中共中央在青岛召开省市委书记会议,总结前一段反右派斗争的经验,部署下一步工作。会议期间,毛泽东写了《一九五七年夏季的形势》一文,提出两个主要观点:第一,确认反共反人民反社会主义的资产阶级右派同人民的矛盾是敌我矛盾,是对抗性的、不可调和的、你死我活的矛盾,向工人阶级和共产党猖狂进攻的资产阶级右派是反动派、反革命派。第二,批判资产阶级右派是一次在政治战线上和思想战线上的伟大的社会主义革命,单有1956年在经济战线上的社会主义革命是不够的、不巩固的,必须还要有一个政治战线上和一个思想战线上的彻底的社会主义革命。因此,他提出“还需要几个月深入挖掘的时间,取得全胜,决不可以草率收兵”。此后,党中央相继发出一系列指示,要求把运动推向地县、市区、大厂矿和中小学教职工以及少数民族地区,反右派斗争进一步在全国范围广泛展开。同时,中央还于9月2日发出《关于严肃对待党内右派分子问题的指示》,批评一些单位对于同党外右派分子政治面貌完全相同的党员姑息宽容,要求“决不应该漏掉真正的党内右派分子”。

根据中央的部署,湖北省于7月底召开了省委扩大会议,对前一阶段的整风与反右派斗争进行了总结,对下一阶段开展反右派斗争作了进一步安排和部署。会议指出,反右派斗争开展近两个月以来,已经获得了第一个决定性的胜利,但还有待于深入和扩展到各行各业。会议根据反右派斗争进展情况将全省各级单位分为两类:一类是经过了大鸣大放,开展了反右派斗争或者正在开展反右派斗争的单位;二类是没有经过大鸣大放,右派分子还没有暴露出来或者只是暴露了一点苗头的大多数单位。对于一类单位,要求在9月至12月先后转入深入整风阶段,即着重整顿作风改进工作,并且进一步深入研究整风文件,批评反省,提高自己。对于二类单位要充分发扬民主,放手发动群众,反击右派,并与着重整改和研究文件,批评反省提高自己反复地或交错地进行,三四个月后转入深入整风阶段。

8月,全省反右派斗争进一步发展并逐步扩展到厂矿、县级机关、工商界、宗教界。全省规模的群众性的急风暴雨式反右派斗争进入高潮。

8月26日,省委批转省委统战部《关于在民主党派、政协、宗教、华侨中进行整风和反右派斗争的几点意见》,指出这次整风和反右派斗争的目的,是把右派打下去,把领导权掌握在左派和中左分子的手里,以加强党对民主党派的领导,使右派再不能兴风作浪。并要求各级党委加强领导。在各级党委的领导下,各民主党派省、市一级的领导机关单独成立整风领导小组,以8月17日省委确定的划分极右派、普通右派和中右分子的基本标准,划分左、中、右派分子,并以毛泽东指示的六条政治标准改造右派分子的政治立场和各级组织。宗教界的反右派,根据具体的情况分别进行,有社会职业的,在各自单位进行,宗教职业者则根据宗教事务局的安排进行。对于华侨,则根据中央精神,在策略上灵活处理,避免划分极右分子。对于思想问题严重分子,则划为中右分子。

湖北省中小学的整风运动是1957年秋季开学以后,分期分批开展。全省中小学教职员工109541人(包括民办中小学教职员工17000人),除因病假、产假在休和少数地区民办小学教师外,93.2%的教职员工投入了运动。武汉等几个大中城市第一批学校在9月底10月初开始，11月底即结束“鸣”“放”，用了三周左右时间进行整改，12月到1月初全部转入反右派斗争。专区级、县级少数地区在10月试点，大部分地区在11月开始，部分地区在12月初开始。

在反右派斗争中，各地广泛运用大鸣、大放、大字报、大辩论的方法，运动的范围既在党内，又在党外。从夏季开始，湖北省各级党组织用了很大力量来指导和扩展反右派斗争。1957年10月至11月，率先进行反右派斗争的一类单位逐步转入深入整风即整改阶段，次年1月，在反右派斗争中进行得较晚的二类单位也开始转入整改阶段。到1958年7月，全省整风和反右派运动才完全结束，整个运动历时15个月。

在整个反右派斗争中，全省共划右派分子3.2万人。在民主党派中，省民盟从领导机关到基层组织，被划为右派分子的有381人，占全省盟员总数的17%。省农工民主党被划为右派分子的有67人，占党员总数的13.1%。省民革被划为右派分子的有132人，省民建被划为右派分子的有130人。在省政协委员中，有36人被划为右派分子，其中副主席1人，常委7人。另外，有些县、厂矿、企业和学校的工人、农民和其他劳动者约4000人被戴上“反党反社会主义分子”或“反党反社会主义坏分子”“思想反动分子”帽子。汉阳县发生了一起轰动一时的“反革命暴乱事件”，即汉阳一中事件。这本来是一起部分学生为升学问题自发地进行罢课、请愿闹事的事件，在当时的历史条件下，被定性为“反革命分子”制造的“反革命暴乱”，导致3人被杀，几十名党政干部、教职员工和学生被判刑、劳动教养或受党纪政纪处分。

在整风运动中，面对极少数右派分子的进攻，加上当时国际上反共反社会主义的大风潮和国内人民内部矛盾的显露带来的思想混乱，按照中共中央的决定，对反对党的领导、反对社会主义的思潮进行旗帜鲜明的批判，对右派分子的肆意进攻进行反击，这是十分正确、十分必要的。但是，由于党对阶级斗争和右派进攻的形势作了过分严重的估计，把一切从善意出发提出的尖锐意见以及虽说了错话但并非出于敌意的意见都看成是敌对势力的活动，并且沿用革命时期大规模的急风暴雨式的群众性政治运动的斗争方式，对斗争的猛烈发展又没有能够谨慎地加以控制，致使反右派斗争严重扩大化，把思想和言论有着某些片面性但却是真诚地帮助党整风的人错当成“右派分子”来处理，把历史转变时期新出现的大量人民内部矛盾特别是意识形态领域的人民内部矛盾，误判为敌我矛盾，加以错误地处理，对右派分子的数量估计在很大程度上被主观扩大，划分右派分子又缺乏可操作的具体标准，对被划成右派分子的人，不仅政治上进行了严厉批判，而且在组织上、行政上轻则降职降薪、留用察看，重则送劳动教养、开除公职，使他们蒙受了长期的委屈和压抑，甚至他们的家属、子女也因此受到歧视，这对他们个人乃至整个家庭都是一场悲剧。

反右派斗争的严重扩大化，造成了不幸的后果，使全党探索建设社会主义道路的良好开端受到挫折，党的指导思想逐渐发生向“左”的方向偏转，党内外民主、国家法制遭到破坏，这是一个沉重的历史教训。

第四节　以社会主义教育为主要内容的农村整风

在反右派斗争开展以后，中共中央于 1957 年 8 月 8 日发出了《关于向全体农村人口进行一次大规模的社会主义教育的指示》，要求以合作社的优越性问题、粮食和其他农产品的统购统销问题、工农关系问题等为中心，在全体农村人口中进行大辩论，提问题，摆事实，讲道理，回忆、对比解放前后和合作化前后农民生活的变化。《指示》强调对这些问题的辩论，实质上是关于走社会主义道路还是走资本主义道路的辩论，“是农民群众和乡社干部的社会主义自我教育，是农村的整风”。

湖北省农村的社会主义教育运动开始得比较早。7 月底，省委全体扩大会议讨论通过了《王延春同志关于农村生产和整风、整社问题向省委全体委员会议的报告》。《报告》对农村的整风作出了具体的安排，指出，从 8 月开始到 11 月中旬，用 3 个月的时间，结合解决生产和办社工作中的突出问题，进行“大鸣”“大放”、大争，着重抓农业合作化、统购统销等重大问题的是非界限，批判某些富裕农民中严重的资本主义言行，系统地、大规模地向农民群众进行一次社会主义思想教育。从11月中旬到次年2月，再用3个月时间进行深入地整风、整社，进一步批判“三个主义”（主观主义、官僚主义、宗派主义）、右倾思想、资本主义思想，正确处理社内矛盾。8月中旬，湖北省委开始传达中央《关于向全体农村人口进行一次大规模的社会主义教育运动的指示》精神，并发出《省委关于在农村进行社会主义教育的若干问题的规定》《省委关于在农村进行社会主义教育的若干具体政策问题的意见》，迅速布置大规模的社会主义教育运动。《意见》指出，教育的内容是以中央提出的四个中心题目即合作社的优越性问题、粮食和其他农产品的统购统销问题、工农关系问题、肃反和遵守法制问题为中心开展辩论，并把这个辩论和当前的生产、工作密切结合起来。教育的对象是乡社干部、富裕中农以及地富反革命分子，其中主要锋芒是向着动摇的富裕中农，对他们的资本思想进行一次说理的斗争。教育的步骤是大鸣大放大辩论。

根据省委的部署，以社会主义教育为主要内容的农村整风迅速在全省农村展开。在这场声势浩大的运动中，人们最初以辩论会为主要形式，即以县为单位，由中共各县委员会领导组织各县、区、乡社的干部参加，树立反面典型，然后运用家庭展览、对比算账、社会主义报告团、将真人真事搬上戏台现身说法的自我教育方式，对富裕中农不理解统购统销等政策、退社单干的观念进行大量批驳，以肯定农村社会主义改造的伟大成就。在各地推出的典型中，刘介梅事件曾经轰动全国。

刘介梅是黄冈县马曹乡农业技术指导站站长。他雇农出身，解放前三代要饭，土改以后，他分得了耕地和住房，并当上干部，加入了中国共产党，家庭生活条件有了极大改善。但他对农业合作化和统购统销政策表示不理解，甚至在全县三级干部会议上发言，表示不满。他还用5石谷子和200元现金放贷，盘算到1957年要赢利400多石谷子和不少现金。刘介梅的言行触及了当时十分敏感的方向性问题。针对这一情况，黄冈县委及时组织党员干部开展整风，严格检查和批判以刘介梅为代表的“个人主义、本位主义和资本主义思想”。与此同时，黄冈县文化馆为了帮助刘介梅回忆对比，在取得他和他家人同意后，举办了“刘介梅今昔生活对比展览会”，展出了刘介梅一家解放前后的家具、衣物等。此后，刘介梅思想发生很大改变，开始检讨自己。1957年9月12日，中共湖北省委发出通知，要求各地开展“刘介梅思想转变”的大讨论，通过刘介梅思想转变的生动事例，教育党内外干部群众充分认识“社会主义和资本主义两条道路的斗争是极其尖锐、复杂和深刻的思想斗争，每一个人都应该在这场斗争中站稳立场，改造自己，争取成为一个忠于社会主义事业的坚强战士”。9月13日，《湖北日报》以《一个惊心动魄的故事——刘介梅同志的一段经历》报道了刘介梅的思想转变过程，并以《深刻的教训，可喜的转变》为题发表社论，号召全体农村干部和积极分子、全体共产党员和共青团员投入到大讨论中来。《人民日报》于9月17日、9月30日、11月28日相继予以报道。《湖北日报》和各地、县报纸开辟讨论刘介梅思想转变的专栏。从9月中旬到11月，全省参加讨论的人数达数百万。11月20日，“刘介梅今昔生活对比展览会”在武汉展出。12月6日移至北京，在劳动人民文化宫展出，刘介梅被邀请到北京向观众现身说法。这个展览历时4个多月，据统计，观众达到100万人次，有1.1万多人在意见簿上写下了参观感想和建议。此后，这个展览还在山东济南等地展出。在此期间，刘介梅的事例还被制作成新闻纪录片、幻灯片，被编导成话剧、楚剧和独幕剧等文艺宣传形式在全国公映、公演。此外，还出版了关于刘介梅的挂图、连环画册和他口述的《我的思想上的革命》一书。

“刘介梅思想转变”的讨论，推动了全省农村的社会主义教育运动。通过这次社会主义教育运动，经过几个月的努力，农民的社会主义觉悟有所提高，对农业合作化和粮食统购统销的观念进一步强化，直接推动了当年农业生产新高潮的形成。但是，由于混淆了两类不同性质的矛盾，没有顾及当时历史条件下农民的合理要求，而将农民的思想认识问题简单地归结为是走资本主义道路还是走社会主义道路的路线问题，实际上形成了对一部分农民群众过火地批判和斗争，使得农民和基层干部即使有不同看法也不愿表露了。受历史条件的局限和对资本主义的片面性认识，对农民追求富裕的言行予以批判和斗争，在农村中开始形成不敢冒尖、不敢致富的思想和迁就、屈从于平均主义“大锅饭”的不良氛围。

第十章

“大跃进”和人民公社化运动

经过社会主义改造和全党整风、反右派斗争，中共中央认为，经济战线和政治思想上的社会主义革命都已经取得伟大胜利，广大人民群众热情高涨，经济建设可以也应该搞得更快一些，于是，在不断批评反冒进和酝酿制定社会主义建设总路线的过程中，相继发动了“大跃进”和人民公社化运动，试图在社会主义建设上实现大步跨越，开创一个新的局面。湖北的“大跃进”首先在农业战线开始，随之以支援农业、大办钢铁牵动各行各业的“全面大办”，掀起人民公社化运动，使得以高指标、浮夸风、瞎指挥、“共产风”为主要标志的“左”的错误严重泛滥，经济建设和社会发展不仅没有达到预期的目的，反而遭受了不应有的挫折。

第一节　“大跃进”的发动

一、农业“大跃进”的率先兴起

“大跃进”运动是在批评反冒进和酝酿、制定社会主义建设总路线的过程中发动起来的。

到1957年秋，“一五”计划提前超额完成，农业大丰收都成为定局，特别是反右派斗争基本结束，整风运动进入整改阶段，从中央到地方都把注意力转向经济建设。党中央开始酝酿和制定社会主义建设总路线。10 月 9 日,在八届三中全会的闭幕会上,毛泽东作了《做革命的促进派》的长篇讲话,改变了党的八大所确认的“既反对保守又反对冒进,在综合平衡中稳步前进”的经济建设方针,指责 1956 年的反冒进扫掉了“多快好省”和“农业发展纲要四十条”,束缚了群众正在高涨的生产热情,给群众积极性泼了冷水,提议恢复“多快好省”口号,得到与会者的响应。会议通过并公布了《一九五六年到一九六七年全国农业发展纲要(修正草案)》,作出了《关于在今冬明春大规模开展兴修水利和积肥运动的决定》。10 月 27 日、11 月 13 日,《人民日报》连续发表社论,批判右倾保守,要求农业和农村各方面的工作“按照必要和可能,实现一个巨大的跃进”。11 月,毛泽东率中国代表团出席莫斯科会议。一些社会主义国家的领导人在会议上提出了各自赶超资本主义国家的奋斗目标,毛泽东征求在北京的中央领导人的同意后,也在会上提出了 15 年赶超英国的设想。这一设想反映出当时全国上下要尽快改变中国落后面貌的雄心壮志,公布后,成为动员全国人民积极投身社会主义建设热潮的响亮口号。12 月 12 日,《人民日报》发表社论《必须坚持多快好省的建设方针》,发出了“把一九五八年的各项计划指标订得尽可能先进些”的号召。

全国各地、各部门贯彻党的八届三中全会精神,并根据全国农业发展纲要(修正草案)和 15 年赶超英国的要求,纷纷召开会议,批判“右倾保守”思想,普遍修改原订的发展计划,制订各自的“跃进”计划,提出新的高指标。1957 年 11 月 21 日至 30 日,省委召开了中共湖北省第一次代表大会第二次会议,传达学习八届三中全会精神,确定湖北省今后一个时期的工作方针。在这次大会上,省委第一书记王任重作了总结报告,省委书记处书记张平化、王延春分别作了《争取整风运动的全胜》《把粮棉增产一倍》的报告。这次会议是在全省农业生产超额完成国家“一五”计划和开始实施第二个五年计划前夕召开的,所以,被称为“胜利的大会”和开展“跃进”、争取完成或超额完成第二个五年计划的“誓师大会、动员大会”。会议要求广泛地发动群众,批判右倾保守思想,“两步并作一步走”,大踏步向前迈进,争取农业生产“大跃进”。会议将原来较为稳妥、实在的《湖北省第二个五年计划轮廓》搁置一旁，通过了《1958年到1967年湖北省发展农业全面规划（修正草案）》，提出了农业生产的高指标，要求从1958年到1967年的10年内全省粮食、棉花产量增长1倍以上，油料作物产量增产2.5倍，即粮食总产量由1957年的1095万吨增加到1967年的2150万吨；棉花总产量由1957年的21.50万吨增加到1967年的50万吨；油料作物总产量由1957年的31万吨增加到1967年的93万吨。还规定林业、畜牧业、水产业都应按照适当比例，在可能的条件下，大量地发展。为了实现农业增产目标，《规划（修正草案）》要求积极实行五项改革，即旱地改水田（水浇地）、坡地改梯田、改革耕作制度、改良土壤、改良农作物品种。这个《规划（修正草案）》实际上成为湖北发动农业“大跃进”的纲领。

随后，省委又一再提高农业生产指标。1958年1月，省委在孝感召开孝感、黄冈、襄阳、荆州4个专区和49个主要产粮县的粮食生产工作会议，贯彻中央南宁会议关于批评反冒进的精神，提出“千百万、翻一番”的增产口号，要求在两三年内，人多地少的平原、丘陵地区，以县为单位，达到水田平均亩产粮食千斤，棉花亩产皮棉百斤；人少地多的平原区以县为单位，每户平均生产粮食达到万斤；原来低产地区，以县为单位，粮、棉、油的总产都要翻一番；山区以县为单位，每人平均收入千斤粮、一百元，多种经济总产值翻一番。2月25日，省委按照中共中央《工作方法六十条（草案）》关于在今后5年内，或者6年内，或者7年内，或者8年内，完成“农业发展纲要四十条”的规定，下达了《关于争取在五年内实现粮、棉、油增产的十年规划的要求》，要求争取5年（1958年至1962年），至多7年，湖北省粮食和油料的总产量达到原定10年完成的指标（即粮食2150万吨、油料93万吨）；争取5年左右，湖北省棉花的总产量达到原定10年完成的规划指标（即50万吨）。

省委提出的高指标在传达贯彻的过程中又被层层加码，越提越高。特别是“千百万、翻一番”推动和助长了各地相互攀比的高指标之风。1957年12月17日，《湖北日报》发表中共麻城县委关于开展社会主义竞赛的倡议。麻城县委提出1958年全县粮食总产量比1957年提高27.5%，棉花产量比1957年提高26%等竞赛内容。随后，麻城邻近各县和全省部分重点产粮县、产棉县纷纷应战，各县提出的增长速度均大幅度地超过了省委所提的10%。在随后的1个月内，各单位自报参加水田亩产千斤粮竞赛的有40个县、1个农场、1个市；参加亩产百斤棉竞赛的有46个县、4个农场、1个市；参加每户万斤粮竞赛的有10个县；参加粮棉油总产量翻一番竞赛的有19个县、1个农村；参加多种经营总产值翻一番竞赛的有12个县；参加每人千斤粮、每人100元竞赛的有16个县。

为了给1958年农业"大跃进"做准备，从1957年的冬季开始，湖北开展了大规模的农田水利基本建设。1957年11月，湖北省人民委员会召开水利工作座谈会，研究1957年冬季和1958年春季湖北水利工程建设，提出今后5—10年全省水利工程远景规划，号召反对右倾保守思想，充分发挥群众力量，动员千军万马掀起水利建设的高潮。

为推动水利工程建设，1957年11月9日至12日，中共湖北省委组织水利建设参观团前往襄阳专区随县、光化（现老河口市）、均县（现丹江口市）观摩考查当地水利建设情况，推广当地的水利建设经验。王任重把襄阳地区水利建设的经验总结为：领导上决心强，动手早，群众情绪高，劲头大，进度快，要求各专区和农业县向襄阳专区学习，利用冬季农闲时节，精心组织水利建设。他还以省委名义向中央报告和介绍了襄阳水利建设的情况和经验。1958年1月12日，《人民日报》以《一篇生动的马克思主义的报告》为题作了介绍。

结合水利建设，全省开展了改造旧农具、推广新农具的活动。1957年12月15日至21日，省人民委员会召开全省农具先进生产（工作）者代表大会，要求逐步发展各种小型农业机械，普遍推广新式农具。在冬季水利建设中，当阳县跑马乡的农民提出"劳动大革命，消灭肩膀挑"的口号，他们通过辩论、献计和不断改良设计，打造各种样式的工具，在两三天之内用"车子化""拖子化"取代了肩挑背扛的传统方式，提高工效。省委组织各地干部到当阳参观学习，在全省推广。

为准备1958年的农业"大跃进"，湖北还发动了冬季积肥运动。《湖北日报》发表题为《为积肥百亿担而斗争》的社论，提出要用大搞水利那样的决心、劲头和规模，大搞积肥，在全省范围内造成积肥运动的高潮的社论要求：不仅要增积大宗的肥源，还要注意零星点滴的肥源；不仅要在一定时期突击积肥，还要开展“猪有圈、牛有栏、人有厕所、队有粪档、田头有粪池”的“五有”农肥基本建设。在积肥运动中，各地大量扩大绿肥种植面积，利用1000万亩至1500万亩的冬闲田种植肥田草，利用一切可以利用的荒坡荒地培育各种野生绿肥，如艾草、黄蒿、黄荆条、苞草等；利用小麦和中稻田套种豆科作物做绿肥，大量割青草和湖草做绿肥；同时大力发展畜牧业，增积肥料。

省委通过大规模的检查及现场会议等形式为实现1958年的农业生产“大跃进”进行检查督促。1958年3月10日至4月10日，省委组成农业生产检查团，到各专区和重点县检查工作。检查团由省委第一书记王任重任总团长，省长张体学、省委书记处书记张平化任副总团长，抽调各部门主要负责人参加，全团共219人。检查的主要内容有：冬季生产、水利、积肥、改良土壤的进度和质量；春耕准备，种子、农具、技术的准备情况；夏收作物的生长情况等8项。王任重根据检查的情况，撰写《依靠群众，势如破竹》一文，总结推广各地组织群众运动、领导农业生产的5条主要方法，即干部带头干，特别是带头种试验田；通过现场会议，树立鲜明的旗帜，以点带面，以先进带落后；开展社会主义大竞赛，定期评比检查；根据生产季节，抓住生产中的各个环节，尽可能提早做好下一步的准备工作；狠抓生产这个中心环节，带动各项工作共同前进。文章认为，湖北农村正在出现农业生产大跃进的新高潮，各级领导干部要认清形势，“改进领导方法，使我们的领导不至于落后群众，而能够站在群众前面，把运动推向前进”。

空前规模的以农田水利基本建设和积肥运动为中心的生产运动，在改善湖北农业生产条件、增强抵御自然灾害能力和促进农业生产发展方面起了积极作用，也从实际上掀开了湖北农业“大跃进”的序幕。

二、各行各业“支农”“超农”的动员

为支持农业“大跃进”，省委对各方面力量进行了积极动员。1958年1月1日，省委下达《湖北省1958年国民经济计划（草案）》，指出：1958年全省人民的中心任务是“动员一切力量，调动一切积极因素，组

织农业生产大跃进”,要求地方工业、交通、邮电、商业、文教卫生等各行各业支援农业,为农业“大跃进”服务,并根据农业“大跃进”的形势,推动和改进工作。接着,省委大力推广麻城县宋埠镇支援农业生产“大跃进”的经验。麻城县宋埠镇提出“动员一切力量,想尽一切办法,克服一切困难,支援农业生产”的口号,他们将支援农业的任务分配给政府各个部门和工业领域的各个单位,严格实行“三统”“三包”制度。“三统”指统一领导思想、统一安排工作、统一调配力量;“三包”指包增产、包转变落后、包完成工作任务。1958 年 1 月 29 日,《湖北日报》报道《宋埠全面支援农业大跃进,提出三个条件向全省各兄弟城镇开展友谊竞赛,麻城各部门蓬勃开展支援农业生产运动》,同时发表龚同文文章《学习宋埠镇的好经验,请城镇工作的同志们都想一想和比一比》。同日,《人民日报》发表社论《全国的城镇都来向宋埠镇看齐》,指出城乡互相支援、互相促进的关系是社会主义的新型城乡关系,这种关系体现了我国工农联盟的根本政策,也体现了工业和农业互相促进的方针,希望全国的城镇都来向宋埠看齐,在支援农业生产大跃进方面,也来一个革命大竞赛。经过一番舆论推动,“一切为了农业生产大丰收”“以跃进支援跃进”成为湖北全社会和各行业的行动口号,各个行业纷纷制订支援农业的措施,开展支援活动。

工业部门号召打破常规办工业。2 月,省委在襄樊召开全省农具厂厂长现场会议,包括部分大型铁木农具生产合作社主任参加会议。会上批判了保守思想,以跃进的精神进一步安排了 1958 年的生产任务,要求适应农村新形势,把农具工业推进到先进水平,“以农具生产大跃进,支援农业生产大跃进”,在当年内使全省平原地区的耕、播、薅、排灌、脱粒和田间运输基本用上新式、改良农具化。2 月 25 日至 3 月 2 日,省委在黄石市召开现场办公会议,讨论全省各市地方工业在第二个五年计划期间的发展规划和城市支援农业“大跃进”问题。会议要求用 5—7 年的时间,促进地方工业超常规发展,使全省地方工业和手工业的生产总值达到或超过农副业生产总值。根据安排,在今后 5—7 年内,全省农副业总产值将达到 82 亿—104 亿元,而 1957 年湖北地方工业总产值仅为 15.6 亿元,要想达到全省农副业总产值的指标必须在短时间内剧增 4—

5倍。为此,湖北省委提出“依靠群众办工业,打破常规办工业”的指导思想,要求勤俭办企业,群众办企业,打破常规,自力更生,发动农民、农业社办企业,发动城市居民办企业,发动手工业社、合作商店、小商小贩来办企业,发动商业、城市服务部门以及中等学校来办企业,发动一切力量办企业。3月9日,湖北省委、省人委进一步缩短期限,提出全省工业产值要在5年内赶上或超过农副业总产值。3月10日,湖北省委发出《关于立即着手制定地方规划和抓紧安排1958年地方工业的指示》。《湖北日报》推广介绍了兴山县响龙乡第一农业合作社办起“八大厂”的典型经验。此后,在“打破神秘观点”的号召下,全党全民办工业,就地取材、白手起家的小工业处处开花,地方工业星罗棋布,4个多月建成27806个小型和小小型工业企业。截至5月10日统计,平均每个乡有7个,每天有217个小型工业企业建成并投产。这些小企业在适应当地农业生产需要方面起到了一定作用,但由于技术含量低下,重复建设,也造成了比较严重的资源浪费。

财贸战线要求急起直追,赶超农业。至3月,近20个县的财贸部门订出了“大跃进”规划。这些规划的共同点是:尽力扩大生产资料的供应,扩大农副业产品的采购,做好财政金融工作。如蕲春县计划生产资料供应比上年增加6倍,并准备大量供应各种车辆,做到全县车子化,解决劳力不足的困难。安陆县的农村存款打算比上年增加9倍。

宣传及科教文卫工作也要来一个“大跃进”。1958年2月初,武汉地区农业科学家举行科学评论会,农学家们表示要“冲出大门,走向田间”,来一个科研“大跃进”,到群众的生产实践中去,更好地为群众服务。3月,红安、麻城、沔阳3县县委向全省各县倡议开展竞赛,扫除官气、暮气、书生气、八股气,掀起全省党的宣传工作“大跃进”。同时,湖北省、武汉市文艺界召开创作跃进大会,文学艺术家们纷纷表示,要多快好省地进行文艺创作,为政治服务,为工农兵服务。文教部门表示要加劲扫除文盲,普及义务教育。各地中等学校普遍开展勤工俭学运动,开展全省教育事业“大跃进”。

随着各行各业支援农业“大跃进”的开展,全面的“大跃进”高潮迅速在全省形成。

第二节 “大跃进”运动的全面展开

一、浮夸风的兴起

1958年上半年，中共中央经过南宁、成都、武汉、广州等地会议的酝酿和准备，在5月召开的党的八大二次会议上，正式确定了“鼓足干劲、力争上游、多快好省地建设社会主义”的总路线，提出在继续完成经济战线、政治战线和思想战线的社会主义革命的同时，逐步实现技术革命和文化革命；在重工业优先发展的条件下，工业和农业同时并举；在集中领导、全面规划、分工协作的条件下，中央工业和地方工业同时并举，大型企业和中小型企业同时并举。通过这些，尽快地把我国建设成为一个具有现代工业、现代农业和现代科学文化的伟大的社会主义国家。会议还通过了15年赶上和超过英国的目标，通过了提前5年完成全国农业发展纲要的目标和“苦干三年，基本改变面貌”等口号。正如《人民日报》1958年6月21日社论《力争高速度》所指出的，“用最高的速度来发展我国的生产力”是“总路线的基本精神”，“速度是总路线的灵魂”，“快，这是多快好省的中心环节”。社会主义建设总路线的提出，反映了党和广大人民群众迫切要求改变中国经济文化落后状况的普遍愿望，受到热烈拥护。党的八大二次会议后，全国掀起了学习宣传和贯彻执行社会主义建设总路线的热潮，“大跃进”运动全面展开。

为迅速贯彻落实党的八大二次会议精神，1958年6月28日至7月20日，中共湖北省委在武昌（后移至江西庐山）召开扩大会议。450名各级干部参加会议。

会议分两个阶段举行。第一阶段为学习讨论阶段，重在思想务虚。王任重代表省委回顾两年来执行中央路线的情况，张平化传达党的八大二次会议精神。接着，会议用18天时间学习毛泽东在成都会议、党的八大二次会议上的几次讲话。其间，王任重阐述了“学习马克思，超过马克思”的问题（后来采纳武汉大学校长、马克思主义理论家李达的建议，将“学习马克思，超过马克思”的提法改为“学习马克思，发展马克思”）。

从7月17日开始，会议进入第二阶段，即修改规划。王任重代表省委作《在五年内建成社会主义新湖北》的报告。会上把从客观条件出发的主张斥为“条件论”，把对高指标、浮夸风持怀疑态度的人斥为“观潮派”“秋后算账派”，严厉批判所谓的“保守思想”和“农业增产有限论”，热情地肯定和支持“人有多大胆，地有多大产”和“不怕做不到，只怕想不到”等脱离实际的提法。会议对全省早稻产量作了盲目乐观的估计，预计全省早稻单产可比上年增加一倍，总产量增加两倍左右。会议第三次修改了全省农业发展规划，要求“十年规划，三年完成”，并提出“在五年内建成社会主义新湖北”。有人甚至断言：“可能不到1962年，就建成社会主义。”会议认为，湖北省具有工农业基础较好、水利资源丰富、自然条件优越等有利条件，湖北的“大跃进”应当站在全国上游、站在先进行列，湖北发展的速度和指标要高于全国的平均数。从这一思想出发，会议对当时已经一再提高的生产指标作了又一次提高。计划到1962年，全省工农业生产主要经济指标为钢产量1000万—1200万吨（包括国营企业在内），粮食产量350万—400万吨，棉花产量100万吨。会议还要求，1—3年内全省扫除文盲，消灭四害、血吸虫、传染病、工矿职业病，县县办大学，专县办科研机关，乡乡办卫生所、医院，社社办俱乐部、业余剧团。这时，人们的头脑发热，轻视客观规律，主观主义空气日益膨胀，上下左右互相攀比，都怕自己成为“保守派”。各行各业在这种压力下，很快将“大跃进”运动推向高潮。

脱离实际的高指标无法完成，于是，浮夸以至弄虚作假之风迅速兴起并蔓延开来。5月，当早稻进入收割季节，省委在谷城召开有各地委、县委书记参加的现场会议，根据各县自报和估报的情况，对全省粮食总产量作出了盲目乐观的估计，并肯定了襄阳地区提出的“翻一番，拐个弯”的口号，进一步造成了头脑发热的氛围。1958年6月11日，《湖北日报》头版套红标题报道光化县崔营乡幸福农业社第二生产队亩产小麦2173.7斤，其中11亩产量达3215斤，宣称“创小麦单位面积产量的最高世界纪录”。还配发了《三千二百一十五》的社论，省委领导也写诗予以鼓励。幸福农业社高产新闻见报后，各地竞相赶超，很快形成一股放高产“卫星”[①]浪潮。各地小麦、水稻、棉花、油料等作物的产量严重浮夸的“卫星”，一个接一个放，一个比一个大。新闻媒体广为报道，为这股浮夸风的蔓延起了推波助澜的作用。6 月 30 日，《湖北日报》又报道，谷城县庙滩乡新气象五社第一生产队的 1.5 亩小麦试验田，共收小麦 8200.8 斤，创造亩产小麦 5467 斤的纪录，这是当时全国公布的最大小麦“卫星”。7 月 8 日，《湖北日报》发表《从一个高峰跃向另一个高峰》的署名文章，宣扬湖北夏收取得的“空前丰收”，列举了全省除小麦以外的其他单产“冠军”：大麦亩产 1150 斤，蚕豆亩产 1925 斤，油菜籽亩产 1310 斤。湖北此类“新闻”居然刊登上了《人民日报》头版头条。1958 年 8 月 13 日，《人民日报》报道麻城县麻溪河乡建国一社早稻亩产 36956.7 斤，并发表了《祝早稻花生双星高照》的社论。麻城早稻卫星震动全国以至世界。苏联《真理报》在新闻报道中，配发了 4 个小孩站在早稻田的谷穗上跳跃的照片，先后共有国内外 10 余万人到建国一社参观学习，苏联、朝鲜、民主德国、波兰、捷克、越南等国官员和农业专家专程前来考察。

这些高产“卫星”本来是假的，但由于领导机关盲目肯定，并祝贺表彰，各种宣传工具肆意传播，迫使许多持怀疑态度的人也不敢公开表示质疑，有的人甚至信以为真。一时间“人有多大胆，地有多高产”等唯心主义的说法，几乎成为真理，人的主观能动作用被夸大到了极端荒谬的程度。

小麦、早稻高产“卫星”的竞相上天，其做法和经验不断得到从中央到地方各级领导机关的充分肯定和报刊媒体的青睐，为各种农产品高产“卫星”升空扫除了顾虑。一时间，各种“人间奇迹”的产量被创造出来。《湖北日报》开辟专栏，连续报道玉米、高粱、番薯、芝麻、南瓜、芋头、苹果等 20 多种农作物和蔬菜、水果的高产“元帅”。据 1958 年

---

① 因苏联 1957 年宣布成功地把世界上第一颗绕地球运行的人造卫星送入轨道震惊全世界，国内不少人就把自己所谓的高产典型叫作“放卫星”。

10月国家农业部发布的早稻生产公报，湖北为全国4个亩产过1000斤的省市之一，在全国115个亩产过1000斤的县市中，湖北有30个县市位居第一，其中孝感县30.2万亩早稻平均亩产1855斤，为全国之冠。

高指标不仅带来浮夸风，还助长了瞎指挥。为了完成按常理难以完成的任务，许多地方便强调在思想上、方法上和措施上要敢于打破常规，以致发展到违背科学常识和超越生理极限。这种瞎指挥主要表现在两个方面：一是不顾人的身体承受能力，要求日夜突击、昼夜苦战、轻伤不下火线；二是采取极端的深耕密植等农业技术。如有的地方种小麦试验田，每亩地播种达到1000斤，以至于所下的种子比收割的麦子多；有的地方反复深耕，一亩地加施几亩田的肥料，以致发生沤死苗子的现象；有的地方将已经平整的土地继续深耕，做成“包包”“坎坎”，称之为“碉堡式”“宝塔式”“波浪式”；有的地方办水稻试验田，把快成熟的几亩田里的禾苗移栽到一亩田里，称之为“搬秧”（群众讥之为“搬谷”）。这些做法劳民伤财，严重脱离群众、影响生产。

此起彼伏的高产“卫星”，使领导机关对全年粮食、棉花和其他主要农产品总产量作出夸大的估计。1958年夏收结束后，各地对粮棉估产高得出奇，根据各地上报汇总的全省粮食总产量合计500亿斤，比1957年增长4倍以上；全省棉花总产量合计1000万担左右，比1957年增加两倍左右；油料总产量1200万担，比1957年增加1倍以上。按照这样的数字，湖北仅用一年的时间就实现了1967年的奋斗目标。湖北省委出于“稳当”的考虑，对外宣布粮食产量为450亿斤，并以此为依据，制定1959年农业发展的高指标。

其实，率先“跃进”并在全国产生相当影响的湖北农业并没有带来生产上的大丰收。据统计，1958年的湖北农业，除棉花比上年有较大增长（实际产量25.16万吨，增长19.73%）外，粮食总产量为987.5万吨，只比上年增长0.14%；油料总产量为23.30万吨，比上年还减产7.7%。对当年粮棉等农产品产量的盲目乐观估计，也导致全省以450亿斤粮食总产量为依据进行了高征购，在无法完成征购任务的情况下，有的地方又错误地开展反瞒产斗争，这也是当年造成粮食征购过头、农民缺粮挨饿、干群关系紧张的一个重要原因，教训是极其深刻的。

二、全民大炼钢铁运动

继农业战线之后，工业战线也掀起了“大跃进”的高潮，主要表现为钢铁产量指标的不断提高和全民大炼钢铁运动。

1958年4月23日，毛泽东写信给各省市自治区党委，叮嘱他们连夜加班，研究本地到1962年地方工业产值能够达到何种程度，要求排个时间进度表，带到北京来参加八大二次会议。当时，中央非常关心钢铁和其他重要工业产品产量的增长，把它作为用15年时间“超英赶美”的主要内容。党中央和毛泽东的上述部署，对于湖北全省大办钢铁起了很大的推动作用。

1958年5月26日至6月26日，中共湖北省委召开为期1个月的全省城市和工业工作会议，要求全省人民“苦干十八个月，争取到1959年，使工业总产值赶上农副业总产值，1960年超过农副业总产值”。会议通过了《湖北省五年钢铁生产规划的初步建议》，规定到1958年底，生铁产量达到100万吨左右，钢产量达到20万吨左右；到1962年，生铁产量达到1200万吨，钢产量达到600万吨。会议还发出了“苦战半年，土炉一万，高炉七千”“苦战一年半，年产钢铁一千二百万”“苦战五年，年产钢铁一千八百万”的号召，要求在全省按照以土带洋、以小带大、土洋并举的方针，统一布局，遍地开花，大量建造小型钢铁厂，并指定生产单位突击生产高炉设备。

省委城市和工业会议结束不到10天，湖北省委又于7月上旬召开全省钢铁工业生产会议，研究制定更加“跃进”的钢铁生产高指标，提出了1958年至1962年湖北钢铁生产的“三本账”，即保证实现第一本账规划的指标，争取实现第二本账规划的指标，第三本账为奋斗目标。1958年钢铁生产“三本账”指标是：生铁生产能力分别为350万吨、450万吨、550万吨，实际产量分别为80万吨、100万吨、120万吨；钢生产能力分别为100万吨、120万吨、150万吨，实际产量分别为15万吨、20万吨、35万吨。1962年钢铁生产“三本账”指标：生铁生产能力达到1200万吨、1500万吨、1800万吨，实际产量1000万吨、1200万吨、1500

万吨；钢生产能力达到600万吨、700万吨、800万吨，实际产量500万吨、600万吨、700万吨。会议决定在“八一”前夕、“十一”前夕和1959年元旦前夕组织3次全省钢铁生产大会战。

会后，全省发动了大办钢铁的第一战役。本着“哪里有矿石、有电力、有交通，就把高炉修到哪里”的指导思想，铺开大办钢铁的战场。到7月31日，全省建起土炉2384座、小高炉41座、转炉19座，正在兴建中的土炉有2271座、小高炉101座。

8月17日至30日，中共中央政治局在北戴河举行扩大会议，对已经造成严重危害的浮夸和混乱现象，不仅没有做任何努力来加以纠正，反而正式加以支持。会议决定1958年钢产量要比1957年翻一番，达到1070万吨，并将这一指标分解到各省、市、区，号召书记挂帅，全党全民大办钢铁，将大办钢铁推向高潮。

北戴河会议增加了湖北省委的紧迫感。为确保完成中央下达的80万吨生铁、65万吨钢的生产任务，省委召开一系列会议进行布置。1958年8月21日，中共湖北省委召开全省钢铁生产电话会议，研究完成任务的具体办法。9月3日，省委召开1000多万人参加的全省广播大会，要求“全党动手，全民动手，第一书记挂帅，百万大军办钢铁，保证钢铁大丰收”。9月15日，湖北省委召开扩大会议，号召各级党委“学河南，赶河南，大放钢铁卫星，迅速改变现在的局面”。9月20日，省委作出《关于确保完成今年的任务的决定》，颁布了5条主要措施：一是动员和组建总数为200万的钢铁大军；二是加强对钢铁大军的物质供应；三是以生产为中心，合理安排和使用劳动力；四是进一步开展技术革命运动；五是加强对交通运输的领导。

在“以钢为纲、全民大办”的口号下，省委组织了钢铁生产的第二战役。从工厂到农村，从校园到军营，从机关到医院，从中心城市到边远山区，工人、农民、干部、军人、学生、医生大多数都加入炼铁大军，最多时达到600多万人，每天保持在300万以上，“户户建高炉，人人炼铁忙”。据不完全统计，全省建成洋高炉和土高炉共计68500个、小高炉18万个，小土炉更是遍地开花，数不尽数。据《湖北日报》报道，仅“鄂城县就建成小小土炉11万多座”。

与农业战线一样，高指标导致浮夸风盛行。1958 年 9 月 29 日，全省放出日产“生铁”16912 吨的大“卫星”。9 月 30 日，湖北省钢铁生产电话会议宣布这一消息，称在 29 日全省共有 595 万钢铁大军日夜奋斗在炼铁工地，投入生产的大、中、小土炉共计 184337 个，其中土高炉 184289 个，占总数的 99.97%。会议要求各地“抓住目前有利时机，组织更大跃进，发射更多卫星”，争取 10 月取得钢铁生产的决定性胜利，11 月基本完成 1958 的年任务，12 月扫尾并超额完成任务。

在 9 月 29 日高产“卫星”的刺激下，湖北大办钢铁运动以更大的势头向前发展。各专区、各县纷纷开展土高炉炼铁竞赛。9 月 30 日，孝感地区召开全区电话会议，规划再建 25 万—35 万个小土炉。其他地区也抽调 80% 的精壮劳动力组成炼钢专业队伍，全省农村的秋收冬播让路于大办钢铁，由于无人、无暇、无心收割，稻谷熟了撒在地里，红薯熟了烂在土里，农业收成因此减产约三成，而违背科学、通过土法炼钢生产出来的钢铁多数为成本惊人、毫无用处的烧结铁。

尽管各级党委将主要精力转向工业战线，尽管各级政府将绝大部分财力和劳动力投入到了大办钢铁之中，但是，湖北离完成中央下达的高指标仍然有很大的距离。10 月 6 日，湖北省委发布《关于全民炼钢、土法炼钢的指示》，10 月 27 日作出《关于高产长寿运动的指示》，11 月 7 日发出《关于必须确保钢的任务完成的紧急通知》，推动全民炼钢运动。

经过不计成本的投入，不惜资源的耗费，不顾体力的日夜奋战，到 12 月 26 日，省委召开全省钢铁丰收广播大会，宣布湖北已提前完成国家下达的钢铁生产任务，预计到年底可产铁 85.5 万吨，比 1957 年增长 15 倍，可产钢 66 万吨，比 1957 年增长 2 倍，为全民炼钢运动画上一个句号。

令人瞠目结舌的大炼钢铁，隐含着令人痛惜的巨大浪费。1958 年生产的生铁大部分都是无用的烧结铁。据武汉市计算，1 吨铁的最高成本为 3730 元，平均成本为 1724 元；1 吨钢的最高成本为 3182 元，平均成本为 1038 元。当时，国家规定，1 吨铁的销售价为 228.09 元，补贴 140 元，1 吨钢的销售价为 278 元；以平均成本计算，1 吨铁经国家补贴后仍亏损 1355.91 元，1 吨钢的亏损额为 760 元，全市共亏损 3.29 亿元。就全省各市、专区而言，武汉市设备情况、工业技术和技术人才是最好的，一般地市和各县、协作区则成本更高。大办钢铁对自然资源、生态环境的破坏更是触目惊心。与1957年相比，1958年湖北全省森林面积减少32.43%，其中成林面积减少58.5%，森林蓄积量下降33.7%，而且这种对资源的破坏仍然在持续和加剧。这在当时并没有引起应有的注意。

三、机械、煤炭等行业的“全面大办”

全民炼钢运动带动了“大办机械”“大办煤炭”“大办交通”“大办水利”等各种“大办风”。这些“大办”有些对增强国民经济实力有作用，但冲击了国民经济的正常秩序；有的则是劳民伤财，付出了惨重的经济代价。

为了满足大办钢铁及国民经济各行业“大跃进”对技术设备的需求，机械工业受到的压力很大。1958年9月，湖北省机械工业部门制订《湖北省机械工业“二五”发展计划草案》，设想用5年的时间，全省建成具有先进水平的机床制造业、农业机械、重型与通用机械、电工仪表、汽车工业，专区和县建设中型机械厂，区乡建设简易修配站的完整机械工业体系。为了完成这个目标，计划在1958年至1962年，机械工业建设投资额达到5.64亿元，其中1958年至1960年3年间计划投资高达3.79亿元，相当于“一五”计划期间建设投资总和的257.82%。在“大跃进”的推动下，武汉汽轮发电机厂、湖北电机厂、武汉拖拉机厂、武汉水泵厂、武汉通用机械厂、武汉冰冻厂等厂相继动工兴建。1959年，建设项目为226个（其中农业机械项目108个），总投资为1.36亿元，相当于“一五”计划期间投资总和的92.52%。这些相继动工的项目，有的在后来的发展中形成了一定的生产能力和规模，逐渐成为湖北机械行业的主导厂，为湖北机械工业的发展打下了相当的基础，但有相当一部分因为草草上马，产品粗制滥造，为日后的跌落和被调整埋下了隐患。

为了满足大办钢铁的迫切需要，必须大力发展煤炭等能源建设。

湖北煤炭资源贫乏，地质构造复杂，煤层薄，煤质差，储量不集中，俗称“鸡窝煤”，1957年全年产量仅为73.88万吨。中共湖北省委贯彻“以钢为纲”的方针，强调“保证钢铁工业的发展，必须大办煤炭和炼焦工业”。1958年，湖北省委作出五年规划，计划到1962年原煤产量达到

4000万吨，根据规划要求，在1958年及其以后的二三年内，全省要新建万吨以上的国营煤矿井259对，生产规模为784万吨，其中，省直煤矿井99对，生产规模459万吨；专区、县煤矿井160对，生产规模325万吨，建设投资总计2.47亿元，比“一五”计划期间的煤炭建设投资剧增16倍；投入劳动力5.1万人，是“一五”计划末期煤炭建设劳动力人数的10倍。在没有搞清资源的情况下盲目地开展大规模的新矿井建设，不切实际的巨额投资只能带来巨大的浪费。“大办煤炭”的结果令人痛惜：1960年全省原煤产量为261.94万吨，1962年下降到126.37万吨，不到原规划的三十分之一。全省停建报废矿井208对，规模653.5万吨；保留矿井51对，规模130.5万吨。

全方位展开的工业“大跃进”使交通运输能力偏低的事实更加显现，省委、省人委接连下发《拔掉白旗，高举红旗，组织交通运输事业的大跃进》《关于确保钢铁和工农业生产需要进一步加强交通运输工作的指示》，要求全省交通部门按照“依靠地方、依靠群众、以普及为主”的方针大办交通。省交通部门根据省委、省人委的要求，重点抓了鄂西北、鄂西南两条山区公路的建设，即南（漳）保（康）房（县）竹（溪）公路和宜（都）五（峰）鹤（峰）来（凤）公路，实现全省县县通公路。与此同时，湖北还于1958年动工兴建汉（口）丹（江口）铁路，建设投资1.37亿元，铁路全长412.5公里。在3年的时间内，全省公路交通建设投资5557万元，修筑公路7374公里，使公路总里程翻了一番，水运和航运也有较大发展。由于受到高指标、浮夸风和“共产风”的影响，交通建设的一些项目质量不高、浪费不小，运输工具和设备超负荷运转，交通设施失修失养的现象严重。

揭开全省“大跃进”序幕的水利战线在“全面大办”中建设规模达到历史最高点。1958年5月，全省水利现场会在随县召开，会议指出，目前湖北水利建设进入全面规划、综合治理的新阶段，今后的水利方针是“全面规划，综合利用，统筹兼顾，局部服从全局，依靠群众，勤俭治水”，要求鄂东大别山脉、鄂北桐柏山脉、鄂南幕阜山脉等地区根治河流，修建山谷水库，拦洪蓄水；鄂西山区以水土保持、堰塘和引水工程为主；滨湖地区防洪、排涝、灌溉、航运四结合。为促进地方大办水利的积极性，省委、省人委确定采取“三放两包”的方法，即将工程批准权下放、技术力量下放、财权下放和任务、质量包干，并要求各部门尽力支援水利建设。全省山区、丘陵地区共有 15 条中小河流进行流域治理，平原湖区以四湖、汉南两个地区为重点，有 170 处大中型水利工程动工兴建。1958 年，根治汉江的关键工程——丹江口水利枢纽工程开工，同时开工的还有府河下游改道和四湖、汉南地区综合治理工程，其工程规模和经济效益在本省都是空前的。这批骨干工程规模布局合理，工程效益显著，为湖北水利建设打下了初步基础。但是，由于对水利事业的复杂性、艰巨性认识不足，受急于求成思想影响，水利建设出现了一些问题，主要是忽视客观经济规律和自然规律，夸大主观意志的作用，提出了诸如“苦干三年，消灭水旱灾害”“先上马再加鞭”等口号，其结果是拉长了施工战线，超越了社会经济和技术条件的可能。许多大中型水利勘探设计跟不上，没有充分准备就仓促上马，不得不采取“边勘探、边设计、边施工”的“三边”做法。有的工程未搞清地质情况就进行设计，或者未经设计就进行施工，造成严重的返工浪费，使有的工程不得不中途下马；有的工程长期不能配套；有的工程质量差或留下隐患，长期带病运行，工程效益不能很快发挥。在负担政策上，过于强调依靠群众，把一些应该由国家负担的工程，也交给群众自办，加重了群众负担，而群众无力负担，工程就留下尾巴，长期不能完善。同时又违背等价交换、互工互利原则，不管受益非受益，都要出工、负担钱或物，犯了“一平（平均主义）二调（无偿调用劳力、物资和资金）”、刮“共产风”的错误，挫伤了群众的积极性。

在“全面大办”期间，电力工业、化学工业、建材工业等都有不同程度的发展。由于这个时期工业建设没有遵循客观规律，建设规模过大，生产指标要求过高，超过了当时国民经济的承受能力，致使有大量的工程后来被迫停工，已经扩展的中小城镇的工业不得不相继下马，生产出现负增长，投资速度放慢，工业生产大幅度跌落。

“全面大办”之风还从工农业领域发展到社会事业的各个部门，财贸、金融、文教、卫生部门也纷纷掀起“大跃进”的风潮。财贸部门提出 1958 年的收购量，要在 1957 年的基础上，保证翻 4 番，争取翻 6 番，出口保证翻 1 番。财政部门提出 1958 年全省财政收入要保证翻 4 番，争取翻5番。金融部门提出1958年全年储蓄存款翻两番,争取翻3番。文教部门提出要在1—3年内扫除文盲,中学要翻番,大学至少也要发展到130所,即翻5番多。卫生部门提出要在几年内消灭"四害",消灭血吸虫和其他严重危害人民健康的各种传染病和职业病。为了完成这些根本不可能达到的高指标,全省工作中不讲经济规律、不讲经济效益之风迅速蔓延,银行系统提出"需要多少,就贷多少;什么时候需要,就什么时候贷给",大量无效投放增加市场货币流通量,造成了一定程度的通货膨胀。商业部门开展"大购大销"活动,提倡"生产什么,收购什么;生产多少,收购多少",盲目收购了大量不适用,甚至没有多大使用价值的东西,加上仓储管理不善,损失极大。据不完全统计,仅1958年和1959年,全省收购不适销商品的报废、折旧损失高达4亿多元。

"大跃进"运动的最大失误是在建设速度上急于求成,虽然在某些方面取得了一定的成果,但为此而付出的代价是巨大的。

第三节　农村人民公社化运动的迅猛发展

一、从鄂城旭光农业社到应城红旗人民公社

人民公社化运动最初是由高级农业生产合作社的小社并大社引起的。推动并社的直接起因是大搞农田水利建设的需要。1957年冬和1958年春,随着大规模农田水利建设的开展,扩大农业社规模的呼声有所增强。当时,农田水利建设要求在大面积土地上统一规划,修建长达几公里、几十公里,甚至上百公里的灌溉工程和规模较大的水利工程,这些工程需要大批劳动力和资金,建成后的使用要求与受益单位的投入相适应,工程的继续保养和管理需要与相关单位相协调,这就不仅涉及农业合作社之间的经济关系,而且涉及村与村、乡与乡、区与区,甚至县与县之间的经济关系。在当时严格的计划经济体制下,这些问题不可能按照商品经济的原则,按照各农业社投入的大小进行交换,或者与收益

挂钩进行结算，只能从调整农业生产合作社的规模和调整行政区划进行思考。

1958年3月，中央有关部门根据毛泽东的意见，起草了《关于把小型的农业合作社适当地合并为大社的意见》。4月8日，该文件经中央政治局批准正式下达各省，湖北省开展了小社并大社的试点工作，出现了像鄂城旭光农业社这样的大社。这时的并社，增强了集体协作的力量，办了不少以前办不到的事情，尤其对于加强农田基本建设和水利建设这些薄弱环节起到了不可低估的重要作用。办得好的大社依靠集体的力量，开始使用大型农业机械，并开办学校、工厂。陈伯达在参观湖北鄂城旭光农业社后，于7月1日在《红旗》杂志第三期发表文章《全新的社会，全新的人》，赞扬旭光农业社“把一个合作社变成了一个既有农业合作又有工业合作的基层单位，实际上是农业和工业相结合的人民公社”。他首次透露了中央领导人中间正在酝酿的“人民公社”这一名称。7月16日，陈伯达在《红旗》杂志第四期再次发表文章《在毛泽东同志的旗帜下》，进一步概述毛泽东关于农业合作社的发展方向和人民公社的设想：“毛泽东同志说，我们的方向，应该逐步地有次序地把‘工（业）、农（业）、商（业）、学（文化教育）、兵（民兵，即全民武装）’组织成一个大公社，从而构成我国社会的基本单位。”8月，毛泽东先后视察河北徐水、安国，河南七里营，山东历城等地，对各地成立人民公社的做法表示肯定。《人民日报》发表毛泽东视察人民公社的消息和他关于“人民公社好”的评价，湖北各地农村纷纷组织干部到河北、河南、山东等地学习，受到鼓舞，提出“苗升级，人升级，社升级”，并通过申请书、决心书、倡议书、请示、报告等形式向省委表示要建人民公社。这样，湖北农村也在并社的基础上开始建立人民公社的活动。

8月24日，省委就各地反映强烈的人民公社问题作出《关于在农村建立人民公社的几点意见》，指出：在目前形势下，建立农、林、牧、副、渔全面发展，工、农、商、学、兵互相结合的人民公社，是领导农民加速社会主义建设，提前建成社会主义并过渡到共产主义所必须采取的基本方针。建立人民公社的根本目的是要把生产搞得更好，绝对不能因此放松对当前生产的领导。人民公社建立时，原属社员个人所有的房基、坟地、山林、荒地、园地、池塘、自留地等一切土地，应当归公；原属社员个人所有的大型农具、大型工具、大家畜等，凡公社所需要者，应当折价入社；原属社员个人所有的房屋、农具、小农具、小家畜、家禽、宅旁小竹园和零星果树等，仍然归社员个人所有，不得随意归公。人民公社内部的分配制度，仍然沿用原来制度，如“三包一奖”、以产定工制等，不要匆忙改变，除地委、县委各搞一个试行工资制的试点外，其他公社暂时不要实行工资制。公社的组织规模，每社可以在 3000 户左右，可以是一乡一社，可以是数乡一社，全省公社控制在 2000 个左右。

两天后，湖北省第一个农村人民公社——应城红旗人民公社应运而生。红旗人民公社由应城县西十、艾庙、盛滩、范河 4 个乡的农业社合并而成。该公社下辖 4 个管理区（即原来的 4 个乡），共 12 个大队（即公社成立前的 12 个高级合作社），有 12358 户，50335 人。8 月 28 日，红旗人民公社召开成立大会，中共湖北省委秘书长王良、孝感地委书记王家吉分别代表省委、地委表示祝贺。8 月 31 日，孝感地委总结推广红旗人民公社的四条创建经验：一是迅速开展大张旗鼓、广泛深入的群众性宣传活动；二是明确建立人民公社的目的是发展生产；三是加强对广大基层干部和骨干分子的培训，主要内容为认清形势，提高认识，明确公社的性质，掌握建社的原则、政策；四是采取有利生产的建社方法，具体方法包括：在组织上，采取“上动下不动”“上新下旧”的方式，依靠原有组织进行工作；在生产上，根据统一经营、分级管理的原则，采取逐步过渡的管理方法，即在农业方面，对于 1958 年年度决算分配前的生产活动，由原社自行安排，实行单独经营、自负盈亏，在生产中遇到困难的时候，由公社组织协作。1958 年的冬播准备和 1959 年的全面生产规划，由公社统一规划、统一安排，实行统一经营、分级管理。孝感地委认为，“经验证明，采取这种逐步过渡的方法，是当前生产和管理的需要，是广大干部和群众的要求，是有利生产、有利团结的一种好办法”。

二、全省农业合作社向人民公社的急速转变

1958 年 8 月 29 日，中央政治局在北戴河举行的扩大会议上作出《关于在农村建立人民公社问题的决议》，把湖北的人民公社化运动推向

高潮。

中央在《决议》中提出，人民公社化运动是“指导农民加速建设社会主义，提前建成社会主义并逐步过渡到共产主义所必须采取的基本方针”，规定人民公社实行政社合一、工农商学兵相结合的原则；强调公社目前还是采取集体所有制，不忙于改为全民所有制，但是快则三四年、慢则五六年或者更长一些时间就可以实现向全民所有制过渡，相信“共产主义在我国的实现，已经不是什么遥远将来的事情”。

在中央的号召和应城红旗人民公社的示范下，湖北农村成立人民公社的速度陡然加速。到9月中旬，全省共建立400多个人民公社和500多个公社筹备委员会。9月15日至20日，中共湖北省委扩大会议传达中央政治局扩大会议决议，认为湖北农村出现了新的形势，其特点是农业“大跃进”打破了社界、乡界、县界，跨界大协作和各样的专业队伍、突击队已经在全省范围内普遍发展；随着工农业的发展，农民对于农业机械化、电气化的要求和集中使用土地、劳动力、资金，全面发展生产的要求愈来愈迫切；以公共食堂、幼儿园、托儿所、幸福院、缝纫组、理发组为骨干的农村服务事业和以农业中学、红专学校、农业剧团、电影放映队为主要载体的文化教育事业相应发展，这些特点说明湖北农村工农业生产正在以史无前例的速度向前猛进，农民的共产主义觉悟正在迅速提高，规模小、劳力少、资金少的单一农业社已经不能适应形势发展需要，已经和工农业生产的“全面跃进”发生了严重的矛盾，只有人民公社才能适应形势发展和克服上述矛盾。从这种认识出发，湖北省委扩大会议通过《中共湖北省委关于在农村建立人民公社的决议》，对相关政策进行具体规定。

关于经济关系，要求原来农业社的公共财产和公共积累，应该一律无偿地转归人民公社所有；原属社员所有的自留地、屋基、禾场、山场、荒地、堰塘、坟地、园地等一切土地，应当无偿地转归公社所有；社员所需用的屋地、坟地、小菜园以及其他必需的土地，公社应主动地统一拨给社员使用；原属社员个人所有的藕池、鱼池、山场，1958年所产藕、鱼、水果等，仍归原主收益，如本年不能收益，应当折价转归公社所有；原属社员个人所有的房屋、农具、小农具、小家畜（猪、羊、兔）、小家禽（鸡、鸭、鹅)、宅旁零星果树等,仍然归社员个人所有,凡属公社所需要者,应当折价入社;原属社员个人所有的大型农具、大型工具、大家畜等,凡属公社所需要者,应当折价入社;单干户加入公社时,应当将全部土地、牲畜、树木、大农具等生产资料转归公社所有。

关于分配制度,强调采取两种形式:一种是按劳动日领取报酬制度,另一种是工资制。公社建立之初,大部分社实行劳动日制,然后随着生产的发展,全部实行工资制。

关于组织规模,要求目前以一乡并为一社、2000—3000 户为宜;平原地区、丘陵地区人口比较集中,可以数乡并为一社,达到 4000—5000 户;领导力量较强的地区,可以以区为单位建立 7000—8000 户的大社;大山区人烟稀少,可适当把社建小一点。

关于领导体制,规定人民公社实行乡社合一,乡党委即为社党委,社党委下设组织部、宣传部和监委会。乡人民委员会即为社务委员会,社务委员会之下设办公室、农业生产、工业交通、财务管理、劳动管理、文教卫生、民政福利、供销信用、科学技术研究、武装保卫等办事机构,山区可添设管理林业和多种经营的机构,湖区可添设管理渔业和其他水产的机构。公社的下级单位依次为大队、生产队和其他专业队。公社还要求将全体社员按照“亦工亦农亦兵”原则,编组为班排连营,采取大兵团作战的方法。

湖北省委关于建立人民公社的决议颁布后,全省仅用 10 天的时间便完成了农村改制。到 9 月 30 日,除武汉、黄石、沙市、宜昌、襄樊 5 个城市市区外,全省已建立人民公社 770 个,入社户数达 617 万户,占总户数的 96%。10 月 1 日,湖北省宣布全省农村实现人民公社化。到 1958 年底,全省人民公社发展到 803 个,共建公共食堂 40 万个、托儿所 18 万个、敬老院 3000 多个、民兵师 141 个。有的公社宣布实行全民所有制,不少地方开展了“跑步进入共产主义”的比赛。当阳县跑马公社党委负责人宣布:“今天是社会主义的尾,明天是共产主义的头,共产主义社会到了”,“共产主义要消灭私有制,消灭家庭,除老婆以外,什么也不私有了!”

人民公社的主要特点,一是规模大。省委虽然规定建社规模原则上为一乡一社，但在实践过程中都被突破，人民公社多为数乡一社，不仅平均农户数量超过原来农业社的数十倍，而且集农林牧副渔、工农商学兵于一体，管理的领域和职能也被空前拓展。二是公有化程度高。不仅原来农业社的生产资料全部转归公社所有，而且废除了农民的自留地、自养牲口、自营果树，这种追求所有制纯而又纯的政策带来的直接后果就是使多种经济成分消失，个体私有经济几近绝迹。三是分配上搞绝对平均主义，否定按劳分配原则，实行供给制与工资制相结合、生活资料与基本生活费包下来的办法。四是在经营管理上高度集中统一，实行公社统一经营、统一核算、统一分配，普遍开办公共食堂，在经营形式上强调自给与上下级之间的调拨，排除商品交换，否定价值规律的作用。五是把集体经济组织与基层政权合二为一，助长了命令主义和瞎指挥的歪风。人民公社化带来生产关系上的剧烈变革，对于刚刚从小私有者转为农业生产合作社社员的农民，是非常难以接受的。但是，广大农民出于对共产主义的美好憧憬，出于对共产党和毛泽东主席的信赖，坚信共产党会代表自己的根本利益，同意或赞成了这种对他们造成很大伤害的变革，并在人民公社化运动中涌现出一大批积极分子。

“大跃进”促成了人民公社的诞生，人民公社化运动又使“大跃进”的错误和危害进一步发展，在原来高指标、瞎指挥、浮夸风的“左”倾错误基础上，又刮起了“一平（平均主义）二调（无偿调拨集体财物、无偿调拨社员个人财物）三收款”的“共产风”。一时间，土地、劳动力、房屋、粮食、农具、牲畜、家禽，甚至桌椅、碗筷等，都丧失了原来的所有权，任何一级行政组织都可以无代价地任意调用。大办钢铁和运输，就大砍集体树木和社员的自留树；搞大协作，就无偿地调人、调粮，无偿调用车辆和机械；大办公共食堂，就集中使用社员的家具、厨具等。公社成立后，将16岁至50岁的男女社员按照军队建制编组为班、排、连、营、团，实行劳武结合，称之为“组织军事化”；要求社员一切行动听从公社的统一指挥，安排学习和生产劳动，闻令而动，雷厉风行，称之为“行动战斗化”；废除各家各户的小锅小灶，以生产队为单位建立公共食堂，称之为“生活集体化”。有的地方的生活集体化由兴建公共食堂发展到建设

“社会主义新村”,即拆除社员分散的旧房,另外集中兴建新房。

人民公社制度初创时带有浓厚的平均主义和军事共产主义色彩。大办人民公社的过程,实际上成为大刮“共产风”的过程。人民公社化运动,不仅造成对农民的剥夺,而且使农村生产力受到灾难性的破坏。由于大办公共食堂和提倡放开肚皮吃饭,造成了巨大的浪费。由于大炼钢铁抽调了大量农村劳动力,造成了1958年丰产不丰收,农产品收获不上来,而商品粮、油的销售量却随着职工队伍的扩大而大量增加。1958年冬天,出现了粮食油料和副食品供应严重不足的紧张状况。人民公社化运动的严重后果开始显现出来。

第十一章

初步纠“左”的努力及其曲折

从1958年11月第一次郑州会议到1959年7月庐山会议前期，党中央、毛泽东采取一系列措施，着手纠正已经察觉到的“大跃进”和人民公社化运动中的问题。中共湖北省委遵照中央的部署，认真纠正各项工作中的“左”的错误，取得了一定的成效。但是由于庐山会议期间发生由纠“左”到“反右倾”的逆转，湖北同全国一样仓促开展“反右倾”斗争，继续进行“大跃进”，不仅打断了纠“左”的进程，而且加深了“左”的错误，加之严重自然灾害的影响，全省国民经济遭受了更加严重的损失。

第一节　初步纠“左”的努力

一、武昌会议和党的八届六中全会在武汉召开

1958年秋冬，党中央、毛泽东通过调查研究，发现“大跃进”和人民公社化运动中出了不少“乱子”，并连续召开一系列会议，采取措施加以纠正。在武汉召开的武昌会议和党的八届六中全会，就是其中的两次重要会议。

1958年11月2日至10日，中共中央在郑州召开了有部分领导人和若干省委书记参加的会议（即第一次郑州会议）。会议广泛讨论了人

民公社化运动中出现的问题。毛泽东在会上强调要区别集体所有制和全民所有制,划清社会主义和共产主义两个发展阶段。批评了废除货币、取消商品生产和商品交换的主张。

第一次郑州会议结束后,毛泽东就会议期间起草的《关于人民公社若干问题的决议(草案)》等文件,继续进行调查研究。11 月 14 日,毛泽东在孝感同农村基层干部和农民代表进行了座谈,省委第一书记王任重、孝感地委第一书记王家吉、全国劳动模范官木生、勤俭持家模范晏桃香等参加座谈会。在座谈会上,毛泽东在两个问题上提出了自己的不同看法。一是对高估产的看法,当听说到孝感县长风公社复员军人创造亩产万斤稻谷时,毛泽东说:"我不相信。"有人插话说这是省委农村工作部亲自验收的,毛泽东说:"靠不住,谁验收也靠不住。"二是对挑灯夜战的看法,当听说有的人为放"卫星",几天几夜不睡觉砌平炉,倒在平炉上睡着了时,毛泽东指出:"群众积极性越大越要关心群众,不要搞夜战,人过分劳累要害病的。"

毛泽东到武汉后,16 日、17 日,与王任重等谈话;19 日,约见武汉市、黄石市市长,与黄冈、襄阳、荆州、宜昌、恩施、孝感地委书记座谈;20 日,与王任重谈话。毛泽东在这些座谈中发表了许多重要的谈话,主要内容是:(一)不能混淆集体所有制和全民所有制的界限,更不能混淆社会主义和共产主义的界限。要继续发展商品生产和继续保持按劳分配的原则,这是发展社会主义经济两个重大的原则问题。我们既然热心于共产主义事业,就必须首先热心于发展我们社会主义社会的生产力。(二)要从理论上弄清冷和热的辩证关系。可能性同现实性是两件东西,是统一性的两个对立面;虚假的可能性同现实的可能性,又是两件东西,又是统一性的两个对立面;头脑要冷又要热,又是统一的两个对立面。冲天干劲是热,科学分析是冷。在我国,有些人太热了一点,他们不相信自己的头脑有一段冷的时间,不愿意做分析,只爱热。(三)搞水利建设国家要投资,要发动群众运动,同时要尽量利用机械,不能只靠人海战术。水利建设修水库是百年大计,一定要打好基础,组织群众修水库、开渠、修江堤都要贯彻执行互利政策,要保护群众的积极性,既要表彰、奖励劳动模范,又要实行劳逸结合。(四)

对下面的情况要进行细致分析,哪些反映是真实的,哪些事有虚假,哪些是群众的真实要求。要下功夫进行调查研究,走群众路线,执行党的政策要从实际出发,这才是正确的工作方法,也是正确的领导方法。

在调查研究的基础上,11 月 21 日至 27 日,中共中央在武昌召开了中央政治局扩大会议(即武昌会议)。参加会议的除了中央政治局委员外,还有部分中央领导人和各省、直辖市、自治区党委第一书记。武昌会议的主要议题有两个:一是人民公社问题,二是 1959 年国民经济计划安排问题。会议在继续批评“共产风”的同时,着重研究解决工农业生产高指标和浮夸风等问题。毛泽东在会上多次讲话,批评抢先过渡到共产主义的空想,肯定我国现阶段的任务是建设社会主义;强调要压缩空气,把根据不足的工农业生产指标压下来;尖锐指出人民公社有两种可能,要么亡,要么不亡;批评弄虚作假的浮夸风,要求经济工作越搞越合乎实际;强调破除迷信不要把科学和真理破除了;认为有一部分资产阶级法权的残余现在还有用,不能破除,要保护它,使它为社会主义服务。

经过第一次郑州会议和武昌会议的准备,1958 年 11 月 28 日至 12 月 10 日,党的八届六中全会在武昌召开。参加会议的有中央委员 84 人、候补中央委员 82 人,中央有关部门的负责人和省、市、区党委第一书记列席了会议。全会通过了《关于人民公社若干问题的决议》《关于改进农村财政贸易管理体制的决议》《关于 1959 年国民经济计划的决议》和《同意毛泽东同志提出的关于他不作下一届中华人民共和国主席候选人的建议的决定》4 个文件。

《关于人民公社若干问题的决议》针对当时党内在人民公社性质问题上的混乱认识,特别是急于向共产主义过渡的超阶段思想,着重从理论上区分了社会主义集体所有制和社会主义全民所有制、社会主义和共产主义。强调人民公社目前基本上仍然是集体所有制的经济组织,要继续发展商品生产和继续实行按劳分配的原则,并对人民公社的经济发展方针、具体分配制度和管理体制做了规定。该决议体现了第一次郑州会议以来纠“左”的成果。它虽然仍反映和肯定了人民公社的许多“左”的、超越历史阶段的东西,但其锋芒主要是对着那些性急的人,对克服和纠正“共产风”起了重要作用。

武昌会议和党的八届六中全会后,为进一步纠正“共产风”,解决高指标及人民公社所有制存在的问题,中共中央又相继召开了第二次郑州会议、上海会议和党的八届七中全会,采取措施整顿人民公社所有制问题,进一步修改和调整生产指标,继续纠“左”。

二、人民公社的整顿

中共湖北省委认真贯彻中央历次会议的精神,遵照中共中央的部署,对“大跃进”和人民公社化运动中的“左”的错误进行了纠正。

1958 年 11 月 4 日,针对当时的“浮夸风”,中共湖北省委负责人在全省广播大会上强调,要“提倡实事求是,反对主观主义;提倡民主作风,反对强迫命令;提倡老老实实,反对弄虚作假”。党的八届六中全会前后,省委先后于 1958 年 11 月中旬、12 月中旬两次召开扩大会议,1959 年 1 月中旬召开省、地、县、公社四级干部会议,1 月下旬召开中共湖北省第一次代表大会第三次会议等一系列会议,传达中央关于纠“左”的精神。在肯定人民公社的前提下,省委对于人民公社化运动过程中的一些错误进行了初步总结,认为存在的主要问题表现为公私不分,一切归公;有些事情脱离了具体条件,违背了群众的自愿原则;在分配上对生产好的社和生产差的社不加区别;对人民生活关心不够,劳动时间过长等。强调要划清社会主义与共产主义、集体所有制与全民所有制两条界限,坚持商品生产和商品交换的价值法则,遏制急于向更高形式过渡的倾向。为了整顿人民公社,3 月 11 日至 21 日,省委在武昌召开了全省六级干部会议,贯彻中央第二次郑州会议精神。3500 多名代表出席会议。这次会议是在毛泽东的指导下召开的。会前,毛泽东在武昌继续就人民公社问题,特别是基本核算单位问题进行调查研究。会议开始时,毛泽东接见了全体代表。会议的讨论记录,毛泽东每天都亲自过目,并给予指示。全省六级干部会议后,纠“左”工作围绕纠正公社内部的平均主义倾向进行。

按照中央十四句话的方针(统一领导,队为基础;分级管理,权力下放;三级核算,各计盈亏;分配计划,由社决定;适当积累,合理调剂;物资劳动，等价交换；按劳分配，承认差别），省委、省人委从调整人民公社所有制结构入手，降低人民公社的公有程度，以相当于原高级社的生产队为基本核算单位。1959 年 3 月 8 日，省委发出《关于人民公社管理体制问题和粮食问题的几项规定》，要求全省各地稳定人民公社的基本核算单位，坚决地以相当于原来的高级农业生产合作社的生产队或管理区作为基本核算单位，原高级社已分为若干生产队的，应该合为一个基本核算单位，不得再分；少数原高级社规模很小，经济条件大体相同，已经合为一个生产队的，只要是这些社的干部和社员愿意合为一个基本核算单位，可以经过公社党委审查决定，并报县委批准。收益分配方面，基本核算单位向上缴给公社的公积金、公益金约占其农副业总收入的 10%，而且允许各个人民公社之间有一定的差别，上缴国家的农业税一般在 7% 左右，扣除上缴外，生产队再扣留 8% 作为生产队的公积金和公益金，扣留 20% 左右作为生产费和管理费，剩下的 55% 作为生产队的消费之用；原来的高级农业社除了上缴给国家的税收和上缴给公社 10% 左右的积累之外，其余的收入全部归原来的农业社所有，实行多收多分、多劳多得的政策。

在明确人民公社的基本核算单位的同时，省委、省人委还明确规定了大集体中小私有的政策。1959 年 6 月 19 日，省人委就贯彻执行中央关于农业生产五条紧急指示发布通告，允许社员私人饲养家禽、家畜；恢复自留地，鼓励社员充分利用零星土地闲散种植庄稼、瓜果、蔬菜，谁种谁收；社员房前屋后的零星树木（包括竹木果树）归社员私人所有，收益由社员处理；允许社员私人经营家庭副业和家庭手工业，产品自用或出售由社员个人做主，收益归社员个人所得；提倡社员私人建造家庭厕所，鼓励社员私人多积家肥，生产队收买时要合理作价，收益完全归社员个人所有，等等。省委还强调要在人民公社中执行以下政策：人民公社不能无偿地调农业社的人、财、物；原来属于农业社所有的土地、耕牛、农具等生产资料仍归原单位所有，已经被公社调出的原来属于农业社所有的抽水机和其他工具，仍然应当归还原单位或者作价归公社分期付款；1958 年公社化后的各项账目，应当以原来的农业社为单位结算清楚，凡属国家统购的物资，由原来的农业社直接同国家收购部门结账，如果公社或者管理区从中收取了国家付给各农业社的收购款项,应当由公社分期如数退还各农业社;公社或者管理区从原来农业社调出的农产品、副产品或者其他物资,应当结账,分期付款。

为了解除干部群众的思想顾虑,省委还特别提出,在所有制结构的问题上,以大集体为主体,小私有为补充,二者互相结合是一个长期的方针:大集体中的小私有,在一个长时期内是必要的,有利于生产的发展,也有利于人民生活的安排。允许这种小私有,实际上是保护社员在集体劳动时间以外的劳动果实,并不是什么发展资本主义。省委明确指出,社会主义经济是计划经济,要统一领导,统一计划,统一分配,主要的生产资料和生活资料实行计划供应。要大集体,可是也必须有小自由,这在一个长时期内是不可缺少的。必须把大集体下的小自由作为社会主义经济的一个补充部分。

省委还对"大跃进"和人民公社化运动中无偿调用集体和社员个人的财物逐级算账退赔。省委直接领导召开麻城县万人大会,开展退赔工作。麻城县万人大会于3月23日开始举行,省委书记处书记王延春代表省委参加会议。到会者除县里干部外,还有300名公社干部,600名管理区干部,2500名生产队干部,5600名生产小队干部,以及一部分社员代表。按照全省六级干部会议的要求,会议分三个阶段进行。头四天为第一个阶段,实行"三级检讨、三个兑现",初步解决大集体与小集体的矛盾。三级检讨是,县、公社和管理区三级党委,层层检讨,承认错误。三个兑现:一是公社调生产队的钱和物资,立即退回;二是缺口粮的,立即供应;三是对该支援的穷队,立即贷款。中间两天为第二个阶段,在大集体与小集体的矛盾初步解决的基础上,对生产队"算五笔账,实行三个兑现",以解决小集体与社员的矛盾。这五笔账是:多劳多得账、成本账、超产奖励账、收入账、开支账。三个兑现是:超产奖励兑现、多劳多得兑现、拿群众的东西兑现。最后一天转入第三个阶段,解决干部贪污多占的问题。王延春将麻城县万人大会三个阶段的情况及时向省委作了三次报告。当时在上海参加中央政治局扩大会议的王任重,认为王延春报告的内容与党中央、毛泽东正要解决的问题是一致的,于是,将三个报告都转呈毛泽东。毛泽东高度重视麻城的经验,一一作了重要批注和批示，他在文中批注道：干部贪污多占问题的严重性“是在于毁坏社会主义事业，是在于毁坏合作社和人民公社，是在于毁坏干部自身”。他还批示：“此件，连前两件，中央、省、地、县委书记、委员人人必读，各县、社都应仿照办理。”

省委将麻城县万人大会的情况印发全省，对全省人民公社的整顿和各地纠正农村人民公社中的“左”的错误具有很大的促进作用。

三、压缩工农业生产指标

由于对 1958 年的工农业产品产量的高估，1958 年底的省二届人大一次会议和 1959 年召开的中共湖北省第一次代表大会第三次会议仍然要求 1959 年实现更大的“跃进”，并继续对工农业生产提出高指标。工业方面，钢产量 120 万吨，铁 200 万吨，钢材 80 万吨，煤炭 800 万吨；农业方面，粮食总产量 700 亿斤，皮棉 2000 万担，油料 3000 万担。1959 年 3 月 3 日，省委正式下达全省国民经济计划，要求坚决保证钢、煤、粮、棉四大指标的完成。省委批转时指出，这个计划是在 1958 年“大跃进”的基础上更大、更好、更全面的“跃进”计划，只要全党全民继续鼓足干劲，采取措施，千方百计地克服困难，是能够完成和超额完成的。但是，这个比高估的 1958 年工农业产量高得多的一揽子计划显然是完不成的。由于任务压得过重，尽管作了最大努力，1959 年一季度计划仍完成得很不理想，群众热情受到挫伤。

1959 年 4 月，党的八届七中全会对全国钢铁、煤炭、粮食、棉花四大生产指标进行了大调减。随后，省委召开扩大会议，根据八届七中全会的精神，检讨了 1958 年工农业生产和交通、水利建设上全面铺开、贪多贪大的弊端，重新统计了 1958 年主要工农业产品产量，如粮食产量由原来估计的 450 亿斤修改为 300 亿斤，调整了省二届人大一次会议确定的 1959 年工农业主要指标，粮食产量由原来的 700 亿斤调整为保证 466 亿斤，争取 528 亿斤，棉花产量由原来的 2000 万担调整为保证 1000 万担，争取 1200 万担，铁 30 万吨，钢 3 万吨，煤 390 万吨（均指地方工业，不包括中央直属企业）。会后，省委向中央报告了会议的情况。5 月 10 日，中共中央将此报告转发全党。此后，全省高指标开始降温。

但是,以上指标仍然过高,各方面感觉压力巨大。5月25日,省委就修订全省主要工业产品产量向中央写报告,要求将党的八届七中全会确定的湖北1959年87.9万吨钢的生产任务降为62.5万吨,争取72.5万吨,生铁产量由141.5万吨降为保证117.5万吨,争取130.5万吨,煤由400万吨降为250万吨。7月16日,省委批转省计委、建委、物委对湖北省1959年国民经济各项指标再次进行调整的报告。根据这个报告,1959年全省钢的生产指标由3月下达的120万吨调整为60.66万吨;生铁由180万吨调整为108万吨;钢材由75万吨调整为34.8万吨;原煤由700万吨调整为200万吨。粮食、棉花、油料的指标也有所下调。基本建设投资调整幅度较大,由14.2亿元调整为8.3亿元,下降41.5%。调整后各项计划指标特别是工业指标和1958年的指标相比,增长速度仍然是很高的,如钢增长1.1倍,生铁增长3.97倍,煤增长40%。

当然,由于这8个月的纠“左”是在肯定总路线、“大跃进”和人民公社这“三面红旗”的前提下进行的,始终没有从导致发生“左”的错误的指导思想上提出问题和认识问题,因而这次纠“左”没有也不可能彻底,没有也不可能有效地遏制“左”的错误继续发展。

第二节 “反右倾”斗争与继续“大跃进”

一、“反右倾”斗争的开展

正当纠“左”初见成效的时候,国内政治形势发生重大变化。1959年7月在中共中央于庐山召开的政治局扩大会议上,彭德怀对于会议未能透彻地解决问题和统一认识深感忧虑,于7月14日给毛泽东写信,陈述自己的意见。毛泽东指示将彭的信印发给与会全体同志,并在大会发言中,对彭德怀提出的不同意见进行批驳,认为彭德怀已滑到右派的边缘。毛泽东的发言使会议出现一边倒的情况,会议的主题也从纠“左”转向反右。在随后召开的党的八届八中全会上通过了《关于以彭德怀同志为首的反党集团的错误的决议》和《为保卫党的总路线、反对右倾机会主义而斗争》等文件。中央还发出《关于反对右倾思想的指示》,部署和发动“反右倾”斗争。

从纠“左”急剧转为“反右倾”斗争,全党普遍缺乏思想准备,湖北同全国一样仓促上阵。8月14日湖北省委发出《省委关于坚决执行〈中央关于反对右倾思想的指示〉的指示》,指出“还有不少的同志还没有把右倾思想看成是工作中的主要危险”,“如果让右倾情绪、右倾思想泛滥起来,将会严重地影响人民公社的巩固、建设事业的跃进和总路线的贯彻执行,同时,也会严重地影响党的团结”。要求各级党委遵照中央的指示,“采取从上而下加强领导和从下而上发动群众的方法,开展一个大规模的反右倾、鼓干劲的思想运动”,必须看到这是一场尖锐的、激烈的政治思想斗争,必须坚定不移地把这一场斗争进行到底。指示要求充分运用大鸣大放、大字报、大辩论和现场会议等形式,放手发动群众,揭发和批判右倾思想,结合正在进行的抗旱斗争和生产节约运动,进一步鼓干劲,搞高潮。为了加强对运动的领导,省委成立了整风办公室,在省委常委会领导下具体处理日常事务,并要求各级党委立即建立相应的办公室,以便及时了解情况,发现问题,总结经验,指导运动。

8月25日至9月15日,省委在武昌召开扩大会议,贯彻党的八届八中全会精神。从8月31日开始,会议转入“反对右倾机会主义”的斗争。会议采取大会、小会、大字报相结合,摆事实、讲道理相结合的方法,在省水产厅等省直机关和武汉市委、宜都工委、恩施地委、襄阳地委等党组织内部“揭发”出一些所谓的“右倾机会主义分子”,对少数军队干部的一些错误言论进行了批判。如武汉市“揭发”出所谓以李衍授(时任中共武汉市委委员、市委宣传部部长)、萧松年(时任长江日报社社长)、陆天虹(时任中共武汉市委候补委员、市委副秘书长)等为主要成员的“反党集团”(也称为“文化俱乐部”)。李衍授等反对用搞群众运动、大轰大嗡的办法搞经济建设,认为大办钢铁得不偿失,瞎指挥和高指标助长了官僚主义和浮夸风。他们在不同的场合发表了一些代表广大干部群众心声的意见,却被当成“右倾机会主义”予以批判。

“反右倾”斗争开始主要在党政军的领导机关和领导干部中进行。随着庐山会议文件传达范围的扩大和中央不断批转一些地区和部门关于“反右倾”斗争的报告,各地区各部门被进一步要求都必须深入开展反对“右倾思想”“右倾活动”和“右倾机会主义分子”的斗争,湖北自9月中旬省委扩大会议以后,“反右倾”斗争的范围也逐步扩大。在农村,以整风整社的方式开展了“反右倾”斗争。斗争的对象主要是有所谓“右倾”思想的基层干部和所谓“资本主义思想严重”的富裕中农。在工厂,除重点批判对总路线、“大跃进”和人民公社不满的“右倾言论”外,还批判一些领导干部的“一长制”思想,将其定性为不要党委领导,反对政治挂帅和群众运动。在职工群众中,还对被认为是“忘了本的落后变质工人和阶级异己分子”进行了批判。在高等学校和科研单位,斗争的主要对象是“浸透了资产阶级世界观的党员专家”。“罪名”是他们有党员称号,受到党内外信任,比那些党外的旧资产阶级知识分子更能迷惑人,危害性也更大。许多党员专家被认为是以专家资格反对党的领导和群众路线,受到批判和处分。

9月30日,省委发出《关于处理右倾机会主义分子的通知》,规定了4条处理意见:(一)对运动中揭露出来的右倾机会主义分子,由所在党委或上级党委做出正式的书面结论,凡是担任各级党组织和各部门主要领导职务的,一律撤换或者调离。(二)关于右倾机会主义分子的结论和处理意见,应经过所在党委或上级党委审查和批准。(三)在斗争中要注意区别右倾机会主义分子与有比较严重右倾思想、在大风大浪中表现动摇的人的界限。(四)对在运动中揭发出来的资产阶级右派分子,原则上应当按照对右派分子的处理原则进行处理。对在运动中揭发出来的、查明属实的阶级异己分子和其他坏分子,则必须开除他们的党籍。但是,中央和省委并没有制定划分“右倾机会主义分子”的统一标准,因而各地区、各部门自行其是,普遍发生了任意扩大打击对象的倾向。虽然后来中央下发和转发《关于划分右倾机会主义分子的标准和处理办法》《关于在反右整风运动和农村整党运动中对于犯错误的党员干部的处分面的通知》等文件,试图加以控制和约束,但传达贯彻下去为时已晚。截至1959年12月5日,据初步统计,全省管理区一级以上的党员干部

（即脱产干部）14.5 万人中，有 12 万多人参加了这场“反右整风运动”，作为重点批判对象的有 1.15 万人，占党员干部总数的 7.9%。这其中，相当于地委书记一级以上的干部 39 人，占这一级干部总数的 9.85%；相当于县委书记一级以上的干部 452 人，占这一级干部总数的 13.2%。根据排队，3388 人被初步确定为“右倾机会主义分子”。

历时半年的“反右倾”斗争，打断了第一次郑州会议以来纠“左”的进程，使经济工作中解决问题的许多努力被迫中止，使“大跃进”和人民公社化运动中许多已经暴露出来、有待纠正的“左”倾错误重新发展起来。错误的政治批判，把党内意见分歧误认作阶级斗争，因社会主义建设方针政策上的分歧而算历史旧账，直接伤害了党内许多同志，一大批敢于实事求是地向党反映实际情况、提出批评意见的同志受到打击，一些说假话、见风使舵的人有机可乘，这就助长了不敢坚持原则，不敢讲出真话，明哲保身，但求远祸的不良风气，在很大程度上堵塞了党内的言路，使得党难以防范、抵制和及时纠正后来发生的失误。

二、“大跃进”运动的再度铺开

庐山会议出现由纠“左”到“反右倾”的逆转后，在经济上掀起了所谓“持续跃进”“更大跃进”的高潮，从 1959 年下半年到 1960 年上半年，“大跃进”运动在湖北再度铺开。

一是重新制定高指标。1959 年基本建设投资总额又恢复到年初安排的规模，年终落实为 16.01 亿元，比 1958 年增长 30.16%，比 1957 年增长 143.68%。进入 1960 年，全省广泛开展“三红五丰收”的活动，“三红”即开门红、满堂红、红到底，“五丰收”即作风丰收、生产丰收、生活丰收、学习丰收、卫生丰收。1960 年 4 月 11 日至 17 日在武昌召开的中共湖北省第二次代表大会，对面临的形势盲目乐观，继续提出“持续跃进”的高指标。大会通过的《湖北省经济工作纲要四十条（草案）》，规划湖北省在“二五”计划后三年（1960—1962）的 6 大任务，全面安排了一系列不切实际的高指标，其中，到 1962 年，全省工农业总产值要求达到 228 亿元，比 1959 年增长 1.5 倍，3 年平均每年增长 35.8%，粮食总产量达到 450 亿斤，棉花 1000 万担，油料 1000 万担，钢 330 万吨至370万吨,铁400万吨至480万吨。大会通过的决议,强调1960年是60年代的第一年,实现1960年的“大跃进”,对整个60年代的“大跃进”有着重大的决定意义,号召“在已有胜利的基础上实现今年的更大更好更全面的跃进”。据统计,从1958年到1961年,全省地方基建投资中大部或全部无效益的投资(不包括建成后因原料、燃料不足而停产的项目)6.5亿元以上,占这4年总投资额的25.24%。其中,全部无效益的投资为3.4亿多元,占总投资额的15.18%。至于因资金、设备、原材料没有着落而被迫下马的半拉子工程所造成的浪费更是难以计算。

二是开展保钢运动。1960年下半年,全省为了完成中央下达的143万吨钢的生产任务,又开始了保钢运动。10月15日,省委制订了7大措施,要求全省大干80天,确保完成钢的生产任务。7大措施具体内容包括:(一)立即在全省开展一次收集废钢废铁的群众运动。全省要求收集废钢废铁13万吨,10月为突击月,小单位一周突击完成,大单位两周突击完成,各地要5天向省委报告一次。(二)千方百计解决炼焦煤的困难,全省要大力组织炼焦煤的生产和运输,确保四季度32.5万吨的生产任务。(三)大力抓炼焦。提高结焦率,利用配焦煤炼焦,大力推广碳酸化焦球,节约用煤。(四)加强设备维护检修和备品、备件工作,改变事故频繁的现象,提高生产水平。(五)切实解决鄂城、黄石、汉阳和扬子4个钢铁厂所缺的设备和炼钢所需的原材料。(六)确保所有钢铁厂电力供应。(七)大力组织各种运输工具,完成当前工业生产中的煤、铁、木、矿石等的运输计划,以确保全年钢铁任务的完成。由于钢产量增长过快,导致了工农业比例关系进一步失调。

三是大搞“三治”。1959年湖北大旱,到9月时,因旱减产已很明显。可是,在“反右倾”的错误指导下,却主观地要求搬大水、抗大旱、大灾大丰收。从1959年冬至1960年春,全省开展了以水利建设为中心的治水、治土、治山的“三治”运动。每天投入劳动力多达500万人,在高指标的要求下摊子铺得太大,劳力占用过多,直接影响了当年的农业生产。同时,在“三治”中,重新刮起了严重的“共产风”,许多工程无偿调用了不受益地区的大量劳力,严重挫伤了群众的积极性。在“三治”中为了追求高速度，违背勘察、设计、施工的科学程序，盲目施工的现象也不少，因而造成一些工程质量不高，甚至发生质量事故，被迫返工，或者报废，造成不应有的损失。

四是继续搞各种大办。各种大办大致分为两种情况。一是兴建各种办公设施和生活设施。有的县花几十万元盖办公大楼、宿舍、大礼堂、餐厅等。二是兴办社队企业。1960 年 4 月召开的各省、市、自治区党委工业书记会议，进一步提出要使小煤窑、小铁矿、小高炉、小转炉、小铁路“五小成群”，还要求有条件的地方要搞小有色金属矿、小化工、小水泥、小水电等。按照中央要求，全省有煤、铁等资源的县市以至人民公社，纷纷举办“小洋群”“小土群”，使“五小”工业遍地开花。这种做法，虽然也取得了一些成果，但效益差，造成了人力、资金、资源等方面的巨大浪费。

五是提出“技术革新和技术革命”。各种大办，造成了劳动力的严重不足，原材料空前紧张，运输能力严重不足。省委为此要求在全省工业、基本建设和交通运输业中开展一个机械化和自动化的技术革命运动，以提高劳动生产率。1960 年 3 月初的省委工业书记会议正式提出：大战 100 天，把全省县以上工交企业机械化、半机械化程度提高到 70% 左右，全员劳动生产率比 1959 年提高 30% 左右，基本上消灭笨重体力劳动，手工操作减少到 30% 左右。会后，全省特别是大中城市广泛开展了“千百万运动”（指千条生产自动线、联动线，万台单机自动化机台，十万项手工操作机械化、半机械化，百个自动化、半自动化车间）。虽然技术革新和技术革命运动解决了生产建设中一些需要解决的问题，但也出现了许多浮夸现象，造成了不少损失。

1959 年下半年至 1960 年上半年的继续“大跃进”，加上当时的“共产风”，把“左”的错误又发展到一个新的高峰。新的“大跃进”实行几个月后，由于国民经济的严重困难不得不终止。它虽然时间不长，但造成的后果极为严重，对国民经济的破坏性更大。

三、“共产风”再度泛滥

从 1959 年下半年起，在继续“大跃进”中，农村人民公社由基本队有制向基本社有制加快过渡的思想和做法也急速发展起来，“共产风”再度泛滥。

本来在1958年底开始的纠“左”过程中,对急于由集体所有制向全民所有制、由社会主义向共产主义过渡的“左”倾错误进行了初步纠正，并基本确立了“三级所有,队为基础”的农村人民公社管理体制。但是，1959年庐山会议“反右倾”之后,中共中央改变了上述正确的政策，“三级所有,队为基础”的体制开始被否定,急于向公社所有制过渡的思想和做法重新抬头。从1959年10月中共中央召开的全国农业书记会议开始,中央逐步对农村人民公社如何由队有制过渡到社有制作出了若干规定。

按照中共中央的指示和要求,省委提出了3年、5年、8年实现农村人民公社从基本队有制向基本社有制过渡的设想。1960年4月中旬召开的中共湖北省第二次代表大会就提出,要进一步巩固和发展人民公社,为由现在基本是生产队所有制逐步过渡到基本是公社所有制而积极创造条件。这之后,一些人就认为“过渡这条路总是要走的,迟过渡不如早过渡,早过渡又有政府的扶持,又光荣”“共产风比资本主义好”,这就出现了急于过渡的倾向。为了避免这个倾向,4月下旬召开的全省六级干部会议专门订出了从小集体过渡到大集体的5个条件、10项政策，并决定拿出5年左右的时间为过渡创造条件,并批准在24个公社进行试点。这不仅没有制止空过渡,反而助长了过渡风。各地为了抢先过渡,采取种种措施,积极为过渡创造条件。在这一过程中,再次刮起了严重的“共产风”。其突出表现有以下几个方面。

第一,大办社有经济。为了尽快发展社有经济,全省农村人民公社普遍搞了一系列“大办”:大办社有工业,大办养猪场,大办农场,大办林场,大办商品基地,大办水利,大办交通,大办文教事业,等等。有的公社1年之内竟办了1个农场,11个工业企业,1个农业机械站,1个运输站,1个建筑队,5个养猪场。各种“大办”,基本上是“白手起家”,大搞“一平二调”,不但所需劳力、土地、房屋要从大队、生产队无偿调用,而且连所需资金、粮食、工具、家具等,也多是从大队、生产队和社员个人征集而来的。这种“大办”,极大地损害了生产大队、生产队和社员群众的利益。

第二,坚持公共食堂。1959 年春发生粮荒,公共食堂大多被迫解散。庐山会议“反右倾”后,解散公共食堂的做法被认为是“猖狂反对社会主义道路”而受到批判。公共食堂被认为是“必须固守的社会主义阵地”,“可以使我们在社会主义向共产主义过渡的事业中,在五年至十年内,跃进一大步”,要求在全党全民中树立“公共食堂万岁”的坚定信念。于是,全省食堂在原来的基础上进一步发展起来,如襄阳专区到 1960 年 8 月底,全区食堂发展到 54097 个,参加食堂的农户数占全区总农户数的 95%,其中常年食堂占 93%。后来,由于广大社员群众的普遍反对和粮食形势的日益严峻,到 1961 年夏天,农村人民公社的公共食堂制难以维持,不得不最终解散。

第三,扶助穷队赶富队。扶持帮助穷队赶上富队,提高全社的人均收入,这是中央规定的由队有制向社有制过渡的一个基本条件。为了达到这一条件,帮助穷队实现过渡,许多公社动用社有的大量公积金无偿支援穷队,并将国家给公社的贷款大量拨给穷队使用。有的公社搞富队穷队的“共产主义大协作”,要求富队克服“本位主义”,在资金、劳力、生产资料等方面支援、帮助穷队,甚至有的公社强迫富队和穷队合并。有的公社还以“直属农场”“直属生产队”的形式,干脆把一些很难改变的穷队转为公社所有,使这些穷队一下子就过渡到社有制。

“共产风”再一次盛行带来严重后果:一是严重地挫伤了群众的生产积极性,给生产力造成了巨大破坏;二是导致农民生活水平急剧下降;三是党和干部的形象受损,党群关系、干群关系恶化。

第十二章

国民经济和社会政治关系的调整

面对继续“大跃进”造成的严重困难,中共中央决心调整政策、纠正错误。1960年11月,中共中央发出《关于农村人民公社当前政策问题的紧急指示信》;1961年1月,党的八届九中全会正式决定对国民经济实行“调整、巩固、充实、提高”的八字方针。这两件事标志着党的指导方针的重要转变,也表明国民经济开始转入调整的轨道。在中共中央的领导下,湖北省委从实际出发,从农业政策入手,制定了若干具体政策和措施,对全省国民经济、政治、文化等方面进行了全面深入的调整,迅速恢复发展了农业生产,规范了工业生产和管理制度,调整了各方面的关系,有力调动了各方面的积极性,取得了良好的效果。

第一节　先期开展的局部调整

一、贯彻“右手抓生活,左手抓生产”的方针

湖北省国民经济的全面调整是从贯彻党的八届九中全会确定的“调整、巩固、充实、提高”的八字方针开始的。在此之前,中共湖北省委针对国民经济的严重困难,采取应急措施,并开始局部调整,取得了一些行之有效的经验,得到中共中央和毛泽东的赞许和推广。

1959年湖北全省大旱,粮食比1958年减产44.5亿斤。虽然1956

年到 1958 年连续三年丰收，但是没有注意节约粮食、增加库存，进入 1960 年，春荒严重，从城市到农村，从丘陵到平原，到处都缺粮，使人们在“大跃进”中“发热”的头脑逐步冷静下来，开始正视和着手解决面临的困难。1960 年春节前，省人委召集专员会议，研究和安排粮食供应和人民生活问题。春节后，省委立即召开地委书记会议，继续讨论粮食和生活问题，并如实向中共中央报告了 1959 年粮食减产的实际情况。省委提出了“右手抓生活，左手抓生产”的方针，印发了地委书记会议《关于群众生活问题的讨论纪要》，强调 1960 年春天要“从抓生活入手”搞好生产，战胜春荒，扭转经济困难局面。主要采取了以下措施。

一是加强农业、增产粮食。1959 年，全省大旱直接导致粮食减产，全省粮食总产约 152.99 亿斤，加上“大跃进”期间粮食库存不足，1960 年上半年出现严重的春荒。严峻的现实使各级党委认识到了发展农业生产、粮食生产的重要性。省委相继召开了粮食会议、地市委第一书记会议、三级干部会议、现场开荒会议，对农业生产进行了细致安排。首先，加强田间管理，贯彻八字宪法，提高单产。要求安排 60% 的劳动力搞田间管理，书记负责，组织专门班子，深入落后队、落后田，大抓禾苗升级，力争大面积平衡增产。其次，扩大耕地面积，狠抓粮食增产。1960 年 7 月，省委提出，1960 年至 1962 年，每年开荒 800 万亩，并围绕这一目标，组织社员在房前屋后的零星荒地开垦，小队或食堂开垦小片荒地，生产队开垦大片荒地。尽管大面积开荒占用了一定劳动力，但仍然取得一定成效，1960 年下半年仅武汉市就开荒 200 多万亩①，对增加粮食产量起了一定作用。第三，集中优势劳动力到农业生产第一线。要求在农村的整劳动力、半劳动力和辅助劳动力达到 50% 左右；要求被公社调用的农村整劳动力，控制在 1%—3% 之间，保证 90% 以上的劳动力固定在生产小队。要求农忙季节必须有 80% 的劳动力用于农作物的生产，农闲季节也不得少于 50%。第四，推行农业生产技术改革。大力推广新式农具

① 中共武汉市委党史研究室：《中国共产党武汉历史》第二卷（1949—1978），中共党史出版社 2009 年版，第 386 页。

如拖拉机、发电机、插秧机，并从工业战线抽调干部和技术工人支援农业机械化。据统计，1960 年从工业战线抽调了 3000 人支援农业生产技术改革①。此外，通过提高土地的复种指数，种植高产作物，因地制宜地进行旱改水等方式增加粮食产量。

二是号召生产自救，合理安排生活。根据 1960 年的生产情况，省委提出生产自救，节约度荒，保人保畜，休养生息的方针，大力推行“低标准、瓜菜代”。所谓低标准，是指降低口粮标准。1960 年 2 月，省委确定平均每人每天半斤口粮，12 月再次确定全省农村最低口粮标准为平均每人每月 15 斤粮食，最高 20 斤粮食。武汉市市区平均每人每月 30 斤粮食②。在降低口粮标准的同时，省委要求各级党委结合生产，组织群众上山下湖，采集和储存各种野生或家生的代食品。采摘的形式为除国营农场和养殖场所有的湖藕和莲子等由农场、养殖场采收外，其他的山区、湖区、田埂地头，集体可以采集，社员个人也可以采集，可以自食自用，也可以自行出售。按照省委的要求，各级党委积极发动群众广泛采收代食品，大搞小秋收。组织群众到湖区采摘野藕、莲子、菱角、鸡头苞、野苋菜等，到山上采摘橡子、野黄豆、葛根、蕨根等。根据襄阳、枣阳、光化（后并入河口市）等 7 个县市的不完全统计，从 7 月到 8 月，7 县市 57 万户，已经采集、储存各种干叶、干菜 1256 万斤，每户平均 22 斤③，缓解了粮食不足带来的困难。在生产自救的同时，湖北省注重安排群众生活。1960 年初，先后召开全省救灾工作会议、地委书记会议等，讨论粮食和生活安排问题，制定了《关于群众生活的十条规定》《关于当前职工生活问题的八项规定》，要求做好城乡群众职工的口粮安排、疾病防治工作和卫生工作，实行劳逸结合，妥善安排劳动和休息时间，做好蔬菜生产，改善生活。1960 年 3 月，省委专门发出《关于办好公共食堂为中心全面安排社员集体生活的指示》，提出“政治到食堂，书记下伙房”，取消领导干部的小灶，派出优秀的党员和干部办食堂，加强食堂管理，计划用粮，称米下

① 《王任重在地市委第一书记会议上的讲话》，1960 年 7 月 16 日。

② 《关于三级干部会议情况的第二次简报》，1960 年 12 月 13 日。

③ 《湖北省委批转襄阳地委、黄冈地委〈关于开展小秋收运动，积极采取代食品的报告〉》，1960 年 9 月 5 日。

锅,足量到口,节约归己,粮、菜、油、钱日清月结,按月公布账目,加强群众监督,杜绝多吃多占、贪污浪费。

三是发展轻工业生产和副食品生产。针对市场生产、生活物资奇缺的情况,湖北省于1960年3月发出《关于加强轻工业领导的指示》,强调加速轻工业的发展不仅是一项重要的经济任务,而且也是一个重要的政治任务。要求大力发展轻工业生产,特别是增加日用工业品的生产,在以国营工业为主的条件下,积极发展国营工业、公社工业和街道工业,实行大型工业和中、小型工业,洋法生产和土法生产同时并举,两条腿走路的方针。根据省委要求,各级党组织加强了对轻工业的领导,各市、专区、县,指定了一位分管财经工作的市长、专员、县长负责分管轻工业,对各地轻工业特别是日用工业品的生产和流通进行了具体的部署。在生产的具体安排上,既抓大宗商品的生产,又抓小宗商品的生产;既抓大众化商品的生产,又抓高级消费品的生产。尽可能地做到人民生活需要的高、精、大和低、粗、小商品应有尽有。由于各级党委的重视,湖北省的轻工业生产得到了很大的发展。据统计,1960年武汉市第三季度的日用工业品与1958年第一季度可比产品相比,产量增加了50%。为了保证城市的副食品供应,解决城市居民的生活困难,湖北省提出"寸土必爱,寸土必争,寸土不让,寸土不闲",组织专门班子,指定专职领导人负责副食品生产工作,大搞副食品生产,建立副食品生产基地,建立常年蔬菜生产基地,号召机关、企业、部队、学校将房前屋后、湖边、厂边、路边的荒地都开垦出来。

这一系列的措施缓解了湖北的困境,在改善民生方面也取得了初步成效。

二、《关于调动群众积极性的十项措施》的制定

在一手抓生活、一手抓生产的同时,省委以农业为重点,开始对国民经济进行初步调整,调动广大人民群众的生产积极性,迅速改变全省农业生产持续下降的状况。

1960年4月20日至5月1日,省委召开湖北省六级干部会议。会议前段以检查农村执行阶级路线的问题为中心,整顿干部思想作风;会

议后段着重讨论从小集体过渡到大集体的问题，以批判“共产风”、纠正“一平二调”的错误为主，调整社队经济关系。会议针对“共产风”和急于过渡的“左”的思想有所抬头的情况，制定出了从小集体过渡到大集体的条件和政策，决定用5年左右的时间为过渡创造条件，并批准24个公社进行试点。会议还制定了《正确处理有关人民公社内部经济关系的若干问题的规定》，要求对“一平二调”的错误坚决纠正，算清账目，该退还的退还，对1958年的“旧账”和1959年以来的“新账”一并算清、兑现。

5月，毛泽东在武汉召集王任重、王延春和部分地委负责人座谈人民公社问题。对大家反映的农村工作中的不良风气，毛泽东归纳为高指标的浮夸风、“一平二调”的“共产风”、生产上的瞎指挥风，他强调“三风”不可长，必须认真解决。

为贯彻毛泽东的指示精神，更加充分地调动广大群众的积极性，搞好农业生产，湖北省委进一步部署以纠正“共产风”为主要内容的初步调整。8月28日，省委在总结上半年工作的基础上，制定下发了《关于调动群众积极性的十项措施》，力图比较系统地纠正人民公社中以“共产风”为突出特点的“左”的错误。这十项措施是：（一）切实贯彻人民公社“统一领导，分级管理，队为基础，三级核算”的体制。生产队所有制是基本的，以队为基础的三级所有制至少五年不变（即1965年前）；“一平二调”的旧账必须彻底清算处理，公社欠生产队的，生产队欠小队的，以及欠社员个人的，都要在年内还清，决不允许重复“一平二调”的错误。（二）集中优势劳动力到农业生产第一线。公社抽调生产队的劳动力，不得超过全劳动力的3%—5%，情况特殊的，经县委批准，可稍微多一点，但也不能超过7%；城镇、机关、学校，各行各业都必须彻底清理和大力精简人员，尽可能多地把劳动力送到农业生产第一线去，生产队拥有的劳动力必须保持在1958年上半年的90%以上，特殊情况不得少于85%，两三年内不得减少。（三）切实搞好分配工作，使80%以上的社员收入逐年有所增加。以生产队为单位，确定积累和分配的比例为四六开，即40%用于积累，60%用于分配，五年不变；生产队每年上交给公社的公积金，控制在生产队总收入的3%—5%以内，五年不变。（四）订好生产计划和严格执行“三包”奖赔制度。生产计划一年一订，全年不变；

"三包"到小队,责任到作业组,超产部分实行三七开,即三成归生产队,七成奖给小队。(五)坚持工资制与供给制相结合的分配制度。供给和工资的比例实行三七开;坚持按月发工资和年终结算;社员的工资和供给,必须专款专用,不得移作他用。(六)确定小队权限。在生产队的统一规划、统一领导下,生产小队有权因地种植,有权安排活路,有权支配劳动力和耕牛,有权制定适合于本队的技术措施和劳动定额,有权开支小队所有部分的资金,有权经营少量副业,有权开垦零星荒地,实行多种多收等。(七)严格执行粮食和其他农副产品的征购政策。征购任务要坚决完成,口粮、种子、饲料要按规定的标准留够留实。(八)关心群众生活,坚持劳逸结合。要办好食堂,保证社员吃饱、吃好,口粮决不允许七折八扣;确定休假的制度和作息时间,男劳动力每月休假两天,女劳动力每月休假 3 天,每天劳动时间一般不超过 8 小时,农忙时也不得超过 10 小时;1960 年要领导社员修补一次住房,并逐年给社员盖些新房;要做好疾病防治工作和卫生工作。(九)在不影响集体生产的原则下,允许社员适当经营个人的自留地。社员个人在自留地上种的作物和在房前屋后零星地上种的作物,均为个人所有,不得没收,不计征购,不计产量。(十)定纪律,定责任制。所有干部都必须严格遵守"三大纪律、八项注意"。

9 月 24 日,中共中央将湖北省委《关于调动群众积极性的十项措施》逐条批注后批转给各中央局和各省、直辖市、自治区党委。中央批示指出,湖北省委的十项措施,是巩固和加强人民公社,充分调动各级干部和广大群众积极性,大办农业、大办粮食的具体措施。

三、沔阳县通海口整社整风的试点

为了贯彻落实省委《关于调动群众积极性的十项措施》,省委把纠正"共产风"摆到中心位置,在全省组织机关干部 1 万多人到各县、公社帮助工作,掀起落实政策,调动农民积极性,发展生产的热潮。8 月底,省委书记处书记王延春根据省委的统一安排,到沔阳县通海口公社开展贯彻"十项措施"的试点。

通海口公社是沔阳县最大的一个公社,自 1958 年"大跃进"和人民公社化运动以来,这个公社的"共产风"虽然年年季季在处理,可是边处理边刮，一直未能得到很好的治理，成为全县乃至全省的一个典型。9 月 4 日，王延春和沔阳县委书记处书记姜作强，带领从县直机关抽调的 400 多人组成的工作队，进驻通海口公社的各个管理区、生产大队、生产队，并分别设立工作队、工作组、联络员。进驻后，工作队(组)、联络员原原本本地宣讲省委十项措施，充分发动基层干部和社员群众揭"盖子"。通过揭"盖子"式调查，工作队总结了通海口公社的"左"的错误主要表现在四个方面：一是各级都平调生产队的人、财、物；二是生产上瞎指挥的问题非常严重；三是浮夸风盛行，征收过头粮；四是没收自留地。问题暴露出来以后，工作队对照十项措施发动和督促基层干部和社员逐一解决。县、公社、管理区、生产队均成立兑现办公室或小组，负责核账和兑现。经过省委工作队十余天的工作，通海口公社"一平二调"的"共产风"得到了初步的解决。9 月 18 日，王延春向省委写了《沔阳县贯彻政策试点情况的报告》。报告把贯彻十项措施试点的做法概括为五个方面：领导下决心彻底兑现；采取"两头挤"的办法，即放手发动群众，领导带着群众去要账；把兑现抓到底；在处理国家与集体、大集体与小集体、集体和个人等各种经济关系中，在处理生产大队、生产队分权问题中，都严格地划清界限；边搞运动，边搞生产，用边整边改的实际效果来调动群众的生产积极性。由于政策兑现，通海口公社出现了许多新的气象，如出勤率由原来的 60% 上升到 100%；过去需要两三天干完的活，现在一天就干完了；在主要劳动力上堤防汛的情况下，家里的妇女和半劳动力十余天就开垦了 3800 亩小块荒地；种菜现高潮，自留地的荒草不见了，很快种上了菜；公物还家，丢失的农具都找回来了；过去损坏的农具、家具、房屋都得到了在积极修理。

通海口公社整风整社的经验引起了中共中央的高度重视。9 月 21 日，省委批转了王延春的报告，并呈报中共中央和毛泽东。毛泽东十分重视通海口公社整风整社的经验，国务院副总理李富春按照毛泽东的批示，拟定《中共中央关于转发湖北省委和福建省委两个文件的重要指示》。10 月 12 日，毛泽东批发这份文件，为了引起各级党委重视，还特地在中共中央文件红头下面加写了"重要文件"四个大字。该指示指出："湖北省委和福建省委批转的两个文件极好。中央要求省级、地级、县级和公社级党委,要求生产队的全体干部和下放在农村的全体工作人员,都要极严肃地、认真地研究这两个报告。”该指示强调:“从1958年冬天以来,中央和毛主席再三再四地指示,必须坚决纠正一平二调的‘共产风’。因为这种‘共产风’严重地破坏以生产队为基础的公社三级所有制和农业生产力……如沔阳县通海口公社的事实所证明的,一经整顿之后,群众的生产情绪不仅马上扭转,并且出现了生产的高潮。”该指示还进一步强调:“纠正一平二调的‘共产风’,纠正强迫命令、浮夸和某些干部的特殊化的作风,坚持以生产队为基础的公社三级所有制,是彻底调整当前农村中社会主义生产关系的关键问题,是在公社中贯彻实现社会主义按劳分配原则的关键问题。解决了这类生产关系的关键性问题,就会大大地促进农业生产力的发展。”为此,中央要求各地党委立即进行切实工作,对“共产风”作彻底解决。

四、全省反“五风”

1960年11月3日,中共中央发出《关于农村人民公社当前政策问题的紧急指示信》(即“十二条”,以下简称《紧急指示信》),要求各地党委立即进行切实工作,清理“一平二调”,对“共产风”作彻底解决。根据中共中央的要求和统一部署,湖北省开始在全省范围内开展以反“共产风”为突破口的反“五风”运动。

为了能让基层干部和社员群众原原本本了解中共中央和毛泽东的指示,省委办公厅先后通知各县,要各地仿照中央文件的格式翻印中央《紧急指示信》,一直下发到生产队一级。11月11日至12月1日,省委召开全省三级干部会议,学习贯彻中央《紧急指示信》的精神,部署整风整社运动。王任重在会议上指出:“人民公社的政策,以中央最近下发的十二条指示为准,中央过去的指示与这次有出入的,就以这次为准……省委过去所做的一切决定、指示,凡是不全面、不妥当的,都一风吹,以中央的十二条为准,以这次会议的决定为准。”[①] 会议专门讨论了“共产

① 王任重:《充分发扬民主,开好整风会议》,《王任重文集》上卷,中央文献出版社1999年版,第264页。

风”的问题，指出，“共产风”总的说来有两条：一条是违背价值法则、等价交换的法则，一条是违背按劳分配、多劳多得的原则，其表现形式有五种，“一平”（在生产队之间、小队之间、社员个人之间穷富拉平）、“二调”（乱调东西、乱调劳力、乱调钱）、“三派”（乱派任务，乱派购、派销，乱派生产，瞎指挥）、“四统”（该统的统了，不该统的也统了，统得过多过死，光有大集体，没有小自由）、“五献”（干什么都要群众捐献）。纠正“共产风”主要遵循五句话：打通干部思想，放手发动群众，彻底清算，分期分批，坚决兑现。

这次全省三级干部会议专门安排沔阳县委第一书记马杰介绍了该县第一批试点贯彻政策的经验和通海口公社贯彻政策后的十大变化。王任重认为沔阳的材料很好，于 11 月 12 日将沔阳的材料报送给中南局第一书记陶铸并毛泽东。毛泽东阅后，于 11 月 15 日将《王任重同志的报告》《沔阳县贯彻政策第一阶段的总结》《通海口公社贯彻政策后的变化》3 个材料批发全党，并以中共中央名义起草了《关于彻底纠正五风问题的指示》，印发各中央局和各省、直辖市、自治区党委。毛泽东指出：“必须在几个月内下决心彻底纠正十分错误的共产风、浮夸风、命令风、干部特殊风和对生产的瞎指挥风，而以纠正共产风为重点，带动其余四项歪风的纠正。”这是中央文件第一次明确地提出“五风”问题。毛泽东在这份党内指示中还提出了“情况明、决心大、方法对”的重要领导方法，他说：“现在是下决心纠正错误的时候了。只要情况明，决心大，方法对，根据中央十二条指示，让干部真正学懂政策（即“十二条”），又把政策交给群众，几个月时间就可以把局面转过来，湖北的经验就是证明。”①

1960 年秋冬，湖北以纠正“共产风”为主的整风整社达到高潮。省委三级会议以后，各市县召开县委扩大会议、五级干部会议、三级干部会议，充分发扬民主，揭“盖子”、放“包袱”、肯定成绩、纠正错误，清查“共产风”的危害。为彻底清理退赔，省委专门制定了《关于处理“共产风”

① 《中共中央关于彻底纠正五风问题的指示》（1960 年 11 月 15 日），中共中央文献研究室编：《建国以来重要文献选编》第 13 册，中央文献出版社 1996 年版，第 693 页。

问题的若干具体规定》，对退赔的范围、形式、方法等作出细致规定。为了保证工作的深入推进，全省各地、县委成立了专门领导小组，地委由地委第一书记当组长，财贸书记、专员当副组长，县委由县委第一书记当组长，财贸书记、县长当副组长，吸收工、交、农业、财政、银行、商业等有关单位参加，下设办公机构，专门负责办理赔款的工作。为解决退赔款，中央拨款 12400 万元，省财政拿出 7600 万元，各专、市、县、公社共拿出 1578 万元。在省委和各级领导小组的高度重视和积极领导下，湖北农村工作中纠正“共产风”、进行农业退赔的工作迅速开展起来。在整个过程中，由于退赔的数额较大，而全省的经济形势和财政依然面临着严重的困难，湖北省采取了发放退赔期票和退赔部门出具临时欠条的形式。据统计，到 1961 年 11 月，全省退赔现金 11450 万元，发放退赔期票 1510 万元。

在农村进行以反“五风”为主的整风整社的同时，湖北省工业领域也根据中共中央指示开展了以反“五风”为中心的整风。1960 年 12 月至 1961 年 1 月，湖北省在武昌区开展了工业领域反“五风”的试点工作，试点揭露了城市“五风”的严重性。1961 年 1 月，湖北省成立了城市反“五风”整风运动领导小组，发布了关于在城市开展反“五风”整风运动的文件，对整风的方针、政策和工作步骤作出相关规定。规定指出，开展反“五风”的方针是：揭开盖子，放下包袱，肯定成绩，纠正错误，惩前毖后，治病救人，先分是非，后清敌我。具体方法是领导下定决心，放手发动群众，反深反透。步骤是：（一）放手发动群众，揭发、分析、批判；（二）集中整改，转变作风，政策兑现，严肃纪律，加强管理，加强党的政治思想工作；（三）纯洁组织，整顿队伍，调整干部；（四）专案处理。

随后，湖北省城市的整风运动相继开展起来。从 1961 年 1 月开始，武汉、黄石先行开展，5 月以后，沙市、宜昌、襄樊等城市也开始试点。在反“五风”运动中，各级领导一方面亲自带头，总结领导工作中的失误和教训，肯定成绩，纠正错误，开展了严肃的批评和自我批评；另一方面放手发动群众“大鸣”“大放”，把问题揭深、揭透。对揭发出来的问题，划清界限，分清两类不同性质的矛盾，严格检查，分别处理。对于工业领域以高指标为首的“五风”,要求自上而下地核实、压缩生产指标。对刮“共产风”的问题则及时进行了清查核实,根据《关于处理“共产风”问题的若干具体规定》认真处理,彻底纠正“一平二调”的“共产风”,调动了各方面积极性。对于瞎指挥和强迫命令风,则要求各级领导正确执行党的政策,严格按照民主集中制原则办事,在党内组织学习了“党政干部的三大纪律八项注意”和“干部十不准”,严格组织纪律。同时,工业领域还结合整风深入贯彻省委《关于领导工业生产、建设的若干问题的决定》和《关于当前职工生活问题的八项规定》。

虽然城市整风过程中,也出现了上压下挤、以工作队代替党组织、领导担空担子等不妥的行为,但这些偏差很快得到纠正。经过整风,工业领域的弊端被揭露出来,如工业发展违背地方工业的方针,追求“高、大、精、尖、新”,讲究成龙配套,过大地办了大厂,挤掉了手工业生产,给市场和人民生活带来了不便;对社会主义和共产主义的界限模糊,过多过早地从集体所有制过渡到全民所有制,挫伤了企业和职工的积极性。这些弊端的暴露推动了工业领域的深入调整。领导作风中存在的主观主义、官僚主义情况也得到改善。

全省大张旗鼓的反“五风”运动,对于克服当时的严重困难,扭转被动局面起了重要作用。

第二节　国民经济的全面调整

一、大兴调查研究之风

1961 年 1 月 14 日至 18 日,党中央在北京召开八届九中全会。会议分析了国民经济存在的困难、问题及发生的原因,指出经过三年的连续大跃进,各部门之间出现了新的不平衡,特别是工业和农业之间的不平衡。会议要求从 1961 年起对国民经济实行“调整、巩固、充实、提高”的方针,使整个国民经济实现综合平衡,按比例发展。在会上,毛泽东正式提出，1961 年要成为一个调查年，号召全党大兴调查研究之风。会后，中共中央成立了广东、湖南、浙江 3 个调查组，从农业问题入手，到农村做调查，毛泽东亲自指导工作。毛泽东带头作调查为全党做了很好的表率。随后，中共中央发布《关于认真进行调查工作问题给各中央局，各省、市、区党委的一封信》，并印发了毛泽东在 1930 年写的《关于调查研究》一文，要求县以上党委领导认真学习毛泽东注重调查研究的思想方法和工作方法，把深入基层，蹲下来亲自进行系统的典型调查，当作领导工作的首要任务。中共中央关于进行调查工作指示信的发出进一步推动了全党的调查研究之风。

湖北一向有调查研究的传统。1950 年，湖北省就制定了《关于调查研究的方法》下发全省。在先期开展的局部调整过程中，省领导亲自蹲点，调查研究，了解实情，为贯彻落实省委《关于调动群众积极性的十项措施》打下了基础。1961 年 3 月，中共中央在广州召开工作会议，会上起草并讨论《农村人民公社工作条例（草案）》（即“农业六十条”），王任重、王延春在参加会议期间先于 3 月 9 日写信给省委，要求各个地委书记分别找公社、管理区、生产队、生产小队进行调查、座谈，研究公社、生产队的规模及分配方式等问题。3 月 18 日，王任重、王延春再次写信给省委和各地（市）、县委的书记，要求地、县委的第一书记围绕人民公社的工作条例、粮食“三定”、手工业和商业等问题亲自到公社作系统的调查研究。在省委的部署下，各地、县委第一书记亲自动手，找社员、各级干部分别座谈，形成了一批反映农村情况的调研报告。这些报告有《关于农村人民公社工作的调查意见的报告》《麻城宋埠镇手工业调查报告》《关于建立粮、棉、油商品基地的初步意见》《关于生产队规模的一个材料》《荆门县的五个调查材料》《关于公社体制和规模问题》《关于食堂问题》等。

广州会议结束后，王任重回到湖北，抽调省、市、县三级干部 39 人组成联合工作组。3 月 26 日至 4 月中旬，工作组在武昌县五里界公社蹲点调查，工作组成员同五里界公社、管理区的干部及锦绣、黎明两个生产队的干部社员分别进行了座谈，讨论农业、手工业、渔业等问题。在蹲点调研期间，王任重就农业问题多次与社员交谈。在充分调查的基础上,联合工作组完成了一批调研报告,如《锦绣大队对多劳多得、多劳多吃、多卖多用意见的调查》《黎明队规模问题的调查》《关于手工业问题的调查》《五里界人民公社各级干部对调整公社规模的讨论情况》,等等。

1961 年 4 月,省委召开三级干部会议。会议刚开始,王任重就说,这是一次调查研究的会议,不是一次“传达贯彻”的会。这次会议在此前调查研究的基础上充分讨论“农业六十条”,汇集了关于公社体制和规模问题、食堂问题、粮食政策问题、小队与小队和社员与社员之间的平均主义问题、当前农村商品供应问题、五里界公社调查续编等一批调查研究的资料,形成了调查资料选编系列。这些调查资料反映了湖北当时农村、农业、农民的真实情况,为讨论“农业六十条”提供了实践基础,促进了“农业六十条”的修改完善,推动了农村政策的调整。

三级干部会后,为了进一步贯彻毛泽东大兴调查研究之风的精神,将调查研究这一好的工作方法推广到各行各业各部门,并形成制度,省委于 4 月 17 日召开常委会,专门讨论调查研究问题。会议学习了中央《关于认真进行调查工作问题给各中央局、各省市区党委的一封信》,研究了调查研究的工作方法,制定了《关于调查研究的几条规定》,对调查研究工作作了详细的规定,要求将调查研究的工作方法常态化、制度化。该规定提出,省委书记处书记,省委常委、省委各部委和省人委各厅局负责问志,每年要深入基层亲自动手作 3—5 次比较系统的调查报告。要求省委、各部委、各厅局在召开全省性的重要会议之前,必须针对所要解决的问题进行调查研究。各部门负责同志作的重要报告也必须建立在调查研究基础之上。省委、各部委,各厅局所发的指示、决定,各部门负责同志写有关方针政策的文章,都必须经过调查研究。

全省各行各业、各部门积极贯彻中央关于认真进行调查研究工作的指示信和省委《关于调查研究的几条规定》,制定了本部门调查研究工作的计划和制度,形成了全年调查研究的提纲。各级领导干部纷纷深入基层,开展系统的调查研究工作。《湖北日报》开辟了《调查研究》专栏,刊发调查研究报告。全省再度兴起了调查研究的高潮,形成了调查研究的良好风气,有力推动了各项调整政策的贯彻落实。

二、初步总结"大跃进"以来的经验教训

经过一年多的调整，国民经济的形势开始好转，但困难仍然很大，党内外思想上仍然存在种种疑问和分歧。对于调整，有些人思想上还没有转过弯来，对困难的严重性估计不足，因而对调整的必要性缺乏深刻认识，想等待形势好转后继续"跃进"；也有些人在严重困难面前信心不足，怨天尤人；还有些干部和党员虽然认为应该调整，但怕被说成否定"三面红旗"，被打成"右倾"，所以持观望态度，执行调整方针时踌躇不前。为了进一步总结经验，统一认识，增强团结，战胜困难，中共中央于1962年1月11日至2月7日召开扩大的中央工作会议。参加会议的有中央和中央各部门、各中央局，各省、市、地、县的主要负责人以及一些重要厂矿和部队的负责干部，共7118人，这次会议被称为七千人大会。会议比较系统地总结了"大跃进"以来经济建设工作的基本经验教训，确定对国民经济进行大幅度的调整。

会议期间，根据中共中央的统一部署，中共湖北省委充分听取地、县两级干部的意见，并检讨过去几年存在的缺点错误。王任重代表省委进行了深刻的反省，他自我批评说，湖北这几年的错误是自以为是，"五风"俱全，盲目乐观，"左"倾蛮干。1958年大办钢铁、大办公社，1959年大办水利、大搞三治（治山、治水、治土），1960年夏季大搞开荒，都表现了"左"倾蛮干。他还表示，这几年的错误主要责任由省委承担。通过层层放担子，全省上下级之间的紧张关系得到一定程度的缓解。

为贯彻落实七千人大会精神，2月14日至27日，省委召开全体委员会议，省委各部委、省人委各厅局、各大专院校的负责人列席会议。这次会议分为两个阶段，14日至16日，传达七千人大会精神；19日到27日，通过小组讨论、大会发言等环节，采取批评与自我批评的方式，系统检查和总结省委过去几年的工作，并提出下一步的主要工作任务。2月16日晚，传达完七千人大会精神后，省委召开常委会议，王任重对省里的情况再次检讨。17日，王任重在全体会议上再次就传达七千人大会精神作讲话，要求开动脑筋，大家一起来总结全省工作中的缺点和经验教训。在19日开始的分组讨论会上，全体委员被分为综合、工业、交通、党群、政法、农林、财贸、高教、宣教9个小组，充分讨论七千人大会精神，

各小组从各自所在领域总结经验教训,对省委提出批评和改进意见。23日,省委书记处召开办公会议,省委常委交心谈心,反思和总结各自分管的工作,进行批评与自我批评。在省委常委统一思想后,在省委全体会议上,王任重、张体学、赵辛初代表省委分别对几年来的工作作了总结,对下一步工作作了部署。

这次省委全体委员会议系统回顾了1957年至1961年的工作,认为是"两头两年正常(1957年、1961年),中间两年大干(1958年、1959年下半年和1960年上半年),两个半年小调整(1959年上半年,1960年下半年),纠正缺点错误,改进省委领导工作"①。会议经过充分讨论、反思,总结归纳了这几年全省工作中的主要缺点和错误:(一)工农业生产指标过高,基本建设战线过长,建设项目过多,城镇人口增加过多;(二)改变所有制过急过快,"五风"严重,其中以"共产风"、浮夸风和强迫命令风最严重;(三)在某些方面执行国家计划不够严肃,搞了些计划外的项目,挪用了一些国家计划内的物资,犯有分散主义错误。同时,在经济管理工作中权力下放过多,助长了分散主义。会议对产生这些错误的原因进行了分析,在强调客观上是缺乏社会主义建设经验的同时,也从4个方面指出了主观上的原因:(一)对党中央和毛主席的指示领会得不全面、不深刻;(二)系统的、周密的调查研究做得不够;(三)要求过高、过急,有急躁情绪,有主张脱离实际、脱离群众和不民主的不良作风;(四)党内生活、国家生活和群众组织生活不够正常,党内和人民内部都发生了过火斗争的偏向,民主集中制的原则有所削弱,使工作中的缺点和错误不能及时发现、及时纠正。会议在全面总结和深刻反思的基础上,进一步统一了调整的思想,提出了当前的主要任务和今后的奋斗目标,要求全省按照农业是国民经济的基础这个方针,把农业工作放在第一位,在安排好农业的前提下安排好其他事业。会议要求贯彻"精兵简政"的方针,坚决精简机构,压缩城市人口。

会后,全省各级党委先后召开会议,传达贯彻中央、省委的精神,对

---

① 《中共湖北省委全体会议决议》,1962年2月26日。

近几年的工作进行了反思与总结。全省还对县委书记以上干部进行轮训,组织干部认真学习毛泽东思想和党中央的各项方针政策,总结近几年社会主义建设中的经验和教训。

通过对七千人大会精神的贯彻,全省进一步统一了思想,认识到"调整"是"八字方针"的中心,摆脱了过去"要上不能上,要下不能下"的困惑,为全面、深入地调整国民经济打下了坚实的思想基础。

三、调整农村政策

从 1960 年上半年开始,湖北省已经对农业进行了先期调整,如通过反"共产风"等"五风",纠正"一平二调"的错误,对农业进行退赔,充实农业生产第一线等。1961 年 3 月,旨在全面调整农业的"农业六十条"草案发布后,湖北省根据中央要求对"农业六十条"草案进行了积极贯彻。在讨论"农业六十条"草案的过程中,王任重要求各级党委就社队规模、分配制度、公共食堂等问题进行广泛调研。4 月,按照省委的部署,各级党委对基层干部和社员原文传达"农业六十条"草案,并结合农村实际,对农村的生产关系和经济关系进行调整。

一是调整农村公社体制,压缩社队规模。湖北省实行人民公社化以后,全省只有 900 个人民公社。有的人民公社 1 万多户,有的不到 1 万户,有的只有千余户,每个公社平均 6000 户左右。在讨论和贯彻"农业六十条"草案的过程中,根据广大基层干部和群众的要求,湖北省压缩社、队规模,将原来的一区一社改为一乡一社,即以管理区为单位,将公社改为区委会和区政府。经过压缩,社队规模大大缩小,公社由以前的平均 6000 多户,缩小到平均两三千户。

二是逐步取消公共食堂和部分供给制。公共食堂是社会主义阵地和两条路线斗争的焦点,尽管在初步纠"左"的过程中,曾一度解散,但"反右倾"以后,公共食堂再度兴起。在"农业六十条"草案的讨论中,公共食堂浪费劳力、浪费烧柴、浪费粮食、不利于养猪、吃不好饭等成为大多数人的看法。根据调查情况,王任重向途经武汉的毛泽东提出解决公共食堂的问题。在 4 月的全省三级干部会议上,王任重要求从 6 月 1

日开始取消公共食堂和部分供给制。会后,公共食堂开始逐步解散,脱离实际的工资制与供给制相结合的分配制度也逐步被按劳动工分分配制度取代。据省统计局统计,全省原有食堂237062个,6月底只剩下74979个,而且即使仍在办的食堂近70%也是农忙食堂,12%是劳力食堂或半日食堂,常年食堂不到18%。食堂解散后,群众的生产积极性大大增加①。

此外,根据中共中央的调整政策,湖北省还调整农村所有制结构,发展多种经营,按照“以粮为纲,多种经营”的方针,允许社员经营自留地,自留地生产的农产品,不计口粮标准,不征农业税,不计统购;允许发展社员私有的养殖业和家庭副业,可以饲养家畜家禽,从事采集、渔猎等副业生产,或者进行编织、刺绣等家庭手工业生产;改善经营管理,推行“三包一奖”;恢复农村集市贸易,加强市场管理等。

“农业六十条”草案从人民公社体制入手对农村生产关系和经济关系进行了全面的调整,但“农业六十条”草案并不完善。湖北省在贯彻这些政策的过程中,一部分社员和基层干部对以生产大队为核算单位提出质疑,他们认为如果以生产大队为基本核算单位,尽管实行“三包一奖”,但是穷队与富队之间的平均主义现象还是存在,大队内部的分配问题解决得不好。6月,湖北省召开三级干部会议,讨论了人民公社基本核算单位的问题,会议决定在荆门县委和孝感地委实行以生产队为基本核算单位的试点。会后,荆门县委、武昌县锦绣生产大队开始推行以生产队为基本核算单位。具体办法是生产队经营的农副业收入,除上缴大队的提成外,全部归生产队直接分配,大队、生产队不再实行“三包一奖”;生产队按一定的比例,向大队上缴公积金、公益金和行政管理费。对于统购任务,国家定到大队,大队定到生产队,生产队之间不作调剂。以生产队为核算单位的方法试行后,得到了群众的热烈拥护。

鉴于试点的良好效果,湖北省委及时将试点情况上报给中共中央,引发了毛泽东对农业问题的进一步思索。10月,中共中央发布《关于农

① 湖北省农业办公室:《农村食堂的变化情况》,《情况简报》第46期,1961年7月23日。

村基本核算单位问题给各中央局,各省、市、区党委的指示》,并转发了湖北的试点材料。《指示》指出,从许多材料看,“就大多数的情况来说,以生产队为基本核算单位,是比较好的。它的最大好处是,可以改变生产的基本单位是生产队,而统一分配单位却是生产大队的不合理状态,解决集体经济中长期以来存在的这种生产和分配不相适应的矛盾”。《指示》要求各中央局至县委的各级党组织仔细研究,进行调查和试点。

在取得良好效果的基础上,湖北省委进一步扩大试点范围。在6600多个生产大队将核算单位由生产大队改为生产队。1961年11月,省委制订了《关于实行以生产队为核算单位的若干问题的处理办法(草案)》,明确规定,人民公社实行“三级所有,队为基础”的体制,生产队作为基本核算单位,独立核算,自负盈亏,直接组织生产与收益分配。1962年2月,根据湖北等地的试点情况,中共中央发出《关于改变农村人民公社基本核算单位问题的指示》,确定将农村人民公社的基本核算单位下放到相当于原初级社规模的生产队。到年底,除黄冈地区部分人民公社继续实行以生产大队为基本核算单位外,全省91.8%的人民公社都改为以生产队为基本核算单位。

随着农业调整的逐步深入,尤其是以生产队为基本核算单位的分批开展,生产队的经营管理也有了进一步的发展。1961年11月,在各地广大基层干部和群众试点实践的推动下,湖北省委颁布了《关于改善生产队的经营管理的意见(草案)》。该意见以“定产到田,责任到人”的精神,从计划管理、劳动管理、财务管理、收益分配、生产队的领导和组织机构等方面对生产责任制、收益分配等进行了详细的规定。各地根据具体情况开始推行多种形式的生产责任制,如荆门等地实行了部分农活分户管理责任制:实行集体所有,统一经营;固定地段,分户管田;耕牛农具,成龙配套;部分农活,分户操作;统一定额,按户计件。孝感、襄阳、潜江等地试行田间管理责任制,划分了固定作业组、临时专业组,实行部分农活包工到户和包工到人;此外,还有耕牛、农具管理责任制,山林管理责任制和副业生产责任制等。这些经营和管理制度克服了劳动组织和生产管理过分集中的现象,发挥了农户在组织生产、生活方面应有的作用,给他们在安排生活和安排某些生产方面留下机动的余地,也在一定程度上解决了社员与社员之间的生产与收益上的平均主义问题,极大地鼓舞了社员的生产积极性。

通过对农村政策的调整,湖北省较好地调动了农民的生产积极性,对活跃市场、繁荣经济、增加农民收入、促进农业生产起到了重要作用。

四、调整工业政策

“大跃进”期间,工业领域的盲目大办导致了国民经济比例的严重失调,包括工业和农业、重工业与轻工业、工业内部的采掘与加工、数量与质量、制造与维修之间的不平衡。为了恢复和发展工业,湖北省根据中央的指示精神,分3次对工业进行了调整。第一次是八届九中全会确定调整国民经济的“八字方针”以后,湖北通过了《关于领导工业生产、建设的若干问题的决定》《全省1961年地方冶金工业调整充实方案》等具体的调整方案,开始了工业交通领域的调整。第二次是贯彻“工业七十条”。1961年9月,中共中央庐山工作会议颁布了《关于当前工业问题的指示》和《国营工业企业工作条例》(简称“工业七十条”)。为贯彻会议精神,省国营企业从开展社会主义教育和安排职工生活入手,广泛地发动群众讨论“工业七十条”,并在华新水泥厂、武汉重型机械厂等省、地、县120多个企业中开始试行“工业七十条”。第三次是1962年初七千人大会以后,湖北根据会议精神,对调整提出了新的要求。湖北省通过3个阶段的调整,对工业发展规模、方向、管理等方面进行了大幅度调整。具体说来,主要表现在以下几个方面:

一是降低工业发展指标,缩短工业战线。1961年2月,湖北省召开全省地、市委工业书记会议和全省计划会议。会议分析了工业发展的困境,指出工业战线的主要问题是指标过高,要求过急,并要求在制定1961年国民经济计划时,适当放慢工业发展速度。但由于“大跃进”以来的惯性思维,1961年工业生产指标调整幅度不大。由于发展指标的居高不下,工业发展的严峻形势无法缓解。5月,湖北省在武昌召开全省经济工作会议,要求“本着实事求是、鼓足干劲、留有余地的精神,对1961年生产计划的主要指标进行必要的调整”。在这次会议上,工业生产的指标大幅度下降：地方生铁由原计划的 15 万吨调整为 6.5 万吨；钢由 1.5 万吨调整为 0.3 万吨；钢材由 1 万吨调整为 0.2 万吨；煤炭由 300 万吨调整为 190 万吨；木材由 68.65 万立方米调整为 39.5 万立方米[①]。1962 年，根据中共中央关于调整要“伤筋动骨”的要求，湖北省的工业生产指标再次下调。6 月，湖北省委批转省计委提交的《关于调整安排 1962 年国民经济计划的报告》，确定钢为 0.15 万吨；铁停止生产；煤调整为 114 万吨；发电量由 13.5 亿度调整为 12.7 亿度；水泥为 3.2 万吨；硫酸由 0.8 万吨调整为 0.2 万吨；磷肥由 0.8 万吨调整为 0.23 万吨，下半年停产。至此，工业生产的指标才降到了确实可靠、留有余地的水平。

在工业指标逐步下调的同时，工业战线也相应地压缩。1961 年 5 月，湖北省根据原材料、燃料、动力供应的可能和农业与市场的需要，开始对部分企业实行“关、停、并、转”，缩短工业战线。一些消耗大、成本高、质量差、亏损大的企业和生产不正常的企业停止建设，如汉阳朱家湾钢铁厂、原湖北拖拉机厂、沙市电机厂被关闭，鄂城钢铁厂、武汉汽轮发电机厂、沙洋机床厂、襄阳机床厂和沙市一、二、三机床厂等采取裁人保厂的办法保留技术和设备，同时将部分工业企业转产，充实工业短线产品行业。到年底，全省全民所有制工业企业比 1960 年减少 808 个，全民单位的职工相应地精减了 28.93 万人。1962 年，湖北继续执行“关、停、并、转”的政策，进一步缩短工业战线。这一年，全省全民所有制工业企业在上年减少 808 个的基础上，又减少 500 个；同时全省工业企业总数比 1961 年也减少 571 个。

二是转换经营方向，支援农业生产。党的八届九中全会以后，湖北省根据会议确定的按“农、轻、重”的顺序安排恢复国民经济的精神，调整了地方工业的经营方向。一是把为农业生产服务作为地方工业经营的第一位任务，保证按计划生产和供应农业需要的工业原材料、小农具、农业机械、化肥、农药和轻工小商品。二是大力恢复和加强轻工业，解决人民经济生活问题，为人民提供合适需要的质高价廉、多品种的工业品。

---

① 《关于全省经济工作会议的情况报告》，1961 年 6 月 10 日。

为此,湖北省地方工业在物资分配、企业转向、生产项目上作了较大的调整。

在重要物资的分配上,1961 年农业用钢材 1.79 万吨,占钢材总量的 33.7%; 轻工业、市场用钢材 1.43 万吨,占钢材总量的 23.66%;农业用生铁 1.02 万吨,轻工业、市场用生铁 1.45 万吨,比重占总量的 24.26%。市场和人民生活用煤为 110 万吨。1962 年,农业用钢材为 2.28 万吨,比 1961 年增加了 4915 吨,占钢材总量的比重由 1961 年的 33.7% 上升到 1962 年的 40.29%;轻工业、市场用钢材调整为 1.74 万吨,比 1961 年增加了 3110 吨,比重由 1961 年的 23.66% 上升到 1962 年的 30.74%。农业用生铁调整为 1.81 万吨,增加了 7888 吨,比重占 38% 左右;轻工业、市场用生铁调整为 1.42 万吨,比原计划略有减少,但比重却由 1961 年的 24.26% 上升到 1962 年的 30.8%。市场用煤调整为 125 万吨,比 1961 年增加了 15 万吨。在企业转向方面,全省地方机械工业进行了适当的调整和改组,截至 1962 年,在全省县以上 119 个机械工厂中,专门生产农机的企业达 99 个,占企业总数的 82%;生产民机兼农机的企业 15 个,占企业总数的 13.4%,两项共占企业总数的 95.4%。

在工业生产项目上,主要安排农业用具的生产,同时也注重满足市场需要,生产人民生活用品。仅 1962 年第一季度就安排小农具生产 700 万件,其中铁制农具 400 万件,竹木农具 300 万件,占全年计划的 35%。安排生产农业排灌机械 4900 马力,农业用水泵 541 台。拖拉机、内燃机维修(包括协作)配件产值 331.8 万元,比 1961 年第四季度增长 50%。安排化肥生产 1800 吨,比 1961 年第四季度增长两倍。农药生产 160 吨,比 1961 年第四季度增长 6 倍半。在市场需要方面,积极安排轻、化、纺、手工业生产,着重解决一些当前人民生活迫切需要的日用品。在总的安排中,65 种主要产品如机制纸、铁锅、皮鞋、布鞋、保温瓶、搪瓷口杯、卷烟、棉布、抗生素等都超过了原计划的 20% 以上。

三是规范规章制度,改善经营管理。“工业七十条”颁布后,湖北省积极贯彻,加强了对地方企业的管理,开始实行“五定”,即定产品方案和生产规模;定人员和机构;定主要原材料消耗定额和供应来源;定固定资产和流动资金;定协作关系。企业对国家实行“五保”,即:保证产品的品种、质量、数量；保证不超过工资总额；保证完成成本计划；保证完成上缴利润；保证主要设备的使用期限。

认真核定和压缩企业的流动资金。1961 年，湖北地方工业每百元产值占用流动资金比 1959 年增加 2 倍。针对地方工业企业流动资金占用普遍偏高的情况，湖北对企业进行了清产核资，重新制定了企业的物资消耗、周转和储备定额，重新核定企业的流动资金，解决企业盲目生产、盲目采购和产品大量积压的问题。

建立和健全企业的管理制度。加强了党委领导下的厂长负责制、职工代表大会制及“两参一改三结合”制度，使大部分企业建立了在厂长领导下的以总工程师为首的技术负责制。针对“大跃进”以来全省普遍存在的生产不计成本、不讲经营效益、资源浪费严重的状况，建立健全企业经济核算制、经济责任制以及计划、物资、技术、财务等各项管理制度。

清仓核资，进行物资清理。“大跃进”造成的管理失控，使全省一方面材料供应不足，另一方面物资积压严重。据调查，当时湖北积存的钢材就有 8 万吨。为此，中共湖北省委、湖北省人民委员会于 1962 年 3 月 28 日发出《关于贯彻中央和国务院关于彻底清仓核资，充分发挥物资潜力指示的通知》，布置了全省的物资清理工作。对全民所有制的生产企业（包括停产、撤销的单位）、基本建设单位、事业单位、机关、团体、展览馆及车站、码头等单位所有的生产资料和消费资料，不论是已经清理的还是未曾清理的，都进行了一次彻底的清查。到 1963 年 9 月止，全省共清理积压物资 1.57 亿元，调剂使用积压物资 4757 万元。

通过对工业“伤筋动骨”的调整，湖北省工业发展局面得以扭转，企业的经营管理逐渐规范，生产效率逐步上升，企业的经营状况逐步好转。

五、压缩基本建设规模

“大跃进”期间，基本建设规模恶性膨胀，1958—1960 年，湖北基本建设的总投资 44.3 亿元，与“一五”时期的 5 年比，增长近 1 倍，其中地方基本建设投资达 22.88 亿元，比“一五”时期增长 2.49 倍。由于基本建设规模过大，占用过多的人力、物力、财力，一方面使无效投资增加，固定资产交付使用率下降；另一方面挤占了农业及轻工业的资金和原材料，也挤压了维修配件和日用小商品的生产，影响了人民生活。

1960年7月，中央召开北戴河会议确定压缩基本建设规模。8月，根据北戴河会议精神和湖北省困顿的经济发展局面，湖北省委制定了关于停建项目的处理办法，下达了关于基本建设问题的紧急通知。通知要求缩短基本建设战线，集中力量打歼灭战，“凡现在尚未开工的项目，除个别项目今年生产有迫切需要，或对明年生产有重大关系的外，今年一律缓建”。对各地市自筹项目，在由各地市委首先保证中央项目及省计划项目的条件下，根据生产上的需要和投资、建材、设备、施工力量的可能以及投产后原材料供应情况，重新进行审查，提出调整方案，报省批准后列入全省统一计划。1961年2月，王树成在全省计划会议上的总结报告中强调，要坚决缩短基建战线，执行省委关于停建项目的处理办法。5月，省委就压缩基建战线再次作出规定，实行上下一本账，国家基本建设计划以外的一切项目一律不得施工，计划内的项目严格按基本建设程序办事，改变“大跃进”时期那种边勘探、边设计、边施工、边生产的办法。1962年6月，省委进一步作出规定，严令计划外工程一律不搞，楼、堂、馆、所一律停建，材料原料不落实或不具备投产条件的工程项目一律停止。

根据省委压缩基建规模的规定和要求，省人委从财政上对基建进行了一系列的限制。一是压缩财政拨款。1961年，全省财政基建拨款23198万元，比上年减少71.46%；1962年，基建拨款10552万元，又在上年的基础上减少54.5%。二是调整基建拨款结构。压缩工业基建拨款的比重，提升农业基建拨款。1961年，工业投资比重由“大跃进”期间的33.83%—57.08%下降到28.52%，农业由23.95%—32.37%上升到46.90%。三是加强基建拨款的统一管理。1961年省政府规定基建拨款由省财政厅拟定拨款办法，建设银行拨款。基建计划内的项目按计划执行，计划外的项目一律不拨。对1960年应完未完工程，经省计委批准执行各级各部门历年预算结余和额外资金，不准安排新的基建开支。1962年，湖北恢复了基本建设集中管理体制，一切基建投资纳入省计划，资金由建设银行监督拨付，从严掌握。专、市、县用机动财力安排基建，资金由省财政厅审查，控制投资总额，基建计划报省计委批准。没有计划任务书和设计文件不得施工，财政、银行不得拨款，物资部门不得分配物资。自筹资金安排20万元以上的项目，由省计委批准计划，省财厅审查资金，方准施工。

由于采取了坚决措施，在调整期间停、缓建的基本建设项目总数达到680个，其中绝大部分是工业建设项目，尤其是重工业建设项目。基建项目的停建、缓建使得湖北省基本建设规模的投资大大减少。湖北省固定资产交付使用率逐年提高，1960年为60.8%，1961年为73.5%，1962年为84.8%。

六、精减职工，减少城镇人口

“大跃进”中大办工业、大办交通等全面大办，从农村抽调了大量的劳动力，城镇和工矿企业人口大幅度增加，这一方面削弱了农村的生产能力，另一方面大大加剧了商品粮食的供应负担。随着工业、基建战线的大幅度压缩，城镇机构的精简和人口的压缩也被提上议事日程，并成为减少城镇粮食消费，支援农村、恢复农村生产，缓解国民经济困难形势的至关重要的一项措施。

1961年5月21日至6月12日，中共中央在北京举行工作会议，会议作出了精减城市人口的重要决策。6月28日，中共中央发出了《关于精简职工工作若干问题的通知》，为此，中共湖北省委发布了《关于贯彻〈中央关于精简职工工作若干问题的通知〉的通知》，对精减对象、被精减人员的待遇、回乡安置等作了具体规定。

该通知发出后，各级党委加强了对精减工作的领导：省、地（市）、县（市）各级党委成立精减工作领导小组，设置和加强办事机构专门负责这一工作。在各级精减工作领导小组的领导下，全省城市和各地、县的工矿企业积极开展精减工作，动员1958年1月以来从农村来的新职工（包括临时工、合同工、学徒和正式工）、从城镇调来的手工业和服务行业的人员、从农村来的职工家属中有劳动力或者在农村有依靠的人员回农村参加农业生产。对于回乡的职工，原单位负责与当地有关部门挂钩，派人带领送到区，送到生产大队，送到家，并将粮油及计划供应的肥皂、香烟等物资的供应关系转到返回的生产队，按当地标准负责供应。对于1958年以来参加工作的新职工除了发给当月的工资以外，还按照相应标准发给生产补助费。经过各方面的努力和配合，精减工作开展顺利。据统计，至1961年底，湖北省精减职工44.1万人（同期，全省又增加职工12.7万人，增减相抵，净减31.4万人），全省职工人数下降为173.89万人，减少城镇人口56.4万人，减少吃商品粮人数67.8万人；少开支工资1亿元，少销售粮食9200万斤（不包括新增的职工），对改善经济状况起到了很大的缓解作用。

但是，由于农业的恢复周期长，困难不可能短期消除。1961年底，农业的生产水平仍然没有恢复到1957年的水平。与1957年相比，粮食减产28%，棉花减产50%左右，油料减产57%，生猪减产45%左右。尽管精简了相当数量的职工和城镇人口，但和1957年相比，1961年城市人口仍然增加了73.4万人，职工增加了70万人，因此，精简城镇职工和人口依然是缓解国民经济困难形势的当务之急。

1962年4月1日，湖北省召开全省精简工作会议，张体学在会议上分析了全省行政、事业、企业单位职工的情况，提出了精简人员的大致原则。会议讨论通过了省委精简领导小组拟定的《1962年精简职工和减少城镇人口的初步方案》和《关于继续减少城镇人口和精简机关、企业、事业人员若干问题的规定》，对精减职工和城镇人口的数量和具体措施提出初步意见，对精减人员的安置和精减人员的各项待遇作了详细规定。会议结束后，在省精简工作领导小组的统一安排下，各级精减工作负责组织深入群众，加强了宣传教育，动员职工家属还乡生产。各工矿企业等机构以及区、社、队大力配合，通过关、缩、减、转的方式精简机构，精减职工，并做好了精减人员的安置工作。精减工作有计划、有步骤地开展。据统计，截至1962年10月，湖北省精减职工50.3万人。精减后的安置工作做得也比较好。精减还乡的人员，90%以上安置工作落实得较好，减回城镇街道的人员也大部分被安排了临时性的生产和服务性的工作，还组织了城市闲散人口下乡落户。据武汉、宜昌、沙市、襄樊4个市统计，到10月底止，下乡落户的共1254户，4896人。全省安置到农场劳动的人员共4064人，少数地方还试办了集体性质的青年农场和民办中学。

由于减少了职工和城镇人口，1962 年 1 月至 10 月，湖北省实发工资比 1961 年同期少支约 9000 万元，商品粮销量比 1961 年同期少销 1 亿斤左右，全省从城镇回农村的劳动力共达 30 多万人。所有这些对于工农关系、城乡关系的调整，对于改进领导作风、提高工作效率，对于城乡经济形势的好转，对于农业的发展和巩固农村集体经济，都发挥了显著的作用。

经过 1961 年、1962 两年的精减，湖北省的职工数量大幅度降低。但是由于减人的同时控制不严，各地区自行增加了一部分临时工和少量的固定工，湖北省的减人数量没有达到中央规定的计划数量。1963 年，湖北省对精减工作进行了煞尾。3 月 19 日，湖北省委对 1963 年的精减任务作出安排，要求再完成精减职工 8.5 万人，减少城镇人口 11.69 万人，完成中央要求湖北省 1962 年、1963 年减少职工 48.6 万—50 万人的指标。同时，由于经济形势的逐步好转，新的项目逐步投产、生产事业任务增加等，要求拿出 1 万—1.5 万人的内部调剂指标，在这一范围内严格控制计划外用工。此后，湖北省精减工作稳步推进并最终圆满完成。

七、逐步恢复多渠道商业流通体制

在“大跃进”和人民公社化过程中，在“一大二公”的思想指导下，全省县以上各级供销社并入了国营商业，在农村的合作商店、合作小组、小商小贩也“一步登天”加入国营商业，城乡集市贸易处于萎缩或停顿状态。这样，在全省范围内，就基本上形成国营商业一统天下的局面，导致商品流通渠道单一，市场呆滞，商品匮乏，供求紧张，严重影响了人民生活和经济建设。

1960 年 11 月，湖北省开始从恢复集市贸易入手整顿商业。11 月 3 日，湖北省召开全省经济工作会议，省长张体学在会上指出，要按照“活而不乱、管而不死”的原则，有领导地、迅速地恢复农村初级市场，对三类物资实行开放，恢复农村集市贸易，组织三类物资交流。会后，部分公社开始有领导、有计划地恢复集市贸易。其中，咸宁汀泗人民公社开展集市交易取得了明显的效果。公社党委以第一书记挂帅，吸收相关部门参加，成立了集市贸易办公室，下设市场管理、宣传、安全、购销、运输5个组，负责集市的领导管理工作。成立市场物价管理委员会，拟定市场管理办法，包括商品种类、交易对象、市场价格等。由于引导和管理得当，集市贸易沟通了物资交流，活跃了市场。据统计，1961年1月底的6个工作日，赶集的达23600多人次，上市商品218种，计187万斤。汀泗公社的集市贸易盛况引起了全国关注。1961年1月29日，国家商业部和国家工商行政管理局在咸宁汀泗桥召开全国农村集市贸易现场会。会议充分肯定了汀泗桥开放集市贸易的经验，并对集市贸易的管理提出了“大胆地放、认真地管、活字当头、管在其中”的16字方针。这次会议对全国特别是湖北农村集市贸易的迅速恢复起到了较大的推动作用。根据会议精神，湖北省加强了对集市贸易的引导和管理，制定了《关于活跃农村集市贸易的几项措施》，明确了自行交易的商品种类、交易的形式、价格管理、市场管理等。7月20日，省人委又发布《关于进一步活跃城乡集市贸易和加强市场管理的暂行方法》。在省委的推动和各级党委的引导下，湖北集市贸易迅速发展。截至1961年底，集市贸易发展到120个，成交额达1.4亿多元，较上年增长3倍多。到1962年底，集市贸易发展到2319个。全省1962年集市贸易成交额估算为6.5亿元。

在活跃集市贸易的同时，湖北省开始恢复省、专、县、区、公社五级农村供销社。湖北省对供销社的恢复主要分两步走：一是恢复省、专、县三级供销社，并通过试点、分期分批铺开的方法逐步开展业务；二是恢复区、公社两级基层供销社，这两级供销社主要是由原有的中心商店和分销店改编而成。在各级党委的有力领导下，全省各级供销社的领导骨干、基层干部纷纷到位，供销社的核算形式迅速确立起来。供销社这一条商业渠道的疏通和健全，活跃了市场，稳定了物价，保证了农民生产和生活的需要。1962年全省基层供销社全年共完成收购任务22414万元；销货102849万元；商品流转费用率为8.16%，较1961年下降0.55%，下降幅度为6.3%，资金周转3.14次，即每115天周转一次，每次较1961年加快6天；利润总额4278万元。1962年下半年，根据中央和省委指示，各级供销社设立货栈和交易所，开展自营业务。据不完全统计，截至 1962 年底，全省建立了县以上货栈 51 个，区级货栈 384 个，货栈所属交易所 1152 个，职工总数为 7398 人。供销社货栈开业以来，业务不断扩大，1962 年 9—12 月，全省集市贸易成交额约为 3.2 亿元，进货栈交易的约为 2.3 亿元，占集市成交额的 71.8%，货栈自营业务的购进额为 5850 万元，占进货栈交易额的 25.4%。

对于国营商业，湖北省也加强了经营管理。全省对于各级商业企业实行简易核算。具体方法是进行“三定”“五抓”。“三定”是规定经营范围和经营方向，规定企业流动资金和商品库存定额，规定企业人数，实行定员管理；“五抓”是抓购销业务，抓资金使用，抓节约商品流通费用，抓利润任务，抓减少商品损失和差错事故。在零售企业核算工作方面，则主要核算柜组，根据“三定”“五抓”的要求，紧扣 8 个指标，即商品销售、商品库存、商品流通费用、毛利、资金周转次数、差错或损耗、劳动效率或花色品种，通过经济核算，纠正不计算盈亏、不讲核算的情况。

为降低商品流转成本，精简了不合理的商品流转环节。开展商品直达、直线和“四就直拨”（就站、就港、就厂、就仓直拨）运输工作。如省副食品公司，为了改进襄阳地区的原盐运输工作，派出一个工作组花了 1 个月时间，会同分、县公司对全区 133 条路线进行了摸底，确定了 6 条最合理的路线，一年节约费用 9.2 万元。改进城市商业管理体制和机构设置。如武汉市 1962 年着手改变按行政区划设置的管理体制，将武汉 7 个区所属的 33 个批发商店全部收回，按行业交给各专业市公司进行归口领导，并重新按照武汉市地区特点和商品自然流向，设置批发机构。同时将各区零售商店的业务权和财务权收回，按专业划归市公司垂直领导，精简了各区商业局、区公司或区商店等管理机构，使得商品减少区一级的流通环节，加速了流转，降低了成本费用。

通过多条商业渠道的恢复和整顿，市场情况逐步好转。上市商品和成交额增加，上市商品花色品种增多，市价普遍回落，牌市价差距逐步缩小。据统计，1962 年底集市价格平均水平比年初下降 42.7%，其中，粮油类下降 67.7%，烟麻类下降 49.4%，肉食禽蛋类下降 49%，蔬菜类下降 32.1%，干鲜果类下降 53.4%，小型农具类下降 48.5%，日用杂品类下降 14.6%。

第三节 社会政治关系和科教文卫领域的调整

一、执政党自身建设的加强

湖北党组织在对国民经济政策进行调整的同时，也开始反思执政党的建设，并从加强党的作风建设、组织建设、对党员干部甄别平反等方面加强了自身建设。

在作风建设方面，省委十分注重恢复和发扬干部深入基层进行调查研究和参加集体生产劳动的光荣传统，认为这是培养锻炼干部、使干部取得实践经验和保持劳动人民本色的重要途径，也是修复和重新密切党群、干群关系，克服主观主义、官僚主义、命令主义的有效方法。1961年11月，在全省三级干部会议上，王任重要求机关干部在党委统一领导下，采取"三三制"[①]的办法，轮流下放或参加中心工作，要求县级领导干部实行"三七制"，以县为单位，在10天时间内，3天开会、学习、集中办公，7天比较固定地在一个生产队或小队参加劳动。在省委的要求和统一安排下，大量的机关干部充实到生产第一线。仅半年时间，全省就有数以万计的党员、干部下放。在农村，他们蹲点种试验田，学习以前红安县的经验，采取领导干部、老农民（劳动模范）、技术员三结合的方法，把种试验田和科学实验、典型示范结合起来，推进农业生产的发展。王任重等省委领导人带头参加集体劳动和种试验田，总结出"革新先试验，推广先示范"的指导原则，成为广大干部下乡蹲点的重要工作方法。湖北省创造和坚持的领导干部带头种试验田的方法得到中共中央的充分肯定，被誉为一条"又红又专"的道路。

在组织建设方面，湖北省加强了干部队伍建设，对干部进行了轮训，对普通党员加强了教育。1961年9月，中共中央发出《关于轮训干部的

① "三三制"，即一个机关的干部，三分之一的人下放到基层锻炼，三分之一的人下乡下厂参加中心工作，另外三分之一的人留在机关坚持日常工作。

决定》,要求“对全党各级各方面的领导干部,采取短期训练班的方式,普遍进行一次轮训”,轮训的内容是关于社会主义和党的建设两个方面,目的是“着重解决党的建设和党的生活中存在的问题”。根据该决定要求,湖北省对全省各级各系统的主要负责干部的轮训工作进行了部署。根据安排,武汉市干部由武汉市委轮训,省直和其他地(市)县的党员干部由省委直接负责轮训。省委在负责轮训的过程中,采取两种方式进行。一是由省委直接负责轮训,对象为部分地(市)县委书记,省委各部委主要负责人、厅局党组书记,大型厂矿书记、厂长,大专院校党员正副院长、书记共500多人,分三期轮训。训练时间从1961年12月中下旬开始,到1962年上半年结束。二是在省委书记处领导下集中在省委党校轮训,对象为部分县委书记、地(市)委部长、省直属单位相当于县委书记以上的干部约2200人,时间从1961年11月起到1962年底,分为五六期轮训。此外,省直科级干部由省委直属党校轮训。县以下干部的训练工作,由各地(市)县委安排轮训。1962年底,党员干部的轮训工作基本结束。通过轮训,党的建设和党的工作中存在的问题得到一定程度的解决,党员干部的党性锻炼得到加强。

按照中央指示,湖北省还加强了对党员的教育管理和基层组织建设。1961年11月,中央颁布《关于加强党员的教育管理的报告》,要求党的基层组织从教育训练党员,提高党员的觉悟入手,加强党的建设,健全和活跃党的生活、整顿党的组织、端正工作作风。1962年1月,湖北省召开全省组织工作会议,学习中央关于干部工作和基层组织工作的指示,着重讨论和部署了党员教育、吸收新党员等问题,会议还通过了《加强党员的教育管理,充分发挥支部的战斗堡垒作用》的报告。根据会议精神,各级党委开展了党员教育和基层组织建设工作。教育内容以党的基本知识、党的优良传统和形势任务为主,农村以公社为单位进行,城市由本单位党委或区委利用业余时间或集中脱产教育训练党员。这项工作到1963年上半年基本完成。通过这次教育,大多数党员提高了觉悟,对党的方针政策有了更深刻的了解,在作风上有了很大的改进。

在加强常规教育轮训工作的同时,省委对遭受错误批判的党员和干部进行了甄别平反。1961年6月,中共中央发出《关于讨论和试行农村人民公社工作条例修正草案的指示》，正式指出："要对于最近几年来，受过批判和处分的干部和党员实事求是地加以甄别。" 同月，湖北省委召开扩大会议、三级干部会议，传达中央工作会议精神，着重讨论平反和党内民主问题。会议决定对几年来批判错了或处分错了的干部和党员进行实事求是的甄别平反。7月，省委甄别工作领导小组复查了1959年"反右倾"运动中被错误处理的李衍授（原武汉市委宣传部部长）、冀晨晞（原湖北省农业厅厅长）、任子衡（原湖北省燃料工业厅厅长）等人的案件，宣布撤销对他们的处分，恢复原职和工资级别，摘掉"右倾机会主义反党分子"的帽子。接着，省委又发出《关于在农村中贯彻执行中央关于加速进行党员、干部甄别工作的通知》，要求加速进行甄别平反工作。各级党委根据中央和省委的指示，首先集中力量解决了1959年"反右倾"斗争和文教系统"拔白旗"运动中被批判、处分的党员干部。此后，对自1958年以来，其他政治运动中明显批判、处分错了的案件，也进行了甄别平反工作。甄别平反工作采取自上而下的方式，依靠专门小组和发动群众的办法，为几年来在"反右倾"斗争中被错误批判和处分的绝大多数党员干部进行了甄别平反，达到了分清是非、教育干部、增强民主和团结的目的。

二、社会政治关系的调整

1957年反右派斗争中，统战系统相当多的知识分子、民主党派人士受到错误批判，他们的爱国热情和事业心受到严重挫伤，中华人民共和国成立后形成的多党合作局面遭到破坏，党的统战工作出现了十分被动的局面。随着调整政策在经济领域的推行，湖北省委在党中央的统一部署下对社会政治关系也进行了相应调整。

为了调整与知识分子、民主党派之间的关系，湖北省委开展了大量的工作。首先是进行"右派分子"摘帽工作。1959年9月，中央发出《关于摘掉确实悔改的右派分子的帽子的指示》。按照中央指示要求，湖北省委从1959年开始，每年国庆节前后按一定比例进行摘帽工作。据统计，两年内全省共为6000余人摘去"右派分子"帽子。1961年，湖北省委召开全省改造右派分子工作会议，要求各地给已摘掉"右派分子"

帽子的人员按照政策规定分配适当工作或作适当安置。在甄别平反方面,省委领导高度重视。1961 年上半年,王任重等省委领导分别深入武汉大学、武汉医学院等高校调查 1958 年在文教系统“拔白旗”运动中混淆了两类不同性质矛盾的问题。6 月,省委召开宣教工作会议,对 1958 年以来所犯的错误进行深刻反省,强调正确执行党的知识分子政策的重要性,讨论通过了宣传部提交的《关于为“拔白旗”运动进行平反工作的请示(草案)》。8 月 3 日,省委宣传部召开高等学校党外高级知识分子“神仙会”,邀请了武汉地区 13 所高等学校的知名教授,调整党与知识分子的关系。在中央旨在调整知识分子政策的“科研十四条”和“高教六十条”颁布试行后,湖北省于 1961 年 10 月召开第三次宣教工作会议。会议要求全省各地学校采取政治上“退赔”、生活上关心的积极措施,调动教师的积极性。11 月,湖北省委又专门召开知识分子工作会议。会上,王任重对 1957 年以来在高等教育和知识分子政策方面所犯的错误作了实事求是的批评,也作了诚恳的自我批评。他在讲话中强调要做好甄别工作,调整党与知识分子之间的关系,要求对在反右派斗争以来的历次运动中受到错误批判、斗争或处分的人进行甄别平反。会后,平反的进度大大加快。到 1961 年底,省直 24 所高校、大专、中等专业学校开展了平反工作。到 1962 年,大多数遭到错误批判的知识分子得到平反。通过平反工作,党发扬了民主,改善了党群关系,提高了党在知识分子中的威信。

与摘帽和平反相配套,湖北省也从物质上改善知识分子的生活状况和工作条件。1961 年 12 月,湖北省制定了《关于高级知识分子生活照顾的几项规定》《关于改善知识分子工作条件的几项规定》《关于高级知识分子医疗保健工作的几项规定》和《关于知识分子政治学习问题的几项规定》。根据文件要求,湖北省按照知识分子所担任的职务、教学或技术等级分别确定了需照顾人员的 300 人名单、2500 人名单、万人名单,确定相应的供应标准,进行粮油及其他副食品的补助。在医疗方面,对文化、教育、科学、技术、卫生三级以上或相当于三级以上的知识分子,由湖北省、武汉市两级卫生厅、局分别发给健康证,到武汉市属各大医院优先就诊,并实行公费医疗。对于列入 300 人名单的高级知识分子每年定期做一次全面的健康体检。对于一小部分列入 20 人名单的高级知识分子指定保健医师定期做家庭访视。在工作条件方面,确保他们有六分之五的时间用于讲课、教研室活动、实验、学术讨论、调查考察等业务活动。同时,保证他们有六分之一的时间参与政治活动、政治学习、党团工会和民主党派的活动与行政会议等。对于具有高级职称的专家,根据需要抽调一定数量的有培养前途的青年作为他们的助手,协助他们处理研究和工作上的一些事务。

此外,省委还积极改善与宗教界、侨界等其他统战对象的关系。

在宗教政策方面,开展了一系列的调整工作。"大跃进"以来,党的宗教信仰自由政策受到冲击,不少地区在执行政策上发生"左"的偏向,有人甚至提出要在三五年内消灭宗教。1962 年 1 月,省委批转《省委统战部关于宗教工作问题的报告》,要求对于宗教领域存在的问题,根据党的宗教政策和省委统战部所提出的意见,恰当处理。根据省委的要求和该报告的规定,各级统战部门对宗教界过左的做法进行了纠正。对于刮"共产风"中调用的教会房屋、家具或者其他财物进行了退赔,并且切实兑现。对于在宗教界有错划、错斗,经过甄别属实的,摘掉了政治上的各种不适当的帽子。重申党关于宗教信仰自由的政策,纠正"大跃进"以来用强迫命令的方式对待宗教信仰的问题。保障教徒群众正当的宗教生活,允许宗教职业者用一定的时间履行宗教职务,使正当的宗教活动逐步正常化。

对宗教界人士的生活和劳动也进行了妥善安排。根据中央"包下来,包到底,安排使用,教育改造"的政策精神,实行了"主要方面抓紧,次要方面放松"的策略方针。纠正单凭政治态度定工资的做法,根据宗教人士的职务、社会地位或者劳动技能,结合政治条件,进行了适当调整。对于 1958 年参加工作后工资收入降低的,提高到 1958 年的工资水平。对于在生活上有困难的,给予适当补助。对工资待遇偏低的,作个别调整。对于退休人员生活确实有困难的,给予最低的生活费用。在宗教人士的体力劳动安排上,贯彻中央"自愿量力,区别对待,形式多样,适当安排"的方针,照顾他们的社会地位和宗教习惯。

积极改善与侨界的关系。1959 年下半年,东南亚国家特别是印度尼西亚的反动势力掀起了一场激烈的反华排华逆流，造成了大批华侨流离失所，无法生存。为了接纳华侨学生归国，省委于1960年上半年成立了湖北省归国华侨接待安置委员会，筹建可以容纳2000人的湖北省华侨工业技术学校，培养新归国华侨中的学生。对于归侨学生升学就业问题，本着“包下来”的精神，能升学的尽可能升学，不能升学的安排就业。对历次政治运动和审查中被批判、追查和处分的归国华侨、侨眷、侨生进行甄别处理。对因所谓海外关系而引起的问题，如被错批、被任意革职或下放的劳动者，妥善处理。对德才兼备的归侨干部，根据党的干部政策提拔任用。在贯彻精简城镇人口的过程中，妥善处理归侨的安置问题。对已经安置在厂矿、企业、学校、国家机关的归侨职工，不精简，不下放农村，因企业合并或因学校停办而需要另外安置的归侨职工和侨生，在农村有家而本人又愿意回乡生产的，由原单位同当地联系好后，介绍他们回乡参加生产。农村没有家本人又不愿意去农村的，原单位设法安置，安置不了的报当地人委转劳动部门负责安置就业。保证侨汇物资供应兑现，对于国家规定的凭侨汇证可以购买的粮、油、肉、布、糖和日用工业品，其他副食品、高档商品，按质按量供应兑现。这些措施改善了各级党委与侨界的关系，增加了全省的侨汇收入。据统计，1961年收到侨汇34.18万元，超额完成了中央分配的侨汇任务。

对政治关系的调整，在一定程度上消除了“大跃进”以来开展的政治运动包括“大跃进”前的反右派斗争所产生的消极影响，更广泛地调动了党内外的积极性，鼓舞了群众开展经济建设的斗志。

三、科教文卫领域的大幅调整

1958年以来，教育领域的“大跃进”，导致各级各类学校数量大幅度增加，教学质量有所下降。在整个国民经济遭受严重困难的形势下，为服从国民经济调整的需要，也为了提高教育本身的质量，教育领域进行了大幅度的调整。

1961年1月，党的八届九中全会确定国民经济调整的方针后，湖北省开始部署教育领域的调整工作。同月，中共湖北省委召开全省宣教工作会议，指出教育领域贯彻“调整、巩固、充实、提高”的八字方针，要把握住两个根本内容：一是适当控制学校数量；二是着重提高教学质量，将搞好教学作为学校经常的中心任务。6月，省教育厅总结1958年以来教育“大跃进”的经验教训，制定了《对调整全省教育事业的初步意见》，提出调整的方针是“缩短战线、合理布局、巩固重点、提高质量、瞻前顾后、积极慎重”，进一步要求调整工作围绕教育规模和教学质量两个方面进行。10月，湖北省召开第三次宣教工作会议，积极贯彻中共中央9月份颁布的《教育部直属高等学校暂行工作条例（草案）》（简称“高教六十条”）。会议通过了省教育厅制定的贯彻“高教六十条”的实施细则，指出当前应该做好调整人和人的关系、稳定教学秩序和安排生活三件事。会议还提出进一步合理调整中小学的规模，同时发出《关于中小学、师范调整问题的通知》及《关于进一步合理调整中小学的意见》。会后，湖北省在教育调整方面采取了一系列实质性措施，湖北省的教育调整进入一个新阶段。

根据调整的精神，湖北省对全省普通中小学、中等专业师范学校、高等学校等各级各类学校进行了大力压缩。对于普通中学，主要撤销师资、设备等条件差，教学质量不高，布局不合理，或者由小学“戴帽子”而又办得不好的学校。经过1961年、1962年两年的调整，全省中学由1960年的1099所减少到1962年的855所（完全中学151所，高中10所，初中694所）。1962年，全省普通中学在校学生数由1960年的48万余人缩减为30万人左右，教职工由1960年的3万余人精简为2万人。对于小学的调整，则采取“转民办”或民办公助的办法，即将生产队以下的初级小学分期分批地转为民办或民办公助。经调整，1962年，公办小学由1960年的1.45万所缩减为1.1万所。

1962年7月，中共湖北省委批转省教育厅分党组《关于进一步调整我省直属高等学校的意见》，对湖北省属高等学校和中央在汉的部属高等院校进行了大刀阔斧的调整。通过调整，省属高等学校保留了12所，撤销了20所。调整后，湖北的高等学校由1960年的68所减少到1963年的21所（含中央部属高校9所），中等技术学校由1960年的111所调整为1963年的41所，中等师范学校由81所调整为

15所。[①]

湖北省在调整各级学校的数量、规模的同时,也开始着手建立正常的教育教学秩序,提高教学质量。对于中小学教学秩序的维护和教学质量的提高,湖北走在了全国前列。1961年秋,受教育部委托,湖北省草拟《湖北省全日制中小学暂行工作条例(草案)》,作为教育部的参考方案。之后,湖北省本着“全面学习、重点试行、逐步推广”的原则,在部分全日制中小学试行《湖北省全日制中小学暂行工作条例(草案)》。1962年7月,教育部《全日制中学暂行工作条例(草案)》(简称“中学五十条”)和《全日制小学暂行工作条例(草案)》(简称“小学四十条”)颁发后,湖北省又立即组织中小学教职工认真学习两个条例,并结合湖北省前段试行的经验教训,逐章逐条地加以讨论和贯彻。通过对两个条例精神的贯彻,湖北省中小学面貌发生了很大的变化:一是理顺了各种关系,广大师生的积极性得到发挥,形成了教师认真教、学生刻苦学的局面;二是切实贯彻了以教学为主的原则,逐步建立了正常的教学秩序,加强了基本知识的教学和基本技能的训练,教育教学质量得到恢复和提高;三是贯彻群众路线,开展调查研究,加强了党的领导,领导作风和领导方法都有了明显的改进。

对于高等学校的调整,省委、省人委在贯彻“高教六十条”过程中,采取多方面措施,致力于恢复和完善正常的教育秩序。省委正确执行党的知识分子政策,对知识分子在社会主义建设中的作用重新认识,调整了党政、师生之间的关系;各高校改进领导制度,健全领导机构,根据各校的实际情况,试行党委领导下的以校长为首的校务委员会负责制;建立了一系列教学、管理等规章制度,很多学校制订了《学生手册》,使学校的管理规范化。同时,部分学校根据自身实际情况订出两年以上的师资培训、教材建设、实验室建设等规划,为教学质量的提高打下了基础。通过调整,学校正常的教育秩序日益恢复和完善,因“大跃进”运动带来的一系列问题得到了全面清理与整顿,广大教师全身心投入教学,致力于培养社会主义建设的合格人才。他们在教学的同时还钻研业务、钻研

① 湖北省地方志编纂委员会编:《湖北省志·教育志》,湖北人民出版社1993年版,第219页。

科学,推出了一批新成果,使得高等教育质量跃上了一个新台阶。

国民经济转入调整轨道后,湖北省还大力加强了文艺、卫生等方面的调整工作。

1958年以后,文化事业发展过快,规模过大,在文化事业的管理上,权力下放过多,集中统一的领导有所削弱。"八字方针"以及"文艺八条"出台后,湖北省积极贯彻。1961年,省委在文化事业方面坚决实行精兵简政,批转省文化局分党组《关于全省国家文化艺术事业、企业单位精简计划和编制方案的报告》,对文化事业的发展规模大力压缩,减少非生产人员,充实了农业第一线。1962年,省委批转了省文化局分党组《关于今后两三年内文化工作的初步意见》,将调整的方向由压缩规模转为提高质量,大力加强了对文化工作的领导,进一步贯彻了党的文艺方针和知识分子政策。同时,将发展的重点转向农村,大力加强了群众文化工作。根据实际情况,逐步恢复和发展业余剧团、俱乐部和剧作组等农村业余文化组织,整顿和加强了文化馆、站工作,恢复、建立和健全了一系列规章制度,如《专、市、县剧团、文工团工作条例》《市、县电影管理的工作十条》《文化馆、站工作十条》等。在服务生产、有利生产的前提下,根据群众需要和自愿的原则,开展群众文化活动,组织艺术表演团体更多地面向农村工矿,上山下乡,巡回演出,满足群众对文化生活的需求。

在卫生事业方面,湖北省主抓农村阵地。"大跃进"以来,湖北省农村的卫生事业,不少地区将单独核算、自负盈亏的小联合诊所合并为区统一核算、自负盈亏的大联合诊所,或并入国家卫生组织,排斥个人开业;在工资待遇上搞平均主义,违反按劳分配原则,统得过多过死,对待卫生人员简单粗暴。社会卫生人员之间和联合诊所之间,联合诊所与国家卫生组织之间关系紧张,联合诊所的规章制度和正常的工作秩序也被打乱,基层卫生组织出现混乱的局面。贯彻八字方针以后,湖北省委对基层卫生事业进行了大力整顿。1961年9月,省委批转了省卫生厅分党组《关于整顿农村基层卫生组织的请示报告》和《对解决当前农村卫生组织若干问题的意见》,要求省、地、县卫生部门抽调党员骨干,组织强有力的工作组,对农村卫生事业进行整顿,纠正"共产风",正确解决体制、规模问题，落实党对社会卫生人员的政策。具体措施是贯彻“两条腿走路”的方针，恢复和保障联合诊所的集体所有制，允许社会医生个人开业，实行国家办、医生联合办和个人开业同时并举；对于过去各个时期的资产，进行合理处理。对于现行分配制度，凡是以区为单位、统一核算、共负盈亏的联合大诊所原则上改为独立核算、自负盈亏的小联合诊所；在医疗点的设置和统一安排上，全面规划、因地制宜、合理布局，根据当地群众和社会人员的要求，统筹安排，纠正过于集中、任意打乱医生阵脚的错误做法；在药品供应上，由卫生部门与商业部门、供销合作社共同研究，合理设立供应点，提高药品质量。

第十三章

社会主义教育运动的开展

1962年9月，党的八届十中全会重提阶级斗争问题，再次强调无产阶级同资产阶级、社会主义道路同资本主义道路的矛盾仍然是社会主义社会的主要矛盾，决定在全国城乡发动一次普遍的社会主义教育运动。湖北省根据中央精神，从1962年10月开始，在农村地区和城市基层分批开展了这场以反修防修为宗旨的政治运动。这场社会主义教育运动对于解决干部作风和经济管理等方面的问题起了一定作用，但对阶级斗争形势的判断失误，使指导思想上的“左”倾错误不能从根本上得以纠正，阶级斗争扩大化的问题愈来愈严重。

第一节　社会主义教育运动的试点及铺开

一、对所谓“单干风”的抵制

1962年8月，中央在北戴河召开工作会议，原定议题是讨论农业、财贸等方面的工作。会上，毛泽东作关于阶级、形势、矛盾的问题的讲话，提出阶级斗争问题，要求大家讨论。这个题目也就成了随后召开的党的八届十中全会的主要议题。八届十中全会于9月在北京召开，这次会议指出党的迫切任务是对国民经济进一步进行切实的调整、巩固、充实、提高，有一定的积极意义。会上，毛泽东把党内一些认识上的分歧当作阶级斗争的反映，要求巩固农村的集体经济，刹“单干风”，对农民进行社会主义教育。

在国民经济发生严重困难的时期，基层单位的干部作风确实出现不少问题。许多农村管理制度不健全，长期以来账目混乱，财物不清。一些干部多吃多占、损公肥私。少数干部以权欺众、贪污盗窃等违法乱纪现象确有发展。社会上投机倒把、封建迷信活动有所抬头。采取适当方式，区别不同情况，加以清理和整顿是必要的。根据中央的统一要求，中共湖北省委贯彻党的八届十中全会的精神，初步开展了社会主义教育运动。9 月 17 日到 27 日，省委召开工作会议，又于 9 月 28 日至 10 月 13 日召开扩大会议，传达和讨论八届十中全会精神和各项决定。会议要求全省各地进行社会主义教育运动，抵制所谓的“单干风”，巩固集体经济。会议还对运动的方式、步骤、要求等作出相关规定。

会后，各级党委在抓生产、抓生活、抓国民经济调整的同时，开始贯彻省委会议精神，开展社会主义教育运动。运动采取先党内后党外、先干部后群众、先处理内部矛盾后处理敌我矛盾的做法，依靠基层干部发动群众，对群众进行正面教育。各个地委层层召开干部会议，集训干部。先是召开公社或生产大队以上的四级干部会议，然后以区或公社为单位集训生产队以上的干部和党员。在集训会上，向基层干部传达中央和省委会议精神，并启发他们在提高觉悟的基础上自觉检查缺点、错误，放下“包袱”。集训干部后，各地通过生产大队和生产队召开群众会、座谈会以及干部、党员和积极分子的串联活动，一方面向群众主动检查自己的缺点错误，取得群众的谅解信任；一方面用正面讲解、回忆对比、评功表模的方法启发引导群众，特别是贫下中农，对以“单干风”为代表的所谓农村阶级斗争和两条道路斗争中的各种“歪风邪气”和“敌人的破坏活动”进行深入的揭发、分析、批判。通过干部和群众“互相启发”，对全省农民进行社会主义教育。

至 1963 年 3 月中旬，全省有 70% 的生产队完成社教运动[①]。在运动

① 《中共湖北省委关于在农村开展社会主义教育运动情况的报告》，1963 年 4 月 10 日。

中，湖北省查出所谓的“单干”思想比较普遍，但真正实行包产到户、分田到户、散伙单干的生产队，不到总数的百分之一。

二、城市“五反”与农村“四清”的试点

1963年2月11日至28日，党中央在北京召开会议，毛泽东批示将湖南、河北两省省委的报告印发会议讨论，提出“阶级斗争，一抓就灵”，督促各地抓紧开展社会主义教育。会议决定在农村进行以“四清”（清理账目、清理仓库、清理财物、清理工分）为主要内容的社会主义教育运动，在城市开展反对贪污盗窃、反对投机倒把、反对铺张浪费、反对分散主义、反对官僚主义的“五反”运动，严格管理大中城市集市贸易和坚决打击投机倒把等问题。会议通过了关于开展“五反”运动的指示规定。3月1日，中央颁布了《关于厉行增产节约和反对贪污盗窃、反对投机倒把、反对铺张浪费、反对分散主义、反对官僚主义运动的指示》，全面部署“五反”运动。

湖北省委在1963年3月11日至22日召开常委会议。会议传达了中央工作会议精神，讨论了反对修正主义、开展增产节约和“五反”运动的问题。会议成立了增产节约和“五反”领导小组及其办公室，要求省直各战线，各地、市、县分两批到三批交错开展城市“五反”运动。会议还决定在全省农村开展社教运动。

会后，省委书记王任重在省直机关科级以上干部大会上对开展“五反”运动进行了动员。4月21日，省委转发了省委增产节约和“五反”运动领导小组制定的《关于增产节约和五反运动的步骤、做法和要求的意见》，对“五反”运动作出具体的安排和部署。根据部署，省直各战线，武汉、黄石、沙市等5个市，孝感、荆州、恩施、襄阳4个地区分别召开有县委书记参加的地委常委扩大会议，学习传达中央和省委的文件精神，成立了相应的增产节约和“五反”运动领导小组及其办事机构，在党政机关单位以及部分企事业单位开展了“五反”运动。武汉市于3月22日作出《关于执行中央“关于厉行增产节约和反对贪污盗窃、反对投机倒把、反对铺张浪费、反对分散主义、反对官僚主义运动的指示”的决定》，对运动的步骤、政策、方法、组织等作出了具体规定；襄樊市于3月

25日至30日召开市委常委会，确定市委、人委、农业局等21个单位为第一批开展运动的单位；孝感地区在3月25日召开地委会议，传达了省委扩大会议精神，27日召开县委书记会议学习文件，4月3日地委书记在直属机关大会上作动员报告。党政群机关中96个单位和各局直属企事业单位在4月开始了“五反”运动；黄石市于4月12日召开动员大会，组织党政机关32个单位参加；宜昌市从5月开始组织第一批47个单位开展“五反”运动；恩施地区于4月召开有县委书记参加的地委扩大会议，传达省委扩大会议精神，学习文件，4月23日，召开地委常委会议，24日、25日召开全体委员会议，从5月16日开始全机关106个单位开展运动。

各地在试点的过程中，大致按照3个阶段进行。第一阶段是深入开展增产节约运动，集中反对生产上、基本建设上和经营管理上造成的浪费和损失，同时揭发领导上的官僚主义。具体做法是认真学习中央关于开展增产节约和“五反”运动的指示，放手发动群众，大鸣大放，广泛地揭发问题。第二阶段是反对分散主义、官僚主义、铺张浪费、生活特殊化，解决内部问题。具体做法是反复学习中央和省委的指示，召开党委会、党委扩大会、干部大会或职工代表大会，在各级会议上领导带头对多吃多占、开后门、生活特殊化等铺张浪费、分散主义、官僚主义的作风和情况彻底揭“盖子”、放“包袱”，彻底“洗澡”；进一步发动群众，运用小组会、大组会、个别交谈、“小字报”、“大字报”、意见箱等形式，坚持“团结——批评——团结”的方针，充分揭发问题。对于这一过程中暴露出来的贪污盗窃、投机倒把问题，组织专案调查。第三阶段是解决外部问题，重点反贪污盗窃、反投机倒把。具体做法是开好动员大会，对前一阶段反铺张浪费、反分散主义、反官僚主义作初步总结，揭开反贪污盗窃、反投机倒把的“盖子”，运用实际材料，大讲阶级斗争和两条道路斗争的形势，把广大干部和群众调动到“对敌斗争”的目标上来；开展“对敌斗争”要反复交代政策，促成本人坦白交代，发动群众彻底揭发，依靠专案小组，多方面调查取证。

在运动开展过程中，为了总结经验，使得运动顺利开展，湖北省确立了省建筑工业厅、武汉石油站、省交通厅、省手工业管理局等9个单位为试点单位，并在省直及武汉、黄石、沙市、宜昌、襄樊5个市确立了武钢炼铁厂、武汉医学院、省外贸局纺织品公司、武汉重型机械厂、省建六公司、冶钢、华新等23个单位为全省重点联系单位并指派工作组负责联络和监督工作。省委“五反”办公室编制了《“五反”简报》，刊登各地典型做法，反映“五反”动态，指导各地的“五反”运动，逐步摸索出运动的具体做法和重点，保证了运动按部署有序地进行。据统计，截至6月20日，湖北省开展“五反”运动的单位已达1389个，其中省、地、市党政机关836个，企业、事业单位553个，参加运动的干部和职工人数共约23万人①。

农村的社会主义教育运动也在部分地区开始了试点。由于这一时期省委的工作重心在城市“五反”，农村社教由各级党委负责，依靠公社党委和大队党支部等基层党组织推动。省委关于开展社会主义教育运动的会议结束后，各地开始积极行动，中共孝感地委4月初作出全面部署，确定武昌县五里界区委为试点地区，召开四级干部会议，从阶级分析入手，大揭阶级斗争“盖子”，启发干部自觉放“包袱”。其他地区也先后开展农村社教的试点工作。试点的方法依然是采取先党内后党外、先干部后群众、先处理内部矛盾后处理敌我矛盾的做法，层层集训干部，由基层干部发动群众，对群众进行正面教育。在教育运动的过程中，省委根据各地揭发的问题，制定发布了《关于树立社会主义新风尚告农村党员书》《关于整顿农村社会秩序、巩固集体经济的若干政策问题的规定（草案）》作为各地处理问题的依据。

三、贯彻“双十条”

1963年2月中央工作会议以后，毛泽东到各省视察，发现有的省对社会主义教育运动抓得好，有的省抓得差，谈反对修正主义的多，讲农村社会主义教育的较少。他认为，这个问题之所以许多人印象不深刻，就是还没有引起各级干部的重视。于是，5月2日至12日，毛泽东在杭州召开有部分中央政治局委员和大区书记参加的小型会议，讨论农村社

① 《中共湖北省委关于“五反”运动情况的报告》，1963年6月29日。

会主义教育问题,制定并颁布了对社会主义教育运动具有指导意义的纲领性文件《关于目前农村工作中若干问题的决议(草案)》,共十条。它与同年9月中央工作会议通过的《关于农村社会主义教育运动中一些具体政策的规定(草案)》(内容亦有十条)在后来被分别称为“前十条”“后十条”,合称“双十条”。“前十条”对我国国内政治形势作了过分严重的估计,认为当前中国社会中出现了严重的尖锐的阶级斗争情况,要求“重新组织革命的阶级队伍,开展大规模的群众运动,打退资本主义和封建势力的进攻”。在这一文件的指导下,社教运动逐渐成为各省的重要工作。

1963年6月3日至18日,湖北省委召开省委扩大会议,传达5月中央会议精神,学习讨论“前十条”,部署社教运动。会议将社教运动分为两大段:第一大段是从1963年6月到1964年秋收前后,按中央提出的十个问题,以阶级斗争为纲开展运动;第二大段是从1964年秋收后到1965年,开展复查,进行整党、审干和登记党员。会议要求将前一阶段由各级党委负责的方法,改为上级党委派出工作队领导运动。会议决定先试点,然后从秋后开始分期分批进行。

会后,全省从省直机关、大专院校、部队抽调了2000名干部,并从全省抽调了1.2万名基层干部组成工作队分别到各试点领导运动。省委还确定孝感专区武昌县五里界区为省委的试点单位,由省委、孝感地委派出工作队进行试点工作。在开展运动的过程中,各试点单位按照“说服教育,洗手洗澡,轻装上阵,团结对敌”的方针,突出抓住三个环节:首先,召开各级干部大会(或全体职工大会),大揭阶级斗争“盖子”,开展对敌斗争,解决敌我矛盾;其次,自上而下以“清账目、清仓库、清财物、清工分”为内容“洗澡、放包袱”,主要解决干群矛盾;最后,处理“包袱”。在试点过程中,省委通过批转各地的典型材料指导全省的试点工作。武昌县五里界区的试点大队关于如何扎根串连、团结中农、提高干部、打倒“敌对势力”等各个环节的做法引起了广泛的关注。钟祥建国大队扎根串连、发动群众的做法,长阳丰坪大队团结中农的做法,武昌凤凰公社群星大队进行“四清”的做法,黄陂横店区百花公社三联大队处理“包袱”的做法,还被中南局编入开展社教运动的典型材料,在中南地区甚至全国广泛推广。至1963年9月底,全省有2002个生产大队进行了社教试点工作,约占全省生产大队总数的6%[①]。

从试点情况来看,多数单位是搞得比较好的,但由于“前十条”强调“以阶级斗争为纲”,湖北农村也与其他省一样出现了一些过激的做法,有的地方一度发生捆人、罚跪、打人等违法乱纪现象。

各地试点中出现的问题很快反映到中央。中央认为有必要对运动中的一些具体策略作出明确规定。9月,中央工作会议讨论通过了《关于农村社会主义教育运动中一些具体政策的规定(草案)》。“后十条”在肯定“前十条”一些论断的基础上,进一步提出了“以阶级斗争为纲”的方针,但指出要团结95%以上的农村干部和群众,规定了依靠基层组织和基层干部,以及正确对待地主、富农子女等基本正确的政策。

1963年10月5日至20日,湖北省委召开常委扩大会议,传达9月中央工作会议精神,贯彻“后十条”,对社教运动的分批展开作出规定,要求全省用两个冬春,分四批搞完社教运动,每个冬春搞两批。此后,湖北农村的“四清”运动在“双十条”指导下进行。

根据省委部署,全省于1963年秋后开展社教运动的第一批点,第一批铺开的生产大队占全省总数的23%,到年底,第一批点全部完成社教;1964年2月,第二批点的社教运动开始,这一批点铺开运动的生产大队有10789个[②]。各地根据省委要求结合自身实际,实行两种铺开方式:一个县集中搞一两个区;一个县搞两三片,每一片包括几个区的相邻公社;每个区搞一个公社。

在实际运动中,各个点又形成四步走的做法。第一步是解决敌我矛盾。由经过集训的各级工作队深入各生产队,寻找典型的贫下中农进行“扎根”,由“根子”在全队串连,通过诉苦、放包袱、解疙瘩,提高干部和群众的阶级觉悟,组织以贫下中农为主的阶级队伍,开展对地、富、反、坏、右的斗争。第二步是解决干群矛盾。通过“清账目、清仓库、清

① 《中共湖北省委关于今冬明春农村工作安排、社会主义教育运动和农业生产问题向中央和中南局的报告》,1963年10月31日。

② 《湖北省委农办关于社会主义教育第二批点的情况和问题的报告》,1964年3月18日。

工分、清财物”和干部参加劳动,教育干部切实转变作风,改善干群关系,提高社会主义觉悟。具体的方法是发动干部学习有关“四清”的政策,回忆翻身的历史,进行新旧两个社会、两种思想、两种作风的对比,算“四不清”的危害账,揭开“四不清”的“盖子”,自觉批判“当干部划不来”“当干部高人一等”“当干部可以不参加劳动”“当干部要有个‘干部的样子’”等思想,切实提高干部的思想觉悟。第三步是解决公私矛盾,深入进行两条道路的教育和爱国爱社的教育,进一步贯彻执行“农业六十条”,正确处理个人、集体和国家的关系,巩固集体经济。这一步工作首先是揭开公私矛盾和两条道路斗争的“盖子”,用回忆对比、算账对比、好坏对比等方法,提高群众的社会主义觉悟,划清资本主义和社会主义的界限,进一步坚定走社会主义道路的信心,树立爱国爱社的思想。在解决群众思想问题的基础上,进一步学习“农业十条”,处理公私关系中的具体问题。第四步是组织建设,即整顿党的组织。组织党员学习“双十条”和党员十条标准,认真开展批评与自我批评,提高党员的水平,加强支部的团结。此外,在整顿中,建立党支部的经常工作制度,定期召开支部会议,定期上党课和过组织生活,并加强对各种组织的领导,充分发挥党员的作用。

在运动开展过程中,对于清查出来的问题,各地根据“说服教育,洗手洗澡,轻装上阵,团结对敌;教育为主,处分为辅;批判、退赃从严,组织处理从宽;抗拒从严,坦白从宽”的方针政策进行处理。省委根据各地开展运动中总结出来的经验,先后印发了《社会主义教育运动政策问答》《贫下中农协会组织条例(草案)》和《关于加强监督、管制和改造四类分子的规定(草案)》。

在农村进行社会主义教育的同时,城市“五反”运动也逐步深入。1963 年 7 月 20 日,全省召开了工交企业“五反”试点座谈会。22 日至 27 日,省委“五反”办公室召开专案工作座谈会。8 月 20 日,省委根据运动开展的相关情况,制定并颁布了《关于“五反”运动若干具体政策界限的规定(草案)》和《关于处理干部多吃多占、走后门、生活特殊化等行为的几项规定(草案)》,对运动中出现的一些迫切问题如房屋出租等作出政策规定和处理原则,要求干部该退赔的坚决退赔,该改的坚决改。对于贪污盗窃、投机倒把案件，省委召开地、市委监委书记会议传达、讨论、贯彻中共中央批转的中央监委的《关于“五反”运动中对贪污盗窃、投机倒把问题的处理意见的报告》，提出了处理犯错误党员干部的具体政策规定，要求既把贪污盗窃、投机倒把的行为搞臭，又要分化和瓦解敌人，争取一切可以争取的人，改造有错误或罪行的人。

运动的深入开展，逐渐暴露了企业经营管理不当的问题。截至1963年11月15日，在已经开展“五反”运动的8193个单位中，开展运动较早的5995个单位，已经基本结束或者进入组织建设和思想建设阶段。揭发出来的贪污盗窃、投机倒把案件共达38792起，其中涉案金额达万元以上的68起，5000—1万元的334起，1000—5000元的3578起，500—1000元的4692起[①]。

这一时期全国的社会主义教育运动在“双十条”指导下进行，存在“以阶级斗争为纲”的“左”的倾向，湖北也不例外。在运动中，湖北将开展对敌斗争、解决敌我矛盾放在第一步，认为农村存在地、富、反、坏的封建复辟活动，城镇也有新生资产阶级势力猖狂进攻，人为地制造一些阶级斗争不断激化的事实，发生了捆绑罚跪、吊人打人等极端现象。尽管如此，从全局看，湖北省委仍然依靠基层干部和群众，以调整经济、发展生产为指导思想，对于基层干部的“四清”还是以清理账目、清理仓库、清理财物、清理工分为主要内容，强调团结95%的干部和群众，仍然坚持国民经济的进一步调整。

第二节　社会主义教育运动的深入开展

一、贯彻“后十条”（修正草案）

1964年5月，随着国际共运阵营内部矛盾的日益尖锐，中共中央把正在进行的“四清”和“五反”，看作是与国际反修斗争相配合的国内反

① 《湖北省委关于全省第一批单位五反运动的总结报告》，1963年12月1日。

修防修的重大战略措施。5 月 15 日至 6 月 17 日,中央在北京召开工作会议,讨论社会主义教育运动等问题。会议认为前一段社教搞得不深不透,毛泽东、刘少奇甚至认为,全国有三分之一的基层单位,其领导权被掌握在敌人和它的同盟者手里,于是,更加突出地强调防止“和平演变”的紧迫性,要求从反修防修和防止世界大战的总体战略来部署工作。从这种严重估计出发,党中央决定成立“四清”“五反”指挥部,由刘少奇挂帅,并主持对“后十条”进行修改。8 月,刘少奇在南下广州准备修改“后十条”的途中,于 5 日到达武汉。他同湖北省委及地市委负责人一起研究社会主义教育运动的部署问题。6 日、7 日,在湖北省委扩大会议上作了关于社会主义教育运动和两种教育制度、两种劳动制度的报告。9 月中旬,“后十条”(修正草案)正式下发。“后十条”(修正草案)对形势作了更加不符合实际的严重估计,认为阶级敌人拉拢腐蚀干部,“建立反革命的两面政权”,是“敌人反对我们的主要形式”;认为这次运动“是一次比土地改革运动更为广泛、更为复杂、更为深刻的大规模的群众运动”;规定“整个运动都由工作队领导”。这样,就把基层组织和基层干部撇在了一边。这是导致社教运动扩大打击面的一个严重步骤。

为了贯彻落实中央 5 月工作会议和刘少奇在武汉关于“四清”运动的讲话精神及“后十条”(修正草案)的精神,湖北省委从 6 月到 9 月连续召开了省委常委会议、省委全体(扩大)会议、有地市委书记参加的常委扩大会议、城市社教运动座谈会、农村社教工作会议等,9 月 16 日,根据会议精神,省委给中南局报送了《关于重新部署社会主义教育运动的报告》,该报告进一步检查了前一段的社会主义教育运动和省委的指导思想,认为全省社教运动大部分不彻底,对阶级斗争严重性认识不足,强调社教运动应放手发动群众,揭露和解决好干部队伍中的问题,对基层干部进行彻底“四清”,在团结 95% 的群众的前提和基础上团结 95% 的干部。会议重新研究和部署了全省的社会主义教育运动,将前一段已经搞过运动的单位重新纳入计划,按照高标准从头再搞,决定再用五六年的时间搞深、搞透。根据集中力量打歼灭战的方针,会议要求农村以地区为单位,集中搞一个县,大城市每个市集中力量搞一个区。决定从党、政、群机关和工交、财贸、文教等系统严格挑选、认真训练,组织一支强有力的社会主义教育运动工作队,坚决依靠工作队开展工作。决定抽调工作队员7万多人,其中到农村开展工作的约6万人,到大城市的约1万多人。要求省、地、县各级的主要领导人亲自蹲点,到各县生产大队、工厂、车间、商店、学校、街道等基层单位,取得经验,指导全面。

会后,社教运动迅速开展起来。农村社教的试点先在麻城、孝感、襄阳、江陵、枝江、建始6个重点县进行。城市社教确定武汉市武昌区的工交、建设、财贸、手工业、街道、文教等系统的353个单位,黄石市的大冶钢厂、黄石电厂、两个街道和财贸系统以及湖北大学和武汉冶金建筑机械修造厂为试点单位开展城市"四清"运动。这一阶段的社教运动改变了前一阶段依靠基层干部的做法,而是撇开基层干部,依靠工作队开展运动。全省抽调6万人组成工作队到农村开展"四清",在这6万名干部中,组织了一支由7000人组成的强有力的社教运动长期工作队。城市"四清"从全省抽调工作队员共1.1万多人,其中,仅武汉市就抽调8000多名工作队员,组成近600个工作组,70个社教工作队[①]。各地成立了工作队的垂直系统:地委成立社教总团,县设工作团,区设分团,公社设工作队,大队设工作组。各市成立社教总团,市所属工交、财贸等系统设分团,分团下辖工作队,队下设工作组领导运动。全省用了1个月左右的时间,集训工作队员,学习党中央和毛泽东有关社会主义教育问题的指示、刘少奇的报告、"后十条"(修正草案),熟悉社会主义教育运动的目的、内容、方针、政策、基本做法和群众路线,同时要求他们划清"四不清"的界限,开展批评与自我批评,放下"包袱",轻装上阵。经过集训的工作队大多于11月底12月初开始进点。

这一时期,省、地、县各级主要领导人开始深入基层,到生产大队蹲点。其中,王任重在孝感县卧龙公社金星大队蹲点,赵辛初、姜一在麻城县福田河区张店公社蹲点,李夫全、任爱生在恩施地区建始县蹲点。他们大多以一两个生产队作为自己工作的点,亲自动手,从头到尾把一个

---

① 中共武汉市委党史研究室:《中国共产党武汉历史》(第二卷)(1949—1978),中共党史出版社2009年版,第454页。

点的工作做完，取得直接的完整的经验。

在省委工作队蹲点的孝感，试点工作由中共孝感社教总团全面领导。按照省委规定，孝感地委的“四清”运动分为两大阶段5个步骤进行。第一阶段是“四清”阶段，分为三步。第一步是组织阶级队伍，即通过“访贫问苦”，“扎根串联”，组织贫下中农阶级队伍，并做好团结中农等劳动群众的工作。第二步是进行“四清”，即清查干部的“四不清”问题。第三步是对敌斗争，包括两项内容。一是组织群众对“四类分子”（地、富、反、坏）进行一次评审，对有破坏活动者予以斗争，对一贯守法者，经群众讨论同意，可以“摘帽”。二是复议阶级成分，主要是清两头：一头是对土改中漏划的地主、富农，根据表现，按不划、划而不戴、又划又戴3种办法分别处理；另一头是对应该划为贫下中农的一律划为贫下中农，以扩大依靠力量，壮大阶级队伍。第二阶段是建设阶段，分为两步，即第一步组织建设，第二步加强经营管理。组织建设的具体工作是：在复议阶级成分的基础上建立贫下中农组织，生产大队建立贫协委员会，生产队建立贫协小组；进行开门整党，从原有党员中挑选一批骨干，并从参加运动的积极分子中发展一批党员，重新组建党组织领导核心；配备大队行政干部，整顿和健全共青团、妇女、民兵组织，增强其战斗力。加强经营管理主要是制定集体生产财物管理等方面的规章制度，加强管理，以促进生产的发展。根据孝感地委的部署，孝感农村社教运动迅速开展起来。在运动开展过程中，孝感县在王任重和省委工作队的亲自指导和督促下，创新工作方式，总结了诸多典型经验，如孝感县组织工作队的做法，卧龙公社配半脱产干部的做法，卧龙区、社干部实行轮流值班、轮流蹲点的做法，卧龙区直精简机构的做法等。王任重将孝感专区总结的9个典型材料上报中央，受到了中央的高度重视。7月20日，中共中央发出《中共中央关于改进领导方法的指示》，向全党批转了孝感专区的9个材料，即《湖北省孝感县组织县委工作队的情况和做法》《湖北省孝感县卧龙公社配半脱产干部的情况和做法》《湖北省孝感县卧龙区、社干部实行轮流值班、轮流蹲点的情况和做法》《湖北省孝感县卧龙区直精简机构的初步方法》《湖北省孝感县卧龙区直清理区、社干部家属住机关的情况和做法》以及湖北省孝感县卧龙公社群益大队《实行大队干部轮流值班的情况和做法》《建立贫下中农核心小组的情况》《财务公开的情况和做法》《学习毛主席著作的情况》。中共中央在批示中指出："在'四清'运动后，县、区、社、队如何进行工作，如何精简机构和减少脱产人员，是普遍存在的重要问题，必须认真地切实地加以解决。王任重同志从孝感寄来的9个材料，对解决这些问题提出了一些很好的意见和具体做法。现将这9个材料发给各地参考，望各地党委都来认真地研究和解决这些问题。"

根据在孝感等6个重点县试点的情况，湖北省委相继颁发了一系列文件：《关于干部经济退赔中若干具体问题的解答》《关于农村阶级登记建立阶级档案的若干具体问题的规定（草案）》《关于"四清"运动中干部组织处理的政策界限的若干规定（草案）》《关于农村"四清"运动中有关登记党员的若干政策问题的规定（草案）》《关于处理公私关系方面的几个问题的规定（草案）》。这些指导性文件对运动开展过程中出现的问题作出了相关的政策规定，提出了处理原则。

由于这一时期"四清"运动方针发生了转变，"四清"由清经济为主转向以清政治为主，运动的开展由以前的依靠基层组织转为坚决依靠工作队，搞秘密的"扎根串联"，而且实行"大兵团作战"，造成猛烈的声势，阶级斗争的"左"味更浓，这也使得运动中出现了过激做法。湖北城乡"四清"都出现了一些过左的做法。在农村，基层干部的打击面被扩大，一大批干部受到伤害。例如，在孝感金星大队的工作组将干部分为四类，一、二类干部是一般的"四不清"，三、四类干部则是严重的"四不清"。全大队干部82人，其中有68人被认为有多吃多占、贪污挪用、投机倒把等经济问题，是"四不清"干部，大队干部中的6个主要干部都有严重的"四不清"。再如，沔阳县潮愿大队大队长因为发展家庭副业，被作为"走资本主义道路的典型"，在全省通报批判[①]。诸如此类的现象，在很多大队都存在。在城市，社教工作队进点以后，把原单位的党组织置于工作队领导之下，实际上夺了各基层组织的权。他们打着反"四不清"的旗帜，大讲阶级斗争新形势、新特点，表示为"受压者"撑腰，伸张正义，斗争

① 钱运录主编：《当代中国的湖北》，当代中国出版社1991年版，第102页。

到底,不获全胜,决不离开。于是,不仅问题严重的干部诚惶诚恐,惶惶不可终日,即便是问题并不严重的一、二类干部和车间主任、轮班长、组长等老干部,也如临深渊,如履薄冰。一些依靠对象、老积极分子、老先进人物也重新受到审视。随着运动的逐步升级,形势失控,打击面过宽,斗争过火,伤害了一些干部,造成了一些冤假错案。

“四清”运动中的过左的做法引起了基层干部的抵触情绪,运动中的乱批乱斗现象也引起了中央的关注,并在中央领导层中引发了不同的意见。

二、贯彻“二十三条”

1964年12月15日至1965年1月14日,中共中央在北京召开工作会议,总结前一段社会主义教育运动的经验,部署下一段的工作。会议在毛泽东的主持下,制定并通过了《农村社会主义教育运动中目前提出的一些问题》(即“二十三条”)。“二十三条”取代了此前发布的“前十条”“后十条”以及“后十条”修正草案,成为指导“四清”运动的最新文件。

“二十三条”包含着纠正“四清”中“左”的做法的内容。它批评了“后十条”下发以来“四清”运动中斗争面过宽,把原来的党组织抛到一边的错误做法,认为运动应当依靠群众的大多数,依靠干部的大多数,提出把整个运动由工作队领导改为实行群众、干部、工作队“三结合”,走群众路线。“二十三条”肯定农村基层干部的大多数是好的和比较好的,要求尽快地解脱他们;明确宣布不许用任何借口去整社员群众,严禁打人和其他形式的体罚,防止“逼、供、信”;还提出“四清”要落实在生产建设上面,增产要成为搞好运动的标准之一。“二十三条”的颁布,解放了一批基层干部,使得整个运动开始向好的和比较好的方向发展。但“二十三条”在指导思想上发展了“左”倾错误理论,提出运动的重点“是整党内那些走资本主义道路的当权派”。而且“二十三条”还正式将“四清”和城市“五反”的内容确定为“清政治、清经济、清思想、清组织”,因此,在“二十三条”指导下的湖北农村“四清”运动依然是以清政治为主的“大四清”。“大四清”清理政治以及“整党内走资本主义道路当权派”的做法，为后来的“文化大革命”把斗争矛头集中指向所谓“党内走资派”提供了理论依据。

“二十三条”下发以后，湖北省委积极宣传“二十三条”，组织干部层层学习，并向广大群众逐层传达。1965 年 2 月，省委召开有县委书记参加的扩大会议，学习“二十三条”。会后，各县召开贫下中农、三级干部大会。各区更广泛地召集贫下中农代表及生产队干部开会学习。

在学习“二十三条”的基础上，湖北省委就如何贯彻“二十三条”，如何开展新的运动，组织各地委、县委和各社教总团、分团研究探讨。在讨论部署过程中，湖北省委提出：是继续采取目前的办法，每个地委集中力量搞少数县，还是以县为单位分期分批开展运动？除分期分批重点开展系统的“四清”运动以外，面上要不要先搞一次初步“四清”？整个运动究竟怎样安排，才能搞得更好、更快一些，才更有利于抓革命促生产，更有利于巩固运动的成果？在各地委、县委和各社教总团、分团反复研究的基础上，省委决定从 1965 年冬开始，以县为单位开展运动，面上普遍进行一次初步“四清”，同时继续贯彻集中力量打歼灭战的原则，分期分批逐区开展系统的“四清”运动。为此，湖北省委对运动的部署作出具体的安排：一是 6 个重点县的运动，一定要达到“六条标准”①，善始善终，争取在 1965 年 9 月基本结束；二是为了把今后的运动搞好，现有的工作队在点上的运动结束后，必须进行整训，认真总结经验；三是 1965 年冬季以前，以地委为单位或以县委为单位集训干部，首先解决县、区两级领导核心的重新配备问题，然后解决公社领导核心问题，使他们能够在冬季投入运动，从而在整个工作上取得主动；四是在整顿好县、区、社三级领导核心的基础上，今冬明春以县为单位，每县在一个区开展系统“四清”，作为试点，以便进一步取得经验，同时在面上普遍进行初步“四清”；五是根据季节和农事的特点，农村的运动主要放在冬、春两季进行，城镇和机关、企事业单位的运动主要放在夏、秋两季进行。省委要求农

---

① “二十三条”规定的 6 条标准是：要看贫下中农是真正发动起来了，还是没有发动起来；干部中的“四不清”问题是解决了，还是没有解决；干部是参加了劳动，还是不参加劳动；一个好的领导核心是建立起来了，还是没有建立起来；发现有破坏活动的地、富、反、坏分子，是将矛盾上交，还是发动群众，认真监督，就地改造；要看是增产还是减产。

村系统的“四清”今冬明春每个县都搞一批，明冬后春搞两批，后年冬季再搞一批，机关、城镇每年各搞一批，争取在1967年冬季搞完，1968年春季进行复查。

根据部署，湖北省委从1965年9月开始以地委或县为单位集训县、区、社三级干部。根据“二十三条”的精神，划清“四不清”和严重“四不清”的界限，划清“好人办坏事”和“坏人办坏事”的界限，基本解决了县、区、社三级领导核心问题，把县、区、社三级领导骨干中的多数人解放出来。1966年春，省委选定13个县开展第一批“四清”运动，参加“四清”的工作队员达到10万人。在“二十三条”的指导下，湖北省对三类干部实行以斗争求团结，在一定程度上纠正了对基层干部打击面过宽的错误。

对于城市的“四清”运动，湖北省委在“二十三条”下达以后，对运动中过火的行为进行了调整，不再搞神秘化，强调立案必须“三对口”（本人交代、群众揭发、查证材料）、“三允许”（允许申辩、允许补充、允许翻案）；对于试点单位和干部进行区别对待。对于一、二类单位，实行“群众、干部、工作队三结合”。工作队主要帮助、监督和指导基层组织开展运动，向上级反映情况。运动和生产、业务中的各项具体工作，则靠基层组织进行。在这两类单位，领导干部“洗手洗澡”，从检查总结工作入手，抓主要问题，把阶级斗争、生产斗争和科学试验紧密地结合起来，边整边改。对于三、四类单位，主要由工作队领导运动，放手发动群众，揭领导核心当中的问题。查明情况以后，该夺权的夺权，该调整的调整，及时把新的领导核心建立和健全起来。对干部也区别对待，将“洗手洗澡”的干部范围，限于各级领导骨干，一般干部则作为群众看待，这样就大大缩小了打击面。

在“二十三条”的指导下，“四清”运动又开展起来。1965年6月，王树成代表省委对试点运动进行了总结，对今后的运动进行了重新部署[①]。要求试点之后，各市同时铺开，在一个市内，按系统进行，先搞工交企业，其他行业陆续开展，半年一批，适当交叉，1967年全部完成。按

① 《湖北省委关于城市四清运动的部署和作法上一些意见的报告》，1965年6月24日。

照部署,湖北省于8月开始了第二批运动的准备工作,集训了工作队员17000人。9月上旬,工作队陆续进点到第二批单位。根据集中力量打歼灭战的精神,这一批运动主要集中在省直机关和企事业单位以及武汉、黄石、沙市、宜昌、襄樊等市的工交企业,共约1000个单位,32万人。1965年12月底,湖北省对开展运动的单位进行了统计,全省干部“洗澡”基本结束,群众正在顺水“洗澡”;少数单位正在清经济、清政治、查坏人。据对各市712个单位,8113个“洗澡”干部排队,一、二类单位约占70%,三类约占27%,四类约占3%。一、二类干部约占70%,三类约占25%,四类约占5%。1966年3月,各地第二批运动单位先后转入建设阶段。

1965年12月底,省社教办公室也对第三批运动进行了部署,计划第三批继续采用集中力量打歼灭战的方法,先抓关系国计民生的大企业,后搞文教卫生、街道、机关等单位,力争把武钢、一冶建设公司和各市工交、财贸企业单位的“四清”基本搞完。第三批准备从1966年5月开始,组织30万人参加。然而,1966年5月,“文化大革命”开始,“四清”运动并入了“文化大革命”的轨道。

历时三年多的城乡社会主义教育运动,对于纠正干部多吃多占、强迫命令的作风和解决集体经济经营管理方面的问题;对于打击贪污盗窃和刹住封建迷信活动等歪风,起了一定的作用。但是,由于指导思想上“以阶级斗争为纲”,混淆了两类矛盾,使国内政治空气更加紧张,使不少干部和群众受到打击,使各方面工作受到了严重影响,一些调整城乡经济的政策未能认真执行。

三、对所谓修正主义的批判和意识形态领域的“左”倾错误

随着社教运动“左”倾错误的日益发展和1963年中苏两党争论的日趋激烈,毛泽东认为中国党内也已经出现修正主义。在1963年、1964年同外国党领导人的谈话中,毛泽东点名批评原中央农村工作部部长邓子恢、中央对外联络部部长王稼祥、中央统战部部长李维汉。邓子恢等关于农村工作的主张被概括为“三自一包”[①],并被当作“修正主义的

① “三自一包”,即主张多留自留地、多搞自由市场、多搞自负盈亏和包产到户。

国内纲领”；王稼祥在1962年春向中央提出的争取对外关系相对和缓的一系列建议，被曲解后概括为“三和一少”[①]，并被称为“修正主义的国际纲领”；李维汉关于统战工作的许多主张，则被说成是“不讲阶级斗争”“向资产阶级投降”。

在国内反修防修的大背景下，湖北省委根据中央要求对所谓的修正主义进行批判斗争。1964年1月，湖北省委从高等院校借调系主任、讲师，成立了大约40人左右的第一批写作班子，分哲学、经济、农业、历史、文学5个组，围绕所谓的“修正主义”的理论问题撰写文章，对所谓的修正主义进行了批判。湖北省委一方面从理论上批判，另一方面在全省进行反修宣传和教育。1964年2月4日，省委根据中央要求发出向基层干部、党员和人民群众进行反对现代修正主义教育的通知，要求各市、县、区统一制订宣传计划，进行反对修正主义的报告和教育。在宣讲的过程中，本着先党内后党外，先干部后群众的做法，首先组织党、团支部的同志和生产队长以上干部进行学习讨论，然后向群众作报告。2月26日，省委从省直机关抽调处长、厅局长党员干部300名，到武汉市向基层干部、党员和群众作报告。对于农村的宣讲，各县委负责组织训练报告员，以公社为单位，进行了试点，并分批进行宣讲报告。

在反对修正主义的同时，文化教育和意识形态领域也出现了一系列错误的批判。1963年11月，毛泽东批评文化部是“帝王将相部”“才子佳人部”“外国死人部”。12月，他又在中央宣传部文艺处《文艺情况汇报》所载柯庆施抓故事会活动和评弹改革的材料上批示：“各种艺术形式——戏剧、曲艺、音乐、美术、舞蹈、电影、诗和文学等等，问题不少，人数很多，社会主义改造在许多部门中，至今收效甚微。”批示还尖锐地提出：“许多共产党人热心提倡封建主义和资本主义的艺术，却不热心提倡社会主义的艺术”。这就是当时所谓的对文艺的第一个批示。这一批示对文艺界影响很大，全国文联和各协会开始整风学习，全国迅速掀起了大演革命现代戏的高潮。

---

① “三和一少”，即对帝国主义、现代修正主义、各国反动派要和，对各国人民革命的支援要少。

湖北省委在1964年初召开的全省文艺工作座谈会上，要求文艺工作要推陈出新，要推资本主义之陈、封建主义之陈，出社会主义之新。社会主义文艺要演革命现代戏，京、汉、楚剧团要改编、上演革命现代戏。此后，全省掀起了改编、上演革命现代戏的热潮。据统计，武汉市仅仅1964年1月至4月组织专业干部创作改编现代题材的剧本27个，业余创作具有一定水平的现代剧剧本有28个。市属剧团只上演剧目271个，其中现代戏42个；场次1109场，其中现代戏591场[①]。

1964年6月，毛泽东在中央宣传部文艺处关于全国文联和各协会整风情况的报告的草稿上作出的批示中，指出这些协会和他们所掌握的刊物的大多数（据说有少数几个好的），15年来，基本上（不是一切人）不执行党的政策，做官当老爷，不去接近工农兵，不去反映社会主义的革命和建设，最近几年，竟然跌到了修正主义的边缘。“如不认真改造，势必在将来的某一天，要变成像匈牙利裴多菲俱乐部那样的团体。”这就是当时所称的对文艺的第二个批示，这个批示在文艺工作者中引起了更大的震动，文艺界整风的范围进一步扩大。根据这个批示，湖北省文艺界也开始整风。武汉市专门召开有文化局党委委员、市文联党组成员、市委宣传部负责人参加的整风会议，会议从1964年8月开始，到11月结束，时间长达3个月，被称为“百日整风”会议。会议学习了毛泽东关于文艺工作的批示，传达了中央有关负责人在北京现代戏观摩大会上的讲话，并组织基层领导干部学习和讨论，对文化局党委和文联党组在执行文艺方针政策上的缺点错误进行批评。

在进行整风的同时，湖北省开始对1960年以来在本省报刊上发表的文艺作品进行检查，并组织写作专班批判文艺作品及其作者。《湖北日报》《武汉晚报》《长江文艺》《江汉学报》等成为批判的主要阵地，禾得雨的《艺苑漫步》，京剧《胭脂虎》，姚雪垠的《草堂春秋》，武克仁的《柳宗元》，陈宪章的《司马貔告状》《五台山传奇》等作品成为批判的重点。这些作品有的被认为“表现了封建主义、资本主义的遗老遗少思

① 《湖北省委宣传部情况汇报》，1964年5月23日。

想，用资产阶级贵族老爷的态度，来对待广大的工农兵群众”[①]，有的被认为是“宣扬封建道德观念，维护封建统治的毒素”[②]，有的被认为是“披着历史题材的外衣，恶毒地影射和丑化现实生活”[③]，有的被认为是“内容反动、有害于社会主义革命和社会主义建设”[④]。此外，湖北省还配合中央，在省内组织了对《北国江南》《早春二月》《兵临城下》《林家铺子》等影片的批判。

这些在“左”倾思想指导下的批判，完全颠倒了文艺界的是非。当时受到批判的绝大多数作品，是调整以来文艺界创作的优秀或比较优秀的作品。少数作品在思想内容和艺术手法上虽存在不足和缺点，但应通过正常的文艺批评和同志式的讨论加以解决。至于在执行党的文艺方针和政策过程中的某些缺点，则完全应当通过正常的批评和加强领导来改正。但是，当时却混淆不同性质的矛盾，把一般工作上的缺点看作文艺界两个阶级、两条道路的尖锐斗争，把一些不合某种政治框子的作品，包括一些优秀作品，统统戴上“资产阶级”“修正主义毒草”之类的政治帽子，其作者和演员也受到打击批判。

文艺界的“左”倾批判，很快扩展到哲学社会科学领域。从 1964 年 8 月开始，《湖北日报》《武汉晚报》等开辟专栏针对罗尔纲关于李秀成的评价，讨论罗尔纲的史学观；批判杨献珍的“合二而一”论、“综合经济基础论”；批判冯定的《共产主义人生观》《平凡的真理》；孙冶方关于大抓企业利润，改革不计成本、不讲效益的企业管理制度等主张被认为是鼓吹“利润挂帅”的修正主义观点；翦伯赞的历史观、周谷城的美学和艺术理论也受到批判。

意识形态领域里的过火批判，是党的八届十中全会以后“左”倾错误在思想文化方面继续发展的重要表现。它破坏了党的“百花齐放，百

① 《反对贵族老爷式的态度》，《湖北日报》1964 年 12 月 30 日。

② 《驳“化腐朽为神奇”论——评〈胭脂虎〉讨论中的一个问题》，《湖北日报》1964 年 11 月 13 日。

③ 《两件外衣，一条黑线》，《湖北日报》1965 年 2 月 26 日。

④ 《草堂春秋是一株毒草》，《湖北日报》1965 年 1 月 10 日。

家争鸣”的方针，阻碍了文艺事业和学术工作的健康发展，伤害了许多党内外知识分子。虽然在“文化大革命”之前，这种批判主要是在报刊上和有关的文化团体、机关内进行，在对戏剧《海瑞罢官》的批判开展以前，尚未形成社会性的群众运动，但文化领域批判的逐步升级，直接导致了“文化大革命”的发动[①]。

① 逄先知、金冲及主编：《毛泽东传（1949—1976）》下卷，中央文献出版社 2003 年版，第 1387 页。

第十四章

调整任务的完成和全面建设社会主义新湖北的成就

随着调整的全面开展,国民经济逐步恢复,各项建设事业有了明显的健康发展的势头。为争取整个国民经济的根本好转,1963年9月,中共中央召开工作会议,决定再用3年的时间继续贯彻“调整、巩固、充实、提高”的八字方针。根据中央工作会议精神,中共湖北省委决定在前两年国民经济调整取得初步成效的基础上,侧重于国民经济的充实和提高方面,使农业、工业、商业等得到进一步的恢复和发展。经过继续调整,全省国民经济稳步增长,达到和超过中华人民共和国成立以来的最高水平,人民物质生活普遍得到改善,社会呈现出欣欣向荣的景象。

第一节　国民经济调整的继续和完成

一、农业基础地位的继续加强

经过七千人大会以来全党上下的艰苦努力,国民经济在1962年底开始复苏,各项建设事业有了明显的健康发展势头。在这一背景下,一种忽视经济生活中依然存在的严重问题,要求上基建、上速度的倾向再度抬头。1963年9月,中共中央召开工作会议,全面讨论了国民经济发展方针和1964年国民经济计划。会议从实际情况出发,认为在今后3年,仍需继续贯彻“调整、巩固、充实、提高”的调整方针,并正式提出从1963年起,再用3年的时间继续对国民经济进行调整。根据中央的要求,在3年继续调整时期,湖北省委积极贯彻“以农业为基础,以工业为主导”的发展国民经济的总方针,对农业进行充实和提高,加强农业的基础地位。

在水利建设方面,着力抓了已有水利设施的成龙配套,提高农田灌溉效益。1958年至1961年,由于集中力量修建大中型骨干工程,不少地区忽视了小型水利工程,塘堰等配套设施也年久失修,这大大影响了水利设施对农田灌溉的实际作用。从1962年开始,全省组织力量对小型水利工程的现状和作用进行调查,认为在兴修大中型水利工程的同时,不能忽视小型工程的作用,大型工程只有通过小型工程的密切配合,才能更好地发挥灌溉效益的作用。1962年9月,全省水利工作会议在武汉召开。会议决定,“今后几年的水利建设,应当采取大中小型工程相结合、以中小型为主的方针,鼓足干劲,量力而为,具体安排”[①]。1963年10月,省委召开有各地委书记参加的常委扩大会议,着重讨论了农业生产问题以及农村生产今后7年的规划。认为“水利方面,在今后7年内,前三四年以完成现有水利设施的成龙配套工程为主,适当新建一些必要项目,后几年再做进一步的建设”。根据会议精神,全省水利建设主要对原来的工程进行了整修配套,填平补齐,构建灌溉网络。经过3年的整修与管理,小型塘堰基本恢复,水库、机电排灌站、河网工程等则有很大的发展。水利设施的逐步完备使得水利工程利用率大大增强,农田受益面积逐年增加。据统计,1963年全省有效灌溉面积为2952万亩,比1957年增加40%,保证灌溉面积为2214万亩,比1957年增加79.6%。1965年,有效灌溉面积达3381万亩,占耕地面积的53.16%,比1957年增加60.39%。

在农业科技改革方面,大力倡导技术改革。1962年10月,省委召

① 《湖北水利工作会议纪要》,1962年9月12日。

开扩大会议，王任重着重强调农业技术工作的重要性，认为发展农业生产力归根到底还是要靠技术改革。1963 年 3 月，湖北省召开第一次全省农业技术工作会议，王任重指出，现在我国农业开始进入一个新的历史时期——从社会主义改造进到技术改造时期，强调要通过技术革命提高农业发展水平。在这一理念的指导下，湖北省大力推广技术改革。在种植业方面，引进和推广优良品种，逐步实现良种化、纯种化。1964 年，通过加拿大从美国引进岱字光叶棉种 30 万公斤，集中在新洲、汉川、枝江、襄阳 4 县繁殖试种。1965 年开始在全省范围内推广，种植面积达 140 万亩。1966 年推广到 730 万亩，占全省棉田面积的 80%。品种的更换促进了棉花产量的提高，1965 年全省棉花平均单产 49.5 公斤，总产量 44.93 万吨，比上年增长 17.35%。水稻方面，为克服高秆品种对密植栽培的不适应，先后从外省引进“三矮一粳”即矮脚南特、珍珠矮、广场矮和“农垦 58”等优良品种，将水稻亩产提高到 350—400 公斤，高产的甚至达 500 公斤以上。1965 年，矮秆品种在全省推广达 10 万亩，1966 年扩大到 1000 万亩，大大提高了水稻的单产和总产量。在肥料的施用上，湖北省着重发展自然肥料，大力推广草籽绿肥和积极试验推广磷肥。1965 年，全省早稻种植面积达 666 万亩，草籽绿肥面积达 500 万亩，1966 年，早稻种植面积达到 848 万亩，草籽绿肥则增到 1300 万亩。磷肥的试用在 20 世纪 50 年代就已经开始，1961 年至 1962 年，全省选择 20 多个县、市作为基点，开展大面积施磷对比试验，取得较好效果，特别是对绿肥、油菜及豆科等喜磷作物或缺磷土壤，施用效果更为显著。1962 年，全省磷肥销售量只有 1741 吨，1965 年增到 9.35 万吨，1966 年增到 17.46 万吨。

在农业机械化方面，大力推广工具改革。1963 年 3 月，中共湖北省委、省人委召开全省第一次农业机械化会议，成立全省农机管理机构——湖北省农业机械管理厅，统一规划全省农业机械化发展。会后，王任重等深入基层，到孝感金星大队蹲点，根据农村实情，使平原地区的农村通过机电排灌带动农村的机械化和电气化，打破了苏联农业机械化的模式，推动了湖北农业机械化的发展。1963 年全省实有拖拉机 1940 个标准台，到 1964 年底全省拖拉机已达到 2888 个标准台,比1963年增长了48%。排灌机械增加更多,1963年是17712台,1964年增加到36869台,增长了两倍多。农业机械总动力1965年达到112.38万马力,平均每万亩耕地拥有农业机械动力179万马力。拖拉机拥有量1962年混合台是1987台,7.41万马力。1965年是3341台,13.66万马力。农业机械化程度提高了,在农业生产上发挥的作用越来越大,1965年机械作业量合计为1000多万亩,为农业节省劳力3000多万个,特别是农业机械发展大的地方,在农业生产上所起的作用就更大,即使遭遇水旱灾害,也能在很大程度上保证粮棉生产和增收。

湖北省还进一步强化农业生产管理。在1964年,省委批转了省委农村工作部关于试行“八项管理方法”的意见,要求全省各地根据实际情况贯彻八项管理方法,加强对生产、分配等的经营管理。“八项管理方法”是:“一年早知道”,即生产、分配早知道;“两基本”,即基本劳动日制度和基本投肥制度;三种形式的作业组,即相对固定的、临时的和专业性的作业组;“四到田”,即作物安排、计划产量、技术措施、管理责任落实到田;五定包工,即实行定任务、定质量、定时间、定工分、定奖惩;“六员”,即记工员、保管员、技术员、水利员、肥料员、饲养员等,生产队对“六员”分别实行定任务、定责任、定报酬、定奖惩等几项责任制度;七级定额;八项财务,即一切财权归社员大会、制订财务计划、实行财务公开、严格财务审批、健全财会制度、进行四清工作、实行收益分配、遵守财务纪律等。“八项管理方法”是湖北省农村人民公社自成立以来各地所积累的行之有效的宝贵经验,农村工作部将这些经验汇集起来,形成制度,并行文下发,对于指导全省农业生产起到了积极作用。

在大力加强农业自身发展的同时,湖北省动员和组织了各行各业支持农业。“以农业为基础、以工业为主导”的国民经济调整方针确立后,省、地、县的领导,集中地、突出地大抓农业。要求各地区、各战线都结合总结经验教训,认真学习和执行发展国民经济的总方针。各行各业各部门,认真地执行了“转轨道”的指示,继续加强支援农业的工作。工业方面继续进行了企业的调整工作,压缩了一部分质次价高和生产长线产品的企业,增加和充实了直接为农业生产服务的企业,对支援农业生产和日用品工业的重点企业进行了技术改造,增强了支援农业和满足人民生活需要的工业基础。具体来说,支援的重点主要放在水利、肥料农药、工具3个方面。在水利方面,大力发展电力排灌网,据统计,1963年新增电力排灌线路243.3公里,新装电动机泵45台,1.08万千瓦,新装机泵77台,6520匹马力,新增受益面积56.6万亩。1964年,续建电力排灌工程22处,新建输变电线路109.75公里,新安装变压器30台,6780千伏安,新装电动机泵7207千瓦,受益面积23万亩。机灌续建工程202处,新装机泵2000匹马力,受益面积24万亩。在肥料、农药方面,扩建了武汉小合成氨厂,规模由年产碳酸氢氨8000吨,扩大到1.6万吨。改建了宜昌磷肥厂,规模为年产普通过磷酸钙2.5万吨。大规模生产必需农药,如六六六粉、二二三乳剂,并对群众制造生产的土农药加强领导、因地制宜、积极推广。在工具方面,大力改良农具,加强中小农具、半机械农具和农业机械的生产,并开始有计划地建设全省的农业机械修配网。1963年生产柴油机3839台,3.39万匹马力,农用水泵4529台,小型脱粒机1400台,手动喷雾器2万架,三齿耘锄1万部,面粉机、碾米机、榨油机、榨花机等加工机具1万部以上。1964年,生产中小农具3050万件,生产农用船3.2万只。此外,还进行了工具改革,一是提高刃钢质量,二是推广六五高锰钢钢犁铧。在农业修配网的建设方面,建成沔阳、枣阳、襄阳、黄冈、荆州5个大修厂,充实汉川、公安、随县、天门、监利、枝江、花园、潜江、新洲9个县农机厂。交通运输部门,对农业物资优先安排车船,随到随运。财贸部门开展了以支援农业生产、降低商品流转费用、提高服务质量为中心的改善经营管理的群众运动。文教卫生部门也做了力所能及的支农工作,为农业部门培养了大量技术人才,加强了科学研究,组织医疗队下乡等。

通过各项具体措施,到1965年底,曾遭到严重挫折的湖北农业终于恢复并取得一定的发展,农民生活得到明显改善。

二、工业的进一步调整

“工业七十条”颁布以后,湖北省对工业企业进行了整顿,对部分企业实行“五定”[①]；逐步建立和健全企业的管理制度等。但经过两年的调整，企业的正常生产秩序还没有在新的基础上完全建立起来，企业管理混乱的现象还没有完全克服，损坏的设备还没有完全修好，减人后工种还需要进行调整等。在三年调整时期，湖北省除了继续压缩工业建设和基建的规模外，更加注重企业内部的管理，注重提高企业的经济效益。

1962年10月，湖北省召开全省地方工业会议，副省长韩克华在会议上指出：为争取工业形势的根本好转，工业的继续调整一方面要将工作转移到以农业为基础的轨道上来；另一方面还应把工作重点从精简职工转移到工业企业的内部整顿上来，要继续深入贯彻“工业七十条”，加强企业管理，使工业企业在新的基础上尽快地建立起良好的生产秩序，提高产品质量，降低成本，提高经济效益。12月全省召开工业、交通运输工作会议，会议再次强调要进一步加强企业管理，提高管理水平。

会后，湖北省在行政、生产、技术、财务管理等方面采取一系列措施。在行政管理上，普遍建立健全党委领导下的厂长责任制；在技术管理上，建立健全技术责任制，实行以总工程师为首的生产技术责任制，没有总工程师的企业则在技术人员中确定主要负责人，建立技术培训制度，加强设备维护检修制度，严格质量标准和检验制度，并积极开发新产品，开展技术革新；在财务管理上，建立健全以总会计师为首的经济责任制。加强定额管理，逐步建立劳动定额，原材料、燃料、动力和工具的消耗定额以及管理费用定额等。推行经济核算制度，逐步推行厂、车间、班组三级经济核算、经济活动分析和成本分析制度。1964年，为规范和加强成本管理，湖北省制定颁布《关于加强工业、交通企业流动资金管理工作的意见》《地方企业大修理基金管理办法》《地方企业四项费用管理实施细则》《关于加强工业交通企业成本管理的办法》《关于做好企业经济核算的基础工作与练好财会干部基本功的意见》5个文件，提高企业管理水平。

通过一系列措施的制定和实行，湖北省工业企业的生产秩序得到重

① “五定”指定产品方案和生产规模，定人员和机构，定主要的原料、材料、燃料、动力、工具的消耗定额和来源，定固定资产和流动资金，定协作关系。

建和恢复。三年调整时期,湖北电工、仪器仪表工业加强企业管理和新产品研制工作。工厂普遍新设置或加强了技术、设备维修、质量检验、生产调度、计划管理、经济核算等机构,建立了相应的规章制度。武汉锅炉厂提出“以提高产品质量为内容,以技术管理为中心,全面提高企业管理水平”的工作方针,开展定任务、定工艺、定设备、定人员,以保证产量和质量、保证安全生产、保证材料工具消耗定额、保证节约指标等,取得良好效果。湖北通用机械工业建立产品质量标准,严格工艺纪律,制订措施计划,开展群众攻关活动,使产品质量有了明显提高。全部通用产品中,一等品率达到20%左右,二等品率达到70%以上,皮带运输机、矿车、水泵等产品的质量恢复并超过1957年的水平。

为提高企业的经济效益,湖北省还广泛深入地开展了增产节约运动。1963年4月,全省工业企业开展了以反浪费为中心的增产节约运动,揭发了生产上大量的浪费现象和官僚主义作风,进行了学习“一厘钱”精神、学习雷锋、学习襄樊棉织厂的教育,取得了较好的效果。但全省工业企业中依然存在产品质次价高的问题,因此,提高产品质量、降低成本成为下一步增产节约的主要任务。12月,全省工业、交通会议指出,“全省工交企业的当前和明年的基本任务是在检查总结反浪费运动的基础上,进一步开展以提高产品质量、降低成本为中心环节的增产节约运动”。省委要求,增产节约采取以下方法:第一,学习襄樊棉织厂、学习上海的先进经验;第二,广泛深入地发动群众,组织比、学、赶、帮活动,对比先进厂的先进指标和经验,找出本单位的差距和问题,查原因、想办法,边查边改;第三,发动群众,围绕关键,推广先进经验,开展技术革新;第四,组织“五好”企业和“五好”职工的竞赛。

会后,全省开始了以提高质量、降低成本为中心环节的增产节约运动,开展学习襄樊棉织厂爱厂如家、艰苦创业、寸纱不落地的精神。学上海质量第一、精益求精、一丝不苟、一抓到底的革命精神和先进技术、管理经验。其中,武汉市派出大批厂长、技术员和工人到上海拜师学艺。他们对口挂钩,包学包用;下到车间,跟班劳动;约定师徒对子,以产品为对象,以质量为重点,以找差距为中心环节,苦练基本功。据统计,武汉工业系统从1963年10月至1964年5月,先后分3批组织了97个企业共830人到上海学习。各企业还陆续组织29批共153人到北京、沈阳、南京、广州等17个城市学习先进技术协作等方面的经验。全省纺织企业也开展比、学、赶、帮活动,提高了经营管理水平,进行了技术革新,提高了产品质量。武汉棉织厂开展“学上海,保名牌”活动,猛攻漂洗关,改进工艺,先后推出菊花、牡丹、月季、玫瑰等新图案,使得该厂生产的“东湖”牌毛巾畅销国内外。裕华纱厂生产的“3036”细布,在西安参加大评比,被推荐为1964年国家代理标准样品。宜昌制线厂开始改用捻线机。沙市床单厂试制成印花显色泡皂自动作业线,初步实现了煮、漂连续化和浆纱、染色登纱、扎浆等工序的机械化,并将布机进行窄改宽,扩大床单的生产能力。

在继续调整的3年,湖北省进一步确定了企业的产品方向,加强了企业之间的分工协作。根据全省的工业布局,湖北省进行了统一规划,根据专业化和协作化相结合的原则,充分发挥武汉市工业基地的作用,按行业进行全面安排、合理分工、合理布局。对于一般技术较高的产品,主要确定在武汉市生产;技术较低或专、县工业力所能及的产品,则尽量安排在专、县定点生产。在机械工业方面,安排湖北柴油机厂生产198型柴油机,孝感农业机械厂、沙市第三机械厂和长江配件厂协作生产部分零件;武汉小型拖拉机厂、武汉冶金通用机械厂协作生产小型拖拉机;武汉动力机厂生产四一六〇柴油机,试制风冷柴油机;武汉机械厂拆分为武汉水泵厂、武汉冷冻机厂;武汉建业配件厂生产轴瓦和缸盖;武汉低压锅炉厂改为锅炉修理中心,并生产一部分小型锅炉;宜昌农业机械厂生产液压式榨油机;襄阳通用机械厂生产对辊式面粉机;沙市第三机械厂生产碾米机;沙市第一机械厂生产车床;孝感农业机械厂生产孝感步犁和粮食加工机械。在化学工业方面,武汉市华中橡胶厂整合了东湖橡胶厂,生产胶鞋;武汉橡胶厂生产工农业用橡胶制品;其他小型橡胶厂以生产杂件为主。在交通系统,由武汉市运输机械厂专门负责旧车改造;武汉市长虹、江南、中南3个汽车修理厂主要承担社会车辆修理。此外,轻工业方面除了认真贯彻执行中央关于卷烟、肥皂、皮革、皮鞋等工业集中管理的方案外,对塑料、日用玻璃、造纸、食品等行业也作了相应的调查研究和安排。在企业的产品方向和生产规模定下以后,湖北省还进一步组织了生产协作和原材料的定点供应。

在对工业进行内部整顿的同时，湖北省进行了管理体制的创新，初步尝试组建“托拉斯”。1964年，随着工业调整的深入，中共中央意识到工业管理体制和管理制度上存在的问题，如：工业的管理偏重于用行政办法，管理多头多级，政出多门；管理机构庞大，效能不高，地区和企业之间缺乏合理分工和密切协作等。8月，中共中央、国务院批转了国家经委党组《关于试办工业、交通托拉斯的意见的报告》，要求在工业管理体制上实行重大改革，用托拉斯的组织形式来管理工业，克服工业管理体制上存在的诸多弊端。

湖北省积极配合国家试办托拉斯的部署。10月，省委决定将省供销社和黄冈、红安、孝感、武昌、襄阳、均县等10个集中产烟区的烟叶收购、调拨、供应、出口业务和机构人员全部移交中国烟草总公司。同时，也在全省试办工业托拉斯，探索用经济组织、经济办法管理工业。武汉市最先在冶金工业试行托拉斯管理形式，成立武汉市冶金工业公司，收纳原移交机电、物资、建材等局管理的冶金企业，对所属企业实行统一编制计划，统一资金调度和盈亏核算，统一对外单位签订经济合同和产销管理，统一技术管理，统一人事管理。1965年7月，根据国家经济委员会和第一机械工业部对机械工业组织专业化生产的要求，武汉市按照产品专业化、零部件专业化和工艺专业化的原则，组建武汉齿轮厂、精密铸造厂等10家地方国营专业工厂，加强武汉机械工业生产协作和配套能力。9月，武汉机电工业系统对所属169个企业按照专业化管理的要求，组建了汽车、拖拉机内燃机等4个专业公司和标准件、铸造等5个总厂以及通用机械、机床与工具2个行业。到1965年底，机械制造工业体系形成，共建成拖拉机、工程机械等21个行业。此外，湖北省还先后在烟草、盐业、煤炭、纺织、电力等行业试办托拉斯。“文化大革命”开始后，托拉斯的试办受到阻碍，到1969年6月试办停止。

经过近3年的调整，到1965年底，全省工业形势已全面好转，工业内部比例关系趋向协调，工业生产开始回升。1964年、1965年全省工业迅速发展，1965年，全省工业总产值47.54亿元，比1962年增长70%，经济效益也快速提高。

三、“三五”计划的编制和三线建设的布局

随着国民经济调整的完成，国家经济形势逐渐好转，原本计划在1963年开始的“三五”计划的编制和实施提上日程。这一时期，除了继续发展国民经济、“抓吃穿用”外，加强国防和基础工业的建设、积极备战成为中央编制“三五”计划的主要任务之一。此外，调整以来，全省国民经济恢复、发展固然取得可喜成绩，但工农业生产上也存在一些问题：农业方面，旱涝保收农田不到40%，农业生产水平还不高，而且很不稳定，多种经济作物的生产恢复发展比较慢，影响农民收入的增加。工业方面，支农产品的数量、品种都还不能满足农业的需要，工业技术水平不高，部分产品成本高、质量低的问题还没有得到较好解决。特别是电力工业、原材料生产和机械工业，这些行业是突出的薄弱环节，不能适应生产、建设的大发展，工业的地域布局也不合理。

针对国民经济发展中存在的上述问题，根据当时国际国内形势和中央编制“三五”计划的指导思想，湖北省于1965年编制了《湖北省第三个五年计划初步设想》，确定“三五”时期发展国民经济的中心任务是：立足于战争，做好“和战结合”的两手准备。集中力量发展农业生产，以水、肥为中心逐步建设稳产、高产农田，积极推行农业技术改革，提高单位面积产量，力争农业有较大幅度的增产。同时，积极进行三线①和地方军事工业的建设，以支援农业、支援三线为中心，发展地方工业，挖掘现有企业潜力，继续调整工业布局，使湖北国民经济既能适应战争需要，又能实现生产、建设的新发展。这个计划安排的初步设想，既突出了备战的主题，又从湖北的实际出发，把大力发展农业和地方工业作为重要任务。

---

① 所谓“三线”的范围，一般的概念是，由沿海、边疆地区向内地收缩划分三道线。一线指位于沿海和边疆的前线地区；三线指包括四川、贵州、云南、陕西、甘肃、宁夏、青海等西部省（自治区）及山西、河南、湖南、湖北、广东、广西等省（自治区）的后方地区，共13个省（自治区）；二线指介于一、三线之间的中间地带。其中川、贵、云和陕、甘、宁、青俗称为大三线，一、二线的腹地俗称小三线。根据当时中央军委文件，从地理环境上划分的三线地区是：甘肃乌鞘岭以东、京广铁路以西、山西雁门关以南、广东韶关以北。这一地区位于我国腹地，离海岸线最近在700公里以上，距西面国土边界上千公里，加之四面分别有青藏高原、云贵高原、太行山、大别山、贺兰山、吕梁山等连绵山脉作天然屏障，在准备打仗的特定形势下，成为较理想的战略后方。用今天的区域概念来说，三线地区实际就是除新疆、西藏之外的中国西部经济不发达地区。

《湖北省第三个五年计划初步设想》要求，全省在“三五”期间，地方工业平均年增长15%（“一五”时期为20.6%，调整时期为19.4%），粮食平均年增长6.4%（“一五”时期为5.7%，调整时期为8.9%），并提出了工农业生产主要指标1970年要达到的水平及要采取的措施。在农业生产方面，提出的主要农产品产量指标分别是：粮食1400万—1500万吨，年平均递增5%—6.4%；棉花35万—37.5万吨，年平均递增3.8%—4.6%；油料27.5万—30万吨，年平均递增6.6%—8.5%；多种经营收入占生产队总收入的30%左右。实现上述指标后，全省人口以1970年达到4000万人计，人均占有粮食325公斤，其中口粮275公斤，净上调中央75万吨贸易粮，当年储备粮约100万吨。上调油脂2.5万—3万吨。农民集体的人均纯收入，按不同地区区分，分别达到70元、90元、100元以上，基本上不再出现人均纯收入50元以下的生产队。

在地方工业方面，“三五”时期的重点是增加化肥、农药、农业机械、原材料工业和纺织工业的生产能力。工业总产值发展速度，要求年均递增15%。“三五”末期，地方工业总产值要求比1965年翻一番，到1970年，年产氮肥、磷肥各40万吨；小拖拉机达1万台；各种机床年生产能力达到3200台；2.8吨农用汽车年产2000辆；鄂城钢厂年产钢12万吨、钢材15万吨，汉阳钢厂年轧钢能力达到15万吨；水泥年生产能力达到60万吨。

“三五”计划还要求加强三线建设。湖北省西部是国家划定的三线地区，中共中央统一部署，要集中人力、物力、财力把三线的国防工业、原材料、能源、机械、化学工业以及交通运输逐步建设起来，使三线成为一个初具规模的大后方。因此，三线建设是湖北省“三五”时期基本建设的重点。

为了加强对全省三线建设的领导工作，湖北于1966年3月成立了湖北省基本建设委员会，与湖北省计划委员会共同承担全省基本建设计划管理工作。不久，国家专门成立了中南三线建设委员会负责中南地区三线方面的建设工作，时任中共中央中南局第一书记王任重为主任，湖北省委书记处书记王树成、湖南省委书记处书记华国锋等任副主任，办公机关设在武汉市。

按照中央的部署和安排，湖北的三线建设在“三五”计划末期开始大规模地进行。湖北省在工厂建设的布点上贯彻“靠山、分散、隐蔽”的方针，在工程项目的施工管理上，取消甲乙方承包制度，实行统一指挥。根据国家第三个五年计划，确立在中南地区的三线建设项目240项，其中湖北省西部地区占138项，中南地区的总投资为53亿元，其中湖北省西部地区占近40亿元。湖北省三线战略后方的新建项目主要分布在襄阳、宜昌、郧阳、荆州4个地区。这些三线建设项目多为大、精、尖和国防军事工业等重点项目。在冶金工业方面，有续建武汉钢铁公司、扩改建大冶钢厂、续建大冶有色金属公司、续建鄂城钢铁厂等重点项目；在电力方面，有葛洲坝水利枢纽工程，扩建青山热电厂；在石油工业方面，有江汉油田和荆门炼油厂的建设；在机械工业方面，有第二汽车制造厂的建设；在交通运输方面，有襄渝铁路、焦枝铁路、京广铁路复线和枝城长江大桥的建设；在国防工业方面，进行飞机装配厂等建设。

通过三线建设，湖北形成了钢铁、汽车、石油、电力、化工五大产业基地，使得工业的整体实力和布局得到明显改观。

四、国民经济调整的完成

在中共中央“调整、巩固、充实、提高”八字方针的指导下，湖北省5年的调整工作卓有成效，湖北经济得到了全面的恢复。工农业总产值、国民收入、财政收入逐年提高。全省农、轻、重的比例关系得以改善。具体表现在以下几个方面。

一是工农业经济全面恢复并发展。农业是国民经济的基础，然而在“大跃进”运动中，湖北和全国一样，偏离了农业这个中心。工业尤其是重工业急剧发展，农业迅速萎缩，关系国计民生的主要农产品产量连年大幅度下降，其中粮食产量由1958年的197.49亿斤下降到1960年的159.58亿斤。生猪年内出栏数由1958年的667.14万头下降到1960年的345万头。经过国民经济的调整后，全省农业总产值由1960年的28.33亿元增加到1965年的41.67亿元，增长了47.08%，同1960年相比，粮食总产量由159.58亿斤上升到248.27亿斤，在主要经济作物中，棉花、油料等产量超过了历史最高年产量。1960年,农业在工农业总产量中的比重为33.87%,1965年为46.71%,这表明,农业在调整中得到全面恢复和发展。

工业是国民经济发展的主导,“大跃进”时期,工业尤其是重工业规模的急剧膨胀导致了工业的畸形发展,使得积累与消费的比例、工业与农业的比例、轻工业与重工业的比例严重失调,使得整个国民经济陷入了严重的困境。经过5年的调整,工业生产从调整前期的跌落中恢复过来并有所发展。1963年全省工业总产值完成31.87亿元,比上年增长14.03%;1964年全省工业总产值完成38.26亿元,比上年增长20.3%;1965年全省工业总产值完成47.54亿元,比上年增长24.26%,平均每年增长19.4%,大大高于“二五”时期全省工业的平均增长速度。

二是农、轻、重的比例趋于合理。由于在国民经济调整中采取了关、停、并、转等一系列措施,压缩工业、基建规模,三年继续调整时期又大力推行以农业为基础,地方工业以及各行各业支援农业,农业生产得到了较大发展,不仅生产总值大幅度提升,主要农产品产量增长加快,而且农业在社会总产值和工农业总产量中的比重也逐步提高。1960年农业生产总值在工农业总产值中的比重是33.87%,1965年提高到46.71%。在工业内部,由于采取压缩重工业,保证轻工业的方针,轻工业生产有了较大的发展,轻重工业之间的比例朝着合理的方向变化。1962年至1965年轻工业产值分别达到18.06亿元、20.2亿元、23.4亿元、26.99亿元,年增长率都超过了15%;1965年与1961年相比增长96%。轻工业产值在工业产值中所占比重由1961年的48.7%到1962年上升为64.6%,而且在整个调整时期一直保持在60%左右,1965年为56.4%,适应了当时国民经济发展的需要。1965年,农业、轻工业、重工业的产值比重为46.7∶30.3∶23.0,比较符合当时国民经济发展的实际需要。

三是商品供应充足,市场物价大幅度下降,人民群众生活明显改善。“大跃进”运动造成的一个后果就是社会需求与商品供应总量之间的比例严重失调,各种物资日益紧缺,市场供应全面紧张。由于经济调整中将农业放在了突出地位,农业在急剧下降后得到恢复和发展,城镇农产品供应发生了根本性的变化,扭转了生活必需品的短缺状态。粮食产量在1965年比1961年增产101.4亿斤，增幅为69.04%；棉花产量1965年比1960年增产564.35万担，增幅为280.14%；油料产量1965年比1960年增产277.03万担，增幅为163.56%；生猪存栏1965年比1960年增加417.37万头，增幅为120.95%。与人民生活密切相关的日用消费工业品有了较大增长，市场供应有了明显改善。1963—1965年，棉纱产量分别为25.8万件、28.82万件、35.4万件；棉布产量分别为1.54亿米、1.68亿米、2.23亿米；卷烟产量分别为20.73万箱、25.4万箱、27.1万箱。市场情况逐年好转，社会商品零售总额1963—1965年分别为28.47亿元、30.46亿元、31.89亿元，1965年比1961年增长20.75%。社会零售物价指数持续下降，以1952年价格为100计算，1961年是142.7，1962年是144.1，1963年是133，1964年是128.5，1965年是123.4，比1961年下降19.3个百分点。人民收入逐渐增加，农民人均纯收入1965年为123.9元，比1961年的94.7元增长30.83%，全民单位职工平均工资1965年为571.66元，比1961年的479.2元增长19.6%。1960年经济困难期间降低的城镇人口口粮标准1965年得以恢复，人民生活显著改善。

四是财政收入增加，支出的比例趋于合理。"大跃进"运动中，连续3年工业挤农业、重工业挤轻工业，基本建设挤生产，积累挤消费，生产挤生活，造成了人力物力的巨大消耗浪费，财政赤字和通货膨胀十分严重。1960年、1961年连续两年财政支出超过了收入。经济调整后，这一困难局面得以扭转，1962年财政收入8.72亿元，支出5.08亿元；1963年财政收入10.31亿元，支出5.58亿元；1964年财政收入11.56亿元，支出6.5亿元。至1965年，全省财政收入11.26亿元，比1961年增长了2.54亿元，增长了32.19%；支出6.85亿元，比1961年节支了1.87亿元，节支了21.44%。此外，财政支出逐步调整了支出项目的比重，缩小了重工业投资和基本建设投资，增加了文化教育科学事业的支出。基本建设投资占财政总支出比重，由1960年的59.27%下降到1962年的40.18%、1963年的41%和1965年的40.57%，文化、科学、教育、卫生的支出逐步上升，从而使得文化、教育、卫生事业获得了较快的发展。

第二节　湖北十年社会主义建设的突出业绩

一、经济建设的重大成就

从 1956 年 7 月中共湖北省第一次代表大会到 1966 年“文化大革命”前的 10 年，是湖北人民在党的领导下开始全面建设社会主义的 10 年，也是艰辛探索建设社会主义道路的 10 年。在这 10 年中，社会主义建设事业尽管经历曲折甚至遭受严重挫折，但在全省人民的共同努力下，仍然取得了很大的成就。特别是在省第一次党代会后继续执行和超额完成“一五”计划以及从 1960 年下半年开始对国民经济实行全面调整，全省人民在党的领导下克服重重困难，经过坚苦卓绝的努力，所取得的建设成就更为明显。

农业方面，农田水利建设成就突出，农业机械化初具规模，农业生产得以恢复、发展。

水利建设取得了巨大成就，其中最突出的是兴修了大量水库，进行了流域治理。1957 年冬至 1965 年是湖北省水库建设的大发展时期。这时期新建的水库 429 座，约占 1985 年百万立方米以上水库总数的 40%。其中大型水库 26 座，占大型水库总数的 55%；中型水库 84 座，约占中型水库的 37%；小型水库 319 座。这些水库大部分是 1958 年至 1960 年动工。1958 年全省开工兴建大型水库 11 座，1959 年又开工兴建 10 座。丹江口水利枢纽工程是开发汉江的第一个控制性大型骨干工程，具有防洪、发电、引水、灌溉、航运、养殖等综合效益。于 1959 年 9 月开工，总工程量为：土石方开挖 519 万立方米，土石方填筑 622 万立方米，混凝土及钢筋混凝土 321 万立方米，金属结构安装 1.4 万吨，有效迁移人口 40 余万人。设计坝高 157 米，总库容 174.5 亿立方米，装机容量 90 万千瓦。1967 年 11 月正式下闸蓄水，1968 年 10 月第一台机组正式发电。1973 年 11 月升船机安装完毕试运行，电站 6 台机组投入运转。与丹江口工程同年开工的还有漳河、南河、富水、白莲河、东山寺、徐家河等大型水库。这批水库在农业生产中发挥了重大作用,给农田灌溉提供了充分可靠的水源,使水库灌溉面积占全省有效灌溉面积的比例达到47.6%,还为发电和城乡人民生活、工矿企业生产提供了大量水源。这一时期水利建设成就还表现在江河湖泊的治理上。四湖地区(长湖、三湖、白露湖、洪湖)的治理工程,在1955年动工之后,1958年又开通了田关排水干渠,1959年在长江干堤修建了新滩口排水闸。河流整治改造方面,府河改道工程于1959年11月正式动工,到1960年5月,基本完成主体工程。东荆河下游改道,第一期工程于1963年12月动工,到1964年1月完成;第二期工程于1965年11月开工,于1966年3月完工。

农业机械化得到了较大发展。1958年至1962年,国家共向湖北农机工业投资5068万元,比1953年至1957年投资增加了3倍多。1958年,我国第一台3—4匹马力小型手扶拖拉机在武汉通用机器厂诞生,并在湖北省地方工业展览会上得到毛泽东的高度评价。1959年,根据中央关于农业机械化的批示精神,湖北省在孝感县朋兴公社、浠水县十月公社等15个公社进行了农业机械化试点,并在专、县改建、扩建和新建了一批农具修造厂。至1962年底,全省县以上农机企业发展到123个,全省生产的重点支农产品已有手扶拖拉机、柴油机、机引农具、农用水泵、农用拖车、农副产品加工机械、植保机械(主要是杀虫药械)和拖拉机、内燃机零配件等门类。1963年至1965年,遵照中央关于把工业部门的工作坚决转移到以农业为基础的轨道上来的指示精神,湖北省坚持修、造并举的方针发展农机工业,大量生产支农产品,提高农机产品质量,并组织农机重点企业重点开发与手扶拖拉机、东方红—20型拖拉机配套产品等。同时,专、县和人民公社分别建立了一批农机中心修理厂、修配厂和修配站,对农机的使用、修理加强了管理,初步做到了大修不出专、县,中小修不出区、社。到1965年,全省有国营拖拉机站123个,国营排灌站449个;农业机械总动力112.38万马力,约为1957年的30倍(1957年仅为4.08万马力),其中拖拉机14.6万马力,柴油机66.8万马力,电动机17.4万马力,脱粒机械发展到1.2万台,农村碾米、磨面、轧花、榨油基本使用动力机械。

工业方面,工业总产值大幅度提高,具有相当规模和一定技术水平的工业体系初步建成。

全省工业总产值在1965年已达50.35亿元,比1957年增长207.12%。主要工业产品产量大幅增加:钢121.66万吨,增长7.52倍;生铁82.32万吨,增长14.72倍;原煤117.58万吨,增长59.14%;发电量增加18.08亿度,增长3.12倍;棉纱6.42万吨,增长53.3%;机制纸3.78万吨,增长1.37倍。

电力工业迅速发展。为适应“二五”期间工业建设的跃进式发展,湖北的电力建设实行大中小并举、水电火电同步的方针,在扩建青山热电厂,兴建黄石、沙市热电厂的同时,开辟新的电源,建设大中型的水电工程,先后开始建设了白莲河水电厂、蒲圻陆水水电站、丹江口水利枢纽工程等,为此后葛洲坝水利枢纽工程和长江三峡水利枢纽工程积累了宝贵的实践经验、科学资料和人才技术基础。

冶金工业快速扩展。虽然“大跃进”时期的“大办钢铁”造成人力、物力、财力的浪费,但武钢等大型钢厂的生产能力有较大提高,武钢至1960年10月基本形成年产钢150万吨的规模,1964年又进行200万吨钢配套设计,建设过程采用先完成轧钢、矿山系统建设,再完成炼钢、炼铁系统建设,总投资5.3亿元。地方工业中也陆续建成了一批小型钢铁厂,如汉阳钢铁厂、下陆钢铁厂、中南轧钢厂、大冶冶炼厂、武汉冶炼厂等。至1962年底,冶金工业新增固定资产11.18亿元,固定资产交付使用率为86%。1963年至1965年,湖北冶金工业贯彻“调整、巩固、充实、提高”的方针,通过贯彻“工业七十条”,各项管理制度恢复,企业生产稳步发展,产量和技术水平都创造出新的水平,奠定了湖北冶金工业一定的物质技术基础。

机械工业企业形成门类比较齐全、大中小结合的格局。在“大跃进”中,湖北机械工业铺开许多项目,基本建设投资总额增加到56亿元,比“一五”计划时期增加1.83倍,除在武昌关山新辟工业区,建设武汉汽轮发电机厂、武汉综合电机厂(现名湖北电机厂)和武汉鼓风机厂等骨干企业外,在汉阳顿甲岭、七里庙以及汉口硚口等地也建成一批生产水泵、制冷设备、通用机械和农业机械的工厂;同时,还开辟武东、青山工业区，建立了武汉船用机械厂、武汉铸锻厂和青山船厂等大型企业。从1961年起，经过贯彻实施国民经济调整的“八字方针”，关、停、并、转了84个企业，一部分重点企业和科技骨干力量保留下来，又先后建立起湖北齿轮厂，湖北第一、二、三内燃机配件厂和湖北油泵油嘴厂等7个专业配套生产厂，还将武汉冶金通用机械厂、黄石机械厂等一批企业转为农机生产厂，分批建成湖北拖拉机厂和武汉手扶拖拉机厂。至1965年，湖北机械工业实现工业总产值8.72亿元，占同年全省工业总产值的18.3%，比1957年、1962年分别增长161%、113%。

纺织工业生产能力和产品质量有很大提高。1958年，根据中共中央提出的有条件的省也建立独立的工业体系的要求，湖北省建立襄樊、沙市、宜昌等中小城市新的工业基地，发展棉、麻、丝、纺织、印染针织为骨干的工业区，新建和扩建了武汉6个国营纺织厂，建成了黄石、沙市、麻城纺织厂和武汉纺织机械厂、湖北省第一丝绸厂、武汉第一苎麻纺织厂等，生产能力有了很大提高。截至1965年底，全省已拥有纱锭8.83万枚，比1957年增加57.41%；棉布织机1.26万台，比1957年增加7.94%。全省纺织工业总产值达到10亿元，比1957年增长102.4%。全省纺织产品除满足本省人民需要外，10%出口，30%调往云、贵、川等省。在国民经济调整期间，全省纺织企业着重改善经营管理、提高产品质量。到1965年底，棉纱一等一级品率达到89.83%，比1957年提高31.8个百分点，高于全国水平；棉布入库一等品率97.23%，比1957年提高23.19个百分点，接近全国水平；棉纺设备运转率为95.97%，布机设备利用率为92.89%，均高于全国平均水平。

农用化工产品和基本化工原料得到大发展。为支援农业的发展，湖北各级政府加快了化学肥料和化学农药的建设步伐，建设武汉制氨厂、宜昌市第一化工厂、黄冈地区富池化肥厂等化工企业。至1965年，湖北省有化工企业50个，化工总产值1.58亿元，为1957年的8.4倍。磷矿石、化学肥料、农药、硫酸等农用产品和配套原料的生产初具规模。

交通运输业取得较大发展。1958—1965年是湖北铁路、公路建设的大发展时期，建设了一批基础设施，大大改善了湖北省的交通运输条件。铁路建设方面，京广复线、汉丹铁路、武汉铁路枢纽、襄樊铁路枢纽的建设等，促进了湖北省交通运输的迅速发展。在公路建设方面，从1958年开始到1960年的3年时间，全省共投资5557万元，修建公路7374公里，平均每年修建2500公里，使公路总里程和密度都翻了一番，解决了35个县不通公路的问题，实现了全省县县通公路，有力地促进了工农业建设和城乡物资交流。1963年修通了贯穿鄂西北宜城、南漳、保康、房县、竹溪的公路。1965年建成了宜都、五峰、鹤峰、来凤的公路。这两条穿越崇山峻岭，伸向江汉平原的大动脉，为开发山区经济、改善人民生活条件发挥了巨大的作用。在航运建设方面，对全省航道进行大力治理，疏浚河道，拓宽航道，对碍航设施进行改造。对港口进行改建、扩建、新建，如对长江水运枢纽武汉港的建设等。在运输船舶建设方面，推广运用20马力柴油机装备木船，代替人力、风力运输，通过改造，湖北省运输船舶在质量上发生了突出的变化。

二、科教文卫事业的发展业绩

10年来，全省科学研究事业的发展成绩显著。科研领导体制逐步完善。1958年5月，湖北省人民委员会成立了湖北省科学工作委员会。12月，根据中国科协一大的决议和省委指示，成立了湖北省科学技术协会。1959年，湖北省委成立了省科学技术小组和党政合一的湖北省科学技术委员会，全省建立起地、市、县科委78个，科协83个。各级科研机构也相继设立，到1959年，武汉地区已有科研机构54个、科技人员1785人，全省地、市、县各级科研试验机构158个。1961年，湖北科技事业也进行了调整，到1962年科研机构只保留了29个，从1962年到1965年，随着国民经济状况的好转，科研机构逐步恢复，被撤销的各级科委、科协重新建立起来，科技事业又得到发展。在社会科学方面，1958年6月，成立了中国科学院武汉分院哲学社会科学研究所，1961年更名湖北省哲学社会科学研究所。20世纪60年代初，一些文科院校，为了加强社会科学的研究工作，相继建立了一些专门研究所（室），充实了社会科学的教学、研究力量。社会科学研究队伍迅速发展，到1964年，全省有哲学、经济、语文、教育、政法等6个学会、33个专业组，共有会员

1871 人,他们在实践中得到培养,成为新一代的专家、学者。

教育事业成就相当可观。1958—1965 年,湖北省教育事业的发展,虽然经历了起伏,但一些问题及时得到纠正,总的看来发展是健康的,初步形成了一套适合湖北实际和社会主义建设需要的教育体系。到 1965 年,全省有高等院校 24 所,在校学生 35571 人,教职工 17626 人;中等专业学校 47 所,在校学生 23201 人,教职工 24832 人;农(职)业中学 2861 所,在校学生 161579 人,教职工 27970 人;普通中学 875 所,在校学生 407220 人,教职工 27970 人;小学 39023 所,在校学生 426.57 万人,教职工 13.86 万人;幼儿园 790 所,在园幼儿 74701 人,教职工 7634 人。教育质量也有显著的提高,基本适应了当时国民经济发展的需要。在成人教育方面,1958 年在全省开展的声势浩大的扫盲运动,虽然在"大跃进"影响下,工作中出现过形式主义和虚报浮夸现象,但成绩仍然是显著的,在 1950—1957 年扫盲的基础上又使 28 万人能读会写,使农村青壮年文盲比例由新中国成立初的 88% 下降到 45.3%,职工文盲比例由 66% 下降到 19%。"二五"时期教育事业基本建设投资 9902 万元,除继续建设部属高等院校外,还建设了省属湖北省中医学院、武汉工学院等地方的大专院校。三年调整时期投资 4717 万元,使武汉地区各新建续建的高等院校的续建工程得以完成。

全省文化事业呈现蓬勃发展的景象。文化事业机构纷纷建立,到 1965 年,全省有文化事业机构 1685 个,各种形式的表演团体 151 个,专业戏剧人员 5000 人,剧场 116 座,文化馆 138 个,群艺馆 2 个,博物馆 6 个,公共图书馆 7 个,农村电影放映队 456 个,一批地(市)、县建立了文物和博物机构。文艺成果层出不穷。报告文学《长江大桥的日日夜夜》《马学礼的故事》,长篇小说《平原枪声》,散文《情满青山》《月亮湖》《长江三峡》等都产生了较大的影响。姚雪垠的长篇巨著《李自成》第一卷的出版轰动全国。武汉话剧院排演的《扬子江边》进京会演,获得演出、导演一等奖;《曙光照耀着莫斯科》《日出》《江姐》等剧目在全国各地广泛上演;中南人民剧院创作演出的《向秀丽》风靡全国;二胡独奏《赛马》《江河水》都成为中国音乐史上的经典之作。夏菊花表演的杂技《顶碗》,在 1957 年第六届世界青年联欢节上获得金质奖，为我国获得了荣誉。湖北省实验歌剧团（湖北省歌剧团前身）创作的歌剧《洪湖赤卫队》于 1959 年 10 月作为湖北省向国庆十周年献礼剧目进京演出，党和国家领导人周恩来、董必武、贺龙、陈毅等都欣赏过该剧的精彩演出，并给予高度评价。该剧被拍成电影公开放映后，更是家喻户晓，风靡华夏大地，深受广大群众的喜爱。它创作演出成功，为我国新歌剧民族化和革命化作出了积极贡献，成为中国民族歌剧的瑰宝。

全省卫生事业得到巩固和发展。1958 年至 1965 年间，湖北省县及县以上医疗卫生机构得到重点建设，一批城市医院、防疫保健所（站）、中等医药学校等机构相继建立。这一时期，全省县以上医院由 1957 年的 137 个增加到 202 个；病床由 1957 年的 13839 张增加到 41368 张；防疫站由 1957 年的 21 个增加到 86 个。妇幼保健所由 1957 年的 26 个增加到 86 个。基层卫生组织得到了稳定，疾病防治工作取得了可喜的成绩。在医疗制度改革方面，1958 年 10 月，在沙市召开的全省文教卫生及生活福利会议上，合作医疗制度得到肯定，并在全省范围内加以推广，受到多数农民的欢迎。1959 年以后，由于国民经济出现困难和管理跟不上，一部分地区的合作医疗未能坚持下来。1963 年以后，农村经济逐步得到恢复，特别是 1965 年毛泽东号召“把医疗工作的重点放到农村去”，不少地方的合作医疗又发展起来。在这种医疗制度下，大多数农民的健康得到了一定程度的保障。

三、奋发图强的社会风貌

全面建设十年，是湖北党组织领导全省人民开展大规模社会主义建设的 10 年。这一时期，虽然社会主义建设遭遇挫折，但为了建设社会主义新湖北，全省人民在党组织的带领下乐于奉献、勤俭节约、公而忘私，开展了热烈的社会主义竞赛，形成了积极向上的、健康的精神风貌，树立了一代社会主义新风。

这一时期，湖北省广泛开展了学雷锋、学焦裕禄、学铁人王进喜等先进典型的群众性活动。1963 年初，沈阳军区某部运输连班长雷锋在平凡的岗位上全心全意为人民服务的事迹以及毛泽东、周恩来等领导人关于学习雷锋的题词陆续在报刊上发表后,湖北省广泛开展了学雷锋的活动。1963 年 2 月,团省委决定在全省团干部、团青年和少年中,广泛开展学习雷锋活动,号召大家像雷锋那样战斗和生活,做个无产阶级的革命战士。各级团委组织团支部书记以上的干部深入学习和讨论雷锋的事迹,并通过读报、听广播、办讲座、讲故事、放幻灯、讨论会、笔谈会、谈心会等形式,广泛地向工人、学生、机关干部、科学技术人员、农村回乡青年和少年宣传雷锋的事迹,形成了向雷锋学习的群众运动的热潮。雷锋勤勤恳恳、吃苦耐劳、刻苦钻研技术、干一行爱一行专一行的工作精神,他艰苦朴素、勤俭节约、毫不利己、专门利人的服务精神等成为时代的风尚。以雷锋为榜样,像雷锋那样战斗和生活,成为时代的最强音。1966 年 2 月,省委发出《关于向焦裕禄同志学习的通知》。号召全省党员、干部学习焦裕禄不为名、不为利、不怕苦、不怕死、一心为革命、一心为人民的彻底为人民服务的精神。全省广大党员、干部,特别是县委书记以上领导干部,掀起了向焦裕禄学习的热潮。焦裕禄热爱人民、依靠贫下中农、毫不利己、专门利人的高贵品质,他深入实际、调查研究、密切联系群众、艰苦朴素的优良作风,他为改变贫困面貌的雄心壮志和敢于斗争、敢于胜利的大无畏的革命精神在湖北省广大党员干部和群众中引起了较大的反响。各级干部尤其是县级干部紧密结合湖北省社会主义建设的形势和任务,对照自己的思想、工作,找差距、树雄心、立壮志,为进一步改变湖北面貌、促进社会主义建设的深入发展而努力奋斗。

这 10 年,湖北省各战线也涌现出许多英雄模范人物。据初步统计,1956 年至 1964 年,全省先后 8 次召开千人以上规模的先进集体和先进工作者代表大会,隆重表彰各个系统的先进集体和劳动模范。马学礼、饶兴礼是他们的杰出代表。他们乐于奉献、勤于钻研、勤俭节约、一心为公的奋斗精神影响了整整一代人,形成了时代新风尚。

马学礼是工业战线的技术革新能手。1955 年,马学礼作为支援内地建设的优秀技术工人从沈阳第一机床厂调到了武汉重型机床厂,随即被派遣到苏联学习。学成归来后,他克服重重困难,一门心思地投入学习消化苏联的先进经验、加快中国机械制造行业的技术创新上。仅 1958 年就实现技术创新 28 项,1959 年提出创新建议被采纳 60 多条,成为大胆发明创造、推动技术革新的新生代。1958 年 7 月,武汉机床厂等工业企业开展了学习、超过马学礼运动。1959 年 10 月在全省工业交通基建财贸先进生产者代表大会上,1600 名英雄模范人物发出了在全省开展学习马学礼运动的倡议书。王任重为此发表了题为《照马学礼那样干》的重要讲话,将马学礼的"为共产主义的崇高理想而劳动"的工人阶级劳动态度和无限开阔的心胸,概括为"相信群众相信党,大搞革新有胆量,见困难就上,见荣誉就让,见先进就学,见后进就帮"。学习马学礼运动很快在全省范围内形成了高潮,并成为群众性的运动。武汉、黄石、沙市、宜昌、襄樊等市的工厂人人都定出了学习马学礼的具体规划;各行各业也涌现出自己的"马学礼",如重工业系统的李凤恩、李太转,轻工业系统的梁彦斌、朱早弟、李光珍,交通系统的何昌贤、范志忠、吴德义,财贸服务系统的邹秀珍、龙蓉芳、肖桂芝等,都成了各系统职工学、比、赶的主要对象;在武汉钢铁公园、武汉重型机床厂、武昌造船厂、武汉锅炉厂、武昌车辆厂和江岸车辆厂,从全厂、车间一直到班组,都树立起了自己的红旗标兵。全省掀起了比先进、学先进、赶先进、帮落后的群众竞赛运动。努力增加生产、不断进行技术革新和以厂为家,成为那一时代工人阶级的风尚。

饶兴礼是农业战线的一面红旗。饶兴礼作为 20 世纪 50 年代湖北农村带头办农业合作社、带头走社会主义道路的模范人物,在 60 年代的社会主义建设中,仍然发扬共产党员的先锋模范作用。他坚持劳动,数年如一日艰苦奋斗,自力更生,把十月大队办成了一个思想上先进、经济上富裕、组织上巩固的大队,并且开始走上了机械化和半机械化的道路。他关心群众胜过关心自己,对群众是"蜜糖糍粑";他百折不挠地革新技术,将水田由一季改为两季,将两季改为三季,并夺得"油(菜)稻—稻""麦—稻—稻"一年三熟三高产;他一切从实际出发,做大自然的主人;他把党的政策当生命,胜利越大越谦逊。饶兴礼成为农村基层干部、共产党员学习的好榜样。1963 年,《湖北日报》对饶兴礼进行了广泛宣传,开设了《学习饶兴礼学习十月大队,人人争五好队队争五好》的专栏,连续发表各地农村干部、党员学习饶兴礼的报道和文章,掀起了学习饶兴礼的热潮。饶兴礼的优秀品质长时期激励着全省广大农村基层干部保持劳动人民本色、永葆共产党员本色，艰苦奋斗、自力更生，关心群众的疾苦，时时刻刻以人民利益为重。

这一时期，湖北省还积极开展了工业学大庆、农业学大寨，开展了比学赶帮超的社会主义竞赛，形成勤俭节约的良好风气，“寸纱不落地”“一厘钱”的精神，展示出那一时代自力更生、艰苦奋斗、战天斗地的精神和爱国家、爱集体的崇高风尚。

全面建设十年，广大人民群众昂扬的社会主义建设积极性，不计报酬不怕困难的劳动态度，人人争当先进、比学赶帮超的良好的社会风气，共产党员与人民群众同甘共苦共患难的优良党风等，给中国社会主义建设的历史烙下了深刻的印记。

四、十年社会主义全面建设的基本总结

从1956年到1966年的十年时间里，湖北人民在党的领导下全面建设社会主义，在经济、政治、文化教育、社会建设等方面取得了辉煌的成就。大规模农田水利的建设布局，农业机械化的推广运用大大改善了农业生产条件，推动了农业的发展。武钢、武锅、武船等一批“武字头”企业的建成投产，奠定了华中工业中心的基础。科教文卫事业的进步也推动了经济事业的良性发展。此外，全省经济文化建设等方面的骨干力量和他们的工作经验，大部分也是在这个时期培养和积累起来的。

这十年建设取得的巨大成就，是党在探索中积累的正确理论观点、方针政策直接指导的结果，是湖北人民在党的领导下，独立自主、自力更生、不怕挫折、顶住压力、团结一致、艰苦奋斗的结果。1956年6月，中共湖北省第一次代表大会指出，“社会主义建设的根本目的，是发展生产、逐步提高人民群众的物质和文化生活”，而实现这一目的和任务的关键，“在于充分发挥全省党组织和国家机关工作人员、广大人民群众的积极性和创造性，动员一切积极力量，为伟大的社会主义事业服务”①。会议形成了调动全社会一切积极因素，专注于发展社会生产力、建设社会主

① 《中国共产党湖北省第一次代表大会决议》，1956年7月3日。

义新湖北的总体战略，将全省的工作重心转入大力发展社会生产力的轨道。尽管党在探索的过程中出现严重失误，加上当时复杂多变的国际形势和自然灾害的影响，社会主义建设遭受了严重挫折，经历了曲折的发展过程，但发展社会生产力、建设社会主义新湖北却是湖北人民不变的追求。1958 年第一次郑州会议至 1959 年庐山会议前期 9 个月的初步纠“左”时间，1960 年冬至“文化大革命”前夕，湖北省在经济上实行调整，按照农轻重的次序安排国民经济，正确处理工业与农业、重工业与轻工业、积累与消费的比例关系，适时调整经济结构和经济产业，建立和完善各项规章制度等，实现了国民经济的恢复与发展。在政治、文化等方面贯彻执行党的统战政策等各项调整政策，协调好各阶层人民的利益，充分调动了人民群众建设社会主义的积极性、主动性、创造性，使得广大干部和群众，即使是在严重困难的岁月里，依然休戚与共、同甘共苦，战胜了严重困难，完成了国民经济的调整，推动社会主义建设事业逐步重现欣欣向荣的景象。

当然，这 10 年是全面建设时期，也是全面探索时期。既然是探索，就不可避免地出现失误和曲折，甚至遭受严重的挫折。这些失误包括建设速度上急于求成、生产关系上急于过渡和“以阶级斗争为纲”等“左”倾错误。

党的八大前后，湖北省提前和超额完成了第一个五年计划，经济发展态势良好。在第二个五年计划的头 3 年，中共中央试图以高速度实现赶超发达国家的奇迹，发动了“大跃进”运动。湖北省积极响应，在“大跃进”中，制定了工农业发展的高指标，“以钢为纲”，实行全面大办，虽然使工农业总产值的增长速度由 1957 年的 9.15% 上升到 1958 年的 18.14%。但欲速则不达，这种脱离实际的超高速度，因其违背了经济发展规律，很快就因难以维系而回落。1959 年工农业生产总值的增长速度下降为 11.71%，1960 年下降为 6.69%，1961 年和 1962 年出现负增长。“大跃进”运动没有带来预期的高速度，相反给国民经济发展的某些方面带来严重破坏。工业，尤其是重工业投资规模过大、增大过快，不仅使得工业、农业及工业内部出现严重的比例失调，而且导致片面追求产值和产量，大大影响了投资效果。1958 年以后，我国建设事业所付出的代价是巨大的,社会发展的步履相当沉重,湖北省也不例外。发生这种情况的主要原因是党的工作在指导方针上发生了“左”倾错误。尽管在经济调整的过程中,“左”倾错误得到一定程度的纠正,但这种纠正并不彻底,并且在政治和思想文化等意识形态领域还有发展。

总的来看,社会主义建设中所犯的错误是探索中产生的,有些错误是由于没有坚持实事求是的思想路线,脱离了社会主义建设客观实际而造成的。在社会主义经济建设的速度问题上,力争实现可能的、讲求效益的、持续协调发展的较快速度,是必需和正确的。但越过了这个界限,追求主观臆想的、盲目冒进的高速度,那就是错误的,并且造成严重损失。在社会主义生产关系的变动问题上,适当调整不适应生产力发展要求的部分,以求在新的生产关系下保护和发展生产力,是必需的。但越过这个界限,片面夸大生产关系对生产力的反作用,追求脱离生产力发展水平的“一大二公”,特别是在所有制问题上过于求纯、急于过渡,那就是错误的,并且造成严重损失。在社会主义条件下的阶级斗争问题上,承认还有一定范围的阶级斗争,是必要和正确的;完全否认阶级斗争的存在,看不到这种斗争和危险,是错误的。但是,把党内和人民内部的一些矛盾视为国内外阶级斗争的反映,看成敌我矛盾,把一定范围内存在的阶级斗争扩大化、绝对化,对阶级斗争的形势作出不符合实际的夸大估计,把正确的思想观点、政策主张、做法以及艺术和学术上的不同流派、不同观点,当作资产阶级意识形态来反对,当作阶级斗争动向来批判,也是错误的、极其有害的。十年社会主义建设中“左”倾错误的积累和发展,终于导致了“文化大革命”的发动。

第 三 编

“文化大革命”十年

（1966年5月—1976年10月）

第十五章
“文化大革命”的兴起

1965年11月,《文汇报》发表的《评新编历史剧〈海瑞罢官〉》,是“文化大革命”的导火线。经过1966年5月中央政治局扩大会议和同年8月党的八届十一中全会,“文化大革命”开始全面地发动起来。按照中央的部署,湖北省的“文化大革命”由文化、教育领域及党政机关,迅速扩展到工矿企业和广大农村,在批判“三家村”、横扫“四旧”、批斗老干部、冲击党政机关、“夺权”和“武斗”中,走向全面内乱。

第一节　“文化大革命”的发动

一、日益升级的所谓学术批判

在党中央的领导下,湖北省委领导全省人民克服国民经济的严重困难,胜利完成调整经济的任务,从1966年开始执行发展国民经济的第三个五年计划。正当广大党员干部和人民群众满怀信心,为完成四个现代化任务而努力工作的时候,“文化大革命”发生了。

引发“文化大革命”的导火线是1965年11月10日上海《文汇报》发表的姚文元[①]撰写的《评新编历史剧〈海瑞罢官〉》(以下简称

① 姚文元,时任上海《解放日报》编委、上海市委写作组成员。

“姚文”)。

《海瑞罢官》是明史专家吴晗[①]于1960年底写成的京剧剧本。姚文元毫无根据地把《海瑞罢官》一剧中描写明朝历史上海瑞所进行的“退田”“平冤狱”等情节,同1962年中共八届十中全会批判的“单干风”“翻案风”联系起来,说“‘退田’‘平冤狱’就是当时资产阶级反对无产阶级专政和社会主义革命的斗争焦点”,猛烈攻击《海瑞罢官》就是这种阶级斗争的一种反映,“是一株毒草”。

这篇文章在学术界引起普遍反感,许多著名学者斥责姚文“陷人于罪”,表示“如果整吴晗,所有进步知识分子都会寒心的”。在姚文发表的十多天里,除华东地区几家报纸予以转载外,北京和包括湖北在内的全国大多数地区的报刊未作转载。这加深了毛泽东对中央一些主要领导的怀疑和不满,他认为中央书记处书记、北京市委第一书记彭真是吴晗的后台,批评北京市委是一个“针插不进、水泼不进”的“独立王国”。中央书记处在大体了解姚文发表的背景后,指示北京的报纸予以转载。根据周恩来和彭真的意见,《人民日报》在1965年11月30日第五版“学术研究”专刊上加以转载并写了编者按语。编者按语仍然是主张把讨论作为学术问题而不是政治问题来处理,强调“既容许批评的自由,也容许反批评的自由;对于错误意见,我们也采取说理的办法,实事求是,以理服人”。1965年12月5日,在姚文发表25天后,《湖北日报》在第三版转载《人民日报》的编者按语和这篇文章。其后直到1966年4月上旬,《湖北日报》只是零星转载几篇相关内容的文章,而当时全国学术界、文艺界、理论界对姚文正处于热烈讨论的状态。《湖北日报》的这种做法,反映了省委对思想文化领域的批判运动所持的慎重态度。

1966年3月17日至20日,毛泽东在杭州主持召开中央政治局常委扩大会议,提出要在全国开展对资产阶级学术权威的批判。他说:学

---

① 吴晗,时任北京市副市长、中国民主同盟中央副主席、民盟北京市委主任委员,是不公开的共产党员。1959年中共八届七中全会后,在胡乔木的约请下,吴晗开始写关于海瑞的文章,后又应北京京剧团马连良之约,于1960年底写成有关海瑞的剧本。该剧本原名《海瑞》,后接受别人意见,为区别于其他的海瑞戏,改名为《海瑞罢官》,1961年1月在北京首演。

术界、教育界“事实上是资产阶级、小资产阶级掌握的”,将来要搞修正主义,就是这一批人,“这是一场广泛的阶级斗争”。3 月 28 日至 30 日,他在上海找康生、江青、张春桥等谈话,严厉指责彭真主持起草的《文化革命五人小组关于当前学术讨论的汇报提纲》[①](即“二月提纲”)混淆阶级界线,不分是非,是错误的。4 月 2 日至 5 日,《人民日报》《红旗》杂志先后刊登戚本禹、关锋等人的《〈海瑞骂皇帝〉和〈海瑞罢官〉的反动本质》《〈海瑞骂皇帝〉和〈海瑞罢官〉是反党反社会主义的两株大毒草》,把吴晗在 1959 年庐山会议前后发表的作品与彭德怀罢官一事硬性联系起来。

此后,对《海瑞罢官》的批判,更加明确地、直接地和“中央出修正主义”联系起来,斗争范围从意识形态领域和文教部门扩大到政治领域和党的高级领导机关,斗争对象从“资产阶级学术权威”转移到“支持”“包庇”他们的“党内资产阶级代表人物”“睡在我们身边的赫鲁晓夫”。

在这样的背景下,包括湖北在内的全国思想文化界的批判斗争不断升级。1966 年 4 月 13 日,《湖北日报》发表《必须戳穿“清官”的骗局》等文章,同时配发编者按语,明确提出“目前正在开展的对于《海瑞罢官》《谢瑶环》[②]等的批判,是思想战线上的一场严重的阶级斗争,是马克思列宁主义同资产阶级意识形态的斗争,是整个社会主义革命的一个组成部分”。4 月 22 日,《湖北日报》转载《农民看透了“清官”的反动本质》一文,在编者按语中提出,吴晗“利用‘清官’问题向党和社会主义进行了恶毒的攻击,我们必须予以坚决的还击”,“热烈希望工人、农民同志积极参加这场大论战,彻底肃清封建主义和资产阶级的思想影响”。与此同时,省委宣传部组织劳动模范和先进人物座谈,批判邓拓[③]、吴晗、

① 因起草于 1966 年 2 月,又被称为“二月提纲”。这个提纲虽然也有许多当时大环境下难以避免的“左”的提法,但主旨是试图对已经出现的“左”的倾向加以适当约束,引导运动在学术讨论的范围内进行,不赞成把它变成严重的政治批判。

② 《谢瑶环》是著名剧作家田汉 1961 年根据陕西碗碗腔《女巡抚》改编而成的新编历史剧。

③ 邓拓,时任中共北京市委书记处书记。

廖沫沙[1]在内的所谓“三家村”[2];武汉大学、湖北大学、华中工学院、中南民族学院、武汉水利电力学院师生集会,批判吴晗所谓“书本至上、史料第一、个人奋斗、追逐名利”的观点;湖北省文联和武汉市文联联合召开座谈会,声讨《谢瑶环》的作者田汉所谓“反党反社会主义言行”。《湖北日报》在报道上述消息时,以“高举毛泽东思想伟大红旗,积极参加社会主义文化大革命”“高举毛泽东思想伟大红旗,向反党反社会主义的黑线开火”为通栏标题。

5月,《湖北日报》开辟《星期增刊》作为批判所谓“资产阶级文化黑线”的阵地。8日,《星期增刊》第一期发表《所谓三十年代的文化究竟是什么货色》。15日,第二期发表《〈燕山夜话〉的反动本质》。22日,第三期发表《影片〈红日〉是反毛泽东思想的大毒草》。此后,《湖北日报》的副刊和《星期增刊》连篇累牍地发表批判“三家村”的文章,批判的调门不断提高,态度趋于激烈,这表明省委力图跟上中央的部署。

二、贯彻“五一六通知”精神

1966年5月4日至26日,中共中央在北京召开政治局扩大会议。5月16日,会议通过毛泽东多次修改的《中国共产党中央委员会通知》(后简称“五一六通知”),要求全党“高举无产阶级文化革命的大旗,彻底揭露那批反党反社会主义的所谓‘学术权威’的资产阶级反动立场,彻底批判学术界、教育界、新闻界、文艺界、出版界的资产阶级反动思想,夺取在这些文化领域中的领导权。而要做到这一点,必须同时批判混进党里、政府里、军队里和文化领域的各界里的资产阶级代表人物,清洗这些人,有些则要调动他们的职务。尤其不能信用这些人去做领导文化革命的工作”。这个通知提出:“混进党里、政府里、军队里和各种文化界的

---

① 廖沫沙,时任中共北京市委统战部部长。

② 1961年至1964年间,邓拓、吴晗、廖沫沙分别在《北京晚报》等报纸上以专栏或散篇的形式发表杂文,并以共同的笔名在《前线》上合写《三家村札记》。1966年5月10日上海《解放日报》《文汇报》发表姚文元的文章《评“三家村”——〈燕山夜话〉〈三家村札记〉的反动本质》,点名批评“三家村”邓拓、吴晗,廖沫沙由此被称作“三家村反党集团”。

资产阶级代表人物，是一批反革命的修正主义分子，一旦时机成熟，他们就会要夺取政权，由无产阶级专政变为资产阶级专政。这些人物，有些已被我们识破了，有些则还没有识破，有些正在受到我们信用，被培养为我们的接班人，例如赫鲁晓夫那样的人物，他们现正睡在我们的身旁，各级党委必须充分注意这一点。”通知中这些带有严重错误的论断，是毛泽东亲笔加写的，反映了他发动“文化大革命”的主要依据。

5月24日，省委发出通知，要求立即在党员领导干部中组织传达和学习“五一六通知”以及《林彪同志委托江青同志召开的部队文艺工作座谈会纪要》，做到“学习文件，认清形势”，将斗争矛头指向“混入党内”的“资产阶级代表人物”“反动学术权威”“反革命修正主义分子”[①]。5月31日，省委成立由13人组成的文化革命小组，许道琦任组长，李衍授、史子荣、吕炳安任副组长。6月上旬，省委召开会议，听取王任重关于中央政治局扩大会议的传达报告，讨论在全省开展“文化大革命”问题，提出要坚决执行毛泽东关于“文化大革命”的方针路线，放手发动群众，充分发挥大字报的作用。会议作出把运动的重点放在城市，首先是大专院校的决定。会后，省委向高等院校和文学艺术界等派出工作组。

6月2日，《湖北日报》转载《人民日报》6月1日社论《横扫一切牛鬼蛇神》，同时以《北大七同志一张大字报揭穿三家村黑帮一个大阴谋》为题，报道了北京大学哲学系总支书记聂元梓等7人张贴大字报的消息[②]。武汉大学、武汉水利电力学院、武汉工学院、华中师范学院、湖北大学、华中农学院、华中工学院、中南民族学院、武汉测绘学院、武汉医学院、长江工程大学等高等学校的学生和教师在校园内集会，张贴大字报，表示要向北京大学7位同志学习，揭露“资产阶级反动学术权威”。《湖北日报》在报道这些消息时用“保卫党中央，保卫毛泽东思想，保卫无

---

① 《中共湖北省委关于学习中央两个文件的通知》，1966年5月24日。

② 聂元梓等人的大字报对北京市委和北京大学党委关于党组织在运动中要“加强领导，坚守岗位”的要求横加指责，号召说“一切革命的知识分子，是战斗的时候了”，“打破修正主义的种种控制和一切阴谋诡计，坚决、彻底、干净、全部地消灭一切牛鬼蛇神、一切赫鲁晓夫式的反革命修正主义分子”。这张大字报后来被称作“全国第一张马列主义大字报”。

产阶级专政”作为通栏标题。这些鼓动性、煽动性极强的社论和文章，使已经十分紧张的政治空气更加灼热。武汉地区高等院校一部分青年学生强烈要求揪出本单位的所谓“牛鬼蛇神”和“反党反社会主义的黑帮”[①]。在短短的10天内，仅武汉各界各战线上报的决心书即达1.3万篇，表示“坚决做无产阶级革命派”，“同一切反党反社会主义的黑帮斗争到底”，“同一切资产阶级保皇派斗争到底！”

在一片杀伐声中，武汉大学校长李达、党委原第一书记朱劭天、副校长何定华被打成“武大三家村”，这是全国高等院校第一个所谓“三家村”。

李达是中国共产党的主要创始人之一，中共一大代表，杰出的马克思主义理论家、哲学家、教育家。他反对林彪等人鼓吹的“顶峰论”，坚持认为毛泽东思想本身是一个不断发展的过程，需要在实践中不断汲取新的养料，不断丰富发展，绝不会停滞不前，明确表示“所谓‘顶峰’这种提法不符合辩证法，是形而上学，根本违反马克思主义的基本原理”。他被确定为“反动的学术权威”，作为中南地区“三家村”的反面典型，上报给中央。

6月7日，省委驻武汉大学教育革命领导小组主持召开全校三级干部大会，要求揭开武汉大学阶级斗争的“盖子”。13日，武汉大学7000余名师生集会，批斗李达，“声讨”珞珈山三家村“反党反社会主义罪行”。接着，湖北省、武汉市数十万群众，高举巨幅标语，涌入武汉大学，声援武大师生的“革命行动”。6月30日，《湖北日报》发表《李达反党反社会主义反毛泽东思想的言行》和《揭发武大三家村黑帮反党反社会主义反毛泽东思想的罪行》两篇文章。文章提出李达“一贯地、系统地、猖狂地反党反社会主义反毛泽东思想，大肆宣传和推行他那一套资产阶级的修正主义路线，阴谋把武汉大学变成他们复辟资本主义的一个阵地”，诬蔑李达“是彻头彻尾反动的资产阶级权威”，“实际上是假共产党，真国民党；假马克思主义，真修正主义”[②]。7月18日，中央书记处

---

① 《中共中央中南局关于文化大革命情况和意见的报告》，1966年6月28日。

② 《湖北日报》1966年6月30日。

作出《关于开除混入党内的地主分子李达党籍的决定》。8月24日,李达含冤去世,他是“文化大革命”中湖北省第一位受迫害致死的高级领导人。

在批斗“武大三家村”的同时,湖北省直、武汉市直机关和省、市文学艺术界揪出一批所谓“反党反社会主义的头面人物”。省委常委、宣传部部长曾惇,省委常委、副省长陈一新,省委委员、省政协副主席刘济荪遭到错误批判;湖北省文联副主席、武汉市文化局党委书记程云,武汉市文联副主席武克仁被打成“反革命黑帮”。6月21日,武汉地区召开“文化大革命”积极分子代表会。参加会议的武汉地区大中学校师生代表、大中型企业代表、省直机关和武汉市直机关代表共6500余人发出致中共中央和毛泽东的决心书,表示在“文化大革命”的“大风大浪”中,誓做“坚定的无产阶级革命派,坚定不移地向反党反社会主义的右派作斗争,把一切牛鬼蛇神统统打倒”①。

在“文化大革命”浪潮的冲击下,许多学校的领导机构开始陷入瘫痪,无法行使领导职能。多数群众出于对党组织的信任,出于对正在出现的混乱局面的忧虑,希望保持党对各单位运动的领导。面对哄起的群众运动,中共中央中南局、湖北省委主张加强党的领导,对正在扩散的狂热情绪加以约束。6月下旬,中南局在汉口召开常委会议,研究湖北省、武汉市、武汉军区内等单位开展运动的情况,提出正确估计形势、明确斗争目的、放手发动群众、认真掌握政策、健全和加强党委的领导等10项措施。中南局要求控制运动的打击面,批判的规模以省或市为单位计算,一般控制在国家干部和知识分子总数的3%以内;凡属重点批判对象,均须报经上级党委批准;报纸上公开点名批判的重点人物,应当有代表性,一个省有十几个就可以了②。7月2日,省委转发《中共中央中南局关于文化大革命的情况和意见的报告》,进一步规定:运动的重点是大中城市和地委所在的部分小城市,农村的“文化大革命”结合“四清”运动进行;城市工矿企业正在进行“四清”运动的单位,先拿出一段时间进行

---

① 《湖北日报》1966年6月22日。

② 《中共中央中南局关于文化大革命的情况和意见的报告》,1966年6月28日。

“文化革命”，然后按照“二十三条”的规定开展“四清”工作，已经结束“四清”运动的单位，再搞一段“文化革命”，所有工矿企业在运动中都要注意抓好生产；城市街道居民组织、公安派出所、服务性行业基层单位、手工业合作社、地方小型工业交通企业单位、小学校暂时不开展“文化革命”，以免战线过长；大中城市高等院校是目前运动的焦点，大专院校和问题较多的中等学校，要派驻工作组，武汉市委要根据情况掌握一批机动工作组，及时进行检查和帮助。7 月 7 日，省委发出《关于在中等以上学校进行文化革命运动的意见》，确定中等以上学校开展运动的方针是大暴露（暴露各种各样人的立场观点）、大批判（批判右派分子）、大提高（提高政治思想觉悟）、大改革（改革教学制度）、大改组（改组领导班子），尽量避免简单粗暴或自行其是。上述力图使运动在党的领导下有序进行的做法，引起一些情绪偏激的造反学生的不满，受到中央文革小组越来越强烈的批评。

对于大批向运动重点单位派出工作组的做法，毛泽东有不同看法。他认为“派工作组太快了并不好”[①]，这与他对“乱”与“治”的看法直接相关。1966 年 6 月底，毛泽东抵达湖北视察。7 月 8 日，他在武汉写信给江青，认为天下大乱会达到天下大治，“现在的任务是要在全党全国基本上（不可能全部）打倒右派，而且在七八年以后还要有一次横扫牛鬼蛇神的运动，尔后还要有多次的扫除”，“这次文化大革命，就是一次认真的演习”。他确信，中国正处在坚持走社会主义道路还是走资本主义道路的紧急关头，从长远看，付出“大乱”的代价是值得的。7 月 16 日，毛泽东在武汉畅游长江，游程近 30 里，历时 65 分钟。在游泳中，毛泽东说：“长江水深流急，可以锻炼身体，可以锻炼意志。”7 月 25 日，《人民日报》登载毛泽东畅游长江的实况报道和照片，发表题为《跟着毛主席在大风大浪中前进》的社论，要求每一个无产阶级革命战士，永远跟着毛泽东，在阶级斗争、生产斗争和科学实验三大革命运动的大风大浪中奋勇前进。毛泽东畅游长江，是一次万众瞩目、具有象征意义的活动。“跟着毛主席在大风大浪中前进”成为风靡全国的政治口号。

---

① 毛泽东听取刘少奇等汇报时的插话记录，1966 年 6 月 12 日。

三、运动向工农业生产领域的蔓延

1966年7月18日，毛泽东离开武汉回到北京，听信康生、陈伯达、江青等人的片面汇报，对中央一线领导和各省、市组派工作组的做法十分不满，认为工作组是“镇压学生运动”，是“实行资产阶级专政”。为了排除阻力，使运动更深入、更广泛地开展起来，需要对“文化大革命”作进一步的发动。

8月1日至12日，党的八届十一中全会在北京举行。全会通过了《中国共产党中央委员会关于无产阶级文化大革命的决定》（简称“十六条”），对“文化大革命”的目的、重点、依靠力量、方法等作出规定。“十六条”规定：这次运动的目的是“斗垮走资本主义道路的当权派，批判资产阶级的反动学术‘权威’，批判资产阶级和一切剥削阶级的意识形态，改革教育，改革文艺，改革一切不适应社会主义经济基础的上层建筑，以利于巩固和发展社会主义制度”。“这次运动的重点，是整党内那些走资本主义道路的当权派。”“十六条”指出，在这场运动中“一大批本来不出名的革命青少年成了勇敢的闯将”，“他们的革命大方向始终是正确的”，“党的领导要善于发现左派，发展和壮大左派队伍，坚决依靠革命的左派……彻底孤立最反动的右派，争取中间派”。“十六条”一再强调要“‘敢’字当头”，“充分运用大字报、大辩论这些形式，进行大鸣大放”，“不要怕出乱子”。“十六条”同“五一六通知”一样，没有对“走资派”“左派”“右派”这些概念提出明确的判别标准，没有对如何实现党的领导作出具体规定。虽然它也提出要区别两类不同性质的社会矛盾，“要用文斗，不用武斗”等，但这些原则性规定在后来的运动中未被遵守，即使照此办理了也被指责为“不准革命”，是“资产阶级反动路线”，而那些具有很大任意性的概念和助长过火斗争的内容，却在很大范围内激化了盲目的造反行动和严重的社会动乱。

根据中央指示，湖北省委、武汉市委于8月上旬撤出派往大专院校和部分中等学校以及文化艺术界的工作组，要求各单位选举成立文化革命委员会或文革小组，接替工作组领导“文化大革命”。8月14日，湖北大学率先成立文化革命临时委员会。到22日，全省共有23所高等院校成立了文化革命委员会或文化革命临时委员会。这些组织任意批判、斗争所谓“党内走资本主义道路的当权派”和“资产阶级反动权威”,各级党委从运动初期的领导者变成被斗争的对象,省委对局势的控制遭到严重削弱。

8月,中共中央任命王任重为中南局第一书记,张体学代理湖北省委第一书记。8月17日至29日,省委召开省、地、县三级干部会议,传达党的八届十一中全会精神,提出首先要解决好省、地、县三级领导机关的问题,要求各级领导干部虚心接受群众的批评。会议重点研究全省农村“四清”运动与“文化大革命”相结合的问题,决定先在县以上的中学开展“文化大革命”,机关、工厂、企事业单位、区以下的学校和农村先集中力量完成秋收秋种、收购工作,等到秋后再按步骤开展运动,秋后运动的部署是先用3个月解决地、县领导机关的问题,然后再解决区、社、队的问题[①]。

党的八届十一中全会规定,“文化大革命”的重点是大中城市文化教育单位和党政机关。据此,省委于8月25日发出《关于抽回参加农村“四清”运动的部分人员的通知》,要求参加农村“四清”运动的厅局党组书记、各大专院校学生和教师立即回原单位参加“文化大革命”,同时召开武汉地区大专院校、中等专业学校和省直单位文化革命委员会工作会议,强调文化革命委员会在领导运动时要抓好团结和民主两项工作,委员会内要坚持集体领导和分工负责相结合的工作方法。省委还决定在已经开展“文化大革命”的地区设立两套班子,一套班子主要抓运动,一套班子主要抓生产[②],省委由杨锐、姜一、张旺午、夏世厚、李夫全、张华组成领导专班,负责抓全省工农业生产。9月10日,省委、省人委发出《关于抓好当前农业生产的通知》。9月15日,省委对做好旺季财贸工作作出批示。这两个文件要求各级在抓好运动的同时,认真做好农产品收购、市场供应、财政收入以及支援水利的物资准备。省委的这一系列措施,目的是尽量把“文化大革命”运动限制在工农业和经济领域

① 《中共湖北省委三级干部会议纪要》,1966年8月27日。

② 《湖北省专员、市长会议纪要》,1966年9月28日。

以外。

10月,由文教系统“批判资产阶级反动路线”引发的造反浪潮冲击工矿企业,武汉地区出现行业性和跨行业性的工人组织。10月26日,武汉钢铁公司、中国第一冶金建设公司等单位职工组织“毛泽东思想九一三战斗兵团”(简称“九一三兵团”,后改名“钢九一三”)。11月初,武汉第二机床厂、机床厂附件厂和武汉锅炉厂等厂职工成立“工人战斗队”,后改名为“毛泽东思想战斗队武汉地区工人总部”(简称“工人总部”“工总”或“钢工总”)。11月上旬,武汉无线电元件厂职工成立“毛泽东思想武汉地区革命工人造反总司令部”(简称“工造总司”)。11月中旬,“武汉地区职工联合会”宣告成立。随后,武汉地区大专院校转业、复员、退伍军人也组织了“红卫军总部”。

对工矿企业是否进行和如何进行“文化大革命”,在党内存在严重的意见分歧,在1966年11月下旬召开的全国工业交通座谈会上酿成一场激烈的斗争。包括湖北在内的有重点工业企业的省、市和国务院有关部门负责人赞成周恩来等人的一贯主张,坚持工业企业不能“停产闹革命”、运动只能在业余时间进行、必须在党委统一领导下进行、工厂不要再建立群众组织、学生不能到工厂串连。这些正确意见在林彪和中央文革小组的干预下被压制下去,中央出台了反映中央文革小组极左观点的《关于抓革命、促生产的十条规定(草案)》和《关于农村无产阶级文化大革命的指示》,支持工人、群众组织进行串连,规定农村“四清”运动纳入“文化大革命”,也要采取大鸣、大放、大字报、大辩论(简称“四大”)形式,实行大民主,社队之间可以进行串连,还可以组织一批学生下乡串连。12月上旬,湖北省委发出通知,传达贯彻中央这两个文件精神。此后,在工厂、农村建立群众造反组织,开展“四大”,在厂矿、社队之间进行串连等做法被合法化,“文化大革命”蔓延到工农业生产领域,同大、中学校的学生造反浪潮联结起来。

到1966年底,经过7个多月的发动,“文化大革命”终于以难以阻挡之势在湖北全省全面展开,引发社会全面混乱。

第二节　社会局势的全面混乱

一、红卫兵运动与大串连

红卫兵是"保卫红色政权的卫兵"的简称。1966年5月底,北京清华大学附属中学的一些学生自发集会,成立名叫红卫兵的学生造反组织。党的八届十一中全会召开的当天,毛泽东写信给清华大学附属中学红卫兵,对他们的造反精神表示热烈支持。受此影响,红卫兵运动在湖北迅猛兴起。6月,湖北大学(今中南财经政法大学)学生率先成立"大专院校红卫兵",随后,省内大、中学校纷纷成立类似组织。到7月,全省各大、中学校普遍建立红卫兵组织,各小学成立红小兵组织。

1966年8月中下旬,北京红卫兵冲出学校,走上街头,开展破除"旧思想、旧文化、旧风俗、旧习惯"(简称破"四旧")。《人民日报》和《红旗》杂志及新华社对此连续作肯定性、歌颂性报道。武汉红卫兵立即响应,抬着毛泽东巨幅画像,举着"造反有理"的标语,呼喊"无产阶级革命的造反精神万岁"等口号,走上街头,将城镇中表现所谓"封资修"内容的街道、商店、医院、学校的名称、标记、老字号等统统取缔或砸掉,换上含有"兴无灭资"等内容的新名称、新牌子。例如,曹祥泰副食品商店改名为"工农兵副食商店",冠生园改名为"工农兵餐厅",香港理发店改名为"人民理发店",劝业场改名为"人民商场",把武珞路经长江大桥到利济北路的几段道路并称为"红旗大道",合作路被改名为"井冈山路",黄陂路改名为"韶山路",张之洞路改名为"工农路",张公大堤改名为"解放大堤"。23日至25日,仅武汉就有28所中学、53个工厂更改名称。

在破"四旧"的过程中,城市绝大多数商店招牌,甚至连牌匾、对联以及商店内外广告、霓虹灯、雕塑、店面都被砸烂,主要街道用红漆涂满造反标语和"毛主席语录",形成所谓的"红海洋"。由于商店均改成革命化店名,使顾客难以区分商店的性质、特点,给购买商品带来困难。停止销售所谓“封、资、修”商品，市场花色品种减少、样式单调，陷入萧条。以“不为资产阶级老爷服务”为名，强迫顾客实行“自我服务”，各个服务行业、饮食行业取消传统服务项目、具有特色的样式或品种，严重影响居民生活。红卫兵还勒令民主党派解散，通令银行停止向资本家支付利息，向私房房主发出最后通牒，令其交出房契，强迫宗教人士还俗。

这些由破“四旧”引发的行动，得到林彪和中央文革小组的肯定和赞赏。8 月下旬，《湖北日报》连续转载《人民日报》和《红旗》杂志的社论《好得很》《向我们的红卫兵致敬》《向革命的青少年致敬》，破“四旧”运动由武汉向全省迅速蔓延，打人、砸物、抄家之风愈演愈烈，红卫兵揪斗和查抄对象由地、富、反、坏、右和所谓“资产阶级分子”“反动学术权威”扩大到工商业者、民主党派社会知名人士、国民党起义投诚人员和文化界、艺术界、教育界知识分子以至党政机关负责人。在查抄中，大量图书、字画被付之一炬，一些遗存千百年的珍贵文物、古迹或被捣毁，或遭焚烧，造成空前的文化浩劫。据不完全统计，仅在武汉市，红卫兵即查抄 2.1 万家，抄出黄金 55 公斤、白银 900 公斤、银元 26.7 万块、现金与存款 440 万元。因乱查抄、乱揪斗造成的自杀案件达 112 起，因游斗致死者多达 32 人。

与红卫兵破“四旧”相伴而生的，还有大串连。1966 年 9 月初，中共中央、国务院发出关于组织外地师生来京参观“文化大革命”的通知，规定“来京参观一律免费坐火车”，“生活补助费和交通费由国家财政中开支”。各省红卫兵纷纷涌入北京“取经”，北京红卫兵则从北京分赴全国各地“点火”，时称大串连。9 月 5 日，省委和武汉市委在湖北剧场欢迎取经归来的湖北大、中学校红卫兵。9 月到 12 月，湖北省外出到北京、南京、上海、广州、井冈山、延安等地串连的师生超过 100 万人次，北京和全国其他城市到湖北和省内各专区、县到武汉串连的红卫兵超过 400 万人次①。

空前规模的红卫兵串连，使全省各地均出现交通、食宿、卫生、安全

① 刘惠农：《难忘的经历》，武汉出版社 1999 年版，第 125 页。

等诸多严重的问题。有“九省通衢”之称的武汉，人满为患，车站、码头、街道、学校、机关到处挤满臂戴红卫兵袖章的人流。省委于10月9日、11月28日和12月10日先后发布《关于做好接待外地革命师生工作的通知》《关于革命师生步行串联问题的通知》和《关于继续做好来汉进行革命大串联的革命师生和红卫兵的接待工作的紧急通知》，要求各大专院校、中等学校、各级机关、人民团体、工厂、街道、饮食服务部门、交通运输部门、医疗卫生部门把接待工作当作一项重大政治任务，免费提供乘车、食宿和写大字报的工具。省委分工书记处书记王树成负责向南下的红卫兵师生介绍湖北省委的立场观点，解决南下师生与本地师生在串连过程中发生的纠纷和冲突；要求武汉市委成立接待委员会、城镇各城区成立接待办公室，切实落实相关接待任务。

尽管湖北省委和武汉市委竭尽所能地做好接待服务工作，但南下的红卫兵仍然指责省、市党政领导没有深刻领会“文化大革命”的思想内涵和精神实质，没有积极支持红卫兵参加“文化大革命”运动。在部分外地学生的煽动下，武汉地区一些红卫兵以检查“黑材料”为名，公然抢劫湖北省委存放在东湖客舍、武汉军区机要仓库、五三农场、省市统战部和侨校的数百箱机密资料。他们利用这些档案，对领导干部进行所谓审查和批斗，刮起了一股以党政机关机要室和大专院校党委档案室为目标的抢劫核心档案之风。

在串连中，各种以造反“司令部”“总部”冠名的群众组织大量建立。10月26日，毛泽东思想红卫兵武汉地区造反司令部（简称“二司”或“钢二司”）成立。不久，华中工学院、湖北大学、华中农学院的红卫兵，分别成立新华工毛泽东思想红卫兵总部（简称“新华工”）、新湖大毛泽东思想红卫兵（简称“新湖大”）和新华农东方红革命造反司令部（简称“新华农”）。这些组织成立后，占据学校广播站，控制档案室，夺取学校文化革命委员会的权力，将目标直指党政领导机关，公开提出“炮轰湖北省委”“炮轰武汉市委”等口号。11月16日，“毛泽东思想红卫兵武汉地区革命造反司令部”等造反派组织占领湖北日报社。12月中下旬，南下串连的北京高等院校学生与武汉高校造反派代表组成南下“赴广州专揪王任重造反兵团”，将中南局第一书记、原湖北省委第一书记王任重非法从广州揪回武汉批斗。

破“四旧”和大串连,成为造成社会动乱的一个严重步骤,特别是大串连,不仅给全省铁路交通造成严重混乱,使工农业生产受到直接影响,而且使个人崇拜、“怀疑一切”、“炮打一切”的极左思潮在全社会迅速扩散开来。

二、“全面夺权”导致“天下大乱”

1967 年元旦,《人民日报》、《红旗》杂志发表经毛泽东审定的,题为《把无产阶级文化大革命进行到底》的社论,宣布 1967 年“将是全国全面开展阶级斗争的一年”,号召“向党内一小撮走资本主义道路的当权派和社会上的牛鬼蛇神,展开总攻击”。在这种导向下,发生上海造反派组织夺取上海党政领导权的“一月夺权”事件,拉开全国范围“打倒一切”“全面夺权”的序幕。

受此影响,湖北造反派组织加快夺取本地党政权力的步伐。“毛泽东思想战斗队武汉地区工人总部”(简称“工人总部”)煽动“造反就是夺权”,誓言要“把大权从党内走资本主义道路的当权派和坚持资产阶级反动路线的顽固分子手中夺过来,自己掌握文化革命的命运”。他们纠集同伙采取绑架手段,将王任重、张体学非法关押。1 月 1 日、4 日和 17 日,“工人总部”与“毛泽东思想红卫兵武汉地区革命造反司令部”(简称“二司”)、“毛泽东思想九一三战斗兵团”(简称“九一三兵团”)等造反派组织在汉口新华路体育场连续召开有 10 万人参加的批斗大会,批斗中南局第一书记王任重和代理湖北省委第一书记、省长张体学等省市领导人,诬蔑王任重等人是“镇压群众运动,推行资产阶级反动路线的大右派”,是“赫鲁晓夫式的阴谋家、野心家”。1 月 14 日,被“工人总部”控制的《湖北日报》宣布复刊,发表《告全省革命人民书》,称“《湖北日报》的新生标志着革命造反派全面夺权的开始”[①]。15 日,《湖北日报》发表题为《彻底砸烂湖北黑省委》的社论,宣称要“砸烂湖北省委这个黑窝子,使湖北省永远成为革命造反派的

① 《湖北日报》1967 年 1 月 14 日。

天下”。5天内,省科委、省公安厅、省广播电台和武汉市公安局、电信局、教育局、总工会、市广播电台等数十个部门和工厂企业被造反组织夺权。

由上海“一月夺权”事件引发的全国性夺权事件受到毛泽东肯定。1月16日,《红旗》杂志发表评论员文章,引述毛泽东的“最新指示”:“从党内一小撮走资本主义道路当权派手里夺权,是在无产阶级专政条件下,一个阶级推翻另一个阶级的革命,即无产阶级消灭资产阶级的革命。”在无产阶级专政的条件下进行一个阶级推翻另一个阶级的“大革命”,在理论上是十分错误的,在实践上导致无政府主义急剧膨胀,全国动乱迅速升级。

受到鼓舞的湖北造反派组织提出“向上海革命造反派学习”的口号,密谋更大规模的夺权行动。1月18日,武汉地区和外地来汉的造反派团体50万人举行集会,向全省造反组织发出呼吁书,号召“向湖北省委、武汉市委中一小撮走资本主义道路的当权派和顽强坚持资产阶级路线的人展开全面的总攻击”[①]。19日,湖北41个造反派组织在《湖北日报》发表《一切权力归无产阶级革命派》,提出“一切权力归造反派”,勒令湖北省委内的“一小撮反革命修正主义分子”返回原工作单位,接受“革命造反派和革命群众”的监督、批判和斗争。1月20日至23日,以“工人总部”为首的14个造反组织召开会议,讨论在武汉夺权问题,决定成立武汉革命造反总司令部。与此同时,“工造总司”与另外19个造反派组织秘密成立另一个夺权总司令部。

1967年1月26日,“工人总部”“工造总司”“二司”“新华工”“新湖大”“新华农”等造反派组织采取联合行动,强占湖北省委和武汉市委办公大楼,发布《夺权通告》和《一号通令》,宣布“夺权”成功。30日,造反派组织召开大会,批斗张体学,指责“以王任重和张体学为首的湖北省委是黑省委,是一个地地道道资产阶级司令部”。

从1月中下旬开始,“全面夺权”风暴刮向全省。从省里到地方,从学校到机关,从工矿企业到城市街道、农村社队,“夺权”狂潮一浪高过

① 《湖北日报》1967年1月19日。

一浪，五花八门的造反组织争相占领党政机关，抢夺机关公章，扣押、绑架领导干部，封闭报社，冲击电台，为所欲为。2月13日，孝感地委直属机关“捍卫总部”等造反派组织举行群众大会，将王任重和湖北省副省长、原孝感地委书记赵修从武汉揪到孝感批斗，勒令孝感地委代理书记赵家驹、孝感行署专员董玉森陪斗。此后，到武汉揪押省委、省政府、省政协领导干部回地方批斗的现象在地、市、县泛滥开来。随着各级党政领导人被批斗，全省党政机关陷入瘫痪状态，工、青、妇等群众组织和各民主党派被迫停止活动，全社会进入空前混乱的状态。

造反派组织在夺取省市政权之后很快形成山头林立的局面。许多造反派组织要求“以我为核心”，拉帮结派，对其他组织采取排斥打击的态度，相互争权夺利、指责辱骂，派性武斗愈演愈烈。

2月初，以“工人总部”为首的武汉造反派与部分南下造反派一起强行占领长江日报社，2月5日在《长江日报》发表《紧急通告》，称“工人总部”是湖北和武汉地区真正的革命造反派组织。2月8日，在“工人总部”的策划下，“二司”“九一三兵团”等12个造反派组织在《长江日报》发表《关于武汉地区当前局势的声明》（即“二八声明”）和《紧急动员令》，指责“新华工”“新湖大”“工造总司”等组织是“托派”，是“半路出家的投机商”，是“中途加入革命造反派营垒的坏东西”，动员无产阶级造反派时刻做好准备，使全湖北、全武汉“大乱、特乱，乱深乱透”，煽动造反派“子弹上膛，刺刀上枪”，“丢掉幻想，投入战斗，看准方向，杀出一条血路”。

遭到指责的以“工造总司”为首的造反派组织立即组织反击。“工造总司”“新华工”“新湖大”“新华农”等组织派人包围长江日报社所在地红旗大楼，在《湖北日报》上连续发表声明、通令和社论，指责“二八声明”“不是把斗争矛头对准黑省委、黑市委中一小撮走资本主义道路的当权派和坚持资产阶级反动路线的顽固分子，而是指向革命组织和革命群众”，是“挑动群众斗群众”[①]，表示要抗争到底。

围绕“二八声明”，造反派形成尖锐对立的两派。一派赞成“二八声

① 《打倒分裂主义，实现无产阶级革命派大联合》，《湖北日报》1967年2月13日。

明”的观点,认为它是一朵“美丽的鲜花”,理由是革命者必须把“托派”清除出革命队伍以达到最后的胜利,这派被称为“鲜花派”;另一派反对“二八声明”,认为它是一株“毒草”,理由是混淆两类不同性质的矛盾、转移斗争的大方向,这派被称为“毒草派”。“鲜花派”与“毒草派”不断发生武斗和流血事件,引发更加严重的动乱局面。

三、武汉军区在湖北实行“三支两军”

为了稳定社会秩序,1967 年 1 月 23 日,中共中央作出《关于人民解放军坚决支持革命左派的决定》。中国人民解放军武汉军区奉命介入湖北地区“文化大革命”,执行“支左、支工、支农和军管、军训”(简称“三支两军”)的任务,协助地方工作,维持全省各级党政领导机关基本瘫痪后的艰难局面。

中国人民解放军武汉军区组建由军区副司令员孔庆德负责的“支左”指挥部。2 月至 3 月,“支左”指挥部派出 3 万余名指战员,组成 3000 多个“毛泽东思想宣传队”,进驻湖北各地有关单位,重点是陷入瘫痪半瘫痪状态的单位,被坏人篡夺领导权的单位,码头、铁路、港口等交通要道,专政机关要害部门和国防企事业单位。

按照中共中央和毛泽东的要求,“三支两军”的中心是“支左”,即支持“革命左派”。然而,“支左”所面临的首要问题是:谁是“左派”?依靠什么标准确定“左派”?这在当时条件下是一个很难判定的问题。解放军指战员对地方的情况不熟悉,长期所受的传统教育又使他们难以理解和认同“文化大革命”中种种极端行为。“支左”之初,绝大多数部队干部、战士倾向于支持那些党员多、老工人多、比较注意政策的群众组织,对与此相反的组织则持冷淡、消极的态度。这样,“支左”不可避免地陷入深刻的矛盾之中。

武汉军区研究湖北省和武汉市的紧张形势,在听取各方面意见的基础上,报请中央文革小组同意,于 2 月 18 日发表《严正声明》,指出“二八声明”是一小撮别有用心的人精心策划的,是为了制造分裂、挑动群众斗群众、转移斗争大方向,表示武汉军区坚决站在无产阶级革命派一边,“对那些证据确凿的反革命组织和反革命分子坚决采取专政措施”[1]。《严正声明》强调，武汉军区派部队到红旗大楼，是为了维持正常秩序，防止发生械斗，绝不是支持“二八声明”；至于某些军内造反派组织在这个声明上签字，只能代表他们自己，不能代表武汉军区，更不能代表人民解放军。

《严正声明》是武汉军区介入湖北地方“文化大革命”运动后发表的第一个表态性文件。在文件产生的过程中，军区党委本着既认真又慎重的原则，不仅交给司、政、后机关干部进行了讨论，根据讨论意见作了修改，而且向全军文革小组作了汇报。当时担任组长的徐向前表示，同意军区这个表态[2]。

声明发表后，得到广大干部群众的拥护和支持，同时也遭到以“工人总部”为主的武汉地区部分造反派组织和“北京航空学院红旗战斗队”（简称“北航红旗”）等外地造反派组织的强烈反对，他们攻击武汉军区“支左”的大方向错了，组织群众游行、示威，抗议和冲击武汉军区支左指挥部，通过各种途径向中央文革小组告状。

武汉军区采取一系列措施稳定失控的局势：2 月 20 日，武汉军区发表《中国人民解放军武汉部队公告》，重申：凡是军事机关、部队或实行军事管制、守护的目标，任何人、任何组织不得以任何借口进行围攻和冲击；对于封存的民兵武器、弹药，不准任意启封，更不准抢夺、窃用，否则一定予以查究处理，对顽抗者或主谋者逮捕法办。2 月底，武汉军区开始整顿军队系统的群众组织，解散军队内部 30 多个造反派组织。3 月 1 日，奉司令员陈再道的命令，武汉军区部队对武汉电信局、长江日报社、武汉市广播电台等部门实行军管。3 月 3 日，武汉军区发表《致各革命群众组织和革命群众的公开信》，指出自解放军驻鄂部队“支左”以来，不断有指战员遭到诬蔑、谩骂、围攻甚至绑架，还出现打倒武汉部队负责人的口号，这是一小撮别有用心的人把矛头指向人民解放军。公开信警告这一小撮人，不要与人民军队和人民群众为敌，否则只能是搬起石头砸自己的脚；希望受蒙蔽的群众擦亮眼睛，明辨是非，与

① 《严正声明》，《湖北日报》1967 年 1 月 28 日。

② 陈再道：《浩劫中的一幕——武汉七二〇事件亲历记》，解放军出版社 1989 年版。

一小撮别有用心的人划清界限。3月17日，武汉军区和省、市公安机关逮捕在武汉地区煽动极左思潮、组织“打、砸、抄、抓”违法行动的造反派头头及骨干分子数百名。3月21日，武汉军区发布《中国人民解放军武汉部队公告》和《中国人民解放军武汉部队告群众书》，宣布“工人总部”为反革命组织，“从即日起，武汉地区工人总部及其所属组织一律解散”。

在稳定社会秩序的同时，武汉军区责成湖北省军区担负起领导全省生产的责任。2月27日，湖北省军区抓革命促生产办公室成立，由省军区司令员吴世安任主任，下设农林、财贸、工交等办事机构。省军区下发通知，要求全省各军分区和市、县人武部立即成立相应的办公室。3月3日，省军区发表《公告》，要求动员一切力量，搞好春耕生产，规定：凡农村外出串连、上访的人员，包括上山下乡的知识青年，必须立即回到社、队，就地闹革命、就地搞生产；全省工业、商业、财贸、交通、卫生等战线要切实保证春耕物资的供应；各专区、县市立即建立、健全生产领导机构，对春耕生产实行统一领导、统一指挥。3月18日，湖北省军区抓革命促生产办公室改为湖北省抓革命促生产第一线指挥部，吴世安任指挥长，湖北省军区政委周志坚任政治委员，由部队和地方相关负责人刘丰、赵兰田、戴克明、黄宏伸、许道琦、姜一、张旺午、韩宁夫、阎钧、李夫全10人任副指挥长。指挥部下设指挥部办公室，农林水办公室，工业、交通、三线办公室，外事、体育、文教、科技、新闻、报社办公室，财贸、综合办公室和政法办公室。在武汉军区和湖北省军区党委的领导下，指挥部代行省政府职权。全省各地、市、县都成立了相应的组织，在严重动乱的局势下努力维持生产秩序。

武汉军区旨在稳定社会局势和恢复生产的努力遭到中央文革小组的强烈抨击。4月2日，《人民日报》发表社论《正确对待革命小将》，把取缔严重违法行动的造反派组织和依法处理策划或参与“打、砸、抄、抓”的造反派骨干分子视为压制“革命小将”，警告不要“操纵已经垮台的保守派组织进行翻案活动”，要求坚决回击这股“资本主义复辟的反革命逆流”。这篇社论是根据武汉造反派组织和北京航空学院红旗战斗队驻武汉联络站提供的材料，由中央文革小组成员王力炮制而成的。4

月 6 日，林彪别有用心地提出挖出"带枪的修正主义路线"，下达《军委十条命令》，要求保护造反的各种群众组织，不准任意把群众组织宣布为反革命组织加以取缔。

得到林彪、江青和中央文革小组支持的武汉造反派组织气焰复炽。4 月上旬，"新湖大""新华工"等造反派上街举行游行示威，冲击武汉军区支左指挥部，煽动"杀向社会""坚决为工总翻案"，把矛头指向武汉军区司令员陈再道。武汉军区迫于压力，4 月 9 日撤出派往武汉大学、华中工学院、湖北大学的军训团，10 日撤出武汉市第一中学"支左"小组，13 日释放"钢工总"的一部分被捕人员。释放出来的造反派骨干再次成立"工人总部"武汉联络站，公开提出"彻底粉碎带枪的刘、邓路线！""打倒陈再道，解放全中原！""下定决心，为工总翻案！"等火药味极浓的口号，并以此为行动纲领，不断挑起事端，谩骂、围攻、殴打执行"支左"任务的指战员，甚至绑架出面做工作的武汉军区政委钟汉华，向武汉军区施加压力。

第三节　对动乱的抵制与抗争

一、湖北省委、武汉军区稳定局势的努力

出于组织原则的要求，湖北省委对中共中央努力探索解决无产阶级江山不变颜色的战略途径问题一直是坚决拥护和支持的，对史无前例的"文化大革命"运动也努力贯彻，力图跟上中央的要求。但是，在贯彻过程中，省委始终存在困惑和矛盾。

在运动开始的时候，省委的主要精力集中在经济建设上，把"文化大革命"看作是意识形态工作的内容之一，认为"文化革命是社会主义革命的一个组成部分，但不是全部"①，"文化革命"要与"四清"运动结合进行，要求"工作队进队后先搞一段文化大革命"，"大体上一个月左

① 《王任重同志关于中央政治局扩大会议的传达内容》，1966 年 6 月 3 日。

右”,“实际上就是为四清运动打基础”[①]。后来,张体学代表省委检讨“突出政治不够”,“抓干部思想工作太差”,在给中共中央、中南局的报告中承认“(毛)主席在一九六二年曾经批评过我们,湖北人讲生产津津有味,一讲阶级斗争就不感兴趣”[②],“这几年虽然有所注意,但是仍然改得很不够”[③]。

在运动的发动阶段,省委以谨慎的态度,坚持先试点后铺开的指导原则。王任重在传达中央政治局扩大会议和“五一六通知”精神时,一再重申:“省委如何贯彻主席这个指示,请省委的同志认真考虑,现在暂不作什么指示和决定。首先下去搞点,办样板,总结出一些好的工厂、企业、学校、公社、军事单位等;不完善的,再根据主席的指示,加以培养,加以提高,加以充实,加以发展;然后介绍和推广他们的经验。”[④]

在指导运动的过程中,省委始终认为运动要在党的领导下有序进行,强调要发挥工作组的作用。运动开始后,中南局和湖北省委敏锐地感觉到“大中城市的高等学校和中等学校都动起来了,但不少单位是带有自发性质的,我们必须积极加强领导,否则,就可能出点乱子”[⑤]。为防范可能出现的混乱,省委作出“省(区)、市委要迅速抽调一批干部,组成工作组,派到这些学校去加强领导”的决定,要求将精神口头传达到县委书记。1966年7月,毛泽东指责工作组“一不会斗,二不会改,起坏作用,阻碍运动”。在这样的情况下,湖北省委一方面被迫撤出所有工作组,另一方面又成立了观察组或派出观察员,规定观察组、观察员的主要任务是“传播毛泽东思想”“宣传党的政策”“发动群众”“及时向上级领导反映运动中的问题”[⑥],力图维持已经遭到极大削弱的党对运动的领导。

---

① 《张体学在全省四级干部会议上的讲话》,1966年6月。

② 《张体学在全省四级干部会议上的讲话》,1966年6月。

③ 《中共湖北省委关于召开四级干部会议向中央、中南局的报告》,1966年8月27日。

④ 《王任重同志关于中央政治局扩大会议的传达报告》,1966年6月11日。

⑤ 《中共湖北省委转发“中南局关于文化大革命的情况和意见的报告”的通知》,1966年7月2日。

⑥ 《中共湖北省委三级干部会议纪要》,1966年8月27日。

湖北省委在运动的冲击下陷入瘫痪，从省委到地方各级党委几乎全被冲垮，省委领导被揪斗，他们在危难之中仍然坚持实事求是的党性原则，表现出对党、对同志的忠诚。在批斗王任重时，张体学公开表示：“说王任重反对毛主席，根本不是事实，就连一句对毛主席发牢骚的话，我也没有听任重讲过。”他在同造反派辩论时说：“如果王任重是修正主义分子，你们二十年以后也可以把我的双眼挖掉，说明我认错了人！”[①] 中共中央及周恩来将在运动中受到揪斗的张体学接到北京“休息”，予以保护。张体学在离汉前，对省委其他领导和省直厅局负责人叮嘱道：“你们要坚决站在毛主席路线上，不要胡言乱语。我相信湖北的干部大多数是好的，将来的事实要证明的！”[②]

武汉军区介入湖北地方“支左”后，继续采取果断措施，努力恢复对局势的控制，努力维护生产秩序，坚决抵制中央文革小组煽动造反派组织冲击社会的行为。1967 年 3 月，在军委召开的座谈会上，武汉军区司令员陈再道直言不讳地批评道：“中央文革（小组）不了解情况，不听军队方面的意见，只听革命小将和派驻各地记者的意见。我们反映的情况和报告，中央文革（小组）听不进去，向中央文革（小组）请示一个问题也不及时回复，弄得我们下面很难。”这引起了中央文革小组第一副组长江青的忌恨，她在 4 月 16 日接见军队内外造反派时公开表示：“成都、武汉，那是问题比较严重的地方，可以冲一冲。”[③]

运动引起社会动荡，给工农业生产、人民生活带来极大的冲击，也引起许多干部群众的不满。广大干部和群众除了坚守岗位，抓工作、抓生产，尽可能维护正常的社会生活外，还不顾生命安全，针锋相对地进行了不懈斗争。1967 年 5 月 16 日，武汉地区的 57 个群众组织联合成立“无产阶级革命派百万雄师联络站”（简称“百万雄师”）。“百万雄师”的核心是以武汉各机关团体、厂矿企业和学校基干民兵为主体的“红武兵”，“红武兵”按行政区和行业划分，一个行政区为一个兵团，一个行政区的行业组成一个纵队，逐步发展成为准军事性的群众组织。“百万雄师”人

① 《张体学传・序》，湖北教育出版社 1989 年版，第 1—2 页。

② 江仲华：《在座谈会上的发言》，1987 年 2 月 9 日。

③ 《陈再道回忆录》，解放军出版社 2009 年版，第 630 页。

数发展迅速,很快号称达到100多万人。该组织认为:武汉军区“支左”的大方向是正确的,不能把矛头指向人民解放军,更不能任意提出打倒军队的领导干部;在新中国成立以来的17年中,中共湖北省委、武汉市委的成绩是主要的,大多数地方干部是好的和比较好的,反对把领导干部一律打倒。

随着动乱的蔓延和升级,湖北干部群众对“文化大革命”的困惑和不满情绪逐渐增加,他们的抵制由于受到中央文革小组的无理打压和对立造反派的围攻而爆发,最终形成了震惊全国的七二〇事件。

二、武斗升级和中央解决湖北问题的措施

从1967年5月下旬开始,湖北地区对立的群众组织之间矛盾激化,双方集结成员,抢占据点,修筑工事,发生一系列武斗冲突,特别是武汉市,武斗导致全市工厂基本停产,交通严重受阻,国家财产蒙受重大损失。

为制止日益恶化的形势,武汉军区于6月4日发布《公告》,肯定“支左”的大方向是正确的,重申不得为“工总”翻案,同时检讨了“支左”工作中的一些缺点和错误,敦促各群众组织求大同、存小异,尽快实现大联合。《公告》旨在化解矛盾,制止流血冲突,但发布后并没有达到预期目的。造反派认为,军区是“假检讨,真反扑”,叫嚷要坚决予以反击,闹得更凶了;“百万雄师”认为公告太软弱了,扶不了正,压不了邪,也对军区不满。6月14日,中央文革小组站在“钢派”一边,对“百万雄师”不满,打电话给陈再道,要求他设法制止武汉的各种暴力。由于军队受到“军委十条”的限制,加上造反派组织得到中央文革小组的支持有恃无恐,拒绝听从军区命令,武汉军区采取的种种措施未能产生约束力。

6月中下旬,武汉发生大规模流血冲突。17日,“钢派”组织与“百万雄师”在汉口六渡桥财贸大楼展开大规模武斗,致使数十人伤亡;24日,两派又在汉阳轧钢厂和武汉水运工程学院发生流血事件。据不完全统计,武汉市从6月4日至30日,在武斗中死108人,伤2774人。

6月26日,中央办公厅、中央文革办事组和军委文革办公室就湖北武斗事件致电武汉军区。电报称:“最近,武汉市发生的大规模武斗,是

不正常的,希望武汉军区立即采取有力措施制止武斗。‘百万雄师’一些人对若干院校和工厂的围攻,应立即停止。”这份经康生授意拟定的电报表现出明显的倾向,对“百万雄师”的指责不仅有悖事实,而且暗示武汉军区“支左”在大方向上犯了错误。28日,武汉军区根据来电精神,再次发出制止武斗的通知,命令所有组织,无论保守派还是造反派,必须撤出各自的堡垒;所有学生和工人必须放下武器,返回原单位;发生冲突的群众组织选出代表,准备赴北京向中央汇报。

不断恶化的形势引起了毛泽东的关注,他决定到南方视察,第一站是武汉,准备通过处理湖北问题,特别是做军队的工作,指导湖北乃至全国扭转混乱局势,由动荡走向稳定。与此同时,中央还决定由谢富治、王力、余立金组成中央代表团,从重庆赶往湖北,协助处理问题。

7月14日凌晨3时,毛泽东乘专列离开北京,当晚9时抵达武汉,下榻武昌东湖宾馆。周恩来也于14日抵达武汉。15日和16日,毛泽东连续两天上午召集会议,听取谢富治和王力的汇报。王力用武汉造反派提供的材料,指责武汉军区对革命造反派实行镇压,犯了方向路线性错误。毛泽东对他夸大其词的说法不以为然,说:有那么严重吗?湖北问题,我看也不难,大错小错,只要改了,就没事了,陈再道不要打倒。他认为处理湖北问题的基本原则应该是,通过武汉军区的努力,做好两派群众组织的工作,尽快促进他们的大联合,稳定武汉地区的形势。从这一原则出发,他提出具体意见:给“工人总部”平反,把关押的造反派头头放出来;“百万雄师”是群众组织,做好他们的工作;军区对两派都要支持;陈再道支持造反派,造反派也支持陈再道。7月17日上午,毛泽东第三次在东湖住所召集周恩来、杨成武、汪东兴、谢富治、王力、余立金开会,研究解决湖北问题。当谢富治谈到武汉造反派提出打倒陈再道时,毛泽东明确指出:凡是有错误,不管是大错误小错误,只要承认了错误,统统不打倒。陈再道只要承认错误,打倒也不行。我们来是给他保驾的。毛泽东重申处理湖北问题的方针:百万雄师继续保持名称,要搞入正轨。三派要达成协议,发表个声明,要做他们的工作;工人总部要平反,抓的工总的几个头头没放的最好今天就放了;真正打倒陈再道怎么行呢?错误改了,他们还要打倒,那就是他们的不对。毛泽东还要周恩来做好武汉军区的工作。

根据毛泽东的意见,周恩来召集武汉军区领导人和武汉部队师以上“支左”单位负责人会议,听取相关情况汇报。会上争论非常激烈。参加汇报会的谢富治、王力指责武汉军区压制造反派,陈再道、钟汉华全面汇报武汉军区介入湖北省“支左”情况,列举事实,说明造反派对局势动乱负有不可推卸的责任。7 月 18 日下午,周恩来对汇报会作总结,认为:“武汉军区介入文化大革命后,做了大量工作,尤其抓革命促生产方面是有成绩的”;“武汉军区在‘支左’工作中也存在错误,甚至错误是很严重的,责任由军区主要领导同志承担”。陈再道和钟汉华没有被说服,认为工作中所犯错误不是“方向路线错误”。

18 日晚,毛泽东、周恩来与陈再道、钟汉华、谢富治、王力谈话,指示:武汉军区要承认“支左”犯了方向路线错误,但不要开大会检讨;要保护陈再道、钟汉华;要做好部队以及“百万雄师”的工作;要设立一个接待站,专门接待群众组织来访,做好思想工作。毛泽东进一步指出:“在工人阶级内部,没有根本的利害冲突。在无产阶级专政下的工人阶级内部,更没有理由一定要分裂成为势不两立的两大派组织!”

就在毛泽东、周恩来亲自出面处理湖北问题、局势朝好的方面发展的时候,中央代表团谢富治、王力坚持打压“百万雄师”的态度,导致局势发生突变。

三、震惊全国的七二〇事件

平等对待两派群众组织,通过大联合化解矛盾,这是毛泽东、周恩来解决湖北问题的基本原则。但是,在协助处理湖北问题期间,中央代表团成员王力、谢富治 3 次违背这一原则,玩弄支一派拉一派的手腕,成为事件的导火索。

第一次是 7 月 14 日。中央代表团从重庆抵达武汉,先期到达的周恩来指示他们暂时不要公开露面,给解决湖北问题创造良好的氛围。王力等人不听招呼,当晚 22 时上街看大字报,在湖北大学门口被学生认出。“中央派代表到武汉”的消息很快传遍造反派组织。第二天,“三钢”(钢工总、钢二司、钢九一二)、“三新”(新华工、新华农、新湖大)等造反派组织人员上街游行，呼喊“热烈欢迎毛主席派来的亲人谢副总理、王力同志”。游行队伍故意冲击“百万雄师”占据的地方，高喊“打倒陈再道！”“打倒保皇派！”“打倒百匪！”游行队伍与正在准备庆祝毛泽东畅游长江一周年的“百万雄师”成员在汉口武胜路发生冲突，最后演变成一场激烈的武斗。王力等人贸然露面到“钢派”组织地区以及造谣宣传，给武汉地区广大群众包括党员干部的思想造成严重混乱。

第二次是7月17日。这天夜里，毛泽东、周恩来指示中央代表团慰问看望两派群众组织，商谈推选代表事宜。谢富治、王力摆出两副面孔，他们到武汉测绘学院（后改名为武汉测绘大学，现并入武汉大学）、武汉水利电力学院（后改名为武汉水利电力大学，现并入武汉大学），接见“钢二司”“钢工总”代表时态度热情，一再对他们表示慰问和支持；当他们来到“百万雄师”联络站时，态度冰冷强硬，粗暴地指责“百万雄师”占领据点搞武斗，要求“百万雄师”负责人开出“头头们”的名单，供中央审查处理：“百万雄师”负责人提议中央代表团和武汉军区召集两派组织代表，举行联席会议，商订停止武斗的办法，并请中央代表团监督。王力板着脸，训斥道：“管好你们自己！不要管人家嘛！”

谢富治、王力等人支持一派打击一派的做法，激化了两派矛盾，引起了湖北军民的极大不满。“百万雄师”有针对性地贴出大字报：“没有调查就没有发言权！”“反对下车伊始，哇哩哇啦！”“反对钦差大臣！”

第三次是7月18日。这天晚上，周恩来有事回北京，临行前叮嘱中央代表团尽可能耐心地做两派群众组织的工作，不要偏袒任何一派。谢富治、王力阳奉阴违，在送周恩来离汉后，从机场直奔武汉水利电力学院造反派总部。他们佩戴造反派的袖标，视察据点、工事，慰问武斗中受伤人员，然后召开大会。王力在讲话中表示“中央文化革命小组坚定不移地支持你们。你们受压抑、受打击的现象是不允许存在的，要把这种现象翻过来，叫它一去不复返”。他们公开表态支持“三钢”“三新”“三司革联”，宣布四点“指示”：军区“支左”的大方向错了；要为“工人总部”平反；“钢工总”“钢九一三”“钢二司”“新华工”“新湖大”“新华农”“三司革联”是革命左派；“百万雄师”是保守组织。

7月19日，“三钢”“三新”“三司革联”出动大量的宣传车，用高音喇叭在武汉三镇到处播放谢富治、王力讲话录音和王力的所谓“四点指示”。王力等人的行为，违反毛泽东、周恩来关于处理湖北问题的基本方针，激起湖北军民特别是“百万雄师”的愤怒，他们急切地要求面见王力等人，回答他们的质询。这成为七二〇事件爆发的导火索[①]。

19日上午，按照毛泽东的要求，武汉军区召开党委会议，通过修改好的陈再道和钟汉华的检讨。下午，武汉军区在军区礼堂召开师以上干部会议。会议原来只确定谢富治出面讲话，可是，王力在谢富治讲话之后，发表长篇讲话，指责武汉军区在“支左”中犯了严重的方向路线错误，把“百万雄师”说得一无是处。他在讲话中高喊：“同我们心连心的是真正的无产阶级革命派，绝不会是保守派（指百万雄师）。”“（你们）所说的百万雄师十大优点，我看是颠倒了！”

开会前，湖北省直机关的干部和独立师、二十九师的官兵听说谢富治、王力在武汉军区参加会议，会集到武汉军区大院门口，要求谢富治和王力接见他们，解释在武汉水利电力学院讲的“四点指示”究竟是什么意思。王力在下午武汉军区师以上干部会议上的讲话进一步点燃了湖北军民的怒火。会议结束后，“百万雄师”的群众和一些战士手执棍棒长矛枪械，头戴安全帽，乘坐几十辆消防车和几百辆卡车拥进军区大院，用高音喇叭不断质问：“王力为什么把‘百万雄师’打成‘保守组织’？”“凭什么把几个造反派组织封为‘革命左派’？”“军区‘支左’大方向明明没有错，陈再道、钟汉华为什么要当‘投降派’？”“我们强烈要求谢富治、王力回答我们提出的问题！”

鉴于事态紧急，陈再道、钟汉华赶到东湖宾馆面见王力，提出：“百万雄师”听了你的讲话，都很气愤，拥进了军区大院，要求你和谢富治接见他们。军区的几位领导正在现场做工作，希望中央代表团采取相应措施，否则事态将可能进一步扩大。但是王力拒绝采取任何具体措施。

20日凌晨，在军区大院苦等一夜的“百万雄师”200多名代表冲进东湖宾馆，聚集在王力下榻的百花二号楼前，愤怒地要求他出来回答问题。他们根本不知道毛泽东这时也在武汉，更不知道毛泽东就住在东湖

---

① 陈再道：《浩劫中的一幕——武汉七二〇事件亲历记》，解放军出版社1989年版。

宾馆,也没有冲向毛泽东所住的梅岭一号。这时,陈再道刚到谢富治房间,与被紧急叫醒的谢富治商量如何控制局势、化解群众的愤怒。听到“百万雄师”代表声讨的声音,他与谢富治同代表见面,进行耐心的说服教育工作,答应20日下午正式接见他们,解答疑问。“百万雄师”代表情绪稳定下来,答应离开东湖宾馆。躲在房间的王力见情势有所缓解,认为风头过去了,没有事了,走出房间。这时,又一批从军区大院赶到东湖宾馆的独立师和二十九师的官兵见到王力,按捺不住心中愤怒,高喊:“抓王力!”王力见势不妙,马上溜回屋子。“百万雄师”代表和官兵们涌进王力的房间,要求他到军区大院回答群众提问。王力不去,“百万雄师”群众和解放军指战员把王力拉进汽车,开到武汉军区大院4号楼,王力接受群众和解放军指战员质问。

毛泽东听到独立师抓走王力的报告后,非常吃惊,当即通知武汉军区主要负责人,要求他们首先组织人员把王力找回来。武汉军区负责人经过商量,决定司令员陈再道留东湖宾馆,负责毛泽东的安全;政委钟汉华赶到武汉军区大院做说服工作。钟汉华来到军区大院,与副司令员叶明、孔庆德碰头,得知王力仍在4号办公楼二层的阳台上被“百万雄师”的代表质问。他们认为在群众情绪激动的情况下,强硬要求释放王力已不可能,不如由孔庆德出面把“百万雄师”的代表叫出来开会,然后趁机将王力转移出来。中午时分,王力被转移出来,乘坐吉普车进入小洪山北侧紧靠军区指挥所的二十九师师部6号楼。

王力逃脱的消息传开后,“百万雄师”的群众被激怒。群众和部队战士涌上街头,数百辆大卡车满载着工人、农民、公检法干部和部分解放军指战员排成四路纵队,在武汉三镇举行大规模游行示威,不少机关干部和学生也参加游行队伍。21日凌晨,毛泽东乘飞机紧急离开武汉转赴上海。

20日至23日,武汉共计有30万群众上街游行。这就是震惊全国的武汉七二〇事件。

七二〇事件的发生,是“文化大革命”以来湖北以至全国各种矛盾积蓄、冲突的结果,表现了地方和军队相当一部分干部、群众对中央文革小组人为制造社会动乱的强烈不满和抗议。事件本身并非有人预谋、策划，然而林彪、江青等人却无中生有地编造出武汉发生“反革命暴乱”的谣言，随即联手制造出一系列揪出、打倒武汉及全国各地“军内一小撮走资本主义道路当权派”的事件。7月22日，中央文革小组组织数万人在北京西郊机场欢迎谢富治、王力归来，25日举行欢迎谢、王归来，支持武汉造反派的群众大会，林彪出席。江青等在将武汉军区负责人陈再道、钟汉华以“兵变”的罪名撤职批斗之后，又借机煽动在全国揪“陈再道式的人物”，叫嚷要追查七二〇事件的“黑后台”，把攻击的矛头指向徐向前、徐海东等老一辈革命家和军队领导人，并对参与事件的干部群众进行迫害。

7月27日，林彪主持召开中央军委会议，任命曾思玉为武汉军区司令员，刘丰为武汉军区第一政委，提出“武汉不单是武汉的问题，而是全国性的问题”，要把武汉地区党内、军内、政府内的“一小撮资产阶级代表人物”揪出来，斗倒斗臭，此后又提出要彻底揭露“百万雄师”、公检法中“一小撮坏头头阴谋活动”。在林彪、江青一伙的煽动和支持下，武汉地区及湖北各地造反派大肆揪斗这五个“一小撮”，揪斗由原来的冲击党政机关扩大到冲击党政军、公检法机关，他们抢夺军用武器装备，导致大规模流血事件急剧上升，造成全省自“文化大革命”发动以来最严重的社会灾难。七二〇事件之后，王任重、陈再道被认定为事件的“主使”而失去自由；徐向前、徐海东等被诬蔑为“黑后台”而被抄家；武汉军区一大批领导干部被打成“军内一小撮走资派”；参加批斗谢富治、王力的独立师被强令解散；“百万雄师”被判为“百匪”“反革命组织”，联络站负责人被逮捕，基层组织迅速解体，群众受到摧残和迫害。据不完全统计，七二〇事件以后，全省被打伤、打残、打死的无辜群众总计18.4万人（主要是武汉的干部群众），其中，4000余人被打死，6.5万余人被打成重伤，1.1万余人被打成残废[①]。

七二〇事件表明，“天下大乱”“全面内战”的局势已发展到难以控制的程度。这种情况是“文化大革命”的发动者所没有预料到的，而这一灾难性局面恰恰是“文化大革命”错误理论和实践的必然结果。

---

① 中共武汉市委：《关于武汉七二〇事件的情况报告》（1978年9月18日）。

第十六章

“斗、批、改”运动的展开

1968年2月，湖北省革命委员会成立，遵照中央的部署，一方面通过全面的“斗、批、改”，落实政策，加强团结，制止武斗，恢复国家的正常秩序，把巩固无产阶级专政的任务落实到基层；另一方面，按照“抓革命、促生产”的基本方针，发展生产，提高人民的生活水平。这一时期，社会秩序逐步有所好转，连续两年下滑的国民经济有了恢复性增长。但是，“天下大乱”造成的破坏创巨痛深，留下的矛盾堆积如山，在全盘肯定“文化大革命”的前提下，局势是不可能稳定的，“斗、批、改”运动在许多方面继续制造着混乱。

第一节　各级革命委员会的成立

一、实行各群众组织“大联合”

1967年3月30日，《红旗》杂志第五期发表社论《论革命的“三结合”》，引述毛泽东的指示：“在需要夺权的那些地方和单位，必须实行革命的‘三结合’方针，建立一个革命的、有代表性的、有无产阶级权威的临时权力机构，这个权力机构的名称，叫革命委员会好。”①

① 陈东林：《中华人民共和国六十年实录》第三卷，吉林人民出版社2009年版，第182页。

实现这一目标的前提是制止武斗、促进各群众组织的大联合。

七二〇事件以后，曾思玉奉命由沈阳军区调往武汉军区主持工作。按照中央的要求，武汉军区党委负责湖北省革命委员会的筹建工作。1967年7月26日，武汉部队领导机关发布公告，检讨过去在“支左”工作中所犯的“方向和路线错误”，表示一定支持“革命左派”，要求各群众组织遵照毛泽东“革命群众组织实现革命大联合”的指示，立即消除派性、停止武斗，尽快实现大联合，为筹建革命委员会创造条件。与此同时，武汉军区命令空降兵某部进驻矛盾最尖锐的武汉市，成立以方铭为司令员的武汉警备区，对公、检、法机关和长江航运管理局、武汉铁路局实行军事管制，警备和守卫重要目标，维护社会秩序。

在实现“大联合”的过程中，围绕权力分配问题，造反派内部矛盾凸显并日趋激烈。这一矛盾在武汉地区反映最典型。“钢派”认为，“工总”是武汉最大的造反派组织，拥有更多的产业工人，最具革命精神，理应成为大联合的领导核心。“新派”提出，大联合应该是“革司联司模式”的大联合，而不是由少数几个大的组织控制。8月17日，“新华工”“新湖大”“新华农”等几个“新派”组织串连成立联合组织——“新武汉”。8月底，“钢派”策划成立“三结合总指挥部”作为省市革委会的过渡权力机关，并于9月4日成立“无产阶级司令部”。

9月上旬，《人民日报》和《解放军报》刊登毛泽东关于大联合的战略部署，传达关于“大批判、大联合和三结合、拥军爱民、抓革命促生产”的有关指示精神，批评大联合中“以我为核心”的倾向。9月16日，《湖北日报》转载《人民日报》《解放军报》和《红旗》杂志的社论《在革命的大批判中大力推进革命的大联合》。社论引用毛泽东的指示，重申“在工人阶级内部，没有根本的利害冲突。在无产阶级专政下的工人阶级内部，更没有理由一定要分裂成为势不两立的两大派组织”，提出要通过开展“革命的大批判”，推动各单位的“斗、批、改”，目前最关键的问题是实现革命的大联合。

9月19日，毛泽东乘专列到达湖北，在武汉停留4天。期间，他听取曾思玉关于湖北地区开展“文化大革命”的情况汇报，指出：湖北、河南两省地处中原，人口有1亿多。武汉扼守长江和京广线的咽喉，地位十分重要。要掌握两省军队,稳定局势;要搞好团结,学会做群众工作;要有计划、有步骤地解放干部,特别是要多解放一些地方干部,创造条件让他们站出来搞结合,抓革命,促生产、促工作、促战备[①]。在谈话中,他严厉批评“以我为中心”的思想倾向,指出:“只要两派都是革命群众组织,就要在革命的原则下实现革命大联合。两派要互相少讲别人的缺点、错误,别人的缺点、错误,让人家自己讲,各自多做自我批评,求大同,存小异。”他还要求对造反派和红卫兵“要进行教育,加强学习,要告诉革命造反派的头头和红卫兵小将们,现在正是他们有可能犯错误的时候”。毛泽东的讲话,试图在全盘肯定“文化大革命”的基础上,对一些极端的做法加以限制,使局面能够得到控制。

为传达毛泽东的指示,武汉军区和武汉警备区采取多种形式,邀请“三钢”“三新”等组织负责人集中学习,要求他们认清形势,统一思想,克服“以我为中心”的错误倾向,尽快按照要求搞好大联合。

武汉部队的明确要求,特别是毛泽东的讲话,给造反派组织很大压力。湖北地区的造反派纷纷表态,拥护大联合。9月21日,武汉“三司革联”召开第一届代表大会,通过《关于革命大联合的决定》,所属各个总部实现革命大联合;随后,“工总”和“九一三”宣布合并成立“工人联合司令部”,邀请“工造总司”参加;“工造总司”则宣布自己准备解散,成员并入其他工人组织建立大联合。短短几天之内,湖北地区上报实现大联合的战线和单位多达数百个,其中向武汉警备区上报实现联合的单位即达70余个。

然而,在表面热烈的大联合之下,造反派继续进行着激烈的派性斗争。“钢派”把拥护和参加大联合作为应付政治压力的一种策略,坚持唯我独尊,谋求在大联合中成为领导核心。他们在全市贴满“要以钢工总为核心,实现革命大联合”的标语。造反派负责人联名致电中央,反对在革委会中解放张体学等老干部,公开要求派王力来湖北担任省革委会主任。10月8日至10日,应毛泽东邀请,阿尔巴尼亚党政代表团来中国访问,到达武汉,中共中央政治局委员、国务院总理周恩来专程到武汉

① 曾思玉:《我的前一百年》下卷,大连出版社2013年版。

机场迎接。在机场等候周恩来和阿尔巴尼亚党政代表团期间，参加迎接的“钢派”和“新派”成员发生激烈争论，大打出手，双方伤亡惨重，造成极为恶劣的影响。

毛泽东、周恩来对湖北地区，特别是武汉市革命大联合中出现的反复非常不满。根据毛泽东的指示，周恩来在武汉召集武汉军区负责人和武汉地区 11 个造反派组织的头头们开会，严厉批评“以我为中心”的错误思想，明确指出：全国绝大多数省市将在 1968 年 1 月份以前成立新的政府机构，湖北省和武汉市不能例外；在新的机构中，不会让任何造反派中的人担任省、市革委会主要领导职务，革委会主任将由有经验的军队或地方干部担任；大联合要采取工代会和红代会的形式，不能拒绝工人、学生以及任何群众组织参与筹备这类代表大会。周恩来代表毛泽东主席和中共中央，确定了湖北各级革命委员会成立的期限、组织形式及主要负责人范围，明确了大联合的原则、途径和形式，有力地抑制了造反派攫取权力的企图，对湖北地区实现群众大联合发挥了很大的促进作用。

1967 年 10 月 17 日，中共中央、国务院、中央军委、中央文革小组联合发出《关于按照系统实行革命大联合的通知》，要求各工厂、学校、部门、企业单位在革命的原则下，按照系统、行业、班级实现革命的大联合，要求跨行业的群众组织按照自愿的原则进行必要的调整。武汉军区连续举办 3 期学习班，集中“内战不休、长期分裂”的 19 个地区、县的两派造反派头头到武汉学习、协商[①]，警告造反派不许破坏革命大联合，否则将清除出工代会或红代会领导小组，同时制定领导小组构成方案。

在中央和武汉部队的督促下，湖北地区大联合的进程加快。10 月 18 日，武汉测绘学院、武汉机械学院、武汉邮电学院的各派群众组织开会，宣布成立各校革命委员会。10 月中旬，武汉市交通系统所有的群众组织实现大联合。10 月 24 日，武汉地区“钢工总”“钢九一三”“工造总司”的负责人和代表经过协商，各出 3 名代表共同组成武汉市工代会

---

① 《湖北省革命委员会关于 11 个月主要工作的基本情况》，1969 年 1 月 8 日。

筹备小组。12 月中旬,武汉市各群众组织达成红代会和工代会领导小组构成协议,承诺按系统、行业联合,不干涉外市、县“文化大革命”,不再搞派性,反对一切破坏大联合的言论和行为,支持师生回校复课、工人返厂生产。12 月 17 日,新华社发表消息,宣布“在武汉已形成了革命大联合”。与此同时,荆州、宜昌、襄阳、黄石、孝感等地区造反派组织也相继签订或达成大联合的协议以及停止武斗的协议,这些都为全省各级革命委员会的成立准备了必要的条件。

二、省革委会和各地革委会的成立

1968 年 1 月 1 日,《人民日报》《解放军报》和《红旗》杂志发表经毛泽东批准的元旦社论,提出“人类历史上第一次文化大革命,已经在 1967 年取得了决定性胜利”,1968 年的主要任务是号召各地区进一步“促进革命大联合,建立‘三结合’的各级革命委员会”。

在实现省、市群众组织形式上的大联合后,武汉军区把工作重点放在筹建革命委员会上。

按照规定,革命委员会由革命干部的代表、军队的代表和革命群众的代表三方组成,称之为“革命的三结合”。在筹建过程中,除了军队的代表较易产生外,群众组织代表,特别是干部代表受到造反派的刁难和阻碍,难以达到一致。许多地区或单位的革委会代表人选需要解放军驻军部队、军管会与各派群众组织反复协商,原定成立革委会的时间被一再推迟。

为排除障碍,武汉军区临时党委决定,集中湖北、河南两省军分区、县人武部主要干部在北京举办学习班,结束后将部分干部在省内或两省之间进行对调,改变部分干部在原地被斗挨批的处境。同时,以举办学习班为主要形式,大量集训湖北其他战线的干部,一方面要求各级干部正确认识形势,正确对待群众,正确解剖自己;另一方面召集各群众组织,耐心地做说服工作,引导他们正确评议领导干部,创造解放干部的有利条件。曾思玉亲自陪同张体学与群众组织头头见面,进行交谈,取得谅解。经过军区临时党委耐心细致的工作,张体学、韩宁夫、姜一、赵修等领导同志被解放出来,结合进省领导班子。

1月28日，武汉军区临时党委会坚决抵制造反派关于反对张体学等干部进入革委会的意见，正式上报湖北省革委会组成人选，拟定省革委会由175名委员组成，按照“军、干、群”三结合的原则，委员中群众代表100名（工人35名，贫下中农30名，学生25名，机关干部和其他群众组织10名），占57%；地方领导干部30名，占17%；军队代表25名，占14%；另有20个名额留作机动，占11%。2月1日，中共中央、国务院、中央军委、中央文革小组批示：“同意武汉军区临时党委会一月二十八日关于成立湖北省革命委员会的请示报告。”在批示中，中央把王任重定为“湖北走资本主义道路的当权派”。

2月5日，湖北省70万军民在武汉市新华路体育场及8个分会场举行大会，宣布湖北省革命委员会正式成立。省革委会由37人任常委，其中军队干部9人，地方干部11人，群众代表17人，由曾思玉任主任，刘丰、张体学、任爱生、梁仁魁、朱鸿霞、饶兴礼、杨道远、张立国任副主任。以后，省革委会领导成员多次变动，陆续有康世恩、信俊杰、潘振武、朱业奎、赵辛初、韩宁夫、夏世厚、王步青、阎钧、李夫全、王利滨、丁凤英、马学礼等一批老干部被“结合”进省革委会，担任副主任。省革委会实行党政合一、高度集中的领导体制，革委会内部的“党的核心领导小组”为同级党的领导部门，由革委会的党员负责人组成；革委会对原党政机关工作人员进行大幅度精减，只设政工、生产、办事和政法四大组，有工作人员150—200人，为原有人员的三十分之一到二十分之一，被精减下来的省直机关干部被集中到黄陂、应山县参加“斗、批、改”。

2月7日，《人民日报》《解放军报》发表题为《长江万里起宏图》的社论，祝贺湖北省革命委员会的成立。社论提出：湖北要大力办好毛泽东思想学习班，搞好各级领导班子的革命化；广大无产阶级革命派要以“斗私批修”为纲，加强无产阶级党性，打倒资产阶级、小资产阶级派性，从思想上、政治上不断发展和巩固革命的大联合，开展革命的大批判，推动各单位的革命三结合和“斗、批、改”。

2月13日至15日，湖北省革命委员会举行第一次常委扩大会议，号召在全省广泛深入地开展活学活用毛泽东思想的群众运动。2月24日，湖北省革命委员会正式下发《关于思想、作风革命化的决定》，要求各级革命委员会加强思想、作风革命化建设，把革委会建成学习、执行、宣传、捍卫毛泽东思想、进行阶级斗争的坚强指挥部。随后，省革委会通过举办学习班的形式，集中问题较多的39个地区、县的690余名群众组织代表、革命干部代表以及革委会筹备组的成员，协商解决问题和矛盾。各地区、各院校以及各大中型企业也通过大办“毛泽东思想学习班”、开展“斗私批修”、反对派性斗争，相继建立了本级或本单位“三结合”的革命委员会。

在省革委会建立之前，武汉市革委会于1月20日成立，方铭任市革委会主任，杨春亭、张昭剑、李长根任副主任。随后，宜昌地区革命委员会、东风（孝感）地区革命委员会相继成立。到1968年3月，黄石市和襄阳、荆州、黄冈、咸宁、恩施、郧阳6个专区成立了革命委员会。到9月2日，全省两个省辖市、8个专区和72个县以及丹江口工区成立革委会，城市中所有大中型厂矿企业、大专院校和农村中各公社均由革委会行使职权①。9月4日，湖北省和武汉市召开有10万群众参加的庆祝大会，庆祝实现全省“一片红”。

革委会以抓阶级斗争为基本职能，被认为是“领导广大革命群众向阶级敌人进攻的战斗指挥部”。它虽然不能不承担起管理社会经济、文化、人民生活等方面的职能，但由于坚持阶级斗争这个“纲”，这些职能不可能放到应有的位置。在实际工作中，革委会非但没有达到政治民主、联系群众、精简高效、廉洁正派的理想境界，反而更加加重了高度集中、党政不分的传统体制的弊端。一批造反派骨干分子进入各级领导部门，这些帮派势力的骨干分子既无党政领导工作的经验和能力，也没有为人民、为社会服务的觉悟，却有着强烈的个人野心和派性观念，在革委会内外继续兴风作浪。革委会体制上的弊端及其领导成分的严重不纯，成为“文化大革命”结束前湖北政治生活长期难以安定的重要因素。

然而就当时的情况看，有个统一的机构相比无政府状态，总是一个进步。全省各级革委会的普遍建立，在一定程度上结束了“文化大革

① 《湖北省革命委员会通知》，1968年9月2日。

命”前期的全省大动乱局面，填补了权力的真空半真空状态，恢复了基本的秩序和权威，承担了组织工农业生产和管理社会生活的责任。在“三结合”中，一批“靠边站”的地方干部进入领导机构，一些熟悉经济工作的领导干部回到生产指挥系统，使得全省各项工作有可能逐步恢复和展开。尤其是省第三次党代表大会前后，一批党政一把手得到解放，在领导岗位上发挥核心作用。

三、制止武斗和稳定社会局势

在筹建革委会的过程中，湖北省驻地部队十分注意维护社会稳定。1968 年 1 月，鉴于在“文化大革命”运动冲击下中共湖北省军区委员会不能正常工作，武汉军区临时党委决定由张洪、张竞等人组成中共湖北省军区临时委员会，任命湖北省军区副政委张洪为书记。2 月 7 日至 8 日，中共湖北省军区临时委员会召开扩大会议，张洪作题为《增强党性，克服派性，坚决执行支“左”不支派》的报告，强调资产阶级、小资产阶级派性是一种反动的社会思潮，是制造武斗、造成社会混乱的根源，要坚决抵制资产阶级派性和无政府主义思潮的影响，今后群众组织，无论哪一派，符合毛泽东思想的就坚决支持，不符合毛泽东思想的就帮助他们改正。

湖北省革委会成立后，积极采取措施，力图稳定社会局势。3 月 2 日，省革委会召开全省电话会议，传达贯彻中央《关于进一步实行节约闹革命，坚决节省开支的紧急通知》（简称《二一八紧急通知》），提出各级财政、税收、银行和各单位财务部门要克服派性影响，不准参加本单位以外的群众联合组织，不许利用职权参加或干预外单位的两派斗争，不许以任何借口冲击金融部门，要求各级革委会、军分区和县市人武部维护铁路、港口、交通运输秩序[①]。3 月 12 日，省革委会发出《关于进一步搞好中、小学校复课闹革命的通知》，要求所有中小学校停止大串连，师生员工中尚未返校者，必须立即返校复课；各级各类学校要在革命的原则下，迅速按教学班、级的系统大联合，建立三结合的领导班子；在复课闹

① 《高举毛泽东思想伟大红旗，掀起进一步节约闹革命的新高潮》，1968 年 3 月 2 日。

革命中，要热情对待教师，大胆解放干部，建立起新型师生关系。3 月 20 日，省革委会对红卫兵查抄的财物提出处理意见，规定：凡地主、富农、反革命、坏分子、右派（包括划而未戴、已摘帽但表现不好的）被查抄的财物，原则上一律上交，但须退还本人生活必需品；劳动人民和革命群众被错抄的财物，全部退还本人，原物遗失或损坏的，作价赔偿；地、富、反、坏、右及资产阶级的子女被查抄的财物，除少数坚持错误立场者外，确系本人劳动所得的应予退还；归国华侨、侨眷和港澳同胞被查抄的财物按国务院有关批示办理；除以上四种人外，其他被抄家对象先退还生活、生产必需品，其他财物暂缓处理[①]。随后，省革委会又向地、市、县发出通知，鉴于各级革委会已大部分成立、公安机关已实行全面军管，决定将拘留、逮捕和判刑权限上收，规定捕人批准权限由地区、省辖市革委会掌握，不得下放；牵涉到“文化大革命”的案件、县以上革委会成员的案件由省革委会处理[②]。

省革委会上述措施，旨在维持正常的社会秩序，维护人民群众最基本的人身和财产安全，对极端行为、极左分子进行批评和约束，这引起派性分子的仇视。1968 年 3 月，江青等人提出目前在全国“保守思潮抬头了”，“右倾翻案是主要危险”，“主要特点是否定革命造反派”，掀起“反对右倾保守主义、反对右倾分裂主义、反对右倾投降主义和粉碎翻案复辟风”（简称“三反一粉碎”）的运动。3 月 28 日，湖北少数造反派头头发表声明，攻击湖北地区“走资派还在走，二月逆流还在流，解放军支保，造反派受压”，“根子在省、市革委会，在军队”，煽动造反派组织重新拉起山头，杀向社会，“打大仗、打硬仗、打恶仗”。3 月底，少数造反派头头组织成立“二十八个厅局夺权指挥部”，企图夺取省、市厅局权力，架空省革委会。4 月 10 日，《湖北日报》转载《人民日报》《解放军报》社论，里面发表毛泽东的一段话：“无产阶级文化大革命，实质上是在社会主义条件下，无产阶级反对资产阶级和一切剥削阶级的政治大革命，是中国共产党及其领导下的广大革命人民群众和国民党

① 《湖北省革命委员会关于红卫兵查抄财物处理的请示》，1968 年 3 月 20 日。

② 《湖北省革委会关于向坏人专政的几个具体政策问题的通知》，1968 年 4 月 9 日。

反动派长期斗争的继续,是无产阶级和资产阶级斗争的继续。”[①] 少数帮派头目借贯彻“最新批示”为由,将矛头对准所谓“不甘心失败的右倾主义、分裂主义、投降主义和复辟翻案风”,试图在全省制造更大的内乱。

武汉再次成为全省帮派活动猖獗的地区。4月17日,武汉少数帮派头头在湖北省新华印刷厂召开所谓“钢工总政工会议”,作出决议:以“二八声明”鲜花派为骨干、大力发展“钢派”组织,扬言要“武斗夺取政权”。4月23日,“钢派”操纵武汉市工代会,宣布成立“群众专政指挥部”,对不同观点的干部群众进行迫害。他们扩大自己势力、攻击不同观点群众的做法,遭到“新派”反对,两派矛盾迅速公开化,引发大规模武装冲突。从5月开始,两派明目张胆地进行大规模抢枪行动,共抢得人武部和军用仓库枪支10万余支、子弹1000万发,各自加紧构筑工事,占领制高点。5月3日,“钢工总”的“江城前哨”战斗集团围攻新中原机械厂,双方使用手榴弹、步枪和机枪,造成2人死亡,57人受伤,数百万元厂房及设备被毁。5月4日,“钢”“新”两派又在武汉肉类联合加工厂发生武斗,彼此动用了迫击炮等重型武器,相互射击。

公开抢枪和大规模武斗由武汉向周围地区蔓延。仅5月11日到23日,全省共有8个地区、32个县市发生抢枪事件50多起,被抢单位48个,抢夺各种武器35支(挺)、子弹66万余发。这次抢枪风表现出3个明显趋势:一是从抢劫一般军事仓库发展到抢劫国防战备仓库和劫夺野战部队的武器,黄石市和荆州地区一些部队的枪支被抢,流失严重;二是由暗抢发展到明抢,一些造反派由夜间零星抢劫发展到白天聚众抢劫、用汽车搬运,有些地区对立的两派同时抢劫一个仓库,当场引起武斗;三是对抢夺的枪支任意发放,造成人心恐慌,加剧了社会紧张局势[②]。得到武器装备的造反派立即组织大规模武斗。

---

① 《芙蓉国里尽朝晖——热烈欢呼湖南省革命委员会成立》,《人民日报》1968年4月10日社论。

② 《湖北省革命委员会向中共中央、国务院、中央军委、中央文革的紧急报告》,1968年5月28日。

对于逐步升级的武斗，湖北省革委会采取坚决制止的措施。4月16，省革委会发布《关于加强无产阶级专政，维护社会革命秩序的通令》，明确指出任何组织、任何人绝对不准抢夺人民解放军的武器、弹药、装备、车辆、器材、物资，必须在本通令下达后7天以内将抢得的武器装备送交当地驻军、人武部，私藏不交者，由当地驻军、人武部强行收缴；抗拒不交者，依法论罪。通令再次重申“严禁武斗，严禁行凶打人，严禁私自抓人和抄家，严禁侵占、砸抢、破坏国家和集体财产及个人财产，严禁冲击和进驻军事机关，严禁拦截、抢劫火车、汽车、船只和其他交通工具”。这次通令被称为“四一六通令”。5月23日，省革委会再次发出《关于坚决制止抢夺人民解放军武器、弹药、装备、物资的紧急指示》，指派由3名副主任组成工作组，前往抢枪风比较严重的武汉、荆州、东风（孝感）、黄石等协调指导工作。“四一六通令”虽然对稳定广大城市、农村的生产生活秩序起到一定作用，但在当时极左思潮和无政府主义泛滥的情况下，未能起到令行禁止和制止混乱的目的。

1968年春开展的“三反一粉碎”运动，使湖北省原本脆弱的“大联合”瓦解，各地造反派重拉队伍，再占山头，大搞武斗，一些地区的派性争斗发展到有预谋地制造一连串大规模破坏活动。湖北省再度出现的混乱局面，特别是造反派成员光天化日之下的抢枪事件，震惊中央。5月28日，中央军委、中央文革电令武汉军区和“钢”“新”两派组织，指出抢枪“是违反中央命令的犯法行为”①，武汉军区必须立即制止，责令这些组织立即交回抢夺的枪支。29日凌晨，省革委会立即召开有省、市革委会常委，各群众组织负责人和武汉军区、省军区、警备区负责人参加的紧急会议，提出5条具体措施：（一）立即传达中央电令，掀起广泛、深入、强大的宣传声势；（二）立即制止抢枪，已经抢夺的武器、弹药和各种装备、物资，由各群众组织负责全部送交原单位，对个别煽动抢枪和打伤解放军战士的坏人，由各群众组织扭送公安、检察、法院和军管会处理；（三）采取有效措施，制止武装冲突，各群众组织必须立即撤除自行

---

① 《中央军委、中央文革致湖北省革命委员会急电》，1968年5月28日。

设立的据点和工事;(四)进一步开展拥军爱民活动,揭露挑拨和破坏军民关系的坏人;(五)责成武汉警备区,组成有各群众组织参加的三结合检查小组,负责检查收缴武器和撤除据点的落实情况。6月22日,省革委会致电各地区、县(市)革委会、军分区、人武部并转群众团体,批评荆(州)沙(市)、襄阳、丹江口等地一些群众组织拒不执行中央制止抢枪的指示,继续抢劫和冲击武装部队,责令他们立即停止违法活动,限期归还抢劫物资,逾期不交者,由当地革委会会同驻军或“支左”部队予以严惩。7月7日和7月24日,省、市革委会先后两次召开万人誓师大会,宣读中共中央、国务院、中央军委、中央文革小组“七三布告”“七二四布告”,要求全省所有派别立即停止武斗,解散专业武斗组织,对肇事的组织采取果断措施强行收缴武器,拆除武斗工事、据点,无条件地恢复铁路交通,交还抢去的现金、物资和武器装备,逮捕指挥打、砸、抢的坏人,依法严惩确有证据的杀人放火、破坏交通运输、冲击监狱、盗窃国家机密、私设电台等现行反革命。

在贯彻落实中央“七三布告”“七二四布告”的过程中,省革委会注意结合制止武斗,大胆解放干部,增强与派性斗争的领导力量。8月3日,省革委会副主任张体学在省、市、地区革委会正副主任紧急会议上,就主流与支流、巩固发展革命大联合、收缴武器、解决跨行业组织、对军队态度、解放干部等问题发表旗帜鲜明的讲话,要求各地解除顾虑,大胆解放干部,只要他们不是叛徒、特务和顽固不化的“走资派”,只要他们本质是好的,即使有所谓的错误,也要让他们出来工作。他代表武汉军区和省革委会警告派性头目,不要“唯我独左”,“唯我独革”,不要破坏大联合,不要搞武斗集团,不要冲击革委会。接着,张体学在湖北省农村政治工作会议上再次发表讲话,指出目前广大群众对两件事很有意见,一是对武斗深恶痛绝,二是大批领导干部长期得不到解放,革命、生产没有人来抓,因此,必须将制止武斗和解放干部当作目前的重点工作来抓。

9月6日,湖北省革委会常委扩大会议通过《关于按照系统、按照行业、按照班级实现革命大联合,彻底解决跨行业组织问题的决议》。决议指出,目前省内有些人迷恋自己的小山头,不愿意撤销跨行业的组织;有些人派性严重,“唯我独左”,“唯我独革”,凭借自己的小山头进行宗派活动,破坏革命队伍的团结;有些人从个人私利出发,把小山头作为个人争权夺利的资本,使有些群众组织成为针插不进、水泼不进的独立王国;有些人操纵群众组织,组织武斗集团,大搞打、砸、抢、抄,与各级革委会分庭抗礼,甚至颠覆或取代革委会指挥全省,这些现象表明在全省革委会已经普遍建立的情况下,跨行业的组织已成为当前工作的障碍,必须彻底铲除山头,进行归口大联合[①]。决议要求所有群众组织的总部、分部、指挥部必须立即撤销,停止一切活动,其所属人员应立即返回单位生产和上课;所有群众组织,都要与外地、外单位的一切群众组织脱钩;坚决取缔一切武斗集团,无条件地撤除武斗据点和工事,全部上缴一切武器和武斗凶器;尚未实现革命大联合和革命三结合的单位,要尽快实现归口革命大联合。省、市革委会还对继续抗拒革委会命令、继续打砸抢抄的人员进行打击,抓捕一批犯罪分子。12 月 5 日,汉口、武昌分别举行万人公审大会,对 43 名案犯予以判刑,其中 7 人判处死刑。

在中共中央和中央军委的支持下,武汉军区和省革委会经过艰苦努力,平息了武斗,基本收缴被抢夺的武器装备,实现各群众组织的归口顺利管理,在一定程度上抑制了动乱。从这时起,虽然还有反复,但就全省来看,形势开始趋于稳定,社会秩序、生产秩序开始逐渐恢复。

第二节　“斗、批、改”运动的全面开展

“斗、批、改”的任务,最早是 1966 年 8 月党的八届十一中全会通过的《中国共产党中央委员会关于无产阶级文化大革命的决定》中提出的。决定认为“文化大革命”的目的是“斗垮走资本主义道路的当权派,批判资产阶级的反动学术‘权威’,批判资产阶级和一切剥削阶级的意识形态,改革教育,改革文艺,改革一切不适应社会主义经济基础的上

① 《湖北省革命委员会关于按照系统、按照行业、按照班级,实现革命大联合,彻底解决跨行业组织问题的决议》,省革命委员会常委扩大会议 1968 年 9 月 6 日通过。

层建筑”。这段话被概括为“斗、批、改”。党的九大前，毛泽东提出：“建立三结合的革命委员会，大批判，清理阶级队伍，整党，精简机构，改革不合理的规章制度，下放科室人员，工厂里的斗、批、改，大体经历这么几个阶段。”①

1969年4月1日至24日，中国共产党在北京召开第九次全国代表大会。大会通过的政治报告和党章，使“文化大革命”的错误理论和错误实践合法化。按照毛泽东的设想，党的九大之后，“文化大革命”进入“巩固胜利成果”的阶段，主要内容是开展“斗、批、改”运动。九大前后到1970年九届二中全会之前，湖北开展的各项政治活动，基本都包括在“斗、批、改”之中。

一、开展“活学活用”毛泽东思想的群众运动

“活学活用”毛泽东思想，摆在“斗、批、改”运动的第一位。

学习毛泽东的著作，本来是党对人民群众进行思想教育、提高理论水平和觉悟的一种途径。“文化大革命”开展之前，“活学活用”毛泽东思想的群众运动已经出现。“文化大革命”开始之后，这一运动进入新的阶段，被政治化、简单化和庸俗化。

湖北“活学活用”运动，大体经历四个阶段。

第一阶段，学习毛泽东著作。

1966年2月2日，省委发出《关于深入开展学习毛主席著作的通知》。2月5日至20日，省委召开省农村工作会议，着重讨论突出政治、学习毛泽东著作的问题，要求各地就政治与生产的关系展开辩论。此后，农村各县召开县、区、社、大队四级干部会议，各社召开大队、生产队和贫下中农代表会，把学习毛泽东著作的运动落实到基层。3月20日，省委召开常委会议，要求各级党委加强对运动的领导，使学习毛泽东著作的活动经常化、制度化。6月25日，省委组织省、地、县、区四级书记1000余人，用上门请教的办法，到随县洪山区，向贫下中农学习“活学活

① 姚文元：《工人阶级必须领导一切》，《红旗》杂志1968年第2期。

用"毛泽东著作的经验[①]。9月15日至25日,省委、省人委召开专员、市长会议,推广"五坚持"(坚持带着问题学、坚持以改造世界观为主、坚持开讲用会、坚持领导带头学、坚持学习时间和学习制度)的经验。省委编印出版供工人、农民学习的《毛泽东语录一百条》,印刷数百万册分发给全省工人、农民和驻地部队。"文化大革命"开始后印制毛泽东著作和毛泽东像剧增。据不完全统计,从1966年"文化大革命"开始到1968年12月,在两年半的时间内,湖北省共发行《毛泽东选集》1—4卷770万部,是"文化大革命"前15年发行量总和的20倍;发行《毛泽东语录》2740万册,毛泽东著作各种汇编本、单篇本5330多万册,毛泽东各种画像1233亿张。

第二阶段,举办毛泽东思想学习班。

1967年12月,毛泽东发表"办学习班,是个好办法,很多问题可以在学习班得到解决"的谈话。通过举办学习班学习毛泽东著作成为"活学活用"的流行方式。1968年2月24日,省革委会通过《关于进一步掀起活学活用毛泽东思想伟大群众运动新高潮,全面落实毛主席最新指示的决议》,认为毛泽东思想学习班是"活用活用"毛泽东思想、群众自己教育自己的好形式,要"以最大的热情,下最大的决心,用最大的力量"办好,规定在1968年内全省干部、群众至少要参加一到两期学习班。5月和8月,省委先后作出《关于学习"无限忠于毛主席革命路线的好干部"门合同志[②]的决定》和《深入开展"三忠于"运动的决定》,对举办毛泽东思想学习班进行部署,推广新洲县东风公社在举办学习班中"学习一条最新指示,批判'中国赫鲁晓夫'一个谬论,肃清一个方面的流毒,树立一个革命观点"的方法[③]。在1968年,全省共举办各种类型毛

① 《虚心学习贫下中农活学活用毛主席著作的经验——中共湖北省委关于召开四级干部会议向中央、中南局的报告》,1966年8月20日。

② 1968年4月23日,中共中央、中央军委、中央文革发布了向门合学习的命令。门合是青海省军区某部二营副教导员,1967年9月5日,在执行"支左"任务中,由于装置土火箭时炸药意外爆炸,门合为保护在场的27人,扑到炸药上,献出生命。

③ 《湖北省革命委员会批发全省农业生产工作会议纪要》,1968年6月5日。

泽东思想学习班27万期，参加人数达1659万多人次[①]。

第三阶段，组织毛泽东思想宣传队。

1968年2月17日至28日，省革委会召开全省农村抓革命促生产会议，传达中共中央《关于今冬明春农村“文化大革命”的指示》，决定各级领导机关抽调二分之一的人员组成毛泽东思想宣传队，深入农村生产第一线，与贫下中农同吃、同住、同劳动、同学习。截至4月底，省革委会统一派到农村的宣传队有18600余人[②]。其后，省委作出关于加强毛泽东思想宣传队的若干决定，强调省、地、县三级都要组织和加强毛泽东思想宣传，深入工矿、农村等基层单位，展开声势浩大、广泛深入的毛泽东思想大宣传、大学习、大落实活动。8月25日，中共中央、国务院、中央军委、中央文革小组联合发出《关于派工人宣传队进学校的通知》，要求“在各级革命委员会领导下，以优秀的产业工人为主体，配合人民解放军战士，组成毛泽东思想宣传队，分期分批进入各学校”。27日，根据中央的批示，湖北省、武汉市革委会组织首批工人毛泽东思想宣传队1000余人进驻武汉钢铁学院等单位。此后，派遣工宣队、军宣队、农宣队进驻学校的办法，不仅在各教育单位普遍施行，而且扩大到除军管以外的各级党政机关。到1968年12月，湖北省先后组织4批由工人、贫下中农、解放军组成的毛泽东思想宣传队，进驻学校、机关、医院、文艺团体、新闻、科研等1500余个单位[③]。1969年1月，湖北省组织总数约80万人的贫下中农毛泽东思想宣传队开进社、队和部分城镇。2月7日，省革委会把贫宣队的工作任务归纳为“学、忆、查、斗、促”。学，指学习毛泽东思想和中央文件；忆，指忆苦思甜，进行阶级教育，激发阶级感情；查，指发动群众查敌情，通过摆村史、家史、本队阶级斗争史，查新中国成立19年以来的敌对破坏活动；斗，指开展大批判；促，指组织专门班子，抓革命，促生产。

第四阶段，学习毛泽东哲学著作。

1969年下半年至1970年上半年，《人民日报》和《红旗》杂志等多

---

① 《湖北省革命委员会关于11个月主要工作的基本情况》，1969年1月8日。

② 《湖北省革命委员会关于毛泽东思想宣传队工作总结的通知》，1968年5月4日。

③ 《湖北省革命委员会关于11个月主要工作的基本情况》，1969年1月8日。

次发表工农兵学习毛泽东哲学著作的文章，并用社论或评论员文章等形式，要求人们结合阶级斗争、生产斗争和科学实验这三大革命实践，把辩证唯物主义和历史唯物论当作改造客观世界和主观世界的锐利武器。当时，在湖北产生了一些基层干部和群众学习毛泽东哲学著作的典型。这些长期工作在基层的干部群众坚持理论联系实际，具体分析和解决生产和工作中的实际问题，取得了一定的效果。1970 年 4 月 19 日，《湖北日报》在第二版开设“学哲学，用哲学”栏目，刊登《动机与效果》《客观规律性与主观能动性》等文章，运用毛泽东哲学思想分析和解决实际问题。这些文章有理论，有实际，有一定的可读性。

很快，学习毛泽东哲学思想的活动上升到政治层面。1970 年党的九届二中全会作出“全党要认真学习毛泽东哲学著作”的指示，提出学习毛泽东哲学思想是搞好“斗、批、改”的需要，是无产阶级专政下“继续革命”的需要。1970 年 9 月 29 日，中共湖北省革命委员会核心领导小组作出《关于加强省革委会领导干部活学活用毛泽东思想的通知》，提出要重点学习毛泽东的《矛盾论》《实践论》《关于正确处理人民内部矛盾的问题》《人的正确思想是从哪里来的》四篇哲学著作和《农村调查》的序言与跋，在省革委会内建立领导干部学习组，要求同全省正在开展的路线分析、路线讲用结合起来，规定每周四全天作为学习日、每月讨论两次。此后，各级革委会均成立学习组，广泛开展学习毛泽东哲学著作的活动。

“活学活用”毛泽东思想的群众运动，造成表面上一片理论学习的繁荣景象，在客观上普及了马克思主义的一些理论和观点，反映了广大干部群众对毛泽东的深厚感情和无比热爱。但是，这种带有明显形式主义、实用主义的学习和宣传方式，“把马列主义、毛泽东思想当做僵死的教条，当做包医百病的万应灵丹，能够给现实生活中的一切具体问题提供现成答案的问答集”①。这种貌似重视理论、重视理论联系实际的做法，恰恰违背、阉割了马克思主义、毛泽东思想的精髓，背离了理论联系实际的原则。更有甚者，“活学活用”运动在林彪等人的主导下，大搞个人崇

① 郑谦、张化：《毛泽东时代的中国》（三），中共党史出版社 2003 年版，第 157 页。

拜和个人迷信，极力把毛泽东神化，存在简单化、庸俗化的问题，在党的思想、作风建设上造成了恶劣影响。

二、“清理阶级队伍”和处理“反复旧”“北决扬”运动

清理阶级队伍，当时认为这是为了建立一支所谓“以无产阶级左翼为骨干的无产阶级队伍”，从而“为政权建设、党的建设打下良好的基础”[①]。清理的对象包括两种人，一种人是所谓的“走资派”及叛徒、特务、地、富、反、坏、右，另一种人则是群众组织里的“坏头头”“混进群众组织里的坏人”。

1968年6月10日至21日，省革委会召开开展革命大批判、清理阶级队伍座谈会，学习贯彻5月25日中共中央转发的《北京新华印刷厂军管会发动群众开展对敌斗争的经验》，部署湖北省革命大批判和清理阶级队伍工作。21日，省革委会在批转的会议纪要中指出，革委会成立后，主要矛盾仍然是无产阶级革命派、广大革命群众同小撮阶级敌人的矛盾，斗争的焦点仍然是政权问题，当前的主要任务是深入持久地开展革命大批判，认真清理阶级队伍，把一小撮阶级敌人不仅从组织上打倒，而且从政治上、思想上、理论上彻底批臭。6月23日，《湖北日报》发表题为《深入开展革命的大批判，扎扎实实清理阶级队伍》的社论，强调“清理阶级队伍，就是对敌斗争，是同国民党反动派、同资产阶级长期斗争的继续”；各专区、各单位“要通过革命大批判促进清理阶级队伍”，“取得思想革命化和组织革命化的双胜利”。

省革委会在抓试点的基础上，明确“清理阶级队伍”的工作方法和步骤。主要是：(一)统一思想。学习毛泽东亲自抓的“六厂二校”[②]的典型经验，寻找本身工作的3个不足（对毛主席政策策略的领会不如他们深，对落实政策重要性的认识不如他们好，对执行党的政策的自觉性不如他们高）。(二)用政策武装群众。各地、县通过召开广播大会、电话

① 北京市革命委员会：《关于清理阶级队伍工作中几个问题的通知》（1968年5月15日）。

② “六厂二校”，指的是北京针织总厂、北京新华印刷厂、北京北郊木材厂、北京化工三厂、北京二七机车车辆工厂、北京南口机车车辆机械厂以及北京大学、清华大学。

会议、派出宣传队、建立宣传网等方式，开展声势浩大的宣传活动。（三）开办政策学习班。各地组织“三支两军”人员、专案人员、清队积极分子和广大群众共计60万人，开办8000多期学习班，分析各种案例，划分政策界线，总结经验教训。（四）搞好调查研究。各单位建立专案班子，发动群众开展内查外调工作，要求坚持反复调查、反复研究、反复核实的原则。（五）树立宽严样板。各地层层召开“宽严大会”，公开审判“问题人员”，当场逮捕“拒不交代问题的顽固分子”，组织“坦白好的人”现身说法，当场予以“解放”，开展攻心战。（六）注意以点带面，总结经验。湖北省、武汉市革委会总结推广华中师范学院“坚决落实毛主席对知识分子政策”和汉阳木材防腐厂“在对敌斗争中认真落实毛主席的‘给出路’的政策”的典型经验[①]。

湖北省“清理阶级队伍”从1968年6月全面展开。全省参加查案的人员达84万，进驻到62352个单位，初步揭发的所谓“叛徒”“特务”“死不改悔的走资派”“没有改造好的地富反坏右”“现行反革命分子”线索26.44万条，涉案人员达二三十万人，范围呈现急剧扩大的态势[②]。

1969年1月1日，中央“两报一刊”（《人民日报》《解放军报》和《红旗》杂志）发表元旦社论，刊出毛泽东关于“清理阶级队伍，一是要抓紧，二是要注意政策”的指示。省革委会当日发出通知，要求各级革委会认真传达学习，掌握政策原则，严格区分两类不同性质的矛盾，把广大群众与混进群众中的极少数坏人加以区别；把有一般历史问题的人和叛徒、特务、反革命分子加以区别；把反党反社会主义的右派分子同拥护党和社会主义但说过一些错话、做过一些错事或写过一些不好文章、不好作品的人加以区别；把一小撮阶级敌人和他们的不坚持反动立场的家属、子女加以区别。1月12日，省革委会召开省、地（市）和大型厂矿、企业革委会负责人联席会议，再次强调清理阶级队伍要注意政策，要稳、

① 《我省清理阶级队伍中落实毛主席的无产阶级政策的做法和成果》，湖北省革命委员会办事组编：《情况反映》第23期，1969年4月18日。

② 《当前农村斗批改运动的进展的基本情况》，湖北省革命委员会编：《情况反映》第30期，1969年6月7日。

准、狠，防止搞“逼、供、信”，防止扩大化。会议认为，从公社到县、地区的领导班子，绝大多数是好的或比较好的，“解放”出来的干部，绝大多数是敢于负责并积极工作的。

尽管采取上述措施，但是由于“清理阶级队伍”是在阶级斗争扩大化和“天下大乱”的背景下展开的，是在没有法治约束和党的有些政策被弃之不顾的环境下进行的，运动带有强烈的主观随意性，往往成为派性争斗、挟嫌报复、排除异己、打击报复和处理一些所谓“历史问题”的堂皇理由。1968 年下半年至 1970 年，“清理阶级队伍”在全省达到高潮，许多人被无中生有、捕风捉影地诬为“阶级敌人”，被“群众专政”的人迅速增加，出现了大量的冤、假、错案，致使一大批无辜的党员干部和群众蒙受冤屈，身心受到极大打击和伤害。至 1971 年 6 月，省革委会政法组统计，全省清理出混入干部队伍的所谓“叛徒”“特务”“反革命分子”和其他有重大政治历史问题的共计 3.04 万人，其中县团级以上干部 767 人。

在开展“清理阶级队伍”的过程中，湖北省严肃处理了“反复旧”运动。“反复旧”运动是湖北少数造反派头目发起的、针对解放老干部和知识分子的动乱。

在“斗、批、改”过程中，湖北各级革委会陆续解放一批干部，安排他们重返工作岗位，到 1969 年 4 月，省、地两级获得解放的干部为 60% 以上，县级获得解放的干部为 70% 以上，区级获得解放的干部为 80% 以上，公社级获得解放的干部为 90% 以上。在全省 8 个地区中，郧阳、黄石、荆州、咸宁解放干部的步伐最快。以郧阳地区为例，全区原有社以上干部 2918 人，已结合进领导班子的 2166 人，占 74.2%；已解放还未结合进领导班子的 523 人，占 17.8%；未解放的只有 91 人，占 3.2%；群众组织要打倒的 138 人，占 4.8%。全省尚未解放的干部以县级以上干部居多，约占总数的 30%，这些干部之所以未能得到及时解放，主要原因有两个：一是这些干部拒绝承认自己犯了所谓的“路线错误”，二是造反派闹派性，纠住他们所谓的“历史问题”不放[1]。为此，湖北省革委会在《一九六九

① 《我省解放干部的情况》，湖北省革委会办事组编：《情况反映》第 20 期，1969 年 4 月 11 日。

年工作要点》中提出“要继续做好教育干部、解放干部的工作，把大多数干部及时解放出来”。

对于已经解放的干部，湖北省革委会鼓励他们解除顾虑，大胆工作。主持省革委会日常工作的副主任张体学发表讲话，强调“解放出来的干部，绝大多数表现是好的，敢于负责，积极工作”，同时针对造反派对他们的阻挠，鼓励他们敢字当头，无所畏惧。他说：“毛主席对我们宽大，群众对我们谅解，我们应该大胆工作，现在还怕什么？毛主席曾经批评我们，不敢说话，无非是一怕扣为机会主义，二怕撤职，三怕开除党籍，四怕老婆离婚，五怕坐班房。我看只要准备好了这几条，看破了红尘就什么都不怕了！”①

造反派头目把老干部视为眼中钉，认为湖北省革委会解放老干部是“包庇一小撮叛徒、特务、死不改悔的走资派和其他反对无产阶级文化大革命的反革命分子”，省、市正“面临资本主义复辟的危险”。他们把矛头指向湖北省革委会主要领导人，叫嚣“张体学信不过”，“根子在曾思玉”，要开展“反复旧”运动，企图重新打倒结合进各级革委会的领导干部，进一步制造社会内乱。1969年4月3日至9日，少数造反派头头操纵武汉市工代会召开多次常委会议，提出“造反派受压”，叫嚷要“将工代会的旗帜打出去”。9日晚，他们在汉口六渡桥闹市区发表讲演，煽动群众参加武汉“反复旧”；11日，张贴和印制题为《人类解放我解放，洒尽热血为人民》的大字报，鼓动群众“杀向社会”；随后，又在汉口民生路工艺大楼召开“反复旧、反逆流、反复辟动员大会”。27日，市工代会所属的《武汉工人》发表《复旧倾向的十种表现》，列举十种所谓的复旧现象，说明群众组织在革委会中的权力基础被严重削弱，号召造反派坚持斗争，要“颠倒被颠倒的历史”，“夺回被资本主义当权派篡夺了的权力”。进入5月后，少数造反派头头企图扩大事态。5月7日，组织所谓“工人调查团”冲击湖北省和武汉市革委会，散发《致湖北省、武汉市革命委员会的一封公开信》，点名攻击曾思玉、张体学等省市革委会主要

① 《张体学同志在湖北省、地（市）和几个系统、大型厂矿、企事业单位革委会负责同志联席会议上的讲话》，1969年1月12日。

负责人。57名造反派头头作出《关于湖北省、武汉地区目前无产阶级文化大革命中若干问题的决议》，诬蔑湖北省党政负责人“旧病复发，老债未清，又欠新账”，“在湖北省、武汉市实行全面复旧”；“复活旧的湖北省委和武汉市委”是“拼凑老班子，恢复老样子，还走老路子”。17日，“工人调查团”首先进驻武汉市革委会，调查市革委会搞复旧问题。与此同时，他们还频繁组织集会讲演、火炬游行、静坐绝食，致使市内交通屡次发生阻塞，一些不明真相的群众离开工作岗位，冲向社会，使刚刚有所好转的生产、生活和社会秩序再次被打乱，“反复旧”运动影响到孝感等地，呈现由武汉向周边地区蔓延的趋势。

在解决“反复旧”问题上，湖北省和武汉市革委会态度坚决。5月18日，省、市革委会向中央汇报武汉地区“反复旧”情况，同时发出通知，指出工代会派出“工人调查团”冲击省、市革委会，发表公告和声明是极其错误的，责令其限期改正。5月19日，周恩来在北京接见湖北省革委会和武汉市革委会部分常委，指出“5月11日武汉工代会的决议把形势估计错了”，“17日‘工人代表团’进驻市革委会是错误的”。随后，武汉军区和省、市革委会联合向中央呈送了关于武汉“反复旧”问题的汇报材料，要求对“反复旧”问题给予处理。5月27日，中央转发《关于处理武汉反复旧问题》的文件，批评武汉地区的“反复旧”运动把矛头指向省、市革委会、中国人民解放军和革命干部，把工代会置于一切之上，违背中央关于革命大联合、革命三结合和一元化领导的指示，大方向是错误的。省革委会立即向全省宣传中央决议精神，采取措施使外出串联的人员回到原单位。7月7日至13日，省革委会连续召开常委会，指出所谓“反复旧”的主要错误是“一凌驾”（凌驾在革委会之上）、“两歪曲”（歪曲毛泽东和中央指示）、“三指向”（把斗争矛头指向党、政府和解放军），要求认真检查和批判“外因论”“特殊论”等为“反复旧”错误辩解的言论，促进革命生产的大发展，把“坚持原则、坚持团结、坚持说服教育、坚持逐级贯彻”作为处理“反复旧”运动的基本原则[①]。7月31

① 《武汉军区、湖北省革命委员会关于传达贯彻毛主席批示的中央“五二七”批示情况的报告》，1969年7月21日。

日,省革委会再次发出《关于动员擅自外出人员立即返回生产和工作岗位的通知》,要求从8月1日起,5天以内,擅自离开生产和工作岗位的工人、职工,必须返回本单位报到,并参加生产和工作;10天以内,凡不返回本单位参加生产、工作者,一律停发工资;15天以内,仍不返回工厂生产或机关工作的,给予包括开除在内的纪律处分。《通知》下发后,外出人员主动返回生产和工作岗位,全省社会生产和工作秩序逐步转入正常轨道。9月16日,张体学在全省农村政治工作会议上发表讲话,阐述革委会与工代会、贫代会、红代会(简称“三代会”)的关系,强调革委会是权力机构,“三代会”是群众组织,两者不是平行关系,是领导与被领导的关系,不容许将“三代会”凌驾于政权之上,不容许以“三代会”的名义组织群众冲击各级革委会。到9月,武汉市“反复旧”中成立的736个“山头”中,撤销了638个;非法夺权的180个单位,交回权力的有125个。11月,湖北省和武汉市组织1319名有关人员到北京参加中央举办的毛泽东思想学习班,同时省市举办各种类型的毛泽东思想学习班,加强对参与“反复旧”人员的思想教育。

结合处理“反复旧”,湖北省以武汉市为重点,还清查了“北决扬”分子。

“北决扬”指“北斗星学会”“决派”和《扬子江评论》。

北斗星学会于1967年11月7日成立,以《扬子江评论》为喉舌,提出“要为第二次文化大革命作舆论和组织准备”,鼓吹“造反”“夺权”“打倒一切”“以我为中心”,大搞无政府主义,拉帮结派,制造社会动乱。该组织成立不到1个月,即于12月4日被武汉军区点名批判,予以取缔。

1968年5月16日,一部分“新华工敢死队”成员,将已被取缔的北斗星学会改头换面,成立“武汉地区决心把无产阶级文化大革命进行到底的无产阶级革命派联络站”(简称“决派”),并提出“三个反对、三个重建、三个长期斗争”的主张,即“反对新生的革命委员会,重建决派崭新的国家机器”;“反对中国共产党,重建决派党”;“反对中国人民解放军,重建决派武装”[①]。“决派”组织以批判资产阶级反动路线为名,怀疑一切,打倒一切,全盘否定新中国成立后17年的成就,攻击各级党政干部是“右派势力的代表”“死不改悔的走资派”,煽动抢劫人民解放军的武器装备。

对于“决派”的极左言行,湖北省、武汉市革委会给予严厉批判和打击。8月下旬,市革委会宣布取缔“决派”。9月19日和20日,公安机关依法逮捕与“决派”相关的骨干人员12人。9月27日,中央发出文件(简称“九二七指示”),要求取缔“北斗星学会”“决派”这类地下组织,查封《扬子江评论》这类反动刊物。10月3日,省革委会召开扩大会议和基层革委会负责人会议,传达中央“九二七指示”精神,对幕后操纵分子实行专政。省革委会利用全省有线广播网,转播武汉批斗大会实况,从政治上、思想上、理论上发动强大攻势,同时以省、市公安机关为主,成立专案办公室,负责清查“北决扬”的问题。1971年3月,中共中央作出《关于建立“五一六”[②]、“北决扬”专案联合小组的决定》。4月1日,中共武汉军区委员会、湖北省革命委员会核心领导小组决定建立湖北省驻军和地方“五一六”“北决扬”专案联合小组。小组由11人组成,马兆昆为组长,田文、薛瑛为副组长。专案联合小组通过收集材料,获取物证2.86万余份。随后,省、市及各区、局、各单位采取逐个审查的办法进行清理工作。由于政策过左、标准不清,虽然强调要正确区分和处理两类不同性质矛盾,但仍然造成扩大化的问题,湖北省及武汉市认定的“五一六”“北决扬”分子达数万人。

1971年11月下旬,毛泽东提出处理“五一六”和“北决扬”要注意政策,“还是以宽大为怀”。省、市革委会据此指示专案人员在认真核实案情的基础上进行复查。到1973年审查结束时,最后认定参加“北决扬”组织的为177人,其他人都作了否定的结论。

---

① 《刘丰在湖北省革命委员会扩大会议上关于“北斗星学会”、“决派”及〈扬子江评论〉问题的讲话》,1969年10月3日。

② 所谓“五一六”,最早是指一度存在的“首都五一六红卫兵团”的小组织,他们在1967年8月间秘密活动,散布诬蔑、攻击周恩来的传单、大字报,但并不存在一个遍及全国的“五一六反革命集团”。

三、干部下放劳动和知识青年上山下乡运动

干部下放劳动，是“斗、批、改”的重要内容之一。1968 年 10 月 5 日，《人民日报》报道黑龙江省革委会在庆安县柳河创办“五七”干校的事情。该文在“编者按”中发表毛泽东的一段指示：“广大干部下放劳动，这对干部是一种重新学习的极好机会，除老弱病残者外都应这样做。在职干部也应分批下放劳动。”

从 1968 年秋开始，湖北省大规模地组织干部下放劳动，先后组织了 3 次。

第一次是 1968 年 10 月。武汉市直机关率先启动，将 4500 余名干部（占全市直机关干部总数的 75%）按班、排、连编成 6 个大队，送到农场和郊区，12 月又组织城区干部 2492 人下放劳动。12 月 26 日至 29 日，省革委会将省直属一级单位 6000 余名干部，下放到黄陂集中进行“斗、批、改”①。

第二次是 1969 年 10 月。省革委会将总数约两万人的省直机关干部及家属下放到荆门沙洋等地，办“五七”干校。年底，省“五七”干校成立，李夫全任校长，下设 4 个分校。第一分校在汉阳大军山，由原省直机关和公、检、法战线的干部组成；第二分校在沙洋罗汉寺，由原省直机关二级单位职工组成；第三分校在沙洋七里湖，由原省直机关一级单位干部组成；第四分校在京山易家岭，以原省直机关老红军、老干部为主并抽调一批青年干部组成。

第三次是 1970 年 10 月。省革委会将省直二级单位干部及家属 6010 人，分编为 36 个连，下放到郧阳、光化、谷城、南漳、保康等 6 个县 32 个公社。

为了加强组织领导，省直机关成立“斗批改”指挥部，由张体学直接领导，张競任指挥长兼政委、临时党委书记，张学奇任副政委、临时党委副书记。省直斗批改指挥部依照军事体制组编，按党群、工交、财贸、文教、农林水、综合、体育等战线编为团，部、委、厅、局编为连或排，

---

① 《湖北省革命委员会原省直斗批改指挥部报告——原省直机关集中到达黄陂情况》，1968 年 12 月 31 日。

团长、团政委由军代表担任，副团长、副政委和连、排级干部由原部、委、厅、局领导干部担任。组建过程中，将这些领导干部从“牛棚”“群监室”释放出来，实际是一个与派性作斗争、解放领导干部的艰难过程。

据不完全统计，湖北省县以上单位参加“五七”干校的干部近10万人，加上家属共计约35万人。中央部委和解放军在湖北省开办“五七”干校的单位有38个，干部近10万人（不包括家属），其中，咸宁县向阳湖（现属咸安区）“五七”干校是全国最大的干校之一，下放到这里劳动锻炼的文化部领导干部和著名作家、艺术家、出版家、文博专家、电影工作者及其家属6000余人，包括冰心、冯雪峰、沈从文、张光年、臧克家、萧乾、陈白尘、冯牧、郭小川、刘炳森、王世襄、周巍峙、罗哲文、金冲及、陈翰伯、王子野、周汝昌、范曾、司徒慧敏等一大批当代文化名人。

广大干部（包括为数众多的知识分子）下放劳动，或在“五七”干校接受所谓再教育，主要从事体力劳动。他们虽然经受了锻炼，增加了对农村的了解，但是长时期被排除在各项业务工作和科学文化研究之外，耽误了在本职工作中利用所学专业为社会主义建设贡献力量并继续深造的宝贵时光，给国家现代化建设造成了很大损失。

知识青年上山下乡，到农村安家落户，参加集体生产劳动，最早出现于20世纪60年代。当时是作为缓解城市就业压力，解决城镇部分人员就业问题而采取的一项重要措施。“文化大革命”开始后，由于大学不招生、工厂不招工，商业和服务行业处于停滞状态，城市初、高中毕业生既不能升学，也无法分配工作。1966年至1968年，湖北积压在校的初、高中毕业生和1967年、1968年计划外半工半读毕业生共有43万人①，其中仅武汉市积压的六六届、六七届、六八届“老三届”初、高中毕业生即达16万人。他们的就业既是摆在自己、家庭面前的尖锐问题，更是稳定社会所必须解决的突出问题。

中共中央和毛泽东对这一全国性的问题极为重视。从1968年下半

---

① 《湖北省革命委员会关于高、初中毕业生安排工作的意见》（讨论稿），1968年8月2日。

年开始，毛泽东先后发出“知识青年到群众中去，到工厂去，到农村去，主要是农村去”“农村是一个广阔的天地，在那里是可以大有作为的”等指示。9月28日，省革委会作出《关于大力组织高、初中毕业生上山下乡建设社会主义新农村的指示》，把组织初、高中毕业生到农村去作为分配的主要方向。10月19日至31日，省革委会召开全省中学毕业生分配政治工作会议，提出知识青年上山下乡的工作方针、工作部署和政策规定。会议规定：农业户口的毕业生，回乡参加农业生产；城镇居民户口的毕业生，动员、组织他们上山下乡插队落户。各地按照“大分散，小集中”的办法安排学生插队，插队形式主要有两种，一种是分散到户，另一种是集中居住。会议确定全省“老三届”毕业生分两批分配下乡：第一批13万人于12月底分配完毕；其他人争取1969年2月分配到位。

1968年12月22日，《人民日报》以《我们也有两只手，不在城里吃闲饭》为题，介绍甘肃会宁县部分城镇居民到农村安家落户的经验，并在编者按中传达毛泽东的指示：“知识青年到农村去，接受贫下中农再教育，很有必要。要说服城里的干部和其他人，把自己初中、高中、大学毕业的子女送到乡下来，来一个动员。各地农村的同志应当欢迎他们去。”

毛泽东的指示得到热烈响应，这一运动被赋予“反修防修”“缩小三大差别”的重大意义。在毛泽东指示发表的当日，省革委会向各级革委会发出通知，要求运用各种宣传工具，广泛宣传，形成舆论声势，同时动员学校、街道、居委会、工厂、企业，举办各种类型的学习班，做学生和家长的工作，为知识青年上山下乡做准备。武汉、黄石、宜昌、沙市、襄樊等市和恩施、郧阳、咸宁、东风（孝感）、黄冈、荆州等地区革委会所在地以及宜城、云梦、汉川、长阳等数十个县举行集会，城市高、初中毕业生主动报名，要求上山下乡。全省迅速掀起知识青年上山下乡的高潮，到1969年上半年，全省在校的知识青年全部上山下乡[①]。

① 《湖北省革命委员会关于进一步做好上山下乡知识青年“再教育”工作的通知》，1969年9月5日。

知识青年到农村等地后,向农民学习各种生产知识,参加各种艰苦的农业劳动,传播文化知识,担任生产队干部以及小学教员,“赤脚医生”一类的初级技术工作。他们希望在广泛的天地里大有作为。但由于生产劳动过重,分配收入低,缺乏组织管理而遇到一系列困难,出现部分下乡青年回流城市的现象。1969 年 9 月 5 日,省革委会发出《关于进一步做好上山下乡知识青年“再教育”工作的通知》,要求各级革委会和广大贫下中农热情地、耐心地、细致地用毛泽东思想对下乡知识青年进行再教育,反对“读书做官论”“下乡镀金论”和“下乡吃亏论”;城市干部、职工和家长做好回城青年的思想工作,动员他们迅速返回农村;依法严惩陷害、殴打、污辱知青的行为;及时解乡知青的住房、口粮、医疗等问题;各级革委会要建立专门办事机构,配备足够的工作人员,切实做到“政治上有人抓、生产上有人教、生活上有人管”。

1970 年,湖北省开始恢复停顿多年的工厂招工制度。4 月 18 日,省革委会发出《关于 1970 年招工问题的通知》,要求各级革委会把招工与下放联系起来,从“老三届”城市下乡知青中招录一部分人员,安排到各行业工作。从此,全省对知识青年的安置工作进入到下放与招工并举的阶段。1971 年,省革委会连续发出《关于 1971 年招收新工人问题的通知》《关于在解放军农场劳动锻炼的大专院校毕业生分配的通知》,加强招工工作,有相当数量的知识青年被招进工厂、企业和学校。到 1972 年底,全省 50 多万上山下乡的知识青年中,有 2.3 万人被选拔为基层干部、教师和“赤脚医生”,还有一部分被选送到工矿企业单位。

1972 年 12 月 20 日,福建省小学教师李庆霖就自己小孩在上山下乡过程中遇到的一些实际困难,向毛泽东写信反映情况。李庆霖反映的在全国带有普遍性的知青问题,触动了毛泽东,他指示有关部门“统筹解决”这些问题。1973 年 5 月 19 日,省委召开常委会专题讨论知青问题,决定进一步健全省知识青年上山下乡工作领导小组,由韩宁夫任组长,要求各地、县相应建立健全专门领导机构,定期检查知识青年安置政策。10 月 15 日,省革委会制定《湖北省革委会关于知识青年上山下乡若干问题的试行规定(草案)》和《湖北省一九七三年至一九八〇年知识青年上山下乡初期规划(草案)》,对知青政策进行调整,规定:年龄不满16周岁(逐步做到17周岁)的暂缓动员下乡和分配;病残不能参加农业生产劳动的、独生子女、多子女而身边只有1个子女的、中国籍的外国人子女等不动员下乡;分配城镇毕业生时,对多子女的家庭要统筹兼顾、妥善安排,做到合情合理;对已下乡的独生子女和多子女而身边无子女的,经调查核实后,可办理回城手续;对已下乡的华侨学生,可根据具体情况安排到工矿、企业或做其他工作。

与此同时,湖北省委、省革委会还调整了知青安置办法和形式。省委办公厅发出《关于知识青年上山下乡工作由地方党委统一领导的通知》,规定从1973年秋季起,全省知识青年上山下乡工作改变过去以学校为单位进行下放的办法,实行按战线下放、厂社挂钩的办法进行动员安置。1974年7月15日至18日,省革委会召开知识青年上山下乡工作会议,对当年全省城镇21万中学毕业生上山下乡进行具体安排,按其父(母)工作的战线或单位下放,实行厂社挂钩、集体对口安置。

省委、省革委会的这些措施,对于解决知识青年上山下乡运动中长期存在的突出问题、查处违法乱纪行为、保护知青人身权利、改善生活条件和生存环境发挥了一定作用,在一定程度上缓解了矛盾,但由于这些措施是在坚持知青上山下乡的前提下采取的局部调整,它不能也不可能从根本上解决问题。1978年,国家进一步调整知识青年上山下乡政策,逐步安排他们回城就业,这才基本解决这个困扰知识青年及其家庭的社会问题。

从1968年至1978年,全省共有90多万名知识青年上山下乡。他们响应党的号召,奔走农村和边远地区,把自己一生中最为宝贵的年华献给农村建设,为推广农业科技、传播农机知识、普及文化教育、改变农村落后面貌、开发祖国边疆作出贡献。经过艰苦的磨炼,许多人思想成熟了,能力增强了,后来成为各条战线的骨干力量。但是,他们在青春年华失去接受学校教育的机会,造成人才生成的断层,给国家的现代化建设带来了长远的危害。在此期间,国家和企事业单位为安置知识青年上山下乡所支出的经费庞大,上百万知识青年的家长和部分地区的农民也因此加重负担。

四、开展“教育革命”

在“斗、批、改”中全面开展的所谓“教育革命”，涉及教育领域的领导体制、教学体制、专业设置、学校布局、教材教法、师资队伍、学生组织等方方面面，最主要的是改变学校领导体制、教学体制、招生体制和教学内容。

第一，改变学校领导体制。以 1968 年 8 月为界，经历了前后两个阶段。前一阶段是建立三结合的学校革委会。中央发出的《关于大专院校目前无产阶级文化大革命的规定（草案）》要求“大专院校必须由革命学生、革命教职员工和革命领导干部组织临时权力机构”。按照中央的规定，湖北省开始改变学校领导体制，建立由学生、职工和干部组成的三结合的革委会。到 1968 年 6 月，湖北 23 所大专院校中，22 所成立革委会（武汉钢铁学院因武斗不断而推迟）；在革委会构成上，群众代表（学生和职工）比例普遍偏大，一般在半数以上，有的学校达到 70%[①]。

后一阶段是派驻毛泽东思想宣传队。1968 年 8 月 25 日，中央发出《关于派工人宣传队进驻学校的通知》。湖北省和武汉市召开大会，学习毛泽东关于“实现无产阶级教育革命，必须有工人阶级领导，必须有工人群众参加，革命解放军战士，同学校的学生、教员、工人中决心把无产阶级教育革命进行到底的积极分子实行革命的三结合”的指示，于 8 月 27 日组织 1000 余名工人组成首批工人毛泽东思想宣传队，进驻武汉钢铁学院等单位。9 月下旬，人民解放军武汉部队抽调官兵组成人民解放军毛泽东思想宣传队，又从武汉轻工机械厂、武汉车辆厂等企业抽调一批工人组成工宣队，进驻华中工学院（现华中科技大学）、华中师范学院（现华中师范大学）、武汉测绘学院（后改名武汉测绘科技大学，后并入武汉大学）、华中农学院（现华中农业大学）、武汉水利电力学院（后改名

---

① 《县以上革委会审批情况》，《关于审批武汉各大专院校革命委员会的情况报告》，1968 年 6 月。

武汉水利电力大学,先并入武汉大学)、湖北医学院(后改名湖北医科大学,现并入武汉大学)、湖北大学(即今中南财经政法大学)、武汉机械学院(1970 年并入华中工学院)等 9 所高等学校。此后,全省在城市中小学逐步派驻工宣队,在农村中小学派驻贫下中农毛泽东思想宣传队。到 1968 年 12 月,全省共有工宣队、军宣队队员 3233 人,贫宣队员 19.7 万人。军宣队、工宣队、贫宣队进驻学校后,改变学校过去的领导体制,形成以工宣队、军宣队、贫宣队为核心的由工(军、贫)宣队、师生和干部三结合的新的领导体制。

工(军、贫)宣队进驻学校,当时被认为是“组织产业工人和贫下中农登上上层建筑”的创举[①]。他们进驻学校,对稳定学校局势起了一定的作用,也带来一些消极后果。由于许多队员文化水平低,不懂教学规律,作风简单粗暴,不适应管理教学。在这种情况下,一些学校原来的负责人开始进入领导核心。特别是学校党委恢复后,学校原来的领导成员和教师在学校管理、教学方面的优势明显表现出来,地位逐渐提高,工(军、贫)宣队在学校的地位和作用日益下降。1969 年以后,一些工(军、贫)宣队队员因单位原因,开始从学校撤回原单位,工(军、贫)宣队在校人数逐步减少,有的全部撤出学校。1974 年随着“批林批孔”运动的开展,工(贫)宣队队员人数有所增加。1974 年 2 月,省委宣传部在《关于进一步加强高等学校工宣队工作的报告》中规定:院(校)党委、革委会和系总支、正副系主任中应有工宣队的代表参加,并担任领导职务。

第二,改变学校管理体制。1969 年 11 月,中共中央发出《关于高等学校下放问题的通知》,要求实行以“块块”为主的管理体制,将在鄂的中央部属院(所)全部划归湖北省管理。1970 年 6 月,省革委会文教局制定《湖北省 1971—1975 年文化教育事业发展规划要点的初步意见》,保留武汉大学、华中工学院、武汉水利电力学院、武汉水运工程学院、武汉钢铁学院、华中农学院、武汉医学院、华中师范学院、湖北医学院、湖北中医学院、宜昌医学专科学校、恩施医学专科学校、武汉体育学院、武汉师范学院 14 所高等院校,撤销武汉测绘学院、中南民族学院、

① 《湖北省革命委员会关于 11 个月主要工作的基本情况》,1969 年 1 月 8 日。

武汉邮电学院、武汉外国语专科学校、武昌药检专科学校、武汉机械学院6所高等院校，对其他学校进行改办和合并。高等学校的管理体制实行军事化，行政上撤销系和处、室，教学上撤销专业教研室，成立各专业连队。

全省中小学的管理体制也被打乱。1969年1月24日，省革委会批转《湖北省农村教育革命经验交流会纪要》，提出公社或大队要在革委会的统一领导下，建立以贫下中农为主体的管理学校的机构，提倡社、队办学校，把公办小学逐步下放到生产大队。此后，全省县属中学下放到所在区、社，农村公办小学全部交生产大队管理，教师回本大队工作，农村区、社设教育革命办公室，负责管理区、社范围内的学校。公办教师的任用、调配、工资福利及民办教师的国家补贴等，仍由县统一掌握。一部分公办小学教师，改由大队记工分、生产队分口粮，这严重影响了教师生活。

第三，改变招生制度。1966年7月，中共中央和国务院公布关于改革高等学校招生考试的决定，正式废除高等学校招生考试制度。1968年7月，毛泽东提出“要从有实践经验的工人、农民中间选拔学生”。1970年6月13日，省革委会发出通知，决定武汉大学从7月开始试点招生。这次招生，取消文化考试，按自愿报名、群众推荐、学校复审、领导批准的程序进行，不招应届高中毕业生，从有两年以上实践经验的优秀工农兵中招生（现役军人由部队选送）。招生中，政治地位、思想表现和家庭出身被置于突出的位置。首批新生1004人，其中工人占40%，贫下中农（包括基层干部）占33%，上山下乡知识青年占21%，解放军战士占5%。从文化程度看，高中241人，占24%，初中698人，占69.5%，高小65人，占6.5%。这是“文化大革命”以来湖北省高等院校首次招生，也是湖北省招收的第一批工农兵学员。工农兵学员入学后，实行一系列“上、管、改”（即上大学、管大学、用毛泽东思想改造大学）政策，着重批判旧大学“管、卡、压”，有的学校还挑选工农兵学员和老工人当教师，防止所谓“资产阶级知识分子”走回头路。

1971年，湖北高等院校全面恢复招生。1月，省革委会成立高等院校招生工作领导小组，由马昆任组长，赵修、李夫全、鲁夫任副组长。这年，全省各校共招录新生5000余名。到1976年，全省高等学院（含新设立的分院、大专班）达到45所，在校的工农兵大学生30659人[①]。1977年，这项招生制度被废止。

第四，改变教学内容，主要办法是缩短学制、精简课程，实行所谓“开门办学”。根据毛泽东“学制要缩短”的指示精神，高等院校本科由四年制改为三年制，中等学校由三年制改为两年制，初中和高中由原来的三年一律改为两年。与此同时，对课程和教学内容进行调整，明确规定政治、劳动和社会活动时间要占全年总学时的30%，文化课的时间占70%；每周22—24个课时；每节课45分钟；课程设置为毛泽东思想、工农业生产基础知识、体育、文艺、语文、数学、外语7门。1971年教育战线开展对“课堂第一”“智育第一”的批判，否定教学工作以教学为主、课堂教学是教学的主要形式、教师在教学过程中占主导地位，导致教学秩序空前紊乱，教育工作基本上局限于以政治教学和劳动训练为主。1972年，在教育工作者的强烈呼吁下，全省初高中设置历史、地理、卫生课程，改文艺为图画和音乐，改工农业基础知识课为物理和化学，湖北组织教学骨干编写湖北版的各类课本，这些做法在1973年下半年被“四人帮”诬蔑为“修正主义回潮”而遭到批判。在高压之下，一些学校语文以讲授“两报一刊”社论为主，物理以讲授“三机一泵”（拖拉机、柴油机、抽水机和水泵）为主，化学以讲“两酸两碱”（硫酸、硝酸和烧碱、纯碱）为主，体育课更名为军体，以军事训练为主。

“斗、批、改”运动除以上所述几项主要内容外，还有诸如“文艺革命”“医疗卫生革命”以及“工厂管理革命”“商业革命”等，涉及上层建筑和经济基础的所有领域和部门。“斗、批、改”任务的提出，本身就是“文化大革命”“左”倾政策的表现，实际上是把“左”倾错误在各个领域具体化，结果是党内矛盾和社会矛盾继续激化，伤害大批干部群众。毛泽东本想通过“斗、批、改”运动胜利地结束“文化大革命”，但事实上“文化大革命”并未因此结束。1971年9月林彪事件发生后，“斗、批、改”很少再被提及。

---

① 《湖北省志·教育》，湖北人民出版社1993年版，第659页。

第三节 全省党组织的恢复

一、以“五十字纲领”为中心的“整党建党”

如何在无产阶级专政条件下加强党的自身建设,使广大党员特别是党的领导干部密切联系群众,防止官僚主义和腐败作风的侵蚀,使党永远代表人民的利益,是新中国成立后毛泽东一直高度关注的重大问题。“文化大革命”发动以后,开展整党被作为运动的一个重要内容。

1967年10月21日,中共中央、中央文革小组发出《关于征询“九大”问题意见的通知》,开始酝酿整党建党的问题。12月,又发出《关于整顿、恢复、重建党的组织的意见和问题》,正式作出进行整党建党的决定。1968年1月1日,《人民日报》、《解放军报》、《红旗》杂志发表元旦社论,发表毛泽东有关党的一段论述:“党组织应是无产阶级先进分子所组成,应能领导无产阶级和革命群众对于阶级敌人进行战斗的朝气蓬勃的先锋队组织。”这段话被称为整党建党的“五十字纲领”。

湖北的“整党建党”工作从抓试点开始。1968年8月,湖北省、武汉市革委会组织人员到北京、上海等地学习“整党建党”工作的基本做法和经验,10月确定在轻工业机械厂、武汉食品厂、微型电机厂、江岸车辆厂和武汉钢铁学院开展试点。11月10日至12月1日,湖北省召开县以上革命委员会共产党员代表大会,要求县以上革委会认真抓好“整党建党”的试点工作,在试点中注意将“整党建党”与“清理阶级队伍”结合起来,坚决清除“废料”,积极吸收无产阶级新鲜血液入党,首先是吸收产业工人中具有共产主义觉悟的先进分子入党[①]。

1969年1月18日,省革委会在《一九六九年工作要点》中提出加大试点力度,由点到面,逐步展开“整党建党”工作。到1969年6月

① 《湖北省县以上革命委员会共产党员代表大会决议》,1968年12月1日。

上旬，全省开展“整党建党”的大队有10769个，占大队总数的30.3%，其中，襄阳、黄冈、荆州进展较快，开展整党建党的大队分别占大队数的59.6%、59%和43.5%[①]。

1969年9月10日至20日，省革委会召开整党建党工作经验交流会议。会上，武汉食品厂、襄樊市酒厂、武汉微型电机厂、新洲县刘集公社二大队、黄陂县罗汉公社永久大队、武汉钢铁学院等12个单位介绍经验。会议决定：相当于原总支以上的单位经过民主协商、上级批准，建立3—7人的整党建党领导小组；基层单位，可由上级整党建党领导小组提名，同党内外群众协商，成立临时党支部。10月2日，省革委会成立整党建党领导小组，由曾思玉任组长，刘丰、张体学、潘振武为副组长。10月3日，省革委会整党建党领导小组批转《省革委会整党建党工作经验交流会纪要》，要求凡是有条件的基层单位，要争取在1970年春季农忙之前完成“整党建党”工作。

从1969年10月开始，“整党建党”工作全面展开。根据省革委会的规定，“整党建党”分三批进行，第一批是工矿企业、农村大队和革委会机关支部，第二批是学校和原各级机关支部，第三批是文化、卫生、财贸、街道等单位支部[②]。到1969年底，全省基层党支部已结束整顿的有5000多个，占8.8%；正在进行整顿的1.9万多个，占34%。

1971年12月，“整党建党”工作基本结束。据统计，全省共有1040256名党员参加“整党建党”，其中受警告、严重警告、撤销党内职务和留党察看四类处分的党员有6284人，被开除党籍、取消预备党员资格和劝退的有5744人，暂挂的有34023人，整党中发展新党员108439人。

这次整党，是建立在对党的性质、任务的错误认识和对党的队伍错误估计的基础上的。“文化大革命”中严重发展起来的个人崇拜、无政府主义、破坏党的组织纪律、争权夺利、大闹派性等恶劣的思想作风对党的侵蚀和损害，根本不可能得到解决。党员之间、党员与党组织之间的关系大都处于很不正常的状态。在“整党建党”过程中，全省一大批忠诚

① 《当前农村斗批改运动进展的基本情况》，湖北省革委会办事组编：《情况反映》第30期，1969年6月7日。

② 《湖北省革委会整党建党工作经验交流会议纪要》，1969年10月1日。

于党的领导干部和优秀党员被诬为“叛徒”“特务”“走资派”被清除出党，而一些“造反有功”的人被突击吸收入党。

二、中共湖北省第三次代表大会的召开

进入1970年后，湖北省“整党建党”的工作重点由整党转向建党。1970年3月28日，中共中央批准成立中国共产党湖北省革命委员会核心领导小组，临时担负湖北省委职能。核心小组由曾思玉任组长，刘丰、张体学任副组长，潘振武、姜一、王步青、马兆昆、方铭、张洪、张昭剑、韩宁夫、赵修等为成员。同时，中央决定调整省革委会和省军区领导成员，任命潘振武、朱业奎为省革委会副主任，增补张体学、张洪、信俊杰为中共湖北省军区委员会书记。

省革委会党的核心领导小组成立后，着手恢复各级党的组织。1970年4月1日，省革委会核心领导小组作出《关于坚持政治挂帅、加强党的领导的决定》，提出在一切部门都必须实行党委领导的制度，各级党组织对同级工、农、商、学、兵、政实行一元化领导，充分发挥党的核心领导作用，各级党委要认真贯彻党的集体领导的原则，坚持党委领导下的个人分工负责制，做到“大权独揽，小权分散，党委决定，各方去办”，强调要严守党的纪律，高度自觉地维护党的团结。以此为标志，停止几年的各级党组织开始重新建立，恢复活动。到1970年上半年，全省各地建立的新的基层党委有400多个，新的县委9个，县以上全部成立了党的核心领导小组。

1970年8月，中共中央发出《关于召开地方各级党代表大会的通知》，要求按照党的九大通过的新党章的规定及时召开地方各级党代表大会，建立各级党委，省革委会核心领导小组加快调整地方领导班子的步伐。9月2日，核心领导小组批转《湖北省革委会政治工作座谈会纪要》，提出在重建党组织中要有计划有步骤地做好干部的考核了解工作，首先是考核了解县以上领导成员，重点是一、二把手。1971年1月22日，核心领导小组在批转《省革命委员会政工组关于选拔吸收新干部的意见报告》中指出，10多年来，全省除接纳少数大学毕业生外，基本没有

吸收新干部，必须按培养无产阶级革命事业接班人的5项条件[①]吸收新干部，新干部主要从工人、贫下中农、复员军人、基层干部和在乡知青中选拔，女干部不得少于15%—20%，年龄应在30岁以下。核心领导小组计划在1971年和1972年吸收1500名新干部，其中1971年吸收新干部900名。与此同时，各地进一步加快解放老干部的速度。到1971年3月前，全省在“文化大革命”中受审查的县以上主要领导干部1275人，已解放1101人，占86.3%（其中参加“三结合”的406人，在工作的406人，未工作的168人，病休的121人），未解放的174人（其中定为敌我矛盾性质的57人，正在审查的117人），占13.7%。全省县以上机关干部人数比过去减少了53.3%，精减下来的干部被安排到“五七”干校劳动或到农村插队落户。

1971年2月8日至14日，中国共产党黄冈地区第一次代表大会正式召开，选举产生以董复汉为书记的黄冈地委。这是“文化大革命”中湖北省最早重建的地委。20日至23日，武汉市召开第五次代表大会，随后，咸宁、襄阳、郧阳、宜昌、荆州、孝感、黄石、恩施等地区召开第一次代表大会，成立新的市委和地委。各市委、地委成立后，原市、地区革委会核心领导小组撤销。全省地、市、县党组织的重建和代表大会的召开，从政治上、思想上、组织上为全省召开“文化大革命”以来新一届党的代表大会准备必要条件。

1971年3月23日至28日，中国共产党湖北省第三次代表大会在武昌召开。出席会议的代表1150名，代表全省1088968名党员。会议的中心议题是讨论和审查省革委会党的核心领导小组的工作报告，选举中共湖北省第三届委员会。

曾思玉代表湖北省革命委员会党的核心领导小组作题为《沿着毛主席革命路线胜利前进，为进一步加强无产阶级专政而斗争》的工作报告。报告总结“文化大革命”以来特别是省革命委员会成立以来的

---

① 1964年毛泽东提出关于无产阶级革命事业接班人的基本条件是：必须是真正的马克思列宁主义者；必须是全心全意为中国和世界的绝大多数人服务的革命者；必须是能够团结绝大多数人一道工作的无产阶级政治家；必须是党的民主集中制的模范执行者；必须谦虚谨慎、戒骄戒躁，富于自我批评精神，勇于改正自己工作中的缺点和错误。

工作,提出今后的工作任务。大会讨论通过这一报告,作出《中国共产党湖北省第三次代表大会关于省革命委员会党的核心小组工作报告的决议》。

会议指出,要继续广泛深入地开展活学活用毛泽东思想的群众运动,刻苦地学习马列主义、毛泽东思想,认真学好毛泽东的哲学著作,抓紧“批修整风”,进行一次思想和政治路线方面的教育,努力改造世界观,提高执行毛泽东革命路线的自觉性;要在政治思想战线、文化教育战线、经济战线和上层建筑各个领域,抓紧革命大批判,抓紧“一打三反”①运动,认真落实党的各项无产阶级政策,把“斗、批、改”工作做得更深入、更扎实。

会议提出,要认真完成“整党建党”任务,进一步加强党的思想建设和组织建设,加强党对共青团的领导,搞好整团建团工作,不断改进工作作风和工作方法;要坚决贯彻执行毛主席“备战、备荒、为人民”的战略方针,切实加强党对经济工作的领导,进一步开展工业学大庆、农业学大寨、全国人民学解放军的群众运动,全面完成和超额完成1971年计划和发展国民经济的第四个五年计划。

会议选举产生中共湖北省第三届委员会委员80名,候补委员23名。3月29日,省第三届委员会举行第一次会议,选举曾思玉、刘丰、张体学、张玉华、孔庆德、姜一、潘振武、方铭、信俊杰、张洪、饶兴礼、马兆昆、王步青、李夫全、丁凤英15人为常委,曾思玉为第一书记,刘丰为第二书记,张体学、张玉华、孔庆德、姜一、潘振武为书记。会议作出《关于加强学习的决定》。

中共湖北省第三次代表大会是在“文化大革命”的特殊历史时期召开的,它贯彻党的九大所肯定的“文化大革命”的错误理论和实践,贯彻这些任务,只能是推动“左”倾错误的继续发展。但是,会议的召开,结束了“文化大革命”以来湖北长期没有党委的不正常局面,全省党组织的恢复和重建,大多数党员特别是多数老党员组织生活的恢复,对于遏制造反派势力、稳定局势、推进工农业生产,起到了一定的作用。

---

① “一打三反”,指打击反革命破坏活动,反对贪污盗窃、投机倒把和铺张浪费。

在重建党组织的过程中，主持工作的军队代表和解放出来的老干部，采取各种方法坚决抵制派性头目进入党的核心领导层。在党的九大上当选为中央委员、候补中央委员的造反派头目没能进入省委常委，支持造反派的领导干部未能当选省委委员，有些被结合进各级革命委员会的造反派分子不是共产党员，也没有因为进革委会而入党。入党必须经过基层组织讨论，按党章规定履行入党手续。群众创作顺口溜“开会主席台，看戏前三排，要车叫就来，党票闹不来”，辛辣地讽刺这些丧失民心的派性分子。

第十七章
批判极左思潮和反对“四人帮”的斗争

林彪反革命集团的覆灭,成为“文化大革命”的重大转折,客观上宣告了“文化大革命”理论和实践的失败。按照中央的部署,中共湖北省委相继开展“批林整风”、纠正“左”的斗争和各行各业的全面整顿,初步扭转了全省的停滞局面。1976年10月,党中央粉碎“四人帮”反革命集团,结束长达10年的动乱。

第一节　批判极左思潮的努力以及主要成效

一、毛泽东视察武汉

党的九大以后,林彪集团的权势迅速膨胀,同江青集团之间在权力分配上的矛盾日益尖锐。1970年8月,在庐山召开的党的九届二中全会上,林彪打乱原定议程,大讲“天才论”,进行宗派活动。林彪集团的主要成员陈伯达、吴法宪、叶群、李作鹏、邱会作同时发难,拥护林彪的讲话,要求设国家主席,并且提出“有人”反对毛泽东,强烈要求“揪人”。这些言行虽然打的旗号是突出毛泽东和毛泽东思想在全国的领导地位,但实际上是一次有预谋、有计划、有组织的地下活动。毛泽东识破他们的图谋,发出《我的一点意见》,责令陈伯达作检讨。会上,中央宣布了对陈伯达进行审查的决定。11月16日,党中央发出《关于传达陈伯达反党问题的指示》,公布了陈伯达的罪行,部署在全党开展“批陈整风”运动。

中共湖北省委先后5次向县以上党委常委或党的核心小组成员传达陈伯达的问题,按照“重点在批陈,其次才是整风”的原则,在全省展开批陈斗争,基本做法是“一学、二揭、二批、四整”,即:学习毛主席《我的一点意见》,深刻认识批陈整风的重要性;从政治上、思想上、理论上揭发陈伯达的罪行,认清其反动本质;联系全省“文化大革命”运动实际,批判和肃清陈伯达的恶劣影响;从批陈斗争中吸取教训,开展反骄破满的整风运动[①]。到1971年7月底,全省共有78891名党的基层骨干分批参加了传达学习[②]。

1971年8月15日,毛泽东乘专列离京南下,到中南、华东等省市巡视。经过一年来开展的“批陈整风”,他从大量的揭发事实以及种种迹象中,对庐山会议那场风波背后的真相看得越来越清楚了,决定去南方一些地区边调查、边“吹风”,统一各地党政军领导干部的思想。16日,他抵达武汉,召集湖北、河南的负责人刘丰、刘建勋等谈话,强调:“你们要搞马列主义,不要搞修正主义。你们要团结,不要分裂;不要搞宗派主义、山头主义。要光明正大,不要搞阴谋诡计。”“这次在庐山搞突然袭击,是有计划、有组织、有纲领的,就是反对九大路线,推翻九届二中全会的三项议程。有人看到我年纪老了,快要上天了,他们急于想当主席,要分裂党,急于夺权。”“现在我要抓军队的事。有人说军队是我缔造的,但不能指挥。我不相信我们的军队会造反。军队下边还有师、团,还有司、政、后机关,他们调不动军队干坏事。”“我和林彪同志谈过一次话,一个问题是他有些话说得不妥当。如‘全世界几百年,中国几千年才出现一个’,马克思、列宁呢?还有恩格斯呢,斯大林呢?中国历史上还有陈胜、吴广、洪秀全、孙中山呢。这不符合实际。还有‘一句顶一万句’,这句话是不对的。通常一句只能顶一句,有时半句也不顶,陈伯达的话一句顶一万句。”[③]

---

① 中共湖北省委《关于开展批陈整风运动的报告》,鄂发〔1971〕2号。

② 中共湖北省委《批陈整风运动向纵深发展的情况报告》,鄂发〔1971〕11号。

③ 逄先知、金冲及主编:《毛泽东传》,中央文献出版社2003年版,第1594页。

8月27日,毛泽东再次同刘丰谈话,说:“这次在庐山搞突然袭击,是有计划、有组织、有纲领的。”“对路线问题、原则问题,我是抓住不放的。重大原则问题,我是不让步的。”[①]28日,毛泽东离开武汉前往长沙,继续视察南方。他特别强调,视察南方谈话,除了他指定的传达范围以及要汪东兴专送在北京的周恩来以外,对其他人一概严格保密。

毛泽东在武汉的谈话,目的是告诫领导干部要明辨是非,坚持原则,加强党内的团结,维护党和国家利益。

二、“批林整风”运动的开展

1971年9月5日至6日,林彪集团通过各种渠道获悉了毛泽东视察南方的谈话内容,铤而走险,企图发动武装政变,杀害毛泽东。毛泽东及时察觉到可疑迹象,果断改变行程,提前返回北京,致使政变计划彻底破产。9月13日凌晨,林彪等人乘飞机外逃,飞机在蒙古人民共和国温都尔汗附近地区坠毁,机上人员全部身亡,史称九一三事件。九一三事件在客观上宣告了“文化大革命”在理论和实践上的失败。

九一三事件后,根据毛泽东的指示,中央连续印发了《关于林彪叛逃出国的通知》以及揭发林彪反革命集团政变阴谋活动的一系列重要文件,要求逐级传达到基层。从10月开始,湖北各地、县都召开党委扩大会议,向党员干部传达中央文件精神。到11月上旬,全省共有17.56万名党支部正副书记和军队连以上干部听了传达。

中央十分重视湖北批林问题。10月30日,中央召集湖北省、武汉市主要负责人曾思玉、刘丰、张体学、方铭等到北京参加座谈会。座谈会在叶剑英、李先念等指导下,清查、揭发林彪反革命集团插手湖北的罪行。中央决定撤销刘丰武汉军区第一政委、省委第二书记、省革委会副主任职务,由王六生接任武汉军区第一政委和省委第二书记。11月20日,毛泽东、周恩来接见曾思玉等人,教育他们要跟党,跟路线,不要跟人,人是会变的;对人民不利的事情不要办,要保持晚节,继续革命。曾思玉代表湖北干部表示,用实际行动,永远跟毛主席,跟党、跟路线,决不

① 逄先知、金冲及主编:《毛泽东传》,中央文献出版社2003年版,第1595页。

辜负党中央的殷切期望。

11 月 25 日至 12 月 5 日，湖北省委召开常委会议，部署全省开展“批林整风”运动，揭发批判林彪反革命集团插手湖北的罪行，清查与林彪反革命集团有牵连的人和事。到 1972 年 5 月，全省举办宣讲点 1494 个，参加宣讲的各级党员干部 7.2 万人，共培训骨干和宣讲员 142.5 万人，形成了以点带面的揭批高潮①。

为了保证“批林整风”运动的健康发展，省委明确提出运动的重点首先是批林，其次才是整风，要联系实际清算极左路线，集中解决影响湖北安定、导致形势混乱的派性问题。

1972 年 4 月至 1973 年 1 月，省委召开有湖北地区原群众组织头头 83 人参加的毛泽东思想学习班。这 83 人中，75% 的人担任各级革委会委员，其中 23 人担任湖北省、武汉市革委会副主任、常委。学习班以提高认识、找准问题、划清界限为目的，理论联系实际以正面教育为主，开展批评与自我批评。学习班时间长达 9 个多月，分为 3 个阶段：第一阶段重点批林，通过学习第十次路线斗争的系列文件，揭发批判林彪集团的反革命罪行；第二阶段重点整风，揭查刘丰等人的问题，开展大批判；第三阶段重点学习毛泽东哲学著作，巩固“批林整风”成果。

学习班结束时，省委根据揭发出来的问题和性质，对相关人员作出处理。83 名参加学习的人员中，定性为人民内部矛盾的 66 人，占 80%；问题严重、需要继续审查的 13 人，占 15%；犯有刑事责任的 4 人，送司法部门依法处理②。

1973 年 3 月，省委决定在原来专案工作的基础上成立以姜一为组长的省委清查领导小组，从组织上、政治上、思想上、理论上进一步清查林彪反革命集团在湖北的阴谋活动，消除隐患，肃清流毒。

经过一段时间的“批林整风”，广大党员干部通过学习、揭发批判和联系实际的剖析，进一步认清了林彪反革命集团的面目，以及推行极左路线造成的严重后果，提高了识别真假马克思主义的能力。越来

① 中共湖北省委《关于开展批林整风运动汇报提纲》，1972 年 5 月 18 日。

② 中共湖北省委《关于湖北省毛泽东思想学习班的情况报告》，鄂发〔1973〕22 号。

越多的干部群众从个人崇拜的狂热中觉醒过来，开始思考一些尖锐的理论问题，对“文化大革命”理论与实践的怀疑、不满和抵制出现上升的势头。

三、调整各级领导班子和恢复人民团体组织

九一三事件后，在毛泽东的支持下，周恩来主持中共中央和国务院日常工作，把批判林彪反革命集团的罪行与批判极左思潮结合起来，努力调整因“左”倾错误造成的混乱，取得明显成效。

首先是落实党的干部政策。1972 年 4 月 24 日，《人民日报》发表经周恩来审定的题为《惩前毖后，治病救人》的社论。社论引用毛泽东的重要指示，即“要相信百分之九十以上的干部是好的和比较好的，犯了错误的人，大多数是可以改的”，“打击面要小，教育面要宽”，提出要严格区分敌我矛盾和人民内部矛盾这两个不同性质的矛盾，除了极少数混进革命队伍的阶级敌人和屡教不改、不可救药的分子外，对一切犯错误的同志，不论老干部、新干部，党内的同志、党外的同志，都要按照“团结——批评——团结”的公式，采取教育为主的方针；要搞“五湖四海”，不搞山头主义、宗派主义；对犯错误同志的处理，要以全党利益为出发点，要关怀他们，教育他们，发挥他们的作用；经过长期革命斗争锻炼的老干部是党的宝贵财富。社论的发表，为湖北省委把一大批干部从被打倒、被专政的状态解放出来提供了政策依据。

1972 年 1 月，省委召开工作会议，制定落实干部政策的 6 项措施：(一)按照干部工作的“五项条件”，调整和配备好领导班子；(二)选拔培养青年干部和女干部；(三)对正在审查的干部，抓紧清查，作出结论，及时解放；(四)已解放的干部，要大胆使用；(五)对犯错误的干部，要耐心教育，积极帮助给以工作；(六)大胆培养使用技术人员。在解放干部工作中，省委反复强调，对于所谓犯错误的干部，不要死究他们的责任问题，而应着重分析具体环境，实行惩前毖后、治病救人的方针，达到既要弄清思想又要团结同志的目的；对于人的处理问题，要取慎重态度，既不含糊敷衍，又不损害同志。到 1972 年 5 月，全省从下放的农场、厂矿和“五七”干校中解放了 3000 多名干部，重新给他们分配

工作。

中央不断充实加强中共湖北省委领导班子，先后任命赵修、韩宁夫、王克文、赵辛初、宋侃夫为省委书记，增补薛坦、李衍授、阎钧、李飞、焦德秀、张进先为省委常委。12 月 22 日，根据中央军委关于八大军区司令员对调的命令，兼任中共湖北省委第一书记、湖北省革命委员会主任的武汉军区司令员曾思玉调任济南军区司令员，杨得志调任武汉军区司令员，由武汉军区第一政委、中共湖北省委第二书记王六生主持湖北省委工作。

结合落实干部政策，省委按照“打破重叠的行政机构”和“精兵简政”的原则，有计划有步骤地调整党政领导机构。1972 年 10 月 13 日，省委发出《关于调整省直机构和启用新印章的通知》，撤销省革委会内党政不分的四大组，恢复省委组织部、宣传部、统战部、党校等部门的工作，重新设置 10 多个省革委会直属厅局。

为了恢复法院独立职能，1973 年 2 月，省革命委员会批转省高级人民法院《关于各级法院机构恢复情况和意见的报告》，要求各地迅速恢复与健全各级人民法院组织机构，整顿和建立调解委员会。到 1973 年 10 月，武汉、黄石两个直辖市、8 个地区的中级法院和 85 个县（市）的基层人民法院全部恢复工作。

从 1973 年 3 月开始，省委收缩“三支两军”人员，除参加县委、县革委会或县级以上领导机关的人员外，其余人员原则上全部收回军队，各级革委会由过去以军队干部为主逐步转向以地方干部为主。

在调整党政司法机构的同时，省委重新组建群众团体。1973 年 5 月 4 日，共青团湖北省第五次代表大会召开，选举产生共青团湖北省第五届委员会，毛菊元任团省委书记。6 月 23 日，湖北省工会第四次代表大会召开，选举产生湖北省总工会第四届执行委员会，王超柱任省总工会主席。7 月 5 日，湖北省第三次妇女代表大会召开，选举产生湖北省妇女联合会第三届执行委员会，丁凤英任省妇联主任。至此，“文化大革命”中被解散的全省工、青、妇等群团组织得到恢复。

省委还理顺了特大型工业企业的管理体制。1972 年 4 月，省委决定撤销湖北省钢铁会战指挥部及下属各指挥部，成立湖北省建设武钢指挥部，由杜恒荣任指挥长，冯乃秀、庞永胜等9人任副指挥长，具体业务由省革委会工交办公室和冶金局归口管理。1973年2月17日，省委决定将十堰市由地辖市改为省辖市，以便更好地支持第二汽车制造厂的建设。

大规模地解放干部和组织调整，增加了党内抵制和纠正“左”倾错误的健康力量，为纠“左”、实施整顿，促进经济社会的恢复和发展打下一定的组织基础。

四、整顿和调整国民经济

根据周恩来关于批林必须联系实际、努力纠正经济工作中“左”倾错误的指示，省委在十分困难的情况下，排除干扰，着手大力整顿、调整国民经济，较好地推动了工农业生产的恢复和发展。

进入70年代以后，由于基建规模急剧扩大、积累率急剧升高、职工人数增加过猛、企业管理体制下放过快，国民经济出现畸形发展，一系列比例关系严重失调。1971年底，湖北全省基本建设投资总额达到26.45亿元，其中，农业完成投资占预算内总投资的11.19%，工业完成投资占63.0%（其中加工业占3.3%），农、轻、重比例的差距超过以往各个时期。全省职工人数比上年增加27万，工资总额增加1.27亿元，增长11.54%。非农业用粮比上年增长5.99%，农业用粮下降7.9%，粮食由每年上交国家10亿斤倒退到倒挖国家库存。全省国民经济的发展呈现职工人数、工资总额和粮食销量突破国家计划的状态（当时称“三个突破”）。一方面，大规模基础建设过多抽调农业劳动力，影响了农业的发展；另一方面，又把城镇新成长起来的劳动力（知识青年）送往农村，造成社会劳动力的极大浪费。城镇职工数量增加，城镇消费品和商品粮的供应能力不足，市场紧张、物价上涨。

1972年1月，省委派出21个工作组，深入农村社队调查，发现全省农村中普遍存在“一平二调三收款”和瞎指挥的现象。2月13日至23日，省委召开地、县委书记会议，制定《关于处理“一平、二调、三收款”的暂行办法》，对农村水利、公路、桥梁、教育、广播、社办企业、“五小”工业[1]、合作医疗、基本建设中的问题提出具体的处理意见。随后，为充分调动农村广大干部、社员的生产积极性，省委制定《关于农村若干具体政策问题的规定》，强调农村人民公社“三级所有、队为基础”的制度应坚持不变，要让农民从增加生产中逐年增加个人收入，社队企业要坚持社会主义方向，积极为农业生产和社员生活服务。

1973年3月，省委召开全省计划工作会议，调整农、轻、重比例关系，研究解决缩短基建战线、精简职工、加快农业发展等问题，安排1973年国民经济计划。会议指出，全省农业虽有所发展，生产条件虽有所改善，但农业基础仍比较薄弱，同整个国民经济的发展不相适应。加重农业负担的主要因素是经济建设上的盲目性，基建战线拉得过长，职工人数增加过多造成“三个突破”“两个窟窿”（指粮食挖国家库存、工资总额超支）。为此，会议决定大力发展农业，重点抓好江汉平原商品粮基地建设，从人力、物力、财力等方面予以重点保障。

针对工业战线摊子铺得过大等问题，省委、省革委会大力调整工业。一是坚决压缩基建规模，集中力量打歼灭战；二是加大对轻工业的投资，提高轻工投资在全省总投资中的比例；三是大力加强企业内部管理，大胆整顿、恢复建立基本的管理制度，理直气壮地抓业务、抓生产、抓管理。围绕上述3个方面，省革委会陆续制定和印发《关于加强工矿企业管理工作的一些意见》《关于进一步加强基本建设管理的几点意见》《关于基本建设财务管理的暂行规定》《关于加强物资管理的试行办法》《关于加强劳动计划管理的意见》《关于加强物价工作的意见》《一九七二年增产节约工作意见》和《关于国营工业企业固定资产更新和技术改造资金的暂行管理办法》8个文件，对压缩基建规模、精简职工人数、加强劳动工资管理、整顿粮食统销工作和逐步调整农、轻、重比例关系的工作进行部署。这些政策措施的出台，对纠正当时经济领域极为严重的无政府现象、建立必要的规章制度、规范企业的经营管理和促进工业生产的发展起到了积极作用。

---

① “五小”工业，是指“四五”计划中，各省（区）按照中央政府的要求建设的小煤矿、小钢铁厂、小化肥厂、小水泥厂和小机械厂。

经过调整,湖北国民经济在1973年得到基本好转。各项经济指标完成或超额完成计划,全省工农业总产值达181.75亿元,比上年增长10.1%。其中,农业总产值70.07亿元,比上年增长8.9%,工业总产值111.68亿元,比上年增长14.4%;全民单位基本建设投资完成17.28亿元,比上年减少3.72亿元;扭转了全民所有制单位职工人数连续3年大幅上升的趋势;财政收入24.79亿元,比上年增长8.7%。1973年是“文化大革命”以来湖北国民经济发展形势最好的一年。

五、落实科教、文化、宗教、统战政策

省委还在教育、科技、文化等领域着力开展批判极左思潮、落实党的政策的工作,推动各项社会事业恢复和发展。

在教育领域,1972年9月,省委召开全省高等院校教育革命座谈会,要求教育学生认真学习马列和毛泽东著作,同时上好政治课和文化课,重视基础理论的教学。保证教学时间,健全必要的规章制度,继续搞好教材和教学方法的改革,努力提高教学质量。会议强调,要全面贯彻落实党的知识分子政策,对广大教师,政治上要充分信任,用一分为二的观点作具体分析,不应只看消极面;在工作上,要合理使用,发挥他们的专长;对政治表现好、业务能力强的教师,可以安排他们担任教学、科研领导工作;在工作和生活条件上适当照顾,保证其业务学习和备课时间。会议还决定调整高等学校的组织机构,改变“文化大革命”以来采用的不适应教学要求的大队、连、排、班建制,恢复适应教学要求的校(院)系组织机构。这次会议对于初步端正被“文化大革命”搞乱了的教育思想、恢复正常的教学秩序、调动教师的积极性等方面起到积极作用。

这一时期,全省开展普及小学五年教育的活动。1972年2月,省计划委员会、文教局发出通知,提出“第四个五年计划期间,农村普及小学五年教育,有条件的地区普及七年教育”。1972年城乡小学招生168万余人,学龄儿童入学率达85%。1973年7月,省委批转省教育局《关于使我省中小学教育事业更好地适应农业基础的建议》,要求中小学把“面向农村,为农业服务作为教育革命的一项重要内容来抓”。蒲圻县车

埠中学、监利县棋盘中学、新洲县宝龙中学等围绕发展农村经济、改革教育内容和方法，作了许多有益的探索，在省内外产生了一定影响。

在科技领域，省委恢复中共湖北省科委临时委员会和湖北省革委会科学技术委员会，任命易鹏为主任、党组书记。随后，各地、市、县科技管理部门得到全面恢复，多数县配有专职人员2—4人，在管理上分别隶属于党委、革委会等。到1974年9月，全省共成立科技管理机构95个，其中武汉市、黄石市和荆州、襄阳、恩施、咸宁等地区全部恢复科委机构，配备干部481人。在落实各项政策后，科技工作获得较快发展。湖北科研的优势领域如岩土力学、地球物理、微生物与病毒、水生生物、水利工程、桥梁建设、重型机床、冶金、地质等继续保持领先水平，一些新兴高科技领域如器官移植、激光材料、激光医学、光纤通信、波谱、电子高压等方面取得突破，应用科学研究方面推出较多成果。省农科院培育成功的水稻新品种“鄂中2号”“鄂晚3号、4号”“鄂花2号”等，推广面积达100万亩以上。由华中工学院、武汉锅炉厂、武昌电厂等单位共同研制，利用45吨／小时旋风炉在安全发电的同时附烧钙镁磷肥，获得一炉两用成果，随后在新洲化肥厂扩大试验，又获发电、供气、生产氮钙镁磷肥一炉三用的成果，取得变废为宝综合利用的好成效。

在文艺领域，省革命委员会政工组发出〔1971〕第30号文件，将全省原来的艺术表演团体一律改为“毛泽东思想文艺宣传队”，全省共改建91个队，列为国家编制的事业单位，从事表演艺术的专业文艺工作者重返舞台。1972年3月，省革委会举办湖北省专业剧团创作节目会演。省革委会副主任张体学就天门县老艺人沈三被强制劳动一事提出批评，要求尽快为被遣散在农村的一批艺人落实政策。全省群众文化机构恢复后，广大文化工作者在活跃群众文化生活、发展与培养业余文艺骨干等方面做了大量有益的工作。在中断9年之后，重建湖北新闻纪录电影制片厂，该厂摄制的《水乡园林》一片在联合国世界林业会议和国际环境会议上放映，受到与会专家学者的赞扬。在农村地区普遍建立8.75毫米电影放映队，全省农村电影放映队增加到1079个，比1966年增加了两倍。

与此同时，落实中央的政策，全省陆续恢复湖北省博物馆及部分地、市、县博物馆和文物机构，各级革委会发布保护文物的通告，对地面与地下文物采取有效的保护措施。

在统战领域，1972 年 10 月，省委统战部重建后，着手恢复地、市统战机构。1973 年 7 月 23 日，省委批转统战部提出《关于进一步做好台胞台属工作的报告》，要求正确对待台胞台属的“台湾关系”问题。1974 年 3 月 1 日，省委发出《关于成立省委对台工作领导小组的通知》，决定成立省委对台工作领导小组，胡金魁任组长，陈扶生、王仁德、顾鸣歧任副组长，日常工作由省委统战部主管。9 月，省委对台工作领导小组提出《关于进一步加强我省对台工作的请示报告》。12 月 4 日，省委在批转报告中指出，我省有去台人员两万余人（眷属 6 万余人），省内居住着台籍台胞 170 余人（不含眷属）、港澳地区人员 4000 余人，这是拥护祖国和平统一、进行现代化建设的重要力量，要求各地、市、县尽快建立对台工作领导机构，根据两类不同性质的矛盾理论，落实党的对台人员政策，做好对台宣传工作。随着党的统战政策的逐步落实，全省统战工作局面重新开启。

六、开展“批林批孔”运动和批判极左思潮的中断

在各项工作调整取得初步成效的时候，江青等人利用毛泽东提出要把批判林彪同批判中国历史上的孔子和儒家联系起来的指示，发动“批林批孔”运动，把矛头指向周恩来等老一辈革命家，指向批判极左思潮。

根据中央的部署，从 1974 年 1 月开始，“批林批孔”运动在湖北展开，帮派头目趁势活跃起来。他们带人冲击领导机关，叫嚷“第二次夺权”，指责刚刚站出来工作的老干部是“逸民”“复辟势力的代表”；纠集同伙到工厂、企业串联，组织集会，提出要用“放、平、补、提、纳”5 个字解决湖北的问题，即“把关进监狱里的同伙放出来”“彻底平反”“补进各级领导班子中去”“破格地提，大胆地提”“吸收进来，甚至于进党委”。帮派分子大搞突击入党、突击提干的“双突”活动，一些帮派分子混进了党员队伍和部分领导班子，许多单位的领导班子再度陷入瘫痪或半瘫痪状态。全省各地重新出现“联络站”“上访团”“汇报团”以及

“民兵指挥部”等各种名义的帮派组织，一度被控制的武斗事件又重新抬头，犯罪发案率急剧上升，武汉市汉口武胜路街头发生光天化日之下侮辱妇女的恶性事件，震惊全国。

1974年3月，武汉地区一部分帮派分子强行抓走正在武汉钢铁公司听汇报的省委书记赵辛初等人。21日，中共中央办公厅就武汉地区动荡形势作出指示，强调“随便捉走赵辛初、赵修、李振江[①]等人，是完全错误的”，“流氓上街侮辱妇女，要严肃处理”。在中央的干预下，赵辛初等人被放回。

3月下旬，湖北地区帮派组织冲击党委机关，哄抢专案材料，绑架专案人员，企图从专案材料入手，罗织老干部的“罪名”。29日，湖北省委紧急向中央报告全省专案材料被抢情况。4月1日，中共中央办公厅指示，各地专案材料，应由各级党委负责保存和查阅，如当地群众及代表对专案材料有怀疑，可经党委同意后调阅查核，如双方不能取得一致意见，可对材料进行查封，但无权单方面启封查阅。4月6日，省委发出指示，指出抢档案、揪走武汉中级人民法院副院长等事件，严重违反“公安六条”，勒令有关方面立即放人，立即追回所抢档案。4月14日，省委发出通知，重申“‘批林批孔’运动要在党委统一领导下进行，不要成立战斗队一类的群众组织，也不要搞跨行业、跨地区一类的串联”。由于各地党委受到普遍冲击、党委领导人被揪斗，上述指示、要求收效甚微。

“批林批孔”运动使湖北刚刚稳定的政治形势和有所恢复的国民经济再次遭到严重破坏，社会秩序重新陷入混乱。在“左”的政治高压下，干部、职工不能理直气壮地搞生产、抓管理、从事技术革新，否则就会被扣上“唯生产力论”“资本主义管、卡、压”和“技术挂帅”等帽子。各条战线，尤其是全省工交战线的党组织和领导班子普遍存在“软、懒、散”的现象。有的企业领导班子面对派性活动和不良现象，不敢管，不敢斗；有的企业领导班子闹不团结，搞内讧；有的企业领导班子抱着得过且过、安于现状的思想，缺乏进取心；还有为数不少企业的领导权被

① 赵修，时任中共湖北省委书记。李振江，时任武汉钢铁公司党委书记，中共湖北省委候补委员。

混进党内的少数帮派分子所把持,他们到处叫嚷着“法家造反,儒家生产”等谬论,不仅不抓生产,还到处煽风点火,制造事端。1974年,全省的国民经济大幅度滑坡,明显地表现在:经济管理混乱,铁路等交通运输堵塞严重,危及全省工农业生产和人民的生活;企业纪律松懈,生产秩序被打乱,处于严重的无政府状态,减产、欠产、亏损严重,市场供应告急,日用品和副食品供不应求。全年经济计划不能完成,财政收入继续下降。这一年全省工业总产值只完成96.6亿元,比上年下降9.88%。钢、铁产量没有完成国家计划,钢产量下降44.7%,铁产量下降50.2%,其他如发电量、棉纱(布)产量等普遍下降。地方货运量完成4935万吨,比上年减少6.3%。由于郑州铁路局煤炭欠装,国家调给湖北的煤炭有52万吨不能到货,不仅使武汉铁路局的机车用煤紧张,武汉市的工业用煤和居民生活用煤经常只有1—2天的储量。财政收入完成年计划的86.0%。社会商品零售总额比上年增加4.2%,但商品供应日趋紧张,副食品供不应求。全民所有制企业劳动生产率比上年下降14.9%。

第二节　1975年的全面整顿

一、整顿党的组织,加强领导班子建设

1975年新年伊始,在毛泽东的支持下,邓小平进入中央领导核心,相继担任中共中央军委副主席兼总参谋长、中共中央副主席、国务院第一副总理等职务。1月中旬,周恩来在四届全国人大一次会议上作政府工作报告,提出了在20世纪内全面实现农业、工业、国防和科学技术四个现代化的宏伟目标,把全国人民的注意力再次引到发展经济、振兴国家的事业上来。2月1日,国务院常务会议确定,在周恩来总理治病疗养期间,邓小平代总理主持会议和呈批主要文件。邓小平主持全局工作以后,坚定地提出了一系列摆脱动乱、扭转混乱局面的方针政策,开始全面整顿。

邓小平十分关心湖北的整顿工作。针对湖北派性活动猖獗的特点，他指示国务院副总理李先念召见派性头目朱鸿霞等人，要求他们认真贯彻安定团结的方针，在湖北省委的领导下多做团结工作，多为人民做一些有益的事情；要求他们从北京回去后公开发表声明，和原来的派别一刀两断，并带头到基层锻炼，学一点真才实学。在召见时，李先念严厉指出：武汉有人不安定、不团结、不生产、不劳动，闹派性，扰乱秩序，把矛头指向省委，这是完全错误的，必须改正！

在指导湖北整顿过程中，邓小平表现出善于抓大局和主要矛盾的领导风范。他针对武汉钢铁公司一天漏跑两次钢水的重大事故，指出要在整顿中解决“建立坚强的领导班子”“坚持同派性作斗争”“认真落实政策”“建立必要的规章制度”4个问题。他的指示，勾勒出整顿的核心和重点，直接推动了湖北整顿工作的开展。

邓小平、李先念对朱鸿霞等人的批评和警告，引起湖北帮派头目的仇视，他们阳奉阴违，继续进行破坏活动。从1975年2月13日开始，一些帮派分子抢占汉口中南旅社，在六渡桥闹市中心设置路障，造成交通受阻，严重影响了全市工业生产和城市居民生活。3月7日，在中央支持下，湖北省委和武汉市委采取断然措施，限令阻塞武汉交通的少数人拆除路障，恢复交通，退出旅社，交出抢走的一切公物；勒令策划和指挥这次事件的为首分子到公安部门检查、交代自己的违法行为，要求参与这次事件的人立即醒悟，回各单位抓革命、促生产；命令公安部门对执意顽抗者依法惩处，就此拉开了湖北全面整顿的序幕。

1975年6月到8月，省委在《湖北日报》上连续发表社论和专文，阐明全面整顿的政策、方针和重点。6月28日，在题为《加强安定团结，消除派性》的社论中，尖锐地指出：派性是一种反马克思主义思潮，坚持闹派性的人，为了个人和小集团的利益，同党对立，向党要权，破坏革命团结，混淆是非，不分敌我，充当反动势力的保护伞。派性分子鼓吹“不为错误路线生产”，不上班，不劳动，拉山头，搞串连，其目的是想把各级党政机构“推倒重来”。7月9日，在题为《评“不为错误路线生产”》的文章中，进一步指出：极少数被派性迷了心窍的人，到处散布“不为错误路线生产”的谬论，煽动停工停产，以此来要挟“落实政策”，向党组织伸手要官要权，这种行为是极其错误的，社论告诫各级党委，对于伸手要官要权的人，一万年也不给，决不能拿党的原则做交易。8月21日，在题为《党委会要成为坚强有力的战斗指挥部》的文章中，强调：各级党委的领导班子，必须“敢”字当头，勇于斗争，善于斗争，才能成为坚强有力的战斗指挥部；党委领导成员一定要破除私念，立党为公，处处坚持原则，向党负责，向人民负责；对派性活动，要旗帜鲜明、态度明确，该批评的就敢于批评，该打击的就坚决打击。

7月5日至16日，省委召开地、市委书记会议，重申要敢于同派性作斗争，对于个别被坏人篡权的领导班子，立即查清情况，进行必要的组织调整。会后，各地采取多种形式，分期分批培训党员干部，解决思想入党的问题；对“双突”中提拔的人员进行清查；对混进党内、证据确凿的坏人，坚决清除出党；对贪污盗窃，腐化堕落，破坏生产，触犯法律的，一律依法惩办；对被帮派分子篡了权的领导班子进行改组，将被篡夺的权力夺回来。

省委下大力气整治各行各业，特别是工交系统领导班子“软、懒、散”问题。省委提出，各工交企业要迅速掀起整顿高潮，建立强有力的、“敢”字当头的领导班子。省委确定交通行业以武汉铁路局为重点，冶金行业以武汉钢铁公司和大冶钢厂为重点，各地、市以骨干企业为重点，全面推进领导班子建设。8月2日，全省召开工交战线经验交流广播大会，襄樊市、沙市市及武钢炼铁厂、湖北齿轮厂、鄂城钢铁厂等单位介绍他们立足本地实际整顿领导班子、打击派性活动、进行技术革新和严格科学管理等经验，会后，省委及时将这些经验做法在全省进行宣传和推广。在省委的部署和推动下，全省从武汉等中心城市到边远山区、从老工业基地到新建的国防工地，迅速掀起整顿热潮。

二、全面整顿以铁路交通业为突破口

铁路运输业是全省率先开展整顿的行业。

1975年2月25日至3月8日，中共中央在北京召开专门解决铁路运输问题的各省、自治区、直辖市主管工业的党委书记会议，邓小平在会上明确指出，要把国民经济搞上去，当前的薄弱环节是铁路。3月5日，中央发出《中共中央关于加强铁路工作的决定》(中发〔1975〕9号文件)。湖北省委以贯彻落实邓小平的讲话和中央9号文件为抓手,确定从消除派性、整顿领导班子、增强组织纪律性、建立规章制度和调动广大职工积极性5个方面解决铁路运输问题。

3月8日,武汉铁路局召开干部大会和职工大会,宣传、贯彻中央9号文件精神。会后,全局组建工作组,由各级领导干部带队到各站段、车间、班组,开展“一学”(学习毛泽东“三项重要指示”和中央9号文件)、“二讲”(讲搞好安定团结和把国民经济搞上去的意义)、“三批”(批林彪分裂党的罪行、批帮派头头破坏安定团结的罪行、批派性活动干扰生产的罪行)、“四摆”(摆派性的表现、危害、恶果、根源)活动,揭批派性活动和排查派性分子。铁路局党委强调:凡是帮派分子,有一个调开一个,再出一个再调开,一天调一个,一年调365个,直到调完为止。路局还与地方党委、公安部门配合,将煽动与党组织闹对立、搞武斗、停工停产等严重破坏运输生产秩序的不法分子严肃处理,触犯法律的逮捕法办。3月25日,省委下发《关于武汉铁路局党委贯彻中央9号文件情况报告的通报》,将武汉铁路局党委的整顿经验归纳为:大张旗鼓地进行宣传、耐心细致地做思想政治工作、旗帜鲜明地反对派性活动、狠抓生产改变被动局面,要求路局以建章立制为中心,继续将整顿引向深入。

根据省委要求,武汉铁路局党委从加强岗位责任制入手,恢复健全了技术操作、质量检验、经济核算、设备管理、安全生产等基本制度,强调严格工作纪律。健全制度与严格纪律双管齐下,基本消除了违章作业、不听指挥、迟到早退、出勤不出工、出工不出力的现象。

在干部职工积极性转移到生产上来后,铁路局党委因势利导,组织开展“安全、正点、三超(超装、超卸、超排空)”运输大会战。到年底,铁路局提前15天完成全年运输计划,货物发送吨数比上年同期有显著提高,实现了铁道部提出的“四通八达,畅通无阻,安全正点,当好先行”的整顿目标。

三、整顿向工矿企业、农业、科教等领域推进

在铁路运输整顿取得突破后,湖北省委迅速推进以冶金行业为重点

的工矿企业、农业、科教等众多领域的全面整顿。

当时，全国钢铁生产形势严峻。1974 年，武汉、包头、鞍山、太原四大钢厂未能完成全年生产计划，1975 年 1—4 月又继续减产，欠产数额巨大。武汉钢铁公司 1974 年钢产量为 141 万吨，比 1973 年下降 44.7%；铁产量 141 万吨，下降 50.2%；1975 年头 4 个月，钢铁产量又增加欠产 30 多万吨。在建的一米七轧机工程所需的钢材，按国家安排应由武钢生产供应，由于其产品质量达不到要求，使得建设工期一延再延。

1975 年 5 月，邓小平主持召开全国钢铁工业座谈会，提出强化整顿的具体措施。会后，中共中央发出《关于努力完成钢铁生产计划的指示》（中发〔1975〕13 号文件）。他的讲话和 13 号文件成为整顿冶金行业的基本方针。5 月 22 日，中共中央任命赵辛初为湖北省委第一书记、湖北省革委会主任。6 月 4 日，湖北省委召开全省广播大会，传达中央 13 号文件精神。赵辛初代表省委提出抓好冶金企业整顿的 4 条措施：（一）建立坚强的领导班子，领导班子要由不怕被打倒的人组成，做到不软、不懒、不散；（二）坚决开展反对派性斗争，对坚持闹派性的人寸土必争、寸步不让，该调开的调开，该批判的批判，该斗争的斗争；（三）全面落实政策，特别是落实党的干部政策、知识分子政策，调动老干部、老工人、老模范和技术骨干的积极性；（四）建章立制，恢复和健全行之有效的规章制度，严明劳动纪律。

7 月中旬，武汉钢铁公司党委召开扩大会议，作出题为《加强党的领导，放手发动群众，迅速把革命和生产搞上去》的决议，决定在继续加强党组织建设的基础上，进一步加强生产的统一指挥，建立生产调度系统，严格执行各项规章制度。在整顿中，生产状况逐月提升。8 月，日产钢达到 5500 吨，生铁达到 8000 吨；9 月，日产钢超过 6000 吨，生铁超过 8250 吨；10 月，日产钢突破 8000 吨，生铁产量有 3 天突破 1 万吨，实现了“钢上八千铁争万”的生产目标。

与此同时，大冶钢厂、鄂城钢铁厂、大冶铁矿、武汉冶炼厂、武汉带钢厂、宜昌八一钢厂等大批厂矿企业也通过整顿扭转了被动局面，提前完成当年生产计划。全省钢、生铁、钢材、铁矿石等主要产品比上年大幅增产。其中,钢产量为 199.36 万吨,比上年增产 58.45 万吨,增幅为 41.1%;生铁产量为 230.6 万吨,比上年增产 89.29 万吨,增幅为 63.2%。

在重点整顿冶金工业的同时,省委开展了对其他工矿企业的整顿。经过整顿的企业和地区呈现出稳步向好的发展态势,尤其是工业基础较好的武汉、襄樊、沙市。1975 年,武汉市工业总产值完成 59.63 亿元,比 1973 年增长 37.1%,创历史最高水平,主要工业产品产量均有大幅度增长。襄樊市工业生产提前 1 个月完成全年计划。沙市对工交企业中 38 个后进班子进行整顿,使其中 10 多个单位跨入先进行列。

1975 年 9 月,在全国农业学大寨会议上,邓小平重申了全面整顿的指导思想,强调指出:整顿不仅只是解决某个领域、某个局部的问题,而且是对全国工作的总体考虑,是关系全局的战略部署。根据这一精神,将整顿范围由工交战线向农业、科技、教育、文化、社会治安等领域全面延伸,将整顿的内容由整顿秩序、加强管理、解决交通阻碍和生产欠产等具体问题扩大到打击派性、整顿领导班子、纠正极左错误、落实党的各项政策、集中精力进行国民经济建设等深层次的问题上来。起始于交通领域的整顿发展成为囊括整个社会各个领域的全面整顿。

10 月底,省委召开全省传达全国农业学大寨会议精神广播大会,要求通过农村党的基本路线教育和县委整风活动搞好县委领导班子建设,解决领导权的问题。省委在《湖北日报》连续发表《一定要把县委的整风抓好》《把农业真正当做基础来抓》等社论,要求各级党委把农业放在第一位,各部门把精力统一到大办农业上来,坚决同妨碍、干扰大办农业的错误思想和错误行为作斗争。

结合整风,省委全面清理党的农村政策,明确规定:在人民公社管理体制方面,现行体制、核算单位一般不动,继续维持“三级所有,队为基础”的政策,反对随意改变所有制结构和无限制地向更高核算单位“跃进”的行为;在农业经济活动中,坚决执行“自愿互利,等价交换”原则,反对刮“共产风”、搞“一平二调”;在多种经营方面,在确保粮食面积和产量的前提下,允许发展有利于集体经济的、为农业服务的副业生产,反对“以粮为纲,其他丢光”;在农民生产和生活安排方面,强调社员自留地应按“四清”规定的标准予以保留,社员房前屋后的私人树木应按《农村人民公社工作条例(修正草案)》的规定予以保留,反对在"割资本主义尾巴"的旗号下侵犯群众利益;在财政管理体制方面,颁布《湖北人民公社财政管理办法》,强调公社财政必须严格执行党的方针政策,不准向企业、大队和生产队摊派资金。到1975年底,湖北农业生产逐渐摆脱了持续多年停滞不前的局面。尽管这一年部分地区遭受严重洪涝灾害,但全省夏粮比上年增产一成以上,平均亩产创历史最高水平,夺得自1965年以来最大的丰收;全省油菜籽大面积丰收,比上年增产七成以上;麻类、蚕茧、茶叶、糖料、烟叶、水果、药材等经济作物都比上年增产。更重要的是,整顿将农村广大干部、群众的注意力集中到发展农业生产上来,形成"人心思治""人心向农"的局面。

教育、科技战线的整顿起步较晚,进展很快。教育战线的整顿主要包括5个方面的内容:一是加强教育战线的领导班子建设,批判和打击教育领域的派性活动,整顿教学管理秩序;二是加强学校思想政治教育,进行革命理想教育和纪律教育,建立健全必要的教学规章制度;三是加强教师队伍建设,采取有效措施充实教师队伍、增强师资力量,在可能范围内,尽力帮助解决教师面临的各种实际困难;四是在研究比较的基础上,制订科学、完整的教学计划,严格执行,保证和尽量提高教学质量;五是加强全省扫盲、普及五年和七年教育及高中教育的工作力度,尽量减少中小学生失学、辍学现象。经过整顿,各校领导班子和教学制度方面存在的问题都得到较好的解决,形成"劲往一处使、共同抓工作"的新面貌,为教学活动及其他工作奠定了坚实的基础。

科技领域整顿的核心是落实知识分子政策和恢复科研管理制度,这包括:加强和改善党对科技工作的领导,整顿科研系统领导班子,提高战斗力;将大批关入"牛棚"、监督劳动的科技人员重新调回专业对口的岗位上,尽可能解决他们工作和生活上的困难;改善科研条件,为科技人员从事科研活动创造必备的条件和相对安定的环境;理顺科研管理体制,恢复"文化大革命"前的一些行之有效的做法,着手重建和恢复部分被撤销的科研机构;大力开展科技工作面向群众、面向基层、面向生产的"三面向"活动。

全面整顿给湖北文艺界带来转机。邓小平关于“文艺政策要调整，调整其实也是整顿”“要通过整顿，解决各方面的问题”的讲话受到了全省文艺界的衷心拥护。整顿文艺战线的重点是重新强调“百花齐放、百家争鸣”的基本方针。省文化局提出采取加强思想建设、整顿领导班子、加强党团组织建设、加强业务建设以及培养新生力量“五管齐下”的措施，多方面、多渠道、多途径地提高全省文艺工作的队伍素质建设。文艺工作开始改变万马齐喑、一片荒芜的局面，一批优秀文艺作品脱颖而出，如《长阳山歌》《唱春花》《高原风雪》等受到各界的好评。

为给全面整顿保驾护航、创造良好的治安环境，全省公安部门先后开展了整顿交通沿线治安、打击流窜犯和进行社会综合治理等“三大战役”。第一战役以铁路和公路沿线为重点，公安部门在交通沿线广泛开展“公物还家”活动，限期沿线各地将非法所得的交通设施和物资退还国家，其中，仅孝感和咸宁地区在限期内就退回枕木3200多根、木料2480多根、煤炭1000多吨和其他铁路器材1.2万多件。第二战役是开展清查和打击流窜犯的专项行动。全省公安部门于9月20日至25日、10月10日至15日两次开展清查、打击流窜犯罪分子行动。到10月20日，共破获刑事案件22244起，其中重大刑事案件286起；查获犯罪嫌疑分子17209人，其中抓获杀人犯16名、盗窃犯2781名，沉重打击了犯罪分子的嚣张气焰。第三战役是进行社会治安的综合治理，重点打击涉及黄色、教唆青少年犯罪和流氓犯罪的刑事案件。通过治安整顿，全省社会治安秩序得到较大改观，各类案件的发生率大幅下降。与1974年1—10月相比，各类刑事案件发案率下降23.5%，破案率提高7.5%；铁路等交通沿线哄抢运输物资、中断交通运输的事件基本消除，全省社会治安秩序明显好转。

1975年的湖北全面整顿成效显著，全省国民经济扭转滑坡下降状态，回升势头强劲。从第二季度开始，国民经济各项主要指标趋好。到1975年底，全省工农业总产值完成202.63亿元，比上年增长15.4%。其中工业总产值125.47亿元，比上年增长29.9%。农业因受水旱灾害影响，总产值比上年略有下降，但夏粮夏油获得了10年来最好的收成。财政收入24.05亿元,比上年增长39.5%。市场供应情况有所好转,零售物价总指数较上年下降0.1%;社会零售总额61.41亿元,比上年增长12%。

湖北的全面整顿,在党中央和老一辈无产阶级革命家的领导、支持和直接帮助下,取得重大成效,得到全省人民的拥护,反映出人民希望社会安定、经济发展、建设现代化强国的强烈愿望。

第三节　反对“四人帮”的斗争

一、“批邓、反击右倾翻案风”运动的开展

邓小平主持的全面整顿,是“文化大革命”中党的正确领导与“四人帮”[①]的一场重大斗争,整顿虽然还不可能直接触及“文化大革命”的根本问题,但力图在一些重要问题上对“文化大革命”中被颠倒的思想理论、政策是非加以澄清,从而开始了有限度的拨乱反正。

毛泽东支持邓小平主持中央日常工作和进行整顿,希望邓小平在肯定“文化大革命”的前提下,实现安定团结,把国民经济搞上去。然而,整顿工作的深入开展,逐渐发展成为对“文化大革命”的比较系统的纠正。这种发展趋势,既遭到“四人帮”的猖狂反对,也逐渐为毛泽东所不能理解。1975年11月初,身患重病的毛泽东听信“四人帮”的诬告,动摇了对邓小平的信任。邓小平被停止了大部分工作,“反击右倾翻案风”(1976年初改称“批邓、反击右倾翻案风”)运动开始。

1975年11月,中共中央召开有130多名党政军领导干部参加的打招呼会议,宣读了经毛泽东审阅批准的文件《打招呼的讲话要点》,文件说“有些人总是对这次文化大革命不满,总是要翻案”。此后,“反击右倾翻案风”运动扩大到全国。

---

① “四人帮”即江青反革命集团,由江青、王洪文、张春桥、姚文元为核心组成。这个称呼是毛泽东于1974年7月在中央政治局会议上首先提出来的。

在“四人帮”的指使下,湖北帮派分子夏邦银、朱鸿霞、胡厚民拼凑了指挥夺取湖北省领导权的“核心”班子和“参谋”班子。他们确定,以批判省委主要负责人执行邓小平的“三项指示为纲”是“反革命修正主义路线”作为向省委进攻的“基调”;以狠批省委第一书记赵辛初1975年6月4日在全省广播大会上的讲话,作为进攻省委的“突破口”;以“上促下攻、内紧外松、立足基层、统一行动”作为夺权的方针;以“目的不变、决心不变、基调不变、突破口不变,斗争方法灵活多变”作为夺权活动的策略。他们拼凑专门的写作班子,以武汉市汉口水塔围墙为宣传阵地,张贴大字报、传单、标语,攻击“四个现代化”是“资本主义化”,叫嚣要把全面整顿所采取的各项措施重新“翻过来”。1976年3月9日、11日和19日,朱鸿霞、胡厚民3次组织人员和车辆,冲击省委、省革委会机关,围攻省委领导人。20日,他们强占省革委会第一招待所第十三号楼,作为指挥部据点。

3月下旬,朱鸿霞等人策划成立“材料”班子,编造出《省市领导人刮右倾翻案风的言论》《关于湖北省委组织路线上的几个问题》的材料,报送江青反革命集团,指责“省委主要负责人跟着修正主义跑”,“省委组织部是省委主要负责人推行修正主义的得力工具”,“是宗派部、复辟部、阎王部”,点名诬陷了一批干部。

进入4月以后,“批邓、反击右倾翻案风”运动以更大的规模和声势展开。4月7日,新华社播发中共中央《关于华国锋同志任中共中央第一副主席国务院总理的决议》《关于撤销邓小平党内外一切职务的决议》。第二天,朱鸿霞带领同伙冲进省委机关,将正在主持会议的省委领导赵辛初、韩宁夫等4人劫持到汉口武胜路的街头大会会场,强迫赵辛初等人按照他们的意图表态,遭到赵辛初、韩宁夫等人的坚决拒绝。湖北帮派分子先后在武汉市街头和武汉重型机床厂、第一冶金建设公司、武汉市第六棉纺厂、铁道部第四勘测设计院、武汉铁路局等工厂、企业以及襄樊、孝感等地进行串联活动,鼓吹社会的“主要矛盾是造反派和走资派的矛盾”,怂恿、煽动、支持篡夺各级领导权。

在“批邓、反击右倾翻案风”运动中,“四人帮”及其在湖北的少数追随者污蔑全面整顿,批判“唯生产力论”,散布“宁要社会主义的草,不要资本主义的苗”，“革命搞好了，生产下降也可以”等谬论，鼓吹“不为错误路线生产”，破坏了刚刚出现的比较稳定的局势。全面整顿中提出的正确政策和措施被否定，一些坚决执行这些政策的领导干部遭受打击，而在整顿中被撤职或调离的派性严重的人又被重新起用，一些地区派性斗争重新泛滥，造成停工停产、交通堵塞、经济动荡。1976 年，受前三个季度“批邓、反击右翻案风”影响，湖北国民生产总值比 1975 年下降 5.2%；工农业总产值下降 4.7%，财政收入下降 28.7%。

二、人民群众的抵制和庆祝粉碎“四人帮”

到 1976 年，“文化大革命”已经进行了近 10 年。“批邓、反击右倾翻案风”运动一开始就在湖北受到广泛抵制。10 年中，经济起伏曲折，不断被冲击，有时出现倒退；人民生活不仅没有提高，反而下降；社会始终得不到稳定，出现周期性的混乱。这使人们对接连不断的政治运动产生越来越强烈的厌倦情绪。

在社会安定、经济发展、生活改善已成为广大干部群众共同愿望的情况下，特别是在邓小平主持整顿的成效有目共睹的情况下，开展“批邓、反击右倾翻案风”大失人心，这一运动一开始就受到广泛抵制。湖北人民在阅读那些印发的供批判用的材料时，对坚持党的正确方针政策的邓小平有了更多的了解和信任。

强制推行“批邓、反击右倾翻案风”运动的结果，使广大干部群众进一步认识到“文化大革命”的错误，也促使人们更加认清“四人帮”一伙祸国殃民的面目。人们的不满和憎恶，在 1976 年清明节通过悼念周恩来总理的方式迸发出来。

1976 年 1 月 8 日，党和国家的主要领导人之一、中国人民解放军的主要创建人之一周恩来逝世。周恩来是伟大的马克思主义者，伟大的无产阶级革命家、政治家、军事家和外交家，中华人民共和国的开国元勋，是以毛泽东为核心的党的第一代中央领导集体的重要成员。新中国成立后，周恩来担任政府总理长达 26 年。“文化大革命”中，他处于非常困难的地位，但仍顾全大局，任劳任怨，为维持党和国家的正常工作，为尽量减少动乱所造成的损失，为保护大批党内外干部，作了不懈努力，费尽了心血。他同林彪反革命集团和“四人帮”祸国殃民的行为进行了各种形式的斗争。他因对中华民族和世界进步事业的杰出贡献赢得举世尊敬,更以“鞠躬尽瘁,死而后已”的高尚品德受到万众爱戴。他的逝世引起了全国各族人民的巨大悲痛,也进一步加深了人们对国家的前进的担忧。

3月下旬到4月5日,湖北群众利用清明节祭祀祖先的传统习俗,举行悼念周恩来、抗议“四人帮”的活动。在武汉,湖北医药工业公司等30多个单位化名“寒城牛”,把“继承总理遗志,实现四个现代化”的大标语贴在街头,六机部七〇一所的干部群众把直径长达三四米的铁骨花圈送到长江大桥武昌桥头。几天之内,长江大桥武昌桥头摆满了群众自发送来的白花、花圈、挽联和标语。这些抗议行动的实质是拥护以邓小平为代表的正确领导,鲜明地表现了人心向背。它为后来粉碎江青反革命集团、结束“文化大革命”的悲剧奠定了深厚的群众基础。

1976年7月6日,中国人民解放军的主要缔造者之一,党和国家的卓越领导之一朱德逝世。1976年9月9日,中国共产党、中国人民解放军、中华人民共和国的主要缔造者,中国各族人民的伟大领袖毛泽东逝世。湖北人民沉浸在巨大的悲痛之中,对他们在缔造党、军队和国家,在领导中国民主革命和社会主义建设,在运用和发展马克思主义于中国等方面的伟大功绩和卓越贡献,怀有深深的崇敬和感激之情。毛泽东去世后,“四人帮”加紧了夺取党和国家最高领导权的活动。

10月6日,为了挽救党和国家,挽救社会主义建设事业,中共中央第一副主席、主持中央工作的华国锋在叶剑英、李先念等老一辈革命家的帮助下,并征得中央政治局多数同志的同意,采取果断措施,对江青、张春桥、王洪文、姚文元及其在北京的帮派骨干实行隔离审查,作恶多端的“四人帮”被一举粉碎。至此,“文化大革命”终于结束,全国人民终于从一场长达十年的噩梦中挣脱出来。

10月21日至22日,武汉地区百万军民举行盛大庆祝游行,热烈庆祝粉碎“四人帮”反党集团篡党夺权阴谋的伟大胜利。武汉三镇到处张灯结彩,锣鼓喧天,鞭炮齐鸣,各路游行大军由省、市各级党政军领导干部带队,以极大的喜悦,抬着毛主席巨幅画像,高举红旗,高呼口号,欢庆粉碎“四人帮”的伟大胜利。22日,湖北省、武汉部队,以及武汉市党政军民130万人冒雨举行盛大集会和游行,欢庆粉碎“四人帮”的伟大胜利。大会中心会场设在汉口中山公园门前,主席台正中竖立着毛主席巨幅画像,两旁簇拥着十面鲜艳的红旗,会场上空,彩色气球悬挂着一幅幅巨大的标语。中共湖北省委、省革委会、驻武汉部队、湖北省军区、中共武汉市委、市革委会的负责同志,以及省、市工会、贫协、共青团和妇联等各方面的负责同志出席了庆祝大会。

全省各地区都沉浸在欢庆粉碎“四人帮”的无比喜悦之中,各界群众纷纷举行大规模的集会和游行活动。

第十八章
20世纪六七十年代的经济建设

在党的历史上，“文化大革命”是“左”倾错误指导思想占主导地位持续时间最长的时期。这场所谓的“大革命”，在政治、思想、文化、经济、党的建设等方面产生了灾难性的后果。同时，在这10年中，由于毛泽东对极左思潮一定程度的限制，由于党内健康力量对林彪、江青两个反革命集团的不懈斗争，由于人民群众对“文化大革命”的持续抵制，国民经济和社会建设在政治运动的反复冲击中得到维系，并在一些方面取得进展。

第一节 “文化大革命”内乱的严重危害

一、国民经济的全面混乱与严重损失

60年代前期，湖北的国民经济经过全面调整后，逐步形成良性循环的趋势，进入1966年，继续保持全面增长的态势。但是，5月以后兴起的“文化大革命”，猛烈冲击着社会生活各方面的正常秩序，给经济建设造成极大的影响。由于“文化大革命”初期主要集中在文教部门和党政机关，尚未波及工厂农村，这一年全省国民经济运行总体来说还比较正常，各项经济指标创出新中国成立以来的最好水平：1966年全省社会总产值比上年增长15.1%，其中工业总产值比上年增长20.3%，国民收入比

上年增长 17.2%,财政收入比上年增长 22.4%,基本建设的工程施工进度和质量均好于 1958 年以来的各个年份。

1966 年 12 月初的中央政治局扩大会议后,“文化大革命”由上层建筑领域扩展到经济领域,由学校、机关扩展到工厂农村,特别是从 1967 年 1 月开始,在上海“夺权”风暴影响下,经济工作陷入全面混乱的状态。

在十年内乱期间,“文化大革命”运动在发动初期、高潮时期、相对平衡时期的表现形式有所不同,但对湖北经济社会的冲击、破坏是持续的、灾难性的。

经济管理遭到严重破坏。“文化大革命”发动以后,特别是 1967 年、1968 年高潮时期以后,全省各级党政机关处于瘫痪状态,经济管理部门遭到严重削弱,基本无法行使管理职能,以致有的年份连年度计划也不能制定和下达。随着省、市、县陆续成立三结合的革命委员会,无政府状态有所好转,但由于有丰富管理经验的地方干部没有被“结合”进领导班子以及“左”的指导思想的影响,经济管理工作十分薄弱。1968 年底,省革委会决定省、市、县三级机关干部下放到“五七”干校集中进行“斗、批、改”,各机关只安排少数人留守,全省经济管理工作由人数较少的生产指挥组负责。粉碎林彪反革命集团后,周恩来总理主持中共中央日常工作,提出批判极左思潮,恢复“文化大革命”前正确的政策措施,使管理工作出现转机。在湖北,大批地方干部从“牛棚”里解放出来,恢复工作,积极纠“左”,经济管理工作得到加强。可是在“批林批孔”运动中,江青等人把矛头指向周恩来,否定前一时期纠“左”举措,使湖北各级领导机关遭受又一次严重冲击,1974 年成为“文化大革命”中继 1968 年之后经济发展破坏最严重的一年。1975 年 1 月,在周恩来总理患病期间,邓小平在毛泽东支持下,主持中共中央和国务院日常工作,大刀阔斧地进行以经济工作为主的全面整顿,国民经济形势明显好转。但很快,江青反革命集团发动了“批邓、反击右倾翻案风”运动,在全国各地开展揪“走资派”、抓“还乡团”,湖北再度陷入混乱。全省许多大、中型骨干工矿企业出现“七上八下九走光”① 现象,

① 指职工七点钟上班,八点钟下班,九点钟人走光。

重新陷入停产或半停产状态。在“文化大革命”十年中,动乱反复冲击着经济管理体制和管理工作,使湖北国民经济出现上述三次大的跌落,始终挣扎在“下降—回升—又下降—又回升—再下降”的恶性循环之中。

国民经济受到“左”倾理论和政策的严重影响。湖北省一直是国家投入较多的重要工农业、国防和科学研究基地,在管理上积累了丰富的经验,生产企业和单位形成完备的规章制度。国家总结社会主义建设正反两方面的经验,颁布实行了工业、农业、教育、科研等领域的一系列方针政策、法规条例。“文化大革命”开始后,“工业七十条”“农业四十条”“商业四十条”“高校六十条”“中学五十条”“小学四十条”“科研十四条”“文艺八条”等被当作“修正主义”的“管、卡、压”遭到批判,甚至连党委领导下厂长负责制、按劳分配原则、利润指标等也被当作资产阶级的东西加以摒弃,结果造成企业管理混乱、劳动纪律松弛,无政府主义思潮泛滥,不讲经济核算、不讲成本的现象相当普遍,致使劳动生产率下降、经济效益降低,从而影响整个经济发展。

“左”倾政策的实施,对湖北农村及农业的破坏也十分严重。中共中央《关于农村无产阶级文化大革命的指示(草案)》规定,在农村,既要整党内的“走资派”和未改造好的“地、富、反、坏、右”分子,又要“以阶级斗争为纲”,批判自留地、自由市场、自负盈亏和包产到户(简称“三自一包”)等做法,把“三自一包”视为在农村推行修正主义路线的主要表现,在干部、群众中造成很大的政治压力,直接影响农业生产的发展。1970 年 8 月全国北方地区农业会议后,农业学大寨运动逐渐形成高潮。农业学大寨的本来意义,是学习大寨人自力更生、战天斗地、改善农业生产条件、推动农业生产发展的艰苦奋斗精神。但是,在“左”倾政策的影响下,这场运动贯彻“以阶级斗争为纲”,把上中农作为“资本主义自发势力的代表”进行批斗,还以批判“集体经济内部的资本主义”为名,把正当的家庭副业、种瓜种菜、养鸡养鸭等当作“资本主义尾巴”来割,将农村发展商品经济、发展商业视为大逆不道,使农村极左政策进一步升级。尤其是 1973 年以后,省内一些地区不顾生产力发展水平,超越历史发展阶段,任意变更生产关系,在人民公社体制问题上追求

“大”而“公”，搞“穷过渡”，形成高度集中统一的行政管理体制。1975年，全省改变“三级所有，队为基础”体制，改以大队为基本核算单位，在收益分配上实行所谓“大寨式”分配办法，搞“标兵工分”，甚至把政治表现也作为评工记分、按劳计酬的标准（即评政治工分），严重地损害了农民劳动积极性。这样分配的结果是超支户增多、进款户不能兑现。“进款户，你莫喜，进不进钱不由你；超支户，你莫愁，少不了你的粮棉油。”湖北农民用这副对联尖锐地批评人民公社体制和“左”倾政策的弊端。

在长期动乱的冲击和极左政策的影响下，国民经济建设出现的严重问题，主要表现为：

经济发展缓慢，效益下降。1967年至1976年全省工农业总产值平均每年增长5.2%，其中，工业总产值平均每年增长7%，农业总产值平均每年增长2.2%。但与1950年至1966年相比，工农业总产值平均每年增长数降低4.5%，其中，工业降低9%，农业降低3.6%，发展速度明显降低。在1967年至1976年的10年中，有4年的工农业总产值比上一年下降（1967年比1966年下降7.9%，1968年比1967年下降15.8%，1974年比1973年下降3.4%，1976年比1975年下降4.7%）。从工业总产值的绝对数看，10年产值共增加了51.34亿元，接近翻了一番。另一方面，10年中有6年是负增长。工业总产值增长和负增长的反复交叉出现，反映出工业的大起大落。这种病态发展，带来经济效益下降。全民所有制工业每100元固定资产提供的工业总产值，1965年是125.6元，1976年下降为69.1元。同期，每100元总产值成本由59.1元上升到74.0元，每100元总产值占用定额流动资金由16.9元上升到48.4元，每100元资金提供的利税由1965年的27.4元下降到8.9元（下降67.5%），全民所有制工业企业全员劳动生产率由12307元/人下降到7549元/人（下降了38.7%）。财政收入1950年至1966年平均每年增长13.2%，而1967年至1976年平均每年只增长2.0%。

基建规模过大，投资效益低，浪费严重。1966年至1976年，国家安排在湖北省的总投资达154.37亿元，平均每年15.43亿元（前17年国家安排在湖北省的建设资金平均每年为5.3亿元)。一方面,建设规模骤然扩大,战线拉长,要求过急,许多重点项目仓促上马,不按基建程序办事,采取边勘测、边设计、边施工的办法,追求速度,忽视工程质量;辅助和配套设施没有建成就凑合投产,造成许多浪费。另一方面,大部分建设项目周期拉长,效率低。"一五"计划时期的项目建设周期为5.5年,而"三五"计划时期则拉长为8年,"四五"计划时期延至9.5年。固定资产交付使用率"一五"计划时期为79%,而"三五"计划时期为43%,"四五"计划时期为55%。

积累率过高,人民生活水平得不到提高。1966年全省积累率为25.3%,1969年为27.8%,1970年急剧增长到40.6%,1975年上升到43.5%,1976年继续上升到46.8%。基本建设的规模,1969年为8.24亿元,1970年骤然上升到24.4亿元。1970年至1972年的3年中,职工人数猛增,净增96.3万人。由于积累过高,1976年全省职工平均工资为556元,比1965年下降3%。10年中,农民人均分配水平有8年低于1966年的水平,农民人均纯收入1965年为123.9元,1976年降至112.8元。每年都有高达20%—30%的农户欠集体的债,成为超支户。

资金的投向和使用不合理。主要表现为两个方面。一方面是农、轻、重的比例关系严重失调。1966年农、轻、重投资的比重分别为19.9%、5.6%和52.4%,1976年分别为6.5%、2.8%和72.3%,农业和加工业在总投资中的比重下降幅度日益增大,重工业投资的比重上升,投资比例的差额逐年拉大。由于轻工业建设缓慢,市场供应紧张,人民生活必需品在数量、品种和质量上长期得不到满足,计划凭票供应的商品如火柴、肥皂等有时也得不到保证。另一方面是生产性积累与消费性积累的比例畸轻畸重。10年中积累的80%—90%是用在生产性的积累上。1970年以后,积累的50%以上用在"三线"建设上(1970年为63.7%,1971年为56.6%)。根据战备要求自成体系的"小而全"建设,违背国民经济发展的整体需要,不顾及产品的生产成本和利润,不考虑经济建设应有的经济效益,造成资金、人力及物力的浪费严重。城市建设、公共文化福利设施、卫生医疗等方面的投资比例缩小,1966年占积累额的19.9%,1976年下降到8.7%,因此,居民的居住条件逐年下降,生产和生活用水长期不足,城市交通拥挤,儿童及青少年入学难,人民的公共消费水平逐年下降。10年间全省国民经济虽有某些增长,建设也有某些进展,但这主要是靠过高的积累,动用了前17年的储备和紧缩人民消费,用降低人民生活水平换来的,这给湖北经济的发展造成了许多的困难。

二、教育、科技、文化、卫生等事业遭受严重摧残

湖北的教育系统是“文化大革命”重灾区。1966年6月2日《人民日报》社论《横扫一切牛鬼蛇神》发表后,湖北大、中、小学纷纷“停课闹革命”,张贴大字报、大标语,揭发批判学校领导,学校各级行政领导及党、团组织陷入瘫痪。湖北造反派组织在《湖北日报》发表题为《把湖北省委的黑指示拿出来示众》的文章,将新中国成立以来湖北省委领导下的教育工作指责为“反对毛主席和党中央提出的教育方针,实行资产阶级的、修正主义的教育方针”,诬蔑学校为“资产阶级知识分子统治学校”,提出在全省各级各类学校,特别是高、中等学校层层挖“三家村”、校校揪“黑帮”。1966年暑假期间,各地以县市为单位,把中小学教师、干部集中起来,对所谓“资产阶级反动学术权威”及“黑帮”进行长达数十天的批斗。各类学校的领导干部和教师普遍遭受人身污辱,被揪斗、挂黑牌、戴高帽、关禁闭,甚至被剃阴阳头、抄家,大批教授、专家、教师被诬为“牛鬼蛇神”“反动学术权威”,扣上各种罪名,被撤销职务、停职反省和下放劳动。1971年,张春桥、姚文元等人炮制《全国教育工作会议纪要》,对新中国成立以来的教育工作作出荒谬的“两个估计”,公然宣称“建国后17年教育战线是资产阶级专了无产阶级的政,毛泽东的无产阶级教育路线基本上没有得到贯彻执行;教师队伍中的大多数世界观基本上是资产阶级的,是资产阶级知识分子”。教育战线成为运动的重点,教育工作者成为“无产阶级专政下继续革命”的对象。

“文化大革命”对高等教育战线的摧残严重。1966年7月24日,中共中央、国务院发出《关于改革高等学校的招生工作的通知》,宣布

从1966年起,高等学校招生工作下放到省、市、自治区办理,学校招生取消考试,采取推荐与选拔相结合的办法。实际上从这时起,湖北高等学校在长达4年的时间内完全停止招生。大批高等学校或被勒令停办,或被缩小规模,或被强迁农村。大批教师在“斗、批、改”中被大批下放农村。

中等教育结构被破坏扭曲。1965年全省有2491所农业中学和370所半工(农)半读学校,“文化大革命”中被改为普通中学或停办,到1976年,普通中学由1965年的875所(高中147所)增加到17949所(高中4029所),与1965年相比,中学增加了19.5倍(高中增加了26.4倍)[①],基本上每个公社有高中,大队有初中,大大超过国民经济的承受能力,加上一些中等技术学校裁、并、迁、散,全省中等教育由多种形式变成畸形的单一形式。“文化大革命”后期,湖北省大力推广天门县、松滋县创办“人民公社五七教育网”的经验,学习辽宁朝阳农学院所谓“教育革命经验”,男女老少都入学、各种教育一起抓,大办“教育网”,但大都有名无实。

极左的“教育革命”完全破坏了中小学教学活动。20世纪60年代末国家颁布执行的“中教五十条”“小教四十条”等工作条例受到批判,遭到摒弃,当年因为执行中央和省委指示取得显著成绩的重点学校、实验学校、红旗学校,被诬蔑为“黑样板”“黑典型”,在提高教学质量方面有突出成绩的知名教师被诬蔑为“反动权威”。全省学校奉命复课后,受“读书无用论”影响,许多学生向往“闹革命”。“工人毛泽东思想宣传队”和“贫下中农毛泽东思想宣传队”开进学校后,在校学生“以劳动代替教学”,学生三分之一至一半的时间在工厂、校办工厂(农场)劳动,教学质量严重下降。“文化大革命”期间,由于中等以上学校的教学长期中断和中小学推行极左的“教育革命”,湖北少培养数以十万计的青年人才,贻误了一代青少年的教育和成长。

科技事业损失惨重。1967年、1968年,各级科技管理机构与科技群众团体处于瘫痪状态。1968年底,省科委、省科协、中国科学院中南分

① 《湖北省志·教育》,湖北人民出版社1993年版,第223页。

院武汉办事处工作人员全部赴黄陂参加“斗、批、改”,仅在省革命委员会生产指挥组的综合组内保留一个仅有 4 人的科技小组。这一时期,各地、市、县科委、科技与学术团体相继停止活动或撤销,绝大多数科研机构停止科研工作,连中国科学院中南数学计算技术与自动化研究所承担的国家重点攻关项目、为“上天”服务的“651”计算机任务也被迫下马。大批科技人员被“下放改造”,珍贵图书资料、仪器设备散失损坏,湖北科技规划和建设被搁置,对科技队伍的培养中断,与国际先进水平的差距被拉大。

文化事业深受荼毒。包括《长江文艺》在内的所有文学刊物都被停刊,各级文艺团体被勒令解散,从省群众文化馆到各县文化站全部停止活动,后来大部分被撤销。1971 年湖北省革命委员会将全省所有艺术表演团体全部改名为“毛泽东思想文艺宣传队”,主要任务是进行所谓的“大批判”。所有出版机构被撤销,只设“毛主席著作印刷办公室”。夏菊花、陈伯华等著名艺术家遭受迫害,文艺工作者被剥夺工作的权利,曾经为湖北文化艺术事业发展作出贡献的知名作家、艺术家及其作品,都遭到批判和否定,所有的传统剧目被当成“毒草”,禁止演出。全省文艺舞台凋零衰败,只剩下 8 个“样板戏”,绝大多数中外影片被封存,只有少量经批准可以上映。各地几乎所有的文物古迹都被当作“四旧”捣毁,大批宗教寺庙被打砸,寺办企业资产被无偿接管。全省各级公共图书馆被关闭,业务人员被下放劳动,各类馆藏图书大批散失霉烂。

卫生事业发展滞缓。全省卫生部门各级领导机构普遍瘫痪,卫生规划和工作制度破坏无余,一部分卫生防疫、妇幼保健、药品检验机构被撤销,高、中级医科学校教育不能正常进行,教学和医疗质量大为降低,技术指导和分级负责制度化为乌有。许多中、西医专家以“反动学术权威”被打倒,钻研技术被看作“走白专道路”,而一些缺乏科学实践和理论依据的治疗方法被吹捧为“新鲜事物”和“先进经验”。与此同时,用于卫生事业建设的投资被削弱。1965 年全省卫生基本建设投资 422 万元,占当年基本建设总投资的 0.74%。而 1966 年至 1976 年,国家预算内的卫生建设投资 7115 万元,仅占这个时期基建总投资的 0.46%,比

1965年的投资比率少0.28%。县以上的医疗网点发展缓慢，设备简陋，病床少，1976年每1000人只有2.34张病床，医护人员负担重。城市卫生事业发展也很缓慢。由于一些医院被列入压缩的对象，一些市属医院被撤销，有的医院被搬迁到三线地区。农村合作医疗虽然发展很快，但缺医少药现象依然严重，1975年，全省农村每1万人才拥有0.78个医生。由于卫生工作遭到全面破坏，致使有些疾病重新出现或发病率上升。1966年，流行性脑脊髓炎在湖北20多个县流行，发病20多万人。全省抽调大量医务人员奔赴疫区，采取服药、隔离、消毒等综合措施，才控制了疫情的继续蔓延。1970年，全省疾病人数达239万多人，是新中国成立以来湖北发病人数最多的一年。

第二节　艰难发展的湖北经济

一、“三五”计划的基本完成

各地经济形势日趋恶化，引起中央的高度关注。1969年2—3月，根据周恩来的指示，中断两年的全国计划会议以全国计划座谈会的形式在北京召开。会议讨论修改《1969年国民经济计划纲要（草案）》，重申“文化大革命”前“三五”计划的任务和部署，要求各地采取有效措施，迅速结束两年来经济发展无政府、无计划状态，把国民经济重新置于计划经济轨道上来。

1969年2月20日，湖北省革命委员会召开常委会议，收听、学习《人民日报》社论《抓革命，促生产，夺取工业战线的新胜利》。这篇社论传达了毛泽东关于“抓革命，促生产”的指示。21日，省革委会召开抓革命、促生产、夺取工业战线新胜利的动员大会，全省80多万人参加和收听大会实况广播。4月9日，省革委会下达《一九六九年湖北国民经济计划（草案）》，在中断3年后重新编制和下发国民经济建设计划。

根据中共中央和国务院的统一部署，省革委会采取有力的措施整顿生产秩序,恢复和加强各地的领导班子及经济计划部门,直至派出省军区和驻鄂部队参与接管,限期完成一批被停顿的“三五”计划重点工程。从1969年开始,以战备为主要任务的“三五”计划得到恢复,全省国民经济缓慢复苏。

在恢复和落实“三五”计划过程中,湖北省除全力抓好三线建设外,还集中力量落实企业管理体制下放工作。1969年,全国计划会议提出《中央各部关于企业管理体制下放的初步设想》,规定:凡适应地方管理的企业,全部下放给地方,由地方革命委员会实行一元化领导。1970年6月,中共中央确定,各部、委所属企业、事业单位,除极少数一时不宜下放外,一般都应下放。大多数企业完全下放给地方;少数企业实行双重领导,其中多数应以地方为主。要求企业下放工作在1970年完成。

从1969年开始,湖北分批接收中央下放企业。1969年10月,经国务院批准,化工部所属武汉医药公司、武汉制药厂、宜昌制药厂等9个企业下放到湖北省。1970年1月至10月,中央又先后下放给湖北省55个大中型企业。这些企业下放到湖北后,武汉钢铁公司、第二汽车制造厂等29个单位由省革命委员会直接领导;武汉汽车标准件厂等26个单位,下放给地、市革命委员会领导。属省直接领导的单位,党政关系由省革命委员会政工组管理,生产工作由省直各局(委)归口管理;属地、市领导的单位,其领导问题由各地、市革命委员会研究确定。下放单位的年度生产计划,在国家和省统一计划下,由省直局(委)和地市归口汇总上报,经省平衡,报国家计委和省革委会审定下达。国家将武汉钢铁公司、第二汽车制造厂等一大批重点工业企业下放到湖北管理,大大增强了湖北的经济实力,进一步完善了全省工业体系。

与此同时,湖北狠抓农机工业的发展。1966年2月,省委提出“关于逐步实现农业机械化的设想”,计划在今后5年、7年、10年的时间内,在全省3.8万个生产大队中,首先实现平原、丘陵、湖区2.2万个生产大队的农业机械化。1966年7月,省计委制定《湖北省农业机械化规划(草案)》,要求“三五”“四五”时期湖北的农机工业按照统一规划、合理布局、成龙配套的原则进行建设。1966年7月7日,全国农业机械化现场会议在湖北召开,与会人员参观新洲县刘集公社、孝感县卧龙公社金星大队和湖北省农机展览,学习这两个地方办农业机械的经验,并肯定了湖北农机工业自力更生、以小型为主、成龙配套组线生产的成绩。1969 年后,湖北省为了全面推动农业机械化的发展,在安排好中小型农具生产的同时,重点进行动力机械、中小型拖拉机及配套农用机械、化肥、农药等建设。

此外,农村医疗卫生工作取得进展。"三五" 时期,全省农村掀起兴办合作医疗的高潮。1968 年 12 月 5 日,长阳县乐园公社成功创办农村合作医疗的做法,被《人民日报》刊载,成为全国推广的先进典型。1976 年 12 月,全省兴办合作医疗的生产大队占所有生产大队的 98.8%。1978 年以后,随着农村联产承包责任制的普遍推行,合作医疗制度逐步被其他医疗形式替代。

经过全省人民的努力,1969 年全省工农业生产结束 1967 年至 1968 年连续两年下降的局面,出现一定幅度的增长。工业总产值(按 1957 年不变价格计算)达 54.02 亿元,比上年增长 29.8%;全民单位基本建设投资完成额 8.24 亿元,比上年增长 84.64%;在商业库存下降 10.2% 的情况下,社会商品零售总额比上年增长 4%;财政收入 8.91 亿元,比上年增长 25.14%。1970 年,全省经济形势进一步好转,绝大部分经济指标都已恢复或超过 1965 年的水平。工农业总产值(按 1957 年不变价格计算)完成 117.90 亿元,比上年增长 33.7%,比 1965 年增长 32.29%。其中工业总产值 78.38 亿元,比上年增长 45.09%,比 1965 年增长 55.67%;农业总产值 39.52 亿元,比上年增长 15.69%,比 1965 年增长 1.7%。财政收入 15.2 亿元,比上年增长 70.59%,比 1965 年增长 34.99%。全民单位基本建设投资完成 24.4 亿元,比上年增长 1.96 倍。

到 1970 年底,湖北"三五" 计划基本完成。"三五" 期间,全省工农业总产值年平均增长 5.7%,其中农业总产值年均增长 0.3%,工业总产值年均增长 9.3%。除农业方面主要产品产量未达到"三五" 计划规定的指标(粮食产量按要求 1970 年应达到 1400 万至 1500 万吨,实际只达到 1268.65 万吨,棉花、油料等经济作物比 1965 年减产,其中棉花减产 22.6%,油料减产 33.12%)外,其他方面都基本完成预定的目标,特别是工业发展较为迅速:1970 年全省钢产量达到 182.81 万吨,比 1965 年增长 50.3%; 生铁产量达到 165.03 万吨,比 1965 年增长 100.4%; 成品钢材产量达到 116.92 万吨,比 1965 年增长 163.21%; 发电量达到 39.93 亿千瓦小时,比 1965 年增长 121.1%; 原煤产量达到 237.92 万吨,比 1965 年增长 102.35%; 原油产量从无到有,达到 13.35 万吨; 拖拉机产量从 1965 年的 1 台发展到 669 台,手扶拖拉机产量达 4700 台; 柴油机产量达到 21.71 万马力,比 1965 年增长 260.03%; 水泥产量达到 126.32 万吨,比 1965 年增长 47%; 汽车产量从 1965 年的 11 台发展到 2604 台。

经过"文化大革命"前期"天下大乱",经济建设仍然能够取得这样的成就,一方面由于有了 60 年代前期经济调整奠定的扎实基础,另一方面是"三五"计划汲取"大跃进"急于求成、高指标的教训,计划指标安排得比较合理;更重要的是由于忠诚于党的一大批领导干部和广大群众对动乱的抑制和抗争,减少了"文化大革命"对经济的破坏,在十分困难的条件下,经过艰苦奋斗,完成了第三个五年计划。

二、"四五"计划的编制实施

1969 年至 1970 年国民经济虽然取得较大进展,但这种增长带有明显的恢复性质。在当时的历史条件下,对增长的恢复性质缺乏清醒认识,认定"抓革命"确能"促生产",使经济出现"新的跃进",脱离实际的高指标、高速度倾向再度抬头。

1970 年,《第四个五年计划纲要(草案)》颁布,确定以"阶级斗争为纲,狠抓战备,促进国民经济新飞跃"为指导集中力量建设"大三线"战略后方,建立不同水平、各有特点、各自为战、大力协商的经济协作区,初步建成我国独立的比较完整的工业体系和国民经济体系。1970 年 4 月,湖北全省计划会议制定《湖北省 1970 年和第四个五年计划要点》,提出"四五"期间的主要任务是:大办煤炭工业;大力发展农业;加强三线建设;积极发展"五小"工业,建立为农业服务的小而全的地方工业体系;轻工、纺织产品要尽快做到省内自给;积极发展机械工业和电子工业,提高配套能力;积极发展农村医疗卫生事业;开展群众性科学研究和技术革新运动；改革经济管理体制，处理好集权与分权的关系；依靠群众，开展生产节约运动等。要按照统筹兼顾、全面安排、突出重点、照顾一般的原则，把煤炭、农业、支援三线建设、交通运输、轻纺工业放在重要位置。

第四个五年计划一味追求生产上的高指标，忽视经济效益和人民生活。在盲目冒进的气氛下，各地连续组织各种建设“会战”，争相攀比上项目、铺摊子，基建计划一再被突破，从而导致1971和1972年出现“三个突破”[①]的畸形局面。以湖北为例，从1966年至1973年，粮食产量平均每年递增1.3%，而人口平均每年递增2.7%；1972年全省职工人数达到279万人，比1969年增加83万人，其中超计划招收的就有41万人；全省粮食征购量从1965年的239.7万吨（贸易粮）减少到192.75万吨，销售从1965年的159.4万吨增加到202.8万吨，净上调由52.65万吨减至8.7万吨，库存由68.35万吨减少到55.85万吨。到1972年，粮食净上调和库存虽然分别恢复到12.5万吨和62.35万吨，而销售量仍然居高不下，达到209.35万吨。

为解决国民经济中职工人数、工资总额和粮食销量的“三个突破”，湖北省革委会根据国务院的要求，在1972年连续颁发8个文件，采取4项措施：

一是加强基本建设管理。1972年4月起，省计委、省建委联合制定的《关于加强基本建设管理的几点意见》规定：所有基本建设项目都纳入统一计划，国家预算内投资和自筹投资由省统一安排；大中型基建项目由各地（市）革委会提出建议，经省革委会审查，报国家计委审批后纳入全国计划；小型基建项目，总投资在30万元以上的生产性项目和10万元以上的非生产性项目，报省计委审批后纳入全省计划，一律不准搞计划外工程。该意见还要求基建项目严格按基本建设程序办事，凡没有批准计划任务书和初步设计的项目，一律不准列入年度基本建设计划；大中型项目和省直属的新建项目，选厂定点由省建委会同有关部门审批，土地征用由省民政局审批，没有经过审批的计划任务书，一律不得进

① 指全国职工人数突破5000万人，工资支出突破300亿元，粮食销售量突破800亿斤。

行初步设计；凡没有被列入基本建设计划和没有被批准设计的工程项目，一律不准施工。

二是加强对劳动工资和劳动计划的管理。1972年4月，省计委与省财政局联合制订《劳动工资基金管理暂行办法》，明确规定：对全民所有制行政、企业、事业单位都实行工资基金管理。工资基金按隶属关系，实行分级管理、分级负责。银行对各单位工资总额支付进行监督，对各单位使用工资总额管理卡片、工资支付凭证进行账外考核。不论正式工、合同工、临时工的工资，也不分其经费来源，一律纳入工资计划。在省下达计划内增加职工必须有批准证件，省内调动职工必须有地、市证明，省外调入职工必须有省的证明，银行才可支付工资。职工调出、退休、开除、死亡等，应向开户银行办理工资减少手续，不得隐瞒和冒领工资。“三个突破”的关键是职工人数突破。为此，省革委会批转省计委《关于加强劳动计划管理的意见》，要求各级革委会必须切实加强对劳动计划工作的领导，纠正计划外随便增人的错误倾向，克服“人多好办事，增产必增人”的错误思想。切实执行劳动计划，严格控制增加职工，规定各单位自然减员的补充，中央所属企业必须经主管部门批准；省属企业、事业单位由归口各局审批；地、市、县所属企业、事业单位由当地计委审批。1973年7月16日，省委发出精减职工工作的通知，规定精减的范围和对象是：1972年以来超过国家计划招收的职工，1970年以来来自农村的临时工，各企业和事业单位违反政策私招乱雇的人员，以及在改革临时工制度中擅自扩大改革范围和不按条件改为固定工的人员。

三是严格执行粮食统销制度，压缩一切不合理的粮食供应，切实做到不突破国家粮食销售指标。1973年12月，省委发出《关于加强粮食管理的紧急通知》，强调：坚决控制吃商品粮人口，按照省革委会〔1972〕248号文件决定，一律停止社会招工，超计划多招收的劳动力要动员回去，非法进来的必须退回去，农村社、队集体企业人员一律停止转为吃商品粮人口，已经转了的要坚决按有关规定，全部转回去，抓好计划生育和城镇人口上山下乡的工作，力求达到大中城市人口只减不增；严格控制三线建设中水利建设的民工和基本建设建筑队的粮食供应和补助；坚决落实绝对不购过头粮的政策，避免在农村同一基本核算单位出现购后又销的问题；认真整顿市场行业用粮，如粉条改为凭票供应，工业用粮要广泛开展节约代用，减少粮食开支；核实人口工种定量，按照“干什么工种，吃什么定量”的原则，核定口粮；“五七”干校生产的粮食除按规定留用部分外，其余由国家收购或以产抵销；收购农副产品的奖售粮，按政策规定兑现，不准随意扩大和提高标准；加强粮食计划管理，维护国家计划的严肃性。这个文件的颁发和执行，旨在坚决贯彻国家粮食集中统一管理的原则、严格粮食管理纪律。

四是调整“四五”计划的后三年计划。1973 年 1 月，省委召开全省五级干部会议，决定调整“四五”计划后 3 年的农业指标，把 1975 年粮食产量指标，从原定的 1600 万—1750 万吨，调减到 1550 万吨；棉花从 58.5 万—67.5 万吨，调减到 45 万吨。主要工业产品产量和基本建设投资，在 1973 年以后，随着国家年度计划的调整湖北省的计划也作了相应调整。

1972 年至 1973 年，省委和省革委会除着重解决“三个突破”问题、大力压缩基本建设规模外，还着力于调整农、轻、重的比例关系，把农业放到国民经济首位；调整国防建设与经济建设的关系，适当降低国防建设费用；将“四五”计划原定的过高经济指标降低；加强经济工作的集中统一领导，强调统一计划和遵守纪律，等等。经过两年的调整，虽然由于全局性的“左”倾错误没有根本纠正，经济工作中仍然存在不少问题，但经济冒进造成的危害到 1973 年下半年得到较大程度的缓解，经济形势明显好转。职工人数有所减少，由 1972 年的 279 万人降到 276.19 万人，粮食销售量控制到 20.5 亿公斤，做到了全省粮食收支平衡，还增加了粮食库存。

湖北“四五”期间还加快地方“五小”工业的发展。所谓“五小”，主要是指地、县两级办的小钢铁、小机械、小化肥、小煤炭和小水泥厂，此外还包括小水电建设和小有色冶炼建设。湖北省重视发展“五小”工业的目的，是为了填补地方工业的某些缺门，增加产量，提高质量，建立从原材料、燃料到加工制造，从主机到配套，从生产到维修比较齐全的为农业服务的小而全的地方工业体系。经过五年的努力，全省“五小”工业和小水电的建设发展较快，其中小化肥、小水泥和小水电的建设效果尤为显著，小煤炭对缓解湖北用煤紧张的矛盾也起到了一定作用。“三五”和“四五”时期，共建成小氮肥厂62个（64套装置），建成县以上国营磷肥厂43个，在当时湖北化肥厂尚未建成之前，对支援农业生产起到了很大作用。小水泥厂10年间共建成近100个，小水泥产量在“三五”时期占水泥总产量的34%，“四五”时期上升到50%左右，缓解了水泥供应不足的紧张状况。小水电的蓬勃发展，有效地弥补了大电网供电的不足，改善了农业生产条件和农民生活。湖北煤炭资源贫乏，大厂矿企业用煤，主要靠国家调拨；小厂矿企业和城市生活用煤，则主要靠地方解决。全省煤炭产量60年代不到200万吨，到“四五”末期已达到400多万吨，其中集体办的小煤窑产量约占三分之一。

在发展地方“五小”工业过程中，也曾出现一些问题。如有的项目，地质资源没有搞清楚，就仓促上阵，以后被迫下马；有的原材料供应不足，生产能力未能发挥；有的技术力量不足，产品质量差。“五小”工业是靠高积累发展起来的，全省广大农民为此付出了比较大的代价[①]。

三、三线建设的全面展开

加强三线建设，是中共中央、毛泽东在20世纪60年代中期作出的战略决策。这项决策的提出，不仅是为了满足备战的需要，也有利于改变我国经济发展战略布局。三线建设[②]于1964年开始，在“文化大革命”开始后遭受很大冲击。1969年以后，为应对当时严峻的备战局面，三线建设以更大规模、更高速度全面展开。

湖北省西部地区是国家划定的三线地区。“三五”“四五”时期，国家赋予湖北三线建设的主要任务是，继续发展以冶金、铁路、电力、汽车为主体的工业，首要任务是发展鄂西地区的电力工业。除继续建设丹江口水电站外，还将建设清江水电站列入国家“三五”建设计划，到1970年计划新增发电装机容量46万千瓦，其中水电14万千瓦，全省达到88

① 《湖北省八个五年计划执行情况》，湖北人民出版社1998年版，第101—106页。

② 这里所说的“三线”，是一个具有军事和经济地理含义的区域概念。当时将沿海地区、中部地区、后方地区的地理区域划分为一、二、三线，“三线”即后方地区。

万千瓦装机容量。此外,还要着力发展交通建设,要求重点修通宜昌至来凤、随县至保康、麻城至安徽金寨、阳新至咸宁等公路;1970年以前,将省际国防公路的桥梁全部改造为永久式桥梁,5年内解决宜城、宜都、沙市、鄂城、黄石、广济、钟祥、岳口等重要渡口的机械渡船,以适应战时紧急运输的需要。

按照中央的部署,省委把三线建设作为全省基本建设的重点。在指导方针上,由大力发展农业、解决人民"吃、穿、用"作为发展国民经济的第一任务,转变为以备战为中心、一切经济建设为防御侵略战争服务;在建设布局上,围绕战略后方的建设,将新建项目安排和分布于襄阳、宜昌、郧阳、荆州4个地区;在工厂建设上,贯彻"靠山、分散、隐蔽"的方针;在工程项目的管理上,取消甲、乙方承包制度,实行统一指挥的方式。为加强对全省基本建设的领导,1966年3月成立湖北省基本建设委员会,1968年2月又组建"后方建设领导小组",与中央成立的中南三线建设委员会共同领导湖北省的三线建设工作。

从"二五"计划末期开始,全省建设重点由以武汉地区为中心逐步向鄂西、鄂西北地区转移。

在武汉、黄石地区,国家建设项目仍以重工业为主。武汉钢铁公司按照钢、铁各400万吨规模进行扩建和配套,建成武钢"一米七"轧钢工程,改扩建大冶钢厂、黄石热电厂,续建大冶有色金属公司。青山热电厂先后开始第三至五期扩建工程。新建武汉石油化工总厂及富水、白莲河、陆水等中型水电站。

在鄂西、鄂西北地区,国家重点安排电力、铁路、汽车制造、石油化工等部门建设。电力方面,葛洲坝水利枢纽工程开工建设,丹江口水利枢纽工程及黄龙滩水电站,沙市、松木坪中型热电厂,汉丹四回220千伏变电线路建成投产,动工兴建平(河南平顶山)武(武昌)、葛(葛洲坝)双(河)、葛(葛洲坝)武(武昌)3条500千伏超高压输电线路。其中,丹江口水电厂第一台15万千瓦机组于1968年10月建成发电。1969年7月丹江口至武汉长达346公里的220千伏输电线路(丹汉一回)投产。丹江口水利枢纽工程是我国自行勘测、自行设计、自行建设的以防洪、发电、灌溉为主的大型水利工程,1974年2月全面竣工,发电装机总容量90万千瓦，是湖北的主要电源之一。铁路方面，连接我国中南、西南地区的重要铁路干线——由湖北襄樊到重庆的襄渝铁路开工兴建，由河南焦作至湖北枝城的焦枝铁路、由湖北枝城到广西柳州的枝柳铁路也相继开工。机械工业方面，在鄂西北的十堰，第二汽车制造厂开工建设，与之配套的项目，如襄阳轴承厂、东风轮胎厂等十几个机械、化工厂也相继开工建设。石油化工和建材工业方面，江汉油田、荆门热电厂、荆门水泥厂、光化水泥厂相继投产。其中，江汉油田的开发建设取得重大进展。1969年6月26日，国务院正式批准在江汉地区开展石油会战。会战总体规划目标是：通过石油会战，把江汉油田逐步建设成综合石油基地——石油勘探基地、原油生产基地、原油加工基地、石油机械制造基地、石油科研教育基地和农副业生产基地。8月1日，江汉石油勘探会战指挥部（同年11月更名为五七油田会战指挥部）成立，由武汉军区副司令员韩东山任指挥长，康世恩和武汉军区副司令员张显扬等任副指挥长。根据国务院、中央军委《关于支援江汉油田勘探大会战的通知》精神，来自全国和本省石油战线、科技单位的专家、技术人员和工人以及转业复员军人和民兵、农民，共计12万人，组成建设大军，会战潜江地区。这次会战是我国石油工业发展史上的一次重要会战，不仅在江汉平原上建设起一个初具规模的综合石油基地，而且掀开了中部地区找油找气的序幕，改变了我国石油工业的布局，这对加速发展我国石油工业、促进湖北经济建设具有积极意义。1972年5月江汉石油会战结束，湖北石油工业从此进入完善发展时期，每年产油能力达100万吨。

在配合和支援国家三线建设的同时，湖北省根据自己本省实际，划出小三线地区，要求在支援大三线建设的同时建设小三线，建立地方独立完整的“小而全”的工业体系。

1965年至1975年，全国三线地区共完成基本建设投资1269.67亿元[①]，在湖北省的投资为153.83亿元，约为国家三线建设投资总额的12.11%，投资规模一直处于全国各省前列。其中，“三五”时期全省共完

① 《中国共产党历史》第二卷（1949—1978）下册，中共党史出版社2011年版，第828页。

成基本建设投资51.39亿元,居全国第二位;"四五"时期完成基本建设投资102.44亿元,居全国第三位。纵向比较,这10年完成基本建设投资额,比新中国成立以来全省17年投资的总和90.61亿元增长70%,相当于全民所有制新增固定资产79.45亿元,相当于前17年总和的1.2倍。工业、交通、邮电投资在全部投资中的比重,"三五"时期为83.1%,"四五"时期为81.1%,都高于前17年。

参加三线建设的广大工人、干部、科技人员、解放军官兵和民工,发扬"一不怕苦,二不怕死"的创业精神,在异常困难的环境中,排除动乱干扰,战胜了种种难以想象的困难,修铁路、建工厂、筑大坝、开矿山,在短期内初步建立起门类比较齐全的工业生产体系,形成了一批新的工业基地和较大的生产能力,湖北以工业为王的经济实力十年间有很大增强。湖北三线建设的开展,较大规模地改变了全省工业的布局,改变了鄂西、鄂西北地区比较落后的局面,为以后进行西部大开发奠定了一定的基础。

由于当时的特殊环境,三线建设也存在许多问题,如过分突出战备因素,忽视经济规律,三线建设投资比例不协调,造成国民经济各部门比例严重失调;过分强调"靠山、分散、进洞"原则,投资效益差,浪费严重,遗留的问题很多。尽管如此,三线建设仍然是湖北经济建设史上的空前壮举。

第三节　社会主义建设事业的若干进展

一、"一二三"龙头工程带动全省工业发展

国家根据战备需要,安排在湖北的重点项目,规模大、水平高,多为大、精、尖和国防军事工业。"三五"期间,中南地区三线建设项目共240项,安排在湖北西部地区的占138项,国家在中南地区的总投资为53亿元,其中湖北占近40亿元。"四五"期间,国家安排在湖北的重点项目和资金比"三五"计划增加3倍以上。武汉钢铁公司"一米七"轧钢机工

程、年产10万辆载重汽车的第二汽车制造厂、总装机容量271.5万千瓦的三三〇工程（葛洲坝水利枢纽工程），被湖北人民称为“一二三工程”，发展成为带动湖北钢铁、机械和水电工业发展的龙头工程。

武钢“一米七”轧机工程，是1972年8月经毛泽东批准从国外引进的重点工程，包括主体工程、配套工程和公用辅助设施三个部分，筹建第二炼钢厂、热轧带钢厂、冷轧薄板厂、硅钢片厂和连铸车间，总投资为38.9亿元，其中引进国外先进设备6亿美元，折合人民币22.28亿元。“一米七”轧机工程主体装备和生产技术分别由联邦德国和日本提供，具有20世纪70年代先进技术水平，综合新工艺、新技术，具有速度快、自动化程度高、产品质量好、品种多、成材率高、工艺技术先进的特点。

1973年12月，刚刚恢复国务院副总理职务的邓小平来到武钢视察，提出：“武钢是新中国兴建的大钢都，地理条件优越，很有发展前途”，“要加快新技术引进”。1974年7月，湖北省和国家冶金部批准成立湖北省建设武钢“一米七”轧机工程指挥部，由湖北省委书记赵修任指挥长、冶金部副部长叶志强任副指挥长。9月7日，“一米七”轧机工程正式动工兴建，开始通水、通电、通路和平整场地“三通一平”建设。1975年进入“两土”（柱基土方和混凝土）施工高峰。5月，省革委会召开全省支援“一米七”轧机工程会战工作会议，协商解决工程建设急需的材料等问题，要求“切实把支援‘一米七’轧机工程的建设工作列入议事日程，积极主动地把这项工作做好”①。为保证猛攻“两土”（柱基土方和混凝土）狠抓构件、组织运输、接好设备为中心的会战，省委任命武汉市革委会副主任黎智为“一米七”轧机工程建设指挥部党委常务书记、副指挥长，负责与地方的协调工作。武汉市委书记王克文要求全市从大局出发，做到“工程需要什么，就给什么；需要多少，就给多少；什么时候需要，就什么时候给”。经过10万建设大军的共同努力，1978年9月下旬起，冷轧厂、连铸车间、热轧厂、硅钢厂4项引进工程开始试产，到12月底，4项主体工程试车运行成功，标志着武钢“一米七”轧机工程建设初步完成。

---

① 湖北省革命委员会：《支援武钢一米七轧机工程会战工作会议纪要》，1975年5月。

“一米七”轧机工程建设,是在“文化大革命”后期社会动荡的情况下开始进行的,湖北人民仅用4年多的时间就基本建成,其规模超过以往20年武钢建设的总和。这一工程是湖北乃至中国冶金工业建设史上的一个壮举,成为我国冶金工业现代化的起点,开湖北引进外国先进技术和设备、对外开放之先河。

第二汽车制造厂(以下简称“二汽”),是20世纪70年代我国自行设计和建设的规模最大的汽车制造企业,也是当时世界最大的载重车制造厂商之一。新中国成立后,国家一直致力于建立和发展我国独立自主的汽车工业体系。1953年1月8日,国家一机部编制《第二汽车制造厂建设说明》,同年7月,在武汉成立二汽筹备处,着手厂址选择、工厂总体布局的筹备工作。由于当时国家处于经济困难时期,筹建工作未能全面展开。

1969年1月,经国务院批准,一机部、武汉军区在十堰召开二汽建设现场会,成立二汽建设总指挥部,由武汉军区副司令员孔庆德任总指挥。1969年9月,二汽在十堰正式破土动工。在建设过程中,国家采取包建和“聚宝”的办法,即由对口工厂包设计、包生产准备、包人员培训、包调试生产,并从全国抽调技术骨干,把全国140多家设计、科研、教学等单位已有的先进成果和先进技术集中“移植”到二汽,还从国外引进重大、精尖、关键设备和测试手段。与此同时,竹山、竹溪、郧县、大悟、枣阳、汉川和汉阳等地2.5万名民工加入建设大军之中。

十堰山区地形狭窄,工地条件十分艰苦,正如民谚所说:“汽车没有牛车快,石头蛋子当煤卖,吃的全是干咸菜,住的窝棚冬天寒冷夏天晒。”在“让毛主席放心”“为祖国争光”“为中国人民争气”等口号鼓舞下,建设大军斗志昂扬。经过6年的努力,到1975年6月,二汽第一个基本车型(2.5吨越野车)的生产能力基本形成,并于1977年底开始生产东风牌EQ140型5吨载货汽车。与此同时,为与二汽主体工程相配套,国家、湖北省陆续兴建湖北汽车构件厂、湖北汽车方向盘厂、湖北汽车电器厂、湖北汽车第二电器厂、湖北汽车工具厂、湖北汽车蓄电池厂、湖北汽车灯具厂、湖北汽车电机厂和东风轮胎等配套厂家,形成年产灯具、蓄电池、起动机、方向盘、分电器、喇叭、开关、汽车工具和轮胎等250余种附配件3万—5万辆(份)生产能力。此外,武汉市利用一机部和地方政府投资的1500万元,重点对汽车发动机、变速箱及锻造和冲压件生产的薄弱环节进行改造,相继建立汽车专用设备厂和汽车中心实验室等。

至此,以二汽建设为重点的湖北汽车工业共完成投资15亿元,初步形成越野车、载重车、吉普车、客车、各种改装车及汽车主要附配件的科研和生产体系。

葛洲坝水利枢纽工程,因纪念毛泽东1958年3月30日视察长江三峡,又称“三三〇工程”。它是长江三峡水利枢纽的反调节水库,是三峡工程的实践准备,是治理和开发长江的关键性工程,被誉为“万里长江第一坝”。

1970年4月,武汉军区、湖北省革委会向中共中央提交《关于兴建宜昌长江葛洲坝水利枢纽工程的报告》,提议为解决鄂西、湘西、豫西、川东三线建设和工农业生产需要,提前兴建葛洲坝工程,计划坝高69米、装机204万千瓦、年发电量120亿度、总投资13.5亿元,预计5年完工。12月26日,毛泽东批示:“赞成兴建此坝。现在文件设想是一回事,关键过程中将要遇到一些现在想不到的困难问题,那又是一回事。那时,要修改设计。”中央在批复文件中责成武汉军区和湖北省委主持,水电部、交通部、一机部和长江流域办公室等方面参加,组成施工指挥部,规定经费、设备和技术指导由国务院有关部门负责,人员和物资保障由武汉军区和湖北省安排。武汉军区和湖北省委在原来临时领导小组的基础上成立由曾思玉任第一指挥长兼第一政委的工程指挥部,湖北省革委会副主任张体学、武汉军区副司令张震分别任指挥长、政委,坐镇宜昌,主持工程全面工作。之后,中共武汉军区委员会、中共湖北省革委会核心领导小组成立“中国共产党三三〇指挥部委员会”,委员由43人组成,由曾思玉任第一书记,张体学、张震、王英先任书记。12月30日,工程正式破土动工。1971年5月开始大坝基础开挖,共挖填土石方121万立方米,11月主体工程浇筑混凝土。建设大军采取“定任务、定劳动、定时间、定质量”的四定办法组织施工[①]。当时为了追求建设速度,存在

① 曾思玉:《我的前一百年》(下卷),大连出版社2013年版。

着“边勘测、边设计、边施工”的现象。随着施工的进展,矛盾不断暴露。因施工中片面追求混凝土浇筑速度,忽视质量,以致浇筑的近万立方米混凝土出现大量的“蜂窝”“狗洞”,强度很低。1972年冬,周恩来在北京抱病主持召开葛洲坝工程会议,对“边设计、边施工、边修改”的“三边作业法”和工程设计中存在的质量问题提出严肃批评,决定主体工程暂时停工,工程设计方案由长江流域规划办公室负责修改完善。1974年10月20日,葛洲坝主体工程复工。1980年12月4日二江泄水闸开始过水。1981年1月4日下午7时53分实现大江截流,创造了36小时23分截流长江的壮举。同年12月27日,第一台机组交付葛洲坝电厂管理,1988年12月10日最后一台机组投产。1991年11月27日,工程正式通过国家竣工验收。

葛洲坝水利枢纽工程由2座发电厂、2座变电站、3座船闸、2座共15孔冲沙闸、27孔泄洪闸和其他水工建筑物组成,大坝全长2606.50米,最大坝高53.80米,总库容15.8亿立方米,控制坝址以上长江流域100平方公里。全面建成后,工程装机总容量达到271.50万千瓦,年发电量153亿度,强大的电流输往华中、华东包括湖北、河南、江西、安徽、江苏、浙江、上海在内的六省一市,它不仅成为联结华中、华东两大电网的电源枢纽中枢,而且成为我国重要电力基地之一。

1965年至1975年,国家除在鄂兴建的“一二三”重点工程外,还支援湖北建成了一批重点工程项目,主要是化学工业和机械工业项目,包括湖北化肥厂、荆襄磷矿厂、武汉石油化工厂、鄂西化工厂、湖北化纤厂、宜昌中南橡胶厂、十堰东风轮胎厂、武重扩建工程、武汉汽轮发电机厂、襄阳轴承厂、红旗电缆厂、长江机床厂、应城石膏厂扩建工程、枝城石油库等。这批工程项目不仅完善了国家三线建设的工业体系,也为湖北后期工业建设和发展奠定了雄厚的基础。

二、以“五大铁路干线”为核心的交通运输成绩突出

铁路建设在湖北交通运输中,一直处于优先地位。“文化大革命”期间,尽管铁路管理体制受到破坏,但开展以铁路基础设施建设、优化路网布局为中心的建设步伐从未间断。10年间,全省相继完成襄(樊)渝

（重庆）、焦（作）枝（城）、枝（城）柳（州）、（北）京广（州）复线、武（昌）大（冶）复线五大铁路干线湖北段工程以及部分配套支线铁路的建设任务，取得突出的成就。

襄渝铁路，是联结我国中南、西南地区的一条重要铁路干线，东起湖北襄樊，西至四川重庆，正线全长 915.6 公里，湖北境内 230 公里，沿线山高谷深，水流湍急，地形险峻，地质复杂，其工程之艰巨，在我国铁路建设史上十分罕见。湖北省成立襄渝铁路修建指挥部，协调铁道部第三、第四设计院和铁道部电气化工程局勘测设计，组织襄阳、郧阳等地区 13.5 万民工与 2.6 万铁道兵协同施工。该路于 1968 年 4 月动工，1973 年 10 月 19 日全线修通，1979 年 12 月正式运营。襄渝铁路的建成，对加强战备、巩固国防，开发鄂西北、陕南、川东地区，促进国民经济的发展起到重要作用。

焦柳铁路，是我国南北纵向第二条大干线，号称“第二京广”。由于该线南携广西，北联山西，经由豫西、鄂西、湘西，又被周恩来总理誉为贯通“五西”的南北大干线。该铁路修建时以湖北枝城为中轴，分为焦枝铁路和枝柳铁路。

焦枝铁路北起河南焦作，南至湖北枝城，途经济源、洛阳、宝丰、南阳、襄樊、荆门，跨越沙河、汉水、长江，是贯穿豫西、鄂西的南北重要干线，是“大三线”战略后方基地建设的一个重要组成部分。正线全长 753.3 公里，湖北境内全长 274.5 公里。1969 年 9 月 10 日至 14 日，湖北省召开修建焦枝铁路紧急会议，成立“焦枝铁路会战湖北指挥部”，由湖北省军区司令员赵复兴任指挥长兼政委，吴林焕、朱业奎、李桂庭、邓祥任副指挥长。指挥部设在荆门，另在襄阳、荆州、宜昌等地区设分指挥部，承担任务的县建立民兵师，按行政编制成立团、营、连。该路于 1969 年 11 月动工，仅这一年冬天，湖北即动员 40 万民工投入施工。经过河南、湖北两省建设大军 8 个月的奋战，该路于 1970 年 7 月 1 日基本建成通车。焦枝铁路在洛阳与陇海铁路相交，在焦作、洛阳、襄樊有数条联络线与京广铁路相连接，它的建成通车对沟通城乡物资交流、促进中南地区工业生产和山区建设、加强战备具有重要意义。

枝柳铁路由湖北枝城至广西柳州，正线全长 885 公里，湖北境内 51

公里。1970 年 5 月破土动工,1978 年 12 月全线修通。

京广线是我国南北交通大动脉,新中国成立后,随着社会建设事业步伐日益加快,列车密度经常处于饱和状态,严重阻碍南粮北运、北煤南运,各种建设物资滞运极为突出。为了提高运输能力,国家决定修建京广复线。湖北境内的京广复线工程分为两段:北段从孝子店至丹水池,全长 151.88 公里,于 1958 年 10 月动工,1961 年 9 月投入运营;南段从武昌至蒲圻(今赤壁),全长 298.1 公里,于 1958 年 10 月开工,1969 年 9 月投入运行。至此,湖北境内的京广复线全部修通,并对主要车站的站场进行扩建,缓解了运输量与运输能力的矛盾。

武大铁路由武昌至大冶,全长 96.26 公里,修成于 1957 年。进入 20 世纪 70 年代后,武钢四号高炉建成投产,对矿石与燃料的需求量倍增。1970 年 8 月 17 日,国家批准修建从武昌至铁山的复线,即武大复线。复线工程于 1970 年 8 月 1 日破土动工,1971 年 10 月竣工通车,全长 79.1 公里。武大线和武大复线的修建,不仅促进了武汉和黄石两个城市的发展,而且不久与建设中的大沙线(大冶至江西九江的沙河镇)接轨,成为沟通华中和东南沿线的铁路捷径。

除修建以上五大铁路干线外,全省还同时加快修建一些配套支线铁路和铁路桥梁。1969 年至 1970 年,建成沟通京广线与汉丹线的安(陆)卫(家店)铁路;1970 年 9 月到 1972 年 10 月,建成为支援葛洲坝水利枢纽工程服务的鸦(宜昌鸦鹊岭)官(宜昌官庄)铁路。到 1975 年底,全省铁路总长达 1260 公里,比 1965 年增长 35.9%。到 1976 年,全省共修建铁路桥梁 286 座,总长 40176.8 米。与此同时,为提升铁路综合运输能力,从 1966 年至 1978 年,全省对两大铁路枢纽——武汉铁路枢纽和襄樊铁路枢纽进行扩建。

铁路建设的发展,为打造湖北成为中部地区交通枢纽奠定了坚实基础。铁路建设不仅带动和支撑了湖北产业布局的展开及新兴产业的发展,而且使湖北通过铁路与湘、豫、江、浙、闽、赣、陕、川等省的联系更加快捷、紧密。

“三五”“四五”期间,湖北公路建设和水上运输事业取得长足发展。全省新建和改建了汉(口)沙(市)、宜(昌)莲(沱)、汉(口)鱼

（泉口）、老（河口）白（河）、光（化）房（县）、长（阳）火（烧坪）、胜（利）天（堂山）等公路。到1976年，全省公路里程达到39151公里，比1966年增长69.1%，基本实现县县通公路，有80%以上的乡镇通了汽车，70%以上的乡镇通了客班车，基本形成四通八达的运输网络。

水上运输方面，对长江、汉江航道的治理维护成效显著。1966年10月至1969年6月，经国务院批准，先后对长江中游航段的中洲子和上车湾两处弯道进行人工裁弯取直工程，加上1972年发生一处自然裁弯，三次裁弯共缩短航程近80公里。在汉江，从1967年至1973年，对丹江口至襄樊段航道重点浅滩7处采取单坝导流辅以疏浚的办法，完成导治琐总长3360米，石方36450立方米，疏浚土方7100立方米，总投资108万元，使浅滩水深平均增加0.2米。长江、汉江的其他航段也多次进行浅滩耙石、炸礁、导治，改善了航道条件。1970年，湖北还投资500万元兴建汉江上游第一个水陆联运港——舵落口港，年吞吐能力150万吨，1973年建成投产。从1975年开始，全省分两批组织53个地方中小港口装卸机械化会战，增加装卸运输工具1000多台，提高了港口机械化作业水平，增加了港口吞吐能力。长航武汉港先后扩建改建了汉阳、汉口、江岸作业区码头，新建了巴东和枝城新港区以及宜昌港重件码头。到1975年，全省航运总吞吐能力达到3500多万吨。

三、水利建设和农业生产有所发展

“三五”“四五”期间，湖北农业生产和建设从总体上讲发展缓慢，是仅次于“大跃进”的第二个跌落期，但在水利建设和农业机械化等方面有较大的进展。

水利建设是湖北的大事，只有开展大规模的以防洪和农田水利建设为重点的农业基本建设，才能取得湖北农业乃至国民经济的主动权。无论遭受怎样的冲击和干扰，湖北人民仍坚持不懈地紧抓水利建设不放松。即使是在十年动乱期间，湖北人民依然投入大量劳力兴建各类水利工程，其重点是继续加固江河堤防和兴建农田排灌、农村小水电工程。这一时期，国家给湖北水利建设的投资达16.69亿元，全省在逐年对1500多公里的长江干堤和700多公里的汉江干堤进行整险加固的同时,共修建大中小型水库1812座(其中新修建丹江口水库、漳河水库、黄龙滩水库、陆水水库等大型水库15座),新建固定电排灌站3392处(比较著名的有汉川泵站、仙桃排湖泵站、樊口大闸、洪湖高潭口泵站等)。除涝面积从1697.66万亩增加到2079.55万亩,旱涝保收面积从3571.2万亩增加到4244.1万亩。十年间,防洪、灌溉和排水三大工程体系建设全面铺开。其中,防洪工程建设以1万余公里干支民垸堤为主,配合荆江、洪湖和杜家台等分蓄洪工程,加上丹江口水利枢纽工程和数千座大中小水库群,组成能够抗御较大洪水的防洪体系;灌溉工程建设以葛洲坝、丹江口、隔河岩、黄龙滩、陆水等数十座大型水库和数百座中型水库、数千座小型水库、数十万口堰塘为基础,配合沿江灌溉涵闸和固定电力提灌站、固定机械提灌站以及各类机井,组成大、中、小相结合,引、蓄、提相结合的灌溉体系;排涝工程建设以江汉平原沿江自流排水涵闸以及众多的固定电力排水站和固定机械排水站为骨干,与内湖河网调蓄相结合,组成自排与提排相结合的平原湖区排涝系统。到1975年,全省初步形成以小型为基础、大中型为骨干、大中小型相结合的"防洪大省"。在全国30个省、市、自治区中,湖北省的江河干堤长度、大型水库总数和大型排涝泵站装机容量均居第一位。

在中共中央、国务院的大力扶持下,湖北农业机械化建设进展顺利。1966年2月,毛泽东对《中共湖北省委关于逐步实现农业机械化的设想》作出"此件看了,觉得很好"的批示,要求转发各省、市、区学习研究。7月,国务院在武汉召开农业机械化现场会,与会代表参观新洲刘集公社,学习该公社集体办机械的经验。会后,湖北省委确定新洲、随县、麻城、孝感、汉川、江陵、天门、沔阳、襄阳、枝江11个县为全省农业机械化重点县。1968年,八机部在湖北召开国营两站(拖拉机站、排灌站)下放会议。会后,湖北各地利用下放后的"国营两站"的站址和修理设备,改建区(社)农机修造厂,这一重大措施,有力地推动了农业机械化的发展。接着,省委实行扶助的政策,各地将国营拖拉机站和排灌站下放给公社,公社即利用其修理设备兴建农机修造厂。1972年,湖北省第二次农业机械化会议要求贯彻"三主"方针,即集体办机械为主、地方生产农机产品为主、农业机械以小型为主,加快农业机械化步伐。到1975

年，全省农业机械总动力达到520.4万马力，比1965年增长3.63倍；拥有大中型拖拉机1.78万台，比1965年增长4倍；机耕面积达1446万亩，占全省耕地面积的25%；机灌面积1180万亩，电灌面积482万亩，机、电灌溉面积占全省有效灌溉面积的49.2%。这些农用机械的使用，减轻了农民的劳动强度，提高了劳动生产率，促进了农业由传统手工方式向现代农业的转变。

在“文化大革命”的特定条件下，湖北农村社队企业发展较快，这主要得益于两方面的原因：一是许多全民所有制企业和城镇大集体企业停产“闹革命”，为农村集镇的社队工业提供了发展机会；二是一些社队企业发挥下放回乡的技术工人的作用，利用农村剩余劳动力，拾遗补阙，相继办起了机械、轻工、采矿、化工、建材、建筑、制茶等社队企业，生产规模及生产能力逐步加大。到1969年，全省社队企业产值达到3.5亿元，其中社办工业产值2.5亿元，比1965年增长67%。进入20世纪70年代，社队企业虽然曾经被当作修正主义、资本主义进行批判，但它是农村经济发展的产物，具有强大的生命力，在逆境中仍然持续向前发展。一些扶持社队企业发展的政策、组织措施相继出台。1972年，省委、省革委会规定社队企业在为农业生产和农民生活服务的前提下，有剩余力量的，可以承接国营企业和外贸加工的任务；1973年，规定社队企业工商所得税为15%，起征点为2000元，优于其他性质的企业；1975年，决定成立湖北省革命委员会人民公社企业管理局，地、市、县也要成立人民公社企业管理局，并要求各级党委都由一位常委兼任人民公社企业管理局局长；公社一级成立企业管理委员会，专门管理农村兴办的公社、大队企业。这些措施，对促进社队企业发展起到了积极作用。

“三五”“四五”时期，湖北省农业技术改革也取得新的进展。一是杂交优势利用。湖北的杂交优势利用是从玉米开始的。60年代主要推广玉米品种间杂交种，70年代主要推广单交种。1972年，恩施天池山农科所育成“恩单2号”，1974年，郧阳地区农科所育成“郧单1号”。这两个单交玉米品种适于湖北低山、二高山种植，田产可达400公斤以上，成为全省的主要种植品种。杂交高粱由于食味、品质较差，未能大面积推广。杂交稻从1975年开始，试种22亩，获得成功，为

“五五”“六五”时期全省杂交稻的大发展建立了一个良好的开端。二是温室无土育秧。1975 年,黄冈县团风公社花园大队农民卢泽旺试验成功温室无土育秧。第二年在 51 个早稻县进行试验,推广到 150 万亩。这项技术具有省工、省种以及能较好地解决育秧与早春低温矛盾的优点。由于温室所需燃料较多,后来逐步被地膜育秧替代。三是家鱼人工繁殖的突破和网箱养鱼的起步。这一时期,家鱼人工繁殖技术的突破和推广,为湖北这个“鱼米之乡”的养殖业的大发展开拓了一条广阔的道路。到 1975 年,全省青、草、鲢、鳙四种家鱼的人工繁殖鱼苗年产量达到 71.2 亿尾,占全省鱼苗产量的 75.9%。网箱养鱼是从日本引进的一项集约化养殖新技术,从 1975 年开始,先后在武昌野花湖渔场、白莲河水库等单位进行试验。1972 年,在洪湖县境内的 3 个国营渔场和 5 个集体渔场以及广济县武穴镇珍珠场开展河蚌育珠试验,获得成功。

十年内乱期间,湖北上述经济建设和社会发展方面取得的进展和成就,是全省广大党员、党的各级领导干部和人民群众在极其困难的条件下,克服频繁的政治运动的重重干扰而实现的。这些成就不是“文化大革命”的果实,恰恰相反,是抵制“文化大革命”干扰而取得的。它具体表现为:一是在“文化大革命”的各个阶段,从中央到地方始终存在着党和人民与“左”倾错误的斗争,在一些时期(如纠“左”和全面整顿时期)还使局势处于相对稳定状态,1969 年至 1973 年和 1975 年前后曾出现过有利于经济建设的社会环境。二是党的第一代领导集体十分关注湖北的经济建设。10 年间,毛泽东几乎每年都到湖北,有时甚至一年几次,每次少则几日,多则几个月。他始终关心和支持湖北的经济建设,如修建二汽、葛洲坝、焦枝铁路和开发江汉油田等重大项目就是由他拍板决策、扶持上马的。周恩来、邓小平和李先念等中央领导人对湖北的建设也是倾尽心血,关心从论证到决策、从实施到完成的全过程,要人给人,要物给物,及时帮助解决建设中遇到的困难。三是在湖北县以上党组织、革委会中有一批敢于坚持原则、富有经验的老干部掌握着领导权。在省、地、市、县革委会内,虽然所谓群众组织的代表占据了一些席位,但他们不能左右大局,主要领导权尤其是指挥生产的实权大多掌握在老干部手里。参加革委会的各级老干部一般具有较高政治水平和丰富的工作经验，所以他们能够顶风冒险坚持工作，竭力减少错误路线对国民经济的冲击，采取各种措施克服经济建设中的困难，努力免使社会主义的航船遭受灭顶之灾。四是国家三线建设给湖北提供了一次发展机遇。湖北省的西部地区是国家划定的三线地区，湖北在三五期间得到的国家直接投资占全国第二位，在“四五”期间得到的国家直接投资居全国第三位。湖北省在支援国家三线建设的同时，还发展了自己的“小三线”建设，建立了地方独立完整的工业体系，带动了国民经济的发展。

湖北在国民经济和社会发展方面取得的成就，充分显示了湖北人民在爱国主义、社会主义旗帜下所凝聚起来的巨大力量和聪明才智。肯定这些，丝毫不是要说明，也不能够说明“文化大革命”本身有什么可取之处，只在于说明不应该把“文化大革命”的错误理论和实践同这十年的整个历史完全等同起来，更不应该同这期间从中央到地方党员、群众为维护社会稳定的工作和努力完全等同起来。毫无疑问，如果没有“文化大革命”的内乱和破坏，湖北国民经济和社会发展会取得大得多的成就。

第 四 编

走向伟大的历史转折

（1976 年 10 月—1978 年 12 月）

第十九章

开展“揭批查”斗争和初步拨乱反正

粉碎江青反革命集团后，省委、省革委会按照中央的部署，开展了揭露和批判江青反革命集团及其在湖北的帮派体系、清查与江青反革命集团有牵连的人和事的斗争。在此基础上，1978 年又以“解放思想，破除迷信，实事求是，尊重科学”为重点，发动了全省关于真理标准问题的大讨论，帮助人们从教条主义和个人崇拜的精神枷锁中解放出来，为平反冤假错案、处理历史遗留问题、调整社会关系、落实各项政策和开展初步的拨乱反正创造了条件。

第一节　揭批江青反革命集团

一、“揭批查”斗争的全面开展

1976 年 10 月 18 日，中共中央发出《关于王洪文、张春桥、江青、姚文元反党集团事件的通知》，提出既要解决问题，又要稳定局势的方针。通知指出，粉碎江青反革命集团篡党夺权的阴谋，只是“初战的胜利”，从组织上铲除其帮派体系，从思想上肃清其流毒，还需要长时间的努力。11 月 3 日，全省宣传、教育系统在武昌召开千人大会，揭露和批判江青反革命集团利用手中控制的宣传舆论工具，利用在湖北的帮派体系，鼓吹“打倒一切”、挑动武斗、反党乱军、破坏党的方针政策的罪行。与此同时,《湖北日报》《长江日报》等党报党刊连续转载和发表系列揭批文章。

中共中央十分关心湖北的揭批斗争。1976年11月19日至12月1日,杨得志、赵辛初、张玉华等湖北党政军主要负责人到北京汇报全省清查工作情况。李先念等中央领导同志要求省委加大领导力度,立即“掀起大学习、大揭发、大批判的新高潮”[①]。省委表示坚决拥护中央的指示。12月1日,省委确定,当时一个时期的中心工作是有领导、有步骤、全面地开展揭批斗争。12月6日,湖北省委、武汉军区党委召开党员干部大会,传达中央对湖北省工作的重要指示。杨得志、赵辛初等在会上讲话,提出放手发动群众,大造声势,大张旗鼓,迅速形成揭露批判江青反革命集团的斗争高潮。9日,省委召开全省揭批广播大会,中心会场设在武昌洪山礼堂,另在武汉市和各专区、县设有182个分会场,参加广播大会的党员群众达50万人。

根据中共中央的统一部署,揭批江青反革命集团的斗争分三个阶段进行。

第一阶段,又称“第一战役”,从1976年10月至1977年3月,主要揭发批判江青反革命集团及其在湖北的帮派体系篡党夺权的罪行。

1976年12月10日,中共中央下发《王洪文、张春桥、江青、姚文元反党集团罪证(材料之一)》(简称《罪证(材料之一)》)。1977年1月上旬,省委根据初步清查情况,决定对江青反革命集团在湖北的帮派骨干夏邦银、朱鸿霞、胡厚民、张立国实行隔离审查,同时全面清查积案,规定:凡属反对江青反革命集团的人,已拘捕的,立即释放;已立案的,立即销案;正在审查的,解除审查;已判刑的,取消刑期,予以释放;给予党籍、团籍处分的,立即撤销。12日,省委发出通知,要求各级党委结合传达宣传《罪证(材料之一)》,实行清查与揭批相结合、发动群众与专门机关相结合的方针,彻底查清并铲除“四人帮”在湖北的帮派体系。26日,省委召开常委扩大会议,确定1977年全省的中心任务就是深入开展揭批斗争。省委要求各级党委要立场坚定,旗帜鲜明,始终站在斗争的

---

① 《中央领导同志同湖北来京负责同志的谈话》。

前列,带头学,带头揭,带头批。

根据省委的安排,各地成立领导揭批斗争的领导专班,采取召开群众揭批大会,开办培训班、学习班、研讨班,举行经验交流会和组织工作队到重点地区检查指导等形式,推动斗争的展开。1977 年 2 月,省直单位举行经验交流大会,总结推广揭批斗争的四条基本经验:一是加强党委对运动的领导;二是放手发动群众;三是结合本地、本部门、本单位的实际,抓住要害;四是认真执行党的政策,扩大教育面,缩小打击面。到 1977 年 4 月,全省召开各种形式的揭批会 1.2 万余场,到会群众达 3000 余万人。

第二阶段,又称“第二战役”,从 1977 年 3 月到 9 月,主要揭发批判江青反革命集团的罪恶历史,清查其在湖北的帮派体系。

1977 年 3 月 6 日,中共中央发出《王洪文、张春桥、江青、姚文元反党集团罪证(材料之二)》。3 月 24 日,省委下发《关于认真学习和贯彻执行中共中央〔1977〕10 号文件的通知》,对这一阶段的斗争进行全面部署。4 月 18 日,省委召开有 50 万人参加的全省广播大会,通过大量事实,揭批江青反革命集团多年来通过各种渠道插手湖北,网罗党羽,培植亲信,妄图从中央到地方全面夺权;揭批已窃居省革委会副主任高位的朱鸿霞等“四人帮”在湖北的“黑干将”玩弄两面派手法,一方面公开表示“拥护省委”,一方面背地策划搞垮省委;揭发江青反革命集团及其在湖北的帮派骨干是湖北省特别是武汉地区长期不得安宁的“乱源祸水”。4 月 22 日,省委正式下发《夏邦银、朱鸿霞、胡厚民等人的罪证材料》。

在全面清查帮派骨干的同时,省委还结合学习大庆经验,开展“三大讲”的群众活动。“三大讲”指一讲江青反革命集团横行之时党受其害、国受其害、厂受其害、身受其害的罪恶;二讲同江青反革命集团开展斗争的经历;三讲同江青反革命集团斗争的经验体会[①]。7 月 28 日,武汉市在武汉剧院召开“三大讲”经验交流会,硚口区委、葛店化工厂、市第四纺织配件厂等单位作了经验介绍。交流会指出,广泛开展群众性

---

① 《关于揭批“四人帮”运动情况的报告》,鄂发〔1977〕37 号。

的“三大讲”活动，有利于推动学习马列主义和毛泽东著作群众运动的深入开展；有利于调动千军万马，大打揭批江青反革命集团的人民战争，摧毁帮派体系；有利于紧密联系实际，提高群众的政治觉悟，分清路线是非；有利于孤立和打击少数阶级敌人，把巩固无产阶级专政的任务落实到基层；有利于增强人民内部的团结，鼓舞斗志，激发干部群众大干社会主义的积极性。

第三阶段，又称“第三战役”，从 1977 年 9 月到 12 月，主要揭发批判江青反革命集团的反动政治纲领、反动谬论和极左路线。

1977 年 9 月 23 日，中共中央发出《王洪文、张春桥、江青、姚文元反党集团罪证（材料之三）》，要求重点从哲学、政治经济学、科学社会主义等方面在理论上组织批判。省委把被林彪、江青反革命集团颠倒的重大理论问题列出专题，组织各条战线有针对性地展开梳理和澄清。工交战线，重点批判林彪、江青反革命集团攻击按劳分配是“物质刺激”，攻击合理的规章制度是“管、卡、压”，把大干社会主义诬蔑为“唯生产力论”的谬论。文化教育战线，重点批判“两个估计”（新中国成立后 17 年“毛主席的无产阶级教育路线基本上没有得到贯彻执行”，“资产阶级专了无产阶级的政”；大多数教师的“世界观基本上是资产阶级的”）和“文艺黑线专政论”。政法战线，重点批判“两个否定”和“一个砸烂”（否定“文化大革命”前 17 年毛泽东的革命路线在政法战线占统治地位，否定绝大多数政法干警是好的、比较好的；“彻底砸烂公检法”）的谬论。

这一阶段，省、专区、市、县对已经查清的与江青反革命集团有牵连的人进行了处理。1977 年 11 月 28 日，省委、省革委会召开有 1600 万群众参加的广播批判大会，顾大椿代表省委宣布，报请中央批准，开除夏邦银、胡厚民、张立国的党籍，撤销其党内外一切职务；撤销朱鸿霞的一切职务。同月，武汉市公安局依法对 4 人予以逮捕①。到 1978 年 12 月，全省 98.4% 的县、团级单位完成清查任务，99.5% 的被清查对象查

① 1982 年 7 月 28 日，武汉市中级人民法院以阴谋颠覆政府罪、反革命宣传罪、诬告陷害罪分别判处夏邦银、张立国有期徒刑各 13 年，朱鸿霞有期徒刑 15 年，胡厚民有期徒刑 20 年。

清问题。各级党委根据政策，对于大部分犯了一般政治错误的人，说清问题后，及时予以解脱，让他们放下包袱，轻装上阵，和群众一起参加揭批斗争；对犯了严重政治错误的人，经过批评教育，改正错误、转变较好、取得群众谅解的，一般免予处分；对于一般的帮派分子，经过彻底揭发，交代问题、老实认错，都给予改造的机会；对其中一些进入各级领导班子的人，一律清除出领导班子；对少数紧跟江青反革命集团，作恶多端，罪行严重、民愤极大、态度恶劣、触犯法律的帮派分子，予以坚决打击。

在中央的领导和支持下，湖北揭批查斗争开展得较早，清查工作比较彻底。这场斗争，摧毁了江青反革命集团在湖北的帮派体系，广大干部初步肃清了林彪、江青反革命集团的流毒和影响，提高了政治觉悟，为稳定社会秩序、实现安定团结的政治局面提供了重要保证。省委在领导、部署揭批斗争的同时，注意将群众的热情和积极性引导到搞好工农业生产上来，提出“以大批促大干”“把‘四人帮’造成的损失夺回来”，促进了国民经济和各项社会事业的恢复和发展。

由于历史条件的局限以及“两个凡是”的精神枷锁尚未打开，“左”的指导思想还没有得到根本纠正，因此，将江青反革命集团当作“假左真右”来批，在理论上、思想上和政策上还有许多是非问题未得到解决。

二、整顿和加强各级领导班子

在彻底摧毁江青反革命集团帮派体系的同时，湖北省委根据中央精神和本省实际，采取一系列措施，大力整顿党的各级组织。

一是开展整党整风。1977 年 3 月 10 日至 12 日，省委召开地、市委组织部长座谈会，研究整党整风工作。会后，省委在一县（沔阳县）、一局（省粮食局）、一厂（武汉青山热电厂）、一校（武汉大学）进行试点，积累开展整党整风的经验。1977 年 8 月，中共十一大在政治报告中指出：对党的各级领导班子进行整顿和建设，是整党整风和加强党的建设中的一个关键问题。报告强调，一是要正确评估，就绝大多数领导班子来说，主要是进行思想整顿；二是要梯次配合，继续落实老、中、青三结合。从下半年开始，全省各地从思想、组织和作风三个层面开展了整党整风运动。这次整党整风以县以上党政机关、企事业单位为主要对象，以执行党的政策和转变干部作风为重点内容，在恢复和发扬党的优良传统方面取得了积极成果。

二是调整领导班子。为达到既清除派性分子又最大限度地解放干部的目的，省委严格区别两类不同性质的矛盾，具体分析，区别对待和处理：（一）对于犯了一般错误的干部，历史地、实事求是地进行分析，帮助其分清是非，在说清问题、取得群众谅解的基础上，继续信任使用；（二）对犯了严重政治错误的干部，根据错误的情节分别给予党纪政纪处分；（三）对于查清的帮派分子，坚决地从领导班子中清除出去。在调整中，各级党委通过落实党的干部政策，放手使用老干部，使他们在领导班子中发挥骨干作用，同时充实进一批思想好、作风正派、有实践经验的中青年优秀干部，大大增强了领导班子的战斗力。

在整顿期间，中央 3 次调整中共湖北省委领导班子。1977 年 5 月，任命顾大椿为省委书记，原省委书记赵修、姜一、宋侃夫先后交流到外省工作；1977 年 7 月，调陈丕显任省委第二书记、省革委会副主任，不久，第一书记赵辛初病休，由陈丕显主持省委、省革委会日常工作；1978 年 1 月，经中共中央批准，王群、任中林任省委常委、副书记，夏世厚、刘惠农、石川、陈明、张兆美任省委委员、常委。

三是整顿领导作风。当时，一些大中型企业被帮派分子把持或影响，行政机构瘫痪，管理制度被打乱，生产经常处于无序状态，领导班子中普遍存在"不敢管""不愿管"和"无力管"的现象。粉碎江青反革命集团后，仍有相当一批干部心有余悸，顾虑重重，不敢大胆工作，认为多干不如少干，少干不如不干，执行上级指示照搬照套，遇到矛盾绕开走。针对上述现象，省委组建工作组，从武钢、冶钢、华新等一批在全省有影响的大型企业入手，整治"软、懒、散"问题。各地采取抓重点带全面的办法，从调整组织机构、加强思想工作、注重舆论引导、健全规章制度、细化工作流程等方面，强调"敢"字当头，为企业恢复正常的生产和工作秩序提供有力保证。

四是加强纪检监察工作。粉碎江青反革命集团后，根据省委指示，省委组织部监察处参与清查、审查工作。到 1977 年底，共受理省管干部案件 134 起，督促地市查处重大信访案件 95 起。这一时期，全省各级纪检监察部门共处分违纪党员 43766 人，其中开除党籍 14612 人，留党察看 13589 人，撤销党内外职务 2836 人。

1977 年 12 月，中共湖北省委三届十二次全体（扩大）会议决定，恢复中共湖北省委纪律检查委员会，选举韩宁夫为书记，杨青、柳特、田怀德、谢志成、孙盈海任副书记。1978 年 1 月 11 日，省委纪律检查委员会召开第一次全体会议，根据党的十一大精神和党章规定，研究和讨论了省纪委的工作任务、组织机构和人员编制。经省委同意，省纪委设检查处、审理处、办公室，1979 年后增设调研室和信访处。2 月 14 日，省委批转省纪委的报告，要求各级党委设立强有力的纪律检查委员会，坚决维护党的民主集中制原则，严肃党的纪律，同各种违反党的纪律的行为作斗争，保证经过整顿的党组织在健康的道路上发展。之后，各市、州、县相继建立了纪检机构。

五是加强党校建设。1977 年 10 月 5 日，中共中央作出《关于办好各级党校的决定》，提出各省、直辖市、自治区一级的党校，都应从速恢复，切实加强领导，纠正目前有些地方党的委员会不管党校的现象；地、市、州、盟一级党校，也应力争早日恢复或进行整顿；至于县、市、旗一级的党校，有条件的地区可以办。10 月 20 日，省委发出《关于贯彻执行〈中共中央关于办好各级党校的决定〉的通知》，要求立即恢复省、地、县三级党校系统的正常编制和教育工作，同时新建部分专业干部学校，分期分批轮训和培训干部。1978 年后，党校建设力度进一步加大，经过一段时间的努力，全省县以上各级党校达到 128 所，省、地（市）两级专业干校达到 41 所，训练各类干部 32 万人次，占全省干部总数的 37%。与此同时，各地区和各部门大力开办短期轮训班和委托有关大专院校和中等专业学校开办在职干部培训班，共训练干部 17 万人，一个以党校和专业干校为支柱的全省干部教育网开始形成。

第二节　初步开展拨乱反正

一、开展真理标准问题讨论

1977 年 2 月 7 日，《人民日报》《解放军报》和《红旗》杂志发表社论《学好文件抓住纲》，在全国公开提出“凡是毛主席作出的决策，我们都坚决维护，凡是毛主席的指示，我们都始终不渝地遵循”的方针，史称“两个凡是”。

“两个凡是”的提出，在事实上为揭批江青反革命集团和拨乱反正工作的展开设置了禁区，成为解放思想的障碍。受这一思想影响，湖北干部群众在思想上和行动上普遍存在“三个分不清”和“三个不敢”。即，在思想上，分不清什么是真高举或假高举毛泽东思想伟大红旗，分不清什么是“左”什么是右，分不清什么是真社会主义什么是假社会主义。行动上，凡毛泽东说过的，不管对不对，一律不敢动；过去批判过的，不管正确不正确，一律不敢搞；以前没有做过的，不管需要不需要，一律不敢做。

“两个凡是”的核心问题是如何对待毛泽东和毛泽东思想，如何判定是非的标准。1977 年 4 月 10 日，邓小平在给中共中央的信中指出，我们必须世世代代地用准确的完整的毛泽东思想来指导全党、全军和全国人民。老一辈无产阶级革命家陈云、李先念等人纷纷发表文章或谈话，倡导党的实事求是的思想和作风。在邓小平等老一辈革命家的支持下，在中共中央党校副校长胡耀邦等人的推动下，思想界为恢复党的实事求是的思想路线作了多方努力。1978 年 5 月 11 日，《光明日报》发表特约评论员文章《实践是检验真理的唯一标准》，在全国掀起讨论热潮。

省委认为文章论述了马克思主义的实践第一的观点，正确地指出任何理论都要接受实践的检验，具有非常强的现实指导意义，指示《湖北日报》转载。5 月 13 日，《湖北日报》全文转载《实践是检验真理的唯一标准》。不久,中央有领导人给中宣部和省市负责人打招呼,要求对真理标准问题的讨论“不表态”“不介入”。省委认为,文章抓住了彻底拨乱反正的根本,不是“砍旗”,而是真正高举毛泽东思想的旗帜,指示省委宣传部按原定计划组织思想理论座谈会,要求注意搜集各方面的反映。5月19日,湖北思想战线和社会科学界座谈会在武昌召开,研讨有关真理标准的理论问题和实际问题。省委书记韩宁夫代表省委发表讲话,较早地、较自觉地发起了关于真理标准问题的大讨论。

6月2日,邓小平在全军政治工作会议上发表了重要讲话,旗帜鲜明地支持了《实践是检验真理的唯一标准》的观点,明确提出“我们一定要肃清林彪、‘四人帮’的流毒,拨乱反正,打破精神枷锁,使我们的思想来个大解放”。6月上旬,省委召开常委会,学习邓小平的重要讲话,认为要把林彪、“四人帮”在理论上、思想上造成的混乱纠正过来,正本清源,光靠领导机关发指示或由领导人出面讲话不能完全解决问题,必须发动群众参加,用民主的办法、讨论的办法,大规模地开展真理标准问题的学习讨论。7月12日,省委宣传部根据省委指示,发出《关于理论与实践问题学习、宣传的意见》,强调要加强理论学习、组织理论讨论,搞好报刊理论宣传,要求各级党委加强对学习和讨论的领导工作。省委宣传部还作出《省委常委和省直机关干部第三季度学习安排》,确定全省在第三季度着重学习讨论真理标准问题。7月16日,省委下发《关于在全省开展理论与实践关系问题的学习讨论的决定》。

真理标准问题的学习和讨论,一经部署,即在全省引起强烈共鸣。各地党委、党员干部和理论工作者以极大的政治热情和理论勇气,投入了这场讨论。8月14日,武汉市委发出《关于在八、九、十三个月在全市开展理论与实践关系问题讨论的通知》,指定党员干部和群众学习马克思、列宁、毛泽东关于理论和实践关系的论述以及叶剑英、邓小平的有关讲话。从8月开始,《湖北日报》陆续发表《对待马列主义、毛泽东思想的科学态度》《真理的标准只能是社会的实践》《理论是行动的指南,不是检验真理的标准》等文章,《长江日报》开辟“关于理论与实践问题的笔谈”专栏,发表《照搬照套还是实事求是?》《真理总是在实践中发展的》《任何真理都要接受实践的检验》等文章。荆州等地委和武钢等大型企业党委要求全体党员通过学习和讨论,务必确立实践是检验真理的唯一标准,坚持这一标准即是真正高举毛泽东思想的旗帜。

为推动真理标准问题大讨论,省委在1个月内精心组织了3场报告会。第一场是1978年8月31日,省直机关在洪山礼堂举行的理论和实践问题的报告会,由省委党校介绍了首都理论界讨论的情况,省委副书记王群作题为《坚持实践是检验真理的唯一标准》的报告。第二场是9月4日,省直机关再次举行关于真理标准问题的报告会,会议由省委第一书记陈丕显主持,邀请著名理论家邢贲思作专题演讲。第三场是9月下旬,省委召开湖北省理论工作座谈会。会议从国际共产主义运动的历史经验以及现实意义论述了"坚持实践是检验真理的唯一标准"观点的重要性,说明只有坚持实事求是,从实际出发,理论与实践相结合才是真正高举马列主义、毛泽东思想。这三场报告会,对全省全面开展真理标准问题的讨论起到了正确的引导作用。

在讨论中,一些干部仍然存在疑虑:一是划不清"真高举"和"假高举"的界限,担心这场讨论会损害毛泽东的伟大形象,会损害毛泽东思想的伟大旗帜;二是认为对这场讨论"中央没有文件,《红旗》杂志没有表态",怕犯"错误"。1978年9月16日,邓小平视察东北工作,明确指出:"毛泽东思想的基本点就是实事求是,就是把马列主义的普遍原理同中国革命的具体实践相结合。""所谓理论要通过实践来检验,也是这样一个问题。现在对这样的问题还要引起争论,可见思想僵化。根本问题还是我前边讲的那个问题,违反毛泽东同志实事求是的思想,违反辩证唯物主义、历史唯物主义的原理,实际上是唯心主义和形而上学的反映。"为传达学习邓小平讲话精神和在全省范围内进一步推动真理标准大讨论,省委决定召开空前规模的全省理论工作会议。

9月23日至10月5日,中共湖北省委理论工作会议在武汉召开。各地、市、县委第一书记,地、市、县委宣传部长和党校校长,各大型厂矿企业和大专院校负责人,省直部、委、办、厅、局和各人民团体负责人,武汉地区的报纸、刊物、出版、广播等新闻单位负责人,省哲学社会科学联合会和各专业学会的理论工作者,在省委党校学习的全体学员和正在进行的省委常委会扩大会及财贸工作会议的全体代表出席了这次会议。会议还邀请武汉军区及武汉空军军以上单位理论工作的代表和中央新闻单位驻汉机构的负责人、记者列席。这次会议人数多、时间长、层次高，是湖北历史上规模最大的一次理论工作会议。参加或列席会议的人数达到1000余人，这次会议又被称为“千人理论工作会”。

会议以湖北省委和陈丕显的名义，邀请中国社会科学院哲学研究所的邢贲思、人民日报社的汪子嵩、光明日报社的马沛文作了关于真理标准问题的学术报告，安排武汉市、荆州地区和武汉钢铁公司党委负责人介绍经验。

10月2日，省委第一书记陈丕显代表省委作了题为《解放思想，破除迷信，实事求是，尊重科学，已成为时代要求》的报告。他围绕实践是检验真理的唯一标准，着重阐述了三个问题：一是坚持实践是检验真理的唯一标准，拨乱反正，正本清源；二是坚持实践是检验真理的唯一标准，按照实际情况决定自己的工作方针；三是坚持实践是检验真理的唯一标准，进一步解放思想，加速实现四个现代化的步伐。他指出，有的同志对“本本”上没有的就不敢越雷池一步，不能接受新事物，研究新问题，总结新经验。在工矿企业，不敢提以生产为中心，不敢搞物质奖励；在农村，不顾当前农村的经济水平和广大社员的觉悟程度，没收社员的自留地，限制家庭副业，关闭农村集市贸易。这些都违反了实践是检验真理的唯一标准的原则。林彪、江青反革命集团在湖北制造了许多冤、假、错案，这些都应该平反昭雪。他强调，“解放思想，破除迷信，实事求是，尊重科学，已经成为时代的要求”，号召大家完整地准确地领会和掌握毛泽东思想体系，坚持实践是检验真理的唯一标准，恢复和发扬党的实事求是的思想路线和传统作风，破除迷信，开动脑筋，来一个思想革命，跟上时代发展的步伐。

这次会议在全省产生震动性效应，形成关于真理标准问题讨论的第一次高潮。

湖北省关于真理标准问题的讨论，一直延续到1979年9月才逐渐结束。经过大讨论，从根本上否定了“两个凡是”的错误观点，对于冲破教条主义和个人崇拜的束缚起了积极作用，为重新确立党的解放思想、实事求是的马克思主义思想路线作了理论准备，为各个领域内的全面拨乱反正和推动经济建设打下了思想基础。

二、平反冤假错案和处理历史遗留问题

关于真理标准问题的大讨论，推动了全省平反冤假错案的进程。

1967年发生的七二〇事件被打成“反革命事件”后，一批反对林彪、江青反革命集团的人被打成“反革命”“叛军”“百匪”，株连了军队和地方数以万计的干部群众，成为湖北最大的冤案。粉碎江青反革命集团后，广大干部群众强烈要求澄清七二〇事件的性质和真相，不断向中央、省委和武汉市委提出平反申诉。原七二〇事件当事人之一、时任中央军委顾问的陈再道多次给中央和中央领导人写信，陈述七二〇事件真相，请求中央重新审查七二〇事件，尽快作出为七二〇事件平反、昭雪的决定。

1978年9月13日，武汉市委成立的七二〇事件调查组，起草上报《关于武汉“七二〇事件”的情况汇报》。9月24日，省委、省革委会和武汉军区党委联名向中共中央呈报《关于处理武汉“七二〇事件”的请示报告》。报告列举大量事实，说明七二〇事件不是“反革命事件”，而是林彪、江青反革命集团为反党乱军、篡党夺权而制造的一大冤案，是湖北军民对反革命阴谋活动的坚决抵制，应该彻底平反。

11月10日至12月15日，中共中央在北京召开工作会议。会上，陈云提出要解决“文化大革命”中遗留的一大批重大问题。在中南组讨论中，武汉军区司令员杨得志、政委李成芳和湖北省委第一书记陈丕显呼吁为武汉七二〇事件平反。武汉军区原司令员陈再道介绍七二〇事件的真相。11月26日，中共中央正式作出批复，“七二〇事件应予平反、昭雪”。

11月28日，省委、省革委会在武汉召开平反广播大会，陈丕显宣读中央批复，公布：一、凡因七二〇事件强加于中国人民解放军指战员和广大干部、群众的一切诬陷不实之词，全部推倒；二、对被迫害的同志，一律平反昭雪；三、对被打伤、打死的同志，按照国家政策处理好抚恤等问题。全省有1700余万人参加或收听了广播大会。省委还将中央平反文件印

刷30余万份，在全省城乡广为散发和张贴。12月2日，武汉市委召开有10万人参加的平反大会，宣读中央和省委决定，宣布凡是因反对林彪、江青反革命集团而被扣上的“党内一小撮走资派”“军内一小撮走资派”“公检法内一小撮走资派”“百万雄师一小撮坏头头”等罪名以及一切诬蔑不实之词统统推倒，对无辜遭到迫害的干部群众予以平反昭雪，恢复名誉。

在平反七二〇事件的同时，省委加大力度，全面复查“文化大革命”期间判刑处理的所谓“反革命案件”。1978年10月27日，省委批转省公安局、省法院党组《关于复查处理冤错案件的报告》，要求贯彻“实事求是、有错必纠”的原则，对冤案必须彻底平反，对错案要予以纠正，全部错的全平，部分错的部分平。12月16日，省委作出决定，为在“文化大革命”中被打成“三家村”的李达、朱劭天、何定华，对被错误处理的原湖北省委常委曾惇、陈一新等彻底平反，恢复名誉。到1979年6月，全省法院复查“文化大革命”中的政治案件6692件，占总数的92%，纠正冤假错案3028件，占复查总数的45.3%；公安系统复查“文化大革命”中的政治案件9218件，占总数的87.2%，纠正冤假错案4732件，占复查总数的51.3%。

平反冤假错案和全面复查“文化大革命”积案，得到广大干部、党员和人民群众的衷心拥护，同时有力地带动了历史遗留问题的解决。1978年，省委、省政府收到群众来信80222件，接待来访11675人次，两者合计比1977年增长4.7倍。他们要求解决历史遗留问题，这些问题大致有3类：第一类是在“文化大革命”前的历次运动如1955年反“胡风反革命集团”、1957年反右派斗争、1959年“反右倾”斗争和“文化大革命”前夕的“四清”运动等中被错误处理的人和事；第二类是新中国成立前的历史遗留问题；第三类是在历次运动中被当作作“阶级敌人”开除党籍、开除公职、“遣返”到农村的群体。据统计，这些历史遗留问题总数在几十万件以上。

为解决堆积如山的历史遗留问题，省委、省革委会提出“全党办信访”，要求各地分工一位书记和一位革委会副主任主管信访工作，规定：从各级党委到各基层支部以及政法机关，抽调5%—10%的干部，按照原来的分管范围或审理单位，负责冤假错案的平反处理。1978年7月7日，省委成立由韩宁夫任组长的摘掉右派分子帽子工作领导小组，负责全省右派分子案件的复查工作。各地、市、县委，各大型厂矿企业、大专院校党委相应建立领导小组和办事机构。省直各办、委、局根据各自情况成立专班或指定专人抓此项工作。12月，省委下达通知，转发省委摘掉右派分子帽子工作领导小组办公室《关于执行中央55号文件的若干具体规定》，对于摘帽问题、安置问题、改正问题等作出具体规定。到年底，全省各地摘掉右派分子帽子的工作全部完成。

省委还对反“胡风反革命集团”、“反右倾”斗争、“四清”等运动中的冤假错案作了平反，对定性戴帽、冲击遣返、开除公职、退职解职、“恶攻”案件、“四清”遗留问题、受株连的家属子女的安置、因同一问题受到多次处理的案件、城镇居民上山下乡、无偿接管的私人房屋、参加三线建设民工伤残后的待遇等方面的问题分别制定了处理原则和办法。

这一时期平反冤假错案的工作，在局部取得突破，取得一定的成绩。由于受“两个凡是”的束缚以及“文化大革命”极左路线长期统治的影响，一些重大路线是非、思想是非问题上“左”的思想和观念还没有得到彻底纠正，平反冤假错案的工作遭遇到很大困难。大规模的平反冤假错案的工作在党的十一届三中全会以后才得以全面展开。

三、落实各项政策和调整社会关系

落实政策、调整社会关系，是初步拨乱反正的重要内容。

一是落实干部政策。

“文化大革命”期间，极左思潮支配了国家正常的政治生活，接连不断的政治运动制造了大量冤假错案，一大批干部遭受打击、迫害或不公正的待遇，成为一个极其沉重的政治包袱。1978年4月，省委组织部召开会议，贯彻落实中共中央组织部召开的疑难案件座谈会精神，研究落实党的干部政策问题。会议强调要把落实干部政策当作一项严肃的政治任务抓紧抓好，落实干部政策的方针是实事求是，方法是群众路线，任务是复查“文化大革命”以来的干部政策和审干案件。这是全省第一次落实政策会议，标志着全省大规模落实政策工作的开展。

1977年9月11日，省委转发省委组织部《关于全省审干复查工作情况的报告》，强调审干复查工作是当前落实党的干部政策、拨乱反正的一个重要方面，各级党委要切实加强领导，排除干扰和阻力，省委决定，本着实事求是、有错必纠的原则，复查“文化大革命”中结案处理的所有案件，凡是搞错的，要迅速纠正，全部错了，全部纠正，部分错的，部分纠正。与此同时，全省各级党组织全面复查了“文化大革命”中审结处理的审干案件，纠正了一批冤假错案。据统计，全省在“文化大革命”中受审查的干部为54578人，截至1978年12月，复查47147人，占总数的86.4%。其中，原定为敌我矛盾性质的2703人，复查了2378人，占88%；原定为人民内部矛盾性质受撤职以上处分的1483人，复查了1249人，占84%。在省管干部中，原定为敌我矛盾的66人，复查61人，复查后改定为人民内部矛盾的59人；原定为内部矛盾性质受到撤职以上处分的59人，复查45人，复查后改变处分或不予处分的35人。全省因林彪、江青反革命集团干扰破坏所造成的非正常死亡的干部1648人，复查后作出实事求是结论并完成善后处理的有1504人。

二是落实知识分子政策。

落实知识分子政策，首先是推翻“两个估计”，对“文化大革命”以前17年知识分子的性质和他们在社会主义革命与建设中的作用作出正确的判断。1977年8月，邓小平在全国科学和教育工作座谈会上发表讲话，指出：全国教育战线17年的工作，“主导方面是红线，应当肯定，十七年中，绝大多数知识分子，不管是科学工作者还是教育工作者，在毛泽东思想光辉的照耀下，在党的正确领导下，辛勤劳动，努力工作，取得了很大的成绩”，“如果对十七年不作这样的估计，就无法解释我们所取得的一切成就了”。1978年3月18日，邓小平在全国科学大会开幕词中进一步指出，“总的说来，（知识分子）他们的绝大多数已经是工人阶级和劳动人民自己的知识分子，因此也可以说，已经是工人阶级自己的一部分。他们与体力劳动者的区别，只是社会分工的不同。从事体力劳动的，从事脑力劳动的，都是社会主义社会的劳动者”。1978年5月和7月，省委分别召开全省科学大会和教育工作会议，传达中央和邓小平讲话精神，深入批判“两个估计”的错误观点。1978年6月9日，省委第一书记陈丕显在《湖北日报》上发表题为《继续认真落实党的知识分子政策》的文章，强调知识分子是工人阶级的一部分，是社会主义现代化建设中的重要力量，也是党依靠的重要力量。对知识分子性质和作用的正确估计，解除了广大知识分子的精神包袱，对调动知识分子建设社会主义的积极性起到了关键作用。

陈丕显提出，落实知识分子政策不能停留在口头上，要体现在为他们解忧难、做实事上。1977 年 10 月 16 日，省委作出《关于坚决贯彻落实〈中央关于召开全国科学技术大会的通知〉的通知》，要求各级党委对贯彻执行知识分子政策的情况进行一次普查，认真分析，制定措施，有计划、有步骤地解决一批问题。重点抓紧解决用非所学的问题，恢复技术职称，保证科研人员每周至少有六分之五的时间从事业务工作。通知下发后，各地从三方面予以落实：(一)政治上信任依靠。宣布为“文化大革命”期间被扣上“反动学术权威”“白专典型”“修正主义苗子”等罪名的知识分子平反，公开恢复名誉；能够工作而没有工作的，安排适当的工作；对具备加入共产党条件的知识分子，及时吸收为中共党员。(二)工作上放手使用。恢复技术职称，逐步恢复知识分子的考核晋升制度；调整用非所学，努力做到人尽其才，才尽其用。为了充分发挥知识分子的作用，各级党组织重点提拔了一批思想觉悟高、业务能力强、工作干劲大、群众关系好的知识分子(包括非党知识分子)。1978 年 4 月，省委根据中共中央组织部的有关规定，提出“坚持党委领导下的厂(院、校)长负责制，建立健全科技责任制，科技人员要参加企业的各项管理，真正做到有职有权”。具体做法是停止对各院、校任命革委会主任，对报批院长、所长的，按组织原则及时批下去；强调对科学技术人员要看主流，大胆使用，知人善任。到 1978 年 12 月，全省有相当数量的高、中级知识分子担任各级领导职务，在科研、生产和管理方面发挥作用。(三)生活上关心照顾。主要措施是提高知识分子工资级别、改善生活条件、解决夫妻两地分居、解决身边无子女、安排子女就业、调整住房等问题。上述三个方面使落实知识分子政策收到了很好的效果，在全省初步形成了尊重知识、尊重人才的社会风气。

三是落实统战政策。

“文化大革命”结束后，省委采取措施逐步落实对原工商业者的政策，包括发还在“文化大革命”中被查抄的财物和被冻结的定息；补发一些人被扣减的工资，恢复原级别；对于被占用的私人房屋，根据统筹兼顾的原则，分轻重缓急，提出解决办法；对于在对资本主义工商业的社会主义改造中被错划为资本家成分的小业主和小商小贩予以改正；改变对有海外关系的人的错误政策，使他们得到平等待遇。1977 年 3 月 1 日，省委统战部回复省革委会转来宜昌地区革委会《关于资产阶级工商业者退休问题的请示报告》，明确规定：对在职的年老体弱的工商业者按退休安置；已作离职处理的可改作退休安置。

通过落实政策，正确地处理了人民内部的一系列矛盾，有效地调整了社会关系，调动了社会各方面的积极性，促进了全省安定团结的政治局面。

四、恢复人大、政协组织和人民团体的活动

“文化大革命”开始后，湖北省第三届人民代表大会无法行使职能，由领导干部、军队代表和群众组织代表“三结合”组成的湖北省革命委员会取代。根据 1975 年通过的《中华人民共和国宪法》，省革委会既是省人民代表大会的常设机关，又是省人民政府。1976 年 12 月和 1977 年 1 月，在揭批江青反革命集团的斗争中，中共中央局部调整湖北省革委会，先后撤销朱鸿霞、张立国湖北省革委会副主任职务。1977 年，省委根据中共中央有关精神，考虑到“文化大革命”的特定历史环境，将湖北省革命委员会算作湖北省第四届人民代表大会。

1977 年 10 月，中共中央决定近期召开五届全国人大一次会议和五届政协一次会议，要求各省、自治区、直辖市在 1978 年春之前召开新一届人民代表大会和政协全体会议。

1977 年 12 月 30 日至 1978 年 1 月 5 日，湖北省第五届人民代表大会第一次会议在武昌举行。出席大会的代表 1132 名。大会选举赵辛初、陈丕显、韩宁夫、顾大椿、张秀龙、李夫全、丁凤英（女）、夏世厚、许道琦、林少南（女）、朱邦俊等 82 人组成主席团。

省委第二书记、省革命委员会第一副主任陈丕显代表湖北省革委

会,就1968年2月省革委会成立以来9年多的工作,向大会作工作报告。会议提出,高举毛泽东思想伟大旗帜,坚决执行党的十一大路线,团结一切可以团结的力量,调动一切积极因素,为在20世纪末把我国建设成为伟大的社会主义强国而奋斗。

会议按照老中青三结合的原则,选举产生新一届革命委员会,赵辛初任主任,陈丕显任第一副主任,韩宁夫、顾大椿、张秀龙、李夫全、丁凤英、夏世厚、许道琦、田英、王汉章、林少南、郝国道、朱邦俊12人为副主任。会议还选出李先念等人为湖北省出席第五届全国人民代表大会的代表。

湖北省政协工作在“文化大革命”期间停止工作达9年。1975年10月28日,省委常委会决定恢复政协工作,在下届政协会议未召开前,仍由第三届政协主持工作,党内外原来的副主席保留职务。第三届政协主席王任重1966年8月调离湖北,此后未曾选新的主席,由副主席胡金魁牵头。

1977年12月29日至1978年1月5日,中国人民政治协商会议湖北省第四届委员会第一次会议在武昌举行。出席会议的有中国共产党、中国国民党革命委员会、中国民主同盟、无党派爱国人士、中国共产主义青年团、总工会、民主妇女联合会、农民、民主青年联合会、工商业联合会、文学艺术界、科学技术界、社会科学界、教育界、新闻出版界、医疗卫生界、对外友好团体、社会福利救济团体、少数民族、归国华侨、宗教界、特邀人士22个界别和单位,共计506名委员。与上届相比,委员由363人增加到506人,科学技术界、教育界委员比上届增加二分之一,是增加最多的界别。

会议听取和审议了胡金魁副主席作的《中国人民政治协商会议湖北省第三次委员会常务委员会工作报告》,列席了湖北省第五届人民代表大会第一次会议,通过了《中国人民政治协商会议湖北省第四届委员会第一次全体会议决议》。会议选举产生政协第四届委员会,由赵辛初任主席,韩宁夫、阎钧、胡金魁、唐哲、陶述曾、孙耀华、余益庵、黄宏儒、伍献文、王之卓、华煜卿、章文才、高尚荫等为副主席。

在恢复人大、政协组织活动的同时,省委根据中共中央拨乱反正的指示精神,对群众团体进行认真整顿,肃清极左错误影响。整顿措施主要是:(一)结合揭批查斗争,纯洁组织,清除长期把持、操纵或影响群众团体的帮派骨干分子;(二)澄清新中国成立以来的工运、农运、青运、妇运历史上的路线是非,纠正历史错案,对受到错误批判、处分的群团干部进行复查,平反改正,恢复名誉;(三)健全县以上群众团体,充实领导班子,将一批在"文化大革命"中遭受迫害的老干部重新调回群众团体领导岗位,同时选拔一批模范先进职工充实进领导班子;(四)围绕新时期总任务的宣传、学习,开展争当新长征突击队(手)和社会主义积极分子竞赛等活动。1978年4月,省委批转省总工会党组《关于整顿、建设和加强工会的报告》,认为全省工会组织基本完成整顿任务。与此同时,共青团和妇联组织也在恢复中重新焕发活力。1979年,湖北省总工会、共青团和妇联分别召开全省代表大会,选举产生湖北省总工会第五届委员会、中国共产主义青年团湖北省第五届委员会和湖北省妇女联合会第四届委员会。湖北省贫下中农协会第三届委员会在1982年进行换届选举,1986年9月农会机构撤销。

这一时期,其他人民团体组织纷纷恢复活动。1978年2月15日至19日,湖北省文学艺术界联合会第四次代表大会召开,选举产生省文联第四届委员会委员,姚雪垠任主席。随后,省文联所属的文学、戏剧、音乐、舞蹈、曲艺、摄影等协会重新活跃起来。4月,在已经恢复民革、民盟等5个民主党派组织的基础上,省委又成立恢复工商联筹备小组,着手工商联组织的恢复工作。6月24日,省委决定建立湖北省社会科学院,在"文化大革命"中停止活动的湖北哲学社会科学联合会、湖北科学技术联合会以及各种专业学会陆续恢复活动。11月13日,省委决定开放少量寺庙、教堂。此后,全省各爱国宗教团体陆续恢复正常活动。

第二十章

恢复国民经济和社会事业

粉碎江青反革命集团的两年内,人民群众被压抑多年的生产积极性得到释放,为实现四个现代化而努力生产再度成为全省人民的行动目标。省委、省革委会响应中共中央“三年大见成效”的号召,从整顿入手,着力恢复和发展国民经济和社会事业。一部分干部群众解放思想,在改革开放方面进行了大胆的探索。1978 年 12 月,党的十一届三中全会召开,作出停止“以阶级斗争为纲”、把工作重点转移到社会主义建设上来、实行改革开放的重大战略决策,湖北的历史揭开新的篇章。

第一节　国民经济的恢复与发展

一、工业生产的较快恢复

粉碎江青反革命集团后,湖北工业面临严峻的挑战。据统计,1976 年湖北全省独立核算工业企业的主要经济指标,与“文化大革命”前的 1965 年相比,大幅度下降。百元固定资产实现产值,1976 年为 69.1 元,比 1965 年净减 56.5 元,下降 45.09%;百元固定资产提供利税为 9.7 元,比 1965 年净减 16.9 元,下降 63.54%;百元工业产值实现利润仅 4.8 元,比 1965 年净减 16.9 元,下降 63.35%;百元产值成本为 74 元,比

1965年净增14.9元,增长25.21%。

从1976年12月开始,省委、省革委会从抓"工业学大庆"入手,学习大庆油田"三老""四严"作风,加强企业管理,推广工业战线先进典型的经验,因地制宜地采取整顿措施,促进了工业战线的较快恢复。

一是狠抓企业整顿,全面建章立制。1977年5月,省委召开全省工业学大庆会议,布置整顿工作,强调从领导班子、职工队伍和科学管理三方面入手,把湖北的工业企业陆续建设成为大庆式先进企业。这次整顿,以整顿武钢、冶钢、华新等全省大中型企业为重点;以恢复企业行之有效的规章制度为主要内容,要求通过整顿,重点恢复建立工作考勤、操作规程、质量检查、设备维修、安全生产、经济核算和岗位责任7项制度。在整顿中,先进企业创造了"三个面向"(面向群众、面向基层、面向生产)、"五到现场"(政治工作、生产管理、材料供应、科研设计、生活服务到现场)、全面考核"八项指标"(产量、品种、质量、消耗、成本、利润、流动资金占用量、劳动生产率)的整顿经验,有效地提高了企业经营效益。1977年7月,省革委会下发了《关于全面抓好工业企业八项经济技术指标的通知》,总结推广先进企业的做法和经验,要求全省工业企业努力增产超产,搞好产品开发,提高产品质量。同时,注意围绕降低生产成本开展群众性的增产节约活动,降低物资消耗,减少资金占用,加快资金周转,提高经营效益。8月12日,省革委会成立扭转企业亏损、增加盈利领导小组,负责全省企业扭亏增盈工作,主抓八大经济指标的完成情况。从1977年到1978年,全省4600余个工业企业分两批完成了整顿。通过整顿,企业管理逐步纳入"质量第一"的轨道,"乱、散、低"的状况普遍得到改善,八大经济指标达到和超过历史最好水平的单位日益增多①。1978年10月8日至15日,省委召开全省工业企业整顿经验交流会,荆州地区、江汉油田、长航武汉港务局、武汉机床厂等17个单位作为先进单位介绍经验。

二是局部调整工业管理机构,增加专业管理机构。随着整顿的深入,从"文化大革命"时期沿袭下来的工业管理体制和管理机构很不适

---

① 中共湖北省委工交政治部:《关于当前企业整顿工作情况的报告》(1978年11月6日)。

应经济发展的要求。1977 年 6 月，省委决定撤销计划工交核心小组，保留省委工交政治部和省革委会工交办公室，两机构继续合署办公，履行以下七项职责：（一）负责全省工业生产、交通运输的具体调度指挥；（二）组织整顿和加强各级领导班子建设；（三）组织工业学大庆运动，检查、督促大庆式企业规划的落实；（四）组织国家和全省重大工程项目基建施工的协作；（五）整顿和加强企业管理；（六）组织企业技术革新、改造、挖潜和科技管理；（七）负责省直工交局委和省直企业的知识青年上山下乡工作。8 月，省委撤销第五、第六机械工业局和国防工业办公室，成立国防科技工业办公室，统一管理全省国防科技工业工作。与此同时，省革委会相继成立纺织工业局、计量局、建材工业局、建筑工程管理局和测绘局等专业管理机构，以适应工业门类的快速增加。

三是恢复和完善党委领导下的厂长（经理）分工负责制。1978 年 4 月 20 日，中共中央下发《关于加快工业发展若干问题的决定（草案）》（简称“工业三十条”），规定国营工业企业实行党委领导下的厂长分工负责制和总工程师、总会计师的责任制，建立党委领导下的职工代表大会或职工大会制。4 月 21 日，省委决定撤销全省非政权单位的革委会。即撤销所有厂（场）矿、企业、事业、科研单位、农村生产大队、大中专院校、中小学校、街道、医院、商店等以及机关和其他基层单位的革委会，恢复建立企业党委，实行党委领导下的厂（场）长、大队长、校（院）长、经理等的分工负责制。

四是改革企业内部分配制度。从 20 世纪 50 年代起，湖北工业企业内部分配制度实行等级工资制。这种工资制度，把立制的基点放在社会公平上，在一段时间发挥了巩固社会主义制度、促进社会经济发展、稳定人心的作用，但是，由于没有很好地体现个人对社会的贡献，存在着严重的平均主义弊端，不利于调动企业、职工的积极性、主动性和创造性。从 1978 年开始，省委、省革委会在工业企业中有计划、有步骤地试行计件工资制和奖励工资制，奖励同企业利润挂钩浮动，超额有奖，多超多奖，在实践中取得了积极效果。

通过整顿，初步扭转了全省工业企业的混乱局面，企业生产经营有了较大发展，武汉钢铁公司、武汉重型机床厂、武昌造船厂、武汉锅炉厂等过去受帮派分子严重干扰破坏的大型企业出现了新气象。1977 年，省委还以支农为中心，开展电力、煤炭、钢铁、化肥、小水电、农业机械六大会战，在短煤、少电、原材料严重不足的情况下，工业产值比 1976 年增长 21.5%，全省财政收入完成 21.05 亿元，比 1976 年增长 22.69%，比年度预算超收近 2 亿元，扭转了连续三年收入完不成任务的局面。1978 年，湖北省工业生产又在 1977 年的基础上持续增长，工业总产值完成 174.12 亿元，增长 20.8%，工业实现利润增长 1.27 倍，亏损企业亏损下降 47.8%。全省财政收入实现 31.37 亿元，增长 49.1%。

二、农业生产的恢复与发展

粉碎江青反革命集团后，省委、省革委会遵照中央“农业学大寨”的部署，以落实党在农村的经济政策为中心，采取了一系列具体措施，切实抓好农业生产。

一是制定农村政策的“十项规定”。1977 年 3 月 1 日，省委批转省委农村政治部和省革委会农业办公室的报告，针对全省农村政策方面的偏差或混乱状况，提出十项具体规定：（一）保证农业第一线有足够的劳动力，要求大、中城市将私招乱雇的农村劳力全部退给生产队，常年离队劳力不超过总劳力的 20%；（二）严格控制占用耕地，限期退回一切征而不用、多征少用的土地；（三）发展生产，降低成本，提高积累与分配水平；（四）采取积极态度，创造条件，由小集体逐步过渡到大集体；（五）划清国家和集体的山林所有权；（六）维持粮食征购任务“一定五年”的办法；（七）普及大寨记工制度，实行男女同工同酬；（八）勤俭办社，改善经营管理，生产费用开支控制在总收入的 25% 以内，建立公社一级的财务制度，实行经济民主，每年通过收入分配发动社员进行一两次“四清理”（清账目、仓库、财务、工分）；（九）允许社员经营少量的自留地和家庭副业；（十）加强党对人民公社的领导，定期召开人民公社社员大会或社员代表大会，报告工作，公开财务，讨论决定重大问题。虽然上述规定中，也有关于普及大寨式记工方法和鼓励小集体向大集体过渡等不妥当的提法，但省委的主旨是通过落实党的农村政策恢复农业生产，大部分措施起到了积极作用。

二是减轻农民负担。1978 年 1 月,省委针对大量抽调、挪用、摊派、挤占生产队和社员资金的现象,提出“清理社队财务、信用社(站)财务和监督管理社队、统管现金”(简称“两清双管”),并要求在此基础上扩大范围,全面清理信贷、现金、结算、工资资金、账户,坚决把摊派等歪风刹住。1978 年 6 月 23 日和 7 月 19 日,中共中央先后发出 37 号、42 号文件,要求认真落实党的农村经济政策,努力减轻农民不合理负担。8 月下旬,省委召开工作会议,决定用整风的办法贯彻落实中央两个文件。整风在省、地、县三级领导机关展开,着重解决三级领导机关在确立农业为基础的思想、执行党的政策和工作作风等方面存在的问题。省委把巴东、公安两个“农业学大寨”先进县作为试点。8 月 28 日,陈丕显带领省委相关部门负责人,到十堰、郧阳、巴东等地调研。调研中,基层反映,农业学大寨运动中,有的地方以“阶级斗争为纲”大搞“割资本主义尾巴”“打击暴发户”“打土围子”,强制取消农民的自留地,限制家庭副业,关闭集贸市场,实行绝对平均主义,在“发扬共产主义风格”的口号下大搞“一平二调”,在“三治”(治山、治水、治土)运动中脱离实际地要求“大干快上”,形成“蛮干”,广大干部群众对此怨声载道。9 月 5 日和 13 日,陈丕显先后主持召开巴东、公安两县三级干部会议,用“谈心”的方式,具体分析不讲政策、强迫命令、违法乱纪的严重危害,主动表态省委负主要责任。9 月 22 日至 10 月 4 日,省委召开有地、市委书记和省直各部门负责人参加的常委扩大会议,研究制定《关于大办社会主义农业,解决农民不合理负担的意见(试行草案)》。文件明确规定:坚决打击贪污盗窃投机倒把分子,严禁大吃大喝、请客送礼、铺张浪费、乱盖楼堂馆所;坚决退赔无偿平调的社队劳力、财力、物力;任何单位不得向社队乱行摊派,国家各项支农资金,任何单位不准扣留和挪用;省、地、县、社抽调常年离队的劳动力要严格控制,社队不许随意增加脱产人员;不论进行农田基本建设还是发展社队企业,在组织协作时,都必须执行等价交换、自愿互利的原则。这些举措,既纠正了一些地方干部违反农村经济政策和强迫命令、违法乱纪等错误,又保护了群众和干部的积极性,扭转了干群一度十分紧张的关系,提高了农村干部的思想水平和政策水平。

三是加速普及“大寨县”。1977年9月8日,省委召开全省农业会议,提出为从根本上扭转湖北省农业发展缓慢的状况,加速普及“大寨县”和推进农业机械化建设,要求到1980年,全省三分之一以上的县(市)和国营农场建设成“大寨县”和大寨式农场,二分之一以上的社队建成大寨式的社队,全省农业人口一人一亩旱涝保收、高产稳产农田;粮食、棉花、油料、生猪、林业、渔业等多种经济要有大幅度增长。会后,省委发出《加速普及大寨县,加快建设社会主义建设大农业的决定》,部署冬春农田基本建设,要求各地按照水系、地形、打破社界、队界,制订山、水、林、田、路综合治理的全面规划,明确主攻方向;全省农田基建常年劳力要达到120万人到140万人,冬春劳力要达到700万人至800万人,力争当年施工,当年受益;农业建设重点放在江汉平原、襄阳“三北”地区和鄂西山区。省委要求在农田基本建设中推进机械化,把拖拉机、动力机、机耕船、插秧机、割晒机、开沟机、中耕机、植保机、推土机、凿岩机和山区土特产加工机械、畜牧业需要的饲料粉碎机作为当前建设重点,健全三级农机修配网和四级农科网,争取到1980年全省基本实现农业机械化,达到全省农业人口一人一亩旱涝保收、高产稳产农田,粮食总产量400亿斤以上,棉花总产量1000万担到1200万担;建设好500万亩油茶基地;种植1000万株油橄榄;在水面集中的20个县建设商品鱼基地;大山区以县为单位做到粮食自给有余,放手发展林特产品多种经济,力争1980年多种经济收入占总收入的40%以上,社队企业收入占公社三级总收入的30%以上。1978年1月,省第五届人民代表大会第一次会议上,陈丕显在工作报告中根据实际发展对规划进行调整和修改,提出到1980年全省三分之一以上的县建成大寨县,农业基本实现机械化。粮食总产量在1977年的基础上增加25%,棉花总产量增长10%,油料产量超过历史最高水平。

四是全力以赴开展抗旱斗争。1978年,湖北遇到70年一遇的大旱。全省76个县市中有55个县受旱,受旱面积3615万亩,占全省耕地面积的64%。省委领导分片带队下乡,指导抗旱。省直各部门、驻鄂部队、各大中城市和有条件的大中型企业,出人、出钱、出物、出技术,大力支援抗旱。8月,省委连续召开常委会和常委扩大会议,陈丕显要求树立“天大旱,人大干,旱多久,抗多久,抗到底”的长期抗旱思想,提出“从江河搬大水,从水库搬死水”的口号。在抗旱中,武汉市利用自身优势,全力支援黄冈地区的浠水、麻城、蕲春、红安、新洲、黄冈、广济等县抗旱。截至11月上旬,共运送抗旱物资5船、450余车,价值530余万元,支援的抗旱物资包括柴油机、电动机、水泵、钢材、柴油、机油、农机配件等,同时派出协助安装和维修机泵的工人、干部、技术人员1500余人次。省委发出通知,要求各地市、各厂矿企业、各事业单位向武汉市学习,树立“以农业为基础,以工业为主导”的思想,做好支农工作。据统计,1978年,全省共投入抗旱劳力上千万人,连续奋战200余天,水利工程供水达210亿立方米,夺得抗旱夺丰收的胜利。

湖北农业在恢复中呈现持续向好的态势。1978年,全省农业总产值达到85.88亿元,比上年增长4.6%;粮食产量达到345.13亿斤,比上年增长6.75%;棉花产量733.5万担,比上年减产16.8%;油料产量474.3万担,比上年增长21.8%。

第二节　社会事业的复苏与发展

一、向科学技术现代化进军

1977年6月23日,湖北省委召开向科学技术进军的广播大会。省委书记顾大椿作动员报告,省委第一书记赵辛初在总结讲话中号召全省人民行动起来,努力攀登科学技术高峰,为把我国建设成伟大的社会主义现代化强国而奋斗。会议提出了湖北三年奋斗目标、八年科学技术发展规划和二十三年远景设想,强调全面落实党的团结、教育、改造知识分子的政策,调动一切积极因素,努力把科技工作搞上去。

1977年9月18日,中共中央发出《关于召开全国科学大会的通知》,强调“四个现代化的关键是科学技术现代化”“科学人才的培养,基础在教育”。10月5日至13日,省委召开全省迎接全国科学大会预备会议,研究制定整顿和复兴科技工作的六条措施:(一)加强各级科技管理机构和专业科研、设计机构,各地、市、县科技管理部门统一改称科委,直属同级革委会领导;(二)省直各办、委、局,大型厂矿、国营农场,大专院校建立健全科学技术处(科),配备和充实专业人员,加强领导;(三)建立健全各级科学技术协会和各种专门学会;(四)恢复受林彪、江青反革命集团干扰破坏而被撤掉的专业科研机构,搞乱了的迅速调整;(五)对专业科研单位,实行党委领导下的所长分工负责制,配备懂得党的政策、热心科学的党委书记,选择内行或接近内行的干部担任业务领导;(六)建立健全各项规章制度,改变无章可循、职责不清、赏罚不明的混乱现象。

迎接全国科学大会预备会议的召开,营造了全省人民向科学技术现代化进军的气氛。从 1977 年 10 月到 1978 年 1 月,全省各地市州分别召开"科学技术工作会议"或"迎接全国科学技术大会预备会",贯彻落实省委各项决定。

1978 年 3 月,全国科学大会在北京隆重召开,湖北地区 209 名代表参加大会,华中工学院、天池山农科所等 4 个单位荣获先进集体称号,查全性、裘法祖等 40 名专家学者荣获先进科技工作者称号,525 项科技成果受到大会的表彰。在大会开幕式上,邓小平作重要讲话,阐明了马克思主义关于科学在社会发展中的地位和作用,强调"科学技术是生产力"的马克思主义观点;再次重申为社会主义服务的脑力劳动者是劳动人民的一部分,是我们党的一支依靠力量。

全国科学大会闭幕后,省委除逐级传达贯彻大会精神外,一方面由省委领导同志亲自主持召开科技人员座谈会,登门探望老专家、老教授,促膝谈心,听取意见;另一方面,组织力量对科技工作和科技队伍的情况进行调查研究。

1978 年 5 月 19 日至 28 日,省委、省革委会在武昌召开全省科学大会。出席大会的有从事科学技术工作的老科学家、老教授、优秀科技工作者和科学事业的领导干部 3200 余人。会议的主要任务是:贯彻落实全国科学大会精神,讨论制定湖北省科学技术发展规划,交流经验,表彰先进,进一步掀起全党动员、大办科学、向科学技术现代化进军的热潮。

大会讨论修订了《一九七八年至一九八五年湖北省科学技术发展规划纲要(草案)》。会议提出高速度发展湖北科学技术事业的主要任务是:抓紧科研机构的整顿和建设,努力建设一支又红又专的科学技术队伍;大力开展科学普及工作,广泛开展群众性科学实验活动,大搞技术革新和技术革命;认真恢复和建立合理的规章制度,加强科学技术的组织管理工作;充分发挥各类科研院所和高等院校的作用,在搞好基础科学的同时,根据国民经济发展的需要,主攻应用科学,研究省内工农业生产和各项社会建设事业中的重大课题。省委、省革委会作出《关于表彰先进人物,奖励优秀科技成果的决定》,对 369 个先进集体、404 名先进个人、1208 项优秀成果予以表彰和奖励。

全省科学大会是湖北科技界规模空前的一次盛会,是动员全省人民和科技工作者振奋精神、勇攀高峰的誓师大会。对全省科学技术事业的复苏和振兴起到了积极的推动作用。

会后,省委、省革委会采取措施着力理顺科技管理体制。1978 年 5 月,中国科学院武汉分院恢复建制,原所属下放湖北和由湖北代管的机构,除数学计算技术研究所划归国防工办外,仍归分院领导。8 月筹建省自动化研究所。10 月,省委撤销省科委临时党委,成立党组。从 1977 年起,省经委、农委、建委、机械局、石化局、冶金局、纺织局、卫生局、轻工业局、农业局、乡镇企业局等大多数省直委厅局陆续设立科技处。省教育局明确规定,大专院校科技管理工作归口高等教育处负责。武汉大学、华中工学院、华中农学院、华中师范学院、武汉医学院、湖北医学院等 30 多所大专院校设置科技处,改善和加强科技计划管理工作。省委根据国家统一安排,由省委组织部、省科委、省统计局等单位联合组织专门班子对全省自然科学技术人员进行普查,建立起科技人才管理信息系统。

这一时期,科协组织和科技群团得到迅速恢复和发展,学术研究、科学普及活动重新活跃起来。1978 年 6 月,省委批准恢复成立湖北省科学技术协会。12 月,省科协召开第一届第二次扩大会议,栗栖、陶述曾、伍献文、高尚荫、李国平、裘法祖、方俊、章文才、张瑞瑾、赵学田、罗明、密加凡、许子威、黄永偕、孙荣章、郭欣、谷光、张光皓、曹野等一大批科技界老领导、各学科著名权威担任科协领导职务。这是科协组织自 1966 年

5月停止活动以来的第一次重大活动，标志着科协工作由复苏走向快速发展。

二、教育事业恢复生机

"文化大革命"运动是从科学教育战线开始的，整顿这条战线，拨乱反正，恢复和发展教育事业，具有特别重要的意义。

一是高等学校恢复招生考试制度。1977年10月，教育部召开全国高等院校招生工作会议。会议确定并经国务院批准，对高校招生制度进行改革，废除"文化大革命"期间的"自愿报名、群众推荐、领导批准、学校复审"的招生办法。10月27日至11月2日，湖北省高等学校招生工作会议在武昌召开。会议决定，从1977年开始，高等院校招生采取德、智、体全面衡量，择优录取的原则和自愿报名、统一考试、地市初选、学校录取、省里批准的办法。同时规定，考生必须具有高中毕业或同等学力。"文化大革命"中被废弃的高考制度得以恢复，有利于鼓励学生努力学习，有利于提高教育质量，受到广大群众欢迎。1977年的高考于12月9日至10日举行，全省共招收新生19341人。从1978年起，高校招生考试改在每年7月7日、8日、9日进行，统一由国家命题。

二是整顿中小学管理和教学体制。1977年7月1日，省教育局拟定《中小学治校要点》，要求以整党整风为核心，开展"创三好"活动，即：整顿教学秩序；抓好基础知识和基本技能教育；加强师资培训工作，落实党的知识分子政策。11月6日，湖北省城镇中小学的工宣队奉命撤出学校。1978年6月20日，省文办批准教育局印发《办好省重点中小学的试行方案》，确定学校实行党支部领导下的校长分工负责制，从根本上扭转了"文化大革命"期间教育行政部门不能行使职能的状况。

三是开展扫盲教育。1976年12月，省教育局在罗田县召开全省农村扫盲业余教育工作座谈会，推广红安等县举办的以短期集中脱产扫盲为特点的"五七农民学校"的经验，"五七农民学校"成为全省扫盲主要的办学形式。1977年6月11日，省革委会在武昌县乌龙公社召开全省第一个无盲社——乌龙公社现场会。1978年3月，省革委会发出《关于进一步加强农村扫盲工作的通知》。各地按照通知要求，普遍恢复、重建和充实扫盲机构,明确扫盲重点,对不同地区分别提出不同要求,加快了扫盲步伐。

四是继续拨乱反正,全面落实知识分子政策。1978 年 5 月 30 日、6 月 3 日,省委召开省电话会议和省直机关干部大会,传达全国教育工作会议精神,要求各条战线、各个部门都要关心教育、支持教育,全党动手办教育。7 月 14 日至 22 日,省委召开全省教育工作会议,进一步传达和贯彻全国教育工作会议精神。韩宁夫代表省委作报告,充分肯定了新中国成立以来湖北教育工作取得的巨大成绩。他指出:中华人民共和国成立后头 17 年,湖北有 1000 多万人毕业于大中小学,其中大专院校毕业生约有 10 万余人,这些毕业生大多数已经成为今天各条战线的骨干力量;中华人民共和国成立 28 年来,全省大中小学 85 万名教师辛勤劳动,为湖北社会主义事业的发展作出了巨大贡献。会议讨论确定了湖北 1977 年至 1985 年教育事业发展规划和奋斗目标,要求从 7 个方面恢复和发展教育事业:(一)整顿建设学校领导班子,充实加强各级教育行政部门;(二)全面落实党的干部政策和知识分子政策;(三)执行大、中、小学工作条例,建立学校正常的教学秩序;(四)努力办好重点学校;(五)把教育事业计划作为国民经济计划的一个重要组成部分,在政策、财力上予以支持;(六)加强学校党的建设和学校中的思想政治工作;(七)坚决退还被占用的校舍。

这次会议是湖北教育系统拨乱反正的一次重要会议,促进了政策落实工作。省委一针见血地指出,“在教育战线落实政策,根本问题是要端正对知识分子的看法”。各地党委制定政策,增加教师在各级人民代表和政协委员中的比例;整顿民办教师队伍,通过招收民办教师进师范院校学习转为公办教师,或者下达指标将民办教师直接转为公办教师,降低民办教师比例;教育主管部门恢复省、地(市)教育学院和县教师进修学校,并以此为基地,对在职中小学教师进行业务培训和进修,选拔优秀骨干进入教学领导岗位,提高教师的社会地位。

三、文化事业走向复苏

1978 年 6 月 24 日,省委决定建立由许道琦兼任院长的湖北省社会科学院。在此前后,在“文化大革命”中停止活动的湖北省哲学社会科学联合会、湖北省科学技术联合会及各种专业学会得到恢复。与此同时,湖北省文学艺术联合会在恢复活动的基础上召开了文联第四次代表大会,选举产生由姚雪垠任主席的新文联,其所属文学、戏剧、音乐、舞蹈、曲艺、摄影等协会全部恢复建制,重新活跃起来。武汉市文联、黄石市文联、十堰市文联先后召开文学艺术界代表大会,恢复文联活动。

“文化大革命”中被错批的一大批文学艺术作品和作家、艺术家陆续平反。许多文艺工作者重新开始了艺术创作,一批优秀的文艺作品相继问世。1978 年 1 月,《人民文学》第 1 期发表了湖北作家徐迟的报告文学《哥德巴赫猜想》。2 月 17 日《人民日报》予以全文转载,全国几乎所有的电台和地方性报纸竞相连播或转载了这篇报告文学。因为思想上的开禁和题材上的创新,作品一面世便在社会上引起强烈反响,“学习陈景润,勇攀科技新高峰”成为人们竞相传诵的口号。音乐家程云根据长篇小说《李自成》若干部分改编成京剧《闯王旗》。作家碧野完成了近 50 万字的长篇小说《丹凤朝阳》。音乐家莎莱和程云、雁翎一起合作创作《长江大合唱》组歌。

与此同时,全省戏剧学校及许多剧团、剧院纷纷恢复和建立,被打成大“毒草”的歌剧《洪湖赤卫队》重新上演,传统剧目也逐渐开放。1978 年陆续创作出的京剧现代戏《一包蜜》、汉剧新编历史剧《闯王旗》、革命历史题材话剧《大江东去》、楚剧现代戏《不称心的女婿》、荆州花鼓戏现代戏《小坚决》等一批优秀戏剧相继上演。此期间,相继召开的全省文化工作会议和全省文化馆长会议,使全省文化工作也出现新面貌。在“积极发展文化馆站”“开展多种形式的群众业余文艺”活动的号召下,全省出现了当阳、英山、天门等一批开展群众文化工作的典型县。传统的具有影响的黄陂农民泥塑、长阳山歌、光化的农民画、远安望家公社诗歌、谷城的幻灯、阳新龙港的革命文物展览、钟祥长滩公社的电影宣传教育等单项活动得到巩固和提高。

1978 年 6 月,湖北文物考古工作者在随县擂鼓墩发掘了一座战国早期大型木椁墓——曾侯乙墓,墓中出土了大量精美的青铜礼器、乐器、兵器、金器、玉器、车马器、漆木竹器以及竹简等文物15000余件。十二律俱全的64件青铜双音编钟、玲珑剔透的尊盘和完整书写二十八宿名称的衣箱,体现了先秦时期中国在艺术、科技、天文等方面的成就。其中,曾侯乙编钟是迄今发现的最完整最大的一套青铜编钟,设计精巧,铸造瑰丽,震惊世界。

第三节　实现伟大历史转折

一、改革探索的起步

思想解放,促使全省上下对我国社会主义建设的历史经验和今后的发展道路进行思考。一些干部群众冲破条条框框,从更好地发展经济出发,进行了大胆的尝试。

1978年10月12日至11月8日,省委第一书记陈丕显和浙江省委第一书记铁瑛率领中共党的工作者代表团访问罗马尼亚和南斯拉夫。访问期间,代表团参观考察了一些著名企业,认为农工联合企业具有借鉴意义,它将产、供、销统一在一个联合组织内,方便农副产品就地取材、就地加工,节省运输费用,减少产品损耗,有利于节约人力和物力;生产规模大,有条件采用大型现代化技术并通过推广良种使产品大幅度增产;有利于逐步缩小城乡差别、工农差别,吸收大量个体农民联合。回国以后,陈丕显和铁瑛主持起草访问报告,向中共中央建议:"我们参观了贝科培农工业联合企业,他们实行农工商一条龙的经验确实很好。我们两省准备结合我们的实际情况进行试点。"① 建议得到中共中央批准。1980年1月,陈丕显在省委三级干部会议上,第一次提出试办农工商联合企业的问题。此后,随着我国对外交往增加,一些外国元首、政府首脑和国际组织领导人来华、来鄂访问,党和国家组织省市负责人或主要经济部门、党务部门干部出国访问,湖北省进一步了解

① 陈丕显:《历史的转折在湖北》,中央文献出版社1996年版,第281—282页。

世界经济发展的进程，学习借鉴外国经济建设和经济管理经验的步伐加快。

湖北对内改革首先从农村开始。1977 年 3 月 1 日，省委批转省委农村政治部和省革委会农业办公室拟定的“十项规定”。这“十项规定”以解放农村生产力和激发农民生产积极性为指向，大胆破除“左”的政策藩篱，在全省引起很大的震动，激发起基层干部和农民群众敢闯敢试、冲击农村传统经济体制的勇气。1977 年，宜昌县邓村公社双红管理区红岩厂大队党支部隐蔽地实行了包产到组（户），邓村公社其他管理区或大队在第二年效仿红岩厂大队的做法，试行不同形式的联产计酬生产责任制。1978 年 4 月，五峰县升子坪公社在立新大队 3 个生产队按照“包产到劳、联产计酬、超产受奖、欠产受惩”的原则，实行生产责任制试点，受到农民的拥护，生产效益明显提高。第二年该公社实行生产责任制的生产队达到 49 个，全社粮食年总产量达到 994 万斤，比 1977 年增长 54%[①]。1978 年 12 月，位于武汉近郊的洪山区洪山公社关山大队、马湖大队和十里公社的星火大队开始试行联产承包责任制，武昌县豹澥公社的同力大队十九队实行“部分耕地、作物、农活到人（户），联产计酬”的试点，均取得了较好的经济效益[②]。

在城市，一些现代化程度较高的大型企业，率先注意按经济规律办事，尝试用经济手段管理企业，努力改变单纯依赖行政命令管理企业的传统做法。武汉钢铁公司以往各车间之间缺乏以产品质量为中心的合理分工，各道工序之间在产品品种、规格、质量、数量方面缺乏紧密衔接，在生产和管理上处于盲目被动状态，造成产品积压和浪费。1978 年 12 月，公司召开 1979 年生产会议，把国家给公司的生产计划下达给各生产单位，第一次组织企业内部厂与厂、工序与工序、生产厂矿与职能部门协商签订生产、技术、经济合同。这种旨在增加企业管理自主性和机动性的举措，为下一步扩大企业自主权打开了突破口。

在商业领域，个体经营者用深受群众欢迎的“地下活动”，倒逼政府

① 《湖北改革开放 30 年》，湖北人民出版社 2008 年版，第 253 页。

② 《湖北改革开放 30 年》，湖北人民出版社 2008 年版，第 111 页。

部门改变陈旧的管理方法。位于汉口的汉正街,向来是武汉小商品交换的繁华地带。在极左思潮的影响下,这里的小商品摊点被当作“资本主义的尾巴”全部割掉,一批在汉正街市场经营的个体户、游商小贩被当作“资本家”“剥削阶级分子”,许多合作商店被迫关门停业,市场萧条。长期单一的、单纯依靠国营商业网点计划供应的集中管理体制,满足不了群众生活需要,导致城乡日用小商品奇缺。与此同时,大批上山下乡的知识青年回城,一时很难就业,少数人开始隐蔽地从事小商品的经营活动,群众常到这里进行“私下”交易,这些小商品经营活动用“管不了、驱不散”的特殊方式,证明了自己存在的合理性,倒逼工商管理部门停止一律强行“没收、驱逐”的办法,改“禁”为“导”,设置集市贸易点,以汉正街为代表的小商品市场开始发展起来。

在金融领域,从 1978 年初开始,一些农村信用社尝试存款基数与信贷使用挂钩,由信贷人员自己掌握信贷方向和信贷数量。随后,又有单位开始将信贷指标与存款数量挂钩,实行存款量多就相应增加信贷指标的政策。这些措施方便了群众,又调动了信贷人员组织存款的积极性和主动性。1978 年 2 月 25 日,武汉市革委会颁布实施《武汉市农村信贷包干实施办法》,决定实行“两定一包,存贷挂钩,因灾困难,临时调剂”的政策,其中,“两定一包”指定指标、定存款基数和资金包干使用。这一农村信贷管理体制的改革,有利于农贷资金的及时发放,适时收回,常贷常收,加速周转,成为全省人民探索改革极其重要的一步。

从农村到城市,发生在农业、工业、商业、金融业的这些探索,都着眼于破除旧思想、旧观念、旧政策、旧体制的桎梏,解放被束缚的生产力,促使被禁锢的资源和活力竞相迸放,得到人民群众的拥护。这些尝试性的探索,实际就是改革开放的先声或起步。

二、工作重点的转移

1978 年 12 月 18 日至 22 日,中国共产党第十一届中央委员会第三次全体会议在北京召开。这次会议是 1949 年以来中国共产党历史上具有深远意义的伟大转折。会议的主要任务是决定把全党工作的重点转移到社会主义现代化建设上来。全会重新确立了党的马克思主义的思想路线，确定了解放思想、开动脑筋、实事求是、团结一致向前看的指导方针；重新确立了马克思主义的政治路线，作出了把工作重点转移到社会主义现代化建设上来的战略决策；重新确立了马克思主义的组织路线。党的十一届三中全会开启了党在思想、政治、组织等领域的全面拨乱反正，揭开了社会主义改革开放的序幕，中国从此进入了改革开放和社会主义现代化建设的历史新时期，中国共产党从此开始了建设中国特色社会主义的新探索。

党的十一届三中全会提出把全党工作重点转移到社会主义现代化建设上来的战略决策，反映了形势的需要、人民的愿望、历史的必然，也完全符合湖北的实际。

为深入贯彻党的十一届三中全会精神，1979 年 1 月 2 日至 19 日，省委召开三届十四次全体（扩大）会议，传达贯彻中央工作会议和党的十一届三中全会精神。省委委员、候补委员，在汉中央委员，以及各地、市、县委的负责人，省直各部、办、委、局，大型厂矿和大专院校的党组织负责人出席会议。参加会议的同志认真学习党的十一届三中全会和中央工作会议的文件，领会这两个会议的精神，对党中央决定的重大问题，一致表示拥护。对全省工作着重点的转移统一了认识，讨论并通过了《关于夺取今年农业大丰收若干问题的决定》和全省 1979 年经济计划的安排。会议着重讨论如何把湖北省工作重点转移到社会主义现代化建设上来的问题[①]。

会议全面总结了两年来湖北的工作，认为揭批江青反革命集团斗争不断深入发展，查清了与江青反革命集团篡党夺权阴谋活动有牵连的人和事，粉碎了江青反革命集团在湖北的帮派体系，基本上澄清了被林彪、江青反革命集团颠倒的路线是非，调整、充实和加强了各级领导班子，对林彪、江青反革命集团造成的大批冤案、错案、假案进行了平反昭雪，特别是对七二〇事件进行了彻底平反。揭批“四人帮”斗争作为全省的大规模的群众运动，已经胜利结束。1978 年 8 月，省委作出决定，以整风

① 《中共湖北省委三届十四次全体（扩大）会议情况报告》，鄂发〔1979〕9 号。

精神认真贯彻中央两个重要文件，落实党的政策，转变干部作风。9月召开全省理论工作会议，开展了“实践是检验真理的唯一标准”问题的讨论，促进了人们思想的解放。这些都进一步巩固和发展了安定团结的政治局面。就经济方面而言，1978年农业生产战胜了历史上罕见的大旱，取得了较好收成；工业生产在严重缺电的情况下，总产值连续两年递增20%；财政收入比1977年增加40%；商业的购、销、存也都有增长，市场供应情况好转；科学、文化、教育、卫生、体育和政法、民兵、人防、党群、外事等各方面的事业，都有新的发展。全省实现工作重心转移的必要条件已经具备。

会议指出，1979年是全党工作着重点转移的第一年，是起步的一年，各级领导一定要带头把工作重心转好，一心一意地扎扎实实地把经济工作、技术革命放在第一位。今后要一手抓农业，一手抓工业；一手抓农村，一手抓城市。上下左右一齐转，把各方面的工作搞上去。首先要进一步解决好以农业为基础的思想，集中主要精力把农业搞上去，确保1979年农业生产计划的完成。

为了搞好全省工作着重点的转移和完成1979年的各项任务，会议强调，各级领导要解放思想，带头搞好工作重心的转移。从长期搞政治运动转到四个现代化建设，是根本指导方针的转变，是历史性的转折。历史经验告诉我们，在这样的转折关头，如果思想准备充分一点，转变就能自觉一点；否则，思想不适应，转变就很被动。不能把转变工作重心简单地说成就是抓生产，要集中力量抓生产是毫无疑义的，问题是还要学会怎么搞四个现代化。现在迫切要明确实现四个现代化的具体道路、方针、政策、方法和措施，改革同生产力迅速发展不相适应的生产关系和上层建筑。在这方面还缺乏知识，又缺乏经验。同时，由于长期搞政治运动，思想方法和工作方法对现代化建设是不适应的。形势逼人，要一边学习，一边实践，肯动脑筋，肯想问题，努力掌握先进的科学知识，认识现代化建设的规律，按客观规律办事，把生产建设工作扎根于科学的基础上。①

① 《湖北日报》1979年1月31日。

会议期间，省委第一书记陈丕显在 1979 年 1 月 18 日《湖北日报》上发表题为《贯彻党的三中全会精神，实现全省工作重点转移》的文章。会后，全省各地、市、县陆续召开三级干部会议，传达党的十一届三中全会精神和省委三届十四次全体（扩大）会议精神，讨论如何在本地区实现工作重点的转移问题。

从此，省委带领全省人民进入改革开放和社会主义现代化建设的新时期。

第一版后记

本书是中共中央党史研究室统一布置，中共湖北省委批准的“十二五”期间党史工作重点项目。对本书的编写、出版工作，中共湖北省委高度重视，中共中央党史研究室予以精心指导和帮助。

本书由胡水华主编，别业超、周少华副主编。龚强华和周向阳、何文主持前期编撰工作。张肇俊、张顺革编写第一至三章，彭剑青、周勋编写第四至七章，邹东山、曾亚平编写第八至十四章，周少华、夏学军编写第十五至十八章，邱凌、刘红心编写第十九至二十章。孔勇参与后期出版联络工作。

湖北省老领导罗清泉、沈因洛、王群、王生铁、张学奇审阅书稿，提出了宝贵意见。中共中央党史研究室第二研究部主任武国友、原主任郑谦、研究员庞松审读书稿，指导编撰。中共湖北省委党史研究室张帆、刘业发、何光耀、李辉、安向荣和张莹、倪平汶、李福珍、王诚、刘淳，胡中秋、章重等同志审改书稿。党史研究和教学的专家学者曾成贵、丁俊萍、李良明、文坤斗、任大立、文道贵、刘冠军等审稿并提出了宝贵意见。

本书是集体劳动的结晶，凝聚了中共湖北省委党史研究室和全省党史工作者的心血，吸纳了党史学界相关研究成果，得到中共湖北省委办公厅、湖北省人民政府办公厅、湖北省财政厅、湖北省档案馆、湖北日报社、湖北人民出版社等部门单位大力支持。在此，谨向所有为本书提供过帮助的单位和同志致以诚挚的谢意！

由于编写者水平所限，书中难免存在不当和不周之处，请读者批评指正。

中共湖北省委党史研究室

2015 年 10 月

丛书后记

历史是最好的教科书。党的十八大以来，以习近平同志为核心的党中央高度重视党史和文献工作。全国党史和文献部门深入贯彻落实习近平总书记关于党史和文献工作的一系列重要论述，扎实开展党史研究和编写工作，推出系列党史编研成果，充分发挥了以史鉴今、资政育人的作用。

为庆祝中国共产党成立100周年，中央党史和文献研究院组织各省（自治区、直辖市）党史和文献部门编写和修订本地区新民主主义革命时期的中国共产党历史基本著作，由中共党史出版社推出《中国共产党历史（地方卷）集成·新民主主义革命时期》（简称“一卷集成”），为开展党史学习教育和“四史”宣传教育提供了重要读本，受到社会各界的好评。

为迎接党的二十大胜利召开，深入贯彻落实中共中央办公厅《关于推动党史学习教育常态化长效化的意见》，“推动正确党史观更深入、更广泛地树立起来，让正史成为全党全社会的共识”，中央党史和文献研究院组织《中国共产党历史（地方卷）集成·社会主义革命和建设时期》（简称“二卷集成”）编写出版工作，用党的光辉历程和伟大成就鼓舞斗志、明确方向，用党的光荣传统和优良作风坚定信念、凝聚力量，用党的实践创造和历史经验启迪智慧、砥砺品格，为实现中华民族伟大复兴的中国梦提供不竭精神动力。

“二卷集成”编写出版工作，坚持以习近平新时代中国特色社会主义思想和习近平总书记关于党史、文献工作的重要论述为指导，以党的第二个历史决议、第三个历史决议为遵循，注重吸收最新研究成果。中央党史和文献研究院院务会高度重视此项工作，曲青山院长给予大力指导。各地党史和文献部门积极配合，26个省（自治区、直辖市）完成了"二卷集成"的编写出版任务。"二卷集成"的出版，是全国党史和文献部门向党的二十大献上的一份厚礼！

党有所需，史有所为。编写出版中央和地方党史基本著作，是党中央赋予全国党史和文献部门的重要职责。我们将继续做好后续集成丛书的编写出版工作，全面系统讲好党的历史，修好红色家谱，为广大党员干部群众在新时代新征程深入学习党史、从党史中汲取前进的智慧和力量，不断作出新的贡献。

中央党史和文献研究院第七研究部

2022年9月